乳源年鉴

RU YUAN NIAN JIAN

(2016)

《乳源年鉴》编纂委员会 编

方志出版社

图书在版编目（CIP）数据

乳源年鉴. 2016 /《乳源年鉴》编纂委员会编. --
北京：方志出版社，2016.9
ISBN 978-7-5144-2098-2

Ⅰ. ①乳… Ⅱ. ①乳… Ⅲ. ①乳源瑶族自治县－2016－年鉴 Ⅳ. ①Z526.54

中国版本图书馆CIP数据核字（2016）第238880号

乳源年鉴（2016）

编　　者：《乳源年鉴》编纂委员会
责任编辑：黄　彦
出 版 人：冀祥德
出 版 者：方志出版社
地址　北京市朝阳区潘家园东里 9 号（国家方志馆 4 层）
邮编　100021
网址　http：//www.fzph.org
发　　行：方志出版社发行中心
电话（010）67110500
经　　销：各地新华书店
印　　刷：韶关市文星彩色印务有限公司
开　　本：889×1194　　1/16
印　　张：24
字　　数：621 千字
版　　次：2016 年 9 月第 1 版　　2016 年 9 月第 1 次印刷
印　　数：0001~1000 册
ISBN　978-7-5144-2098-2　　定价：230.00元

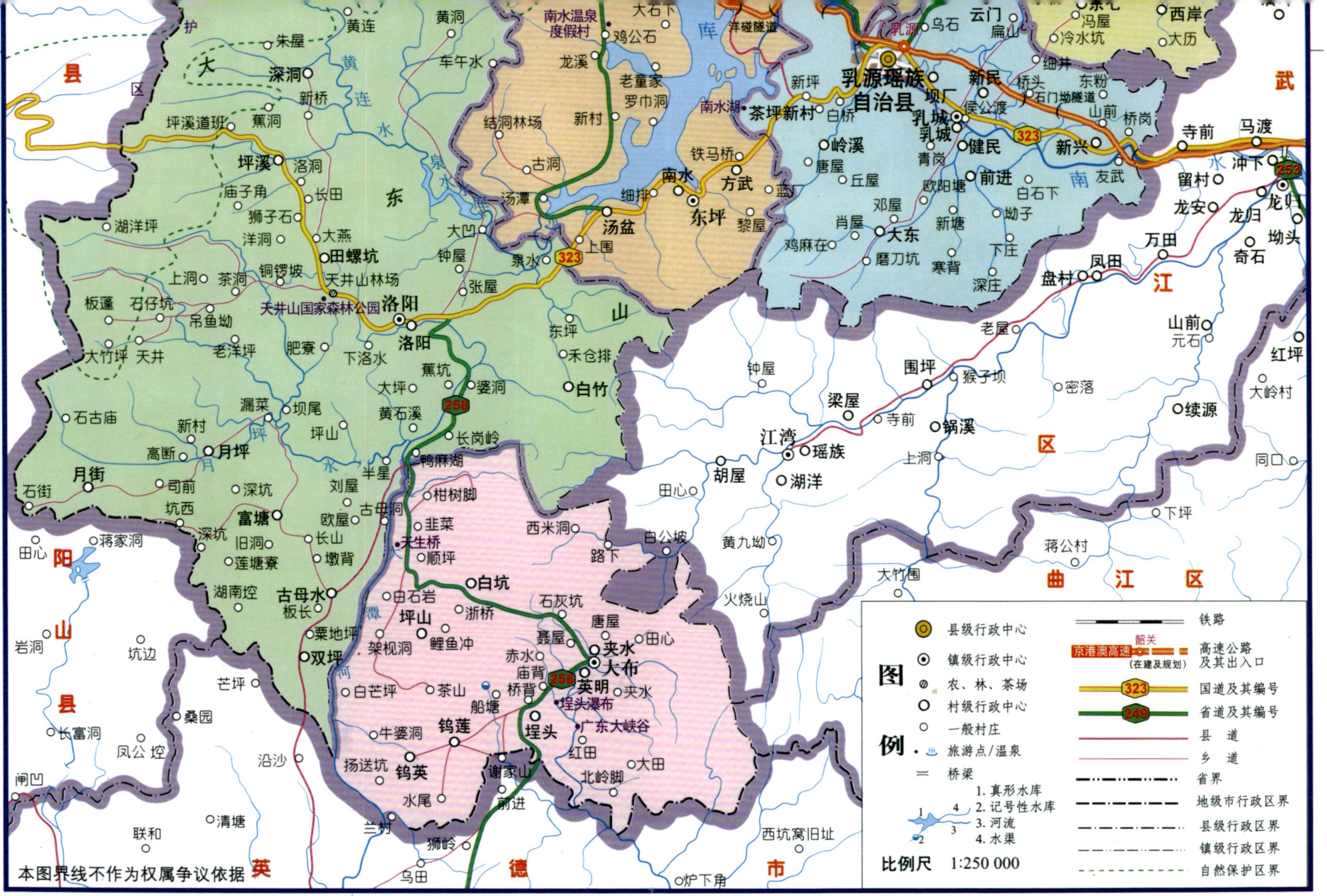

广东省地图院 编制　审图号：粤S（2013）009号

行政区划截止时间2011年12月

编 辑 说 明

一、《乳源年鉴》是中共乳源瑶族自治县委、县人民政府主办的地方综合年鉴，由乳源瑶族自治县档案局、史志办公室组织实施，各承编单位共同参与编纂及公开出版的综合性资料年刊。旨在逐年记述本行政区域年度内自然、政治、经济、文化、社会等方面的情况，所载资料全面、系统、翔实、准确，是国内外各界人士了解乳源的权威性工具书。《乳源年鉴》（2016）是乳源瑶族自治县总第六部综合年鉴。

二、《乳源年鉴》（2016）所收录的资料上限起自2015年1月1日，下限止于2015年12月31日。为完整保存和积累地方文献资料，个别内容适当上溯。所集先进名录由各承编单位报送获韶关市委、市政府以上机构（含省直部门、市厅级以上机构）表彰的先进集体和个人。

三、《乳源年鉴》（2016）采用分类编辑法，主体内容分为类目、分目、条目三个层次，以条目为表现内容的基本形式。条目标题采用黑体字并加【】表示，少数包含多方面内容的条目则在文内用楷体标题标示各段内容的主题。全书设特载、大事记、县情概貌、中共乳源瑶族自治县委员会、乳源瑶族自治县人民代表大会及其常务委员会、乳源瑶族自治县人民政府、中国人民政治协商会议乳源瑶族自治县委员会、县纪委、群团组织·工商联、法治、武装、经济管理、农业·农村·气象服务、工业、商贸·商业、财税·金融·保险、旅游·服务业、交通·邮政·通信、城建·环保、文化、卫生·体育、科技·教育、社会生活、各镇概况和中省驻乳源单位及附录部分等共27篇。

四、本年鉴公共版彩页图片县委宣传部、县政府信息中心等单位提供。

五、本年鉴稿件由县直各部门、各单位、各镇及中省驻乳源单位提供，由《乳源年鉴》编辑部统纂全书。所有稿件均经供稿单位主要领导审核，撰稿人署名。书中因统计时间、口径不同等原因，个别数据可能不尽一致，敬请读者采用时引起注意。反映全县国民经济和社会发展情况的数据，以县统计局资料为准。领导班子成员名单任期以任免机关文件为准，大部制机构改革合并单位不另分系统领导名单（注：署行政、党组领导成员名单，保留牌子的机构署领导名单），标注任免时间“—”表述延续，未标任免时间表示在本年鉴收录时期内职务无变动。

六、本年鉴的编辑出版，得到全县各部门和有关单位领导的大力支持，各单位撰稿人员为此付出辛勤的劳动，在此一并致以诚挚的谢意。因本编辑部编纂年鉴水平有限，图文虽经多次修改、审核、校对，仍难免有差错和疏漏之处，恳请各级领导和广大读者批评指正。

七、本年鉴由于个别单位未按要求提供资料，以致缺载，请见谅。

《乳源年鉴》编纂委员会

顾　问： 吴春腾（县委书记、县人大常委会主任）

主　任： 邓志聪（县委副书记、县长）

副主任： 林昌卫（县委常委、常务副县长）
许益云（县委常委、县委办主任）
简连英（县委常委、宣传部部长）
伍梅华（县委常委、组织部部长）

委　员：（排名不分先后）

欧明永　赵　鹏　邓雯珍　刘良军　王　东　李智军　刘文泉
林建华　陈　璋　陈　凯　秦春苟　许尔金　吴文伟　王明生
禤继文　郑东红　秦正京　李加武　赵天林　龚　民　唐保生
侯世长　蔡俊波　赵丹丹　谭群英　张伟旗　罗天松

《乳源年鉴》编辑部

主　　编： 赵天林

副 主 编： 郑绍东　赵伟荣

执行主编： 赵天养

编　　辑： 潘启养　林新绘　付新世　邓寿康　李德胜

编　　务： 张雪萍　邵泉养　庞卫红

《乳源年鉴》撰稿人员名单

（以姓氏笔画排序）

马万里　王建松　王香文　王莉萍　王永花　文锦洪　文建峰　文慧云　毛政新
邓琳娟　邓素萍　邓永银　邓惠琼　邓雄华　邓毅明　孔国荣　卢建军　卢小冬
叶招娣　叶新华　冯永成　冯春润　吕　欢　尧雪梅　闫　静　朱正标　朱孝华
朱海艳　朱永烨　刘一凡　刘　雅　刘其荣　孙　瑞　孙永利　江　荣　江春凤
许双和　许井养　许化鹏　许红传　许勇强　麦　翡　杜永莲　杨志康　杨启园
李书金　李　贲　李亚才　李振华　李志怀　李钰桦　李惠英　李雯雯　李德胜
李锡荣　巫银樱　辛建平　肖　璐　吴文君　吴世韶　吴剑辉　何　俊　邱丽霞
余　彬　邹　蕾　邹敏芳　邹辉强　张吉缘　张　峥　张廷柱　张可芳　张细林
张树明　张建华　张耀群　陈胜华　陈晓慧　陈路生　陈慧芳　陈尚升　陈白然
陈美香　陈文平　陈启发　陈福员　邵高峰　林　琳　林　楠　林小钰　林景辉
林新绘　官建钰　欧　华　欧阳会　欧成坤　罗国强　周密花　郑结园　郎　坤
范永平　赵天养　赵少辉　赵琳娜　赵雄英　胡坤平　胡忠有　胡雪莲　钟林养
钟志明　钟燕群　侯　华　侯永朝　侯远林　饶林东　骆艳红　秦彩金　袁素兰
聂毕愚　徐小健　郭庆城　黄杰峰　黄镇秋　黄胜波　黄善东　黄泽琪　黄鹏辉
曹松发　曹　韩　曹　慧　曹建新　盘永花　梁钰杉　彭云成　彭廷雄　粟晶晶
傅神双　温施琦　温家鸣　曾艳梅　曾凯鸿　曾　宁　曾俊峰　曾祥伦　谢三华
谢红容　谢祚焕　赖世水　赖晓琳　穆漫云　潘　明　潘伟雄　潘耀丽

《乳源年鉴》审稿组

（排名不分先后）

组长：许益云

组员：赵　鹏　赵天林　刘良军　巫淑坤　曹军贵　廖聪华　叶招娣

数字乳源·2015

土地面积	2299平方公里
年末户籍总人口	21.68 万人
年末常住人口	18.41 万人
地区生产总值	65.9亿元
第一产业	7.29亿元
第二产业	29.47亿元
第三产业	29.14亿元
地区生产总值增长速度	9.5%
人均地区生产总值	35941元
固定资产投资	65.2亿元
房地产开发投资	4.58亿元
社会消费品零售总额	20.41亿元
进出口总额	12321万美元
出口总额	9543万美元
水电装机总量	54.60万千瓦
发电量	20亿千瓦时
社会消费品零售总额	18.53亿元
人均消费品零售额	10294元
实际利用外资	874万美元
地方公共财政预算收入	5.24亿元
地方公共财政预算支出	24.83亿元
城乡居民储蓄存款余额	41.79亿元
城镇居民人均可支配收入	19448元
农村居民人均可支配收入	10696元
城镇化率	43.4%
接待游客	376.03万人次
游客数量比2014年增加	14.74%
普通教育在校学生数	25556人
医疗机构实际开放总床数	199123日
实际占用总床数	114062日

▲6月4日，省政协主席王荣到乳源调研。图为王荣（中）在县长邓志聪（右二）等领导的陪同下深入八一瑶族新村调研 （钟华 摄）

▲6月11日，省委常委、纪委书记黄先耀到乳源调研镇级纪委规范化建设、基层违纪违法线索排查、三级行政服务中心、农村“三资”管理平台及经济社会发展等工作。图为黄先耀（左三）在市委书记蓝佛安（右三），县长邓志聪(右四)等领导陪同下到必背镇调研 （钟华 摄）

▲7月1日，副省长邓海光到乳源调研村务公开、便民服务、农村“三资”管理及中小河流治理等工作。图为邓海光（前排左三）在县长邓志聪（前排左二）、副县长李明华（前排左一）等领导陪同下，到桂头镇凰村军安山安置点调研指导“两不具备”村建设工作　（李新华　摄）

▲11月3日，副省长温国辉到乳源调研。图为温国辉（右二）在县长邓志聪（右三）及县卫计局领导的陪同下到乳源中医院调研　（钟华　摄）

▲4月14日，市委书记蓝佛安到乳源调研。图为蓝佛安（前排左三）在县委书记吴春腾（前排右一）、县长邓志聪（前排左一）的陪同下深入到乳源东阳光化工基地调研　（钟华　摄）

▲9月9日，代市长骆蔚峰（前排右四）到乳源调研，县委书记吴春腾（前排左三），县委常委、常务副县长林昌卫（前排左一），副县长林军（前排右一）陪同调研。图为骆蔚峰在东阳光氟化工基地调研　（钟华　摄）

▲1月21日，中国共产党乳源瑶族自治县第十一届委员会第六次全体会议在县中心会堂举行（钟华　摄）

▲1月27日，乳源瑶族自治县第十一届人民代表大会第五次会议在县政府会场召开（钟华　摄）

▲1月26日，政协乳源瑶族自治县委员会第五次会议在县中心会堂举行（钟华　摄）

▲3月30日，乳源瑶族自治县召开创建全国文明城市动员大会，全面安排部署创建全国文明城市工作（钟华　摄）

▲2月26日，乳源瑶族自治县2015年“南粤春暖”企业现场招聘会在县政府广场举行（钟华 摄）

▲9月29日，乳源瑶族自治县人民政府与中国农业发展银行韶关市分行银政战略合作框架协议签约仪式在乳源举行，吴春腾、邓志聪、伍文、马福德、林昌卫等县领导出席签约仪式 （李新华 摄）

◀ 4月4日，广东救援辅助队（香港）协会在县政府广场举行“步行筹款为瑶乡助学，扶医步行筹款活动起步仪式”。县委常委、统战部部长赵志敏，县委常委、县委办主任许益云及县教育局、卫计局等相关部门负责人参加仪式 （钟华 摄）

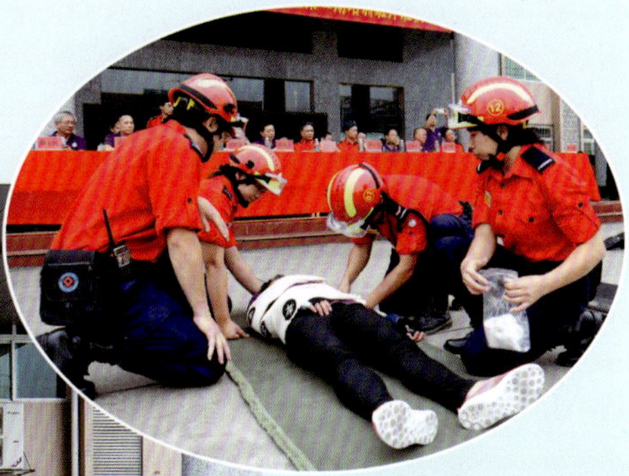

▲救援演练现场 （李新华 摄）

▲9月13日，乳源瑶族自治县救援辅助志愿者协会成立揭牌暨第二期培训班开班仪式在县卫计局举行，县委常委、统战部部长黄寿生，县委常委、县委办主任许益云参加仪式 （李新华 摄）

◀ 11月14日，乳源瑶族自治县救援辅助队协会志愿者开展为瑶乡助学、扶医步行筹款活动 （李新华 摄）

◀ 9月8日，由国家林业局湿地保护管理中心主任马广仁、国家发展改革委农经司副司长吴晓松、国家林业局调查规划设计院书记刘国强、北京林业大学教授张明祥等专家学者组成的验收专家组到乳源验收评估乳源南水湖国家湿地公园建设。
图验收汇报会现场
（钟华　摄）

◀ 11月29日，由乳源瑶族自治县非物质文化遗产保护中心、大桥镇客家联谊会主办的韶关市非物质文化遗产“圣祖祭”2015年乙未岁纪念舜帝诞辰暨新宝像升座庆典活动在大桥镇举行　（李新华　摄）

◀ 12月21日，由广东省民族宗教研究院、广东省珠江文化研究会主办，乳源瑶族自治县人民政府承办的“‘一带一路’建设与世界瑶族交流”研讨会在乳源举行　（钟华　摄）

▶11月11日，以“奔向第一峰，畅游南水湖”为主题的2015年广东省第一峰（韶关.乳源）铁人三项挑战赛在南水湖国家湿地公园举行，副省长许瑞生（右五）出席开赛仪式并宣布比赛开始

（钟华　摄）

▶11月11日，由广东中农批农产品批发市场有限公司主办的“新农业.新电商”互联网+农业高峰论坛在韶关丽宫国际旅游度假区举行

（李新华　摄）

▶11月12日（农历十月初一），乳源瑶族自治县第九届瑶族“十月朝”文化旅游节活动暨首届粤北（乳源）农特产品博览会开幕式典礼在县城举行

（钟华　摄）

乳源瑶族自治县公安局

RUYUANYAOZUZIZHIXIANGONGANJU

7月27日，全省公安机关“3+2”专项打击整治行动第二季度点评会在乳源召开，图为乳源瑶族自治县副县长、公安局长连卫向大会作经验介绍

2015年，全县公安机关在县委、县政府的正确领导和上级公安机关指导下，以党的十八大和十八届三中、四中、五中全会精神为指引，围绕维护社会大局稳定、促进社会公平正义、保障人民安居乐业的职责任务，以及“加快生态发展、建设美丽乳源”目标，结合“四项建设”、“法治公安”、“平安乳源”创建和“3+2”等专项打击整治行动，各项改革顺利进行，公安工作全面推进，为维护全县政治安定和社会治安大局持续稳定，促进经济社会发展、构建平安美丽文明新乳源作出了积极贡献。

严打各类违法犯罪，继2014年“六大专项”行动全市排名第一后，2015年“3+2”专项打击整治行动再次取得全市第一的好成绩。7月27日，全省公安机关“3+2”第二季度点评会在乳源召开，副县长、公安局长连卫在大会上作经验介绍发言。毒品蔓延形势得到有效遏制，侦破公安部目标案件2宗、省厅目标案件4宗，千克毒品案件2宗（其中一宗为韶关建国以来排名第二、2015年最大宗的制毒案件）。不断创新工作机制，建立起县一级的“四侦合一”、“四位一体”的合成化作战模式。加强执法规范化建设，创立并施行两年的“执法一站式、办案三统一”工作模式，在2015年获得上级领导充分肯定并推广，参加粤警创新大赛获得鼓励奖，《人民法治》、《南方网》等多家媒体进行报道和转载。这个工作模式为推进乳源公安执法规范化建设发挥重要作用，2015年，全局执法质量考评排名全市第一，为历史最好成绩。继续推行治安防控体系建设，开展《社会治安视频2015-2017三年规划》论证工作，新增社会视频联网1200个。2015年共有14个单位、150多人次获得各级各类立功表彰和荣誉称号。

7月27日，全省公安机关“3+2”专项打击整治行动第二季度点评会在乳源召开，图为工作人员向李春生、蓝佛安等领导介绍乳源“3+2”专项行动开展情况

7月27日，全省公安机关“3+2”专项打击整治行动第二季度点评会在乳源召开

110宣传活动日演练现场

2015年9月，县公安局破获韶关建国以来排名第二、2015年最大宗的制毒案件图为新闻发布会现场新闻媒体报道

12月7日，县公安局召开侦破重大制毒案新闻发布会，吸引数十媒体记者前来报道

韶关市乳源公路局

SHAOGUANSHIRUYUANGONGLUJU

韶关市乳源公路局办公大楼

韶关市乳源公路局位于乳源瑶族自治县乳城镇沿江东路，是受韶关市公路局垂直管理的正科级事业单位。内设办公室、生产技术股、人事监察股、路政管理所、收费管理所、财务股、安全生产股7个正股级机构。依据《中华人民共和国公路法》《广东省公路条例》等法律法规规定，负责乳源境内G323线、S248线、S249线、S250线、S258线国省干道的管养任务，2015年管养里程239.892公里，其中国道71.679公里、省道160.854公里。主要职责是负责辖区内公路的改造建设与养护、路政管理、机动车辆路桥通行费年票征收等。

2015年7月，局长刘文生送清凉降温饮料到高温酷暑中的养护一线

2015年7月，县总工会领导对一线养护工人进行慰问送上清凉饮料

2015年8月28日，县人民检察院领导为乳源公路局干部职工上预防职务犯罪法律知识辅导课

2015年9月，G323线汤盆段水泥砼路面挖补施工

①②
③④
⑤⑥

① 2015年6月11日，G323线东田段公路塌方中断交通应急抢险演练

② G323线乳源东出口路段沥青路面修复施工

③ 2015年春运前昔乳源公路局组织养护工人、机械对S249线坪乳公路进行应急处置清理

④ 路政人员开展路域整治行动，迎接全国干线公路养护管理大检查

⑤ 2015年5月21日，G323线洛阳段水毁塌方抢修

⑥ 桂头应急抢险中心一角

乳源瑶族自治县水务局
RUYUANYAOZUZIZHIXIANSHUIWUJU

县委书记吴春腾指导三防工作并听取县水务局局长李加武汇报三防工作

县水务局是县人民政府职能部门，2014年11月26日县政府工作部门机构设置调整，设立乳源瑶族自治县水务局，将县农业局的水务管理职责划入县水务局。

2015年，在县委、县政府的正确领导下，县水务局大力开展水利基础设施建设工作，促进县水利事业在新常态下健康稳步发展。2015年乳源瑶族自治县水利工程项目建设总投资约1.25亿元。重点实施杨溪水（大桥段）、南水河、新街河、大东河4宗山区五市中小河流综合整治工程和3宗中小河流治理（三清一护）工程；完成一六镇、大布镇村村通自来水工程的施工图设计建设工作；完成首批21宗小水电增效扩容工程项目；积极抓紧完成2013“8·16”和2015“520”特大洪灾水毁工程修复工作；完成19处新农村基础设施建设，8宗农村饮水管网，22宗农田灌溉干渠修建，9宗文化室及公房（厅）维修建设，极力改善移民生产生活环境。

县水务局局长李加武检查双口水渠坝厂段改道工程安全生产

县水务局副局长李珊娜检查电站安全生产

2015年5月12日，举办预防职务犯罪讲座

大东河河流治理

中小河流治理推进会

2015年国家宪法日宣传活动

廉洁读书活动月

韶关市水务局、乳源瑶族自治县水务局开展第二十八届“中国水周”送法下乡宣传活动

乳源瑶族自治县卫生和计划生育局

RUYUANYAOZUZIZHIXIANWEISHENGHEJIHUASHENGYUJU

中共中央政治局委员、广东省委书记胡春华（左三）在乳源瑶族自治县游溪卫生院实地调研

11月3日，副省长温国辉到乳源中医院调研

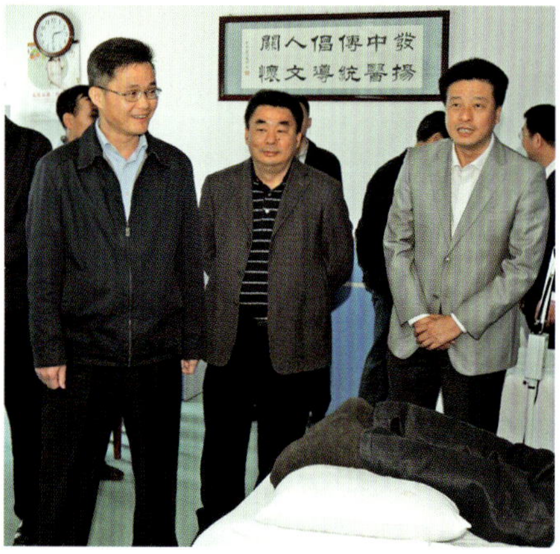

4月14日，市委书记蓝佛安到中医院调研

2月16日，县委副书记伍文到计生家庭慰问

5月20日，副县长梁丽娟在大桥调研计生工作

2015年，乳源瑶族自治县卫生和计划生育局在上级行政主管部门的正确领导和大力支持下，乳源卫生计生事业稳步发展，为保障全县人民群众身体健康和促进人口长期均衡发展做出积极贡献。

作为全省第一批县级公立医院改革试点县，按照省、市的安排部署，全面完成县级公立医院综合改革的各项工作。为进一步巩固改革成果，乳源率先在全市制定并实施《二次绩效实施方案》，分配二次绩效工资向关键岗位、业务骨干、一线岗位和做出突出贡献的工作人员倾斜，进一步激励了医护人员的积极性。不断完善经费投入机制，合理安排政府对公立医院的投入资金。争取资金迁址新建村卫生站，完成17间村卫生站的新建和修缮，面积达1000多平方米；投入资金10多万多元用于购置村卫生站基本医疗设备。

投入3000多万元用于完善医院基础设施建设。投入210万元的东坪卫生院二门诊迁址新建工程于3月24日正式投入使用；大桥卫生院投入30多万元，用于改善医院科室及病房设施竣。

创建省级人口文化示范基地启动仪式暨新家庭辅导员培训班开班典礼

2015年12月，乳源救援辅助队志愿者培训毕业典礼

宪法日宣传活动

投入1000多万元购置救护车，添置包括电发光免疫分析仪、血液透析仪、多参数监护仪、血球分析仪、数字成像系统（DR）等一批先进医疗设备，进一步提高诊断水平。

加强县人民医院与省第二人民医院、县中医院与省中医院、县妇幼保健院与东莞市妇幼保健院的协作，提升服务能力。县人民医院中医科成为乳源首家“韶关市综合医院中医药工作示范单位”；县中医医院康复科和妇科被评为市中医医院重点（特色）专科。县中医院被省中医药局评审为二级甲等医院。有效开展公共卫生工作，做好疾病预防控制工作，不断提升突发事件卫生应急能力，稳步提高公共卫生服务均等化水平。

截至2015年9月30日，全县户籍总人口22.48万人，出生人口3212人，政策生育率为91.91%，政策外多孩率为0.996%，出生率为14.35‰，自然增长率（常住人口）为6.86‰，出生人口性别比为105.11。实行计划生育手术3818例，长效措施落实率为96.01%，长效措施及时率为73.11%，征收社会抚养费908.83万元。解决帮扶资金116.7万元。兑现各类奖励金111万元。截至9月底，全县累计投入90.38万元进行计生宣传，全县共有550人享受城镇独生子女父母奖励。

“5.12国际护士节”文艺晚会现场

计生工作走下乡

满意卫生，和谐计生

MANYIWEISHENGHEXIEJISHENG

公共卫生

预防登革热

关爱农村妇女

救援演练

基础设施建设

2015年8月，香港爱心人士在东坪仁泽医院落成庆典活动现场合影留念

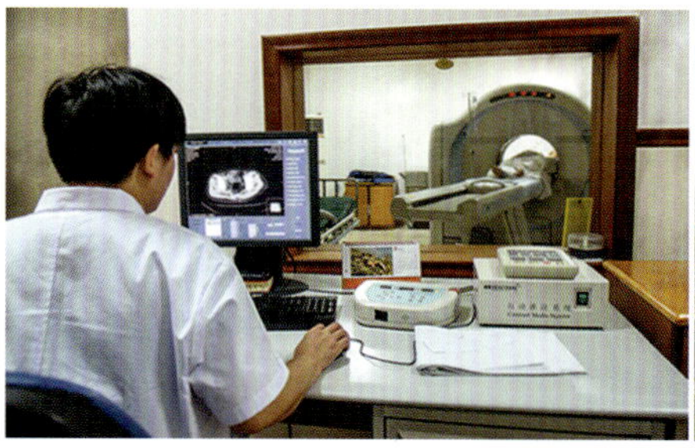

人体扫描

县人民医院大楼

县中医院

县妇幼保健院一角

大桥医院新貌

计生工作

生育关怀行动——计生工作下乡

计生便民服务

国策宣传进村镇

医疗服务

群众义诊

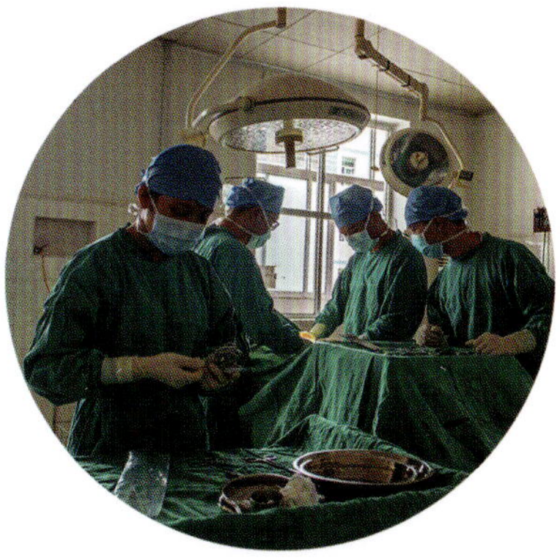

忙碌的手术室

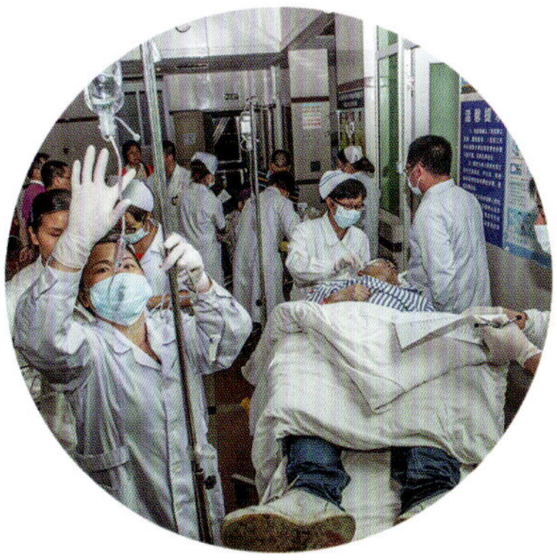

争分夺秒

活跃在乡村

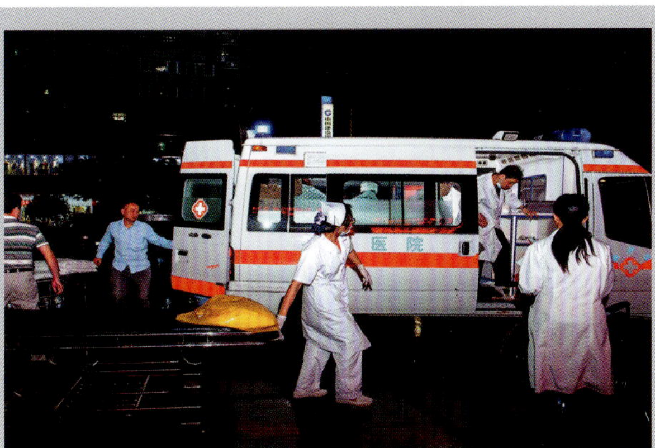

全力抢救

乳源瑶族自治县人民检察院

RUYUANYAOZUZIZHIXIAN
RENMINJIANCHAYUAN

1 3
2

1、7月14日，韶关市人民检察院检察长曾伊山（左）到乳源调研指导检察工作

2、9月15日，县人民检察院邀请人大代表、政协委员听取开展规范司法行为专项整治工作报告会

3、10月15日，县人民检察院副检察长赵良湾担任公诉人出席法庭支持公诉，并邀请分人大代表、政协委员观摩公开庭审

6月26日，县人民检察院组织干警到大桥镇“赶墟”，开展以“落实举报规定，推进反腐倡廉和规范司法”为主题的“举报宣传周”活动

乳源瑶族自治县人民法院

RUYUANYAOZUZIZHIXIANRENMINFAYUAN

省人民法院常务副院长凌祁漫到基层联系点县人民法院调研

2015年，县人民法院以党的十八大和十八届三中、四中、五中全会、习近平总书记系列重要讲话精神为指导，紧紧围绕“努力让人民群众在每一个司法案件中感受到公平正义”的目标，坚持司法为民、公正司法工作主线，严格依法履行审判职能,服务乳源经济社会发展。深入推进司法改革，着力提高公正司法水平。积极回应人民群众期待，不断增强司法为民实效。坚持从严管理队伍，切实强化队伍素质提升。全力以赴做好审判执行工作，工作取得新进展。全年共受理各类案件1339件（含旧存65件），审结、执结1220件，比2014年分别上升14.25%和10.12%，诉讼标的金额2.31亿元，为全面建设美丽、幸福、平安乳源提供强有力的司法保障和司法服务。

法官耐心向当事人进行判后答疑

法官下到乡村派发法律宣传资料

邀请学校师生观摩少年法庭庭审活动

青年法官开展法律咨询活动

乳城镇

RUCHENGZHEN

2015年9月1日，县委副书记伍文、副县长梁丽娟到乳城镇中小学检查学生入学情况

2016年3月21日，县委副书记伍文与镇主要领导前往大东村委察看烟叶受灾情况

2015年8月21日，镇主要领导深入企业检查安全生产责任制落实情况

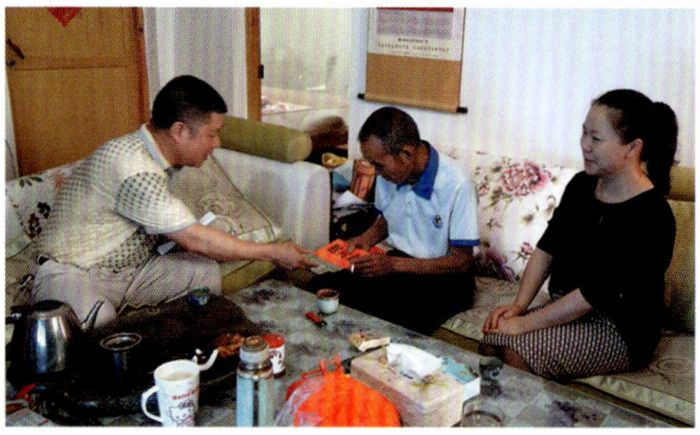

2015年6月27日，县委常委、宣传部部长简连英、镇党委书记许钧华到鲜明慰问贫困老党员

2016年1月20日，东莞大朗镇到乳城镇开展三年"回头看"慰问活动

乳城镇是乳源瑶族自治县政府所在地，近年来，镇委、镇政府认真贯彻落实科学发展观，以经济发展为第一要务，以全面建设小康社会为目标，以招商引资和解决"三农"问题为重点，优化调整产业结构，充分发挥镇资源优势，积极推进工业化、信息化、城镇化、农业现代化进程，镇域经济建设和社会各项事业实现持续、快速、健康发展。

根据镇的特有优势和产业基础，积极实施产业集聚工程和承接产业转移，引导工业企业分类聚集，延伸产业链，重点培育铝箔、电子、化工产品、新材料等产业集群；坚持把招商引资摆在对外开放的突出位置，大力发展园区经济，确保富源工业园、东阳光高科技产业园、化工基地和新材料产业园三大工业园区重点工程项目顺利推进，实现优势互补，加快镇域工业化进程。

坚持农业产业化发展主向，推动农业集约化、标准化、生态化发展，积极推进农业项目工程，培育农业龙头企业和农民专业合作组织，

2015年7月31日，县政协主席费玉海到乳城镇召开领导干部驻点普遍联系群众专题会议

2015年10月，完成乳城镇文化广场建设

突出抓好优质蔬菜、优质水稻、优质畜禽、特色品牌农业等农业支柱产业，加快葡萄园、泰丰农业园、小凌角农业观光园、现代烟叶标准化园区建设。建设以沼气、太阳能推广使用为重点的农村清洁能源工程，实施以整治村容村貌为重点的乡村清洁美工程，加快农村泥砖房改造步伐。围绕农业产业化，加强农业基础设施建设，重点加大对农业水利设施、乡村公路建设和改造中低产田等方面的投入，改善农业生产条件。

积极培育发展休闲旅游、健康服务等新型产业，充分挖掘镇优势生态资源，加大对自然保护区、风景名胜区的保护力度，发展漂流、温泉养生、观光休闲农业等，促进旅游业向农村延伸，大力开发特色文化旅游产品，做大做强旅游产业，带动第三产业跨越发展。

立足工业重镇、繁荣城镇的高标准，致力于城镇功能的改造和提升，实现城镇美化、亮化目标，加强农村安居示范建设规划，构建城乡统一的基础设施和公共服务体系；建立和完善城乡社会保障体系，做到应保尽保；认真开展普法宣传教育工作，提高依法行政水平；全面加强党的基层组织建设，把党的政治、思想、组织、纪律和制度优势转化为推动全镇跨越发展的强大力量。

2015年5月12日，乳城镇举行地质灾害避险应急演练

2015年9月23日，乳城镇召开农村集体“三资”管理工作专题会议

2015年10月19日，乳城镇在文化广场举办道德讲堂暨创建广东省文明镇文艺汇演

乳城镇烟农喜获丰收

大东莲子基地

桂头镇
GUITOUZHEN

县委书记吴春腾在千家村调研

县长邓志聪到桂头慰问老党员

桂头镇地处乳源东北部。镇域东与韶关市武江区重阳镇、浈江区犁市镇接壤，南邻游溪镇、韶关市武江区重阳镇，西邻游溪镇、必背镇，北与乐昌市长来镇毗邻。境内有京广铁路、武广高铁、广乐高速公路（设有2个出入口），镇区属省道248线、250线交汇点，县道325、326线纵横贯穿全境，武江河经镇域由北向东南从中部流过，区位优越，交通便利，是省政府确定的268个中心镇之一。全镇总面积125平方公里（其中总耕地面积1807公顷，森林面积0.8万公顷，森林覆盖率72%。），辖14个村委会，1个居委会，有93个自然村。全镇有户籍总数11622户，户籍总人口36158人，其中农业人口32022人。镇内设有中学1所，小学12所，幼儿园7所，市级示范性乡镇成人文化技术学校1所。镇级卫生院1所，村级卫生站16个。2015年，全镇国民经济生产总值77800万元，城镇居民人均纯收入7898元。

农业——2015年，全镇农作物总播种面积4311公顷，粮食作物面积2429公顷。耕地流转面积652公顷，种植大户33户，畜禽养殖大户101户，农业合作社52个。推广“协会+农户+基地”，“支部+协会”等方式,加大投入发展特色农业，建有大坝旺民蔬菜种植基地、阳陂香芋种植基地、杨溪均村马蹄种植基地、小江烟叶种植基地等特色农业产业基地。

工业——桂头镇凭借交通、地理、人力资源充足及优厚政策支持等优势，先后建立仙湖工业园、七星墩工业园两大园区。按照“优化企业投资环境、加大招商引资工作力度、大力宣传广乐高速经济带”的工作方法，加快园区发展，促进工业产业升级。

商贸——全镇共有中小型超市5家，农贸综合批发市场1个，市场占地面积1.28万平方米，建筑面积9800平方米，成为周边乡镇中规模最大、辐射范围最广的农产品交易集散地，日平均批转发农产品在100吨以上.

民生——镇政府为779名残疾人办理残疾证；确定五保户47人，低保户346户；抓好五保户入住敬老院工作，着力解决五保户老有所养的问题。入住敬老院的老人有15人；办理80岁以上老年人津贴728人，银龄安康参保4625人。城乡居民医疗保险参保人数25868人，完成率96.7%；城镇居民养老保险5395人，完成率96.37%，全镇不断扩大群众老有所养，病有所医的覆盖面。

县委副书记伍文到桂头镇指导“两不具备”村庄搬迁及工业园区建设工作

县委常委、组织部部长伍梅华到凰村考察

副县长梁丽娟到桂头镇指导教育创强复评工作

黄沙岭充满生机的新农村

红岭水渠改造

乡村公路亮化建设

扶贫——在2013—2015年新一轮扶贫开发“双到”工作中，共有重点帮扶村12个，贫困户1113户、3066人。共投入各类帮扶资金8400多万元，完成1批重点帮扶项目。进一步完善重点帮扶村的基础设施条件，有效改善村容村貌，村集体收入和贫困户收入有很大提高，村集体经济收入平均达到8.4万元，重点帮扶村人均纯收入达到12303元，贫困户人均纯收入9322元。

教育复评——整合优化资源，配合县开展创建国家级农村职业教育和成人教育示范县验收工作，2015年11月广东省教育强镇复评验收组对桂头镇申报广东省教育强镇复评工作进行复评验收，验收组对桂头镇创强复评工作给予充分肯定。两项工作顺利通过省、市、县验收。

镇委书记吴衍雄到东莞市大朗镇学习交流

东莞市大朗镇对口帮扶桂头镇安全饮水工程开工仪式

省政策调研室陈文学到桂头阳陂调研

省红十字会到红岭慰问

阳陂村商业综合楼落成仪式

阳陂香芋喜获丰收

市委书记蓝佛安到白竹村调研农村基层工作

洛阳镇位于乳源西南部，镇政府驻地洛阳村委，距县城约36公里。东与东坪镇、大布镇、韶关市武江区江湾镇交界；南与英德市波罗镇、清远市阳山县江英镇相邻；西与阳山县秤架瑶族乡接壤；北靠五指山乳阳林业局。国道323线横穿镇境内，省道258线和县道324经过镇域东、南部，有4条镇村主干道公路。镇内历史文化遗产有东平山正觉寺遗址、洛阳桥、蔡襄祠、洛阳古街、陈金城故居。景点有天景山仙人桥、南岭国家森林公园、天井山国家森林公园、天井山生态长廊、白竹绿家缘瑶乡生态农场。主要特产有洛阳茶、九节茶、蜂蜜、笋干、柠檬、木耳、黑山羊、海狸鼠、中华鲟、三文鱼、古母水鸡等。镇域总面积558平方公里（其中耕地面积969.5公顷，林地面积31259.2公顷，森林覆盖率为95%）。辖12个村民委员会，1个居民委员会，有130个自然村，91个村小组（其中1个少数民族村小组）。镇有户籍总户数2827户，户籍总人口数9883人，其中农业人口9540人。素有九山半水半分田之称，是一个集革命老区、石灰岩山区、民族杂居地、生态发展区于一体的山区镇。镇内设有小学2间，分教点2个，镇级卫生院2间，村级卫生站9个。2015年，全镇国民经济生产总值22076.8万元，城镇居民人均纯收入6994元。

在党的温暖阳光照耀下，勤劳的洛阳人民坚持从实际出发，成功把资源优势转化为经济优势，走出一条具有自己特色的发展之路。随着改革开放的深入推进，在科学发展的征途中，洛阳镇党委、政府立足“生态发展区”的功能定位，发扬“爱我洛阳、忠于职守、务实创新、力争上游”的洛阳人精神，坚持“水电生态工业、深山生态农业、特色生态药业、休闲生态旅游、绿色生态乡村”发展思路，积极推进“扶贫开发、特色经济、生态保护、和谐稳定、法制洛阳”等工作，坚持走生态之路，打造生态品牌，传播生态文明，建设生态家园，发展生态经济，建设绿色文明、和谐安康的秀美洛阳。先后获得“广东省第三届人民满意的公务员集体”、“广东省绿色示范镇”、“韶关市文明镇”、“韶关市抗冰救灾先进集体”、“韶关市人口计生工作先进单位”等荣誉称号。

省教育厅厅长罗伟其在白竹村调研指导扶贫开发工作

市委常委、市军分区政委郭伟建调研板长薄弱村整顿工作

县委书记、县人大常委会主任吴春腾调研指导正觉寺重建工作

县委副书记、县长邓志聪到洛阳调研指导生态旅游发展

召开洛阳镇开展按法治框架化解基层矛盾试点工作动员大会

1、月坪村海狸鼠养殖基地
2、半星村九节茶种植基地
3、植树造林
4、温室栽培基地
5、深洞生态茶园
6、坪溪村鲟鱼养殖基地

天瑶茶场

东坪镇
DONGPINGZHEN

市委书记蓝佛安在县委书记吴春腾陪下到东坪指导工作

市委书记江凌、县委书记吴春腾等市县领导到雕子塘村指导工作

镇委书记廖功文慰问困难老党员

县领导到东坪指导工作

东坪镇是乳源瑶族自治县3个瑶族镇之一，2005年5月县乡镇行政区划调整时由原龙南镇并入东坪镇新成立。镇政府所在地位于县城西北部，距县城14公里。全镇区域面积为359平方公里，集瑶区、山区、库区和生态发展区为一体。下辖1个居委会、10个村委会，81个村民小组，共3678户，总人口为13115人，其中瑶族人口7333人，占全镇总人口的55.91%。镇内交通网络发达，京珠高速公路、国道323线、省道S258线、坪乳公路贯穿而过。全镇人均耕地面积仅0.5亩，森林覆盖率92.9%，为典型的山区地貌，有“八山一水一分地”之称。东坪镇座落在广东第三大水库、著名风景区的南水湖湖畔，有丰富的自然生态资源，南水湖水面面积57000亩，库容12.5亿立方米，是韶关市城市用水一级备用水源。盛产各种优质水库鱼、生姜、茶叶、柑桔、葡萄、蜂蜜等，生产的金竹峰牌“皇之香单丛”、“凤凰单丛”等金竹峰单丛系列，荣获广东省第六届名茶质量竞赛金奖、全国"中茶杯"一等奖。境内有丰富的旅游资源，有省著名旅游风景区——自然风光秀美的南水湖、让人流连忘返的南水温泉度假村、历史悠久的西京古道、朱德祖居地，具有典型瑶族风情的瑶家村、农家乐等，每年前来旅游观光的省内外及港澳台游客络绎不绝。

2015年，全镇实现国民生产总值6531万元，比2014年增长1.79%，其中：第一产业4163万元，增长0.97%；第二产业产值1499万元，第三产业产值869万元，基本与去年持平；农民人均纯收入6410元，比2014年增长14.51%。并荣获广东省卫生村、广东省人口文化示范基地、乳源瑶族自治县平安镇、2015年度武装工作先进单位、乳源瑶族自治县关心下一代工作“先进集体”等称号。

东坪镇在党的十八大精神指引下，认真贯彻落实科学发展观，紧紧围绕建设民族生态休闲旅游小镇目标，发挥民族政策和移民政策“两大”优势，实施生态立镇、农林稳镇、旅游旺镇“三大战略”，做好生态保护、农民增收、旅游开发、社会治理“四篇文章”，着力打造生态东坪、幸福东坪、美丽东坪、休闲东坪、和谐东坪的“五个东坪”总体思路，充分发挥镇域资源和区位优势，紧紧抓住“五彩瑶乡”省级新农村示范片建设机遇，大力发展农业、林业、旅游等绿色经济，着力改善民本民生，全力推动经济社会各项事业更好更快发展。

服务到家庭

喜迎吉祥年

幸福瑶家人

大桥镇
DAQIAOZHEN

省委组织部领导到大桥镇红星村检查指导工作

县委常委，县委办公室主任许益云慰问困难党员

黄烟种植

大桥镇地处乳源西北部，是乳源3个中心镇之一。境内交通网络发达，省道249线与258线于石角塘处交汇，境内京港澳高速公路在大桥设有出口。全镇区域面积为384平方公里，其中耕地面积3.94万公顷，林地面积2.65万公顷，森林覆盖率为70%。辖21个村民委员会，1个居民委员会，共266个村（居）民小组。家庭总户数8775户，常住总人口40966人，其中农业人口38433人。设有中学1间、小学19间，镇级卫生院1间，村级卫生站26个。

大桥旅游资源丰富，境内有罕见的地下森林—通天箩，有保护完好的西京古道、西京古道文化陈列馆、古民居、观澜书院、开来书院、步蟾书院、古通济桥和西云寺等。主要特产有石头猪、大桥猪、本地鸡、酸姜、大桥河鱼、禾花鱼、玉米、优质米、番薯等。

开展植树活动

文化活动——大桥中学三崇文化节

核桃山公益活动

重阳敬老文艺表演

大布镇 DABUZHEN

2015年5月3日，县委书记吴春腾到广东大峡谷调研旅游开发工作

大布镇是乳源瑶族自治县唯一的革命老区，镇政府驻地大布墟位于县境南部，北距县城64公里。境地东与武江区江湾镇交界，南与英德市菠罗镇交界，西、北与洛阳镇相邻，地处粤北山区南岭山脉深处，因大布墟西南有埕头大瀑布而得名，国家4A级风景区广东大峡谷坐落于此。大布镇总面积220平方公里，辖7个村委会，1个居委会，84个自然村108个村民小组。2015年，全镇总户数2900户，总人口12814人。

大布镇按照“生态立镇、旅游旺镇、科教强镇”的工作思路，结合自身的生态资源优势，大力发展生态农业、生态旅游、绿色经济产业。为充分发挥大布镇传统农业强镇的优势，大布镇积极开展农业种植技术培训，因地制宜扶持和引导农户种植高产高收益的经济农作物，农户种植的虎皮青椒、铁皮冬瓜喜获丰收，销售价格高，销售渠道广，大幅增加农户的经济收入。利用丰富的山地资源，大力发展山林经济，引进油单竹种植项目，形成油单竹种植基地，引进油茶种植项目，形成油茶种植基地。配合大峡谷旅游开发有限公司进一步完善大峡谷旅游基础设施建设，树立大布旅游精品品牌，带动和辐射全镇旅游产业发展，促进镇生态资源与旅游产业的有机结合。充分利用大布镇丰富的风力资源优势，引进绿色工业风力发电项目，位于大布镇天堂梗、鹞婆山一带山区的风力发电一期项目顺利推进。2015年，大布镇各项民生工程稳步推进，完成大布镇革命纪念公园租地和图纸设计，大布镇自来水厂厂区主体工程及设施建设，大布河综合治理工程河道清淤工作。

随着镇交通、旅游基础设施的不断完善，特色农业的不断发展，绿色工业的不断推进，大布镇生态旅游名气不断提升，吸引更多游客到该镇旅游观光。

大布镇埕头村委种植辣椒喜获丰收

大布镇新引进经济作物铁皮冬瓜

开展大布河综合治理

建设中的大布自来水厂

建设中的风力发电基塔

建设中的大布镇鸽英村牛婆洞新村

乳源瑶族自治县林业局

RUYUANYAOZUZIZHIXIANLINYEJU

2016年1月，省林业厅党组成员、纪委书记朱谷典到乳源开展森林资源保护和发展目标责任制考核

2015年3月，省林业厅种苗总站王登峰、市林业局总工程师黄继丰到乳源指导春季造林工作

2015年，林业工作按照“加快生态发展、建设美丽乳源”的战略目标，推动造林绿化和森林资源管护，实现生态林业和民生林业的和谐发展。县辖区森林覆盖率达78.28%，林地绿化率93.6%，森林蓄积量788万m3，连续7年实现净增长。建成省级以上生态公益林127.06万亩，占林地53%。全年累计完成以森林碳汇、生态景观林带、乡村绿化美化、森林进城围城等林业四大工程为引领的造林面积3.4万亩，建成森林（湿地）公园4个，绿化美化村庄17个，营造景观林带9.5公里，高标准完成团结村乌石岭新村绿化美化建设。推进封山育林171万亩，新建的森林巡防综合系统投入使用，286名护林员和50名森林消防专业队员在林区实现指挥和通信的互联互通，森林巡防信息化能力增强。查处破坏森林资源违法犯罪案件59起，坚持集约节约使用林地，严禁天然阔叶林商业性采伐。

2015年3月，广东省林业厅党组成员、巡视员陈俊勤到乳源视察指导主干道绿化工作

2015年8月，市林业局局长邓阳秋视察指导乳源茶叶产业发展

开展打击涉野生动物违法犯罪专项行动

2015年8月，开展森林消防演练

县四套班子带领机关单位群众开展义务植树活动

护林员开展巡山护林

乳源瑶族自治县农业局
RUYUANYAOZUZIZHIXIANNONGYEJU

省委农办领导到乳源指导新农村工作

省财政厅领导到乳源指导新农村工作

县农业局党委书记、县委农办主任、农业局局长秦正京在省级新农村示范片建设工程开工仪式上讲话

2015年，乳源瑶族自治县农业系统各部门认真贯彻落实中央和省、市农村工作会议、县委十一届六次全会精神，严格按照“三严三实”要求，以发展农村经济、增加农民收入为出发点，主动适应经济发展“新常态”，对全县农业农村工作进行具体部署安排，强化春耕冬种生产、农业产业化发展、省级新农村示范片建设、扶贫开发、农村集体“三资”管理体系建设和农村土地承包权经营权确权登记颁证等工作，有效推动乳源农业农村经济发展。7月成功创建全国第二批农村集体“三资”管理示范县，11月成功举办新农业新电商--互联网+农业高峰论坛和首届粤北（乳源）农博会。五彩瑶乡省级新农村示范片顺利推进，完成41个主体村村庄整治规划和21个村施工设计，完成乌石岭新村、雕子塘村、高元村等主体工程建设。以乡村清洁美工程和美丽乡村建设为重点，投入近800万元，实行“户集中、村收集、镇转运、县处理”的农村生活垃圾处理模式。“一片两带”农业初见成效。乳桂线城郊观光农业示范片种植优质蔬果3万多亩，养殖黑猪、香猪1万多头；石灰岩耐寒耐旱产业带种植高山蔬菜、黄烟各1万多亩；深山区农林经济产业带种植高山茶叶8000亩、九节茶等中药材7500亩。新增农民专业合作社44家、家庭农场28家，申报市级以上农业龙头企业4家。扶贫开发成果丰硕，投入资金1.1亿元实施基础设施、产业帮扶等较大项目372个，完成“两不具备”村庄搬迁1047户3713人和714户农村低收入困难户住房改建。

县农业专业合作社在首届粤北农博会上的展台

新农业新电商——互联网+农业高峰论坛在乳源成功举办

“拿比特”特色西瓜大丰收

下社村村民在新建广场上健身休闲

乳源瑶族自治县
住房和城乡规划建设局

县住建局局长龚民陪同深圳市城市空间规划建筑设计有限公司领导到乳源开展古驿道现场调研

县住建局局长龚民在全县城乡建设管理工作会议上作表态发言

乳源瑶族自治县住房和城乡规划建设局是县人民政府主管建设行政管理工作的职能部门，位于乳城镇鹰峰东路24号。局机关内设5个股室：办公室、城乡规划股（县城市规划委员会办公室）、城市建设管理股（住房保障与房地产管理股、城市建设档案室）、建筑管理股和行政审批股。所属11个事业单位、5个企业单位和1个社会团体，共有干部职工500多名。其主要职责是：贯彻执行国家和省市有关城乡规划、建设、管理的方针政策、法律、法规和规章；对本地区城乡规划、城乡建设、城市管理、建筑业、住宅房地产业、勘察设计咨询业及市政公用事业进行行业管理；负责对建设工程项目包括规划区内小区修建性详细规划、市政和管线项目的设计、放线、验线、复线的管理工作；负责规划区内建设用地和建设工程的规划管理；负责城市经济适用住房、廉租房和政策性租赁房的规划建设和分配管理工作；负责房屋建筑和市政基础设施工程招标投标活动备案、监督和管理；负责市政设施建设和维护的监督管理，参与城市基础设施建设项目的规划、设计和竣工验收；负责本辖区内发展散装水泥和商品混凝土的管理工作；负责城市绿化的监督管理；指导县城区房屋拆迁管理工作。

县住建局在县委、县政府的领导下，紧紧围绕县委、县政府2015年重点建设项目的工作目标，认真履行工作职责，狠抓工作作风，扎实有效推进建设与管理，较好地完成全年各项工作任务。

2015年，共核发《建设项目选址意见书》《建设用地规划许可证》《建设工程规划许可证》共88宗，用地面积约166万平方米。乳源瑶族自治县新开工项目25项，其中房屋建筑面积21.57万平方米，市政工程3.39万米，工程造价2.8122亿元；竣工验收备案工程22项，其中房屋建筑面积约20.59万平方米，市政道路460米，排水渠440米，供水管道安装工程19.42公里，工程总造价2.64亿元，工程验收合格率100%；新受监督工程项目21项，建筑面积25.05万平方米，工程总造价约5.538亿元；完成建筑工程产值8838万元，与2014年相比增加2787万元，施工面积139133平方米，与2014年相比减少20729平方米。

市考核小组到乳源开展2015年农村生活垃圾收运处理工作考核

县住建局领导在“七一”期间慰问老党员

县住建系统召开创建全国文明城市暨住建工作推进会

乳源瑶族自治县环境保护局

副县长林军到桂头镇检查污水处理厂建设运行情况

省生态考核组到乳源实地考察

乳源瑶族自治县环境保护局是县人民政府主管环境保护工作的职能部门，内设办公室、环境保护管理股（行政审批股）、环境应急与监察股（环境监察分局）3个股室，下属环境监测站1个事业单位。

2015年，在县委、县政府的正确领导和上级环保部门的关心支持下，县环保局认真贯彻落实县委十一届六次全会和县十一届人大五次会议精神，紧紧围绕县委、县政府的中心工作，从全县经济发展大局出发，结合环保实际，狠抓污染物减排，提高行政服务效能，服务重点项目，强化环境监管，认真调处环境污染纠纷，严打环境违法行为，加强环境监测，积极推进生态文明建设，取得显著成效。乳源环境质量达到优良水平，县城城区环境空气质量达标天数比例100%，主要河流水质监测断面水质达标100%，城市集中式饮用水水源地水质达标100%，城市区域声环境质量达到二类区水平标准，建成桂头、大桥两个中心镇污水处理厂，污染物排放得到有效控制，环境质量稳中向好。

环保执法人员到企业开展日常环保检查

环保志愿服务队清理南水水库周边垃圾

RUYUANYAOZUZIZHIXIAN HUANJINGBAOHUJU

召开2015年环境保护大检查动员部署会议

对县城餐饮业油烟污染进行联合执法

“6·5”世界环境日宣传活动现场

乳源瑶族自治县人力资源和社会保障局

RUYUANYAOZUZIZHIXIAN RENLIZIYUANHESHEHUIBAOZHANGJU

市人社局局长黄庆忠（左前二）在县委书记吴春腾（左一），县委常委、副县长刘永生（右一）及相关部门负责人陪同下到乡镇人社所调研

研究工作

乳源瑶族自治县人力资源和社会保障局位于乳城镇鹰峰东路9号，属正科级行政单位，内设办公室、就业促进股、事业单位人事管理股（人事考试办公室）、工资福利股、社会保险管理股、劳动监察股、公务员管理股（县军队转业干部安置办公室），核定编制15人。

2015年，在县委、县政府的正确领导和上级人社部门的精心指导下，县人力资源和社会保障局坚持“民生为本、人才优先”为主线，全局干部职工团结协作，锐意进取，人社各项事业取得显著成绩。全县城镇新增就业人数2006人，下岗失业人员再就业人数1411人，就业困难人员实现再就业人数202人，农村劳动力转移就业人数3009人，城镇登记失业率控制在2.45%；发放小额担保贷款64笔，发放金额581万元，完成职业技能培训560人；按照“保基本、广覆盖、有弹性、可持续”的方针，加大社保政策宣传，各项社保扩面征缴指标任务完成情况均排名全市前列；积极开展招才引智工作，不断规范做好人事管理和军队转业干部安置工作；以保持劳动关系和谐稳定为目标，做好劳动维权工作，接待群众咨询、来信来电来访 121批次，累计收缴81户建设领域施工企业工人工资支付保证金2131.72万元(其中：2015年收缴22户金额678.28万元)，为预防和解决建筑施工领域欠薪问题、维护务工人员的合法权益、保持全县社会稳定发挥积极作用；共收到各类劳动争议案件45宗，受理31宗，受理案件涉及人员87人，涉案金额达160.94万元，法定审限内结案率为100%，累计结案率为100%。

县人力资源和社会保障局被评为全省2013-2015年扶贫开发“双到”优秀帮扶单位，被县委、县政府评为2015年度全县人口与计划生育综合治理先进单位，被县精神建设委员会评为2014-2015年度全县文明示范窗口单位。

人社局办公大楼

企业用工现场招聘会

召开社保扩面征缴工作动员会

联合举办“真情月嫂”技能培训

人力资源市场办事大厅

乳源教育局

RUYUANJIAOYUJU

鲜明八一希望学校扩建一期工程竣工并投入使用

县委书记、县人大常委会主任吴春腾到学校调研

县长邓志聪到学校指导校园建设工作

2015年，乳源教育工作在县委、县政府的正确领导和上级教育部门的关心指导下，广大教育工作者开拓进取，扎实工作，圆满完成年度各项工作任务，得到上级领导和社会各界的充分肯定和高度评价。

"三个创建"圆满完成。加强组织领导，落实工作职责，进一步统筹教育资源，成功创建成为全国义务教育基本均衡县、国家级农村职业教育和成人教育示范县，通过桂头镇省教育强镇复评验收。

办学条件不断改善。大力推进鲜明八一希望学校改薄和金禧小学扩容工程，鲜明八一希望学校扩建一期工程的教学楼和学生宿舍楼于9月1日交付使用。所有城乡学校均配置计算机网络教室，"班班通"实现全覆盖。

师资水平不断提高。出台《乳源中小学教师职业行为十项准则》《乳源瑶族自治县义务教育学校奖教金分配方案》，师德师风、业务水平得到提升。

教育体育成绩优异。普通高考专科以上上线人数达1150人，其中普通高考第一批上线99人（含专项计划35人）。韶关市推进学校管理暨校园文化建设现场会在乳源召开，介绍并推广乳源校园文化建设经验。县龙舟和押加代表队代表广东省第十届全国少数民族传统体育运动会，取得3金9银1铜的好成绩，8名女子龙舟运动员被评为全国优秀运动员，12名表演项目运动员获得道德风尚奖，圆满完成省市下达的比赛任务，得到省、市领导的好评。

副县长梁丽娟调研学校工作

韶关市加强学校管理暨校园文化建设现场推进会在乳源召开

乳源瑶族自治县工商行政管理局

RUYUANYAOZUZIZHIXIANGONGSHANGXINGZHENGGUANLIJU

县委常委、副县长刘永生到县工商局调研“三证合一”工作

驻省工商局纪检组长李平到乳源调研扶贫开发工作

县工商局开展“红盾护农”保春耕农资专项检查

3·15活动现场为诚信单位颁发牌匾

县工商开展创文宣传

乳源工商禽流感防控工作

乳源瑶族自治县公安消防大队

RUYUANYAOZUZIZHIXIAN GONGANXIAOFANGDADUI

7月28日，李春生副省长莅临乳源大队视察工作

1月16日，出警在桂头镇新市场对面电器店救火

强军杯篮球赛

12月12日，坪乳路面包车交通事故

乳源瑶族自治县行政服务中心

RUYUANYAOZUZIZHIXIANXINGZHENGFUWUZHONGXIN

乳源瑶族自治县行政服务中心（以下简称“县行政服务中心”）成立于2004年11月，为县人民政府直属正科级公益一类事业单位，下设事业单位公共资源交易中心（属副科级公益一类事业单位）。县行政服务中心秉承“便民、规范、廉洁、高效”的服务宗旨，以“为民、利民、惠民”为己任，紧扣县委、县政府中心工作，深化行政审批制度改革，加强公共服务平台管理，推行便民利企服务工作，全面推进基层公共服务平台建设工作，全力营造一流办事环境，提供一流政务服务，打造一流公共服务平台，为优化乳源政务服务环境，助推乳源经济发展做出积极贡献。

改进工作作风　提高执行力会议

道德讲堂

便民休闲阅读区

三八节活动

乳源公共服务中心大楼

一号办事大厅

二号办事大厅

2015中国质量月
2015 CHINA QUALITY MONTH
迈向质量时代
建设质量强县
乳源瑶族自治县质量技术监督局是乳源瑶族自治县人民政府的职能部门，
主管全县质量、计量、标准化、认证认可、特种设备安全监察等工作，
并行使行政执法职能。
乳源瑶族自治县质量技术监督局
Administration of Quality and Technology Supervision of Ruyuan Yao Autonomous County

乳源瑶族自治县 南水湖湿地公园管理处

RUYUANYAOZUZIZHIXIAN
NANSHUIHUSHIDIGONGYUANGUANLICHU

副省长邓海光（右二）深入南水湖国家湿地公园视察指导

国家林业局湿地保护管理中心主任马广仁等专家组成员到乳源实地验收评估南水湖国家湿地公园建设

乳源南水湖国家湿地公园位于县城以西，大致范围包括南水湖环湖公路及其周边第一层山脊集水面。整个湿地公园东西垂直长约为10.0公里，南北垂直宽约为18.7公里，总面积为6283.7公顷，以河流湿地、湖泊湿地、沼泽湿地和森林组成的复合湿地生态系统为主体，在中国具有一定的典型性和代表性，并且在水资源保护、湿地学、生态学、生物学、地学等方面均具有较高的科学价值。乳源南水湿地公园管理处为县政府直属正科级事业单位，内设4个机构：办公室，计划财务股，科研监测股，社区共管股，下辖南水湿地保护管理站1个事业单位。

南水湖湿地公园交通便利，京珠高速公路贯穿全境，境内设有1个进出口，2.5小时可直达广州。环湖路全线贯通。湿地公园离京广铁路和武广铁路专线只有不到60公里，客运专线1小时可达广州，4小时可至武汉。

南水湖国家湿地公园的建设，对防洪、灌溉以及区域饮用水的安全具有重大战略意义，对保障整个珠江流域的生态安全和可持续发展都具有重要作用。同时南水湖湿地也为候鸟提供重要迁徙地，为生物提供良好的栖息环境，是重要的动植物基因库。园内景色幽静，环境优雅，空气清新，溶山水之灵气于一方，汇自然与人文为一体，是人们休闲观光，创作写生，科普教育、实习试验的理想场所。

南水湖湿地公园自试点建设以来在各级林业部门和县委、县政府的大力指导、关心支持下，科学建设，生物多样性得到有效的保护，水质得到明显提高，不仅为区域生态安全作出贡献，而且营造良好的湿地景观环境与湿地生态文化氛围，取得良好的生态、社会和经济效益。

2015年2月5日，完成省级湿地公园建设考核验收工作，省林业厅组织专家教授对南水湖湿地公园进行评估验收。2015年9月8日完成国家林业局湿地公园建设考核验收工作，国家林业局湿地保护管理中心主任马广仁协同国家发展改革委农经司副司长吴晓松、国家林业局调查规划设计院书记刘国强、北京林业大学教授张明祥等专家组到实地验收评估南水湖国家湿地公园建设。2015年12月31日正式通过验收，乳源南水湖湿地公园正式成为国家级湿地公园。

蓝月湾

小岛之韵

湿地科学展览馆

广东粤电南水发电有限责任公司

GUANGDONG YUDEAN NANSHUI POWER GENERATION CO.,LTD

集团公司副总经理洪荣坤莅临南水进行防汛检查

县委书记、县人大常委会主任吴春腾莅临南水发电公司防汛视察

广东省第二届厂务公开民主管理示范单位授牌现场

韶关市先进职工之家授牌现场

广东粤电南水发电有限责任公司（原称广东省南水水电厂）成立于1970年4月7日，于2003年5月9日改制为广东粤电南水发电有限责任公司（以下简称“南水发电公司”），位于北江支流——南水河上（全长93km，流域面积1470km2），乳源县境内。在乳源瑶族自治县工商行政管理局注册成立，是由广东省粤电集团有限公司投资的全资子公司。

南水发电公司装机3台，额定单机容量为2.5万千瓦，第一台机投产于1970年4月19日，同年8月26日第二台机组发电，到1971年8月1日三台机全部投入运行。原装机额定容量为7.5万千瓦，2005年-2011年进行增容改造，三台机组最大出力达到10万千瓦。南水水库大坝是国内仍在运行的最大定向爆破堆石坝。水库最大库容12.8亿立方米，属多年调节水库，原设计多年平均发电量为2.92亿千瓦时，1970-2015平均年发电量为2.55亿千瓦时。南水水库原功能是“以发电为主，兼顾防洪、灌溉”，2011年省水利厅调整为“以防洪、供水为主，结合发电、灌溉”。

南水发电公司坚持“安全第一、预防为主、综合治理”的管理方针，始终把安全生产工作放在首位。截至2015年12月31日止，安全生产天数创历史最高记录5768天。

南水发电公司2006年被韶关市评为“园林式单位”，2005年以来一直保持质量、环境、职业健康安全三标一体化管理体系认证和再认证，2011年12月通过南非NOSA五星安健环管理系统“四星”认证，2013年4月获广东省第十三届体育节活动先进单位，2009年1月以来保持粤电集团公司AAA级先进发电企业，2013年12月被国家能源局评为“电力安全生产标准化二级企业”，2014年2月被评为韶关市文明单位，2014年8月获广东省自主创新标杆企业称号，2015年荣获“广东省第二届厂务公开民主管理示范单位”、“韶关市先进职工之家”、“乳源瑶族自治县爱心企业”等荣誉。

乳源瑶族自治县农村信用合作联社

RUYUANYAOZUZIZHIXIAN NONGCUNXINYONGHEZUOLIANSHE

2015年4月28日，乳源联社党委书记、理事长张初富向县委副书记伍文汇报“三项工程”建设等业务情况

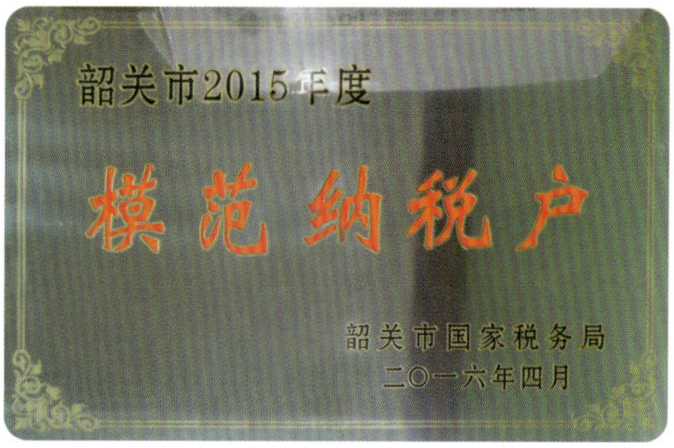

2015年8月18日，乳源联社党委书记、理事长张初富在网点服务提升理念宣导培训班上作重要讲话

乳源瑶族自治县农村信用合作联社（以下简称“乳源联社”）由原乳源瑶族自治县农村信用合作社联合社改制成立，于2008年12月10日正式挂牌营业。注册资本8000万元人民币，下辖13个营业网点，在职员工146人，提供定活期存款、企业贷款、个人信贷、结算业务、代收代付、代理业务、手机银行、理财服务等多种金融服务。

近年来，乳源联社内抓管理、外树形象，加快转型升级步伐，发展成为乳源一家规模最大、实力雄厚、服务面广、经营稳健的地方农村金融机构。截至2015年12月末，存款余额达248034万元，贷款余额达138411万元，存贷款规模在乳源各金融机构中持续领先，是支持地方经济、服务瑶乡民生的金融主力军，为促进乳源城乡建设、经济发展作出重要贡献。

站在新的历史起点上，乳源联社将再接再厉、深化改革、锐意进取，始终坚持“立足县域、服务三农”的战略定位，加大对中小微企业的扶持力度，努力提高金融服务能力和水平，大力践行普惠金融，不断弘扬广东农信“诚信、为民、务实、勤勉、创新、争先”的企业文化，更好发挥农村金融主力军重要作用。

2015年8月19日，乳源联社党委书记、理事长张初富深入到必背分社开展工作调研

1、2015年6月10日，乳源联社举办2015年流程化岗位竞聘考试。图为乳源联社党委书记、理事长张初富在作重要讲话

2、2015年9月16日，乳源联社开展送金融知识下乡宣传活动

广东省天井山林场 GUANGDONGSHENG JINGSHANLINCHANG

茁壮成长

阔叶树苗圃

广东省天井山林场是广东省林业厅直属的生态型自收自支事业单位，创建于1958年。2015年，广东省天井山林场认真贯彻落实省林业厅和县委、县政府的工作部署，扎实开展新一轮绿化广东大行动，全力优生态、保资源、增效益，抓好重点生态工程建设和小水电扩容增效技改工作，开展国有林场深化改革调查摸底，制定初步实施方案，继续推进森林生态旅游设施和场区美化绿化工程建设，改善民生福祉和促进林场经济发展，取得较好成效。

2015年，该场实现总收入4828万元，上缴税费426万元，创利润492万元，职工人均年收入5.1万元。年末国有资产总值1.82亿元；年末活立木蓄积量189.47万立方米，森林覆盖率91.6%。

场部大院

天井映日

宽阔的场区道路

乳源瑶族自治县银源水电有限责任公司

泉水水电厂增效扩容改造后现代化的中控室

泉水水电厂实施增效扩容工程机组安装现场

龙谷电站实施水毁恢复工程后中控室新貌

县城路灯LED灯节能改造现场

村村通自来水工程建设工地

供水管网改扩建工程

世行项目县城排污主管道安装

银源公司办公综合大楼

乳源瑶族自治县水电行业协会

RUYUANYAOZUZIZHIXIANSHUIDIANHANGYEXIEHUI

广东省水利厅副巡视员茜平一前来参加会议并讲话

周边市、县水电行业协会会长参加乳源水电协会总结大会

乳源瑶族自治县水电行业协会于2008年8月经县水利局、县民政局批准成立的社会组织，在乳源境内从事水力发电生产经营的企业、个人或其他组织，本着自愿的原则组织的、非营利性的社会团体组织。协会由27人组成理事会，由9人组成常务理事会，设会长1名，副会长两名，秘书长1名。内设办公室1人、国税开票室3人、地税申请室2人、记帐室2人，并成立党支部。协会的宗旨是：遵守国家法律、法规和有关政策；及时总结、交流水电行业技术和科学管理经验。依法办事、致力维护会员的合法权益，为水电企业的生存和发展、为构建和谐社会而努力。乳源境内共有水电站419座，装机容量为54.5985万千瓦，年发电量约20亿度，参加协会的有385座，装机容量为39.2015万千瓦。分别占电站总数的92％和总装机容量的71％。在发展会员的工作中，由原来50户，发展到385户，并得到会员的积极支持。协会成立以来，协会禀承安全生产、竭诚服务、依法维权的宗旨，为水电企业争取合法权益。在2008年积极向政府及有关部门反映业主的合理诉求，维护业主权益利益，争取小水电上网电价最低保护价为39.54分／千瓦时，在2011年通过省物价局、省电网公司、省水利厅、省水电协会结合各种电能上网加权平均价的机制，从2011年12月1日起执行新的上网最低保护价为42.82分／千瓦时，在2013年4月1日起上网电价每度电提高1分钱，即为43.82分／千瓦时。并形成长效机制，为水电企业争取更大的利益。

协会成立以来，积极与政府及有关部门沟通，配合县政府对小水电的增值税征收工作，为县财政每年增加几千万元的收入。乳源小水电企业每年为国税创造了上亿元的税收，为乳源地税每年创造5千万元以上的税收。协会得到县委、县政府的大力支持，在工作经费上每年得到县财政支持。在小水电的管理过程中，积极配合县水务局做安全生产培训和安全生产工作，杜绝安全生产事故的发生，起到桥梁纽带作用。协会主动做好水电企业的工作，引导会员致富不忘回报社会，积极参加社会公益活动，2012年为县举办盘王节捐献30.05万元，“6·30”扶贫济困日献爱心活动中，每年捐献3000元至5000元。

水电行业协会办公室大门

乳源瑶族自治县水电行业协会的发展，得到省、市有关部门的认可。2015年,协会购置约400平方米办公室，在全省水电行业协会中作出榜样。会长钟殿有被广东民政厅评为2013年度广东省社会组织模范个人称号，在2015年被选入共建中国梦—新时代广东杰出人物纪实。

广东省水利厅行业协会第四届理事会在乳源白云天园林宾馆召开

县水电行业协会年终总结会

水电行业协会服务大厅

韶关怡诚房地产开发有限公司
CHAOGUANYICHENG FANGDICHANKAIFAYOUXIANGONGSI

紫荆苑小区大门

美丽家园紫荆苑

紫荆苑——快乐童年

紫荆苑小区一角

韶关怡诚房地产开发有限公司于2004年2月注册成立，在乳源瑶族自治县投资兴建紫荆苑商住小区，该小区占地75022平方米，建设规模约18万平方米，住户达1000多户，小区座落在环境优美的乳江河畔，生活便利，交通出入通畅。公司在乳源瑶族自治县人民政府及各级部门大力支持下，发展顺利。

夜色中的紫荆苑

早春三月

祥和喜庆紫荆苑

乳源瑶族自治县永恒实业有限公司

RUYUANYAOZUZIZHIXIANYONGHENGSHIYEYOUXIANGONGSI

董事长　高东成

热烈祝贺永恒公司3万吨/年胶黏剂系列产品项目工程奠基仪式圆满成功

乳源瑶族自治县永恒实业有限公司位于乳源经济开发区新材料产业园内，主要生产经营氯化石蜡-52具有低挥发性、阻燃、电绝缘性良好、环保等优点，公司氯化石蜡产品注册“挂绿”牌商标，是广东省知名商标产品，主要销往长三角、珠三角、江浙一带等省内外28个大中城市。在册员工60人，其中：各专业中高级以上技术人员16人，管理人员10人，产业人员46人。

公司管理体系完善，组织机构明晰、营销体系健全。先后荣获“乳源县安全生产企业”“韶关市安全文化示范企业”“广东省清洁生产企业”“AAAA银行信用企业”等称号。

永恒人以“团结敬业，迈向明天，创优质产品，收优异效益，服务社会”为宗旨。以社会各界经营为榜样，让优秀的企业成为公司的客户，让公司的客户成为优秀的企业。“永”既是永恒、“恒”即持之以恒。至2015年永恒实业公司走过20个春秋，公司不断开拓新的产品，永恒人凭着坚定的理想和信念走在世界的前沿,永恒人海纳百川的气度,追求卓越的信心,务真求实的闯劲必将挥动坚实的琴弓，唱响永恒之歌，流淌出更加悦耳的音符。

公司新产品胶黏剂

企业文化活动

安全知识竞赛活动颁奖仪式

乳源瑶族自治县 乳源中学

RUYUANYAOZUZIZHIXIAN
RUYUANZHONGXUE

市教育局局长邓小杰（右二）、市民宗局局长赵卫东（中）、副县长梁丽娟（左二），在校长孙献忠（左一）的陪同下视察乳源中学校园

乳源中学创办于1941年秋，2003年初、高中分离，为广东省义务教育阶段规范化学校。学校占地面积78000多平方米，校舍建筑面积29000多平方米，校园布局合理，环境绿化美化。有50个教学班，在校学生2300多人，专任教师168人，其中高级教师32人，一级教师130人。近年来，全面开展“尽力、进步”特色校园文化建设，着力打造优秀教师队伍，全力提高教学有效性，注重发展学生个性特长，努力提高教育教学质量。

学校先后荣获广东省“安全文明校园”、广东省“德育示范学校”、 广东省“依法治校示范校”、广东省“中小学校本培训示范学校”等上百项省、市、县级荣誉称号。自2003年以来，学校中考成绩连续13年以绝对优势稳居全县第一，素质教育蓬勃发展，在省、市、县多项学科竞赛中取得优异成绩。

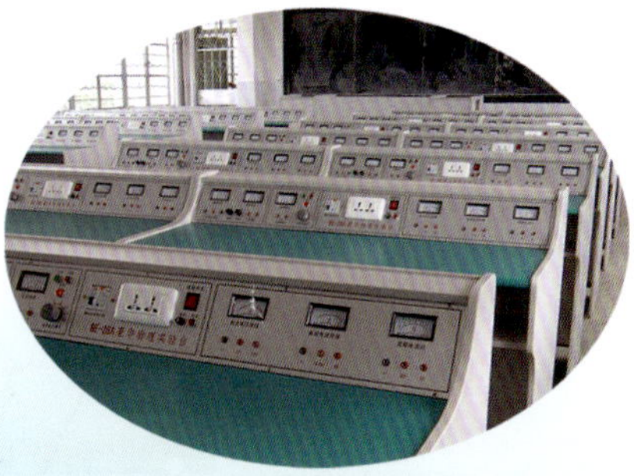

物理实验室

新建教学楼

宏大的运动会开幕式场景

塑胶篮球场

乳源瑶族自治县民族实验学校

RUYUANYAOZUZIZHIXIAN
MINZUSHIYANXUEXIAO

中国关心下一代教育示范基地挂牌仪式

“非遗”进校园——非遗文艺演出

民族体育项目进校园——押加

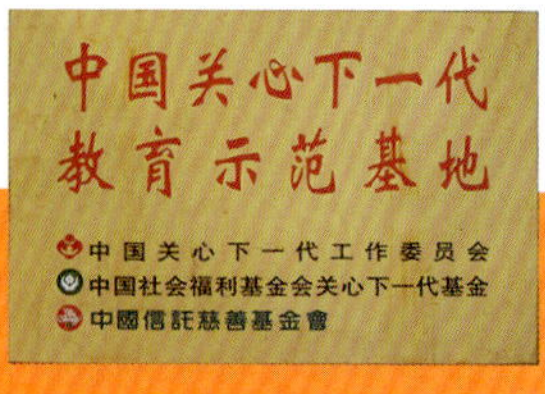

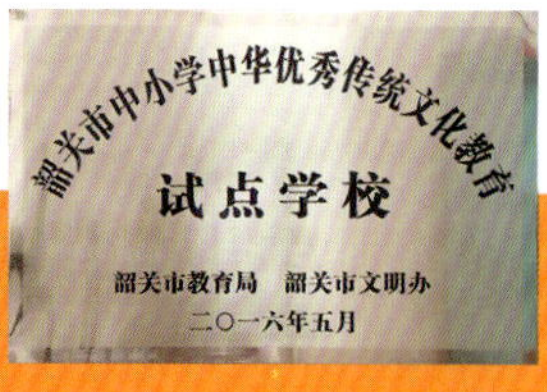

乳源瑶族自治县民族实验学校前身是创办于1982年的民族小学，1998年秋季改建为全日制寄宿制的少数民族实验学校。2014年秋季起由6年一贯制学校（义务教育四年级到九年级）改建为县城第二所独立初级中学（七年级到九年级），学校规划设置每个年级9个教学班，学生规模1200人，实行划片招生。学校有教职工79人，其中，专任教师72人，本科学历达标率65%。学校实行内宿生免收学杂费及住宿费政策，全体内宿生每人每月享受县政府60元的伙食补助，少数民族学生同时享受省政府每月100元伙食补助。

学校坚持“以人为本，传承创新”的办学理念，以“学会学习，学会合作，学会健体，学会做人”为抓手，有序地开展教育教学活动，逐步形成“博学、严谨、爱生、奉献”的教风，“乐学、善思、合作、创新”的学风，弘扬学校“团结、勤俭、诚善、活泼”的校园风气。

保护、传承瑶族文化是学校工作的一项重要任务，开发如《瑶语》等系列瑶族特色校本教材，开展瑶族文化传承教育，瑶族刺绣、瑶族民歌、瑶族体育、瑶语教育进课堂等瑶族特色课程成为校园一道亮丽的风景线。

近年来，学校教育教学成绩稳步提高，文艺体育活动屡获佳绩。获得“映像乳源”原创旅游歌曲进校园歌咏比赛最佳演艺奖、全县“青少宫彩票公益金杯”合唱比赛中学组一等奖、2015年“财税杯”中学生税法知识竞赛一等奖，被评为2015年度乳源瑶族自治县爱国卫生先进单位，2015年被确定为“中国关心下一代教育示范基地”。2015年，学校教师在各级各类刊物上发表论文30多篇，师生获奖100多人次。

道德讲堂

四会绽放 青春闪亮 学生才艺演出

乳源瑶族自治县第一小学

RUYUANYAOZUZIZHIXIAN DIYIXIAOXUE

2015年3月19日，副县长梁丽娟和县教育局局长郑东红为校园植树添绿

2015年10月14日，国家义务教育均衡发展督导评估组现场督导检查

2015年5月15日，《弟子规》诵读比赛

2015年12月4日，省教育研究院带领顺德得胜小学老师送教下乡

2015年5月26日，乳源一小家长开放展示日活动

祝贺单位

乳源瑶族自治县公安局
韶关市乳源公路局
乳源瑶族自治县水务局
乳源瑶族自治县卫生和计划生育局
乳源瑶族自治县人民检察院
乳源瑶族自治县人民法院
乳城镇
桂头镇
洛阳镇
东坪镇
大桥镇
大布镇
乳源瑶族自治县林业局
乳源瑶族自治县农业局
乳源瑶族自治县住房和城乡规划建设局
乳源瑶族自治县环境保护局
乳源瑶族自治县人力资源和社会保障局
乳源教育局
乳源瑶族自治县工商行政管理局
乳源瑶族自治县公安消防大队
乳源瑶族自治县行政服务中心
乳源瑶族自治县质量技术监督局
乳源瑶族自治县南水湖湿地公园管理处
广东粤电南水发电有限责任公司
乳源瑶族自治县农村信用合作联社
广东省天井山林场
乳源瑶族自治县银源水电有限责任公司
乳源瑶族自治县水电行业协会
韶关怡诚房地产开发有限公司
乳源瑶族自治县永恒实业有限公司
乳源瑶族自治县乳源中学
乳源瑶族自治县民族实验学校
乳源瑶族自治县第一小学

目　　录

乳源瑶族自治县人民代表大会及其常务委员会

乳源瑶族自治县人民政府

中国人民政治协商会议乳源瑶族自治县委员会

县纪委

群团组织·工商联

法　治

武 装

经济管理

农业·农村·气象服务

工　业

商贸·商业

财税·金融·保险

旅游 · 服务业

交通 · 邮政 · 通信

城建·环保

文　化

卫生·体育

科技·教育

社会生活

各镇概况

中央、广东省驻乳源单位

2015 年乳源瑶族自治县国民经济统计资料

先进名录

文献转载与重要文件

索　引

专　文

推进文化生态保护　促进民族文化繁荣发展

——乳源文化生态保护纪实

【综述】　乳源瑶族自治县按照《广东省文化强省规划纲要（2011—2020）》关于建设广东省瑶族文化生态保护实验区的要求，坚持“保护为主、抢救第一、合理利用、传承发展”的工作指导方针，大力推进瑶族文化生态保护实验区建设。2015 年，乳源共有国家级非遗名录《瑶族盘王节》《瑶族刺绣》《瑶族民歌》，省级非遗名录《乳源瑶族服饰》，市级非遗名录《乳源瑶族传统医药》《圣祖祭》《契娭生日》。2010 年乳源成功创建为“中国瑶绣之都”，2014 年成功创建为中国民间文化艺术之乡和广东省瑶族文化（乳源）生态保护实验区，乳源文化部门在 2014 年获评为全国文化系统先进集体。乳源的文化生态保护工作走在全省、全市前列。

【文化生态保护列入县委、县政府主要工作要点】　中共乳源瑶族自治县委、乳源瑶族自治县政府始终坚持抓文化就是抓发展的理念，提出“打瑶族牌，走生态路”的发展思路，以民族特色作为发展的驱动引擎，将建设“广东省瑶族文化生态（乳源）保护实验区”列入国民经济社会发展“十三五”规划，列入县委、县政府主要工作要点之一，并安排县领导负责落实。

【基础先行，注重惠民】　不断完善文化基础设施，新建博物馆、图书馆，其中新图书馆被评为国家二级图书馆、广东省十大最美图书馆，投入 50 万元对新建博物馆民俗文化展厅进行布展，共收集民俗文化展品 100 余件。对全县文化站进行升级改造，新建必背镇文化站并投入使用，全县 9 个镇文化站全部达标。计划兴建县文化馆和民族文化传承中心。

【宣传推介，营造氛围】　“十二五”期间，乳源积极组织瑶绣协会参加上海世博会、深圳文博会、世界客商大会等一系列重大展览活动。每年举办瑶族“十月朝”文化旅游节，不断推出民族文艺精品，创新举办瑶绣艺术节、瑶族山歌会等一系列展演活动，不断增强城乡群众文化生态保护意识。必背镇王茶村瑶族群众自发组织举办传统习俗文化活动，瑶族群众身穿瑶族服饰唱瑶歌、秀瑶绣、赛传统游戏，利用科技信息方式通过微信朋友圈、文明乳源、乳源发布、QQ 空间大秀等网络活动，在县内外有很大反响，传承民族文化的意识在广大人民群众心中生根、发芽。

【资源共享，传承发展】　2015 年乳源正式启动广东省首个国家级特色文化资源数据库，即《南岭瑶族文化资源多媒体数据库》建设工作，开展以瑶族聚居区域为重点的拉网式普查。经过一年的时间，最终整理收录入库文字 23 万字，照片 5000 多张，视频录像 23 部、瑶族民歌音频 33 首，总时长约 500 分钟。数据库收录内容涵盖乳源非物质文化遗产以及与之相关的内容，特别是一些濒危项目的内容逐步收录到数据库，实现永久保存，并将实现文化信息资源共享。

【加强交流，互补发展】　他山之石，可以攻玉。乳源在努力传承民族文化基础上，注重借鉴其他地区的先进做法，先后组织业务骨干赴兄弟瑶族县以及广东省文化生态保护先进区梅州等有关市、县开展文化交流。在推动民族文化传习馆漂洋过海到南太平洋等地区、国家开展演出活动期间，鼓励民间开展面向全国瑶族地区的文化交流活动，引导文化工作者深入研究瑶族传统文化，形成一系列记录成果和论文成果。2015 年，乳源举办“一带一路”建设与世界瑶族文化交流研讨会，提升瑶文化影响力。

【创建品牌，融合发展】 乳源在成功创建为“中国民间文化艺术之乡”后，先后有必背镇、大桥镇成功创建为“广东省民间文化艺术之乡”，建成特色旅游名镇——必背镇。启动新农村示范片建设工程，建成政研新村、“八一”瑶族新村、乌石岭新村、必背口村等一批特色文化旅游村寨。制作 12 首旅游原创歌曲，制成 MTV 专辑，在各大视频网站、微信等网络平台进行宣传推介，提升乳源文化旅游品位，瑶族传统文化得到更好的传承与保护。

经济社会的发展离不开文化的支撑，乳源在推进瑶族文化生态保护实验区建设上，以促进民族文化繁荣发展与整个经济社会发展的大局同谋划，做到：一是坚持民族文化与经济发展相结合。二是坚持民族文化与旅游发展相结合。三是坚持民族特色文化与城镇建设相结合。四是坚持民族文化与改善民生相结合。非物质文化遗产传承保护，为挖掘传承乳源历史文化得到有力保障。 （邓雄华）

特　载

2015年县委常委会工作总结

2015年，县委常委会团结带领全县广大党员干部群众，坚持以邓小平理论、“三个代表”重要思想和科学发展观为指导，深入贯彻党的十八大、十八届三中、四中、五中全会和习近平总书记系列重要讲话精神以及省、市重大工作部署，牢牢抓住粤东西北地区振兴发展机遇，以“加快生态发展，建设美丽乳源”为核心，以“三大抓手”为重点，全面推进深化改革，主动适应新常态，积极应对经济下行压力，强力推进“六大工程”，巩固党的群众路线教育实践活动成果，扎实开展“三严三实”专题教育，党的建设得到全面加强，依法治县水平得到提升，经济社会呈现平稳较快发展，加快美丽乳源建设步伐。2015年，全县生产总值完成65.99亿元，比2014年增长9.5%；地方财政一般预算收入5.2亿元，比2014年增长3%；农村居民人均可支配收入10968元，增长13%。

一、狠抓绿色工业，工业经济稳步推进

深入推进“工业强县”战略，面对经济下行压力，狠抓工业稳增长、调结构、促转型，保障工业经济平稳发展。全县完成工业总产值108.45亿元，下降0.5%，其中规上工业产值91.95亿元，下降1.59%。一是园区建设步伐加快。县经济开发区列入广东省产业转移工业园，获扩能增效专项资金5000万元。充分利用对口帮扶指挥部平台，做好土地收储，完成富源大道东段道路建设，工业污水处理厂建设加快推进。开展园区闲置土地清查，提高土地利用效益。二是招商引资取得新突破。用好用活省级产业转移园和企业所得税优惠政策，贯彻落实市加强招商引资等政策措施，搭建微信招商平台，拓宽招商渠道，大力开展产业招商、园区招商、以商招商，引进中国500强企业——中国供销·粤北农特产品电商物流商贸城项目，步步高公司在乳源开设代理商贸易公司，签约引进聚能永拓、鸿翰环保等项目；大布现代农业科技（60MW光伏）观光园、永恒实业总部迁入等项目已达成初步意向。全年引进项目60个，投资总额19.54亿元，实际利用外资1000万美元。三是重点项目加快推进。落实重点项目县领导和部门挂点联系制度。东阳光新材料、扬成铝材、绿之源罐装等项目加快推进；凌一化工、新四海纤维复合材料、立东电子科技等项目建成投产；完成18宗农村水电增效扩容改造；大布风力发电等项目建设稳步推进。全年31项重点项目完成投资25亿元，其中6个省、市重点项目完成投资13.3亿元以上。固定资产投资完成65.2亿元，增长16.9%。四是积极扶持企业发展。落实县领导挂点联系重点企业制度，永恒实业、盈田环保等公司稳产增产工作稳步推进。大力培育“四上企业”，新增“四上企业”32家。促进产学研合作，申请专利110件，专利授权70件。东阳光精箔公司成为省战略性新兴产业基地，铝业股份公司获批中国产学研合作创新示范基地。积极争取上级资金助推企业发展，2015年为企业争取上级资金共计9413.4万元。

二、狠抓生态农业，三农工作稳中有升

大力发展生态农业，实施粮安工程，确保区域粮食安全，全县农作物种植面积33.15万亩，农业总产值11.57亿元，增长3.7%。一是新农村建设稳步推进。五彩瑶乡省级新农村示范片顺利推进，累计投入资金5.6亿元，完成45个主体村村庄整治规划和21个村施工设计，乌石岭新村、雕子塘村、高元村等完成主体工程建设。以乡村清洁美工程和美丽乡村建设为重点，投入近800万元，实行

“户集中、村收集、镇转运、县处理”的农村生活垃圾处理模式。二是农业经济不断发展。全面推广良种良法、机械耕种收等综合节本增产增效技术。推广农村房屋保险、水稻玉米保险等政策性保险，实现水稻玉米保险全覆盖。“一片两带”农业初见成效，乳桂线城郊观光农业示范片种植优质蔬果3万多亩，养殖黑猪、香猪1万多头；石灰岩耐寒耐旱产业带种植高山蔬菜、黄烟各1万多亩；深山区农林经济产业带种植高山茶叶8000亩、九节茶等中药材7500亩。新增农民专业合作社44家、家庭农场28家，申报市级以上农业龙头企业4家。举办首届粤北（乳源）农博会，进一步拓宽名优特农产品“走出去”渠道。三是扶贫开发成果丰硕。投入资金1.1亿元实施基础设施、产业帮扶等较大项目372个，完成“两不具备”村庄搬迁1047户3713人和714户农村低收入困难户住房改建。引导16个贫困村筹资800万元入股水电企业，培训劳力3100人次，转移劳力1200人。贫困村农民人均收入9300元，增长12%；贫困户家庭人均收入达到7400元，增长10%。

三、狠抓特色旅游，旅游产业蓬勃发展

以世界过山瑶之乡和大南岭生态文化旅游品牌为中心，不断挖掘和开发旅游产品，促进第三产业快速发展。预计第三产业实现增加值29.23亿元，增长23.9%，我县被评为“广东省2014—2015年度县域旅游创新发展十强县”。一是旅游开发加快推进。云门山旅游度假区建成景区管理中心广场、景区办公大楼，户外游乐区及自然风景区开业运营；南岭银山温泉度假村建成酒店主体工程，南岭国家森林公园旅游交通、停车场等配套设施加紧施工。南岭国家森林公园成功列入第一批2015年全国优选旅游项目名录。二是旅游推介成效显著。成功举办第九届乳源瑶族“十月朝”文化旅游节、首届粤北（乳源）农特产品博览会、环南水湖自行车公开赛、铁人三项挑战赛、云门寺首届登山露营节、天井山云锦杜鹃赏花节等系列活动。利用报纸、电视、微信微博、网站等媒体推广乳源旅游产品，积极开拓京港澳高速、乐广高速、武广高铁沿线客源市场。制作发布原创旅游歌曲专辑《映像乳源》、首部旅游微电影《我的女友是条鱼》，旅游知名度和影响力进一步提升。三是旅游口碑持续提升。国家旅游局授予南岭一峰生态园、天井山粤凰生态园、云瑶宫山庄为“中国乡村旅游金牌农家乐”荣誉称号。天井山粤凰生态农业科技园被国家科协评定为“2015－2019年度全国科普教育基地”和“中国乡村旅游模范户”。全年全县接待游客人数376.03万人次，增长14.74%。旅游综合收入30.3亿元，同比增长20.15%。在旅游的拉动下，批发业销售额、零售销售额、餐饮业营业额、社会消费品零售额均得到有效增长。

四、狠抓生态保护，生态环境不断优化

紧紧围绕新一轮绿化广东大行动的部署，加强生态环境建设，生态环境进一步优化。一是生态建设有序推进。全县完成重点工程造林27519亩，大力推进森林进城围城，抓好四江流域水源涵养林、生态景观林带建设和乡村绿化美化工程。稳步推进中小河流治理工程。推进岩溶地区石漠化综合治理，完成人工造林4832亩。重视火烧迹地造林修复，绿化面积2528亩。二是生态管护不断加强。严格执行森林采伐限额制度和林地征占用审核审批制度，严厉打击乱砍树木、乱采沙石、乱捕鸟鱼等破坏生态行为。完成南水湖湿地公园科学展览馆、科研监测绿道、广场和植物园、亲水平台长廊等设施建设，南水湖湿地公园顺利通过省和国家专家组实地核查。加大饮用水源环境监管力度，全力查处水源地周边污染行为。三是生态整治初见成效。加强重点流域、重点企业污染排查，责令整改企业29家、行政处罚企业4家。推进畜禽养殖减排，15家规模化排放不合格养殖场整治工作顺利推进，20家规模化养殖场基本完成环保设施建设。开展“黄标车”限行区域执法，推进节能减排工作，县城生活污水处理厂正常运行，截污管网扩建工程和自来水管网改扩建工程稳步推进。桂头、大桥污水处理厂建成并调试运行。落实用电产出相匹配政策，单位GDP能耗下降7.3%。

五、狠抓生态人居，城乡环境和谐宜居

推进新型城镇化，不断完善市政设施，提高公共服务水平，构建城乡宜居舒适的生活环境。一是城镇建设有序推进。实施县城扩容提质工程，亿华时代广场、滨江西路片、河南路片改造稳步推进。农发行韶关分行与乳源签署银政战略合作框架协议，授信20亿元支持城乡基础设施建设。“数字城市”地理空间框架项目建设有序推进。完成迎宾路蔚蓝水岸旁人行道、民族桥头旁步行道建设，打通沿江东路国土局至财政局路段，“一江两岸”道路全线贯通。杨溪大桥建设顺利推进，完成县道324古母水至英德波萝路段改造，农村公路硬底化建设44.88公里。二是医疗卫生有效改善。县人民医院新住院大楼主体工程封顶，东坪卫生院二门诊综合楼建成并投入使用。抓好常住居民健康建档工作，代表韶关参加省基本公共卫生服务项目考核评估荣获第二名。深入开展计生集中服务活动，人口计生工作平稳发展。三是社会保障持续加强。城乡居民基本医疗保险实现全覆盖，城乡居民社会养老保险参保率达95%以上。建成乳城镇区域性敬老院一期工程及附属工程。城镇新增就业2006人，农村劳动力转移就业3009人，城镇登记失业率2.44%。

六、狠抓生态文化，民族文化繁荣发展

着力夯实文化发展基础，传承弘扬民族文化，大力推进公共文化建设，促进文化惠民。一是教育事业有新变化。大力推进鲜明八一希望学校改薄和金禧小学扩容工程，鲜明八一希望学校扩建一期工程的教学楼和宿舍楼交付使用。成功创建全国义务教育基本均衡县，顺利通过国家级职业教育和成人教育示范县省级验收。桂头镇顺利通过省教育强镇复评。二是文化工作有新发展。推进文化室电子阅览室全覆盖工程，完成东坪镇、乳城镇、一六镇、大桥镇等多个文化站修缮，必背镇文化站动工建设。完成37处不可移动文物点的保护标志制作，稳步推进观澜书院修缮工程。举办“激情广场·幸福乳源”群众文化活动6场，开展送电影下乡活动788场。创建全国文明城市工作有序推进，3人获“韶关十佳道德模范”称号，2人获广东道德模范提名奖。三是民族文化有新成就。《契娭生日》《圣祖祭》列入韶关市第五批市级非物质文化遗产名录，《歌姆》参加“首届全国少数民族优秀声乐作品展演”并入选全国少数民族优秀声乐作品，县艺术团参与赴南太平洋国家和地区文化演出活动，举办“一带一路”与世界瑶族文化交流研讨会。参加第十届全国少数民族传统体育运动会夺得3金9银1铜好成绩，8名女子龙舟运动员被评为全国优秀运动员，表演项目《桩》获竞技类道德风尚奖。

七、狠抓深化改革，服务水平不断提升

认真贯彻中央、省、市关于全面深化改革的部署，扎实推进改革事项落实，激发经济社会发展活力。一是政务环境不断优化。大力支持县政府推进省级基层公共服务综合平台试点县建设，推行“全天候一窗式”服务模式。主动公开政务信息，提高行政工作透明性。全力推进公车改革，减少政府运作成本。二是经济体制改革激发活力。全面推进“宽进严管”“三证合一”商事制度改革，激发社会投资创业活力，新增市场主体1000户。农村“三资”网上交易平台交易规则、审核管理制度及工作流程等基本建立，乳城、桂头镇“三资”交易平台完成验收。国土资源交易及产权交易市场实现全流程网上交易，政府采购、工程建设等网络交易系统和一体化电子招投标室建设加快推进，完成交易109宗。三是依法治县稳步推进。全面推进依法治县，加快“法治乳源”建设，积极开展“六五”普法、依法行政、民主法治村和法律服务等活动。充分发挥人大在依法治县工作中的主导作用，支持政协充分履行政治协商、民主监督和参政议政职能，充分调动工青妇等群团组织积极性。实施《广东省信访条例》，稳妥推进涉法涉诉信访工作改革，抓好矛盾纠纷排查化解工作。抓好“平安乳源”创建活动，抓实推进安全生产、食品监管等工作，开展“3+2”专项打击整治行动，社会大局和谐稳定。

八、狠抓党的建设，队伍能力切实加强

坚持全面从严治党、党要管党，深化党风廉政建设，加强基层治理，夯实党的执政基础，提升党的执政能力。一是“三严三实”专题教育扎实开展。落实“三严三实”专题教育部署，县处级领导干部深入基层讲党课，围绕“三严三实”召开中心组理论学习3次，组织县党政班子成员、政府部门负责人及乡镇党委书记赴焦裕禄干部学院、市检察院廉政教育基地参观学习。在县四套班子成员中开展“五进五帮五促”体察活动，深入到农村、企业、部门调研、到县信访局接访，帮助联系点解决实际困难和问题，全县16项专项整治行动及县四套班子整改台账68项整改任务全部完成。二是党建水平显著提升。重点打造15个党建示范点，着力打造10个“两新”组织党建示范点，投入876

万元发展软弱涣散村（社区）集体经济、改善生产生活条件。深化“五有”规范化建设，抓好“组账镇代记”，完善农村“三资”平台建设和监管。认真落实领导干部驻点普遍直接联系群众制度，开展“四服务”，建立问题台账。三是人才工作成效凸显。加大了人才引进力度，柔性引进硕士研究生或副高职称以上高层次人才 24 人，全职引进本科以上学历 161 人。注重人才发展平台建设，提升人才队伍创新能力，全县获授权专利 71 件，市级以上科技奖项 3 项。积极实施重大人才项目，精心组织省“扬帆计划”项目申报和跟踪指导工作，选拔县管第七期专业技术拔尖人才 13 名。四是党风廉政建设稳步推进。保持惩治腐败高压态势，严肃查处违纪违法案件，给予党纪政纪处分 67 人，挽回经济损失 113.35 万元。排查农村基层党员、干部违纪违法线索 68 条，给予党纪政纪处分 37 人。严格执行中央八项规定，坚决纠正“四风”，查处公车私用行为 8 起，查处违反工作纪律行为 18 起，通报 5 起作风问题典型案件。

一年来，乳源经济社会各项工作取得了较好成效，但也存在一些不容忽视的困难和问题。一是农业产业规模较小，农业产品品牌效应不够，农副产品加工层次低，附加值不高。二是工业经济主要还是依靠东阳光集团和小水电，产业集聚程度不高，辐射带动能力不强。三是旅游深度开发不够，旅游景区开发不足，游玩项目较少，旅游商品不多，未形成旅游产业链，游客消费未能有效释放。四是基础设施滞后，民生建设任务繁重，交通、教育、医疗、公共服务设施薄弱，改善民生任务繁重，建设资金严重不足。五是干部干劲不足，不作为、为官不为、等待观望、不敢担当、消极懒政等现象依然存在，干事创业氛围不浓。

2016 年是实施“十三五”规划的开局之年，也是本届县委任期的最后一年，做好 2016 年的工作至关重要。我们将认真贯彻落实党的十八大和十八届三中、四中、五中全会以及中央经济工作会议精神，按照省委十一届五次全会和市委十一届八次全会提出的要求，坚持从乳源实际出发，立足生态发展功能区定位，打民族牌、走生态路，积极主动融入珠三角，沿着“一二三四”发展思路，推进韶关融入珠三角先行区建设，为打造“两区三地”奠定坚实基础，实现“十三五”发展开门红。重点做好六项工作：一是以园区扩能增效为抓手，培育壮大现代新兴产业；二是以绿色食品基地建设为重点，加快推进现代农业发展；三是以发展健康产业为引擎，推动第三产业加速发展；四是以城市扩容提质为中心，建设生态宜居美丽家园；五是以繁荣民族文化为特色，擦亮世界过山瑶之乡品牌；六是以加强党的建设为核心，确保“十三五”实现良好开局。

在新的一年里，县委常委会将团结带全县广大党员干部，紧密团结在以习近平同志为总书记的党中央周围，在党的十八届五中全会精神指引下，在省委、市委的坚强领导下，团结和带领全县人民，以奋发有为精神、真抓实干的作风，齐心协力谋发展，聚精会神抓落实，积极适应新常态，开启新征程，为加快推进建设韶关融入珠三角先行区，实现“十三五”规划的宏伟蓝图和全面建成小康社会而迈出坚实步伐。

乳源瑶族自治县人民代表大会常务委员会工作报告

——2016年2月19日在乳源瑶族自治县第十一届人民代表大会第六次会议上

县人大常委会常务副主任　马福德

各位代表：

受春腾主任的委托，我代表县十一届人大常委会向大会报告一年来的工作，请予审议，并请列席会议的同志提出意见。

2015年主要工作

2015年，是全面完成“十二五”规划的收官之年，也是全面推进依法治国的开局之年。一年来，在县委的正确领导下，县人大常委会认真学习贯彻党的十八大和十八届四中、五中全会以及习近平总书记系列重要讲话精神，围绕全县工作大局，依法履行宪法和法律赋予的各项职责。全年共召开常委会会议6次，听取和审议专项工作报告11项，开展视察、调研和执法检查21次，对22个政府组成部门进行了书面评议，依法任免国家机关工作人员16人次、人民陪审员9人次，较好地完成了县十一届人大五次会议确定的各项任务。

一、围绕中心工作，积极服务经济社会发展

——*着力推动重大决策部署的贯彻落实。*坚持将稳增长、促转型作为服务经济发展的重中之重，把落实加快转变发展方式作为经济工作监督的主线，积极发挥人大监督作用，着力推进全县重点项目建设和生态保护、绿色工业、生态农业、生态旅游、生态人居、生态文化“六大工程”的落实，促进乳源经济在转型升级中平稳发展。密切关注乳源经济运行态势，跟踪调研分析，先后听取审议了县政府2015年全县国民经济计划执行情况、财政预算执行情况、县级财政预算和其他收支情况的审计等报告，大力支持县政府和有关部门抓好各项工作的落实。

——*着力推动乳源全面深化改革的不断深入。*围绕县委关于全面深化改革的部署要求，积极推动各项深化改革措施的落实，探索对政府财政全口径预决算编制的审查监督工作，推动财政部门预算编制的科学、规范、合理化建设。聘请了由9名专业人员组成的财政预决算专业评审小组，对新聘任人员和常委会组成人员开展了新预算法和监督法的培训学习，进一步提高了县人大常委会的监督质量和水平。发挥主导作用，抓好依法治理，深入开展按法治框架解决基层矛盾工作。

——*着力推动民生持续改善。*组织各级人大代表先后视察了乳城镇大群村委、乳城镇政府、源峰社区及县公共服务中心等单位，提出了进一步推进县、镇、村（社区）三级公共服务平台建设，优化基层公共服务综合平台为民服务功能的具体要求。对新街河段、水源宫河段及大东河段的河堤建设工作进行了视察，提出了以主体责任的落实、工程建设的进度、相关单位的沟通协调和工程质量的监管四个方面为抓手，加快推进中小河流治理工程项目进展的建议。高度关注和推动“三农”工作，督促和支持政府进一步统筹城乡发展力度，完善政策措施，深化配套改革，激发农村发展活力。深入基层和农村社区，对“六五”普法和依法治县工作进行调研，要求县政府充分运用法治理念和法治方式深化改革、推动发展、化解矛盾、维护稳定；要求司法机关切实发挥职能作用，强化基层基础，加强队伍建设，规范执法行为，促进司法公正。

二、围绕工作职能，认真行使各项权力

——依法行使民族区域自治立法权。积极做好县人大机关设立立法机构的筹备工作，充实立法人才队伍。组织县人大有关工委和县有关部门负责人赴外地进行湿地公园建设和地方立法工作考察，积极开展乳源湿地公园保护工作条例立法调研。不断完善乳源民族法律体系，解决好人民群众最关心、最直接、最现实的利益问题，得到省市人大领导的充分肯定。

——依法行使重大事项决定权。坚持把讨论决定重大事项与开展监督工作有机结合，保证和促进全县重大决策部署的有效落实。对事关全县工作大局和群众切身利益的重大事项，深入调研，加强审议，提出意见。审议批准了县政府关于乳源2015年上半年财政预算调整方案以及关于调整乳源2015年度主要经济指标工作目标的议案。

——依法行使人事任免权。坚持把党管干部与人大依法任免有机结合起来，按照德才兼备标准和法律的规定开展人事任免工作。完善县人大常委会国家机关工作人员任前法律知识考试制度。一年来，共任免国家机关工作人员16名，其中任命7名，免职6名，接受辞职3名；任免人民陪审员9名；补选代表4名，保证了国家机关的正常运转。

三、围绕依法行政，大力推进法治乳源建设

——强化司法监督，促进司法公正。积极探索司法体制改革形势下的监督手段和办法。加大人大信访中涉及司法案件的督办和处理力度，畅通和规范群众诉求表达、利益协调、权益保障渠道，依法开展司法监督，维护群众合法权益，促进公正司法。组织县人大代表参加法院“百庭观摩”、“执行听证”和检察院“阳光检务”活动，组织代表视察县看守所工作，推进法治乳源建设。

——加强组织领导，积极创建法治镇和法治村。强化责任落实，细化创建工作责任，形成在党委统一领导下，各部门齐抓共管、群众有序参与的工作格局。法治镇村建设取得成效，乳城镇大群村达到全国民主法治示范村的标准要求，成为乳源第一个“全国民主法治示范村（社区）”。积极推进洛阳镇法治镇建设试点，全力打造坪溪村委创建“全国民主法治示范村（社区）”工作。加强法治文化建设，认真组织全县各部门开展法治文化教育活动，积极推进省级法治文化示范点建设。

四、围绕作用发挥，不断提高代表履职服务水平

——加强重点议案建议的督办，提高代表对议案办理的满意率。县十一届人大五次会议期间，形成代表议案1件，代表提出建议意见35件。常委会继续落实常委会领导和相关工委进行重点议案建议督办制度，将群众关注度高的建议作为重点建议，由常委会领导和相关工委重点跟踪督办。在《关于瑶族迁移人口土地确权的议案》办理工作中，县政府主要领导亲自抓议案落实，抽调熟悉迁移的工作人员成立专案组，配备必要的工作经费和交通工具，抓好了迁移人口登记各项工作。县十一届人大常委会第二十六次会议认为，落实该议案的各项工作已基本完成，同意结案。跟踪督办代表《关于整合发展山区稻田养鱼的建议》办理情况，得到县政府的积极配合，稻田养鱼面积和养殖户数明显增加，养殖技术得到推广，养殖户的养殖积极性明显提高。县人大五次会议闭会期间，县人民政府及各承办单位积极与代表沟通联系，广泛征求代表对建议办理的意见，并根据代表反馈意见，督促落实整改，努力把建议落到实处。代表意见建议已全部办复，代表对意见建议办理情况表示满意和基本满意。

——丰富代表活动，拓宽代表知政参政渠道。坚持邀请代表列席人大常委会，参加“一府两院”各类座谈会、听证会和旁听庭审，邀请代表参与省、市人大组织的专题调研等活动，进一步丰富代表知政参政的方式和内容。组织代表围绕县委中心工作和群众关心的问题开展视察、调研和执法检查，扩大代表活动的范围和履职渠道，注重代表视察调研意见和建议的反馈，提高代表活动实效。

——增强服务意识，提升代表履职服务保障水平。实行了县人大常委会组成人员联系和走访县人大代表工作制度，及时掌握代表工作和生活情况，帮助代表解决困难。加强代表的学习和培训，定期举办县、镇人大代表履职培训班，组织代表参加省、市人大代表在线交流平台学习，提高了代表综合素质和履职能力。统一订阅省人大《人民之声》杂志，为代表学习提供方便。进一步加强对乡镇人大工作的指导，强化乡镇人大代表联络室规范化建设，进一步规范代表轮值接访、走访选民等制度，充分发挥镇人大代表联络室的作用。坚持贯彻精简办会的原则，认真做好各级人大代表的各项履职服务工作，不断提升代表履职服务保障水平。

五、围绕提质增效，不断加强常委会及机关自身建设

——抓好思想、工作、生活作风建设，将“三严三实”要求内化于心、外化于行。根据中央、省委要求和市委、县委的统一部署，严格落实“三严三实”活动的有关要求，组织好县人大常委会党组“三严三实”专题教育活动，广泛听取群众意见建议，加大整改措施的落实。制定完善19项规章制度，形成了践行党的群众路线长效机制，巩固了党的群众路线教育实践活动成果。

——严格执行中央八项规定，加强党风廉政建设，提高队伍整体素质。继续抓好机关党风廉政建设，进一步加强机关日常管理，严格执行廉洁从政各项规定，坚决杜绝奢侈浪费。坚持开短会、发短文、讲短话，大兴政务清新之风，提高工作实效，努力建设一支“政治坚定、业务精通、务实高效、作风过硬、团结协作、勤政廉洁”的人大干部队伍。选派部分常委会领导和工委负责人参加全国瑶族自治县人大常委会第十四次联系会议，会上，乳源人大常委会所作的《围绕中心工作　发挥人大作用推动乳源生态发展》发言，获得与会人员一致好评。

——重视人大宣传工作，提高宣传效果。找准人大宣传的服务定位，始终与全县工作大局同频共振，不断提高人大宣传工作水平。加强深度研判，积极应对全媒体时代的新挑战，进一步提升人大工作宣传质量。强化工作领导和队伍建设，充实壮大人大信息和通讯员队伍。畅通宣传联系渠道，建立健全和完善机制保障，不断强化人大宣传工作的整体合力。

各位代表，2015年常委会的工作取得了较大成效。这些成绩的取得，是县委正确领导和大力支持的结果，也是“一府两院”密切配合的结果，更是各位代表和常委会组成人员积极参与、共同努力的结果。在此，我谨代表县人大常委会表示衷心的感谢！

面对成绩的同时，我们也清醒地认识到，我们的工作还存在一些问题和不足。如：监督重点不够突出，监督工作实效有待进一步加强；代表的主体作用还需要一步发挥；常委会自身建设还不能完全适应新形势新任务新常态的要求。我们将自觉接受监督，虚心听取意见，不断加强和改进常委会工作，更好地行使宪法和法律赋予的职权。

2016年主要任务

各位代表，2016年，是全面落实“十三五”规划的开局之年。县人大常委会将在县委的正确领导下，深入贯彻落实党的十八大和十八届四中、五中全会，以及习近平总书记系列重要讲话精神，按照县委十一届七次全会的决策部署，紧紧围绕加快生态发展、建设美丽乳源奋斗目标，坚持党的领导、人民当家做主、依法治国有机统一，着力服务经济发展，着力推进法治乳源建设，着力促进民生改善，着力发挥代表主体作用，着力提升履职能力，切实履行宪法和法律赋予的职责，努力开创新常态下人大工作的新局面。

一、服务工作大局，在加快生态发展中发挥新作用

坚持把加快乳源生态发展，服务经济建设，加快推进转型跨越迈上新台阶作为人大工作第一要务，充分发挥人大职能作用，把县委的决策部署通过法定程序变成全县人民的共同意志。紧扣县委中心工作，科学安排工作议题，全力推促中心工作任务的落实。着力推进经济发展方式转变和经济结构转型升级，以及重点项目建设和“十三五”经济社会发展规划落实，积极提出建议对策，全力推动新常态下县域经济稳健增长。

二、促进民生改善，在建设美丽乳源中展现新作为

坚持以县委工作的重点、政府工作的难点、社会关注的焦点、群众关心的热点为人大监督工作的切入点，继续加大对政府落实为民办实事和系列民生工程的监督和支持。加强对“两不具备”村搬迁和精准扶贫工作的视察和调研，促进精准扶贫工作责任落实，关注人才队伍建设和教育改革工作热点，推动全县科技、教育、卫生事业的发展。

三、提高服务水平，在保障代表履职中作出新

贡献

积极做好代表履职服务保障工作，为代表依法履职创造良好的政治环境和氛围。定期开展代表专题培训，提高代表履职能力。进一步规范代表建议处理工作机制，强化代表建议办理工作，努力提高代表建议满意率。有序安排代表参加常委会会议、调研视察、执法检查和重点建议督办等活动，组织代表对县政府组成部门工作进行公开评议，促进政府工作部门政风行风的改善。进一步加强常委会组成人员联系和走访县人大代表工作制度，加强与代表沟通联系。更加注重发挥乡镇人大代表联络室的作用，进一步丰富基层代表活动形式，发挥代表的桥梁纽带和模范带头作用。加强人大网站建设，优化代表各类宣传专栏，不断拓宽代表知情知政渠道。

四、坚持依法办事，在县镇人大换届上取得新成绩

今年是乳源县、镇两级的换届之年。要高度重视人大换届选举工作，尽早研究部署，广泛深入调研，加强指导协调，强化督导检查。严格按照《代表法》《选举法》和《组织法》规定办事，贯彻落实好各级党委和人大党组对换届选举工作要求，把好代表候选人质量关，依法依规开展换届选举的各项工作。加大宣传力度，营造全方位、多层面的换届选举宣传氛围，确保换届选举风清气正。加强向县委请示汇报，精心组织实施，确保各项换届工作任务圆满完成。

五、强化民主法治，在法治乳源建设上推出新举措

大力开展法治宣传教育，积极组织开展全民学习宪法活动，推动宪法学习“进机关、进企业、进社区、进学校、进课堂”。进一步推进依法治理，强化法治框架内用法治方式解决基层矛盾工作。加强对“一府两院”工作的支持和监督，继续做好规范性文件备案审查工作。继续组织实施对政府有关部门进行工作评议，努力推进法治政府建设。积极推进公正司法，组织代表视察警务、检务等工作，听取和审议“两院”专项工作报告，进一步完善人民陪审员制度，扩大参审范围。

六、提升素质效能，在自身建设上创造新成果

全面贯彻落实中共中央《关于加强县乡人大工作建设的若干意见》（〔2015〕18号）和省委市委关于进一步加强人大工作的意见精神，提高常委会组成人员履职能力和水平。进一步改进常委会审议形式，努力推进专题询问和常委会专项审议相结合，加强常委会组成人员的业务学习，不断提高审议质量。不断巩固党的群众路线和“三严三实”教育实践活动成果。加强人大机关组织建设和作风建设，优化干部队伍结构，促进机关干部不断改进思想作风，不断增强党的观念、法治观念、群众观念。创新宣传形式，改进宣传方式方法，探索新形势下人大宣传新机制，营造乳源民主法治建设的良好宣传氛围。

各位代表，今年是本届县人大常委会和县人大代表履职的最后一年和关键一年。我们要以“功成不必在我任”的态度和对全县人民高度负责的政治觉悟依法履职。让我们在中共乳源瑶族自治县委的坚强领导下，求真务实，依法履职，开拓创新，团结奋进，为全面深化改革、加快生态发展、建设法治乳源和美丽乳源做出新贡献！

政府工作报告

——2016年2月19日在乳源瑶族自治县第十一届人民代表大会第六次会议上

邓志聪

各位代表：

我代表县人民政府向大会作政府工作报告，请予审议，并请政协各位委员和其他列席的同志提出意见。

“十二五”时期和2015年工作回顾

“十二五”时期，是乳源发展史上极具挑战的五年。五年来，我们在上级党委、政府和县委的坚强领导下，在县人大、县政协的监督支持下，认真贯彻落实科学发展观，按照“四个全面”战略布局要求，围绕“加快生态发展、建设美丽乳源”奋斗目标，团结拼搏，攻坚克难，奋勇争先，基本完成“十二五”规划主要目标任务，全县呈现经济发展、民生改善、社会和谐的良好局面。荣获“全国民族自治县（旗）科学发展示范县”称号，第四次被国务院授予“全国民族团结进步模范集体”。

——这五年，是综合经济实力显著增强的五年。

*经济发展上新台阶。*据统计（快报数，下同），2015年全县实现生产总值65.9亿元，年均增长9%；人均生产总值35940元，年均增长8.4%。三次产业结构由12.1∶52.5∶35.4调整为11.1∶44.7∶44.2。地方财政一般预算收入5.24亿元，年均增长11.1%。城镇、农村居民人均可支配收入分别达19894元、10968元，年均分别增长10.7%和14.4%。累计完成全社会固定资产投资236.7亿元，是“十一五”的3.02倍。“十二五”末，金融机构各项存款余额77.2亿元、贷款余额39.2亿元，存贷比达50.8%。

*工业经济快速发展。*经济开发区获评省低碳示范园，工业园区纳入省级产业转移工业园管理。累计引进内联外资项目305个，投资总额163.94亿元，实际利用外资5.24亿美元。设立中小微企业贷款风险补偿基金，累计发放贷款1.73亿元。培育“四上”企业151家。东阳光公司成为中国产学研合作创新示范基地和广东省战略性新兴产业基地，荣获“广东省政府质量奖”。2015年，工业总产值108.45亿元、工业增加值25.18亿元，年均分别增长7%和5.6%。

*农业经济稳步发展。*引进新优品种52个，推广先进实用技术17项。实施测土配方施肥18.5万亩，建成粮食高产示范片1万亩、高标准基本农田7.8万亩和现代农业科技示范基地10个、特色农业生产基地12个。培育农业产业化经营组织366家、科技示范户560家，拥有国家级主食加工业示范企业1家和省级以上农业龙头企业3家、农民专业合作示范社7家。农机总动力7.88万千瓦，比“十一五”增加3.2万千瓦。2015年，农业总产值11.57亿元，年均增长4.6%。

*旅游经济蓬勃发展。*南岭、大峡谷、云门寺建设取得重大进展。新增国家3A、4A级景区和三星级以上酒店各3家，一峰、粤凰、云瑶宫获评中国乡村旅游首批金牌农家乐。开通“掌上乳源”智慧旅游服务平台，连续举办南岭瓜果花香世界等特色旅游活动，推出一批旅游书籍、原创歌曲、微电影。2015年，全县接待游客376.03万人次、旅游综合收入30.98亿元，年均分别增长15.12%、

21.67%。社会消费品零售总额20.4亿元，年均增长13.1%。成为广东省县域经济旅游创新发展十强县。

——这五年，是城乡面貌发生巨大变化的五年。

城镇面貌日新月异。完成《城市总体规划（2014－2030年）》修编。推进旧饮料厂、鹰峰中路、文昌塔片等一批旧城改造项目，建成蔚蓝水岸、五彩瑶山、源水居等一批商住小区。全面打通“一江两岸”，建成音乐喷泉、水幕电影、LED彩灯和一批休闲步道、绿道，完成文昌公园、府前广场建设和金狮、观音山公园改造。启动全国文明城市创建活动。完成东坪、必背、游溪、洛阳镇区生态环境改造，乡镇健身广场实现全覆盖。

农村环境焕然一新。五彩瑶乡省级新农村示范片建设累计投入5.21亿元。完成村庄整治50多个，改造低收入农户住房5625套。建成幸福村居示范村8个、卫生村11个、万村绿示范点23个和村级文体设施61个。八一、东下山瑶族新村和必背口村列入首批中国少数民族特色村寨。实施农村安全饮水工程854个。农村垃圾收集、处理和卫生保洁实现常态管理。

基础设施不断完善。乐广高速公路建成通车。完成国道323线乳源段路面大修和省道250线云门寺段改建，农村公路硬底化242公里。新建、改造镇客运站8个、农村客运候车亭55个。改造农业灌区28宗，维修陂头24宗、水圳240公里，安装高效节水管道34公里。完成中小河流综合治理4宗。实施农村水电增效扩容改造21宗，建成110千伏福门、桂头变电站。

生态环境日益优化。完成县主体功能区规划。封山育林171万亩，绿化造林16.83万亩，拥有生态公益林127.06万亩，森林覆盖率达78.28%。建设森林（湿地）公园8个，建成南水湖国家湿地公园。整治规模化养殖场污染减排设施40个，建成县城生活垃圾无害化填埋场渗滤液站和桂头、大桥镇污水处理厂。完成县城区LED路灯改造，淘汰落后产能企业5家。“十二五”时期万元GDP能耗年均下降5.08%。

——这五年，是人民群众得到实惠最多的五年。

教育事业快速发展。新建县第一小学，新增公办幼儿园10所。民族实验学校改制为独立初级中学。实施教育5个“百万工程”，少数民族学生资助、补贴、奖励政策全面落实。创建成为全国义务教育发展基本均衡县、国家级农村职业教育和成人教育示范县，成为韶关市首批广东省教育强县。

文体事业繁荣发展。省级瑶族文化生态保护实验区建设稳步推进。建成县图书馆、过山瑶博物馆新馆，农村文化电子阅览室实现全覆盖。瑶族刺绣、瑶族民歌列入国家非遗名录。成立民族文化传习馆，《瑶山随想》《盘王歌》等一批文艺作品获国家、省级大奖。常态举办“激情广场·幸福乳源”等文化惠民活动，瑶族“十月朝”被评为省群众性文化活动优秀品牌。获评“中国民间文化艺术之乡”。成功承办广东省第四届少数民族传统体育运动会乳源赛区赛事和首届广东省第一峰铁人三项挑战赛，参加全国、全省民族运动会获13金22银10铜佳绩，荣获“全国民族体育先进集体”称号。

卫计工作全面加强。完成中医院、妇幼保健院整体搬迁，建成东坪、洛阳镇仁泽和必背镇云龙卫生院。完成县级公立医院和基层医疗卫生机构综合改革，实行镇村卫生服务一体化管理。公立医院实现国家基本药物制度全覆盖。建成“四网合一”区域卫生信息服务平台，建立城乡居民健康档案14.9万份。人口计生工作形势保持总体稳定。

扶贫开发高效推进。投入帮扶资金7.77亿元，实施帮扶项目1931个，建成“两不具备”安置点33个，完成117个村2812户10916人搬迁。贫困村农民人均收入9300元，比2012年增长146%；31个重点帮扶贫困村集体收入平均达8.9万元。累计减少贫困人口4.5万人。通过省、市第二轮扶贫开发“双到”工作考核验收。391户全倒户如期搬入新居，“8·16”救灾复产和重建家园工作取得全面胜利。

社会保障显著增强。建成各类保障性住房1580套。城乡低保、大病救助、合作医疗、免费义务教育实现全覆盖。自然灾害公众责任保险、政策性农村住房保险100%参保。累计发放城乡最低生活保障金5176万元、五保救济金1027万元、医疗救助金471万元。为697名国企职工清缴社保欠费

1678.9万元。

社会秩序和谐稳定。“三打”专项行动查处案件3105宗，市场监管和社会信用体系建设全面推进。建成“平安乳源”视频监控点3148个。化解矛盾纠纷案件1587宗。安全生产形势稳定。产品质量和食品药品安全有效监管。成功承办全国民族自治县（旗）科学发展经验交流会和举办自治县成立50周年系列活动，各族人民和睦相处。

——这五年，是重点领域改革深入推进的五年。

行政体制改革稳步推进。完成新一轮政府机构改革，精减行政单位5个、事业单位75个。取消行政审批事项231项。完成县直机关和乡镇公务用车制度改革。成立公共资源交易中心。完成省级基层公共服务综合平台试点县建设。

经济体制改革有序推进。商事登记前置审批由121项精减至13项，推行“三证合一、一照一码”登记制度。企业投资由核准改为备案。完成5家国有企业破产退出。实行财政预算追加审核制度，做好省直管县财政改革试点工作。

农村综合改革深入推进。推行村小组“五有”规范化管理，实行“组账镇代记”，获评“全国农村集体‘三资’管理示范县”。深化集体林权制度改革，完成95%的林地确权。农村土地承包经营权确权登记工作全面展开。

——这五年，是政府自身建设进一步加强的五年。

扎实开展党的群众路线教育实践和“三严三实”专题教育活动，严格执行中央八项规定，专项整治“四风”，建立行政机关、事业单位和乡镇绩效考核制度。落实党风廉政建设责任制，加强廉政和效能监察，专项治理商业贿赂、涉企收费和工程建设领域突出问题，严肃查处违法违纪案件。坚持依法行政，健全重大事项报告、民主评议制度，做好政务信息公开工作。自觉接受人大、政协监督，支持人大代表和政协委员履行职责，累计办理人大代表议案和建议131件、政协委员提案和建议58件。办理网络问政、办好县长信箱和“民声热线”事项2225件。

2015年，是“十二五”发展规划的收官之年。一年来，面对严峻的发展形势，我们迎难而上，主动作为，实现了经济社会的稳步发展。

一是强力推动经济发展。成功争取少数民族地区税收优惠政策，出台《关于进一步优化投资营商环境和促进民营经济及旅游大发展的行动措施》，引进中国供销·粤北农产品电商物流商贸城等一批优质项目和步步高14家商贸公司。推进“一片两带”建设，种植农作物32.8万亩，其中优质水果3万亩、高山蔬菜1.2万亩、黄烟1.1万亩、林下经济作物1.55万亩。全县肉类总产量13076吨，水产总产量2623吨，禽蛋总产量858吨。举办首届粤北（乳源）农特产品博览会。推进旅游景区扩容提质，东平山正觉寺和云门山旅游度假区建设稳步推进，银山南岭温泉旅游度假村进入收尾阶段，南岭国家森林公园列入全国优选旅游项目名录。全力推进项目建设，完成全社会固定资产投资65.2亿元，31个重点项目完成投资25亿元。二是着力完善基础设施。争取农发行韶关分行20亿元授信额度。富邦华景、亿华时代广场等一批商住项目建设顺利推进，完成县城区自来水管网改造一期和污水管网扩网工程，打通沿江东路车行道。争取省级产业转移工业园扩能增效资金5000万元，收储园区土地300亩，动工建设工业污水处理厂。大布风电、高立高空设备等一批项目建设扎实推进，新四海、凌一化工等一批企业建成投产。国道323线上围至阳山交界段、省道258线鸭麻湖至大布段改建和杨溪大桥建设稳步推进，完成县道324线路面大修和农村公路硬底化45公里。三是倾力改善民生福祉。全面发展社会事业。金禧小学和鲜明八一希望学校扩建稳步推进。完成人民医院新住院大楼主体工程。通过省文明县城复查。强化底线民生保障。建成乳城镇区域性敬老院。城镇新增就业2006人，农村劳动力转移就业3009人。突出为民办实事好事。2015年政府承诺的8件实事好事，6件已经落实，2件正在实施。

此外，我们还认真抓好发展改革、宗教事务、监察、审计、统计、气象、助残、保密、档案史志、国防动员、外事侨务和对台等工作，支持工、青、妇、工商联、老干部工作，各项事业协调发展。

各位代表，“十二五”时期，我们凝心聚力，扎实工作，实现了经济快速发展和社会和谐稳定。

这是县委科学决策、坚强领导的结果，是各位代表、委员依法监督、参政议政的结果，是广大干部群众群策群力、艰苦奋斗的结果，是社会各界热心帮助、鼎力支持的结果。在此，我谨代表县人民政府，向全体人大代表、政协委员，向全县各条战线的广大干部群众，向所有关心、支持乳源发展的社会各界朋友，表示衷心的感谢并致以崇高的敬意！

回顾五年来的工作，我们深深体会到，新常态下要加快发展必须强化“五个坚持”：一是只有坚持不断解放思想，用新的理念思维、方法谋划发展，才能更好地把握机遇、赢得发展。二是只有坚持强化项目带动，推进一批经济发展和民生建设项目，才能快速提升综合竞争力。三是只有坚持关注改善社会民生，推进民族团结进步创建，才能赢得各族群众的支持和拥护。四是只有坚持全面深化改革，推进机制、制度创新，才能激发社会发展活力。五是只有坚持加强自身建设，大力弘扬勤政务实的工作作风，才能有效提升行政效能。

同时，我们也清醒地看到，乳源经济社会发展中还存在着一些困难和问题，主要是：经济总量偏小，经济弱县、财政小县的基本县情没有改变；产业结构不够优化，产业链条短，集群化程度低，经济发展质量不够高；列入生态功能区后，项目用地、审批刚性约束强化，加快发展遇到瓶颈；公共服务、扶贫开发、底线民生等工作任务艰巨。对于这些问题，我们将在今后的工作中高度重视，认真研究，采取有力措施加以解决。

“十三五”时期奋斗目标和主要任务

“十三五”时期，是乳源融入珠三角加快发展的关键时期，也是全面建成小康社会的攻坚时期。我们必须认清形势，抢抓机遇，奋发进取，立足良好的交通区位、生态资源、产业基础、人文环境等发展优势，全力推动乳源创新发展、融合发展、生态发展、特色发展、共享发展。

“十三五”时期政府工作的总体要求是：高举中国特色社会主义伟大旗帜，以马克思列宁主义、毛泽东思想、邓小平理论、“三个代表”重要思想和科学发展观为指导，深入贯彻习近平总书记系列重要讲话精神，全面落实党的十八大和十八届三中、四中、五中全会和省、市重要会议精神，按照县委提出的明确“一个定位”、突出“两大特色”、狠抓“三大抓手”、发展“四大产业”的发展思路，坚定打民族牌、走生态路，加快发展现代产业，推进新型城镇化进程，强化民生保障，努力将乳源建设成为世界过山瑶文化中心区、休闲度假精品区、健康养生首选地、现代产业聚集地、绿色食品集散地，创建成为全国文明城市，确保与全国同步全面建成小康社会。

未来五年政府工作的主要目标任务是：经济实力进一步增强。到2020年，地区生产总值年均增长10%以上，人均生产总值增长不低于GDP增长速度。全社会固定资产投资年均增长15%以上。地方财政一般预算收入年均增长10%以上。产业结构进一步优化。第一产业增加值年均增长4%以上，第二产业增加值年均增长10.4%以上，第三产业增加值年均增长11%以上，三次产业结构调整为8.3：46.1：45.6。生态环境进一步改善。完成市下达的节能降耗任务，主要污染物减排5%，城镇污水集中处理率达90%，城镇生活垃圾处理率达100%，全县森林覆盖率达80%。人民生活水平进一步提高。城乡居民人均可支配收入年均增长14.8%以上，城镇登记失业率控制在3%以内，城乡居民基本养老保险人数达6.9万人，城乡居民三项医疗保险参保率达98%以上。

一、坚持做大总量与优化结构并举，让乳源经济实力更强。大力发展新型绿色工业，培育高新技术、新材料、新能源等新兴产业，壮大生物制药、电子铝箔、氯氟材料、绿色食品加工等产业集群，支持东阳光公司等龙头企业加快发展，支持小水电行业技术改造和扩能增效。落实促进中小微企业发展政策，培育一批产值超亿元企业。大力发展现代农业，实施农业“五大工程”，加快培育新型农业经营主体，建设一批现代农业园区和农产品加工示范企业，推动农业产业化种植、基地化生产、品牌化经营。推进观光农业与生态旅游融合发展，建设五彩瑶乡生态农业观光带和环南水湖生态休闲农业带。大力发展特色旅游，推进“一核、五带、六片区”建设，培育自然生态、瑶族风情、温泉养生、禅修静心、农耕体验、户外运动等健康产业，建设全域全景旅游景区和智慧旅游城市，推动旅游大县向旅游强县转变。实施“互联网+”行动计划，依托粤北农产品电商物流商贸城项目，带动冷链物流、商贸服务繁荣发展。

二、坚持生态建设与环境治理并重，让乳源生态环境更美。强化绿色发展、循环发展、低碳发展理念，推进环境友好型和资源节约型社会建设，建设山清水秀、天蓝地绿的美丽乳源。实施林业生态“六大工程”，推进“一屏一区二带”建设，推动国土绿化连片成带。到2020年，全县森林面积达到230万亩，森林蓄积量达到900万立方米。力争每个镇建成3－5个森林（湿地）公园，把横溪水库建设成为省级湿地公园。优化生态功能区划，强化生态控制线、林业生态红线管理，加强自然保护区、湿地公园、饮用水源保护地和山地森林及生物多样性生态功能区保护。严格执行产业准入负面清单和项目建设环境影响评价制度，严控“三高一低”项目。建立健全生态文明考核和政绩评价考核机制，落实生态环境损害责任终身追究制。完善城乡垃圾收运、生活污水和工业废水处理系统。

三、坚持三大抓手与城乡建设并驱，让乳源发展环境更优。加强交通基础设施建设。配合丹霞山机场建设和北江航道桂头段扩能升级改造，配合规划建设柳韶铁路和韶贺、始阳、黄长高速公路以及乳城－江湾－大布公路，配合推进国道323线上围至阳山交界段改建，推动省道250线改造成为一级公路，构建集航空、航运、铁路、公路为一体的现代立体交通网络。加强园区建设。配合规划建设韶关航空产业园，推进开发区综合商务区、富源创业园建设，完善园区道路、水电、排污等设施，提高园区承载力。加强城镇建设。按照“东进、西优、南延、北拓”发展思路，推进城东产城融合发展和城南、城北片开发，拉大城市框架；推进鹰峰路旧城改造项目和建材厂片、洲街片、老温泉片开发，提升城市内涵，建设韶关最佳宜居卫星城。支持各镇立足发展定位、产业基础、民俗风情，建设城郊观光休闲、生态旅游度假和瑶族旅游风情等特色城镇。完善农田水利设施，抓好高标准基本农田建设和中小型灌区改造以及中小河流治理。实施农村安全饮水扩面工程，推进农村集中式供水。推动电信网、互联网和广播电视网“三网融合”，提高信息化水平。

四、坚持改善民生与增进福祉并进，让乳源人民生活更好。坚持把保障和改善民生作为政府工作的出发点和落脚点，加快推进基本公共服务均等化，让人民群众共享改革发展成果。促进义务教育均衡发展，逐步普及高中阶段教育，加快发展职业教育、民族教育、学前教育、特殊教育，全力创建省推进教育现代化先进县。巩固医药卫生体制改革成果，完善城乡三级医疗卫生服务。落实计划生育基本国策，促进人口长期均衡发展。推进省级瑶族文化生态保护实验区建设，加强民族文化的保护、挖掘、传承工作，建成民族文化传承中心。培育瑶族文化产业，精心创作一批动漫、影视和文艺作品。落实全民健身休闲计划，促进民族体育事业发展。积极申报革命老区。坚持精准扶贫、精准脱贫，强化产业扶持、异地搬迁、社会保障兜底等扶贫措施，确保到2020年贫困人口全部实现脱贫。实施全民参保登记计划，巩固城乡居民养老、医疗保险扩面成果。抓好就业创业工作。实施妇女儿童发展纲要。完善社会救助体系，落实“一站式”城乡低保和流浪乞讨人员临时救助机制。加强“平安乳源”建设，健全矛盾纠纷预防化解机制，切实维护社会和谐稳定。

五、坚持改革创新与扩大开放并举，让乳源发展后劲更足。深化行政体制管理改革，加快转变政府职能。清理行政审批事项，实行权责清单管理，优化审批流程，提高行政效能。深化财税管理、投融资体制、商事制度和国有企业改革，释放发展活力。全面深化农村综合改革，强化农村集体“三资”监管，做好农村土地承包经营权确权登记工作。坚持创新驱动发展，支持企业技术革新和建立产学研基地，促进科技成果转化与应用，推动企业转型升级。推进大众创业、万众创新，建立中小企业创业孵化基地。强化“抓大项目促大发展”理念，包装策划一批经济和民生项目，争取一批项目纳入省、市发展重点。发挥民族地区企业所得税优惠政策作用，引进一批建链、补链、延链、强链项目。“十三五”时期，力争引进项目合同资金80亿元以上。

2016年工作安排

今年政府工作的总体要求是：全面落实党的十八大、十八届三中、四中、五中全会精神和中央、省、市及县委的重大决策部署，主动适应发展新常态，按照“一二三四”发展思路，抓好招商引资、工业经济、项目建设、扶贫开发和社会管理等重点工作，全力建设“两区三地”，为“十三五”规划开好头、起好步。

2016年经济社会发展的主要预期目标是：全县地区生产总值增长10%以上，地方财政一般预算收入增长8%以上，全社会固定资产投资增长15%以上，社会消费品零售总额增长10.5%以上，农村居民人均可支配收入增长11%以上，完成上级下达的节能减排、安全生产等目标任务。

围绕上述目标，今年重点抓好以下工作：

一、强力发展绿色工业，推进新型工业化进程

*实施质量招商战略。*发挥产业转移园扩能增效专项资金和安瑶公司平台作用，加快园区土地收储和开发区综合商务区建设，完善新材料产业园河堤、排水设施，建设工业污水处理厂和富源工业园横三路、三协电子厂西北片道路。抓好富源创业园建设。鼓励企业开展“零土地”技改，推动企业土地、厂房、技术合作发展。坚持产业招商、园区招商和以商招商，围绕先进装备制造业、电子信息、绿色食品加工和新材料、新能源等产业，力争引进项目10个、总投资15亿元以上。

*支持龙头企业发展。*强力支持东阳光公司发展，推动氟精细化工、聚偏氟乙烯和智能机械等项目增资扩产，力争抗乙肝、丙肝及抗肿瘤新药项目落户乳源，抓好精箔、化成箔、磁性材料生产线技术改造。支持永恒实业、硕成化工等企业上市发展。实施工业转型升级攻坚战三年行动计划，加强供给侧结构性改革，推动企业创新发展。力争工业增加值增长7.7%以上。支持银源公司技术改造和资本扩张，支持明源公司整合资源和盘活资产，增强国有企业发展活力。

*着力优化营商环境。*发挥中小微企业贷款风险补偿机制和融资担保公司平台作用，帮助企业解决项目融资难题。落实县领导挂点联系重点项目、企业制度，协调解决项目建设和企业发展问题，推动大布风电、聚能永拓、威鸣新材料等项目形成产能。落实扶持民营经济发展政策，力争大桥风电、农业光伏等项目落地发展，推动大森林药业将总部迁到乳源。力争新增“四上”企业10家以上。

二、大力发展生态农业，建设绿色食品集散地

*加快发展特色农业。*推进“一片两带”建设，抓好乳桂公路沿线现代观光农业示范片建设，扩大石灰岩山区高山蔬菜、番薯、黄烟等种植规模，壮大深山瑶区中草药、茶叶、油茶等特色产业。推广良种良法、测土配方施肥、机械收耕等农业技术，提高生产效益。按照“一村一品”发展思路，建设一批无公害食品、绿色食品、有机食品生产基地。积极创建国家农产品质量安全县，打响绿色食品示范县品牌。

*提高产业发展水平。*开展农村普惠金融试点工作。推广“公司+基地+合作社+农户”模式，扶持和培育新型农业经营主体，力争新增县级以上农业龙头企业2家、农民专业合作示范社10家、示范家庭农场10家，创建一批省级农业标准化示范区和农产品加工示范企业。坚持举办粤北（乳源）农特产品博览会，建设农村电子商务综合服务中心，拓宽珠三角及港澳地区农产品销售市场，打造“乳源专供”品牌。力争农业增加值增长3.8%以上。

*加强新农村建设。*推进五彩瑶乡省级新农村示范片建设，抓好乳城镇坝厂新村、桂头镇军安山等一批新农村建设，整治东坪镇长乐、一六镇下社等一批村庄环境，推进乳城、桂头、游溪、一六镇农村集中式供水工程。深入实施“清洁美”“万村绿”工程，建设名村2个、示范村5个、卫生村12个和一批美丽乡村示范点。抓好农田水利设施建设，划定永久基本农田保护红线，建设高标准基本农田1.7万亩。

三、加快发展特色旅游，壮大现代服务产业

*加快旅游景区建设。*推进天井山、银山、云门山和山城水都旅游项目建设，启动南岭国家森林公园旅游标准化试点景区建设和5A级景区创建工作，加快东平山正觉寺重建，引资开发必背瑶寨、西京古道、红豆杉公园，打造一批旅游人气景点。新建、扩建一批旅游公路和景区道路，完善景区客服

中心、无线网络、指引标识等配套设施。

加强旅游产品营销。坚持举办特色旅游节庆活动，借助电视、网络、微信等宣传媒介，围绕“大美乳源”擦亮“世界过山瑶之乡”“大南岭生态文化旅游区”品牌。完善智慧旅游服务平台，建设旅游集散中心。主动对接大丹霞、大南华旅游发展，开展游客互送、广告互换、线路互联、资源共享营销合作，拓展国内外游客市场。力争旅游接待人数增长10%、综合收入增长12%以上。

发展现代服务产业。加快粤北农产品电商物流商贸城建设，打造现代化大型综合商贸服务平台。大力发展仓储物流、批发零售、电子商务、信息传输等生产性服务业，推动养生养老、休闲娱乐、家政服务、小区物业等生活性服务业加快发展，带动第三产业繁荣发展。

四、科学统筹城乡发展，打造特色宜居城镇

推进城区扩容提质。加强城区功能板块建设，往东加快产业转移工业园和二九一大队片开发，打造产城融合板块；往南抓好源之都颐养园建设和城南片开发，打造休闲文化板块；往北加快五彩瑶乡省级新农村示范片建设，打造幸福村居板块；西部和中部结合鹰峰路项目改造和老温泉片开发，打造旧城升级板块。加强世行贷款经济综合开发示范镇建设，推进城区自来水、排污管网扩面、改造，完善城市公园、文化广场、休闲绿道等市政设施，抓好人防地下空间开发。推动瑶族文化元素融入城市建筑，建设独具魅力的山水瑶城。

加强中小城镇建设。推进乳城、一六、游溪、桂头城郊观光休闲小镇建设，抓好大桥、东坪、洛阳、大布生态旅游小镇建设，打造必背瑶族风情旅游小镇。完善城镇道路、供电、供水、通讯、防洪设施。推进农村电网升级改造，抓好35千伏红车、长溪、古月输变电站建设。改建大寮坑至金竹峰公路，建成杨溪大桥，完成农村公路硬底化40公里。

推进文明城市创建。深入开展全国文明城市创建活动，创建一批文明单位、文明窗口、文明社区、文明家庭。加强社会公德、职业道德、家庭美德、个人品德教育，积极培育和践行社会主义核心价值观。推进城镇精细管理，规范城市道路交通、卫生保洁、宣传广告管理，整治噪音扰民、乱停乱放、无序经营问题，坚决遏制“违法用地、违法建设”行为。

五、突出生态文明建设，夯实绿色发展基础

推进生态工程建设。实施森林碳汇、生态景观林带、森林进城围城、乡村绿化美化、珠江防护林、石漠化综合治理等林业生态工程，改造县城周边地区景观林带林相6749亩，人工造林1.5万亩，森林抚育经营3万亩，建设林下经济示范点10个。抓好森林（湿地）公园建设，实施南水湖湿地公园水禽栖息地和植物多样性生态修复工程，推进环库公路绿道建设。

强化生态环境保护。严格执行林木采伐限额和林地占用征收定额制度，保护林业生态资源。落实南粤水更清行动计划，实施南水水库水资源保护工程。建立健全环境预警机制，加强涉重金属行业和大气、水源、噪音监测。推进城市生活垃圾分类处理，完善农村生活垃圾收运处理机制。加强农村环境综合整治，抓好农村环境连片整治示范县试点工作。

坚持绿色低碳发展。加快发展循环、低碳、绿色经济和新能源产业，强化用电、用地、投资与产出效益评估，促进资源节约集约利用。加强重点行业、企业和公共机构用能管理，加快淘汰落后产能企业。加强生活污水处理设施运营管理，抓好规模化养殖场污染减排工作，力争削减化学需氧量20吨。开展低碳社区试点建设，倡导绿色消费理念和绿色生产、生活方式。

六、全面发展社会事业，努力增进民生福祉

强化社会民生保障。按照“六个精准”扶贫工作思路，整合各级扶贫专项资金，搬迁“两不具备”村庄住户1047户，改建农村低收入住房困难户住房242套。开展“南粤春暖”“再就业援助月”行动计划，抓好高校毕业生、农村剩余劳动力等重点人群就业工作，力争新增就业岗位2000个。巩固城乡居民医疗保险和社会养老保险扩面成果，抓好被征地农民社保工作。加快发展社会福利和慈善事业，关爱留守儿童、农村妇女、空巢老人、残疾人和流浪乞讨人员。

提高公共服务水平。推进义务教育“全面改薄”“扩容改薄”和信息化“三通”工程，抓好鲜明八一希望学校、金禧小学扩建，确保通过省教育强县复评。加快民族文化传承中心建设，动工兴建新档案馆，抓好非遗传承中心、瑶族聚居镇、特色村寨建设。做好文物普查工作。加强瑶族文化和海外瑶胞迁徙历程研究，融入“一带一路”发展。坚持举办瑶族“十月朝”等文化惠民系列活动。实施分级诊疗和基层医疗机构基本药物制度，加强瑶医瑶药研发和成果应用。建成县人民医院新住院楼。落实一对夫妇可生育两孩政策。

积极创新社会管理。推进平安乳源“十大工程”建设，强化社会信息化和网格化管理，严厉打击各类违法犯罪活动，维护社会公共安全。落实安全生产“一岗双责”责任制，坚决遏制重特大事故。开展“七五”普法教育，抓好人民调解、法律援助工作。推进不动产统一登记，加强村小组“五有”规范化管理。

此外，还要抓好发展改革、宗教事务、监察、审计、统计、双拥、保密、气象、食品药品、应急管理、档案史志、国防动员、外事侨务和对台等工作，支持工、青、妇、工商联、老干部和民主党派各项工作。

今年，县政府将在抓好以往承诺民生工作的同时，办好十件实事好事：1. 创建成为省推进教育现代化先进县。2. 完成县城主要街道柏油路面铺设。3. 完成县城区北片自来水工程建设和县城区自来水旧管网改造。4. 改造南环路排水设施和滨江西路，兴建南水健身公园。5. 建设老年人活动中心和青少年活动中心。6. 改扩建特殊教育学校，新建残疾人康复中心。7. 建设县运动中心，新建村级健身广场10个。8. 规划建设环瑶山公路。9. 修缮保护革命遗迹遗址，建设大布革命纪念公园和大桥红七军纪念园。10. 完成4条中小河流8个河段治理。

各位代表，新时期、新形势、新常态对政府依法行政和自身建设提出了更高的要求。我们将围绕建设法治、高效、清廉政府的目标，推进简政放权，持续转变作风，坚持廉政为民，建设人民满意的政府。一是全面深化各类改革。推进行政机构改革，清理行政审批事项，推行权力清单、责任清单、负面清单，消除机构重叠、职能交叉、政出多门现象。探索审批权与监管权分离，推动审批权向行政服务窗口集中，强化“一门式”公共服务。深化财税、金融管理改革，强化公共服务保障。培育发展和规范管理社会组织，引导承接政府职能转移。二是不断改进工作作风。严格落实中央八项规定，坚决反对“四风”，自觉践行“三严三实”。接受人大及其常委会的法律监督，接受人民政协的民主监督，认真办理人大代表建议和政协委员提案。坚持依法行政，落实重大决策终身责任追究和责任倒查机制，建立健全行政决策公众参与、专家论证、合法性审查、风险评估、集体讨论决定制度。畅通社会建言献策和批评监督渠道，及时处理群众来信来访和网络问政、民生热线。三是切实加强廉政建设。推进预决算管理和国库集中收付、公务卡结算制度，严控“三公”经费支出。规范工程招投标、土地招拍挂、政府采购等公共资源交易，加强涉农资金、民生项目监管。规范公务接待、公务用车和用能管理，建设节约型机关。加强政务公开、信息公开，让权力在阳光下运行。落实党风廉政建设责任制和廉洁自律各项规定，深入开展反腐败斗争。

各位代表，宏图振奋人心，使命催人奋进。新起点孕育新希望，新征程肩负新使命。让我们更加紧密地团结在以习近平同志为总书记的党中央周围，高举中国特色社会主义伟大旗帜，在上级党委、政府和县委的坚强领导下，把握机遇，乘势而上，为全面建成小康社会而努力奋斗！

名词注释

四个全面：指党的十八大以来，以习近平同志为总书记的党中央从坚持和发展中国特色社会主义全局出发，提出并形成了全面建成小康社会、全面深化改革、全面依法治国、全面从严治党的战略布局。

“四上”企业：规模以上工业企业、资质等级建筑业企业、限额以上批零住餐企业、规模以上服务业企业的统称。

智慧旅游：利用云计算、物联网等新技术，通过互联网、移动互联网，借助便携的终端上网设备，主动感知旅游资源、旅游经济、旅游活动、旅游者等方面的信息，及时发布，让人们能够及时了解这些信息，及时安排和调整工作与旅游计划，从而达到对各类旅游信息的智能感知、方便利用的效果。

文明城市：指在全面建设小康社会，推进社会主义现代化建设的新的发展阶段，坚持科学发展观，经济和社会各项事业全面进步，物质文明、政治文明、举止文明与精神文明建设协调发展，精神文明建设取得显著成就，市民整体素质和城市文明程度较高的城市。全国文明城市是所有城市品牌中含金量最高、创建难度最大的一个，是反映城市整体文明水平的综合性荣誉称号，是目前国内城市综合类评比中的最高荣誉，也是最具价值的城市品牌。

5个“百万工程”：高中阶段贫困学生助学工程100万元、学生营养餐工程100万元、少数民族学生助学工程100万元、边远山区教师特殊岗位津贴工程100万元和教师培训工程100万元。

“四网合一”区域卫生信息服务平台：集居民健康档案、计划免疫、新农合报销和医院管理于一体的区域卫生信息平台。

三证合一：将企业依次申请的工商营业执照、组织机构代码证和税务登记证合为一证。

一照一码：就是通过“一口受理、并联审批、信息共享、结果互认”，将由三个部门（工商、质监、税务）分别核发不同证照，改为通过“一窗受理、互联互通、信息共享”，由工商部门直接核发加载法人和其他组织统一社会信用代码的营业执照。

“五有”规范化：有健全的班子、有可行的发展规划、有民主的决策程序、有规范的理财制度、有科学的管理机制。

农村集体“三资”：村集体所有的资金、资产、资源。

三严三实：严以修身、严以用权、严以律己，谋事要实、创业要实、做人要实。

一片两带：城郊观光农业产业示范片和石灰岩山区耐寒耐旱农业产业带、深山区农林经济产业带。

新常态：是不同以往的、相对稳定的状态，是一种趋势性、不可逆的发展状态。

明确“一个定位”、突出“两大特色”、狠抓“三大抓手”、发展“四大产业”：以“建设韶关融入珠三角先行区”为战略定位，突出“生态和民族”两大特色，狠抓“交通基础设施、园区扩能增效、城市扩容提质”三大抓手，大力发展“绿色工业、生态农业、特色旅游、商贸物流”四大产业。

农业“五大工程”：“大基地、大加工、大流通、大品牌、大主体”等五大工程。

一核、五带、六片区：“一核”即“乳水瑶城”休闲旅游服务核；“五带”即农禅田园休闲带、必背瑶乡风情带、南湖古道文化带、南岭养生度假带、峡谷探奇体验带；“六片区”即“云门农禅”特色休闲片区、“瑶乡篱园”风情体验片区、“南岭印象”森林度假片区、“奇秀峡谷”生态游憩片区、“多彩天井”科普养生片区、“爽爽南湖”户外休闲片区。

互联网+：充分发挥互联网在生产要素配置中的优化和集成作用，将互联网的创新成果深度融合于经济社会各领域之中，提升实体经济的创新力和生产力，形成更广泛的以互联网为基础设施和实现工具的经济发展新形态。

林业生态“六大工程”：森林碳汇、生态景观林带、森林进城围城、乡村绿化美化、珠江防护林、石漠化综合治理等工程。

一屏一区二带：“一屏”为中部、西北部连绵山体生态屏障，“一区”为北部石漠化生态功能区，“二带”为平原区城乡一体和通道绿化带、山区木材主产区经济培育带。

三高一低：高投入、高消耗、高污染、低效益。

基本公共服务均等化：指政府要为社会成员提供基本的、与经济社会发展水平相适应的、能够体现公平正义原则的大致均等的公共产品和服务，是人们生存和发展最基本的条件的均等。

一二三四：“一个定位”“两大特色”“三大抓手”“四大产业”。

两区三地：世界过山瑶文化中心区、休闲度假精品区、健康养生首选地、现代产业聚集地、绿色食品集散地。

供给侧结构性改革：就是从提高供给质量出发，用改革的办法推进结构调整，矫正要素配置扭曲，扩大有效供给，提高供给结构对需求变化的适应性和灵活性，提高全要素生产率，更好满足广大人民群众的需要，促进经济社会持续健康发展。

六个精准：扶贫对象精准、措施到户精准、项目安排精准、资金使用精准、因村派人精准、脱贫成效精准。

信息化“三通”工程：推进广东教育视频网建设，全面实现教育宽带网络“校校通”；实施多媒体电教平台配备项目，推进优质教育资源“班班通”；强化信息化应用竞赛，推进网络学习空间“人人通”。

一带一路：“丝绸之路经济带”和“21世纪海上丝绸之路”。

平安乳源“十大工程”：法制建设工程、民生保障工程、群众权益保障工程、社会矛盾化解工程、公共安全防控工程、人口服务管理工程、“两新”组织建设工程、信息网络服务保障工程、基层基础建设工程、平安文化建设工程。

安全生产“一岗双责”：各级党政领导干部履行本职岗位应有管理职责的同时，还要对安全生产工作负责。

一门式：从跑多个部门、走多个流程简化为在一个中心或窗口，简化流程、简洁办事。

2015年，据统计（公报数，下同）全县生产总值65.9亿元，比2014年增长9.5%。其中：第一产业增加值7.29亿元，增长3.8%；第二产业增加值29.47亿元，下降0.1%；工业增加值25.18亿元，下降1%；第三产业增加值29.14亿元，增长23.6%。规模以上工业总产值91.95亿元，下降1.59%。农林牧渔业总产值11.57亿元，增长3.7%。社会固定资产投资65.2亿元，增长16.9%。社会消费品零售总额20.41亿元，增长12.1%。外贸进口总值2777.7万美元，比2014年上升14.6%；实际利用外资874万美元，比上年下降57.2%。地方财政一般预算收入4.26亿元，增长3%（可比）。城镇居民人均可支配收入19448元，增长9%；农村居民人均可支配收入10696元，增长10.2%。

政协第九届乳源瑶族自治县委员会第五次会议以来常务委员会工作报告

（2016年2月18日）

费玉海

各位委员、同志们：

我受政协第九届乳源瑶族自治县委员会常务委员会的委托，向大会作九届五次会议以来工作报告，请予审议，并请列席会议的同志提出意见。

2015年工作回顾

2015年，在县委的坚强领导下，县政协常委会坚持以邓小平理论、“三个代表”重要思想和科学发展观为指导，深入学习贯彻党的十八届三中、四中、五中全会精神和习近平总书记系列重要讲话精神，紧紧围绕中心工作，积极履行政治协商、民主监督、参政议政职能，充分发挥人民政协协调关系、汇聚力量、建言献策、服务大局重要作用，为提速建设美丽乳源步伐、加快建成全面小康社会作出了积极贡献。

一、紧扣中心，发挥优势，政治协商有序进行

县政协常委会充分发挥政协群体的智力优势，抓住党委政府重视和人民群众密切关注的重大问题，积极调查研究，主动建言献策。

一是整体协商谋发展大计。九届五次会议期间，委员们围绕县政府工作报告以及全县经济建设和社会发展的重大问题，进行广泛协商议政。举行委员大会发言，选择瑶族文化的传承与发展、中小企业融资情况、义务教育均衡发展作专题发言，这些委员的发言立意高，针对性强，所提意见和建议得到了县委的充分肯定和高度评价。

二是民主协商建睿智之言。县委书记吴春腾亲自到政协与各民主党派、工商联、各人民团体、界别代表人士，就乳源重大决策实施和共同关心的重要问题进行面对面协商，认真听取各界人士的意见和建议。对政协提供的调研、视察报告高度重视，作出批示，要求有关部门和单位认真研究，抓紧落实。2015年12月，还特别就乳源“十三五”规划召开专题协商会议，参会的各民主党派、工商联及各界别委员踊跃发言，所提许多建设性的意见建议被吸纳到《中共乳源瑶族自治县委关于制定国民经济和社会发展第十三个五年规划的建议》当中。

三是重点协商献务实良策。紧扣“六大工程”中心工作，配合常委会协商议政，分别由政协班子成员牵头、县政协机关组织，邀请部分民主党派、界别委员和县相关部门参与，围绕相关专题开展调查研究，形成了《关于县城基础教育现状的调研报告》《优环境强龙头育能人大力推进乳源特色高效生态农业发展》《立足长远科学规划扎实推进乳源养老服务事业发展》《关于推进乳源民族文化传承发展的调研报告》等4篇调研报告。这些报告详实、客观分析了存在问题，找出了差距，提出了22项有针对性、可行性和战略性的意见建议，得到县委、县政府领导和有关方面的充分肯定，许多建议被采纳并付诸实施。

二、抓住热点，畅通渠道，民主监督有效推进

县政协常委会坚持把最广大人民的根本利益作为工作出发点和落脚点，围绕全社会普遍关注的热点、难点问题，认真开展提案、视察和委员监督等各项工作，体民情，察民困，解民忧，取得了良好的效果。

一是认真做好提案工作。提案是委员履行职责最直接、最有效的方式之一。我们坚持提高质量、务求实效的原则，引导委员围绕乳源经济社会发展的重要问题和重大事项认真撰写提案。完善提案督办的长效机制，坚持党政主要领导和政协班子成员督办重点提案做法，积极做好承办单位和政协委员之间的沟通联络工作，让提案人参与督办，促进提案办理落实。做到事事有结果、件件有落实，并及时把办理情况反馈委员，委员满意或基本满意率达到100%。九届五次会议以来，委员们共提出提案24件，经审查立案3件，截至2015年12月15日，已全部办复。

二是有序开展视察工作。组织各民主党派、工商联、各人民团体、各界别委员就“部分企业环保情况”“落实《广东省信访条例》情况”“东平山正觉寺重建情况”“县城生活垃圾填埋场建设运营情况”等民生问题以及公检法工作开展专题视察，形成高质量的视察报告，提出许多中肯的意见和建议。

三是积极听取情况通报。运用常委会议、各界人士座谈会、党政领导与委员座谈会等形式，听取县政府经济社会发展情况，县纪委、县法院、县检察院的工作情况通报，并提出多项建设性的意见和建议，有力助推工作开展。

四是广泛进行委员监督。积极鼓励和推荐委员受聘担任特约监督员、陪审员、评议员，认真参与各项监督活动，进一步拓展了委员监督领域，为全县政风行风建设和政府公信力的提升发挥了积极作用。

三、关注民生，服务大局，主动作为推动发展

县政协常委会始终坚持以围绕中心，服务大局为使命，服从县委的部署和安排，发挥主观能动和政协整体功能作用，促进各项工作落实。

一是积极服务重点项目。按照县委的分工和部署，认真贯彻落实领导分工负责制，班子成员分别联系县重点项目和企业，做到沟通联系到位、跟踪落实到位、协调服务到位，主动配合县党政有关领导，深入园区、厂矿、企业、工地调查研究，了解情况，掌握项目进展，帮助企业搞好协调，化解纷争，全力推动重点项目的实施。

二是主动参与中心工作。一年来，我们主动服从全县维稳大局，深入企业、社区和镇村，体察民情，倾听民意，加强协调，帮助企业和人民群众化解矛盾纠纷；关注弱势群体，体察百姓生活，上门开展访贫问暖活动，为困难企业、下岗职工和贫困户送去节日慰问，为维护和谐稳定、安定团结的社会大局作出了应有的努力。按照县委的部署，我们带领政协机关干部，主动深入扶贫镇村，积极谋划脱贫工作，主动协调解决村委和特困户的困难问题，大力扶持村民发展生产、改善环境，取得了很好的效果。同时，我们积极鼓励和引导政协委员投身公益事业，致力扶贫济困，多做捐资助学、慈善救助、排忧解难的善事、好事。

四、发扬民主，增进团结，凝心聚力促进和谐

一是广泛联系团结合作。注重多层次、多渠道地开展联谊交流活动，密切与港澳委员和乳源珠三角联谊会委员的沟通联系，积极推动香港同乡联谊会的创建，保持和发展与港澳社团、乳源珠三角联谊会的友好合作关系。及时通报乳源经济社会发展情况和政协工作，让委员更多地了解乡情，为家乡经济社会发展建言献策。2015年还特别组织港澳委员在县内参观考察，使港澳委员更加深入了解乳源经济社会各方面发展情况，更有利于港澳委员参政议政。

二是搭建合作共事平台。常委会进一步拓宽渠道，加强同委员和各界人士的联系，努力为各民主党派、工商联、人民团体、无党派人士和政协委员参政议政搭建平台，创造条件。以会议为载体，利用全委会、常委会、情况通报会以及专题座谈会等，向他们通报工作情况，广泛听取各方意见，为各党派、各团体、社会各界人士知情明政创造条件。以专委会为依托，组织民主党派和无党派人士参加视察、调研和民主监督活动，鼓励支持他们就有关重大问题发表见解和主张。同时，主动引导委员关注民生，服务群众。一年来，各党派团体共提交提案3件，大会发言3篇，提出意见建议30多条，很多建议得到了县委、县政府的重视和采纳。

五、开拓创新，转变作风，自身建设不断加强

一是深入开展“三严三实”专题教育。县政协按照中央和省、市、县委的安排部署，深入开展“三严三实”专题教育。及时制定了《县政协“三严三实”专题教育的实施方案》，并成立了领导小组，对专题教育作出具体安排和部署。处级领导干部亲自上党课，积极参加专题研讨活动，认真撰写好学习心得体会，精心准备对照检查材料，以整风精神开好民主生活会。通过“三严三实”专题教育，领导干部理想信念更加坚定，更加自觉按党性原则办事，政治纪律和政治规矩更加严明，作风更加扎实。

二是加强理论学习，提升履职素质能力。组织委员和机关干部深入学习党的十八届三中、四中、五中全会和习近平总书记系列重要讲话精神。学习县委十一届六次全会报告，深刻领会全会的新思想、新观点和新论断，准确把握县委的战略部署和工作要求，进一步充实了头脑、更新了理念，提高了履职素质和能力。认真学习《中国共产党廉洁自律准则》《中国共产党纪律处分条例》，进一步增强学习贯彻执行的自觉性、主动性，切实把《准则》和《条例》的各项要求内化于心、外化于行。

三是完善管理机制，发挥委员主体作用。积极引导全体委员在本职工作中发挥带头作用，在政协工作中发挥主体作用，在界别群众中发挥代表作用，自觉树立和维护政协委员良好形象。坚持开展主席会议成员走访委员活动，了解委员工作生活情况，听取委员对政协工作的意见、建议。健全完善委员履职管理机制，加强委员履职管理。坚持优秀政协委员、优秀提案、承办提案先进单位的评先评优做法，激发委员履职积极性。

四是注重素质建设，提高服务保障能力。以巩固和扩大群众路线教育实践活动成效为抓手，着力打造学习型、调研型、服务型、廉洁型机关，全面加强机关的思想、组织、制度和作风建设，进一步完善机关管理，明确工作岗位职责，不断增强机关干部的全局意识、合作意识、服务意识，服务水平和保障水平稳步提高。

一年来，我们的工作虽然取得了一定的成绩，但与形势发展的要求还存在一些差距。特别是在建立完善协商民主制度体系、加大民主监督力度、提高参政议政水平和创新委员履职活动形式等方面，仍需要在今后工作中认真研究，并切实加以改进。

2016 年工作意见

2016 年是实施“十三五”规划的开局之年，是全面建成小康社会决胜阶段的关键之年，也是本届政协的收官之年。因此，开好头，起好步至关重要。新的一年，县政协要高举民主和团结的旗帜，深入学习贯彻党的十八大、十八届三中、四中、五中全会精神和习近平总书记系列重要讲话精神，按照县委十一届七次全会的部署和要求，紧紧围绕“十三五”规划目标，认真履行政治协商、民主监督、参政议政职能，为加快建设韶关融入珠三角先行区步伐，建设“美丽乳源”贡献智慧和力量。

一、加快推进协商民主，开创政协工作崭新局面

充分发挥协商民主重要渠道作用，丰富形式、拓展内容、规范程序，多措并举推动协商民主广泛多层制度化发展。一要继续提高认识。按照党的十八大、十八届三中全会关于完善社会主义协商民主制度的战略部署，进一步增强推进协商民主的主动性和积极性。二要主动开展工作。认真制定并组织实施年度协商计划。发挥政协优势，完善制度体系，更加有序地组织专题协商、对口协商、界别协商和提案办理协商。三要大胆探索尝试。着力搭建协商平台，创新协商载体，定期邀请各界别委员座谈交流，听取意见和建议。在过去几年积极探索民主协商和专题协商的基础上，增加协商密度，提高协商成效，以点带面，点面结合，推动政协协商民主广泛多层制度化发展。

二、紧紧围绕中心工作，有效服务全县发展大局

坚持发展第一要务不动摇。始终把助推经济社会发展作为履职重点，结合“十三五规划”的落实，围绕“乳源企业发展现状”“《广东省信访条例》落实情况”“推进瑶区特色村寨建设”等课题，开展专题调查研究、参政建言，为加快乳源经济社会发展献智出力。

服务民生福祉改善不动摇。围绕“金禧小学和八一希望学校的扩容工程”“加快东平山正觉寺重建”“人民医院住院部大楼建设”等百姓关心关注的现实问题，开展专题视察，推动民生和文化工作有效落实，不断提升人民群众幸福感和满意度。

三、牢牢把握两大主题，汇智聚力加快乳源发展

一要加强团结合作。积极支持各民主党派、工商联参与乳源重大事项的民主协商，主动邀请他们参加县政协组织的视察调研、提案督办等各种重要活动。二要发挥各界委员作用。搭建委员联系群众、服务群众的有效平台，凝聚起强大的推动全县发展的正能量。特别是支持港澳委员和乳源珠三角联谊会委员积极履行职能，鼓励他们搭建经贸、文化交流合作平台，为乳源加快发展汇智聚力。

四、认真做好换届准备工作，承前启后推动政协发展

2016年是县九届政协履职的最后一年。我们要按照省、市、县委的统一部署，认真做好换届前的准备工作。九届政协以来，我们在历届政协的基础上，在推动协商民主、加强民主监督和自身建设方面，在汇智聚力方面，进行了一些积极的尝试和探索。我们要认真总结，特别是要把专题调研、专题议政、专题视察工作、重点提案督办、委员履职考核等一些比较成熟的做法加以整理编辑，汇编成册，形成政协自身个性和特色的文史资料，为今后政协工作提供有益参考。积极主动做好新一届委员的协商推荐和换届各项筹备工作，圆满完成本届政协历史使命。

五、不断加强自身建设，全面提升政协履职能力

*一是加强委员队伍建设。*进一步健全和完善考核机制，创新与委员联系和服务的方式和载体，搭建委员交流和互动平台，充分利用好“委员之家”网络平台，切实抓好委员管理和服务工作。着力打造一支“懂政协、会协商、善议政”的委员队伍。*二是加强专门委员会建设。*健全专门委员会联系界别委员制度，进一步加强沟通、协调和联动，强化与党委政府工作部门的互动，切实增强工作的活力和成效。*三是加强政协机关建设。*深入推进“三严三实”专题教育，继续加强作风建设，以创建“学习型、服务型、创新型、和谐型”机关为目标，健全制度、形成机制，进一步加强政协机关思想建设、组织建设、作风建设、反腐倡廉建设和制度建设，为政协履行职能提供更加有力的保障。

各位委员、同志们，“十三五”规划的宏伟蓝图已经绘就，新征程的号角已经吹响。新形势下人民政协使命更加光荣，责任更加重大，让我们紧密团结起来，在中共乳源瑶族自治县委的坚强领导下，不断开拓创新，求真务实，凝聚力量，扎实工作，积极适应新常态，努力展现新作为，为加快建设韶关融入珠三角先行区步伐，全面建成小康社会作出新的更大贡献。

大　事　记

2015 年乳源大事记

1　月

1 月 7 日　由市农业局、食品药品监督管理局等部门组成的市食品安全综合考评组到乳源对食品生产、流通等环节进行检查。乳源的食品安全监管工作顺利通过此次考评。

1 月 8 日　省人大代表一行 6 人到乳源调研指导消防装备建设、基层消防安全“网格化”管理等消防工作情况。

1 月 9 日　县委决定：赵雷兼任中共乳源瑶族自治县总工会党组书记；免去李荣贵兼任的中共乳源瑶族自治县总工会党组书记职务。

1 月 9 日　县鲜明八一希望学校举行扩建动工启动仪式。副县长梁丽娟及县相关部门负责人出席启动仪式。此次扩建项目分三期建设，第一期工程总投资为 2000 万元，占地面积 1450 平方米，建筑面积达 4700 平方米，将建设教学楼、宿舍楼各 1 栋及完善配套基础设施。

1 月 12 日　省人防办党组成员、副主任林仲雅率考核组到乳源检查考核 2014 年人民防空建设目标管理情况。县委书记吴春腾，市人防办主任罗海俊，县委常委、常务副县长林昌卫及市县人防办领导参加座谈。通过考核，考核组认为乳源人防工作领导重视，工作扎实，成绩突出，宣传工作到位，2015 年工作有思路、有方向。希望乳源不断完善基础设施建设，建立健全工作机制，继续加大人防工作宣传教育力度，进一步提高市民群众的防空意识和技能，推动全县人民防空工作取得更大进步。

1 月 12 日　省旅游局党组书记、局长杨荣森，省纪委驻省旅游局监察专员、纪检组长阙定胜一行到洛阳镇坪溪村调研指导工作。

1 月 14 日至 15 日　省检查组到乳源进行检查验收村务公开规范化创建工作。省检查组听取汇报、实地检查和问卷调查形式对乳源开展村务公开规范化建设进行检查验收。

1 月 21 日　省民委、省体育局到乳源选拔参加第十届全国少数民族传统体育运动会运动员，70 多名少数民族年轻男女到场参加选拔。此次选拔考核主要挑选龙舟队员，将分别挑选出 24 名男、女运动员。龙舟队员将代表广东省参加第十届全国少数民族传统体育运动会的龙舟比赛项目。

1 月 21 日　县召开第十一届委员会第六次全体会议，县委书记吴春腾主持会议。全会认真学习贯彻党的十八届三中、四中全会和中央经济工作会议及省、市重要会议精神，总结和部署工作，研究推进依法治县、建设法治乳源，加快乳源改革发展。全会听取吴春腾代表县委常委会所作的工作报告和邓志聪关于经济工作及近期工作安排的讲话，审议县委常委会工作报告和《2014 年县委常委会工作总结》。

1 月 22 日　省生态考评组一行对乳源 2014 年国家重点生态功能区县域生态环境质量工作进行综合考评。考评组认为，乳源生态考核工作领导高度重视、责任明确、部门配合、工作扎实，在改善和保护生态环境质量方面做了大量务实有效的工作，顺利完成年度生态考核工作任务。希望乳源继续加大生态建设和保护工作力度，推动县域生态环境质量持续改善。

1 月 22 日　韶关市委、市政府重点项目建设督办工作领导小组办公室第二督导组一行深入南岭国家森林公园、银山南岭温泉旅游度假区和云门山旅游度假区等旅游重点项目建设工地，调研督办项目建设进度。

1月23日 乳源与央企中农批电商（北京）建设开发有限公司在北京正式签约。县长邓志聪，县委常委戴浩平，副县长林军及相关单位负责人出席签约仪式。该项目计划在乳源投资12亿元，占地面积约300亩，主要建设集农特产品批发、零售交易、供港澳蔬菜加工配送、电子商务、农特产品、旅游产品展示展销、仓储物流等功能为一体的现代化大型综合商贸城。

1月26日至27日 中国人民政治协商会议第九届乳源瑶族自治县委员会第五次会议在县城召开。吴春腾、邓志聪、费玉海、伍文、马福德等县领导出席会议，会议听取和审议费玉海主席代表常委会所作的工作报告，审议通过刘宏美副主席代表常委会所作的提案工作报告。委员们列席县十一届人大五次会议，听取并讨论邓志聪县长所作的《政府工作报告》。会上还表彰2014年度优秀提案和承办提案先进单位及2014年度优秀政协委员；龙忠善、郑东红、梁丽君三位委员在大会作发言。

1月27日 乳源瑶族自治县第十一届人民代表大会第五次会议在县城隆重召开，160多名人大代表参加会议。县领导吴春腾、邓志聪、费玉海、伍文、马福德、许尔华、朱均玉、李荣贵、赵雷、邱波等出席会议。县委副书记、县长邓志聪代表县人民政府向大会作政府工作报告。县人大常务副主任马福德代表县十一届人大常委会向大会作报告。大会还听取县人民法院工作报告和县人民检察院工作报告。会议补选欧先凤、张典华、钟殿有三人为县第十一届人民代表大会常务委员会委员。

1月28日 中央统战部光彩事业指导中心副主任魏登田一行，到乳源调研“广东光彩家园”建设情况。

1月28日至29日 县委副书记伍文率县党政考察团一行15人先后到东莞东阳光集团总部、长安镇、虎门镇、大朗镇考察交流。

1月29日 市委副书记、市长艾学峰到乳源开展“送温暖”慰问活动，为困难群众送去慰问金和慰问品等，捎去党和政府的关怀与祝福。

1月30日 省外事办党组书记、主任傅朗一行共10人到桂头镇红岭村调研扶贫开发“双到”工作。

1月 广东省旅游协会公布2014年广东旅游名镇名村名单入选名单，必背镇被认定为全省20个“广东旅游名镇”之一。

2月

2月1日 省委常委、省纪委书记黄先耀率队，到省纪委扶贫“双到”工作对口帮扶点一六镇团结村委会慰问部分困难群众和贫困户。

2月6日 中国共产党乳源瑶族自治县第十一届纪律检查委员会第五次全体会议召开。县四套班子在家党员领导，法检“两长”，县纪委委员，县监察局副局长，派驻纪检监察组正副组长，特邀监察员，各镇党委书记、纪委书记，县直机关副科以上单位党政“一把手”、纪委书记，垂直管理单位党政“一把手”、纪检组长，中省驻县单位党委书记、纪委书记（纪检组长），县纪委各室负责人参加会议。县委常委、县纪委书记张军主持会议并作《围绕“三转”落实责任不断开创反腐倡廉工作新局面》的工作报告。县委书记、县人大常委会主任吴春腾在会上作重要讲话。

2月9日 以中央委员、制宪会议议员巴德里·普拉萨德潘迪为团长的尼泊尔大会党干部考察团一行到乳源考察，了解乳源新农村建设情况及经济社会发展情况。通过实地参观和听取情况介绍，考察团一行对乳源新农村建设及经济社会各项事业发展所取得的成绩给予高度的赞赏，并表示把在乳源考察学习的好经验、好做法带回尼泊尔，更好地给当地政府出谋划策，帮助尼泊尔实现更好的发展。

2月9日至10日 县委常委、政法委书记黄寿生率领由县食安委各成员单位组成的检查组开展春节食品安全专项检查，检查共出动执法人员62人次，出动执法车辆12台次，检查企业26家，对食品经营中存在的问题发放意见书15份，查处使用过期原料企业3家。

2月10日 广东广播电视台党委书记、台长张惠建率队到天井山，看望慰问全省海拔最高的722广播电视差转台的全体干部职工，向差转台全体员工送上新春的问候与祝福。

2 月 11 日 县委召开各界人士迎春座谈会，邀请各民主党派、工商联、驻县部队负责人代表、县级老领导、无党派人士、非公经济人士、少数民族代等社会各界人士进行座谈，县领导吴春腾、费玉海、伍文、马福德、林昌卫、赵志敏及县政协班子成员参加会议。会上，县委常委、常务副县长林昌卫对 2014 年全县经济社会发展情况及 2015 年经济工作思路进行通报，与会各界人士代表结合自身实际，从不同层面、不同角度，各抒己见，对全县经济社会发展工作提出意见和建议。

2 月 11 日 县组织开展春季爱国卫生运动，全县共组织 1000 多人次上街大扫除，重点整治卫生死角 270 多处、清除滋生地 160 处，清理垃圾约 16 吨、疏通渠道 1350 米、投放灭鼠药 150 公斤，有效保障城乡环境整洁。

2 月 14 日至 16 日 广东省房车露营协会会长王镝、秘书长孙晓锋一行应邀到乳源考察洽谈房车露营基地建设项目。

2 月 16 日 受韶关市人民政府委托，韶关市发改局在乳源组织召开乳城镇新增利用世行贷款建设经济综合开发示范镇项目社会稳定风险分析报告专家评审会。会议听取编制单位对《分析报告》《评估报告》的汇报，并经专家组与相关单位代表讨论，一致认为报告内容较为全面，对风险源把握较为准确，社会风险性低。市发改局副局长刘剑城对乳源世行贷款项目工作给予高度肯定，要求乳源认真组织实施好世行贷款项目，全力推动县域经济发展。

2 月 18 日至 24 日 春节“黄金周”期间，近 50 万来自珠三角、港澳湘赣桂及韶关周边地区的游客到乳源旅游。

2 月 26 日 县委、县政府在政府广场举行庄严而简朴的升国旗仪式，用朴实的行动迎接全新的工作任务，表达对祖国的衷心祝福和对新一年的美好憧憬。吴春腾、邓志聪、费玉海、伍文、马福德等县四套班子领导及县直部门正副职及上级直管部门主要负责人、县政府大院全体干部职工参加升旗仪式，县长邓志聪主持升旗仪式。升旗仪式结束后，县委书记吴春腾作重要讲话。

3 月

3 月 4 日 副市长王伟阳率队对乳源正觉寺恢复重建和云门寺佛教文化生态保护区建设工作进行调研。

3 月 4 日至 5 日 省文化厅办公室副主任、信息中心负责人徐健一行就全国文化信息资源共享工程地方资源建设项目——南岭瑶乡文化资源多媒体数据库建设到乳源进行工作调研，并就南岭瑶乡文化资源多媒体数据库建设召开专门会议进行工作动员部署。县文广新局主要负责人以及有关文化专家参加座谈会。

3 月 5 日 乳源瑶族自治县第十一届人民代表大会常务委员会第二十二次会议决定：任命刘永生为乳源瑶族自治县人民政府副县长。

3 月 6 日 北京仁爱慈善基金常务理事长肖昱欣一行到乳源，为 3 所仁爱启明书院启用揭牌。韶关教育基金会会长杨春芳，县委书记吴春腾，副县长梁丽娟等领导嘉宾和学生们参加揭牌仪式。北京仁爱慈善基金会出资 8 万元在乳源民族实验学校、鲜明八一希望学校、一六镇中心小学等地面向广大农村学生建设 3 所启明书院，为山区的孩子提供优美舒适的阅读环境。

3 月 6 日 市农业局牵头联合公安、工商、质监等部门到乳源大桥镇开展春季农资打假专项执法检查行动。此次检查，共出动执法人员 30 人次，检查 10 余家农资批发零售经营户，没收无证经营玉米种子 5 公斤，涉嫌经营未审先推玉米种子 30 公斤，过期兽药一批，标签不规范农药 4 瓶。

3 月 8 日 县委宣传部在政府广场举办以“践行社会主义核心价值观，汇聚实现中国梦精神动力”为主题的灯谜竞猜活动，推出以社会主义核心价值观为主要内容的谜语 1000 余条，有 2000 多名市民的积极参与活动。

3 月 10 日 省老龄委一行到乳源调研。调研主题是乳源的教育、卫生、农业、林业等方面开展技术帮扶和人员培训情况，以便更好地推进“银龄行动”。

3 月 14 日 国家卫生计生委课题调研组成员一

行在省卫计委、市卫计局领导的陪同下，就《新时期人中与计划生育目标管理责任制考核改革研究》课题研究工作到乳源进行专题调研。

3月17日 由中国关心下一代工作委员会、中国社会福利基金会关心下一代基金、中国依托慈善基金会共同举办的“中国关心下一代教育示范基地挂牌暨捐赠仪式”在县民族实验学校举行，这是全国成立的第14个教育示范基地，也是广东省首个中国关心下一代教育示范基。捐赠仪式上，中国关工委向该校捐赠资金50万元，中华儿慈会一颗鸡蛋工程管委会捐赠鸡蛋50400颗。全国人大常委会原副委员长、中国关工委主任顾秀莲，省关工委主任张帼英，中国关工委常务副主任、中国社会福利基金会关心下一代基金理事长武韬，中国信托商业银行北京代表处首席代表杜台莉，韶关市委副书记、市关工委主任陈向新，县委书记吴春腾出席仪式并为“中国关心下一代教育示范基地”揭牌。省关工委副主任陈坚，市关工委执行主任邓苏夏，副市长朱余旺，副县长梁丽娟等领导嘉宾出席挂牌和捐赠仪式。

3月19日 中联办新界工作部副部长张肖鹰率香港新界社团一行31人，到乳源参加侯公渡中心小学和大桥中心小学举办的香港新界社团首长联谊会2015年奖教奖学金颁奖仪式。

3月20日 省委依法治省领导小组办公室副主任、省人大教科文卫委员会副主任张宇航率调研组，到乳源就重点档案抢救保护和非物质文化遗产抢救保护工作进行专题调研。

3月20日 市委常委、组织部部长肖怀跃率队到乳源开展农村基层组织建设调研。

3月23日 团中央统战部副部长王阳率调研组到乳源，就青联工作和青联组织建设的“革新”开展调研。

3月24日 省督导组到乳源督查农村卫生工作。

3月24日 东坪仁泽医院举行落成庆典仪式。县委常委、副县长刘永生，香港顺龙仁泽基金会董事兼秘书长黄慧婉女士一行及相关领导出席落成庆典。医院由香港顺龙仁泽基金会捐赠人民币100万元，融汇地方筹措的100万元资金，新建占地面积870平方米的东坪仁泽医院。

3月30日 县委、县政府召开创建全国文明城市动员大会，县四套班子成员，县人民法院院长、县人民检察院检察长，县直及上级直管各单位负责人、办公室主任（负责人），各镇党委书记、镇长、宣传委员，乳城镇各社区居委会主任近200人参加会议。会上，县委常委、宣传部部长简连英围绕《乳源瑶族自治县创建全国文明城市工作实施方案》作出安排部署，明确县创建全国文明城市的创建目标、工作任务和具体措施。市委宣传部副部长、市文明办主任何新文出席会议并讲话，县委书记、县人大常委会主任吴春腾从全县经济社会发展大局的高度，深刻阐述创建全国文明城市的重要性、必要性和紧迫性，并就创建工作抓什么、如何抓作动员讲话。有关责任单位代表还与县人民政府签订创建全国文明城市目标责任书。

4　月

4月2日 由县领导伍文、许益云、陈耀宇、李明华带领的考察团，先后赴惠州市博罗县罗阳镇、湖镇镇、长宁镇、石湾镇等地，实地考察新农村建设在定位、规划、机制、产业等方面的建设情况。

4月3日 县四套班子领导、法检两长，县城各副科级以上单位一把手，各民主党派、工商联及无党派人士代表，公安干警、武警战士、部队官兵、学生代表等共300多人，集聚在乳源革命烈士纪念碑前，举行庄严的祭奠仪式，深切悼念为中国革命事业前仆后继、英勇献身的革命烈士，缅怀丰功伟绩，继承革命意志，建设美好家园。

4月4日 广东救援辅助队（香港）协会在县政府广场举行“步行筹款助学扶医活动起步仪式”。县委常委、统战部部长赵志敏，县委常委、县委办主任许益云，县教育局、卫生与计划生育局等相关部门负责人及爱心人士、群众500多人参加起步仪式。赵志敏在起步仪式上辞词并宣布步行筹款活动起步，许益云向广东援救辅助队（香港）协会赠送牌匾。

4月7日 省综治委通报，乳源2014年群众安全感得分85.35分，位居全市第一，处于民意调查国际标准的优秀水平。

4月9日 县人社局在县政府广场举办2015年第二季度企业现场招聘会活动。参与招聘会的有东阳光实业发展有限公司、冠丽制衣厂、好特利电子有限公司等13家企业，提供就业岗位约400个，应聘人数达600多人，达成就业意向152人。

4月10日 由市住建局、市农办、市财政局、市生态文明办、市爱卫办、市监察局等部门组成的乡村“清洁美”考核小组，到一六镇和游溪镇开展2014年乡村“清洁美”考核工作。

4月13日 《人民法治》杂志社社长单一良到乳源调研基层法治工作。

4月14日 市委书记蓝佛安到乳源调研，先后到乳源东阳光化工基地、铝箔加工基地，游溪镇便民服务中心、一六镇乌石岭新村、云门山项目建设现场、云门村委、东坪镇雕子塘瑶族新村调研，还现场了解教育医疗卫生维稳工作情况。

4月19日 绿家缘瑶乡生态农场首届开耕文化旅游节在洛阳镇白竹村绿家缘生态农场隆重开幕。深圳、韶关的游客、摄影爱好者300余人参加开耕节。绿家缘瑶乡生态农场位于洛阳镇白竹风景山保护区内，坐拥海拔500米以上的山间良田896亩，半封闭的生态小环境，使得这里基本与外界隔绝，依旧保存着近乎原始的生态风貌。

4月20日 2015年全县安全生产暨消防、道路交通和食品安全生产工作会议在县中心会堂召开。县领导邓志聪、林昌卫、刘永生、黄寿生、连卫出席会议。各镇镇长、分管领导、安监站长；县安全生产委员会、消防安全委员会、食品安全委员会、道路交通安全联席会议成员主要负责人以及部分重点企事业单位负责人参加会议。会议由县委常委、政法委书记黄寿生主持。会议总结2014年县消防安全、道路交通安全、食品安全和安全生产工作情况，对2015年工作进行部署和安排。会上，各镇和各部门分别与县政府签订2015年安全生产、道路交通和消防安全责任书。

4月21日 省文化厅副厅长杨树和文化厅艺术处调研员张树，办公室副主任徐健到乳源调研。

4月21日 省湿地保护协会、省园林学会、省生态学会联合组织由中国湿地保护协会专家与委员陈策、丁朝华以及广东省相关协（学）会和多家科研所专家、教授组成的“广东湿地万里行”粤北分队专家考察组一行24人，到乳源实地调研和考察湿地保护区建设情况。专家组一行到乳源参观南水湖国家湿地公园、重走西京古道，并与市、县林业等相关部门负责人、技术人员进行交流，专家们对乳源在湿地保护工作所取得的成绩给予高度评价。

4月21日 市人大常委会副主任、市总工会主席杨小明一行到县地税局，就工会经费征收工作及基层工会建设进行调研。

4月21日至22日 县领导伍文、许益云、李明华率领由县政府办、建设、农办和县新农村示范片建设的镇主要负责人组成的考察团，赴阳山县“取经”，参观学习新农村建设和农村环境综合整治的经验和做法。

4月23日至24日 广东省农科院副院长何秀古率果树、园林、畜牧等方面共8名专家，到乳源考察指导五彩瑶乡省级新农村示范片产业规划。

4月27日 新建成的一六镇乌石岭新村举行新村钥匙发放交接仪式，省扶贫办主任莫定伟，省纪委副秘书长、办公厅主任孙跃山，县领导吴春腾、张军、李明华等省市县相关单位领导出席交接仪式。乌石岭新村涉及钟、林屋两村共60户，208人，新村于2014年4月在原村的基础上拆旧建新，总建设面积约26600平方米，由省纪委、省监察厅扶对口帮扶建设。

4月28日 省委政策研究室副主任吴茂芹带领省扶贫办、省委农办、省委政策研究室等部门相关负责人员，到乳源调研扶贫开发“双到”工作。通过实地调研和听取汇报，省调研组对乳源扶贫工作取得的成效给予充分肯定，并表示会将认真总结此次调研提出的相关意见、建议和乳源扶贫开发工作中好的经验、好的做法逐一收集和认真梳理，融合进专题调研工作报告中，为省第三轮扶贫开发“双到”工作实施方案的起草提供科学依据。

4月28日 县委、县政府召开2015年全县计划生育工作会议。各镇、村（居）委、各单位相关领导参加会议，县领导吴春腾、邓志聪、朱均玉、梁丽娟、吴巧英出席会议。会议由县长邓志聪主持，会上，副县长梁丽娟总结2014年度全县计划生育工作，并提出2015年计划生育工作思路。邓志聪宣读2014年度全县人口与计划生育目标管理责任制考核情况的通报，参加会议的县领导为荣获“2014年度人口计生工作先进单位”称号的镇、村（居）委和荣获“2014年度计划生育综合治理工作先进单位”称号的兼职单位颁发牌匾、奖金。随后，邓志聪代表县政府与代表镇、兼职单位签订2015年度责任书。县委书记吴春腾作重要讲话。

4月29日 县委常委、副县长刘永生带领县食品安全委员会相关成员单位负责人及执法人员组成联合检查小组，开展“五一”节前食品安全检查行动。此次联合检查涉及食品生产加工、流通、餐饮等环节，包括粮、油、肉制品、乳制品、酒类、饮料等品种。针对检查中存在的问题，现场下达整改意见书。

4月 在2013—2014年的全市安全生产责任制考核中，市安委会组织对全市10个县（市、区）党政领导班子和领导干部、负有安全生产控制指标任务的安委会成员单位开展安全生产责任制考核，乳源被市安委会考核评为“优秀”等次，名次排在全市前茅。县的党政领导班子被市评为“优秀领导班子”，县委书记吴春腾、县长邓志聪、常务副县长林昌卫、副县长连卫被评为“优秀领导干部”。

4月 接中共韶关市委组织部2015年4月13日韶组干〔2015〕66号文通知，市委同意：免去林应良的中共乳源瑶族自治县委常委、委员职务。

4月 接中共韶关市委组织部2015年4月13日韶组干〔2015〕67号文通知，县委同意：黄寿生兼任中共乳源瑶族自治县委统一战线工作部部长，不再兼任中共乳源瑶族自治县委政法委员会书记、乳源瑶族自治县社会工作委员会副主任职务；赵志敏兼任中共乳源瑶族自治县委政法委员会书记、乳源瑶族自治县社会工作委员会副主任，不再兼任中共乳源瑶族自治县委统一战线工作部部长职务；林应良不再兼任中共乳源瑶族自治县委组织部部长职务。

5 月

5月1日 16时46分，乳源大峡谷景区因暴雨引发山石滑落事件，导致1人死亡，3人重伤，4人轻伤。事件发生后，韶关市委书记蓝佛安立即作出指示，要求全力抢救伤员，认真做好善后和事件处置工作，认真做好事故隐患排查工作。韶关市委常委、常务副市长陈波带领市旅游局等相关职能部门负责人第一时间赶赴乳源指挥事件处置和善后工作，并到县人民医院探望伤者。县党政主要领导立即组织召开紧急会议，成立事件处理工作领导小组，迅速开展救援处置和安抚工作。

5月3日 副县长梁丽娟率领县旅游、安监、国土、交通、民宗等相关部门负责人到云门寺、云门山旅游度假区、南岭国家森林公园、南岭一峰生态园和天井山国家森林公园等景区景点进行安全隐患大排查活动。

5月5日 韶关军分区战备、正规化建设试点现场观摩会在乳源召开。市委常委、韶关军分区政委郭伟建，韶关军分区司令员盖长利，副市长、市公安局长李安平，县委书记吴春腾，副县长、公安局长连卫等领导出席观摩会。

5月8日 县委决定：伍梅华兼任中共乳源瑶族自治县委党校校长；伍文不再兼任中共乳源瑶族自治县委党校校长职务。

5月9日 香港旭日扶轮社净水系统落成启用仪式在乳源中学举行。香港旭日扶轮社社长张永德等爱心人士参加启动仪式并为乳源中学净水系统启用进行揭幕。县教育局负责人代表全校师生为香港旭日扶轮社爱心团体和爱心人士颁发感谢状，感谢他们所给予的关心和关爱。乳源中学扶轮社净水系统于2015年3月破土动工，5月竣工。该净水系统的启用，极大地缓解乳源中学2400多名学生特别是630多名在校住宿学生的饮用水问题。

5月12日 国家旅游局印发2015全国优选旅游项目名录的通知，乳源瑶族自治县南岭国家森林公园入选2015年全国优选项目名录。

5月12日 省政府督查专员、省住房城乡建设厅党组成员、执法监察局局长郭壮狮带领省政府督查组到乳源督查重点项目建设工作。

5月14日 由省人大常委会副主任肖志恒率领的省人大调研组一行到乳源调研地方立法工作，市人大常委会代理主任李石保，县人大常委会副主任马福德、许尔华、赵雷参加座谈会。座谈会上，县人大常委会常务副主任马福德汇报县民族区域自治立法工作情况。

5月15日 全市食品药品稽查工作会议在乳源召开，会议全面总结全市2014年食品药品稽查工作情况，部署2015年工作任务，随后各县（市、区）围绕机构改革、履行监管职能、解决监管的突出问题等方面进行交流。

5月18日 江苏省民族事务局党组副书记、副局长顾传勇带领江苏省宗教局调研组一行9人到乳源云门寺进行调研。

5月19日 省人大农委一行到桂头镇调研村居供水一体化工作。

5月19日 20时到5月20日08时，乳源普降暴雨到大暴雨，强降雨造成乳城、东坪、洛阳、大桥等多个乡镇受灾。全县直接经济损失约1168.14万元。灾情发生后，县委、县政府高度重视，县委副书记伍文深入受灾地区指导防汛抗灾工作，部署全县防汛和抢险救灾工作。

5月20日 云门山旅游度假区举办主题为“青峰绕禅意、逐浪云门山”韶关生态旅游发展论坛暨云门山旅游度假区产品发布会。省旅游专家刘思敏、蔡晓梅等100多名嘉宾参加发布会。云门山旅游度假区划分为云门山自然风景区、过山瑶民俗文化旅游区、云门山户外游乐区、印象洲街服务区、云门山旅游度假区、观光农业休闲体验旅游区六大功能板块，并按照国家AAAAA标准打造的综合性旅游区。云门山水上乐园计划6月1日开园迎客，云门山自然风景区计划7月1日对外开放。

5月25日 国家旅游局公布首批全国旅游价格信得过景区名单，1801家旅游景区成为首批“信得过”景区，乳源瑶族自治县国家AAAA级景区南岭国家森林公园榜上有名。

5月25日 县委召开全县“三严三实”专题教育工作会议。县领导吴春腾、邓志聪、费玉海、伍文、马福德等出席会议，法检两长、各镇、各单位相关负责人参加会议。会议由县长邓志聪主持。会上，县委常委、组织部部长伍梅华对开展“三严三实”专题教育工作进行部署。县委书记吴春腾结合自己的学习和体会，联系乳源实际以及广大党员干部的思想、工作和作风状况，深刻阐述开展“三严三实”专题工作的重要意义和深刻内涵，深入剖析“不严不实”突出问题的主要表现，明确践行“三严三实”，争做“四有”干部的具体要求。

5月25日至28日 市第三督查组对乳源第二轮扶贫开发工作进行实地督查。督查组先后督查桂头、洛阳、一六、游溪、必背等镇，检查各镇、村扶贫开发“双到”工作，查阅相关材料，进村入户，实地察看帮扶项目，了解工作开展情况，听取干部群众的意见和建议。在反馈会上，督查组充分肯定乳源第二轮扶贫开发“双到”工作，指出存在的不足并提出要求。

5月26日 在东莞市长安镇举办韶关乳源——东莞长安招商引资推介会。长安外商投资协会、长安商会以及企业家60多人前来了解投资优惠政策。县领导林昌卫、戴浩平、林军以及县经促、开发区管委会、国税等相关部门负责人出席会议。副县长林军通过PPT讲解演示，全方位介绍乳源人文地理、交通区位、政策资源及民族地区税收优惠政策和优势，东阳光企业代表介绍该企业在乳源投资发展情况。

5月28日至29日 广东省农村职业教育和成人教育示范县创建检查指导组一行，到乳源检查指导省级农村职业教育和成人教育示范县创建工作。经实地检查和听取汇报，检查组对乳源创建省级农村职业教育和成人教育示范县所做的前期工作给予充分肯定，认为乳源农村职业教育和成人教育创建工作领导重视，措施得力，工作实，取得了初步成效。检查组对乳源下一步创建工作提出建设性的意见。

5月29日 华南师范大学教育科学学院的教授到乳源对申报“全国义务教育发展基本均衡县”进行公众满意度调查。调查组一行先后在大桥欧晖中学、大桥镇中心小学，对这两所学校的部分家长、教师进行抽样问卷调查，了解家长和教师对乳源义务教育均衡发展的感受和满意度。此次调查是由省人民政府教育督导室委托华南师范大学教育科学学院进行的，调查结果对乳源能否成功申报“全国义务教育发展均衡县”有着重要影响。

5月 经省政府同意，广东乳源经济开发区被正式认定为广东省产业转移工业园，成为韶关市第五个省级产业转移工业园。该工业园在1992年经韶关市人民政府批准设立为乳源民族经济试验区，2006年经广东省人民政府批准为省级开发区，更名为广东乳源经济开发区，2015年5月经广东省人民政府批准为省级产业转移工业园。

5月 接中共韶关市委组织部2015年5月5日韶组干〔2015〕110号文通知，市委同意：伍梅华任中共乳源瑶族自治县委委员、常委。

5月 接中共韶关市委组织部2015年5月5日韶组干〔2015〕111号文通知，县委同意：伍梅华兼任中共乳源瑶族自治县委组织部部长。

5月至7月 县食品药品监督管理局在全县范围内开展食用油专项整治活动。整治活动共检查食用油生产单位100户次，检查食用油经营企业107户次，检查餐饮服务单位75家次，下达限期整改通知书18份，共抽检生产领域食用油33批次，其中企业4批次，小作坊29批次。

6 月

6月3日 全市少数民族特色村寨建设工作现场观摩会在乳源召开。副市长王伟阳，市民宗局局长赵卫东，县（市）区、市直有关部门以及有关乡镇的领导参加会议。在观摩期间，与会人员实地参观必背镇必背口村，游溪镇政研新村、八一瑶族新村，东坪镇雕子塘新村。座谈会上，曲江区和乳源作少数民族特色村寨建设工作汇报。王伟阳、赵卫东在推进全市少数民族特色村寨建设工作现场观摩座谈会上作讲话。

6月4日 省政协主席王荣到乳源走访调研。王荣一行深入到游溪镇八一瑶族新村，通过实地考察、听讲解等方式，详细了解乳源经济社会发展情况及八一瑶族新村村民生产生活情况。

6月9日 中国科学技术协会、财政部联合公布2015年“基层科普服务行动计划”奖补单位，全国500个科普示范社区入选，县云峰社区榜上有名，全市只有两个社区入选。

6月11日 省委常委、省纪委书记黄先耀一行分别到乳源桂头镇、必背镇、一六镇和省纪委挂点帮扶援建的乌石岭新村调研考察，重点调研镇纪委规范化建设、基层违法违纪线索排查、三级行政服务中心、农村“三资”管理平台，以及经济社会发展等情况。

6月16日 省义务教育发展基本均衡县督导评估组一行，对乳源申报全国义务教育发展基本均衡县进行督导评估。督导评估组通过检阅档案、召开座谈会和现场察看学校等形式，对乳源申报全国义务教育发展基本均衡县工作进行督导评估。

6月16日 省民政厅党组成员、副厅长曾凡瑞率省政府殡葬事业发展目标考核组到乳源考核殡葬事业发展目标落实情况。

6月16日 乳源东阳光精箔有限公司被确定为省第一批重点培育民营骨干企业。

6月17日 省委党史研究室副主任李森翔率队到乳源开展有关党史调研活动。

6月24日 省外事办党组书记、主任傅朗一行到桂头镇红岭村调研扶贫开发“双到”工作。

6月24日 东莞市委书记徐建华到乳源调研扶贫工作。

6月24日 全市农村集体“三资”管理服务平台建设工作现场推进会在乳源召开。市政府副秘书长梁祖超，市直有关单位部门负责人，副县长李明华，各县（区）分管领导等参加推进会。期间，参会人员实地考察一六镇团结村委会村务公开、便民服务和三资管理工作情况以及乳城镇政府便民服务中心、公共资源交易中心和农村“三资”管理服务平台建设情况。在推进会上，李明华介绍乳源农村“三资”管理服务平台建设情况以及主要做法和成效。市农信联社作典型发言，市财政局作具体工作安排。梁祖超充分肯定乳源的农村集体“三资”管理工作并提出要求。

6月30日 是第六个“广东省扶贫济困日”，上午9时30分，在县政府广场举行2015年“广东扶贫济困日”活动启动仪式。县四套班子领导以及县政府大院干部职工踊跃捐款。

6月下旬 2015年高考成绩放榜，乳源高级中学考生成绩优异，应届考生1306人，重本上线99人（含农村计划35人），二本科上线467人，专科上线1149人，各批上线率同比2014年有较大提高。县文科状元张蓉的文科总分在全市排第六名，语文单科成绩在全市排第一。理科状元马神养数学单科成绩在全市排第四名。

7 月

7月1日 副省长邓海光带领省直有关部门负责人到乳源调研村务公开、便民服务、农村“三资”管理及中小河流治理等工作。邓海光一行先后前往桂头镇便民服务中心、桂头镇杨溪村委和一六镇团结村委，认真检查村务公开、便民服务、农村集体“三资”（资金、资产、资源）管理及监督平台建设等工作情况及到桂头镇凰村军安山安置点，调研指导“两不具备”村安置工程建设。

7月1日至2日 省卫生计生委规财处副处长吕水文率检查组到乳源，进行为期两天的基本公共卫生服务工作评估检查。通过实地检查，考核组对乳源基本公共卫生工作给予肯定，认为乳源自实施国家基本公共卫生服务项目工作以来，领导重视，管理规范，工作扎实，服务项目取得显著成效，让群众享受到越来越好的基本公共卫生服务。检查组还就乳源公共卫生项目工作提出要求。

7月2日 省旅游局副局长梅其洁率领省旅游局党员干部一行近30人深入对口帮扶村乳源洛阳镇坪溪村开展党日调研活动。调研采取座谈交流、重温入党誓词、实地考察、走访慰问等形式进行。

7月5日至6日 省人大常委会法工委主任王波一行，到乳源就林权争议调解处理立法进行调研，对乳源妥善调解林权争议的做法给予充分肯定，要求乳源要坚持法治思维、运用法治方式继续做好林权争议调解工作，整合各部门力量对各类疑难案件进行协调，过去好的经验和做法，大胆的予以继承和发展，以适应新形势下林权争议调处工作复杂化的特点，确保工作的连续性和稳定性。

7月6日 县委中心组理论学习（扩大）会议召开，县四套班子领导，乡镇书记、镇长、人大副主席、司法所长，县人大常委会组成人员，县人大机关全体干部，县直及上级直管单位副科级以上干部等400多人参加会议。会议邀请省人大常委会法制工作委员会主任王波作依法行政专题讲座。

7月7日至8日 省委农办主任陈祖煌、省委农办新农村建设指导处处长刘洪盛等一行到韶关调研农业农村工作，于8日专程到乳源检查指导省级新农村示范片建设工作。

7月8日 省民政厅组织由群众工作组及省第一荣军医院、韶关市复退军人医院组成的医疗队共11名医护到乳城镇新民村委开展送医送药活动，共为100多名群众进行义诊，免费发放价值4万元的药品。

7月9日 韶关市政府在乳源召开全市旅游重点项目调研座谈会。市委副书记、代市长骆蔚峰，市委常委、常务副市长陈波，市委常委、宣传部部长柳琛子出席会议并作发言。县领导邓志聪、梁丽娟及市县旅游、交通、农业、财政、国土、林业等部门负责人和部分旅游重点企业参加调研座谈会。会上，市旅游局局长文清年首先作市旅游业工作情况汇报。随后旅游重点项目企业一一做发展建设情况汇报，陈波、柳琛子对旅游工作发展情况提出深刻的看法和措施要求。骆蔚峰在会上作重要讲话。

7月11日至12日 2015韶关市旅游节庆系列活动之第二届南岭“瓜果花香世界”旅游节在乳源瑶族自治县南岭一峰生态园举办。副县长梁丽娟及市县相关部门领导出席开幕式。300多名来自全市各地的游客、旅行社及县旅游协会、农业协会、摄影家协会、户外协会等行业的领导、企业家参加活动。

7月16日 县人社局在县政府广场举办2015年高校毕业生专场招聘会，为大学生实现就业和企业用工铺路搭桥，共有21家企业进场招聘，提供招聘财务人员、设计员、管理、普工等566个就业岗位，招聘会现场有近千名求职者应聘。

7月20日 作为2015年韶关旅游节庆活动之一的韶关云门山首届水上旅游狂欢节在云门山旅游度假区内隆重开幕，举行云门山自然风景区开园仪式、瑶族篝火歌舞表演晚会启动仪式。

7月20日 韶关市旅游局联合韶关市人民银行共同举办2015全市中小旅游企业项目招商融资洽谈会在乳源召开，韶关市各县（市、区）旅游局、近30个旅游企业和10家银行机构代表参加会议。

7月20日 由韶关市气象、安监、经促、住建、消防等5部门组成的联合督查组到乳源开展气象灾害防御暨防雷安全生产工作督查。督查组先后到亿华投资发展有限公司、韶关怡诚房地产开发有限公司在建项目，以及乳源中学、永恒实业有限公司等进行现场检查。

7月24日 县开发区举行“大众创业园”招商引资优惠政策推介会，副县长林军，县直相关单位及来自梅州大埔县客家联谊会的20名在韶企业家参加招商推介会。县规划在富源工业园国道323线以北打造一个面积约40公顷的“大众创业园”，创业园以20左右亩为办证单位进行土地出让，推动大众创业热潮。

7月25日 广东救援辅助队（香港）协会主席廖国球代表协会热心人士捐资12.38万元，用于捐助乳源8名特困家庭大学生就读学费和26名残疾学生学杂费。

7月27日 在中心会堂召开县委工作会议，十一届县委委员、候补委员，各镇党委书记、镇长，县直副科以上单位主要负责人等参加会议。县委书记吴春腾主持会议，会议传达贯彻全市干部大会和市委十一届七次全会精神，研究部署信访维稳和下半年工作。

7月29日 由工信部电子第五研究所（赛宝实验室）、韶关市中小企业局、乳源瑶族自治县经济促进局、韶关市中小企业服务中心联合举办的广东省经信委2015年中小微企业人才培育计划—赛宝大讲堂在乳源举行。韶关市中小企业局副局长邓彩雄、各县（市、区）中小企业局相关负责人及韶关市中小微企业近200名企业高层管理人员参加培训。

7月29日 由《经济日报》广东记者站，中新社、《南方日报》《南方都市报》《广州日报》《羊城晚报》驻东莞记者站以及东莞市委宣传部、《东莞日报》、东莞广电台等10多家媒体组成的采访团到乳源，就东莞乳源对口帮扶工作情况、亮点等进行实地采访报道。采访团一行先后前往东阳光新材料产业园、富源工业园、中农批公司和东莞“扶贫双到”乳源点，参观考察氟新材料项目、绿之源罐装项目、中农批项目的推进情况和虎门镇黄烟产业发展扶贫项目等。与企业及扶贫“双到”工作联络组等有关部门负责人进行交流，就对口帮扶措施和成效、遇到哪些困难、如何解决等方面的问题进行探讨。

7月30日 省教育厅厅长罗伟其一行到乳源调研教育工作，实地调研县中等职业技术学校和柳坑中心小学。每到一所学校，罗伟其都仔细询问学校办学情况，查看学校的办学条件，对乳源前阶段教育工作所取得的成绩给予充分肯定，就如何推进教育信息化、实现教育优质化，形成学校办学特色提出意见建议。

8 月

8月3日 2015年粤东西北地区乡镇事业单位专项考试公开招聘事业单位工作人员韶关考区乳源考点面试工作在县中等职业技术学校进行，全县共95名考生参加面试。面试工作结束后，根据工作实施安排，县人社局将严格按照既定程序对通过面试的考生进行体检、政审等相关工作。

8月4日至6日 县领导邓志聪、费玉海、伍文、马福德等党政班子成员带领县政府组成部门一把手、各乡镇党委书记，专程赴河南省兰考县焦裕禄干部学院进行为期3天的体察学习。重温焦裕禄先进事迹、学习焦裕禄优秀品质，接受精神的洗礼。学习班以主题教学、现场教学、音像教学、专题讲座和访谈教学等形式进行。

8月6日 省经信委实地摸查工作小组到乳源产业转移工业园进行省产业园情况摸查，对乳源产业园的入园企业状况、土地厂房情况、环保设施建设情况、专项资金使用情况等进行全面细致的核查，对入园的30多家企业进行实地核查。

8月6日至8日 由国家民委、文化部、内蒙古自治区人民政府主办的“首届全国少数民族优秀声乐作品展演”在塞外名城内蒙古呼和浩特市举行，由乳源瑶族自治县文化馆创作的本土原声态瑶族民歌音乐作品《歌姆》入选全国少数民族优秀声乐作品并参加本次首届展演。该作品曾于2014年获“广东省第六届群众音乐舞蹈花会”金奖。

8月7日 省委老干部局局长郭跃文一行6人到乳源调研指导老干部活动中心建设工作。

8月10日 县委、县政府召开全县扶贫开发“双到”工作会议，县领导吴春腾、伍文、简连英、伍梅华、李明华出席会议，各镇党委书记、县级帮扶单位主要负责人，31个重点村扶贫工作组组长等参加会议。会议通报2013年以来县扶贫开发“双到”工作情况，分析扶贫工作中存在的问题，对下一步工作进行安排部署。

8月10日 县委召开2015年纪律教育学习月活动（三纪班）动员大会。县四套班子领导干部，法检“两长”，县纪委监察局中层以上领导干部，各镇、县直副科以上及上级直管单位党政“一把手”及纪检工作分管领导共150人参加会议。会议由县委常委、常务副县长林昌卫主持，会上，县委书记、县人大常委会主任吴春腾作动员讲话，县委副书记伍文作保密专题辅导报告，县委常委、县纪委书记张军作廉政专题辅导报告。与会人员还一起观看保密教育片《手机背后的谍网》和廉政专题教育片《“红包”之祸》。

8月12日 由省卫生计生委、省人口文化促进会、市卫计局和县人民政府联合举办的“创建省级人口文化示范基地”启动仪式暨新家庭辅导员培训开班典礼在乳城镇会议室举行。培训班邀请广东省人口研究院处长姚晓涛作以《婴幼儿家庭教养指导概述》为主题的讲座，县人口计生服务站以及五个示范镇的人口计生办、卫生院的新家庭人口文化辅导员共110人参加培训学习。省人口促进会副秘书长李晋兴、副县长梁丽娟等领导出席仪式并为乳城镇、一六镇、游溪镇、东坪镇、大布镇等五个“示范镇”颁发“广东省人口文化示范基地”牌匾。

8月13日 省旅游局局长曾颖如、省旅游局政策法规处处长臧丽华、省旅游局规划统计处处长毛诚一行到洛阳镇坪溪村、云门山旅游度假区和云门寺调研。

8月13日 市委书记蓝佛安到乳源调研农村基层工作。蓝佛安先后到洛阳镇白竹村、东坪镇汤盆村、大桥镇红星村调研。

8月17日 第十届全国少数民族传统体育运动会在内蒙古自治区鄂尔多斯市体育馆闭幕，全国34个代表团的各族运动员齐聚鄂尔多斯，共同角逐17个竞赛项目和178个表演项目的金、银、铜奖。在为期9天的比赛时间里，乳源瑶族运动健儿共夺得3金9银1铜的好成绩，其中龙舟项目获3金6银、押加项目获1铜、表演项目获3银。此外，有8名女子龙舟运动员被评为全国优秀运动员，12名表演项目运动员获得道德风尚奖，表演项目《桩》获竞技类道德风尚奖。

8月19日 县长邓志聪，县委常委、常务副县长林昌卫，以及县安监、经济开发区、经促、公安、消防等部门深入乳源东阳光电化厂、乳源东阳光氟有限公司进行安全大检查，重点查看调度监控系统、隐患排查治理记录、氯气充装车间等情况。

8月20日 广东省法制教育所所长彭志坚率队到大桥镇调研指导无邪示范镇创建工作。

8月20日 市政府安全生产第二督查组一行对乳源安全生产情况进行督查，现场检查瑞联民爆公司仓库、联兴烟花爆竹有限公司仓库和东阳光化成箔危险化学品储存罐区，听取乳源贯彻落实国家、省、市集中开展安全生产大检查工作的情况介绍。

8月22日 由乳源共青团主办的“花嫁女孩·等您来牵”乳源第二届单身青年玫瑰节大型交友活动在南岭国家森林公园举行。来自县各行各业的百余名适龄单身男女青年共赴这场“玫瑰之约”，当场牵手成功4对，数对男女达成交往意向。

8月27日 广州市番禺区工商联、厂商会，韶关商会、韶关市异地商会等有关领导和企业家组成的考察团到乳源进行投资考察。县领导吴春腾、林昌卫、黄寿生、林军出席投资环境推介座谈会。会前，考察团一行先后实地参观东阳光铝加工基地、新材料产业园及精箔厂等地，深入了解乳源园区规划建设、招商引资等方面的情况。座谈会上，副县长林军向考察团作乳源投资环境推介；县委常委、常务副县长林昌卫致辞，县委书记吴春腾作重要讲话。

9 月

9月8日 国家林业局湿地保护管理中心主任马广仁、国家发展改革委农经司副司长吴晓松、国家林业局调查规划设计院书记刘国强、北京林业大学教授张明祥等人组成的专家组到乳源实地验收评估南水湖国家湿地公园建设。

9月8日 位于县新材料产业园的凌一化工有限公司竣工并举行试产庆典，副县长林军及县经促局、开发区等相关部门负责人出席试业庆典仪式。凌一化工有限公司主要是生产化妆品原料和医药中间体。计划总投资1.8亿元，项目占地100余亩。年产半胱胺盐酸盐1000吨，2.6一二氯-4-硝基苯胺2000吨，苯二胺1000吨，预计年产值达8000万元。

9月9日 代市长骆蔚峰、市政府秘书长钟裕荣、市直相关部门负责人一行到乳源调研，经到新材料产业园、蓝威科技园、东阳光药业有限公司、游溪镇八一瑶族新村等实地调研和听取汇报，骆蔚峰充分肯定乳源近年来经济社会发展成果以及“五大战略”的总体思路，提出有关要求。

9月9日 市政府在乳源召开韶关市参加第十届全国民族运动会总结大会，对运动员和教练员进行表彰。副市长王伟阳，市政府副秘书长邓彩虹，市民宗局局长赵卫东，县委常委、统战部长黄寿生，副县长梁丽娟及市县相关部门负责人出席总结大会。8月9日至17日，由国家民委、国家体育总局主办，内蒙古自治区政府承办的第十届少数民族传统体育运动会在鄂尔多斯市举行，韶关市共派出83名运动员代表广东省参加龙舟、押加、板鞋竞速、高脚竞速等竞赛项目和3个表演项目的比赛。运动员们不负重托，不畏强手，顽强拼搏，取得4金13银2铜的好成绩。8名女子龙舟队员获得全国少数民族优秀运动员称号，12名表演项目运动员荣获体育道德风尚奖。

9月10日 县委、县政府召开庆祝第31个教师节暨2015年高考表彰大会。县领导吴春腾、林昌卫、邱波、梁丽娟、刘宏美出席会议，各镇主要领导、分管教育领导，县直及上级直管各单位主要负责人，受表彰的优秀教师及尊师重教先进集体、先进个人，各镇中小学（幼儿园）、县直学校校长（园长）、教师代表，县教育局有关干部约400人参加会议。会议总结2014学年全县教育工作情况，宣读《关于2015年教师节表彰先进集体和先进个人的决定》，对在2015年教育工作中涌现出的10个尊师重教先进集体、20名优秀教育工作者、30名优秀班主任、50名优秀教师和2015年高考取得优异成绩的2所高中学校进行表彰。先进集体和先进个人代表还分别作发言。

9月11日 全省少数民族自治县扶贫开发工作座谈会在乳源召开，会议研究讨论第三轮精准扶贫攻坚对三个少数民族自治县的帮扶措施。省扶贫办副主任李冠强、韶关市副厅级干部许俊杰、副县长李明华出席会议。韶关、清远市扶贫办负责人及连山、连南县分管领导、扶贫办负责人参加会议。

9月11日至13日 县旅游局组织南岭国家森林公园、丽宫温泉度假区、云门山旅游度假区、天景山仙人桥等旅游企业参加在广州琶洲展览馆举行的中国（广东）国际旅游产业博览会。在本届中国（广东）国际旅游产业博览会中，云门山旅游度假区荣获2015“广东最喜爱的自驾游目的地”景区奖。

9月15日 省质监局副局长张燕飞到洛阳镇调研指导九节茶标准化种植工作。

9月15日至16日 全市新农村建设工作培训会在乳源召开，各县（市、区）农办（农业局）分管副主任（副局长）、业务股长及市委农办相关领导参加会议。会议总结2015年以来各县（市、区）在名镇名村示范村、幸福村居示范片和省级新农村连片示范工程建设工作的好经验和好做法，对下一阶段各地新农村建设工作作安排部署。

9月16日 市《法治广东建设五年规划（2011—2015年）》暨“六五”普法检查验收小组到乳源，对乳源贯彻落实《法治广东建设五年规划（2011—2015年）》暨“六五”普法工作进行检查验收。市检查组采取召开座谈会和实地考察相结合的方式进行检查验收。

9月16日至18日 县政府组织交通、公安、公路等多部门联合开展公路及两侧有关违法行为专项整治行动。执法人员先后对省道248线和250线公路两侧的违法建筑、非法广告牌、非法占用道路等侵犯路产路权行为进行彻底整治。共清除公路路障4处，清除非公路标志标牌及移动广告牌约30处，取缔非法占道经营马路1处。

9月18日 “爱，再行动”——东莞市建筑装饰协会捐资助学仪式在桂头镇中心小学举行。东莞市经协办、市扶贫办主任麦允谦，县委常委、宣传部部长简连英等出席捐赠仪式。仪式上，东莞市建筑装饰协会向桂头镇中心小学捐赠10台饮水机和向115名受助贫困学生发放助学金，共计人民币十万五千元。东莞市建筑装饰协会秘书长雷伟良、受助学生代表分别作发言。

9月18日 2015年乳源乐昌公安特警队应急处突拉动演练活动在乳源举行。

9月25日 2015年广东省（韶关·乳源）环南水湖自行车、铁人三项公开赛新闻发布会在省体育局召开。广东省社会体育中心主任麦良，副县长梁丽娟，韶关市体育局副局长宋启龙等出席发布会。

9月25日 由县纪委、县文广新局共同举办的第五届廉洁读书月活动正式启动。全县9个乡镇和63个机关、企事业单位将组织干部职工分别到镇文化站图书室和县图书馆阅读廉洁书籍。活动从9月开始到10月结束，期间开展廉政专题讲座、播放廉政电影、读后感征文等配套活动。

9月29日 中国农业发展银行韶关市分行与乳源瑶族自治县人民政府签署银政战略合作框架协议。根据协议，中国农业发展银行韶关市分行在符合政策范围和满足贷款条件下，2015—2020年五年内向乳源瑶族自治县信贷20亿元，支持乳源主导的农村土地整理复垦与收储开发，农村村庄、城中村整治与农民集中居住区建设，农村路网水网电网信息网建设，农田水利与防洪堤设施建设、农村生活垃圾、污水处理等生态环境建设，农业技术服务体系与农村流通体系建设，农业综合开发，“三旧”改造和县域城镇基础设施建设、产业转移园土地整治及园内基础设施建设等提高农业综合生产能力、改善城乡生产生活条件的各类重点涉农建设项目。中国农业发展银行韶关市分行行长雷明，副行长古小芳，县领导吴春腾、邓志聪、伍文、马福德、林昌卫、许益云、陈耀宇、林军及相关部门负责人出席签约仪式。

9月30日 县委、县政府举行庄严的烈士纪念日公祭活动，深切缅怀革命先烈的丰功伟绩，弘扬革命先烈的崇高精神。县四套班子领导成员、法检两长，县直副科以上单位一把手，各民主党派、工商联及无党派人士代表，公安干警、武警战士、部队官兵、学生代表等300多人参加公祭活动。仪式由县委副书记伍文主持。

10 月

10月1日至7日 南岭国家森林公园、广东大峡谷景区、云门寺在客流高峰期日接待量均破万人，各景区酒店和星级酒店前五天住房率保持在90%以上。10月1日至7日，全县总接待游客20.56万人次，同比2014年增长3.69%。综合旅游收入1.38亿元，同比2014年增长2.46%。

10月12日 深圳高立高空作业设备有限公司在乳源举行项目奠基仪式，该项目总投资6600万元，占地面积2.03公顷，预计2016年5月建成投产，年制造全自动自行式升降机2000台，产值1.8亿元。县领导文建平、林军和相关部门负责人及企业代表出席奠基仪式，副县长林军在仪式上致辞。

10月13日 中央专项彩票公益金为乳源大桥镇敬老院捐赠一批价值20万元的物资。

10月13日 省软弱涣散党组织整顿工作督察组到大桥镇开展软弱涣散农村基层党组织整顿工作督查。

10月13日 县五彩瑶乡省级新农村示范片建设工程开工仪式在东坪镇雕子塘村举行。县委副书记伍文，副县长李明华，乳城、东坪、一六、游溪四镇主要领导，县相关部门负责人及各新村村民参加开工仪式。五彩瑶乡省级新农村建设项目涵盖4镇5个行政村45条自然村，惠及群众2288户9278人，首期投入省级专项资金1亿元，建设项目涉及村巷道硬底化、安全饮水管网、村庄垃圾和生活污水处理、村民卫厕建设和外立面整治，以及部分村庄的公共文化体育设施、美化亮化工程和休闲农业、乡村旅游等公共设施建设。

10月14日 全国义务教育基本均衡县省级督导组到乳源督导检查。

10月14日 由省发展改革委林林巡视员组成的督查组对乳源景区进行票价政策执行督查。从督查结果来看，各景区均能遵守价格政策，做好价格自律，规范价格行为。

10月15日 国务院扶贫办督查组到一六镇督查扶贫开发工作。督查组通过听取汇报、召开座谈会、查阅档案资料以及随机走访贫困户等方式，对团结村贫困户的识别程序、建档立卡情况、驻村情况及帮扶措施的落实等方面进行全面督导，并与贫困户代表和村民代表进行交谈，详细询问农户家庭情况、村里的民生情况及扶贫开发工作情况。

10月15日 省工商局党组成员、省纪委派驻省工商局纪检组长李平等一行，先后深入到一六镇团结村委乌石岭新村和游溪镇政研新村开展一对一帮扶对象扶贫走访调研。

10月15日 第九届乳源瑶族“十月朝”文化旅游节暨首届粤北（乳源）农特产品博览会新闻发布会在乳源白云天园林宾馆召开。

10月18日　在“重阳”节即将来临之际，广东省妇女维权与信息服务站（韶关站）、县妇联、乳城镇妇联联合在乳城镇云门村老年人活动中心开展“庆重阳促和谐”关爱农村留守妇女活动，上午，举行“庆重阳促和谐”普法文艺宣传会演，下午，以家庭生活、赡养老人、家庭教育、从事农业生产等方面存在的困难和需求开展关爱农村留守妇女活动民生座谈会，县妇联维权干部认真倾听云门村留守妇女的心声和诉求，发放调查问卷，为妇女权益问题解难答疑，还向活动现场的留守妇女发放《中华人民共和国婚姻法》《中华人民共和国妇女权益保障法》《妇女创业小额财政贴息贷款宣传手册》等资料50余份。

10月19日　湖南省发改委、湖南省社科院专家一行到乳源产业转移工业园开展湘粤合作试验区调研，先后考察东阳光高科技园、富源工业园。

10月19日　市委常委、常务副市长陈波率领市旅游、民宗、财政、体育、交通等相关部门负责人到乳源调研瑶族“十月朝”节庆活动筹备情况和旅游重点项目建设工作。

10月20日至23日　由省海洋与渔业技术推广总站主办的广东省第三期水产健康养殖技术师资培训班在乳源举办，全省50多名水产专业技术人员参加培训，培训内容包括水产养殖品种介绍及发展趋势、水生动物检疫与水产品检测、到乳源的新高畜牧水产养殖场现场参观学习等。

10月22日　由韶关市教育局主办的第二十届中学生“英东杯”篮球、足球竞赛在乳源高级中学落幕。全市七县三区的39支篮球代表队和22支足球代表队共871名运动员参加比赛。高中男子、女子篮球第一名分别由武江区、翁源县获得，初中男子、女子篮球第一名分别由始兴县、浈江区获得，高中男子足球第一名由武江区获得，初中男子、女子足球分别由武江区、浈江区获得。

10月23日　省经济和信息化委节能与循环经济处处长杨朝晖一行调研乳源园区循环化改造工作。

10月23日　广东青年职业学院院长胡荣华、副院长黄洁贞到乳城镇云门村检查指导扶贫工作。

10月28日　省人大常委会教科文卫委主任委员梁万里率执法检查组，到乳源进行《广东省信访条例》执法检查暨深化解析工作。

10月28日　广东省环境保护厅环境监察局局长周全率第四综合督查组到乳源督查环境保护工作。

10月28日　县委常委、副县长刘永生率县打假办、公安局、烟草专卖局、工商、交通运输局等部门，联合开展烟草打假专项行动。此次行动主要检查坪乳公路的治安卡口，对来往货车进行重点检查，检查证件是否齐全、是否存在流通假烟私烟情况。

10月29日　生态乳源·幸福瑶乡——韶关《民声热线》进走乳源大型户外活动在县政府广场隆重举行。活动由韶关市政府纠风办、韶关市直属机关工委、中共乳源瑶族自治县委员会、乳源瑶族自治县人民政府、韶关市广播电视台联合主办。采取电台直播形式分三节进行，在第一节的暖场活动中，由县民族文化传习馆的演员，为参加活动的现场观众表演独具瑶族风情的歌舞表演，并在节目中穿插创建全国文明城市知识有奖问答。在民生论坛环节，县委书记吴春腾与4名乳源各界热心人士展开互动，围绕乳源经济社会各项事业发展，畅谈民生。在民生热线环节，县长邓志聪与县政府班子成员和有关单位部门领导走上《民生热线》，共同接受群众来访，受理群众的投诉、咨询，现场解答观众问题。

10月30日　由县人民政府主办，县旅游局、县教育局、县文广新局、团县委、县创文办承办的“映像乳源”原创旅游歌曲进校园歌咏比赛在县政府广场举行。县委常委、县委办主任许益云，县政府副县长梁丽娟、县政协副主席陈松海以及县旅游、教育、文广新和团县委等部门领导出席并观看表演。比赛邀请县5位专业老师担任评委，为参赛的11个节目评比出最佳表演奖3名、最佳演艺奖3名、最佳风尚奖3名、最佳组织奖2名。比赛特邀“映像乳源”原创旅游歌曲《为你点赞》原唱者丘童予，《绣娘》的原唱者、广东歌手、广东话剧院演员、热门长篇电视剧《外来媳妇本地郎》由美的扮演者马小倩到场助阵。

10月　县领导吴春腾、费玉海、伍文等率县党政考察团赴湖北省宜都市考察学习该市的招商引资、城市管理和创建全国文明城市工作。

11 月

11 月 5 日 教育部督导办检查组一行 4 人对乳源申报全国义务教育发展基本均衡县进行督导检查。督导办检查组通过观看专题片，听陈述和答辩，查阅档案资料，召开人大代表和政协委员、校长、教师、家长座谈会，问卷调查以及现场察看学校等形式对乳源申报全国义务教育发展基本均衡县情况进行督导检查。

11 月 9 日至 10 日 由省委统战部、省民族宗教委、省财政厅、省交通运输厅、省水利厅、省旅游局、省扶贫办等部门组成的省联合督查组，到乳源就贯彻落实中央和全省民族工作会议精神情况进行督查。

11 月 11 日 由广东中农批农产品批发市场有限公司主办的“新农业．新电商”互联网＋农业高峰论坛在韶关丽宫国际旅游度假区主楼五楼紫金殿举行。广东省农业厅、韶关市农业局、乳源瑶族自治县人民政府、中国供销集团下属的中农批运营公司、中农批冷链公司、中农批电商（北京）建设开发有限公司、广东中农批农产品批发市场有限公司的多位领导出席论坛，论坛还邀请中农批电商（北京）建设开发有限公司副总经理游松、华南农业大学张光辉教授、杨金易教授，圆通总部运营中心终端建设部总监黄涛等多位分别来自农业电商、食品安全、冷链物流、农产品品牌策划范畴的专家，共同参与互联网时代农业发展的交流探讨。论坛由广东电视台主持人陈力主持，中农批电商（北京）建设开发有限公司副总经理兼广东中农批农产品批发市场有限公司总经理刘伟致辞。

11 月 11 日 以“奔向第一峰，畅游南水湖”为主题的 2015 年广东省第一峰（韶关·乳源）铁人三项挑战赛，在乳源瑶族自治县南水湖国家湿地公园举行。比赛活动由广东省社会体育中心、南方日报社、广东广播电视台体育频道、广东广播电视台文体广播、韶关市体育局、乳源瑶族自治县人民政府主办，乳源瑶族自治县教育局（体育）、韶关民生网、韶关市自行车协会承办；比赛的三项内容为游泳 0.5 公里、自行车路程 38 公里、跑步 5 公里，全程 43.5 公里。来自广东、湖南、云南等地方的 100 名运动员参加比赛。经过激烈的角逐，曾文波获得男子 A 组第一名，胡庆河获得男子 B 组第一名，邓湖平获得女子组第一名。副省长许瑞生宣布开幕，国家体育总局自行车击剑运动管理中心主任王伟，省体育局局长王禹平，韶关市委副书记、代市长骆蔚峰，韶关市副市长王青西，乳源瑶族自治县领导邓志聪、伍文、戴浩平、梁丽娟等出席开幕式并为获奖运动员颁发奖杯、奖牌、证书及奖金。

11 月 12 日 农历十月初一，乳源瑶族自治县隆重举行第九届瑶族“十月朝”文化旅游节活动暨首届粤北（乳源）农特产品博览会开幕式典礼，中国供销农产品批发市场控股有限公司董事长王文春，省体育局局长王禹平，省民宗委党组副书记李秀英，省农业厅副巡视员陈正辉，省农业科学院副院长何秀古，南方传媒学院执行副院长戴学东，韶关市民宗局局长赵卫东，韶关市旅游局局长文清年，韶关市文广新局局长何正平，韶关市农业局局长沈河民，省直、市直和东莞市扶贫乳源单位，湖北宜都市委、市政府，乳源珠三角联谊会等领导和嘉宾参加节庆活动。市委常委、常务副市长陈波，中共乳源瑶族自治县委书记、县人大常委会主任吴春腾在开幕式上分别致辞，县委副书记、县长邓志聪主持开幕式。开幕式上，陈波、王文春、李秀英、陈正辉、何秀古、吴春腾、邓志聪共同为第九届乳源瑶族“十月朝”文化旅游节暨首届粤北（乳源）农特产品博览会揭幕，为“中国供销·粤北农特产品电商物流商贸城”项目奠基培土。此次瑶族“十月朝”文化旅游节活动，从 10 月 30 日持续到 12 月下旬，内容丰富多彩，风格突出魅力独特，主要包括“映像乳源”原创歌曲进校园歌咏比赛、“书香乳源·悦读生活”图文作品展、2015 年广东第一峰（韶关·乳源）铁人三项挑战赛、2015 年广东省环南水湖自行车公开赛、第九届乳源瑶族“十月朝”文化旅游节暨首届粤北（乳源）农特产品博览会开幕典礼、首届粤北（乳源）农特产品博览会、瑶绣艺术节暨瑶族山歌会、云门山首届登山露营节、南岭登山节、“一带一路”建设与世界瑶族交流研讨会等 10 项活动。

11 月 12 日 2015 年广东省（韶关·乳源）环

南水湖自行车公开赛在乳源开赛。国家体育总局自行车击剑运动管理中心主任王伟，省体育局局长王禹平，省民宗委员会党组副书记李秀英，省社会体育中心主任麦良，县领导邓志聪、费玉海、伍文、马福德等出席开幕式并为获奖运动员颁奖。县委书记吴春腾宣布比赛开幕，副县长梁丽娟主持开幕式。此次自行车公开赛，由广东省社会体育中心、韶关市体育局、乳源瑶族自治县人民政府主办，乳源瑶族自治县教育局、韶关市自行车协会、韶关民生网承办。比赛线路设于乳源南水湖沿岸公路，全长86公里。吸引欧美、日本以及国内等近500名自行车运动爱好者的积极参与。经过近3个小时激烈角逐，李昌德获得男子青年组的第一名，陈湘源获得男子中年组的第一名，邓湖平获得女子组的第一名。

11月12日 乳源瑶族自治县“十月朝”系列活动之“乐游云门山祈福欢喜地”2015年云门山登山露营节开幕式暨古母水饮水工程慈善公益徒步筹款活动启动仪式在云门山旅游度假区隆重举行。县委常委、县委办主任许益云，副县长梁丽娟及来自韶关各地200多名户外爱好者参加开幕仪式。

11月12日 在云门山景区举办主题为“追逐梦想为非遗传承高歌”的2015年“十月朝”瑶族山歌会暨瑶绣艺术节活动。县委常委、宣传部部长简连英，县政协副主席刘宏美出席活动，简连英在活动上致辞。

11月17日 全省食品药品监管系统办公室主任会议在乳源召开，全省各市的60多名药监系统办公室主任参加会议。会议研讨2016年全省食品药品监管工作思路，对2015年以来全系统办公室工作进行总结交流，研究部署办公室工作。省食品药品监管局黄绍龙副局长出席会议并讲话，县委常委、副县长刘永生出席会议。

11月18日 由副市长王青西率领的第三督导组到乳源督导前三季度经济发展目标落实情况。

11月19日 县纪委监察局组织县直机关、企事业单位、上级直管单位的党政“一把手”及全县各医疗卫生机构班子成员共99名领导干部到县人民法院第一审判庭，旁听县人民医院原院长江某某涉嫌受贿一案，接受警示教育。

11月20日 由贵州民族大学旅游学院院长石朝平，海南省登山与航海协副会长、省旅游委常任规划评审专家汪培诚，广东省旅游发展中心主任李国平，广州大学旅游学院副院长吴水田，广东省著名旅游专家武旭峰组成的规划评审组，评审通过《乳源旅游发展总体规划（2010—2025）（修编）》，审议通过“南岭部落”一峰生态度假庄园发展规划。副县长梁丽娟，各镇及县旅游、发改、经促、国土、林业、农业、文广新等相关部门负责人以及景区负责人参加评审会。

11月21日 2015年韶关市中等职业学校技能竞赛在乳源中等职业学校拉开帷幕。竞赛为期2天，全市15所职校的340多名选手参加竞赛，在乳源中职学校、乐昌中职学校2个赛点进行各类技能大比拼。大赛设计算机、电子商务、市场营销、电子电工、财会、旅游等类别，设有网站设计、动漫设计、会计电算化、点钞、电力拖动等竞赛项目。乳源中职学校有24名同学参加7个项目的比拼。

11月24日 由市旅游局、市旅游信息中心组成的南水湖综合治理与开发规划调研组到东坪镇进行调研。调研组先听取南水湖的基本情况介绍，随后到南水湖进行实地调研。

11月25日至27日 第十三届中国瑶族盘王节活动在“神州瑶都”——湖南省永州市江华瑶族自治县举行，乳源组织代表团参加活动，乳源文化系统的演职人员参与演出活动。

11月26日 省人社厅精准扶贫三年攻坚调研组一行到乳源调研指导扶贫双到及人社系统建设等工作。

11月26日 省民政重点工作交叉评估组到乳源考察评估民政重点工作，先后到一六镇团结村委、乳城镇云门村委养老服务中心、乳城镇区域性敬老院实地考察。

11月26日晚 由韶关市人社局、韶关市电视台主办，乳源人社局、乳源东阳光公司承办的韶关市技能晋升培训补贴政策推介活动——“一技在手，就业无忧”晚会在东阳光公司举行。

11月27日 省外办党组书记、主任傅朗一行到桂头镇红岭村委调研指导扶贫开发“双到”工作。

11月29日 在大桥镇老铺尾古道文化森林公

园盘龙祠举行韶关市非物质文化遗产“圣祖祭”2015年乙未岁纪念舜帝诞辰暨新宝像升座庆典活动，1000多名瑶汉群众参加活动，活动由乳源瑶族自治县非物质文化遗产保护中心、乳源大桥客家联谊会主办。

11月 广东救援辅助队（香港）协会会长曾景添，广东救援辅助队（香港）协会主席廖国球带领香港热心人士，与乳源救援辅助志愿者协会队员一行共120余人，在乳源瑶族自治县开展为贫困山区古母水饮水工程徒步筹款活动。县委常委、县委办主任许益云参加活动。在徒步筹款活动中，徒步队伍步行近30公里，到洛阳镇月坪村委会，并举行捐款仪式。

12 月

12月1日 2015年韶关市加强学校管理暨校园文化建设现场推进会在乳源召开。市教育局局长邓小杰，县人大常委会副主任朱均玉，副县长李明华出席会议，全市中小学校长代表共150余人参加会议。与会人员首先参观乐昌中英文学校、乳源金禧小学的校园文化建设成果，会上，乳源教育局负责人介绍乳源推进校园文化建设的经验，仁化县教育局围绕规范学校管理作经验发言，邓小杰在会上作重要讲话。

12月3日 广东省宜居宜居社区考评小组对乳源源峰、鹰峰、松峰、云峰四个社区进行实地考评验收。省宜居社区考评小组通过听取情况汇报，观看展示和实地查看等方式，对源峰、鹰峰、松峰、云峰四个社区在社区空间、社区环境、社区服务、社区平安、社区文化、社区管理服务、配套设施等方面的情况进行全面的了解。

12月5日 由省外事办组织的第二期太平洋岛国高级公务员培训班一行31位学员到东坪镇雕子塘新村访问。

12月7日 县公安局召开新闻发布会，公布成功侦破一宗自建县以来最大制毒案件，捣毁一个特大制毒窝点和加工场点，抓获犯罪嫌疑人8名，缴获毒品冰毒313公斤，制毒半成品76公斤。中央电视台、广东电视台、韶关电视台、韶关日报等新闻媒体记者参加发布会。发布会上，警方通报案件的相关情况及处理情况。

12月8日 由韶关市文广新局主办，乳源文广新局承办的2015韶关市非物质文化遗产保护工作业务培训班在白云天园林宾馆开班。韶关各县（市、区）文广新局分管领导、非遗主管、业务骨干，以及乳源文化系统干部共70多人参加培训。培训班由广东省文化馆的李邵侹以及市文广新局非遗科科长杨镰铭主讲，通过播放课件的形式，对非遗申报工作进行深入浅出的讲解，并就如何做好非遗的保护，以及非遗的认定、记录、和建档提出要求。培训为期2天，培训期间，学员实地参观乳源相关公共文化场馆。

12月9日 由总司库兹维利·穆凯兹率领的南非非洲人国民大会高级干部研修班一行20余人到乳源访问。研修班客人一行先后参观冠华食品有限公司、东阳光化成箔厂和光箔厂及过山瑶博物馆。研修班客人认为乳源发展成就令人瞩目，在招商引资、基础设施建设、政府服务及少数民族文化传承和保护等多个方面的经验值得借鉴，希望两地积极推进“南南合作”，实现共同发展。

12月10日 广东省大面积停电事件应急指挥中心到乳源开展电力应急专题调研。

12月11日 在县人民医院举行香港爱心义诊暨中医药现代化学术交流会活动启动仪式。县委常委、统战部部长黄寿生，世联中医药现代化协会主席、广东救援辅助队荣誉会长麦惠祯等世联中医药现代化协会的嘉宾以及县卫计系统的医护人员150余人出席启动仪式。

12月12日 广东省AAAA级景区复核评审深圳市组马雪瑜、林晓萌、杨海娟一行对乳源境内的广东大峡谷旅游度假区和云门寺佛教文化生态保护区进行AAAA级旅游景区质量等级的复核交叉检查。

12月16日 韶关市安委办组织韶关市建设局、市安监局、市水务局及海事部门组成督查组，对乳源建筑、危化品使用企业和水电站等重点领域开展重点督查。检查组深入县人民医院扩建项目施工现场、韶关晟发有色金属有限公司及泉水电厂进行现场实地检查，全面了解企业安全生产状况，督促企业认真排查治理事故隐患，做好安全生产各项工作。

12月18日 省民政厅检查组到乳源检查了解福彩新村项目建设进展情况。检查组一行深入到桂头镇凰村军安山福彩瑶族新村施工现场，实地了解新村建设情况。军安山福彩瑶族新村总投资1724万元，共102户。由广东省民政厅安排1000万元福利彩票“扶贫济困专用基金”用于建设。第一期44户新建房屋主体工程完工，工程进展顺利。

12月21日 由广东省民族宗教研究院、广东省珠江文化研究会主办，乳源瑶族自治县人民政府承办的“‘一带一路’建设与世界瑶族交流”研讨会在“世界过山瑶之乡”——中国乳源举行。研讨会作为第九届乳源瑶族“十月朝”文化旅游节重要活动内容之一，邀请北京、广西、湖南和广东等地民族研究机构、高等院校的专家学者，以及美国、越南、泰国、老挝等海外瑶族同胞代表参加，对“一带一路”建设和世界瑶族的发展进行深入探讨和交流。韶关市人民政府副市长王伟阳，省民族宗教事务委员会党组副书记李秀英，省民族宗教事务委员会党组成员、省民族宗教研究院院长、研究员马建钊，广东省珠江文化研究会会长、暨南大学历史系教授王元林，乳源县委副书记、县长邓志聪，县政协主席费玉海等省市领导嘉宾、专家学者、海外瑶族代表和新闻媒体参加研讨会。

12月21日 广东林业网消息，“寻找广东最美森林”系列评选活动12月21日结束，“关注森林行动”组委会综合评选出十个获得“广东最美森林”称号的单位，南岭国家森林公园获得“广东最美森林”称号。

12月23日 乳源智慧旅游平台“掌上乳源”项目推介会暨签约仪式在县电信局二楼会议室举行，副县长梁丽娟、县旅游局局长谭群英、中国电信韶关分公司副总经理黎燕、中国电信乳源分公司总经理廖海辉、广州鸿创网络科技有限公司总经理冯威及县旅游企业及涉旅企业、农业协会、瑶绣协会等企业负责人共80多人参加会议。仪式上，黎燕和梁丽娟分别致辞，冯威作平台功能演示操作介绍。县旅游局、鸿创科技有限公司、中国电信韶关分公司三方嘉宾进行战略合作签约以及南岭国家森林公园、云门山旅游度假区、丽宫国际温泉酒店、天翔旅行社、绿家缘瑶乡生态农场等8家试运营商家负责人分别与鸿创科技有限公司代表签约。随后，其他参会商家进行平台体验，与鸿创科技有限公司进行意向书签订。

12月29日 乳源瑶族自治县第十一届人民代表大会常务委员会第二十六次会议通过：接受李荣贵辞去乳源瑶族自治县第十一届人民代表大会代表职务的请求。根据《中华人民共和国全国人民代表大会和地方各级人民代表大会选举法》第五十三条规定，李荣贵的乳源瑶族自治县第十一届人民代表大会常务委员会副主任职务相应终止。

12月29日至30日 副县长梁丽娟率县旅游、安监、公安、消防等部门负责人，到南岭国家森林公园、天井山国家森林公园、天景山仙人桥、南岭一峰生态园等景区开展节假日旅游安全联合检查督查。

12月 乳源瑶族自治县成立文化交流演出团，赴汤加、密克罗尼西亚进行为期15天的文化交流演出活动。

概　　况

县 情 概 貌

【历史】　据《乳源瑶族自治县志（1990—2003）》记载，考古发现，今乳源县城东南在4000多年文明史的横石山新石器时代晚期有人类聚居遗址。

古时期，乳源属地称“百越（粤）地”，夏、商、周朝代隶属扬州（古九州之一——江南曰扬州，扬州是当时地理区划的泛称）境内，区域为荒服（在离国都2500里之外的五等地带，古划分“五服”，称侯服、甸服、绥服、要服、荒服），为乳源有载史以来的地域之始；春秋战国时期，隶属楚国；秦朝，隶属南海郡。

汉代，乳源先后于西汉朝时期隶属南越国、东汉时期隶属荆州桂阳郡管辖，为曲江县地。东汉时期，曲江县地境内开通通往中原、连接海陆的西京古道（今乳源大桥仍保留有较完整古道）。三国时期，甘露元年（265年）置始兴郡，地属始兴。

三国和西、东晋时期，史载乳源为曲江县地隶属始兴郡，一直相沿因袭至南朝，梁、陈时期为曲江、梁化县地。南朝梁天监十八年（519年），出生于始兴郡（郡治于今韶关市区）曲江县（今乳源桂头镇新街）的侯安都，官至司空（据《乳源瑶族自治县志》记载），为南国开国功臣和征北大将军，被誉称“南天一人”。

隋、唐、五代十国，隋开皇十八年（598年）记载为曲江、乐昌县地，先后隶属广州总管韶州、岭南道韶州、南汉韶州。据1983年版《瑶族简史》称：隋唐时期（六世纪至十世纪），“瑶族主要居住地在……湖南大部分和广西东北部，广东北部等地区”。南汉乾亨七年（923年），文偃禅师创建云门寺。

南宋乾道三年（1167年）划曲江西境乳源乡4里，崇信乡8里，乐昌南境新化（依化）乡3里，共3乡15里置乳源县，宋属韶州府，元、明、清相沿因袭。宋、元、明、清时期，乳源境内兵事不断，人民生活、经济社会受到一定的影响。

民国时期，乳源县民国3年（1914年）属南韶连道，初期沿用清制。民国8年（1919年）属南韶连道韶州府，民国35年（1946年）属广东省第二行政督察区。辛亥革命结束后，工农运动进入积极发展阶段，境内相继成立有基层农民协会和农民自卫军。“四一二”反革命政变后，民国16年（1927年）境内农民自卫军先后参加北江工农自卫军北伐和曲江“西水暴动”，由于受国民党反动势力的镇压，工农运动进入低潮。主要革命武装转战先后路经乳源，民国17年（1928年）朱德、陈毅等率领南昌起义的一部分部队经过乳源北部梅花，民国20年（1931年）邓小平、张云逸、李明瑞率领红七军路经乳源与国民党粤军邓辉团、湘军唐伯寅激战，红七军强渡武江向江西挺进。抗日战争爆发后，民国34年（1945年）日本军队先后侵入桂头、一六、县城，杀人放火、大肆抢夺、奸淫妇女，乳源民众奋起抗击日军，7月4日晚日军撤离乳源。

新中国成立后（1949年），乳源县隶属广东北江行政公署（后改称粤北行政公署）。1963年10月，成立乳源瑶族自治县，自治县先后隶属韶关专员公署，韶关地区革委会、韶关地区行政公署。1983年韶关地区和韶关市合并，隶属韶关市。

新中国成立前，乳源地瘠民贫，由于历史造成不稳定原因和地方势力称雄，社会经济发展受到严重影响，地方财力困乏，农民粮食亦无增多，交通不便，商业不畅。乳源瑶族自治县成立后，乳源人民进入民族团结进步，经济社会快速发展的新的历史时期。改革开放的动力让乳源经济和社会各项事业蓬勃发展，历届县委、县政府夯实将资源优势转化成经济发展优势，进一步把工作重心转向全面实施奔小康建设发展的步骤中。“十二五”时期，全县人民强力实施“五大战略（工业强县、农业稳县、旅游旺县、科教兴县、绿色乳源）”“六大工程（生态保护、绿色工业、生态农业、特色旅游、生态人居、生态文化）”，有效促进县域经济和社会各项事业的发展。

【地理】 位置与面积。乳源瑶族自治县地处广东省北部、韶关市西北、南岭山脉骑田岭南麓。介于北纬24°23′—25°33′，东经112°52′—113°20′。东临韶关市浈江区、武江区，西接清远市阳山县，南连曲江区罗坑镇、英德市波罗镇，北与乐昌市及湖南省郴州市宜章县相接。行政区域总面积2299平方公里。

地势。乳源地势西北高、东南低，自西向东倾斜，状似孑孓。五指山平头寨、大东山、瑶山狗尾嶂、老婆头等五大山脉横亘，山峦连绵，交错纵横。海拔1000米—1500米山峰82座，1500米—1902山峰20座，南粤第一山峰——猛坑石（石坑崆），坐落于县境西北部边缘。

地貌。乳源的县境处在新构造间歇上升地区，县境溶蚀地貌显著，地形切割强烈，山谷生成明显。以纵横划分，西部是海拔1000米—1902米的山区，是乳源最高地带，中部是海拔600米—1200米山区，是次高地带，东北至东南是海拔300米以下的丘陵平原地带。山溪小流密布县境西部和北部山区，9条主要河流纵横县境。

山脉。县境内主要山脉有：东部老婆头山，主峰“老婆头”海拔1241米；南部大东山，东西横亘，主峰“大东山”海拔1390米；西北部有五指山，南北走向，与湖南宜章县交界处的主峰“猛坑石”海拔1902米，为广东省第一高峰；北部瑶山主峰“狗尾嶂”和平头寨山，其中“狗尾嶂”海拔1684米，东西走向的平头寨山，主峰“平头寨”海拔1534米。

河流。乳源河系分布广，较大的河流有武江由乐昌流入乳源北境，经桂头镇流向韶关，河在县境内流域长度16.25公里。中部有南水河（古称洲头水），长65公里，发源于县境西北与阳山交界的安墩头，由西向东流入南水水库，穿过县城，经曲江境内汇入北江。西部有大潭河（又称大湾水），长44公里，发源于天井山北麓的蚁岩，由北向南流经洛阳镇、大布镇汇入英德市之波罗河。南部有黄洞水（大布河）横贯大布镇，长10.5公里，入英德市汇锦潭河。北部有：杨溪河，长64公里，发源于县境西北面与湖南省宜章县交界的猛坑石东麓，由西北向东南经大桥镇、必背镇、桂头镇汇入武江；上司庙河（新街河，又称游溪河），长43.95公里，发源于狗尾嶂，从游溪西北部山区向东流经桂头镇、游溪镇烈村经武江区重阳镇汇入武江；柳坑河，长20公里，发源于上营，由西向东穿过游溪镇全境在烈村与上司庙河相融经武江区重阳镇汇入武江；五官庙河（又名草田坪河），长51.8公里，发源于方洞，由西向东流经必背镇、游溪镇、桂头镇汇入武江；大寮坑河，长26公里，发源于计竹园，由西向东流经东坪镇、游溪镇、一六镇，流入武江区重阳镇汇入武江。

【环境】 2015年乳源环境质量稳中向好，9个镇区环境空气质量达标天数比例100%，主要河流水质监测断面水质达标100%，城市集中式饮用水水源地水质达标100%，城市区域声环境质量达到二类区水平标准。

大气环境。城市环境空气质量达到优良天数为362天，达到中国空气环境质量二级标准。达标天数占全年100%，与2014年持平。其中空气中二氧化硫年平均浓度均值为0.010毫克/平方米、二氧化氮年平均浓度均值为0.016毫克/平方米，可吸入颗粒物平均浓度均值为0.037毫克/平方米，均达到中国空气环境质量二级标准。臭氧、一氧化碳评价指标均达标准。城市降雨酸浓度pH年均值为5.00酸雨频率72.1%。

水环境。全县境内主要河流有武江河、南水河、杨溪河、大潭河等，9条主要河流总流域面积达2205平方公里。大部分河流处于河的源头和上游，没有受到污染，符合国家饮用水标准。只有武江河段因上游大量接受各种工业废水和生活污水，污染比较严重，只符合地表水质标准，可作工业用或农田灌溉之用。位于县城西部10公里处的南水水库，水面面积3800公顷，库容12.43亿立方米，是韶关市区和县城主要饮用水源，水质一直保持在中国地表水环境质量标准Ⅱ类标准。全县9条主要河流总体水质良好，全部满足水功能区目标要求。

在监测的6个断面均符合地表水环境质量Ⅲ类标准，水质达标率100%，与2014年持平。

声环境。2015年，县城区域环境噪声等效声级平均值昼间为54.7分贝，比2014年降低0.5分贝，主要声源为生活噪声和交通噪声。乳源县城区道路交通干线噪声等效声级平均值为62.5分贝，未超过标准值70分贝，比2014年降低1.1分贝，平均车流量569辆/小时，监测点达标率为100%。

辐射环境。开展全县辐射安全大检查专项行动，对县域东阳光精箔有限公司的X射线测厚仪、鑫源环保金属科技有限公司的伽马射线料位仪和7家医疗卫生机构的普通X线机共5台及CT/CR/CT等在用设备共7台进行专项排查，对发现的安全隐患督促整改。定期开展放射源、射线装置辐射环境执法检查，确保全县的辐射安全。

固体废物。乳源境内的固体废物主要包括生活垃圾、养殖废物、矿山尾渣、工业垃圾等。2015年，实施5个镇垃圾转运到县城生活垃圾无害化填埋场处置，4个镇垃圾收集后就近填埋。38家规模化养殖场实行猪粪返田利用，用作种植基肥。工业垃圾进行分类处置，可回收利用垃圾全部实行回收，危险废物全部安全暂存和处置，污泥、中和渣的进行填埋处置。

自然生态。乳源生态环境良好，水、空气、土壤和声环境都保持在优良水平，空气质量达到国家空气质量二级标准，环境空气质量优良率达到100%。主要饮用水源、江河水质全年监测达标，分别达到国家地表水Ⅱ类、Ⅲ类标准，全县森林覆盖率为75.89%，拥有多个国家级、省级、市级自然保护区。实施生态立县，巩固县域自然保护区、饮用水源保护区、生态公益林等，制定环保规划、林业保护规划、农业发展规划、生猪养殖规划，着力控环评审批、用地审批，县域生态环境向良性化发展。

【气候·水文】　气候。1. 温度。县域地处亚热带季风性湿润气候区。2015年全县气候温和，四季分明，年平均气温20.6℃。冬季多呈现干冷少雪，平均气温为10.8℃。夏季呈现高温，平均气温为27.8℃。秋季往往出现阴雨连绵的天气，平均气温为21.3℃。春季气温极不稳定，冷暖无常，空气较潮湿，平均气温19.5℃。一般最高温度出现在7月份，最低温度出现在1月份。

2. 日照。全年日照为1045.3小时，平均每天为2.86小时。日照率为24%。

3. 霜期和无霜期。全县平均无霜期为365天左右。初霜期一般在12月10日前后，终霜期一般在2月1日前后。

4. 风。平均风速为1.5米/秒。2015年，5月到10月多东南风，其余多为西北风。

水文。乳源地处亚热带季风性气候区和广东第一高峰山脉南缘，季节性降雨明显，水量丰富，境内高山、峡谷、森林众多，海拔1000米以上山峰有102座，集雨面积35平方公里以上的河流有9条，水资源十分丰富。

1. 地表水。2015年降水总量53.32亿立方米，全县年均拥有总水量达41.04亿立方米。乳源地表水全年径流系数为65%，平均每人拥有地表水径流量4.5万立方米。雨水引发的河流汛期为4月至10月，其中5月20日，超警戒水位的有大潭河、黄洞水等4条河。

2015年乳源瑶族自治县各月平均降雨量一览表

表1　　　　单位：天、毫米

月份	1	2	3	4	5	6	7	8	9	10	11	12	全年
天数	10	15	21	10	27	19	21	15	11	10	16	22	197
平均值	68.5	68.4	102.5	113.1	723.0	237.1	193.1	161.2	140.3	97.9	166.9	247.1	2319.1

2. 地下水。根据《广东省多年平均地下水总补给模数分区图》划分，乳源属V115－12区，地下水资源拥有量为5.6亿立方米。

3. 地热水。乳源地质构造属于新构造间歇褶皱上升地带，境内由5个地质界、9个地质系组成。境内发现具有较高开发价值的温泉有县城、龙南车间水、大桥温汤、乳城青岗等规模较大的温泉。开发投入使用的有县城汤盆、龙南车间水、大桥温汤、丽宫温泉、大峡谷温泉等，进入开发利用的有大桥镇银山南岭温泉。

【自然灾害】 2015年主要是雨水灾害。据乳源气象记录，5月全县降雨量平均值为723毫米，其中5月20日，乳源境内持续普降暴雨，其中乳城镇、东坪镇、洛阳镇、大布镇等部分区域降大暴雨，降雨量远超往年。全县多个镇群众受灾，生产、生活受阻。交通公路损毁严重，国道323线、省道（249、258线）、县道（358、324线）多处公路塌方，部分村庄房屋受损，农业基础设施、旅游设施等损毁严重，经济损失上千万元。

【资源·物产】 土地资源。乳源地处粤北山区，幅员比较辽阔，人均拥有土地资源丰富。县区域总面积（含水面）达22.99万公顷，耕地总面积1.97万公顷，其中水田1.34万公顷，旱地0.63万公顷。林地总面积19.01万公顷，占县域土地总面积的82.69%。建设用地，包括城乡居民点、交通、水利、工矿等建设用地0.98万公顷，占县域土地总面积的4.26%。未利用土地资源0.52万公顷，占县域土地总面积的2.26%。园地总面积0.14万公顷，其他农用土地总面积0.37万公顷。

矿产资源。乳源境内矿产共发现有28种，矿床69处，矿化点25个，主要是铁、铜、铅、锌、钨、锡、铋、锑、汞、金、稀土（钇族）、钽铌、锗、铀、烟煤、无烟煤、泥炭土、耐火黏土、硅、萤石、水晶、硫、磷、重晶石、锰等。

乳源瑶族自治县已探明主要矿产资源品种储量表

表2　　单位：万吨

矿种	铁	铜	钨	锡	铋	锑	汞	稀土	硅石	黄铁矿	重晶石	烟煤	无烟煤
储量	220	0.36	1.2	2.9	0.34	5	0.01	0.3	0.05	16.2	9.7	248.3	78.3

水利资源。乳源境内高山、峡谷、森林众多，属亚热带季风性气候区，季节性降雨明显，水量丰富，集雨面积2.33公顷以上的河流有9条，水资源十分丰富。2015年降雨总量平均值达2319.1毫米，加上过境水武江河水量年均有52亿立方米，全县年均拥有总水量达91.32亿立方米，人均拥有水资源4.54万立方米。乳源地表水全年径流系数为64%，多年径流平均总量为25.36亿立方米（未加过境水量52亿立方米）。乳源的水资源主要由江河水、山塘、水库水、地下水等组成。地表水水电装机总容量达到29.77万千瓦（规模以上）。境内最大的河流为武江（又名武水），其次为南水河，是乳源境内唯一能通航的两条河流。

动植物资源。县境内发现野生植物共计216科946属2572种，其中蕨类植物43科100属211种，裸子植物9科22属32种，被子植物164科824属2329种，约占广东省已查明野生维管束植物总数的36%。发现野生动物多达1500种。较大的野生动物700多种，其他较小的野生昆虫类超过1100种。乳源森林境地属广东省动植物科考研究基地之一。

旅游资源。乳源的旅游资源得天独厚。有山川峡谷、飞瀑流泉、森林生态、洞穴奇观、地热温泉、古道风韵、佛教禅宗、水库风光、民族风情等景观。主要景点开发有南岭国家森林公园、广东乳源大峡谷、云门寺佛教文化生态保护区、云门峡漂流景区、天井山国家森林公园、天景山仙人桥景区、必背过山瑶之乡生态旅游景区、南方红豆杉森林公园、通天箩地下森林公园、西京古道等，省重点建设项目在建的有大桥银山岭南温泉度假村。乳源为广东省旅游资源丰富的县区之一。

土特产品。乳源地方特色产品丰富，主要有还原笋、瑶山熏肉、瑶山苦爽酒、香芋、大布腐竹、山坑螺、金竹峰单丛茶、食用菌、南水水库野生淡水鱼、番薯干、巴西果汁等。

【人口】 2015年全县总人口21.68万人，其中男11.22万人，女10.45万人，人口比2014年减少1667人。境内有21个少数民族（世居少数民族有瑶族和畲族），其中瑶族2.2万人，占全县总人口的10%，其他少数民族占全县总人口的1%。

2015年人口发展呈以下特点：一是人口出生率、死亡率和自然增长率较平稳，户籍人口出生3882人，人口出生率14.35%比2014年低0.22个百分点。人口死亡率6.82%比2014年高1个百分点。人口自然增长率7.53%比2014年低1.22个百分点。二是全县常住人口性别比趋于自然发展。三是随着健康水平的提高，人口实际寿命不断延长。全县60岁以上的老人有2.89万人，占全县人口总数的13%。四是人口受教育程度稳步提高，6岁至18岁具有小学以上文化程度的人口2.56万人，占总人口的12%。其中高中4406人（中职1404人、普高3002人）、初中5797人、小学15303人、特殊教育学生50人。高考生被高校录取人数1166人。

【行政区划】　乳源瑶族自治县是韶关市人口较少的山区县，县域总面积22.99万公顷。户籍总数6.69万户、总人口21.68万人。辖9个镇，102个村民委员会，13个（社区）居民委员会，1183个村民小组。

2013年乳源瑶族自治县各镇村（居）委会一览表

表3

各镇	村民委员会	居民委员会
乳　城	云门、鲜明、大联、岭溪、大群、坝厂、河北、共和、新民、新兴、健民、大东、前进	鹰峰、源峰、云峰、松峰、康乐
桂　头	阳陂、凰村、草田坪、均村、小江、王龙围、杨溪、塘头、莫家村、红岭、七星墩、大坝、松围、东岸	桂头
大　桥	大桥、红星、石角塘、武丰、塘华、大岗、均容、岩口、新谷、大坪、青溪洞、和平、歧石、红光、中冲、核桃山、塘峰岩、三元、红云、柯树下、深源	大桥街
大　布	夹水、坪山、鸽连、鸽英、英明、白坑、埕头	大布
洛　阳	深洞、坪溪、田螺坑、洛阳、半星、白竹、月街、月坪、富塘、古母洞、双坪、板长	阳升
东　坪	新村、茶坪、东田、下寨、长溪、龙溪、梯下、方武、南水、汤盆	龙湖
游　溪	大村、冷水歧、莲塘边、中心洞、江背、烈村、中联、茨良坑、营坑、上营、大寮坑	中心
必　背	必背、桂坑、公坑、半坑、王茶、方洞、横溪	必背口
一　六	一六、东粉、罗屋、乐群、东七、西岸、团结	为民
合　计	102	13

【民族】　乳源是广东省少数民族聚居比较多的县之一。境内居住有瑶、畲、满、壮、回、土家、苗等少数民族21个，少数民族总人口2.3万人。其中瑶族主要聚居在必背镇、游溪镇、东坪镇。畲族主要聚居在洛阳镇深洞村民委员会。其余少数民族是新中国成立以后工作需要调入、毕业分配、部队转业、婚嫁或经商等移居乳源的非本土少数民族居民。

【语言】　县内普通话全覆盖。世居乳源的汉族人口70%使用汉语客家方言，瑶族人口母语使用的是属于汉藏语系苗瑶语族瑶语支的勉语，勉语分东边瑶语和西边瑶语，瑶族人可用客家方言交流，编纂写有瑶语教材。畲族使用汉语客家方言。汉族方言其余则使用连滩话、白话（粤语）、湘语（湖南话）、船话（船民特有的语言）和古母水方言话。

【宗教】 乳源境内的主要宗教有佛教、基督教，各教设有宗教活动场所，开展正常宗教活动。地方人大代表和政协委员有宗教界人士。

佛教。主要合法聚集点有：由禅宗六祖慧能第七世弟子文偃禅师于南汉乾亨七年（923 年）创建、中国佛教五大禅宗——云门宗发祥地的云门寺，寺院有僧尼近 500 人，寺内办有佛教学院；金峰庵又名观音堂，位于县城西人民公园内，建于明万历二十一年（1593 年），后几度兴废；东平山正觉寺（俗称“东华寺”）遗址，位于乳源洛阳镇白竹东平村。

基督教。新中国建立前，乳源有基督教在县城、桂头、侯公渡等地活动。2015 年有桂头镇基督教临时聚会点，活动场所设在桂头镇武江河东岸新农贸市场东侧农民街第 1 栋 4 楼，面积 130 平方米，设有祈祷室、活动室、休息室等设施，有基督信徒 60 人。

【经济和社会发展】 2015 年，根据县统计局（快报数）数据全县生产总值完成 65.9 亿元，比 2014 年增长 9.1%；地方财政一般预算收入 5.2 亿元，比 2014 年增长 3%；农村居民人均可支配收入 10696 元，增长 13%。

园区建设与招商引资取得突破，县经济开发区列入广东省产业转移工业园，获扩能增效专项资金 5000 万元，引进项目 60 个，投资总额 19.54 亿元，实际利用外资 874 万美元。第二产业增加值 29.47 亿元，下降 0.1%。全县完成工业增加值 25.18 亿元，下降 1%，其中规模以上企业工业产值 20.56 亿元，下降 2.6%。固定资产投资完成 65.2 亿元，增长 16.9%。为企业争取上级资金共计 9413.4 万元。

生态农业、三农、旅游产业、社会保障工作稳定发展。全县农作物种植面积 2.21 万公顷，农业总产值 11.57 亿元，增长 3.7%，第一产业增加值 7.29 亿元，增长 3.9%。投入资金 1.1 亿元实施基础设施、产业帮扶等项目 372 个，完成“两不具备”村庄搬迁 1047 户 3713 人和 714 户农村低收入困难户住房改建。引导 16 个贫困村筹资 800 万元入股水电企业，培训劳力 3100 人次，转移劳力 1200 人。贫困村农民人均收入 9300 元，增长 12%。贫困户家庭人均收入达到 7400 元，增长 10%。全县接待游客人数 376.03 万人次，增长 14.74%。旅游综合收入 30.3 亿元，比 2014 年增长 20.15%。城乡居民基本医疗保险实现全覆盖，城乡居民社会养老保险参保率达 95% 以上。城镇新增就业 2006 人，农村劳动力转移就业 3009 人，城镇登记失业率 2.44%。

政治文明建设

【民主法治建设】 推进县、镇、村（社区）三级公共服务平台建设，完善政策措施。抓好“六五”普法工作和加强对依法治县工作的调研，推动发展、化解矛盾、维护稳定，发挥司法机关职能作用。推进法治乳源建设，依法开展司法监督，维护群众合法权益，促进公正司法。组织开展“百庭观摩”“执行听证”和“阳光检务”活动。强化责任落实，创建法治镇和法治村工作，乳城镇大群村为乳源第一个“全国民主法治示范村（社区）”。持续推进洛阳镇法治试点镇建设工作。加强法治文化建设，全县各部门认真组织开展法治文化教育活动，省级法治文化示范点建设得到推进。

【民主党派、工商联和无党派人士参政议政】 发挥政协群体的智力优势，抓住党委政府重视和人民群众密切关注的重大问题，积极调查研究。12 月，就乳源“十三五”规划《中共乳源瑶族自治县委关于制定国民经济和社会发展第十三个五年规划的建议》收集有各民主党派、工商联及各界别委员提出的建设性意见、建议。2015 年各民主党派与界别委员、县相关部门完成开展专题调研报告《关于县城基础教育现状的调研报告》《优环境强龙头育能人大力推进乳源特色高效生态农业发展》《立足长远科学规划扎实推进乳源养老服务事业发展》《关于推进乳源民族文化传承发展的调研报告》共4篇。各党派团体提出意见和建议30多条得到县委、县政府的重视和采纳。完成办理政协委员提出提案3件。发挥政协职能，组织各民主党派、工商联、各人民团体、各界别委员完成“部分企业环保情况”“落实《广东省信访条例》情况”“东平山正觉寺重建情况”“县城生活垃圾填埋场建设运营情况”等专题考察。民主党派、工商联和无党派人士参政议政效果展现，民主专项监督报告和专项调研成果对促进乳源政治、经济和社会各项事业发展起到共同推动作用。

【政府职能转变和机构改革】　根据《广东省人民政府办公厅转发国务院办公厅关于请报送推进职能转变工作机制等有关事项的通知》精神，参照国家、省和市成立推进职能转变协调小组的做法，制订印发《乳源瑶族自治县人民政府办公室关于成立乳源瑶族自治县推进职能转变协调小组的通知》，成立以县委常委、县政府常务副县长林昌卫为组长的乳源瑶族自治县推进职能转变协调小组，协调小组下设行政审批改革组、投资审批改革组、职业资格改革组、收费清理改革组、商事制度改革组、教科文卫体改革组6个专题组和综合组、督查组、法制组、专家组4个功能组。制订印发《乳源瑶族自治县人民政府关于印发乳源瑶族自治县2015年推进简政放权放管结合转变政府职能工作方案的通知》。按照政府职能转变和机构改革要求，制订印发县财政局、文化广电新闻出版局、政府办公室、水务局等4个部门“三定”方案。成立县市场监管体制改革领导小组，12月完成市场监管体制改革工作。

【创平创文建设】　全县创建全国文明城市工作会议在5月召开，会议主要内容是安排部署全县创文工作，明确责任分工，提出具体的工作要求。强调要将创文工作与创建平安乳源工作结合起来，整合资源开展广泛的宣传活动，营造浓厚的创建氛围。5月18日，县创建平安乳源工作领导小组调整成员，县委书记、县人大常委会主任吴春腾任组长，县委副书记伍文任常务副组长，成员有65人。县财政安排创建经费305万元（其中，专项工作经费15万元）。创建工作主要采取推广东坪镇开展矛盾纠纷化解与干部绩效考核挂钩，大桥镇挖掘西京古道、客家文化资源与东坪、游溪、必背镇传承瑶族传统文化的具体做法。全县宣传创平工作方式有悬挂横幅737条、张贴宣传标语2848条、制作宣传栏341块、发送短信12万条、发布微博372条，发放资料8万份、电视访谈报道31次、刊播新闻稿300篇等，创平其间接受群众咨询2万人次。创建平安细胞实现覆盖率100%、验收达标率95%以上，命名55257个平安细胞。其中平安镇9个、平安村居115个、平安家庭54873个、平安校园112个、平安医院13个、平安小区15个、平安企业65个、平安边界20条、平安铁路1条，平安林区11个、平安宗教场所1个、平安文化市场9个、平安景区5个、平安金融8个。重点打造乳桂线新农村平安村居风光带，县城周边东莞商会新村、长乐新村等瑶区长廊平安村居带和方武村、汤盆村等库区长廊平安村居带。被市评为平安家庭创建示范村（居）3个、平安家庭创建示范户10户。

精神文明建设

【精神文明风尚倡导】　2015年，乳源深入挖掘凡人善举，开展宣传好人、帮扶好人，弘扬好人文化活动，用“好人”的“小环境”，营造学好人、做好人的“大环境”，形成社会主义道德文明新风尚。加强文化遗产保护和开发，推动民族文化建设，打造平安文化品牌。2015年，瑶族文化（乳源）生态保护实验区被广东省文化厅公布列入第二批省级文化生态保护实验区名列。以景区景点为载体，向外展示民族文化形象。抓项目建设，在3个瑶族聚居镇建立文化生态保护区，重点抓建设瑶族特色村落的规划实施与保护。创新民族文化，抓宣传推广，塑造品牌形象。注重抓好展示瑶族刺绣、瑶族服饰、瑶家传统美食、瑶族歌舞文化和民间非物质文化遗产工作。办好“十月朝”文化活动和拓展瑶族传统体育、民族文化遗产展览等系列宣传活动。5月22日，韶关市人民政府批准，“圣祖祭”列入韶关市第五批非物质文化遗产名录。

【思想道德建设】 树典型立标杆，借助“韶关好人”的推选平台，组织开展“美德少年”“最美家庭”“最美乡村医生”等评选表彰活动。2015年，乳源有34名优秀学生获县级“美德少年”称号，9户家庭获县级“最美家庭”称号。推荐26人参加“韶关好人”评选活动，21位模范代表参加第五届“感动韶关十佳道德模范”评选活动，张爱光、张宗飞荣获广东道德模范提名奖。

【道德模范宣传】 深化道德讲堂活动，用身边好人的凡人善举诠释注解“中国梦”和社会主义核心价值观。实施县里开设总堂，各文明单位开设分堂，改进运作模式，着力提升内涵。举办道德讲堂9期，道德讲堂在乳源电视台《空中道德讲堂》栏目播出，在全县“学好人，做好人”的宣传舆论氛围中提升文明素质。2015年共组建志愿服务队76支，6个专业志愿者队伍，通过开展“文明劝导”“三关爱”等系列学雷锋志愿服务活动，初步形成自主发展、种类多样、覆盖面广、作用明显的社会志愿服务组织体系，志愿服务活动带动更多人参与。

生态文明建设

【生态环境宣传教育】 利用“6·5”世界环境日和全省环保宣传周开展环境主题宣传，通过悬挂横幅标语、设立固定宣传标牌、出动宣传车、发放环保宣传单、设立环保宣传咨询台、开辟宣传栏、制作宣传画册、发送环保知识手机短信等形式开展环保主题系列宣传活动，深入农村、企业、社区开展形式多样的生态环境宣传。2015年开展环保宣传咨询5次，发放环保宣传手册3000多份，悬挂宣传横幅10条，制作环保宣传橱窗8个，在南水水库周边制作宣传告示牌30块。

【生态示范区建设】 乳源地处于粤北山区，水力、森林、矿产、风力、旅游等资源丰富，生态环境良好，水、空气、土壤和声环境都保持在优良水平，空气质量达到国家空气质量二级标准，环境空气质量优良率达到100%。主要饮用水源、江河水质全年监测达标，分别达到国家地表水Ⅱ类、Ⅲ类标准，全县森林覆盖率为75.89%，有国家级、省级、市级自然保护区。为保护良好的生态环境不被污染、破坏，县委、县政府加强环境保护的力度，提出生态立县的发展战略，对自然保护区、饮用水源保护区、生态公益林等严格保护，通过制定环保规划、林业保护规划、农业发展规划、生猪养殖规划等，从宏观上调控这些区域的过度开发建设，通过把控环评审批、用地审批等行政手段限制一些不宜项目的开发，保障乳源生态环境良性发展。

【耕地资源保护】 乳源围绕严格落实耕地保护制度和节约用地制度，严守耕地资源保护红线。2015年，落实耕地保护责任制，县人民政府与9个镇政府签订《乳源瑶族自治县2015年度耕地保护目标责任书》。完成耕地保护目标任务总面积达1.99万公顷（含可调整地类），其中基本农田面积1.72万公顷（含可调整地类）。启动耕地质量等别年度更新评价与年度监测评价工作。开展城市周边永久基本农田划定工作，完成任务范围面积为1447.83公顷，其中一般耕地面积340.54公顷，经核实举证，划定永久基本农田面积约68.5公顷。建立和实施基本农田保护经济补偿机制，完成2013年度、2014年度农田保护经济补偿省级补助资金1402.81万元，专项用于基本农田后续管护、农村土地整治等。保持耕地实有面积基本稳定、质量不下降。

（赵天养）

中共乳源瑶族自治县委员会

综　述

2015年，县委常委会团结带领全县广大党员干部群众，坚持以邓小平理论、“三个代表”重要思想和科学发展观为指导，深入贯彻党的十八大、十八届三中、四中、五中全会和习近平总书记系列重要讲话精神以及省、市重大工作部署，牢牢抓住粤东西北地区振兴发展机遇，以“加快生态发展，建设美丽乳源”为核心，以“三大抓手”为重点，全面推进深化改革，主动适应新常态，积极应对经济下行压力，强力推进“六大工程”，巩固党的群众路线教育实践活动成果，扎实开展“三严三实”专题教育，党的建设得到全面加强，依法治县水平得到提升，经济社会呈现平稳较快发展，加快美丽乳源建设步伐。2015年，全县生产总值完成65.9亿元，比2014年增长9.1%；地方财政一般预算收入5.24亿元，比2014年增长3%；农村居民人均可支配收入10696元，增长10.2%。

重　要　会　议

【县委十一届六次全会】 中国共产党乳源瑶族自治县第十一届委员会第六次全体会议于2015年1月21日在县政府会场召开。全会由县委常委会主持。全会认真学习贯彻党的十八届三中、四中全会和中央经济工作会议及省、市重要会议精神，总结和部署工作，研究推进依法治县、建设法治乳源，加快乳源改革发展。全会听取县委书记吴春腾代表县委常委会所作的工作报告和县长邓志聪关于经济工作及近期工作安排的讲话，审议县委常委会工作报告和《2014年县委常委会工作总结》。

全会充分肯定县委常委会2014年的工作，一致认为，县委团结带领全县广大党员干部群众，积极应对经济下行的困难局面，紧紧围绕全面深化改革主题，深入实施“五大战略”，着力筑牢“六大工程”，扎实抓好党的群众路线教育实践活动，全面推进深化改革，实施一系列民生工程，促进经济平稳较快发展，城乡环境更加和谐舒适，生态环境更加优美宜人，人民生活持续改善提高，干部作风明显好转，党的建设得到全面加强，生态发展、建设美丽乳源的步伐加快，乳源第四次被国务院评为“全国民族团结进步模范集体”和被文化部命名为“中国民间文化艺术之乡”。

全会提出，2016年全县工作总体要求是，认真贯彻落实党的十八届三中、四中、五中全会和习近平总书记系列重要讲话及中央、省、市重要会议精神，积极适应新常态，迎接新挑战，深入实施“五大战略”，不断提升“六大工程”，科学谋划编制“十三五”规划，积极争取政策支持，扎实推进全面深化改革，努力提升依法治县水平，坚持不懈加强党的建设，不断优化发展环境，促进经济社会加快发展，奋力提速美丽乳源建设步伐。力争地方生产总值增长9%以上，地方财政一般预算收入增长10%以上，固定资产投资增长12%以上，农民人均纯收入增长13%以上。

重　要　活　动

【开展“三严三实”专题教育活动】 从4月底开始，开展“三严三实”专题教育活动，组织党员领导干部认真学习习近平总书记系列重要讲话精神，县委理论学习中心组先后召开3次专题学习会议，全县32名处级党员领导干部分赴各镇、各单位讲授党课，3000多人次接受教育辅导，广大党员干部守纪律、讲规矩、明底线的意识得到进一步增强。在落实规定动作的同时，结合实际创新自选动作，积极开展“五进五帮五促”顺民意活动，县四套班子成员进农村、进企业、进窗口单位、进信访部门开展调研400多次，帮助联系点解决问题60多个，组织党员领导干部赴焦裕禄干部学院、市人民检察院廉政教育基地开展体察学习，有效增强各级党员领导干部践行“三严三实”的行动自觉。注重立行立改，县四套班子中查找、整改“不严不实”突出问题23个。经过“三严三实”专题教育的“淬炼”，全县党员领导干部的思想、党性、作风得到又一次集中“补钙”和“加油”。

【省委常委、省纪委书记黄先耀到乳源慰问困难群众】 2月1日，省委常委、省纪委书记黄先耀率队，到省纪委扶贫“双到”工作对口帮扶点乳源一六镇团结村委会慰问部分困难群众和贫困户。市委书记郑振涛，县委书记吴春腾等市县领导陪同。

慰问工作队先后走访团结村委下社自然村的2户贫困户，与部分低保户以及生活困难的村民进行座谈，观看乌石岭农房改造重建工程建设进展情况。

在慰问座谈和实地走访后，黄先耀说：“经过2年时间的扶贫，贫困的团结村有了很大的变化。村干部班子强起来了，村集体收入提高了，办公条件改变了，贫困户全部脱贫了，住房建起来了，家庭收入多了……这次慰问，一方面向困难群众送上省委、省政府的慰问品和慰问金，看望大家的生产、生活情况，祝福大家过一个欢乐幸福的春节；另一方面，鼓励困难群众树立信心，克服眼前困难，鼓足干劲，加大脱贫致富的决心，在新的一年里，扶贫工作有更大的成绩。”

【团中央统战部副部长王阳率调研组到乳源调研】 3月23日，团中央统战部副部长王阳率调研组到乳源，就青联工作和青联组织建设的“革新”开展调研。团省委办公室副主任谭杰，团市委书记梁丽芳，县领导刘永生、林应良、赵志敏、陈耀宇及市县相关部门负责人陪同调研。

调研期间，王阳一行到乳源民族实验学校参观教学环境、校容校貌，听取学校负责人的情况介绍，并召开少数民族工作座谈会。

会上，调研组一行听取乳源共青团近年工作情况汇报，与县直机关和事业单位的分管领导及部分青年代表等20余人就围绕如何联系青年、服务青年等工作方面的做法和经验，存在的不足等展开热烈讨论，特别是对新形势下如何凝聚强大的青春正能量、提升青联组织的影响力等方面提出很多宝贵的意见和建议。

王阳肯定乳源青联工作所取得的成绩，并提出面对新的青年群体，要积极转变工作方式，加强自身建设，活跃各界别活动，注重接纳吸收青年社会组织、青年自组织等新兴青年群体优秀代表加入青联，把青联建设成为有温度、有责任感、优秀青年聚集的先进组织。

【省政协主席王荣到乳源调研】 6月4日上午，省政协主席王荣到乳源调研，市领导李飞、孔云龙、邓建华，县领导邓志聪、费玉海、许益云、简连英等陪同调研。王荣一行深入到游溪镇八一瑶族新村，通过实地考察、听讲解等方式，详细了解乳源经济社会发展情况及八一瑶族新村村民生产生活情况。在村民赵志财家，王荣亲切询问老人生活、生产情况，了解老人养老、子女工作、耕作种养等情况。在调研中王荣认为，乳源积极开展扶贫“双到”工作，扎实推进帮扶工作开展，不断改善困难群众生活生产环境，打造幸福村居，提升群众幸福感，王荣希望乳源继续加强推进扶贫工作，努力把乳源打造成生态宜人，环境优美、经济繁荣的可持续发展区域。

【省委常委、省纪委书记黄先耀到乳源调研】 6月11日，省委常委、省纪委书记黄先耀到乳源调研镇纪委规范化建设、基层违法违纪线索排查、三级行政服务中心、农村“三资”管理平台及经济社会发展等情况。市领导蓝佛安、黎增丰，县领导邓志聪、张军等陪同。

【副省长邓海光到乳源调研】 7月1日，副省长邓海光一行到乳源调研村务公开、便民服务、农村“三资”管理及中小河流治理等工作。副市长王青西，县领导邓志聪、李明华陪同调研。

【全省少数民族自治县扶贫开发工作座谈会在乳源召开】 9月11日，全省少数民族自治县扶贫开发工作座谈会在乳源召开，会议研究讨论第三轮精准扶贫攻坚对三个少数民族自治县的帮扶措施。省扶贫办副主任李冠强、韶关市副厅级干部许俊杰、副县长李明华出席会议。韶关、清远市扶贫办负责人及连山、连南县分管领导、扶贫办负责人参加会议。

会上，李明华和连山、连南分管领导分别就各自前两轮扶贫双到工作成果及目前存在的问题和困难作简要汇报，并对第三轮精准扶贫工作提出建议。

许俊杰在讲话中建议广东省能否借鉴国家西部扶贫政策，注重政策扶贫、金融扶贫、产业扶贫、生态扶贫、民生扶贫，加大少数民族地区人才培训，制定符合实际的少数民族政策，以促进少数民族地区经济快速稳定发展，实现脱贫致富目标。

李冠强表示，韶关、清远等市、县反映的问题切合实际，提出的意见中肯可行。省扶贫办将认真梳理各项建议，及时向有关领导反馈、为制定第三轮精准扶贫攻坚帮扶工作方案提供借鉴。

【第九届瑶族“十月朝”文化旅游节暨首届粤北（乳源）农特产品博览会】 11月12日，乳源举行第九届瑶族“十月朝”文化旅游节暨首届粤北（乳源）农特产品博览会开幕式典礼。市委常委、常务副市长陈波，省体育局局长王禹平，省民宗委党组副书记李秀英，省农业厅副巡视员陈正辉，省农业科学院副院长何秀古，南方传媒学院执行副院长戴学东，韶关市民宗局局长赵卫东，市旅游局局长文清年，市文广新局局长何正平，市农业局局长沈河民，县领导吴春腾、邓志聪等四套班子领导参加活动。

【“‘一带一路’建设与世界瑶族交流”研讨会在乳源举行】 12月21日，由广东省民族宗教研究院、广东省珠江文化研究会主办，县人民政府承办的“‘一带一路’建设与世界瑶族交流”研讨会在乳源举行。副市长王伟阳，省民宗委党组副书记李秀英，省民宗委党组成员、省民族宗教研究院院长马建钊，省珠江文化研究会会长王元林，县领导邓志聪、费玉海等参加研讨会。（赖世水）

中共乳源瑶族自治县委班子成员名单

书　记： 吴春腾

副书记： 邓志聪
伍　文

常　委： 张　军
林昌卫
刘永生（2015.02—）
黄寿生
林应良（—2015.04）
赵志敏
许益云
简连英
吴炬光
伍梅华（2015.05—）
戴浩平（挂职，2014.01—）

县委办工作

【概况】 县委办公室是协助县委领导处理县委日常工作的机构，挂县委保密委员会办公室（县国家保密局）、县决策咨询和政策研究室、县委机要局、县信访局牌子。根据《中共乳源瑶族自治县委关于成立全面深化改革领导小组的通知》，县委全面深化改革领导小组下设办公室（简称“县委改革办”），作为常设机构。县委改革办和县接待办公室挂靠县委办公室。办公室内设7个职能股，其中办公室主任1名，副主任4名，股长4名，机关总编制21名，其中机关行政编制20名。

2015年，县委办在县委的正确领导下，坚持以党的十八大和十八届三中、四中、五中全会以及习近平总书记系列重要讲话精神为指导，积极适应新常态，按照“三严三实”要求，充分发挥参谋助手、综合协调、后勤保障、督查督办和维护稳定等职能作用，创新方法、主动服务、扎实工作，各项工作取得积极成效，有力地保证县委各项决策部署的贯彻落实和全县机关的高效运转，为融入珠三角发展和建设美丽乳源作出应有贡献。

【公文办理细致严谨】 严格做好公文管理，完成2014年文书档案的归档工作；办理和印发乳发6件，乳委17件，乳办发6件，乳委办34件，乳委办发电34件，乳办通报7期，县委会议纪要15期；收发处理来文1324件，其中乳源各单位来文334件，中央级文件23件56份，省级文件34件112份，市级文件OA来文798件、纸质来文45件68份；向市委报备党内规范性文件2份。按质按量提前完成县委党内规范性文件清理工作，共复印、审核文件4532份，纳入清理460份，其中宣布废止203份，失效153份，继续有效104份。

【会务活动精简高效】 高质量、高水平完成县委十一届六次全会、县委工作会议、落实2015年度工作任务会议、落实市委市政府“三个大会”精神工作会议和抓落实提高执行力工作大会等大型会议和各类工作会议的会务工作24场，完成中央和省、市电视电话会议10场，县委常委会13场，党政班子会3场，临时性协调会14场。

【综合调研服务大局】 准确把握乳源发展实际和领导意图，认真起草各类综合性文稿100多篇150多万字，较好发挥以文辅政的作用。高质量编制《中共乳源瑶族自治县委关于制定国民经济和社会发展第十三个五年规划的建议》，较好完成县委十一届七次全会和2015年县委工作会议等重大会议的材料起草工作。先后完成向省委常委、省纪委黄先耀，市委书记蓝佛安，代市长骆蔚峰等上级领导的汇报材料撰写工作，撰写、审核全县抓落实提高执行力大会，贯彻落实市委、市政府“三个大会”精神工作会议等20多个会议讲话稿。紧扣县委工作的核心点、社会各界的关注点和决策落实的着力点，围绕重点项目建设、瑶区发展、“十三五”工作等重点工作深入乡镇、科局进行广泛调研。前往浙江、南京、武汉、阳江等地考察，完成编写《赴浙江安吉、南京江宁、武汉江夏等地考察新农村建设的报告》和《赴博罗、阳东两地学习考察省级新农村示范片建设情况的报告》。积极收集整理2015年重点调研课题，高质量编审《乳源调研》6期。积极撰写和向上级报送优秀调研文章，被省、市采纳4篇。

【信息采编及时有效】 坚持把领导关注热点、难点、焦点问题作为信息工作服务的主攻方向，突出反映全县各项工作的创新性做法和成效以及存在问题，为领导决策提供参考。2015年，报送《乳源政务服务体系建设中存在问题及建议》《少数民族地区人口迁移存在问题和相关建议》《乳源瑶族自治县大力打造韶关主动融入珠三角先行区》等信息。收集各镇各单位上报信息600篇，编辑印发《乳源信息》3期，向市委办报送日常信息99篇，向省委上报信息18篇，被省、市采用42篇，在全市信息报送采编中得分排全市第一。畅通紧急信息报送渠道，第一时间上报信息，提高信息报送时效。共编发《乳源要情》51期，及时向上级部门上报乳源大峡谷景区石块滑落砸伤游客等事件，确保上级部门在第一时间了解情况进展进行科学指挥调度。

【督查督办效率提升】 按照“围绕中心，突出重点，抓住关键”的工作思路，紧紧围绕上级党委和县委的中心工作，突出重点，认真开展督查督办，狠抓工作落实。印发《2015年乳源瑶族自治督办工作要点》，围绕县委、县政府2015年工作要点，对县委、县政府2015年工作要点的贯彻落实情况、扶贫开发工作、学习贯彻胡春华书记在韶关调研讲话和全市干部大会会议精神等工作落实情况进行有计划、有步骤的督促检查，有效促进上级政策和县委各项工作的落实。编辑印发《乳源督查》4期，共下发《督查通知》11份，撰写情况报告7份，下发《督查通报》3份，实事求是反馈情况，为领导决策提供第一手资料。2015年，共接到市委督查室《督查通知》9份，上报情况汇报9份，确保上级交办督查任务的落实。依托韶关市网络问政工作平台，完善工作机制、严格把关回复质量，着力收集民意、解决民困、化解矛盾，切全年共按时受理和回复858条网络问政留言，解决一大批群众关注的问题。

【机要保密安全通畅】 严格实行24小时两班轮流值班制度，执行每日主渠道自查制度，确保密码通信渠道安全畅通。严格交接班管理，严格工作程序，严守工作纪律，认真办理各类紧急重要电报，对涉及社会稳定、突发事件、重大自然灾害等紧急重要电报即收即办。共接收办理密码电报244份，发送15份，接收明传电报64份，通过普通电话传真和OA办公系统接收传真件111件，发送884件，实现“无事故、无差错、无错情”的工作目标。落实党政领导干部保密工作责任制，强化涉密人员、涉密载体和涉密计算机管理，加大对涉密重点单位的检查。全年对信访、政法、国有金融企业、农业等13个部门等进行专项检查，有效防止失泄密事件的发生。积极会同教育局、公安等相关部门圆满完成全年高考、中考、事业单位招考等试卷保密监管。

【信访维稳保障稳定】 深入推进信访工作制度改革，运用法治思维和法治方式解决信访问题，解决一大批矛盾纠纷，实现到县、市、省上访总量下降和重大敏感时期群众到省进京零上访的目标，社会大局和谐稳定得到维护。2015年，共受理群众来访251批812人次，比2014年下降33.4%。实行县领导包案制度，排查出40宗疑难案件，案件调处率达100%。强化诉访分离，对运用非诉讼方式解决纠纷的、符合条件的当事人给予法律援助，引导涉法涉诉上访人到相关政法机关反映诉求共41宗，开具不予受理告知书45宗。

【接待工作整体提升】 严格执行中央八项规定，厉行节约，坚持精细化管理，注重餐饮住宿质量，突出瑶族特色，接待服务水平得到提升，较好地完成各项接待任务。全年接待来宾1485批次，共25390人次，比2014年略有上升。高质量完成朱小丹、王荣、黄先耀、肖志恒、许瑞生、邓海光、温兰子、覃卫东等重要领导到乳源调研和视察期间的接待服务工作。圆满完成第九届乳源瑶族“十月朝”文化旅游节、“‘一带一路’建设与世界瑶族交流”研讨会、南非非洲人国民高级干部研修班到乳源参观访问等接待任务。

【深化改革稳步推进】 印发《乳源瑶族自治县全面深化改革2015年工作要点》，提出7个方面41项改革任务，为推进改革工作作出详细部署。按要求上级及时上报文件资料，全年向市委改革办报送改革工作机构人员情况、改革典型案例、工作总结、问题及建议等材料，为上级了解乳源改革工作情况提供参考。积极做好改革信息报送工作，向省委改革办报送信息3篇，向市委改革办报送信息18篇，其中《韶关市乳源县积极推进县级公立医院综合改革试点》在省委改革办的简报中刊登。

【绩效考核提升效能】 积极配合县纪委做好交接工作，全力推进2015年绩效考评工作。结合绩效考核领导小组成员工作变动情况，调整县绩效考评工作领导小组及办公室成员，提供组织保障有序开展绩效考评工作。根据全市科学发展观考核相关精神，在县域范围内广泛征求意见和建议，修改制定《乳源瑶族自治县2015年度绩效考评实施方案》，整理完善各单位考评指标的评分标准，力求实施及评分标准跟完善，更具操作性，切实发挥绩效考评的作用。

（赖世水）

附：县委办领导班子成员名单

主　任：许益云

副主任：吴新超

刘良军

丘振强

巫淑坤

刘家丽（挂职，—2015.04）

宣　传　工　作

【概况】 县委宣传部内设办公室、理论和宣传股（县国防教育领导小组办公室）、精神文明建设办公室等3个股室，机构编制9名。部长由县委常委兼任，县文联、县社科联挂靠县委宣传部，县委宣传部其中1名副部长兼任县社科联主席。

2015年，全县宣传思想文化战线坚持以习近平总书记系列重要讲话精神为统领，以学习贯彻党的十八届三中、四中、五中全会和省、市、县委全会精神为主线，围绕中心，服务大局，牢牢掌握意识形态工作的领导权和主动权，巩固壮大主流舆论，大力培育和践行社会主义核心价值观，着力构建现代公共文化服务体系，全面启动创建全国文明城市工作，深入开展宣传文化“基层工作加强年”活动，为加快生态发展、建设美丽乳源提供强大思想保证、舆论支持、精神动力和文化条件。

【理论武装】 把学习宣传贯彻习近平总书记系列重要讲话精神作为理论武装工作的重点，推动各级党组织和广大党员干部全面学、专题学、及时学、跟进学。一是建立健全学习制度。重新调整县委中心组成员机构，制定印发《关于进一步完善乳源党委（党组）中心组理论学习制度的实施方案》，建立健全学习领导负责制，做好巡学、督查、考核工作。二是积极开展主题宣讲活动。采取专家授课、领导讲学、专题研讨、到焦裕禄干部学院和市党风廉政教育学习基地参观学习等形式，围绕学习贯彻习近平总书记系列重要讲话精神、十八届五中全会精神、社会主义核心价值观、“三严三实”主题教育等内容开展11场县委中心组理论学习，成立县委理论学习宣讲团深入各镇、机关、学校、社区、企业等进行巡回宣讲22场次，督促各级党委（党组）中心组开展学习研讨活动368场次。三是推动理论研究和成果转化。组织撰写发表《抓工作落实要解决三个重要问题》《加强道德建设，推进依法治县》等一批理论调研文章。县社科联申报的《“大南岭”的“大”历史文化》被列入全市社科规划立项课题。四是把重要政治读物纳入各级党员干部理论学习计划。向各级党委（党组）中心组购发推荐《习近平关于实现中华民族伟大复兴的中国梦论述摘编》等理论学习书目20余本。

【重要宣传】 开展社会主义核心价值观、纪念抗战胜利70周年、振兴粤东西北等主题宣传、成就宣传、典型宣传。其中，第九届乳源瑶族“十月朝”文化旅游节期间，各大主流媒体对活动盛况进行集中宣传报道，进一步擦亮“世界过山瑶之乡”品牌，中央电视台《社会与法》频道拍摄播出《高速路上的巨额罚款》专题片，展示乳源公安干警新形象，新华社《高层参阅》刊发《乳源三级政务服务体系实现政府高效群众便利》等等。全年在中省级媒体刊播稿件114篇（条），市级媒体刊播稿件600余篇（条），在《韶关日报》出版12期《重点》乳源专版。积极协助配合广东电视台、上海电视台等国内媒体拍摄《百业资讯》《本草纲目》等纪录片，不断提升乳源形象和影响力。在县电视台、县政府门户网、新华社“醉美乳源”党政客户端开设专题、专栏，组织好培育和践行社会主义核心价值观、创建全国文明城市、“三严三实”、纪念抗日战争胜利70周年等系列活动的宣传报道，引领干群思想、凝聚发展力量。全年县广播电视台刊播新闻稿件1246条，政府门户网刊登新闻稿件2315篇，“乳源发布”政务微博发布信息835条。

【舆情监控】 加大舆论监管力度，健全舆情处置预案，做好舆情监测、分析、上报和处置工作，妥善处理负面舆情事件17起。在公安、文化、教育、卫计、人社等部门推荐登记一批网络舆情信息员，参与到全市网络舆论生态建设工作中。新华社“醉美乳源”党政客户端、“乳源发布”政务微信相继上线，与“乳源发布”官方微博形成新兴媒体传播阵地。加强各级单位新闻发言人、新闻通讯员和舆情信息员业务培训，提升全县新闻发布整体水平。加大网络管理力度，广泛开展网络安全宣传，推进网络依法规范有序运行，积极开展“清理网上歪曲党史国史内容并加强宣传引导”专项行动，维护国家政治和意识形态安全；推荐登记一批网络舆情信息员，参与到全市网络舆论生态建设工作中；开展网评工作160多次，努力形成健康向上的网络舆论生态。贯彻落实有关文件要求，加强对各种研究机构、报告会、研讨会、讲座、论坛、出版物的管理。

【文化发展】 完善公共文化设施，整合文化资源，大力开展文体活动，打造一批特色文化品牌，极大地丰富人民群众的精神文化生活，推动瑶族文化的传承与发展。一是积极向上级争取200万元资金为图书馆、民族文化传习馆购置更新办公、演出设备，完善镇村公共文化设施，推进文化室、电子阅览室全覆盖工程。二是积极参与韶关市“中国梦·韶韵风·东街汇”庆国庆大型群众文化活动，广泛开展各种读书日、“文化三下乡”“百家千场艺术讲座下基层”“深入生活、扎根人民”文艺实践活动。“激情广场·幸福乳源”等群众文化活动开展形成常态，2015年共举办7场文艺演出，惠及各方群众近5万多人次。三是推动文艺精品创作。创作生产歌曲《歌姆》、舞蹈《塞枅》《桩》《唠忒》等一批精品，其中《歌姆》入选参加“首届全国少数民族优秀声乐作品展演”，《塞枅》《唠忒》《桩》获第十届全国民运会表演项目银奖。四是开展文化遗产保护和宣传展示活动。成功申报入选“广东省瑶族文化生态保护实验区”；顺利推进第一次全国文物普查；完成《瑶族“双朝”节》项目材料的搜集、整理工作，《契娭生日》《圣祖祭》成功列入韶关市第五批市级非物质文化遗产名录；必背镇、大桥镇成功申报获得“广东省民间文化艺术之乡”称号。五是开展多种对外文化交流活动。组团赴东莞、香港、部分南太平洋国家进行交流演出，参加第十一届中国（深圳）文化产业博览交易会等。六是大力推动文化产业发展。积极推动云门山旅游度假区等文化产业项目建设，启动瑶族动漫创作工作和南岭瑶乡文化资源数据库建设项目。

【文明建设】 全面启动创建全国文明城市（以下简称“创文”）工作，以创建全国文明城市为契机，推动精神文明建设工作再上新台阶。一是加强文明礼仪宣传教育。统一编印3万多份《“创文明城市，做文明市民”倡议书》进行发放；在各机关企事业单位、中小学校、住宅小区、主要街道路口设置创建全国文明城市、讲文明树新风、核心价值观宣传标语牌或灯箱广告；持续推进文明交通、文明旅游、文明餐桌、网络文明传播行动；在“乳源发布”政务微博、“文明乳源”、乳源家园网微信公众号等新兴媒体同步推送创文相关新闻信息，发起相关话题讨论，设置陋习曝光台；将创文宣传融入“激情广场·幸福乳源”等大型活动中，成功举办“争创全国文明城市·共建美好幸福乳源”主题演讲比赛，凝聚创文共识与合力。加强季度创文督查，使督导检查形成常态，扎实推进创文工作。二是深化文明细胞创建活动。扎实推进文明单位、文明窗口、文明镇村等创建活动，以此作为提高全社会文明程度的有效载体。县地税局获得“全国文明单位”称号，必背镇、必背口村、源峰社区、龙头新村等顺利通过省级文明镇（村、社区）复查等。三是大力推进道德实践活动。积极开展社会主义核心价值观融入百姓生活14个系列主题活动，运用“图说”“字说”“书说”等宣传载体，将核心价值观融入百姓生活，送入千家万户。抓好9个社会主义核心价值观示范点建设，打造建设活动的精品工程，推动核心价值观向深度和广度拓展。优化道德讲堂的运作模式，全年共举办9期道德讲堂，县广播电视台开设的《空中道德讲堂》栏目进行宣传推广，弘扬文明风尚。借助“韶关好人”的推选平台，组织开展“美德少年”“最美家庭”“最美乡村医生”等评选表彰活动。2015年，乳源共有7人先后荣获“韶关道德模范”“韶关好人”等称号，其中见义勇为好青年张爱光、张宗飞荣获第五届广东省道德模范提名奖并收录《中国好人传》一书，县文明办荣获“优秀组织奖”。以“向模范致敬·做有德公民”为主题积极开展第十三个全国“公民道德宣传日”宣传教育系列活动。举办各类书画、摄影、文艺创作比赛强化未成年人思想道德教育。完善志愿者队伍建设，积极开展“关爱他人、关爱社会、关爱自然”等主题志愿服务活动。（朱海艳）

附：县委宣传部领导班子成员名单

部　长：简连英

副部长：欧先凤

　　　　邓伟成

组　织　工　作

【概况】 2015年，县委组织部坚持以科学发展观为指导思想，以践行“三严三实”为主题，落实中共中央总书记习近平关于努力把各级组织部门建设成为讲政治、重公道、业务精、作风好的模范部门的总要求，推动各项组织工作取得新进步、新成效。领导班子及干部队伍建设全面提高，人才队伍建设有新发展，基层党组织建设、“两新”组织建设、党员队伍建设取得好成绩，组织部自身建设上新台阶。全县共有党的基层组织440个，其中：党委21个，党总支25个，党支部394个，党员总数10932人。县委组织部年末在职在编人员19人。

【“三严三实”专题教育活动】 印发《乳源瑶族自治县贯彻落实〈关于在县处级以上领导干部中开展“三严三实”专题教育方案〉的意见》，召开全县“三严三实”专题教育工作会议，对“三严三实”专题教育工作进行统一部署。成立专题教育活动协调小组，负责组织实施专题教育活动日常工作。完成教育活动专题片录制，在报纸、刊物、电视等刊播乳源瑶族自治县开展专题教育活动进展动态等新闻信息100多篇。开展专题党课辅导，全县32名处级以上党员干部完成讲党课任务，3000多人次接受教育辅导，先后召开3次中心组理论学习（扩大）会议。认真落实韶关市委提出“四个体察”学习要求，5月底始，县四套班子成员到基层农村、企业一线和窗口部门调研400多次，到信访局接访30多次，帮助联系点解决实际困难和问题60多件。先后组织县“四套班子”、县直单位“一把手”及乡镇党政正职等90多人赴焦裕禄干部学院开展体察学习；组织县四套班子成员及各镇、县直单位负责人共100多人到市检察院参观廉政教育基地，并听取关于如何预防职务犯罪的专题辅导。

【领导班子建设】 充分认识习近平总书记重要批示的深刻意义，抓好中共十八大，十八届四中、五中全会精神和习近平总书记系列讲话学习。在学习掌握科学工作方法和领导艺术、学习掌握蕴含的政治纪律和政治规矩上下功夫，提高领导能力和水平。全面加强党委（党组）领导班子思想政治建设、作风建设和能力建设，切实提高贯彻执行民主集中制自觉性，更好发挥党总揽全局、协调各方的领导核心作用，为协调推进“全面建成小康社会、全面深化改革、全面依法治国、全面从严治党。”战略布局提供坚强政治保证和组织保证。

【干部培训】 2015年，先后选派9名干部参加中央、省、市举办的各类专题培训。完成对全县130多名组织工作干部的轮训工作。举办1期年轻干部培训班，各镇、县直有关单位共64人参加培训。组织全县1400多名公务员参加干部网络在线学习。

【学习贯彻新《干部任用条例》】 2015年全县共调整干部6批、55人次。结合公务员职务与职级并行工作开展，全力做好超职数配备干部整改消化专项工作。对全县领导干部持有出国（境）证件情况进行登记和全面清理收缴，严格规范政审程序，完善因私出国（境）护照领取审批手续，有效防止领导干部私自出国（境）现象。继续实行定期审计与离任审计相结合的领导干部任职经济责任审计模式，委托审计部门对26名“一把手”进行离任经济责任审计，对审计发现存在问题的6个单位主动约谈，要求核实。对全县在职公务员干部人事档案进行审核整改，重点把“三龄两历一身份”（“三龄”是指年龄、工龄、党龄；“二历”指学历、工作经历；“一身份”指干部身份）作为专项审核，完成人事档案审核1388份。

【人才工作】 做好“扬帆计划”2015年项目申报工作，向市级申报竞争性扶持项目——乳源高寒山区无公害蔬菜种植人才培养工程及“培养两高（高层次、高技能）人才”各1人。抓好县管专业技术拔尖人才选聘工作，组织开展第七期县管专业技术拔尖人才评选工作，全县选拔专业技术拔尖人才13名。加强社工人才培养，组织173人参加社工人才考试。

【基层组织联系群众制度建设】 各镇领导干部驻点普遍直接联系群众常态化，各镇按照“三固定”（人员、时间、地点）认真联系群众要求。县委成立专项工作督导组由县纪委、县委办、县委组织部等部门组成，成员督查工作采取飞行检查的方式，对各镇领导驻点普遍联系群众工作进行督查。建立县、镇、村“三级”联动的问题化解机制，及时研究需要县级协调解决的问题136个，全县各驻点团队直接联系群众20.95万人次，其中分片走访群众16.84万人次，收集群众意见建议5699条，建立问题台账9607宗，销号9483宗，销号率达98.7%。

【发展党员与党员管理工作】 组织基层党委党务工作人员认真学习《中国共产党发展党员工作细则》，严格发展党员的标准和程序，完成2015年发展党员计划任务。从严管理党员，稳妥慎重开展处置不合格党员工作，完善并落实组织生活会制度、“三会一课”、主题党日、推行“党员固定活动日”等制度。加强党员干部现代远程教育工作，及时组织各站点收看课件，提高党员教育培训管理工作的科学化水平。

【党建工作创新活动】 出台《关于建立健全基层党委、部门党组（党委）抓党建工作责任制的意见》，把基层党委（党组）抓基层党建工作情况作为领导班子及其班子成员工作实绩评定的重要内容，纳入年度绩效考核体系，健全党建工作问责机制。各基层党委发挥党委抓基层党建的主导作用，开展党建工作创新活动，确立和实施党建“书记项目”20个。推行便民服务站“345”工作机制，打通联系服务群众“最后1公里”。着力探索村党小组服务新模式，推进大桥镇创新农村基层党组织设置示范点工作，一六镇乌石岭新村党小组创新开展以建设活动“小阵地”、舒心“小广场”、农家“小书屋”、守望“小分队”、沟通“小平台”、和谐“小册子”为内容的“六小服务”活动得到省委常委、省纪委书记黄先耀等领导的高度肯定和《韶关日报》等主流媒体的报道推介。

【组织干部队伍自身建设】 认真抓好“落实总书记要求，建设模范部门”的工作要求，围绕打造“模范部门”和“过硬队伍”，分2批次，每期为2天对全县130多名组工干部进行专题全员培训。结合干部网络培训工作，积极搭建网络学习平台，在远程教育网开设组工论坛专栏，2项主题活动。大力开展组工干部“下基层明实情”活动，成立3个联系服务工作小组，对点联系21个基层党委。制定《乳源瑶族自治县组工干部岗位廉政风险排查实施方案》，对各个岗位进行廉政风险排查，编制权责清单，建立廉政风险定期查摆、全面防控工作机制。面向全县的党政群机关及参照公务员管理的单位在职公务员队伍，采取差额竞争选拔的方式，公开选拔3名优秀干部到部机关工作。把民主公开竞争择优的干部选任机制引入部机关建设。加强与基层群众的密切联系，增强组工干部党性修养。强化内部制度建设，制定出台《中共乳源瑶族自治县委组织部制度汇编》规范组织部管理机制。 （郎　坤）

附：县委组织部领导班子成员名单

部　长：林应良（—2015.04）
　　　　伍梅华（2015.04—）
副部长：苏　葵
　　　　房东明
　　　　张典华（2015.01—）

统　战　工　作

【概况】 中共乳源瑶族自治县委统一战线工作部（以下简称“县委统战部”），是县委在统战工作方面的职能部门。归口管理县民族宗教事务局、县工商联、县侨联。内设办公室，在职人数5人。

2015年，在县委的领导和上级统战部门的指导下，县委统战部认真贯彻落实党的十八届三中、四中、五中全会以及中央、省、市统战工作会议精神，牢牢把握大团结大联合主题，紧紧围绕服务全县经济社会发展大局，发挥统一战线的独特优势，促进乳源政党关系、民族关系、宗教关系、海内外同胞关系的和谐发展。

【深入学习贯彻中央统战工作会议精神】 将深入学习贯彻中央统战工作会议精神作为首要政治任务。6月2日，县委统战部组织全体干部职工和县民宗局领导班子成员学习习近平总书记关于统战工作的重要讲话和《中国共产党统一战线工作条例（试行）》等系列文件。7月6日，市委统战部举办中央统战工作会议精神宣讲大会，县委统战部主要领导和分管领导、办公室主任参加会议。9月，县委常委、统战部部长黄寿生撰写“学习中央统战工作会议精神心得体会”在《韶关日报》刊登。

【民主政治建设】 2月11日，县委、县政府召开各界人士迎春座谈会，邀请各民主党派、工商联、无党派人士、非公经济人士、少数民族代表等社会各界人士代表协商全县政治、经济和社会生活方面的重大问题，扩大各界人士的知情权和参与权，努力拓宽民主监督渠道。坚持“党委出题、党派调研、政府采纳、部门落实”和“三方参与”的考察调研机制，支持各民主党派围绕县委、县政府重点工作和群众关心的热点、难点问题，开展视察调研和建言献策活动。出台激励机制，对党外人士参政议政给予精神为主物质为辅的激励，引导社会各界人士积极参政议政。

【党外代表人士队伍建设】 认真贯彻落实中央、省、市关于加强党外代表人士队伍建设有关文件精神，配合组织部门，积极培养党外优秀科级干部和后备干部。6月，会同组织部门选派2名优秀党外人士参加2015年党外中青年干部培训班。

加强对民主党派换届工作领导。8月3日，中共民主建国会乳源支部委员会举行第二次全体会员大会，选举产生以黄联锋为主委，张跃东、李富华为副主委的民建乳源支部第二届委员会领导班子。8月21日，中国国民党革命委员会乳源支部第三届委员会换届选举暨第三届支部委员会成立大会选举黄茂东为主委，钟聪、许玲玲为支部副主委，程杰、杨智勇为支部委员。9月11日，九三学社乳源支社举行乳源瑶族自治县第一、第二支社成立大会，投票选举产生分别以黄章城和王双陆为社长的九三学社乳源第一、第二支社委员会领导班子。9月29日，民盟乳源支社举行换届选举大会，投票选举产生龙忠善任主委，谢艺琳、丘年春任支部委员的新一届领导班子。为各民主党派和知联会解决办公场所问题，配置电脑等一批办公用品，改善办公条件。

5月25日至29日，中央组织的《民建基层组织主委培训班》在北京会议中心开班，民建乳源支部主委黄联锋和其他来自全国30个省（自治区、直辖市）7000多基层组织的近500位主委参加培训。

8月21日，由国家民委组织的2015年全国少数民族参观团在江苏南京正式组团，以纪念抗战胜利和学习“一带一路”建设为主题，赴江苏、上海、福建、北京等地参观学习，并参加抗战胜利70周年庆祝大会观礼等活动。全国少数民族参观团由2014年受国务院表彰的民族团结进步模范个人和近年涌现的英模代表组成，涵盖56个民族，来自全国31个省区市、新疆生产建设兵团和人民解放军、武警部队。乳源民盟乳源支部盟员任远清作为广东省仅有的3个成员之一参加此次活动。

【民族工作】 积极筹备全县民族工作会议。4月28日在县中心会堂召开全县民族工作会议，传达学习全国、省、市民族工作会议精神，总结部署全县民族工作。开展民族宗教进步宣传月活动，巩固发展民族关系。

组织人员加强对民族政策的研究。根据中央和省委关于加大对少数民族地区经济社会发展扶持政策，县委、县政府出台《关于加快少数民族事业发展的决定》和《关于加强瑶族迁移人口管理的实施意见》文件，将乳源发展的成果惠及更多瑶族同胞。组织开展瑶族姓氏文化史料收集工作，保护、传承和发展瑶族物质和非物质文化遗产。

抓好少数民族发展资金监管及项目申报工作。制定2014年、2015年少数民族发展资金1300多万元的使用计划，确保资金使用合理规范，发挥最大效益。做好参加全国第十届全国少数民族传统体育运动会筹备、参赛工作，参赛队夺得3金9银1铜好成绩。推进少数民族特色村寨的保护和发展，组织必背镇必背口村、游溪镇“八一”村等11村落申报2015年中央财政少数民族发展资金特色村寨项目，争取专项资金，加快乳源特色村寨的规划、保护和开发。做好乳源拟修建瑶区公路前期调研工作，县委统战部领导先后到3个瑶族集居镇实地调研洋碰至散坑、八一瑶族新村至金竹峰、长乐新村至金竹峰、乌坑坝至三联大坳、新街至游溪中心洞、必背镇公坑委连接大村等5条瑶区公路，为公路的修建做好准备。

抓好瑶族迁移人口土地确权工作。抽调专人组成工作组专职负责，完成84个迁移点1829户迁移户共520公顷土地确权摸底调查工作、乳城镇29个瑶族迁移点和一六镇18个瑶族迁移点的土地测量工作，成功调处27宗土地纠纷。

【宗教工作】 加强对宗教场所及宗教教职人员的管理。与各宗教场所签订《乳源县年度民族宗教目标管理责任状》，形成一级抓一级、层层抓落实的工作格局，确保宗教活动规范有序进行。提高依法管理宗教事务的能力，保护合法，制止非法，抵御渗透，打击犯罪，加强“三级宗教工作网络”和“两级宗教工作责任制”建设成果，切实做好抵御不法分子利用宗教进行渗透的工作。帮助和支持乳源宗教团体加强自身建设。积极引导宗教与社会主义社会相适应，支持宗教界发扬爱国爱教、团结进步、服务社会的优良传统，调动宗教中的积极因素为乳源改革发展稳定服务。推进正觉寺恢复重建工作，积极协调省、市、县的国土、林业、环保等部门，想方设法解决林业调规、生态环评等问题，项目于12月举行奠基仪式。抓好云门寺生态佛教保护区建设工作，着力解决云门寺门前乱摆乱买、土地山林纠纷调解、岭头和范屋村搬迁工作、锑粉厂以及武装部的弹药库土地移交等问题。协助云门寺做好释迦佛塔落成开光庆典活动的相关工作，召开协调工作会议，将安全保卫、交通管制、卫生防御、食品安全、接待等工作任务分解到各责任单位，确保活动顺利举行。

【港澳台和海外统战工作】 成立香港乳源同乡联谊会活动。10月30日，香港乳源同乡联谊会首届就职典礼在香港煌苑酒家举行，入会会员包括原籍乳源和曾在乳源工作过的人士、县政协香港籍委员、乳源港资企业法人、长期以来大力支援乳源社会事业的香港爱心人士等4类人士共120多名，为深化两地经济、文化等方面的交流建立新的平台。12月，组织安排部分香港乳源同乡联谊会成员到乳源考察经济开发园区，商谈建立园区总部经济等项目。

开展同港澳台地区中医文化交流活动。依托乳源海外联谊会牵线搭桥，组织开展港澳台医师同内地医师开展学术交流研讨。12月11日，在乳源举办香港爱心义诊暨中医药现代化学术交流会活动启动仪式，香港世联中医药现代化协会医学专家分别作3个健康专题讲座。学术交流活动期间，12名香港中医专家在县人民医院举行为期2天的大型义诊活动。

开展同海外地区的瑶族文化交流活动。12月，县成立文化交流演出团，赴汤加、密克罗尼西亚进行为期15天的文化交流演出活动，以良好的民族形象、精彩的表演张力，获得各国观众的赞扬，乳源在海外的知名度和美誉度得到提高。12月21日，“‘一带一路’建设与世界瑶族交流”研讨会在乳源隆重举行，研讨会邀请来自北京、广西、湖南和广东等地民族研究机构、高等院校的专家学者，以及美国、越南、泰国、老挝等海外瑶族同胞代表参加研讨会，参会人员对“一带一路”建设和世界瑶族的发展进行深入探讨和交流。

引导开展公益慈善事业。9月13日，县委统战部积极联系香港爱港爱国人士，在广东救援辅助队（香港）协会大力支持下，协助成立乳源瑶族自治县救援辅助志愿者协会、乳源救援辅助队，开创广东省第一个县级救援辅助队的先例。辅助队协助云门寺释迦文佛真身舍利塔及全堂菩萨圣佛像开光庆典、第九届乳源瑶族“十月朝”和东平山正觉寺奠基典礼等大型活动做好维持秩序各项工作，赢得各级领导和社会各界的广泛赞誉。通过香港乳源同乡联谊会、爱心救援辅助队等牵线搭桥港澳和海外各界人士到乳源开展慈善活动，为乳源募捐40多万元资金，以及捐赠学校净水设备、救护车等一批物资，累计价值超过200多万元，香港顺龙仁泽基金、香港联业合力堂慈善基金会累计投入100多万元用于东坪镇卫生院二门诊和桂头镇卫生院建设。

做好归侨侨眷的优抚工作。积极为侨胞、侨属排忧解难。春节前夕，县委统战部组织慰问困难归侨江汉振、曾亚明、熊伟东等，并送上慰问金，把党和政府关怀困难归侨眷的温暖送到家。

【非公经济工作】 加快非公有制经济发展。牵头组织经促局、开发区管委会、工商联等相关部门，召开企业代表座谈会，深入企业进行专题调研，了解乳源非公有制企业发展存在的实际困难和问题，并形成专题调研报告送县主要领导和分管领导、各有关部门，积极帮助企业解决实际困难和问题。成立县纳税人权益保护中心，切实维护纳税人的合法权益。加强非公企业中党的建设工作，开展好县领导与非公经济代表人士结对子活动，畅通非公经济代表人士与县领导的沟通联系渠道。

加强工商联（总商会）队伍建设。组织召开县工商联（总商会）第五届第四次执委会议，新增补选工商联（总商会）副主席、总商会副会长等共9人。积极发展非公有制经济代表人士入会，不断壮大会员队伍。

做好非公经济代表人士的政治安排。积极向人大、政协推荐思想素质高、懂经营、会管理、靠得住、热心公益事业的民营企业家参选县人大代表或县政协委员，增补朱忠伟为县政协委员。

积极组织开展回报社会感恩行动。引导非公经济人士积极投身“感恩行动”和“光彩事业”，以公益之举，促民生改善。

11月4日，协助省委统战部举办广东光彩农村电商（乳源）培训班，聘请专家为学员专题授课，指导学员进行商务实操，邀请电商代表交流介绍经验，全县农民专业合作社负责人及从业人员、农村青年致富带头人、个体经营户、有意愿学习或想从事电子商务的青年代表等60人参加培训。

（叶招娣）

附：县委统战部领导班子成员名单

部　长：赵志敏（—2015.04）
　　　　黄寿生（2015.04—）
副部长：邓良胜
　　　　黄立东（—2015.08）
　　　　文胡胜（2015.08—）

机构编制管理

【概况】 2015年，县机构编制委员会办公室（以下简称县编办）在县委、县政府的正确领导和上级机构编制部门的具体指导下，结合机构编制工作实际，深入贯彻落实党的十八大，十八届三中、四中全会精神，主动适应新常态，深化行政体制改革，大力推进简政放权，加快推进政府职能转变，严格控制和优化配置机构编制，各项工作进展顺利。年末，县机构编制委员会办公室在编人数9人。

【政府职能转变和机构改革】 根据《广东省人民政府办公厅转发国务院办公厅关于请报送推进职能转变工作机制等有关事项的通知》精神，参照国家、省和市成立推进职能转变协调小组的做法，制定印发《乳源瑶族自治县人民政府办公室关于成立乳源瑶族自治县推进职能转变协调小组的通知》，成立以县委常委、常务副县长林昌卫为组长的乳源瑶族自治县推进职能转变协调小组，负责在各单位推进简政放权、放管结合、职能转变的基础上，统筹研究重要领域和关键环节的重大改革措施，研究拟提请县政府常务会议审议的有关重要事项，协调推动解决改革中遇到的困难和重点难点问题，指导各单位工作，督促各单位落实改革措施。协调小组下设行政审批改革组、投资审批改革组、职业资格改革组、收费清理改革组、商事制度改革组、教科文卫体改革组6个专题组和综合组、督查组、法制组、专家组4个功能组。制定印发《乳源瑶族自治县人民政府关于印发乳源瑶族自治县2015年推进简政放权放管结合转变政府职能工作方案的通知》，对2015年推进简政放权放管结合转变政府职能工作作出了部署，明确任务分工。

按照政府职能转变和机构改革要求，制发县财政局、文化广电新闻出版局、政府办公室、水务局等4个部门“三定”方案。根据上级机构编制部门统一部署，到县农业局就设立专门的农业综合行政执法机构进行调研，围绕农业部门综合行政执法机构的编制数量控制、执法队伍建设等问题，与县农业局的领导班子及相关负责人进行深入的讨论，提出乳源农业综合行政执法体制改革方案报市审批。切实推进市场监督管理体制改革，多次到相关单位进行调研，与单位领导进行深入探讨，交流意见；成立县市场监管体制改革领导小组，召开两次领导小组会议，明确市场监管体制改革有关单位职责，落实改革各项任务，积极推进市场监管体制改革，按省、市要求于2015年12月基本完成市场监管体制改革工作。推进不动产登记工作，深入到相关部门就不动产登记职责整合涉及的机构、编制、人员等方面进行调查研究，全面掌握职责和机构整合前的基本情况，科学制定不动产登记职责整合和机构设置方案，按照“一局一中心”架构设置不动产工作机构。配合推进司法体制改革，摸清县人民检察院、县人民法院的底数，对“两院”的人员编制情况进行核实。

【行政审批制度改革】 深入贯彻落实2015年1月1日施行的《广东省行政许可监督管理条例》，制定印发《乳源瑶族自治县人民政府办公室关于报送行政审批实施和监督管理情况年度报告的通知》，9个镇及30个县直部门认真梳理2014年行政审批工作情况，报送自查报告。5月18日至29日，根据县委、县政府工作部署，与县纪委、县行政服务中心组成督查组对全县行政审批工作落实情况进行专项督查，对行政审批年度报告情况实地检查。5月22日，县编办认真组织全县34个部门参加全省行政审批标准化培训电视电话会议。下发《关于开展严肃纪律巩固行政审批制度改革成果有关自查和迎检工作的通知》，对2012年至2014年的行政审批改革调整事项落实情况进行检查，督促各镇各部门认真做好取消、下放、转移等省级改革事项的承接。经自查，乳源严格实行行政审批事项目录清单管理，无自行设立审批、核准、备案、登记、注册等行政审批事项情况。加强商事制度的后续监管，会同县工商局制定印发《乳源瑶族自治县人民政府办公室关于印发乳源瑶族自治县商事制度改革后续监管实施方案的通知》，明确各部门对许可审批事项的监管职责。

【权责清单制度建设工作】 根据国家、省和市最新指导意见及工作方案，县委办、县政府办联合印发《中共乳源瑶族自治县委办公室乳源瑶族自治县人民政府办公室关于推行政府工作部门权责清单制度有关工作的通知》，对乳源全面推行权责清单制度工作的责任分工、有关要求等作出明确规定。9月1日，县编办在县财政局电教室举办“全县权责清单制度工作培训班”。9个镇和县直单位具体负责权责清单的业务人员共48人参加培训，县编办组织业务人员审核各单位上报的权责清单正式版，按照国家、省的要求，结合权责清单工作，对乳源保留目录的非许可事项进行清理，提出取消或转变审批类别的意见，最终取消非许可类别。

【控编减编工作】 县编办加强机构编制管理，确保实现行政编制不突破上级机构编制部门核定的总额，事业编制不突破2012年总额的控编减编目标，根据上级机构编制部门关于控编减编工作部署和自查，于6月28日通过市编办的检查，按照市编办的整改要求进行整改，建立控编减编工作档案目录。

【机构编制管理工作】 根据《广东省机构编制委员会办公室关于加快推进实名制系统建设和党政内网接入工作的通知》和构建全省机构编制大数据库的有关要求，抓好乳源转用广东省机构编制实名制管理系统工作和规范实名制管理系统操作。4月14日至15日，县编办在县财政局电教室举办“全县机构编制实名制系统应用培训班”，9个镇、各单位负责机构编制实名制系统管理的工作人员共136人参加培训。严格按照机构编制管理规定，做好机关、事业单位人员的列编工作，及时将机关事业单位工作人员的调动情况反映在人员台账上，督促各单位及时在实名制系统操作人员变动情况，构建真实准确的数据库，确保机构编制和人员的动态管理。积极推进核减“吃空饷”单位编制工作，根据中央编办《关于进一步核减“吃空饷”单位编制工作的意见》文件精神，收回桂头镇中心卫生院空余10名编制。

【事业单位登记管理】 印发《关于事业单位提交2014年度报告等有关事项的通知》，共有126个事业单位通过事业单位登记管理平台提交2014年度报告。认真贯彻落实《事业单位登记管理暂行条例》《事业单位登记管理暂行条例实施细则》及相关文件精神，严格按照规定办理事业单位法人登记，共办理事业单位法人设立登记20个、注销登记13个，变更登记70个。加强事业单位档案整理工作，严格按照上级要求进行分类整理、装订，并建立档案目录，方便查阅，共建立完善了188个事业单位档案。

【深化事业单位法人治理结构】 根据上级机构编制部门关于事业单位法人治理机构试点工作在文化系统全面铺开的要求，2015年1月先后成立县文化馆、县图书馆、县民族博物馆、县民族文化传习馆理事会，并召开理事会会议，选举产生1名理事会理事长和4名理事会理事。

【网上名称管理】 为巩固乳源“政务”和“公益”中文域名注册成果，确保“政务”和“公益”中文域名的连续性，按照国家政务和公益机构域名注册管理中心和省、市机构编制部门工作要求，印发《关于做好中文域名缴费续费工作的通知》，督促全县党政机关事业单位继续做好中文域名缴费续费工作，全县共35个党政机关事业单位完成按时间要求中文域名缴费续费工作。

【“三严三实”专题教育学习活动】 根据县委、县政府工作要求，以及县委组织部“三严三实”专题教育学习活动部署，县编办积极开展“三严三实”专题教育学习活动。领导班子带头讲“三严三实”专题党课，组织开展“三严三实”专题学习讨论会，选派组工干部参加县委组织部组织开展的“落实总书记要求，建设模范部门”教育实践活动，充分认识和把握“三严三实”深刻内涵，以更高的标准要求干部职工，以更实的作风强化担当、谋事创业。（张吉缘）

附：县机构编制办公室领导班子成员名单

主　任：张光胜

副主任：吴学东

　　　　张炼杰

直属机关工委工作

【概况】 2015 年，县直属机关工作委员（以下简称“县直工委”）会认真全面贯彻党的十八大、十八届三中和四中全会精神，积极适应经济和党建工作新常态，按照中央和省、市、县的统一部署和要求，组织开展“三严三实”专题教育。以践行“三严三实”为主题，牢牢把握“服务中心、建设队伍”两大任务，基层组织和队伍建设取得新发展，各项工作得到有效完成。年末，有在职人数 4 人。

【党风廉政建设】 县直工委按照《县纪委关于2015 年全县开展纪律教育学习月活动的意见》要求，把反腐倡廉教育工作融入党员干部日常教育管理议程，扎实开展纪律教育学习月活动，组织观看警示片、学习警示教育读本、参观廉政基地、法院庭审旁听警示教育等为内容载体，组织开展对党员干部的纪律教育。推进廉政文化进机关，营造浓厚机关廉政文化氛围。按照中央、省、市有关文件精神要求，负责牵头组织实施全县民主评议政风行风工作，制定出《民主评议政风行风工作方案》，以推动解决群众反映强烈的部门和行业作风问题为导向，坚持自查自纠和社会监督相结合，内部通报与适度公开相结合，全面评与重点评相结合，采取群众直评、行评团深评等方法，选取 10 个重点评议单位和办事群众满意度测评单位进行评议，解决侵害群众利益的突出问题，政风行风取得建设性成效。2015 年，县工委把查办案件当作反腐倡廉的重中之重工作来抓，主动配合县纪委开展查办案件工作，共处理 7 人违纪党员，给予党内警告处分 5 人，党内严重警告处分 2 人。

【“民生热线”走进乳源户外上线活动】 10 月 29 日，按照韶关市委办公室、市政府办公室转发《2015 年韶关市“民生热线”实施方案》的工作安排，县直工委协助县委办、政府办起草制定《“民生热线”走进乳源户外上线专题活动方案》，专题活动设暖场活动、民生论坛、民生热线，活动场面有序、真实，效果良好。县委、县政府主要领导围绕乳源经济和社会各项事业发展与民众互动，接受群众访谈，各镇和县有关单位现场受理群众投诉、咨询、解答问题，有千名各界社会人士和群众到现场参加活动。

【规范机关党建工作】 2015 年县直工委按照“两年一考评”的工作安排，要求直属机关各党总支、支部，落实党建工作目标管理责任制。组织学习、宣传新修订《中国共产党党和国家机关基层党组织工作条例》和《中共广东省委关于贯彻〈中国共产党党和国家机关基层党组织工作条例〉的意见》，并对所属基层党组织加强监督和检查落实。规范机关党建工作，以推进机关党代表工作室规范化建设为内容，发挥党代表“知党情、听民意、促和谐”的作用，增进党代表与党员群众的沟通联系，采取约谈、下访等工作方式，解决党员、群众的工作、生活实际有关问题。

抓好党员管理工作。县直属机关党委认真按照“控制总量、优化结构、提高质量、发挥作用”方针，严格执行发展党员工作程序，共批准吸收预备党员 18 名，审批转正预备党员 18 人。指定专人负责办理党员接转，全年共办理党员接转组织关系 85 人次。严格执行党费收缴制度，设立专户、专人负责、规范管理。6 月 29 日，举行县直机关新党员入党宣誓仪式，43 名新党员面对党旗庄重宣誓。

【机关党建培训】 6 月份，举办 1 期全县 2015 年度入党积极分子培训班，共有 121 名入党积极分子参加培训。提升党务干部素养和履职水平，9 月 24 日，县直机关工委与县委组织部联合举办一期学习新修订《中国共产党发展党员细则》和《关于加强基层服务型党组织建设的意见》的党支部组织委员培训班，共培训党支部组织委员 180 多人。

【支部换届改选和补选工作】 加强对机关党组织换届工作的指导管理，充分发挥党（总）支部在机关作风建设的战斗堡垒作用，2015 年有 32 个党组织及时进行调整改选，共调整支部书记、副书记 37 名，充实更换支部成员 52 名，基层党组织工作的连续性得到有效保证。（杜永莲）

附：县直属机关工作委员会领导班子成员名单

书　记：陈良伙（—2015. 01）

　　　　朱远娥（2015. 01—）

副书记：王海涛（兼任纪委书记）

老干部工作

【概况】 2015 年，县委老干部局围绕全县工作大局，认真落实老干部工作的各项方针政策，落实“两个待遇”，真心实意为老干部服务。有离休干部 35 人，平均年龄 86 岁，在职干部职工 7 人（含 1 名借调人员）。

【老干部学习活动】 每月 15 日，坚持组织离休干部学习活动，内容有党的十八大、十八届四中全会和习近平总书记系列讲话精神，新党章，国际国内形势等。

加强老干部大学建设。办好电脑班、书法班、舞蹈班、音乐班和剪纸班，招收学员 200 多人。利用“一团三组”（即红叶艺术团、歌唱组、舞蹈组、书法组），元旦、春节和重阳节（又称“老人节”）期间，组织老干部开展书法、棋牌、球赛、音乐、歌舞、剪纸等活动。组织送戏下乡活动 3 场次，参加老干部 220 人次；举行书画诗词摄影展，展出作品 20 幅。由于老干部活动中心场所时间长，房屋损坏严重，设备陈旧，水管和电线老化，门窗多处破裂，存在极大的安全隐患，县委老干局极力向县里申请重新建设老干部活动中心，并于 4 月立项，向省申请帮扶建设资金 350 万元，预计 2016 年 8 月动工，3 年内完成。

【老干部政治待遇落实】 1 月 30 日，县党政班子主要领导慰问部分离退休老干部和原四套班子老领导，送上慰问品和慰问金。随后，老干部局领导携带慰问金到各老干部家中或医院进行慰问。2 月 3 日至 6 日发放全县离退休干部及其遗孀慰问金 50 万元。抗日战争胜利 70 周年期间，深入到老战士家中进行慰问，并送上慰问金和纪念章。为离休干部和原县“四套”班子领导人手订阅 1 份《秋光》杂志以及《老年日报》《南方日报》《韶关日报》等报刊。向离休老干部通报全县经济和社会发展情况，倾听老干部对县各项事业发展的意见和建议；原“四套”班子老领导列席县党代会、人代会和县委全会。

【老干部生活待遇落实】 坚持“两费”保障到位。机关和全县企业离休干部的医药费全部实行每月报销一次。保证当年结清，绝不拖欠。2015 年，离休干部医药费年度支出 222 万元，与 2014 年相比有所增加。兑现《离休干部医药费健康节约奖方案》，对年度医药费未超过 1 万元的 8 名离休干部进行表彰，送上奖金和奖品。对住院治疗和有特殊困难的老干部，到医院或上门慰问。坚持落实日常走访、节日慰问、生日祝寿、住院探望、逝世送葬等制度。

【扶贫济困工作】 围绕县委、县政府的工作部署，全力做好扶贫挂钩点工作和计划生育工作。积极参加县贫困党员募捐和扶贫济困募捐活动。帮助支持挂扶点大桥镇开展计划生育工作，给予资金 7000 元。（秦彩金）

附：县委老干部局领导班子成员名单

局　长：赵群英

副局长：谢建华

　　　　潘玲娟

县关工委工作

【概况】 2015年，乳源瑶族自治县关心下一代工作委员会（以下简称“县关工委”）认真贯彻落实中国关心下一代工作委员会会议和省、市有关领导对关工委工作的批示精神，围绕中心，服务大局，主动作为开展各项工作，取得好的成效。年末在编人数2人。

【政治思想学习】 先后组织县关工委驻会人员及各基层关工委主任学习中国和省、市关工会议精神以及各级领导的批示精神。4月10日，召开全县关工工作会议。10月23日，召开县关工委驻会人员会议，传达贯彻纪念中国关工委成立25周年暨全国关心下一代工作表彰大会精神，学习中共中央总书记习近平的重要指示和国务院、中共广东省委及中国关工委领导的重要讲话、批示等。

【“五好”关工委活动】 2015年是基层创“五好”关工委活动关键之年。7月下旬，配合市关工委的调研活动，检查、指导、督促基层组织的关工工作，召开座谈会，树立典型，督促后进，推动乳源创“五好”关工委活动取得实效。12月23日，县委、县政府召开纪念县关工委成立15周年大会，表彰全县关工委先进集体13个、先进工作者21人。被广东省关心下一代工作委员会评为“先进工作者”有赵雄英、罗镇球，被韶关市关心下一代工作委员会评为“先进集体”有县教育局关工委和县公安局关工委，被韶关市关心下一代工作委员会评为“先进工作者”有赵雄英、董秀芳、应旺萍。

【建立非公有制企业关工组织工作】 建立非公有制企业关工组织是关工工作面向基层的有效延伸。县关工委协调与县工商联（总商会），联合下发《关于在乳源非公有制企业建立和发展关工组织的意见》。乳源共有非公有制企业20家建立关工委，其中2015年新建立关工委组织有9家。

【农村创业青年培训】 做好筹划“马蹄种植与管理培训班”工作，县关工委专门召集一六镇委副书记、东粉村委主任、农业局农艺师等相关人员开会，研究办班事宜。于8月19日至22日，在一六镇成功举办“马蹄种植与管理培训班”，培训班为期4天，学员共60人。市关工委常务副主任肖志雄、办公室副主任温祖娟等一行4人出席指导办班工作。

【成立乳源瑶族自治县农村创业青年联谊会】 11月20日，由县关工委发起组织，成立乳源瑶族自治县农村创业青年联谊会，联谊会会址设在县关工委。联谊会设顾问1名（顾问林月开），设会长1名（会长张家海）、副会长1名（副会长张亚有）。联谊会建立健全章程，设立联谊会基金，会员有43人。县农村创业青年联谊会的成立，有效为乳源农村青年共谋发展提供良好平台，成为信息互通和资源共享的纽带，适应新常态，促进新发展，对乳源农村经济又好又快发展起到积极的推动作用。

【关爱弱势群体活动】 县关工委认真做好扶贫助学工作，11月23日，在乳源高级中学开展扶贫助学活动，对4名贫困大学生和12名贫困高中生分别给予2000元和1000元的资助，县关工委执行主任盘才万、县高级中学有关领导、学生家长代表、受资助学生等参加活动。

【纪念乳源瑶族自治县关工委成立15周年大会活动】 县关工委就成立15周年大会先后召开多次组织筹备工作布置会议，要求各基层关工委以创“五好”基层关工委活动为基点，创先争优。8月27日，县关工委与县文明办联合发文《关于做好纪念乳源瑶族自治县关工委成立15周年暨评选表彰关心下一代工作先进集体和先进工作者的通知》。10月16日，县长邓志聪到关工委调研。12月1日，县委副书记、县关工委主任伍文，就纪念大会的有关事项召开专题会议，会议明确纪念大会的规格、参加人员、会议议程、经费计划、材料准备、会场安排等事项。12月23日，“纪念乳源瑶族自治县关工委成立15周年大会”在县财政局8楼会议室举行，会议由副县长梁丽娟主持，县关工委执行主任盘才万作工作报告。大会对县公安局等 8 个先进集体和刘丽霞等 21 位先进工作者给予表彰。市关工委执行主任邓苏夏、常务副主任肖志雄等领导到会指导。（赵雄英）

县委党校工作

【概况】 2015 年县委党校深入贯彻党的十八届三中、四中、五中全会以及习近平总书记系列讲话精神，深入开展党的群众路线教育实践活动，贯彻落实《中国共产党党校工作条例》，紧紧围绕县委、县政府的中心工作，积极发挥干部教育培训与理论学习宣传主渠道、主阵地作用。本着为全县各条战线培养各类人才为目标，创新广播电视大学管理工作，各方面取得一定成效。年末县委党校在职在岗人数 18 人。

【政治理论学习】 县委党校领导班子始终把理论学习作为提高思想政治素质的关键，树立终身学习的新理念，提出努力把党校建设成为学习型先进单位。2015 年，开展党的群众路线教育活动和“三严三实”专题教育活动，以中共十八大，十八届三中、四中全会精神和党章为理论学习活动主要内容。加强理论学习，领导班子的理论素养和思想政治素质得到不断提高。

【“三严三实”专题活动】 深入开展党的“三严三实”专题活动，不断改进作风。制定《开展“三严三实”实施方案》，6 月 10 日在县委党校会议室召开“三严三实”专题活动会议，会议专门部署有关活动学习内容和任务。开展调研工作，联系帮扶点解决实际问题。至 12 月，专题活动取得实效。

【开展“创文”活动】 成立县委党校创建全国文明城市工作领导小组，制定《乳源县委党校创建全国文明城市工作实施方案》。主动开展“创文”工作，抓好落实。“创文”工作自 2015 年 3 月启动创建以来，在健全机制、宣传氛围、提升教职工素质等方面，取得成效。

【干部培训工作】 认真落实县委关于干部培训工作的要求，强化教学、狠抓管理，力求在培训质量与宣讲效果上有新突破，充分发挥党校作为培训轮训党员、干部和公务员主渠道和主阵地作用。4 月上旬，配合县直属机关党委举办全县建党对象培训班 1 期，参加培训学员 183 人。4 月中旬，县组织系统开展“落实总书记要求，建设模范部门”教育实践活动，专题培训班 2 期，参加培训人数 136 人。9 月，配合县直属机关党委举办党支部书记培训班 1 期，参加培训人数 52 人。11 月下旬，举办全县公务员培训 8 期 1570 人；12 月上旬，举办全县公务员初任培训班 160 人。12 月下旬，以宣传部牵头，党校骨干教师为主的宣讲团在全县 9 个镇开展宣讲活动，着重对“党的十八届五中全会精神”进行巡回宣讲。得到各镇广大干部群众好评，取得很好社会效益。

【“扶贫双到”】 根据县的安排，县委党校指定 1 名副校长带队负责到挂点帮扶的东坪镇龙南村委、乳城镇河北村委，多次开展村扶贫开发调研，扎实开展精准识别贫困户贫困村工作，想方设法解决问题。2015 年支持龙南镇 1 万元帮扶地方村建工作。

【党风廉政建设工作】 2015 年，县委党校坚持以中国特色社会主义理论体系为指导，深入贯彻党的十八大、十八届三中、四中全会精神，全面落实科学发展观，坚持标本兼治、综合治理、惩防并举、注重预防的方针，不断做好党风廉政建设和教育行风建设工作，促进学校教育改革的健康发展。健全规章制度，落实党风廉政建设责任制，学校一年来无违规违纪现象。

【电大工作】 修订目标管理岗位责任制考评标准。对原制订的考评标准进行修订，分为“师德表现”“上班出勤”“招生工作”“岗位工作”“服务学生”等对教师进行考评，重点考评“岗位工作”。实施教师的绩效奖励制度，制定绩效考评发放方案。建立教师考勤制度，修订完成《工作量化分配方案》，做到客观、公正，教师工作积极性得到提升。

招生情况。2015 年，春秋两季共招收新生 146 人，其中开放教育本科 60 人，专科 86 人。完成学员姓名、性别、出生日期、身份证号码、民族、籍贯、报名层次及专业等入籍基本信息的核对，指定教务人员和招生工作人员专门落实，做到学员信息准确无误。

教学情况。全年开设课程68门，根据课程的难、易和学员到课情况，聘请5名教师和安排电大9名教师担任教学工作，实行68门课程进行面授辅导以及央开课程网上阅卷，做好学员上网学习和完成作业督导。教学过得中重点抓自学环节的管理、辅导环节的管理、作业环节的管理、实践环节的管理。2015年，完成电大毕业生162人的毕业论文指导工作，大专合格率达100%，本科达97%，绝大部分学员能顺利通过，顺利毕业。

考风考纪考试工作。随着社会大环境对考试工作的不良影响，考试的管理工作难度越来越大，县电大510名学生正考、补考，一天4—5场监考，5天完成，任务十分艰巨。从考试文件的下发、考试单征订、信息核对、数据上报到考试组织实施等，学校尤其教务部门做，大量工作，几次大考的实考率、及格率和违纪率在全市电大系统均属正常，考试工作进展顺利。（邓永银）

附：县委党校领导班子成员名单

校　长：伍梅华

常务副校长：俞振炜

副校长：曾耀宗（—2015.08）

张明城

李寿营

乳源瑶族自治县人民代表大会及其常务委员会

综　述

2015年，县人大常委会坚持以科学发展观为统领，认真贯彻落实党的十八届三中、四中和五中全会精神，紧紧围绕县委十一届六次全会和县十一届人大五次会议确定的目标任务，坚持党的领导、人民当家做主和依法治县有机统一，认真履行宪法和法律赋予的各项职权，切实行使宪法和法律赋予的各项职权，发挥地方国家权力机关的职能作用，较好地完成县委中心工作任务，为全力推动乳源实现更高质量、更好效益、更美生态、更惠民生的发展，促进经济社会平稳发展及社会和谐稳定发挥重要作用。

重　要　会　议

【县十一届人大五次会议】　2015年1月27日，县十一届人大五次会议在县城召开。会议应到代表164人，实到代表157人。会议听取县长邓志聪代表县人民政府所作的政府工作报告、县人大常委会常务副主任马福德所作的县人大常委会工作报告、县人民法院院长蓝韶东所作的县人民法院工作报告、县人民检察院检察长袁瑞刚所作的县人民检察院工作报告，审议并表决通过四大工作报告。会议审议并表决通过县2014年国民经济和社会发展计划执行情况与2015年国民经济和社会发展计划草案的报告以及县2014年财政预算执行情况和2015年预算草案的报告。会议选举张典华、欧先凤、钟殿有为乳源瑶族自治县第十一届人民代表大会常务委员会委员。

【组团参加韶关市十三届人大五次会议】　2015年2月2日至6日，韶关市十三届人大五次会议在市委会议中心举行。乳源瑶族自治县代表团24名代表参加会议，吴春腾任该代表团团长。该团代表以高度的政治责任心和使命感，就市政府工作报告、市人大常委会工作报告、市人民法院工作报告、市人民检察院工作报告、市2014年国民经济和社会发展计划执行情况及2015年计划草案报告、市2014年财政预算执行情况和2015年财政预算草案报告等六大报告提出审议意见，围绕如何积极适应新常态，紧紧抓住省委、省政府促进粤东西北地区振兴发展机遇，全力推动绿色转型振兴发展，大力支持县域经济发展，加大民族和生态发展地区政策和资金扶持等问题展开热烈讨论；代表联合提出意见建议4条，依法履行代表职责。

【县人大常委会会议】　2015年，县十届人大常委会召开6次常委会会议，召开主任会议13次。听取和审议县政府关于县2014年财政预算执行和其他财政收支的审计工作报告，听取和审议县政府关于2015年上半年财政预算执行情况的汇报，听取和审议"一府两院"工作报告11个，听取县政府关于县人民代表大会代表议案、建议和意见办理情况汇报。听取和审议县人民政府关于2015年国民经济和社会发展计划执行情况报告、县人民政府关于2015年财政预算执行情况报告。审议决定人事任免事项。

主　要　工　作

【监督工作】　2015年，县人大常委会听取"一府两院"专项工作报告11项，开展视察、调研和执法检查21次，作出决议、决定3项，提出审议意见21条，对22个政府组成部门进行书面评议，开展规范性文件的备案审查。

坚持将稳增长、促转型作为服务经济发展的重中之重，把落实加快转变发展方式作为经济工作监督的主线，积极发挥人大监督作用，着力推进全县重点项目建设和生态保护、绿色工业、生态农业、生态旅游、生态人居、生态文化“六大工程”的落实，促进乳源经济在转型升级中平稳发展。密切关注乳源经济运行态势，跟踪调研分析，听取审议县政府2015年全县国民经济计划执行情况、财政预算执行情况、县级财政预算和其他收支情况的审计等报告，大力支持县政府和有关部门抓好各项工作的落实。围绕县委关于全面深化改革的部署要求，积极推动各项深化改革措施的落实。探索对政府财政全口径预决算编制的审查监督工作，推动财政部门预算编制的科学、规范、合理化建设。

【组织人大代表视察和调研活动】 组织各级人大代表视察县、镇、村（社区）三级公共服务平台建设和中小河流治理情况，高度关注和推动“三农”工作，督促和支持政府进一步统筹城乡发展力度，完善政策措施，深化配套改革，激发农村发展活力。深入基层和农村社区，对“六五”普法和依法治县工作进行调研，促进司法公正。组织县人大代表参加人民法院“百庭观摩”“执行听证”活动和人民检察院“阳光检务”活动，加深代表对人民法院和人民检察院工作的了解。组织人大代表考视察县看守所和拘留所，加强乳源“两所”法治文化建设取得成绩的宣传，促进“两所”强化监管、提高管理水平。

【人事任免工作】 县人大常委会坚持把党管干部与人大依法任免有机结合起来，按照德才兼备标准和法律的规定开展人事任免工作。完善县人大常委会国家机关工作人员任前法律知识考试制度。2015年共任免国家机关工作人员16名，其中任命7名，免职6名，接受辞职3名；任免人民陪审员9名；补选代表4名。

【代表工作】 坚持邀请代表列席人大常委会，参加“一府两院”各类座谈会、听证会和旁听庭审，邀请代表参与省、市人大组织的专题调研等活动。围绕县委中心工作和群众关心的问题组织代表开展视察、调研和执法检查，扩大代表活动的范围和履职渠道，注重代表视察调研意见和建议的反馈，提高代表活动实效。加强代表的学习和培训，组织代表参加省、市人大代表在线交流平台学习，定期举办县、镇人大代表履职培训班，提高代表综合素质和履职能力。

加强对9个镇人大工作的指导，规范乡镇人大代表联络室标准化建设，完善代表轮值接访、走访选民等制度，充分发挥镇人大代表联络室的作用。

认真做好县十一届人大五次会议期间和驻乳源的韶关市十三届人大代表出席市十三届人大五次会议的各项服务工作，不断提升代表履职服务保障水平。

完善重点议案建议督办制度，由常委会领导和相关工委重点跟踪督办好群众关注度高的建议。县十一届人大五次会议形成的《关于瑶族迁移人口土地确权的议案》，经过县政府认真落实办理，迁移人口登记各项工作得到实施，经县十一届人大常委会第二十六次会议审议，同意结案。会议期间收到代表提出的意见、建议35件，截至2015年12月31日，县十一届人大五次会议代表意见和建议全部办理答复，代表对意见建议办理情况表示满意和基本满意。

11月26日至28日，全国瑶族自治县人大常委会第十四次联系会议在湖南省江永县举行。会议以贯彻落实党的十八届三中、四中全会和全国少数民族工作会议精神，充分发挥人大常委会职能作用，推动瑶族地区加速发展、加快脱贫赶超步伐为主题，共同交流探讨民族地区经济社会发展路子、扶贫开发工作、人大工作开展等方面的问题。乳源选派部分常委会领导和工委负责人参加会议，乳源瑶族自治县人大常委会所作的《围绕中心工作发挥人大作用推动乳源生态发展》发言，获得与会人员一致好评。

【依法治理工作】 强化责任落实，细化创建工作责任，形成在党委统一领导下，各部门齐抓共管、群众有序参与的工作格局。法治镇村建设取得成效，乳城镇大群村达到全国民主法治示范村的标准要求，成为乳源第一个“全国民主法治示范村（社区）”。积极推进洛阳镇法治镇建设试点，全力打造坪溪村委创建“全国民主法治示范村（社区）”工作。加强法治文化建设，认真组织全县各部门开展法治文化教育活动，积极推进省级法治文化示范点建设。

【宣传工作】 找准人大宣传的服务定位，不断提高人大宣传工作水平。加强深度研判，积极应对全媒体时代的新挑战，在新常态下提升人大工作宣传质量。强化工作领导和队伍建设，充实壮大人大信息和通讯员队伍。2015年，出版《乳源人大》简报4期，在各级媒体发表人大理论文章11篇、发布人大新闻28条。

【人大信访工作】 围绕中心，服务大局，不断强化为人民服务意识，积极探索新时期人大信访工作新思路、新方法，切实维护人民群众的合法权益，帮助解决群众的实际问题。2015年，受理群众来信来访26件，其中来信1件，来访25宗93人次，省市人大转办1件。督办个案10宗，社会矛盾得到有效化解，社会和谐稳定得到持续维护。

【自身建设】 根据中央、省委要求和市委、县委的统一部署，严格落实“三严三实”活动的有关要求，组织开展县人大常委会党组“三严三实”专题教育活动，广泛听取群众意见建议，加大整改措施的落实。制定完善19项规章制度，形成践行党的群众路线长效机制，巩固党的群众路线教育实践活动成果。认真落实县委新一轮扶贫开发“双到”工作任务，落实扶贫资金，帮助农户脱贫致富。抓好机关党风廉政建设，进一步加强机关日常管理，严格执行廉洁从政各项规定，坚决杜绝奢侈浪费。坚持开短会、发短文、讲短话，大兴政务清新之风，提高工作实效。

（冯春润）

县人大常委会主任、副主任人员名单

主　任：吴春腾

常务副主任：马福德

副主任：许尔华

朱均玉

李荣贵（—2015.12）

赵　雷

邱　波

乳源瑶族自治县人民政府

综　　述

乳源瑶族自治县人民政府是县人民代表大会的执行机关，是乳源瑶族自治县的地方国家行政机关，对自治县人民代表大会和上一级国家行政机关负责并报告工作。2015 年，县政府坚持以邓小平理论、“三个代表”重要思想和科学发展观为指导，深入贯彻党的十八大，十八届三中、四中、五中全会和习近平总书记重要讲话精神，以及县委十一届六次全会和县十一届人大五次会议精神，牢牢抓住粤东西北地区振兴发展机遇，以“加快生态发展，建设美丽乳源”为核心，以“三大抓手”（抓产业园区扩能增效、抓基础设施建设、抓中心城区扩容提质）为重点，全面推进深化改革，主动适应新常态，积极应对经济下行压力，全力实施“生态立县、工业强县、农业稳县、旅游旺县、科技兴县”发展战略，强力推进“生态保护、绿色工业、生态农业、特色旅游、生态人居、生态文化”六大工程，巩固党的群众路线教育实践活动成果，扎实开展“三严三实”专题教育，政府建设得到全面加强，依法行政水平得到提升，经济社会呈现平稳较快发展，加快推进生态发展、建设美丽乳源进程。全县地区生产总值完成 65.9 亿元，比 2014 年增长 9.1%；地方财政一般预算收入 5.24 亿元，比 2014 年增长 3%；农民人均纯收入 10696 元，比 2014 年增长 10.2%。

重　要　会　议

【县政府常务会议】 县政府召开 10 次常务会议，主要审议讨论《乳源瑶族自治县五彩瑶乡省级新农村示范片工作方案》《乳源瑶族自治县社会信用体系建设规划（2014—2020）》《乳源瑶族自治县人民政府 2015 年工作要点》《乳源瑶族自治县农村土地承包经营权确权登记颁证工作实施方案》《乳源瑶族自治县 2015 年度城乡建设用地增减挂钩试点拆旧区复垦工程实施工作方案》《乳源瑶族自治县健身运动中心政府与社会资本合作建设方案》《乳源瑶族自治县地方储备粮轮换模式实施方案》《乳源瑶族自治县推进基层公共服务综合平台建设工作方案》《乳城镇新兴村委木竹坝村整村搬迁方案》《乳源瑶族自治县全面推进公务用车制度改革总体方案》《乳源瑶族自治县县直机关公务用车制度改革实施方案》《乳源产业园启动资金使用计划》《乳源产业园扩能增效专项资金投资实施方案》《乳源产业园扩能增效专项资金委托管理协议》《乳源瑶族自治县公共服务中心办事大厅改革方案》《乳源瑶族自治县建立乡镇和开发区（工业园区）专职安全生产监督检查员队伍实施方案》《乳源瑶族自治县产业准入负面清单》《乳源瑶族自治县土地征收补偿安置实施细则》《乳源瑶族自治县征地留用地历史遗留问题专项治理工作方案》等内容以及县城生猪定点屠宰场进行搬迁建设、引进生活垃圾无害化综合性水分选处理工程试点项目、桂头仙湖工业园租金收支管理、收储京港澳高速公路乳源出口路段西面土地、县第一小学和乳城镇幼儿园报建建设费用、乳源瑶族自治县安瑶实业投资开发有限公司收购韶关乳源环邦针织制衣有限公司股权、县广播电视台向中国农业银行贴息贷款、乳源瑶族自治县新农村示范性安居工程（大中型水库安居解困工程）建设、一六镇东七村委后山制砖配料用砂岩矿采矿权、乳源瑶族自治县新农村示范性安居工程（大中型水库解困工程）项目贷款、县域粮安工程建设项目资金、村务监督委员会成员工作补贴、乳源瑶族自治县银源水电有限责任公司借资偿还中国农业发展银行韶关分行贷款、乳城镇坝厂新村“两不具备”安置点建设资金、乳源瑶族自治县温泉管理所地块开发、乳源瑶族自治县恒利房地产开发有限公司申请解除合同、县突发事件预警信息发布中心应急演练设施建设用地、2015年新增地方政府债务转贷支出预算资金使用等问题。

【县政府工作会议】 县政府召开27次工作会议。主要审议讨论富源工业园及虞塘坑征地协调、全县中小河流治理工作推进、东坪镇汤盆村委瑶头新村建设、全县五彩瑶乡省级新农村示范片建设、亿华项目推进、省道258线调研座谈、落实县人大瑶族迁移人口土地确权议案、乳城镇坝厂村整村搬迁房屋征收补偿方案协商、全县“两不具备”贫困村庄搬迁协调推进、亿华时代广场项目遗留、银山南岭温泉度假村项目推进、乳源利用世行贷款建设经济综合开发示范镇项目工作推进、乳城镇坝厂新村建设工作协商、南华矿业项目环境整治协调、城中村摸底调查和改造计划、乳城镇坝厂村示范安居工程建设、推进全县气象现代化、预警信息发布中心及应急指挥平台建设、蓝威消毒药液有限公司用地协调、县部分项目建设工作、县工业污水处理厂建设协调推进、全县农村饮水安全工作建设协调推进、木竹坝村整体搬迁协调、县工商局和质监局行政管理体制调整交接工作、县城防洪堤工程建设拆迁公厅祠堂回迁安置补偿协调及其他工作等内容。

重 要 政 务

【经济保持稳步增长】 全县完成生产总值65.9亿元，增长9.1%，完成年度预期增长9%以上的目标任务，增速分别高于全国、全省、全市2.6、1.5和3.3个百分点，增幅位居全市第三。地方财政一般预算收入5.24亿元，增长3%。农民人均可支配收入10696元，城镇居民人均可支配收入19448元，分别增长10.2%和9%。三次产业结构由12.1∶52.5∶35.4调整为11.1∶44.7∶44.2。完成社会固定资产投资65.2亿元，增长16.9%；31个重点项目完成投资25亿元。全年引进内联外资项目66个，投资总额10.77亿元，实际利用外资874万美元。粤北农特产品电商物流商贸城、大布风电、高立高空设备等项目建设扎实推进，新四海、凌一化工等企业建成投产。新增“四上”企业32家。

【加快推进新型城镇化】 实施“三旧”改造项目9个，富邦华景、亿华时代广场等项目顺利推进，建成源水居、宝源大厦等一批商住小区，新增商品房817套，9.34万平方米。完成县城区自来水管网改造一期和污水管网扩网工程，打通沿江东路车行道。建成县城生活垃圾无害化填埋场渗滤液站和桂头、大桥镇污水处理厂。加强市容市貌整治和城乡建设管理力度，依法拆除“两违建筑”2300多平方米。全面推进农村生活垃圾收运处理，基本实现“户收集、村集中、镇转运、县处理”的生活垃圾收运处理全覆盖。

【抓好扶贫双到工作】 深入推进搬迁扶贫、党建扶贫、金融扶贫，实施基础设施、产业帮扶等重大帮扶项目，全年投入帮扶资金1.1亿元，实施帮扶项目9741个，完成“两不具备”村庄搬迁1047户，改建农村低收入住房困难户住房714户。贫困村农民人均收入达12105.49元；有劳动能力的贫困户家庭人均收入提高到9753.36元；31个重点贫困村集体收入平均达8.9万元。扶贫开发“双到”工作取得新成绩，通过省、市第二轮扶贫开发“双到”工作考核验收。

【全力发展社会事业】 完成鲜明八一希望学校扩建一期工程（建成教学楼和宿舍楼），推进广东教育视频网建设，13间镇中心小学实现10M以上带宽接入，35间学校完成广东教育视频网建设，“班班通”工程实现全覆盖，通过市级检查验收。桂头镇通过省教育强镇复评。创建成为全国义务教育发展基本均衡县、国家级农村职业教育和成人教育示范县。完成人民医院新住院大楼主体工程，东坪卫生院二门诊综合楼建成投入使用。深入开展计生集中服务活动，人口计策政策得到落实。《契嫔生日》《圣祖祭》列入市级非物质文化遗产名录；《歌姆》入选全国少数民族优秀声乐作品并参加“首届全国少数民族优秀声乐作品展演”获一致好评。参加第十届全国少数民族传统体育运动会夺得3金9银1

铜佳绩。城乡居民基本医疗保险实现全覆盖，城乡居民养老保险参保率达95%以上，企业职工养老保险覆盖率达93%。城镇新增就业2020人，农村劳动力转移就业2903人，登记失业率为2.35%。平安乳源建设、创建全国文明城市等工作扎实推进，通过省文明县城复查，社会秩序和谐稳定，人民群众安居乐业。

【加强政府自身建设】 完成县直机关和乡镇公务用车制度改革。推行“三证合一、一照一码”登记和农村土地承包经营权确权登记，做好省直管县财政改革试点工作。推进省级基层公共服务综合平台试点县建设，增加13个社区便民服务站，窗口办结和网上办件分别达到100%、98.9%。扎实开展“三严三实”专题教育活动，严格执行中央八项规定，专项整治“四风”。坚持依法行政，健全重大事项报告、民主评议制度，做好政务信息公开，行政行为进一步规范。

重　要　决　策

【制定培植新税源奖励措施】 为贯彻落实省财政厅、省国家税务局、省地方税务局联合印发的《关于同意乳源瑶族自治县、连山壮族瑶族自治县、连南瑶族自治县免征企业应缴企业所得税地方分享部分的函》的税收政策，促进经济发展，县政府研究制定培植新税源奖励措施，激励各镇、各单位大力培植新税源。

【依法治理违法违规用地】 为切实解决县土地执法存在的突出问题，有效遏制违法违规用地的反弹势头，县政府决定开展全县依法治理违法违规用地专项行动，专项行动期为2015年3月至6月。全县违法违规用地问题得到有效控制。

【推进农村生活垃圾收运处理】 为深入推进城乡环境综合治理工作，有效解决农村生活垃圾暴露和乱倒问题，建立职责明确、统一高效的城乡生活垃圾收运处理体系，实现农村生活垃圾“户收集、村集中、镇转运、县处理”的长效管理机制，县政府出台实施《乳源瑶族自治县农村生活垃圾收运处理工作实施方案》。

【推进农村土地承包经营权确权登记颁证】 为完善农村土地承包关系，明晰土地承包经营权属，强化对农村土地承包经营权的物权保护，县政府出台《乳源瑶族自治县农村土地承包经营权确权登记颁证工作实施方案》，从2015年1月起逐步推进农村土地承包经营权确权登记颁证工作。

【开展镇和职能部门与村（居）委会双向考核试点】 为加强社会管理创新，转变政府职能，加强基层政权建设，推进基层治理法治化，县政府出台《乳源瑶族自治县开展镇和职能部门与村（居）委会双向考核试点工作方案》，着力理顺镇和职能部门与村（居）委会的权责关系。

【深化小型水利工程管理体制改革】 为深化小型水利工程管理体制改革，县政府出台《乳源瑶族自治县深化小型水利工程管理体制改革实施方案》，推动建立产权明晰、管护主体落实、责任追究制度完善、投融资机制健全的社会化、专业化的多种类型水利工程管理模式。

【落实扶持民族地区加快发展政策】 为贯彻落实中共广东省委办公厅、省政府办公厅《关于扶持民族地区加快发展的意见》的重要政策，县委、县政府制定扶持事项责任分解方案，明确责任领导、责任单位，确保政策落实到位。

【全面推进公务用车制度改革】 为合理有效配置公务用车资源，规范公务用车运行管理，有效降低行政成本，县政府出台《乳源瑶族自治县全面推进公务用车制度改革总体方案》和《乳源瑶族自治县县直机关公务用车制度改革实施方案》，于2015年10月1日起实施。

【优化投资营商环境和促进民营经济及旅游大发展】

为进一步优化投资营商环境和促进民营经济及旅游大发展，推动“大众创业、万众创新”，加快乳源全面融入珠三角，提高经济发展质量，县政府出台《关于进一步优化投资营商环境和促进民营经济及旅游大发展的行动措施》，在财税扶持、土地政策、引荐奖励、人才服务、基础设施配套、拓宽投资领域、支持企业加快发展、强化政府服务等方面明确具体的扶持措施。

【创建广东省推进教育现代化先进县】 为进一步健全教育发展体制机制，加强依法治教能力，完善教育教学条件，推进各级各类教育优质均衡发展，县政府决定创建广东省推进教育现代化先进县，并制定《乳源瑶族自治县创建广东省推进教育现代化先进县实施方案》。

重大活动

【“争创全国文明城市共建美好幸福乳源”演讲活动】 8月7日下午，全县“争创全国文明城市共建美好幸福乳源”主题演讲比赛决赛在县一小多媒体课室举行。演讲比赛活动由县创文办、团县委联合举办，演讲初赛结果有12位选手进入决赛。这次比赛实质意义是向群众诠释社会文明、倡导社会和谐、弘扬社会正能量。

【铁人三项挑战赛活动】 11月11日，以“奔向第一峰，畅游南水湖”为主题的2015年广东省第一峰（韶关·乳源）铁人三项挑战赛，在乳源瑶族自治县南水湖国家湿地公园举行，副省长许瑞生宣布开幕。赛事吸引国内顶尖专业选手和业余高手及体育爱好者同场竞技参赛，活动得到国家、省、市、县有关部门的高度重视。此次活动由广东省社会体育中心、南方日报社、广东广播电视台体育频道、广东广播电视台文体广播、韶关市体育局、乳源瑶族自治县人民政府等联合主办，由乳源瑶族自治县教育局（体育）、韶关民生网、韶关市自行车协会等联合承办，由燃情单车网提供技术支持。比赛的三项内容为游泳0.5公里、自行车路程38公里、跑步5公里，全程43.5公里。来自广东、湖南、云南等省参加比赛的运动员有100名。

【2015年广东省（韶关·乳源）环南水湖自行车公开赛】 11月12日，2015年广东省（韶关·乳源）环南水湖自行车公开赛在乳源开赛。乳源举办2015年广东省（韶关·乳源）环南水湖自行车公开赛，是利用和宣传乳源独有的山与水，因地制宜、量身定做的环南水湖自行车公开赛，赛事规格高、影响力大。活动的主题为“激情南水湖精彩新韶城”，是由广东省社会体育中心、韶关市体育局、乳源瑶族自治县人民政府等联合主办，乳源瑶族自治县教育局、韶关市自行车协会、韶关民生网等联合承办。比赛线路设在乳源南水湖沿岸公路，按顺时针方向骑行，全长86公里。参赛者分别来自欧洲、美洲的国家以及亚洲的日本和中国大陆，参与活动人数共500名。

【第九届乳源瑶族“十月朝”文化旅游节】 11月12日（农历十月初一），乳源瑶族自治县隆重举行第九届瑶族“十月朝”文化旅游节活动暨首届粤北（乳源）农特产品博览会开幕典礼。第九届乳源瑶族“十月朝”文化旅游节活动期于10月30日至12月下旬，活动内容包括“映像乳源”原创歌曲进校园歌咏比赛、“书香乳源·悦读生活”图文作品展、2015年广东第一峰（韶关·乳源）铁人三项挑战赛、2015年广东省环南水湖自行车公开赛、第九届乳源瑶族“十月朝”文化旅游节暨首届粤北（乳源）农特产品博览会开幕典礼、首届粤北（乳源）农特产品博览会、瑶绣艺术节暨瑶族山歌会、云门山首届登山露营节、南岭登山节、“一带一路”建设与世界瑶族交流研讨会等10项活动。活动项目涵盖经济、文化、旅游、农业等各个领域，是乳源经济社会发展成果的展示，成为推介乳源、宣传乳源、提升乳源形象、扩大乳源影响力的大平台。

【瑶族山歌会暨瑶绣艺术节】 11月12日下午，乳源在云门山景区举办主题为“追逐梦想为非遗传承高歌”的2015年“十月朝”瑶族山歌会暨瑶绣艺术节活动。参与活动人员有瑶区乡镇的民间艺人、县中小学校的师生以及县民族文化传习馆、文化馆的专业技术人员、非物质文化遗产项目代表性传承人等，活动展示宣传瑶族风情和瑶绣艺术，瑶族山歌通过以歌对唱方式，歌颂党的惠民政策，感谢党和政府的关爱，展示乳源瑶族人民纯朴情怀。（曹建新、张建华、吴文君、张细林、侯远林、张峥）

乳源瑶族自治县人民政府县长、副县长人员名单

县　长：邓志聪

常务副县长：林昌卫

副县长：刘永生（2015.02—）

陈耀宇

连　卫

梁丽娟

林　军

李明华

政府办工作

【概况】 根据《乳源瑶族自治县党政机构改革方案》，设立县政府办公室，为县政府工作部门，与县委办公室合署办公。县政府办公室机关行政编制18名，其中办公室主任1名，副主任4名，县应急管理办公室主任1名（副科级），股长5名。内设秘书股、综合股、调研股、信息股、督办股和县应急管理办公室（应急指挥中心）等6个职能股室。承担外事侨务和涉台事务、县政府法制、人民防空和辖区内金融机构的协调服务、小额贷款公司监管等工作。

2015年，县政府办公室紧紧围绕县委、县政府中心工作，以服务领导、服务基层、服务群众为宗旨，以强化理论武装、加强纪律作风、提高服务水平为重点，团结奋进、开拓创新，勤勉尽责、积极作为，切实履行参谋助手、综合协调、督促检查、信息反馈等职能，突出协调服务，创新方式方法，加快工作节奏，积极履行职责，不断提升服务水平，狠抓各项工作落实，全力服务乳源经济社会发展。

【秘书工作】 牢固树立效率意识和质量意识，严格遵循办事、办文、办会程序，及时准确、保质保量完成文件上传下达、会议通知筹备、文稿撰写审核等各项工作。2015年，登记在册的各类会议通知共276个，转发领导批示件共197件。完成以县政府及办公室名义编号印发文件566份，未编号文件700多份；运用OA系统发送文件1739份，接收市委、市政府及市直、县直部门文件3360份；完成各类会议通知在册登记305个、转发领导批示件742件；完成文字材料拟写任务2000多份，高标准、高质量完成县十一届人大六次会议政府工作报告的撰写任务。根据省、市信息公开的有关要求，运用政府信息公开平台发布县政府及办公室的公开信息共399条。

发挥办公室“窗口”作用。耐心细致做好群众来信来访，及时收集和整理网络信访案件，网民反映的问题涉及民生、经济、社会发展等方面，累计受理网络问政889宗，书记信箱收信25封，县长信箱收信16封，民生热线97期，受理率和回复率达100%。

【政务调研信息】 围绕县政府的中心工作和根据县政府主要领导的指示，组织对乳源经济、社会发展及相关政策等方面的调查研究，协助领导撰写《少数民族地区企业所得税优惠政策的调查与思考》《关于营造乳源旅游发展大格局的思考》等10多篇调研文章；多次组织开展重点项目进展情况专题调研，深入基层、企业开展学习调研，掌握重点项目、重点工作进展情况，这些调研所提出意见和建议得到领导肯定，为政府决策和工作指导提供基础依据；参与年中、年末两办工作调研，组成2个调研组深入各镇、各单位，全面了解乳源2015年经济社会发展情况，听取各镇、各部门的“十三五”发展思路、2016年工作打算以及对县委、县政府的建议，为起草两会报告打下坚实的基础。全年共发布政府门户网信息2897篇，图片1706张，通知公告570条，视频新闻365条。三是做好宣传乳源工作。积极与省市各大媒体报刊沟通联系，在省、市报刊共发表信息244篇，其中《南方日报》21篇、《羊城晚报》13篇、《南方杂志》6篇、《广州日报》17篇，《韶关日报》187篇；充分发挥“乳源发布”政务微博在推动信息公开、加强政民互动、引导网络舆论、宣传推介乳源等方面的重要作用，共发布微博835篇，展示图片635幅，发布总量位居韶关各县（市、区）第二。

【督办工作】 围绕县委、县政府2015年工作要点，对重点工作落实情况进行有计划、有步骤的督促检查。共下发《督查通知》11份，撰写情况报告7份，下发《督查通报》3份，实事求是反馈情况，为领导决策提供第一手资料。一是突出党委政府重大决策和重要部署的督促落实。对党政机关和领导干部办公用房清理整改情况进行督查，对县委、县政府2015年工作要点的贯彻落实情况进行跟踪督办，对全县扶贫开发“规划到户、责任到人”工作开展督促检查，对扶贫开发双到工作以及第九届乳源瑶族“十月朝”文化旅游节活动相关工作进行督查指导。二是突出干部作风建设的督促落实。重点对春节前各镇领导干部在岗情况、汛期各镇主要领导值班情况进行督查；连续三周对全县9个镇乡镇领导干部驻点普遍直接联系群众工作进行专项督查。三是突出上级督查部门专项查办的督促落实。对上级督查下发的《督查通知》认真研究，认真组织督查活动予以落实，并按照坚持程序、确保质量的要求，及时办结，按时上报。

【应急管理】 制定完善《乳源瑶族自治县灭火救援应急预案》《乳源瑶族自治县突发性地质灾害应急预案（修订）》《乳源瑶族自治县地震应急预案（修订）》等应急专项预案。积极开展安全生产、防空、防危化品泄漏应急演练和培训，提高部门和企业处置突发事件的反应和处置能力。妥善处置大峡谷山石滑落致游客伤亡事件，做好信息发送工作。完善观音山公园、体育馆、文昌塔公园等多个应急避难场所，科学处置突发事件，全面提高应急处置水平。加强应急知识宣传培训，利用“百人百场”应急宣讲活动、安全生产月、法制宣传日等机会，开展形式多样的培训和宣传活动，发放各类宣传资料共计1万份，电视宣传100多条次。

【法治服务】 充分发挥参谋助手作用，对县政府签订的各项合同进行合法性审查；严格审核县政府出台的规范性文件，促进依法行政。不断加强行政执法管理监督，督促全县行政执法主体部门规范行政执法，新办、换发行政执法证109件。依法开展行政复议和应诉工作，受理行政复议案件9件，审结9件，办理涉及县政府的行政应诉案件27件，胜诉率96.3%。（曹建新、张建华、吴文君、张细林、侯远林、张峥）

附：县人民政府办公室领导班子成员名单

主　任：赵　鹏

副主任：邹卫平（—2015.01）

曹军贵（任县应急办主任）

盘伟群

齐天伦

廖聪华（2015.07—）

外事侨务和台湾工作

【概况】 县外事侨务和台湾工作局负责对外宣传交流、引进海外捐资投资和先进科技、办理因公出国（境）手续、落实各项侨务政策、维护归侨侨眷合法权益以及对台事务等工作。

【外事工作】 严格执行因公出国（境）有关规定，做好全县因公出访人员审查申报和管理工作。2015年，受理全县因公出国（境）61批225人次。做好外宾接待及对外交流工作，积极对外宣传推介“美丽乳源”。圆满完成尼泊尔、南非、坦桑尼亚和太平洋岛屿部分国家的党政高级政要和媒体记者的重要来访接待工作。11月，由县委常委、常务副县长林昌卫任团长，率乳源文化交流演出团代表广东省赴汤加、密克罗尼西亚、美国关岛、新西兰开展“送戏下海”活动。

【侨务工作】 引导港澳同胞、海内外热心人士捐资助学、扶贫济困，全年共接受海外捐赠资金620.13万元，有力促进教育、卫生等事业的快速发展。加强为侨服务，维护归侨、侨眷的合法权益。节日期间对归侨进行慰问。

【对台工作】 坚持把“为经济建设服务、为招商引资服务、为台胞台属服务”作为工作重点，积极开展对台交流交往，全力维护台胞台属台商权益，解决台属生产生活中遇到的困难。（张　峥）

附：县外事侨务和台湾工作局领导名单

局　长：彭伟英

档案·史志

【概况】　2015年，乳源瑶族自治县档案局（挂县史志办牌子，以下简称“县档案局”）设局长（史志办主任）1名，副局长2名，内设办公室、业务指导股、管理股、党史股和方志股。4月，调入1人，9月，退休1人，年末在职工作人员12人。

【档案业务指导】　县档案局业务指导股工作人员从年初开始，通过网络和电话对各单位档案管理人员进行业务指导，对档案工作开展较缓慢、管理人员技术水平较低的单位，上门细心指导，全年上门指导50余人次。2015年，组织各单位档案工作人员27人参加韶关市档案局2015年（第65期）档案工作人员岗位培训班，9人参加2015年广东省档案专业技术人员继续教育培训班。

【档案接收】　县档案局开展到期档案移交情况调查，加强到期档案接收和现行文件征集力度。全年接收文书档案767卷、1461件，专业档案277卷，实物档案9件，照片档案176张。征集到19个单位2014年度现行文件221份。

【档案行政执法检查】　6月至9月，县档案局组成档案行政执法检查小组，在全县开展2015年度档案行政执法检查工作。检查内容包括实地察看各单位档案安全保管、年度文件立卷归档和档案目录计算机录入情况，重点检查对象是未按规定移交到期档案（包括文书档案和专业档案）的单位。年度检查的9个乡镇和14个县直单位，完成情况良好，各单位对档案工作重视程度得到提高。

【档案安全管理】　县档案局加强档案管理，保护档案安全。管理股工作人员每天做好档案库房温湿度调控和记录等日常管理，定期检查档案保管情况，经常核对档案资料，做好记录。每季度检修电器设备线路，对档案保管设置进行检查，及时维修存在问题的机器设置，保障库房管理正常运作。8月，更换楼梯通道10瓶干粉灭火器，在4间库房内新增8瓶干粉灭火器，配置8个灭火器箱，确保消防安全。

【档案数字化】　县档案局聘请1名工作人员专职从事档案数字化工作，对馆藏档案扫描件图片进行修饰和目录编排，全年完成69899张。

【档案利用服务】　县档案局加强档案利用工作，提高档案利用服务质量。全年接待查阅档案群众1953人次，提供档案资料2210卷，供查阅、摘录或拍照，为查档群众复印档案资料4042张。利用目的涉及创文资料考证、革命历史资料考证、修编族谱以及人口迁移资料证明、参工证明、婚姻证明、财产公证、社会保障资料证明、山林土地纠纷等民生和信访问题。

【上级调研重点档案抢救保护工作】　3月20日上午，省委依法治省领导小组办公室副主任、省人大教科文卫委员会副主任委员张宇航一行3人在市人大教科文卫委和市档案局领导的陪同下，到县档案局（馆）调研重点档案抢救保护工作。在调研座谈会上，县档案局局长赵天林对县档案局（馆）开展重点档案抢救保护工作情况进行详细汇报，张宇航对乳源开展重点档案抢救保护工作给予充分肯定。

【推动新馆建设】　县档案局根据档案馆建设设计规范和档案馆建设标准，积极与上级部门、各主管部门多方联系沟通，多次易稿，于10月制定出《乳源档案馆新馆用房面积布局规划方案》最终方案。10月13日，县政府常务会议通过县档案馆新馆建设方案，确定在县图书馆后方的地块进行兴建。

【协助升级县纪委档案室】　县纪委档案室准备申报省特级档案室，县档案局从8月开始，安排工作人员协助县纪委改造档案室硬件设施，为申报工作提供技术支持。10月中旬，县纪委档案室改造工程完成，迎接升级达标验收准备就绪。

【党史编研】 2月，县档案局启动《乳源革命历史大事记》编纂工作。9月，完成《乳源瑶族自治县党史大事记》（2013、2014）校核工作，12月印刷出版。

【申报广东省欠发达革命老区县】 县档案局根据县委、县政府的工作部署，积极参与推动乳源瑶族自治县申报广东省欠发达革命老区县工作。上半年，县档案局与相关单位和部门密切配合，通过走访各镇、实地考察革命遗址、听村民口述当地革命历史事迹和查阅档案等途径进行史料搜集，整理起草《乳源瑶族自治县申报欠发达革命老区县报告》，从韶关市聘请两位党史专家帮助整理汇编乳源申报广东省欠发达革命老区县的佐证材料。6月17日，广东省委党史研究室副主任李森翔率队到乳源开展党史调研活动，通过实地考察大桥镇铁龙头村、大桥革命烈士纪念碑、一六乐夫农会旧址、乳源革命烈士纪念碑等革命历史遗址，检验佐证材料的真实性。7月，编印出《乳源瑶族自治县申报重点革命老区县材料》，上报广东省委党史研究室。8月，编印完成《乳源革命历史参考资料汇编》。从8月开始，积极参与乳源革命遗址修复和保护工作，为相关单位提供支持和帮助。

【年鉴工作】 3月6日，县委办公室和县政府办公室联合下发《关于印发乳源年鉴2015编纂实施方案的通知》，全面启动《乳源年鉴（2015）》编纂工作。3月16日，县档案局召开年鉴编辑工作会议，决定聘请4名责任编辑，参与年鉴编辑工作，确保编纂工作顺利实施。12月，《乳源年鉴（2015）》公开出版印刷。

4月，方志股完成《广东年鉴·2015》、《韶关年鉴（2015）》乳源部分撰稿和《乳源年鉴（2014）》上传工作。

【地方志资料年报收集】 3月，县档案局启动乳源瑶族自治县2014年度地方志资料年报收集工作，同步收集2004—2011年地方志资料年报。截至12月，完成2004—2014年的地方志资料年报收集任务的90%。

【地方志资源开发利用】 县档案局继续推进乳源瑶族传统村寨调查工作，完成各村寨调查、资料和图片收集、文字组稿等工作。3月，对大桥镇新书房村和必背镇大村进行专题调研，深入探寻村名缘起、村落形成年代、形成原因、人口状况、民族构成、风俗传统、文物古迹等历史人文资料，为保护乳源传统自然村落历史文化和挖掘乳源瑶族传统文化提供良好基础。（李德胜）

附：县档案局领导班子成员名单

党组书记、局长（史志办主任）：赵天林

党组成员、副局长：赵伟荣

郑绍东

机关事务管理

【概况】 县机关事务管理局是县政府主管县级机关行政事务后勤工作的参公事业单位，机构规格为正科级，经费形式为财政全额补助。内设机构有办公室（人秘股）、财务股、基建股、保卫股等4个股室，核定事业编制参公人员15名，后勤服务人员2名。主要工作是围绕管理、保障、服务职能，坚持保障公务、厉行节约、务实高效原则，保障机关正常运转。2015年有参公人员13人（其中局长1名，副局长3名，副主任科员2名，科员6名，后勤服务人员1人）。管辖县政府车队、机关事务管理局后勤保障服务中心、县政府招待招所3个事业单位（其中政府车队在职5人，后勤保障服务中心在职6人，政府招待招所在职3人）。

【财务监督与管理】 按照《乳源瑶族自治县机关事务管理局财务管理制度》的规定。一是严格执行“收支两条线”管理，不设小金库、不公款私存；二是统一规范财政收费票据，强化票据管理；三是严把报销关，坚持节约办理，禁止铺张浪费；四是规范资金收付管理，加强财务监督，增强财务资金使用的透明度，堵塞收支漏洞；五是积极主动争取财政核拨各种经费，及时发放各单位使用，不延误、影响各单位相关工作的开展；六是加强大院机关各项经费管理，及时做好各种报表，严格执行财经管理制度，对各种经费的使用实施监督和管理，七是完成各单位办公设备设施采购，确保各单位正常运作。

【公车改革与车辆管理】 根据上级公车改革的要求，协助县车改办积极推进公务用车制度改革，严格相关公车配备使用管理，规范待处置车辆的封存、拍卖工作，2015年10月起，封存公车31辆，保留使用公车36辆，行政编制干部发放交通补贴。

加强行车安全管理，车队认真履行工作职责，切实加强人员和车辆的管理，提高工作效率和服务质量。一是做好车改后机关车辆管理服务运行及公务用车集中保障、人员调配等工作、日常服务保障、驾驶员安全行车意识等工作，确保公车使用安全高效。二是严把车辆维修关，有效控制经费支出。三是合理调度车辆，有力保障机关用车。大型活动用车保障做到提前计划，统筹安排，及时沟通，确保车辆按时按点到位，保证活动顺利开展。四是严格控制车辆油料，推行单车能耗核算制度，做好车辆各项数据登记统计、充值油卡管理，落实“一车一卡”加油制度，降低车辆经费。

【机关办公用房清理整改工作】 2015年，完成局办公用房清理整改工作，协调配合各单位做好办公用房的清理与整改，科学合理调配各单位的办公用房，统筹安排县发改局、经促局、团县委、妇联、老干局、工商联等单位的办公用房，有效推动县机关办公用房清理工作顺利开展。

【公共基础设施建设】 改善办公及生活环境，完成各类办公用房的维修改造，及时对办公区、生活区的楼房屋与路面进行检测和维修，确保使用安全。2015年，在政府大院新增25个汽车停车位，缓解干部职工的停车难问题；完成政府第一家属区路面面积230平方米整治。

【薄弱村整顿工作】 根据县挂点帮扶工作规划和扶贫工作要求，制定县机关事务管理局扶贫工作方案和帮扶方案，定期深入挂钩扶贫点了解掌握基本情况。2015年，出资5万元，派出工作人员雷耀荣参与帮助联系点游溪镇茨良坑村进行薄弱村整顿改造工作，改善村公共基础设施建设与村容村貌，促进村经济发展，保证村务工作的正常开展，如期完成薄弱村整顿工作。

【会务服务】 2015年，完成130多场次会议会务管理，科学安排好中心会堂、政府会场、乳财服务中心会场的各项会务服务工作，认真做好各会场设备设施的更换和维修，确保会议顺利召开。抓好会后会场清扫和平时日常保洁，确保会场干净、整洁、舒适。

【环境卫生与绿化养护】 定期对政府大院内绿化植物进行养管护，做好办公区、生活区的绿化美化工作。落实卫生保洁制度和轮值制度，明确卫生保洁工作职责范围，大院公共区域实行日（两次）清扫，政府各家属区实行专人包干，确保大院良好的卫生环境。完成重大节日大院布置，执行节俭原则摆放花卉和设置彩灯，营造重大活动和重要节日的良好氛围。

【安全保卫管理】 为加强大院日常管理。2015年，每班增加2个保安员，保安人员巡查的力度得到加强，机关正常秩序得到维护，县政府大院及家属区没有发生安全事故。

【招待所管理】 按照中央八项规定的要求，县机关事务管理局科学严格做好县政府招待所的餐饮和住宿管理。政府招待所始终坚持“公务接待和服务领导为主”的原则，完成县委、县政府下达的各项接待任务。克服流动资金缺乏等困难，提高膳食质量和服务水平，认真做好增源节流、争创效益工作。一是加强对厨师、服务员业务技术培训，不断调整增加菜色品种；二是严抓卫生管理，坚持食材进货到出品层层把关，切实保证食品安全，让客人吃得放心、住得舒心、走得称心；三是灵活经营，在保证完成公务接待的前提下，面向市场，增源节流、争创效益，确保员工工资按时发放与招待所正常运作；四是对部分客房、餐厅进行维修改造。

（王香文）

附：县机关事务管理局领导班子成员名单

党组书记、局长：刘树明

党组成员、副局长：欧远清

邓建中

张纯忠

行政服务中心

【概况】 乳源瑶族自治县行政服务中心（以下简称“县行政服务中心”），为县人民政府直属正科级公益一类事业单位，核定事业编制10名，后勤编制1名，年末在职在编人员9人。下属事业单位公共资源交易中心（属副科级公益一类事业单位），核定事业编制15名，年末在职在编人数11人。2015年，县行政服务中心紧扣县委、县政府中心工作，深化行政审批制度改革，加强公共服务平台管理，推行便民利企服务工作，全面推进基层公共服务平台建设工作，取得较大实效。

【推进三级公共服务平台建设工作】 根据《乳源瑶族自治县推进基层公共服务综合平台建设工作方案》文件要求，县行政服务中心全面推进基层公共服务平台建设工作。在9个镇公共服务中心和102个村公共服务站的基础上，增加建设13个社区公共服务站，平台覆盖率达到100%。县、镇、村（社区）三级公共服务平台统一挂牌为县公共服务中心、镇公共服务中心及村（社区）公共服务站，115个村（社区）各配备1名公共服务专职人员，具体负责服务平台的日常管理。配备身份证读卡器、高清拍摄仪、服务评价器等办公设备，光纤铺设至各村（社区）公共服务站，实现县、镇、村（社区）光纤网络全覆盖。设立管理办公室和考核办公室，专门负责县、镇、村（社区）三级公共服务平台的管理和考核，考核办公室的考核结果直接与镇村公共服务平台的运行经费下拨挂钩。

【规范县办事大厅的管理和考核】 完善《并联审批制度》《办事大厅常驻窗口工作人员考核细则》等制度；组织评选“优质服务示范岗”和“窗口服务之星”，提高窗口工作人员积极性，规范窗口工作行为，提高窗口服务质量；建立政务服务业务月通报制度，按月通报全县各镇、各进驻窗口、各分中心的业务数据情况和日常管理情况；升级改造原有平台电子监察系统，运用县、镇、村（社区）三位一体上下联动互通的实时监控系统进行日常化管理督查，有效杜绝违规操作、拒办、拖办等现象的发生。

【完善网上办事大厅】 加强对网上办事大厅的监管。及时更新审批服务事项和工作人员信息，对办理不及时，出现红牌的事项，查明原因，上报有关单位追究责任。

加大对网上办事大厅的宣传推广力度。印发宣传单，制作宣传动画，扩大网上办事大厅在群众中的知晓度，把网办大厅对接到IPTV，方便群众通过电视进入网办大厅查询审批服务事项信息。

升级网上办事大厅系统。梳理优化网办进驻事项、清单及流程，实现网办大厅与各单位部门网站的对接融合，基本实现网上信息查询、业务办理、投诉举报等同步受理，实现“线上网办大厅”与“线下服务平台”的无缝对接。

【创新服务模式】 推行“全天候一窗式”服务。结合企业及群众的切实需要，县行政服务中心把办事大厅重新规划为企业办事服务区、个人办事服务区、公共资源交易服务区、咨询引导服务区和自助终端服务区5个区域。重新调整办事大厅工作人员，统筹安排作息时间，推行轮值和调休工作制度，确保周末和节假日都能对外办理业务；培养“全能型”窗口工作人员，推行“一窗式”服务，实现便民利企，解决群众办事“等”“挤”“排队”等难题。

推行“自助办”服务。设立24小时自助办事服务区，利用现代信息化设备，供群众到自助办事服务区自主办理相关业务。

推行“直通车”服务。与邮政部门合作，结合镇、村（社区）群众实际困难及需要，借助邮政速递手段进村入户为群众提供便民服务。

推行“保姆式”服务。主要针对省、市、县招商引资重点项目，结合企业需求，在实行并联审批制的基础上，安排专人负责跟踪，实施“保姆式”

服务，确保完成所有事项办理。

推行“5＋n”服务。通过拓展延伸公共服务事项，开通公众微信号、手机公共服务平台，链接乳源家园网等网站作为县公共服务平台组成部分，随时提供乘车、租房、就诊、农技科普、咨询等生活生产类服务信息，最大限度满足群众生产生活的需要。

【规范政府信息公开】 根据《国务院办公厅关于开展第一次全国政府网站普查的通知》和市信息公开领导小组《关于加紧录入重点领域信息公开专栏信息的通知》等文件要求，指定专人负责督促各政府信息公开平台和重点领域信息公开平台责任单位及时公开单位动态、政府信息公开年度报告、财政预决算等信息，完成上级文件规定的有关要求，顺利通过第一次全国政府网站普查。

【规范公共资源交易中心运作】 基本建设完成乳源对接省、市交易中心的县公共资源交易门户网站，相关信息处于编辑完善阶段；开发建设政府采购、工程建设等网络交易系统，国土资源交易及产权交易市场实现全流程网上交易。各项交易的电子监管等规范化管理得到进一步完善，交易室配备高端适音器，实现全程通话录音，交易全程纳入实时监控范围。2015年县行政服务中心组织开展农村集体资产资源交易活动操作规程培训，优化和完善各类交易流程、交易规则，编印《乳源公共资源交易制度汇编》，确保公共资源实现阳光规范交易。

（周蜜花）

附：县行政服务中心领导班子成员名单

主　任：陈毓斌

副主任：肖　健

唐亚坤

中国人民政治协商会议乳源瑶族自治县委员会

综　述

中国人民政治协商会议乳源瑶族自治县委员会（以下简称县政协）。县政协机关工作机构，承担为县政协履行政治协商、民主监督、参政议政职能提供各项服务工作。2015 年，县政协坚持以马克思列宁主义、毛泽东思想、邓小平理论、“三个代表”重要思想和科学发展观为指导，全面贯彻党的十八大和十八届三中、四中、五中全会精神，深入贯彻习近平总书记系列重要讲话精神，认真贯彻落实县委十一届六次全会精神，围绕县委、县政府提出的奋斗目标和中心任务，积极履行政治协商、民主监督、参政议政职能，充分发挥人民政协协调关系、汇聚力量、建言献策、服务大局重要作用，为提速建设美丽乳源步伐、加快建成全面小康社会作出积极贡献。

乳源有第十一届广东省政协委员 1 人，第十一届韶关市政协委员 6 人，第九届县政协委员 154 人。县政协机关编制 10 名，其中行政编制 9 名，后勤服务人员事业编制 1 名；年末行政在职人员 9 人。

重 要 会 议

【县政协九届五次会议】　1 月 26 日至 27 日，在县城召开县政协九届五次会议。九届县政协委员 151 人，出席会议 131 人。县政协主席费玉海，副主席陈松海、刘宏美、温则精、吴巧英、邓国雄、释明向，秘书长邓雯珍出席会议。县委书记、县人大常委会主任吴春腾，县委副书记、县长邓志聪，县委副书记伍文，县人大常务副主任马福德，县委常委、县政府常务副县长林昌卫，县委常委、县委统战部部长赵志敏，县委常委、县委办主任许益云，原县领导邓中兴、莫瑞福、梁家珍、胡又新、陈莲花、邓运良等到会祝贺。会议听取和审议县政协主席费玉海代表县政协常委会所作的工作报告；听取和审议县政协副主席刘宏美代表县政协常委会所作的提案工作报告；列席县十一届人大五次会议，听取和讨论县政府工作报告；审议通过县政协九届五次会议决议。

会议期间，龙忠善、梁丽君、郑东红等 3 位委员就传承发展瑶族文化、解决中小微企业融资难、推动义务教育均衡发展等在大会发言。县委书记、县人大常委会主任吴春腾在闭幕大会上作重要讲话。

【政协常委会议】　2015 年，政协常委会先后召开 6 次会议。

第一次会议。1 月 21 日，召开县政协九届常委会第 17 次会议，协商通过县政协九届五次会议议程（草案），协商通过县政协九届五次会议日程（草案），协商讨论县政协九届五次会议常委会工作报告（讨论稿），协商讨论县政协九届五次会议提案工作报告（讨论稿），协商通过 2014 年度优秀提案和承办提案先进单位建议名单，协商通过 2014 年度优秀政协委员建议名单。

第二次会议。6 月 26 日，召开县政协九届常委会第 18 次会议，协商讨论东平山正觉寺重建工作视察报告（讨论稿），协商讨论县城部分企业环保情况视察报告（讨论稿），协商讨论贯彻落实《广东省信访条例》视察报告（讨论稿），通报县政协

“三严三实”专题教育活动开展情况。

第三次会议。8月26日，召开县政协九届常委会第19次会议，协商关于县城基础教育现状的调研报告（讨论稿），协商讨论乳源养老服务发展情况调研报告（讨论稿），协商讨论增补和辞去部分九届县政协委员相关事宜。

第四次会议。10月22日，召开县政协九届常委会第20次会议，协商讨论乳源特色高效生态农业发展调研报告（讨论稿），协商讨论乳源生活垃圾填埋场视察报告（讨论稿）。

第五次会议。12月10日，召开县政协九届常委会第21次会议，听取县纪委2015年党风廉政建设和反腐败工作情况通报，听取县人民法院2015年工作情况通报，听取县人民检察院2015年工作情况通报。

第六次会议。12月25日，召开县政协常委会第22次会议，协商通过县政协九届六次会议议程（草案），协商通过县政协九届六次会议日程（草案），协商讨论县政协九届六次会议常委会工作报告（讨论稿），协商讨论县政协九届六次会议提案工作报告（讨论稿），协商通过2015年度优秀提案和承办提案先进单位建议名单，协商通过2015年度优秀政协委员建议名单，协商讨论推进乳源民族文化传承发展的调研报告（讨论稿），协商讨论委员增补事宜。

【民主协商会议】 11月27日上午，县委与县政协“十三五”规划专题协商座谈会在县政协会议室召开。县委书记吴春腾出席会议并作讲话。政协主席费玉海主持会议。座谈会上，来自各民主党派、工商联、群团组织主要负责人以及其他界别人士代表围绕《乳源瑶族自治县国民经济和社会发展第十三个五年规划纲要（征求意见稿）》深入协商讨论，提出有价值的意见和建议，内容涉及生态旅游、现代农业、服务业、城乡建设、养老事业等。委员们广泛凝聚共识，切实把握建言献策的聚焦点和着力点，为县委、县政府科学决策提供参考。县政协副主席陈松海、刘宏美、吴巧英、邓国雄等领导和县政协秘书长邓雯珍出席会议。

重　要　活　动

【专题议政调研视察】 3月，县政协组织部分委员组成视察组围绕“县城部分企业环保情况”开展专题视察。5月，县政协组织部分委员组成视察组就“乳源贯彻落实《广东省信访条例》情况”开展专题视察。是月，县政协组织民族和宗教界部分委员对“东平山正觉寺重建工作情况”开展专题视察。6月，县政协组织教科文卫体委员会部分委员对“县城基础教育现状”开展专题调研。7月，县政协组织部分政协委员组成调研组就“乳源养老服务业发展情况”进行专题调研。是月，县政协组织部分政协委员组成调研组就“乳源特色高效生态农业发展情况”开展专题调研。8月，县政协组织部分政协委员组成视察组就“县城生活垃圾填埋场工程建设运营情况”进行专题视察。7月至9月，县政协民族宗教委员会调研组围绕“民族文化传承发展”开展专题调研。

主　要　工　作

【提案办复】 2015年，共收到委员提案24件，个人提案13件，委员联名提案8件，党派团体提案3件；立案3件，采纳落实2件，跨年续复续办跟踪提案4件，落实2件。

【文字信息】 截至2015年12月，完成《乳源政协》第12期的出版。

【“三胞联谊”和对外交流】 4月24日至25日，县政协举办港澳委员学习班，让港澳委员进一步了解乳源经济社会发展情况。港澳委员一行先后实地考察东阳光公司、县一小、县高级中学和游溪镇八一瑶族新村、雕子塘瑶族新村和必背瑶寨，了解乳源工业、教育和新农村建设发展情况，并于25日下午召开座谈会，以座谈会、走访联谊的方式，密切与港澳、珠三角等各界人士联系，加强宣传推介乳源。接待省、市及贵州从江、仁化等县政协领导

60 多人次，强化联谊和信息互通，促进毗邻之间友好交流合作，推动区域共同繁荣发展。

【自身建设】 深入开展“三严三实”专题教育活动，精心组织学习教育，深刻剖析突出问题，广泛开展谈心活动，认真撰写对照检查材料，以整风精神开好民主生活会。践行“三严三实”要求，领导干部理想信念更加坚定，更加自觉按党性原则办事，政治纪律和政治规矩更加严明，作风更加扎实。（侯华、吕欢）

中国人民政治协商会议乳源瑶族自治县委员会秘书长以上人员名单

主　席： 费玉海
副主席： 陈松海
刘宏美
温则精
吴巧英
释明向
邓国雄
秘书长： 邓雯珍

县 纪 委

综 述

按照《关于印发乳源瑶族自治县人民政府职能转变和机构改革方案的通知》和《中共乳源瑶族自治县委办公室关于印发〈中共乳源瑶族自治县纪律检查委员会机关、乳源瑶族自治县监察局主要职责、内设机构和人员编制方案〉的通知》文件精神，县纪委机关与县监察局合署办公，实行“两块牌子、一套人马”，内设10个室，另设7个派驻纪检监察组，县纪委监察局机关和派驻组行政编制合计50名，后勤服务人员数3名。截至2015年12月，在职47人，其中机关工作人员29人，派驻组人员18人。

2015年，在县委和市纪委的坚强领导下，全县各级纪检监察组织认真落实全面从严治党要求，履行监督执纪问责职能，深入推进党风廉政建设和反腐败工作，为建设美丽乳源提供坚强有力的纪律保障。

主 要 工 作

【廉政宣传教育】 深入开展以“守纪律、讲规矩、作表率”为主题的纪律教育学习月活动。开展“一把手”旁听案件庭审警示教育活动。以“敬廉崇洁，诚实守信”为主题，开展廉洁文化进校园活动。开展播放廉洁主题电影、送廉洁图书下乡活动。组织开展党章知识测试活动。在多个部门开展廉政教育巡回讲座。开展领导干部任前廉政法规考试和廉政谈话，共有26名拟提拔领导干部参加考试和集体廉政谈话教育。开展“廉洁广东行”主题系列宣传活动，推广乳源在农村集体“三资”监管、转作风提效能方面的良好经验、做法。

组织学习新修订的廉洁自律准则和党纪处分条例，召开专题讲座，为全县科级以上领导干部详细解读“两项法规”。充分利用电视、网络等媒体，加强宣传，营造学习贯彻的浓厚氛围，引导广大党员干部学习领会“两项法规”的精神实质，自觉坚守道德“高线”和纪律“底线”。

【党风廉政建设】 认真贯彻落实中央八项规定精神，严肃纠正“四风”。紧盯重要时间节点，围绕公车私用、公款大吃大喝、公款旅游、公款送礼、滥发津补贴、领导干部大操大办婚丧喜庆事宜借机敛财等违纪行为，加强明察暗访，着力纠正隐蔽的、转入地下的“四风”问题。共开展明察暗访8次，抽查单位35个，暗访餐饮娱乐场所、旅游景点12个，核查车辆45辆，查处公车私用违纪行为10起，转立案4起，发函督办整改6起，给予党纪处分4人，批评教育6人。

加强农村基层党风廉政建设。深入开展农村基层党员、干部违纪违法线索集中排查活动，共排查出农村基层党员干部违纪违法线索219条，重大线索3条，初步核实202条，转立案95宗，结案91宗，给予党纪政纪处分91人，移送司法机关1人。挖掘出一批损害基层群众利益的问题，夯实农村基层党风廉政建设的基础。

【派驻纪检监察组工作】 开展派驻纪检监察组巡查工作，以问题为导向，做到有所区分、突出重点，不断向纵深处延伸监督触角。共巡查28个单位，召开座谈会16场次，与被巡查单位的干部职工、服务对象个别谈话100多人次，走访乡镇基层站所20多个，走访群众、相关企业86人次。发现问题线索37个，立案14宗，处分13人，下发督办函23份，提出整改意见10条。

【纪律审查】 坚持严肃认真开展纪律审查。建立来信、来访、电话、网络、短信“五位一体”的信访举报受理平台，拓宽案件线索来源，对发现的问题线索及时追踪。共受理各类信访举报120件次，比2014年下降8.4%；初核案件88件，比2014年上升14.3%；立案75件，结案75件，比2014年上升19.0%；被立案人员75人，比2014年上升10.7%；谈话函询4件；给予党纪政纪处分75人，比2014年上升11.9%，挽回经济损失100.51万元。加强对基层纪委办案的指导，各镇纪委查办案件46件，比2014年增长56.5%。

坚持依纪依规开展纪律审查。不定期组织纪律审查人员学习有关审查纪律的规定、安全事故责任追究情况的通报等文件，并结合实际进行分析，不断增强安全意识和保密意识。严格落实纪律审查安全责任制，增强依纪依法安全文明审查的责任感，实现了纪律审查"零事故"，审查人员"零违纪"。加大投入，建成完善县、镇两级的谈话室，协助市纪委组织召开全市纪律审查谈话场所规范化建设现场会，将乳源的谈话室建设经验在全市推广。

【纪律检查体制改革】 推动"两个责任"落实。制定印发《关于落实党风廉政建设主体责任和纪委监督责任的实施意见》，将党委主体责任细化为16个方面52项内容，纪委监督责任细化为6个方面20项内容。制定《乳源瑶族自治县监察局权责清单》，梳理出行政监察职权事项75项。落实县直单位和各镇党政负责人书面述责制度，共有52个单位党政主要负责人提交落实党风廉政建设主体责任情况报告。对落实主体责任不积极、不主动的乡镇、县直部门主要领导进行约谈，通过分责、明责，层层传导压力，确保主体责任落实到位。

推进镇纪委规范化建设。全县9个镇纪委全部实现软硬件"六有"。将落实纪委监督责任延伸到村一级，在全县105个行政村各配备1名纪检委员，形成县、镇、村三级立体式的纪检监察网络。

【干部队伍建设】 以"三严三实"专题教育为契机，促进纪检监察干部转变作风、加强自身建设，将"三严三实"内容、标准不断内化于心、外化于行，成为纪检监察干部干事创业的新标准。加大纪检干部培训力度，举办第1期县级纪检监察业务培训班，组织60名纪检监察干部参加为期两天专题培训。选派11名纪检监察干部参加中央、省市举办的各类业务培训班。采取周报行程、月报安排的方式，加强对派驻组的管理。成立县纪检监察机关内务监督委员会，聘请13名社会各界人士担任内务监督委员。以"零容忍"的态度查处纪检监察干部违纪违法行为，坚决防止"灯下黑"，严肃查处3名违反纪律的纪检监察干部，并将其调离纪检监察岗位，用铁的纪律打造忠诚干净担当的纪检监察干部队伍。

重要会议

【第十一届纪律检查委员会第五次全体会议】 中国共产党乳源瑶族自治县第十一届纪律检查委员会第五次全体会议，于2015年2月6日在县中心会堂举行。全会听取县委书记、县人大常委会主任吴春腾的讲话，审议并通过张军代表县纪委常委会所作的《围绕"三转"，落实责任，不断开创反腐倡廉工作新局面》的工作报告。（许双和）

附：县纪律检查委员会领导班子成员名单

书　记：张　军

副书记：谢荣欣

　　　　谭延明

常　委：陈文炳

　　　　李东生

　　　　付慧燕

　　　　杨志坚

监察工作

【概况】 2015年，县监察局围绕县政府中心工作，认真履行执法效能监察职能，确保政令畅通。

【执法效能监察】 深入推进政务服务体系建设。对进驻县行政服务中心的39个部门单位的行政审批"三集中三到位"工作落实情况进行督查，对发现的问题及时进行反馈，并要求各单位认真整改。

整治机关庸懒散作风。对窗口服务单位工作人员在岗状态、服务态度、服务质量等情况进行监督检查，共查处上班期间玩游戏、炒股、脱岗离岗等违纪行为18起，发督办函18份。

加强扶贫专项资金监管。开展对扶贫专项资金使用管理的监督检查，采取听汇报、查账单、看现场等方式，重点抽查洛阳、必背、游溪等3个镇2013—2014年扶贫“双到”专项资金使用情况。针对专项检查中发现的问题，责令及时整改，完善相关监督制约机制。

加强对农村“三资”管理的监督。督促政府相关职能部门完善农村集体“三资”监管和资产资源交易“两个平台”建设，加大“组账镇代记”推进力度，加强农村经济合同监管，健全资产、资源管理制度，抓好省纪委暗访问题的整改落实。全年共查处农村集体“三资”管理中的违纪问题17个，处理17人。

（许双和）

附：县监察局领导班子成员名单

局　长：谭延明

副局长：李东生

付慧燕（2015.1—）

邓丽燕

群团组织·工商联

总 工 会

【概况】 2015年，乳源瑶族自治县总工会（以下简称县总工会）认真贯彻落实《中共中央关于加强和改进党的群团工作的意见》和中国工会十六大及广东省工会十三大精神，围绕县委、县政府工作大局，按照韶关市总工会2015年工作要点和县总工会十一届五次全委（扩大）会议工作部署，尽职履责，服务职工，推进工会各项工作。

2015年，县总工会设办公室（组织维权部），机关行政编制4名，其中：主席1名、副主席2名，主任（正股级）1名，后勤服务人员数1名。8月调离1人。

4月，县总工会推选赵雷等14人为韶关市工会第十七次代表大会代表。12月，日本电产三协电子（韶关）有限公司工会委员会被中华全国总工会授予“全国模范职工之家”称号。广东粤电南水发电有限责任公司、日本电产三协电子（韶关）有限公司、乳源丽宫国际温泉酒店有限公司、东阳光精箔有限公司、官溪水电有限公司和妇幼保健院6个单位工会荣获“韶关市先进职工之家”称号。董红升、陈惠和余勇3人荣获“韶关市优秀工会工作者”称号。

【县总工会十一届五次全委（扩大）会议】 3月20日，县总工会党组副书记、副主席伍尚元主持召开十一届五次全委（扩大）会议，审议通过县总工会2014年度工作报告和2015年工作意见，补选赵雷为县总工会十一届委员会委员、常委、主席，补选欧春秀为县总工会十一届委员会经费审查委员会委员、主任。县总工会十一届委员会委员、经审委员参加会议，县总工会机关部室负责人列席会议。

【县总工会十一届六次全委（扩大）会议】 4月27日，县人大常委会副主任、县总工会主席赵雷主持召开县总工会十一届六次全委（扩大）会议，推荐赵雷、余勇、杨亚源等14人为韶关市总工会十七次代表大会代表。县总工会十一届委员会委员、经审委员参加会议，县总工会机关部室负责人列席会议。

【县总工会党支部换届大会】 6月30日，县总工会原支部书记叶新强主持召开党员大会，选举伍尚元、曾劲松、曾宁等3人为新一届党支部委员会委员。7月8日，县直属机关工作委员会批复，同意伍尚元任县总工会党支部书记。

【基层工会组织建设】 7月29日，县人大常委会副主任，县总工会党组书记、主席赵雷主持召开“镇工会规范化建设工作推进会”。11月，完成全县9个镇工会联合会组建任务，各镇配备1名专职工会副主席、1间办公室。为各镇工会联合会配备工会牌子、印章和上墙工作制度等，指导各镇做好“全国工会基层组织管理系统数据库”信息管理基础工作，一次性投入镇级工会联合会规范化建设专项资金近10万元，完成市总工会下达的农民工入会任务。按标准完善县直机关单位工会组织建设。

【帮扶解困活动】 2015年，县总工会坚持履职为民，强化帮扶服务，积极实施“百万帮扶暖千家”活动。年初，为13家困难企业和481位困难职工发放春节送温暖慰问金，总计19.44万元。全年为151位困难职工、困难劳模发放医疗、生活、助学、临时救助金，总计23.9万元（中央财政专项帮扶资金帮扶42人，共11万元；县总工会资金帮扶109人，共12.9万元）。夏季，为一线户外作业工人发放清凉饮料610箱。办理职工医疗互助保险409人，赔付3人共7万元；办理女职工安康保险

458 人；办理在职职工住院医疗综合保险 308 人，赔付 16 人，共 1.9 万元。

【道德宣传活动】 9 月 22 日，县总工会和县经促局结合全国第十三个“公民道德宣传日”活动，联合承办以“咱们工人有力量，我和企业共荣光”为主题的“企业之光”文艺晚会。11 月 6 日，县总工会和县银源公司共同承办“身边人讲身边事”道德讲堂活动，县委宣传部、县文明办以及县总工会、县银源公司以及县地税局、县人民银行、游溪镇、县供电局、县检察院、县公安局、县教育局等“道德讲堂”成员单位领导出席活动，县银源公司所属单位干部职工 100 人参加活动。期间，邀请第五届“感动韶关十佳道德模范”张爱光、张宗飞到现场与职工见面，播放道德模范的先进事迹短片。

【弘扬精神，关爱劳模】 4 月 29 日，县人大常委会副主任（兼任县总工会党组书记、主席）赵雷主持召开庆祝“五一”国际劳动节暨劳模代表座谈会，乳源历届全国、省、市、县级劳动模范代表 15 人参加会议，县委副书记伍文出席会议并讲话。“五一”前夕，组成慰问组分别前往困难劳模文路贵、文求应、侯礼钦、欧永莲、张寿强家中进行节日慰问。7 月中旬，组织 15 位劳模到省总工会劳模疗养基地进行健康疗养和体检。

【送健康进基层活动】 6 月 8 日至 11 日，县总工会开展“创建全国文明城市送健康进基层”活动，邀请相关专家教授分别在乳城镇、桂头镇、洛阳镇、游溪镇、东坪镇、教育局、住建局、公路局、银源公司、富之光公司等 10 个单位（企业）开展 9 场以“关爱女职工健康”为主题的女性职工健康知识巡回讲座，有 700 名女职工到现场聆听讲座。

【工会财务经审工作】 7 月 8 日，党组副书记、副主席伍尚元主持召开财务工作会议，对财务大检查抽查工作进行安排部署。7 月中旬，对县住建局、县卫计局、县银源公司等 10 多个单位工会的财务、经费收支、管理和使用等情况进行实地检查。年底，完成检查审计基层工会经费收支等情况工作。

（曾　宁）

附：县总工会领导班子成员名单

党组书记、主席：

李荣贵（县人大常委会副主任兼，—2015.01）

赵　雷（县人大常委会副主任兼，2015.01—）

党组副书记、副主席：伍尚元

党组成员、副主席：叶新强

欧春秀（女，—2015.08）

团　县　委

【概况】 共青团乳源瑶族自治县委员会（以下简称团县委）团结带领广大团员青年，围绕做好新时期青年服务工作这一主线，融入建设“创建全国文明城市”中心任务，强化对党政工作、青年成长成才两大工作服务，突出全面深化青少年思想引导、切实加强团自身建设、探索创新青年志愿服务工作三大重点，推动全县共青团工作迈上新台阶。年末团县委行政在编人员 2 名，后勤服务人员 1 名。

【思想引领】 开展募捐活动。3 月至 9 月，团县委结合主题日开展“红领巾基金”“全国助残日”和“6·30 扶贫济困日”等爱心募捐活动，用爱心播种希望，在全县少年儿童中传递爱心正能量。

开展文体活动。4 月 19 日，团县委举办“乳源农信杯·瑶乡好声音”十大歌手大赛，纪念五四运动 96 周年，全县各行业青年 200 余人参与。“六一”期间，开展关爱留守儿童系列活动，让农村留守儿童切实感受到来自社会的关爱。开展“百名团员植树护绿”系列实践活动、“珍爱国土·青年担当”系列活动，引导和动员青少年自觉珍惜国土，保护生态环境。联系各学校团组织积极开展“十八岁成人礼”主题活动、夏令营活动、纪念五四系列活动以及“十四岁生日”等社会主义核心价值观实践等活动，增强青少年学生道德意识，促进全县青少年学生精神文明健康成长，切实做到加强团员青年和少先队员思想引领工作。“12·4”法制宣传日期间，围绕“弘扬宪法精神建设法治乳源”主题，在县高级中学组织开展“三个一”活动（举行一场宣誓仪式、举办一个宪法知识讲座、开展一次模拟法庭），增强青少年法治意识。开设微信公众号1个，利用新媒体加强思想引导，截至2015年，累计发布各类消息140余条，阅读量35000余次。

【自身建设】 团县委以五四表彰为契机，表彰一批县优秀团员青年，积极向省、市共青团推报先进集体和个人奖项。获得2014—2015年度“韶关市先进团委”称号，赵明敏荣获2014—2015年度“广东省优秀团干”称号，黄海川、李珺睿荣获“广东省优秀团员”称号。年初，组织全县各基层团组织40名团干开展素质拓展培训。利用“粤团聚”平台，搭建公益性联谊平台，服务乳源广大大龄及适龄单身青年婚恋交友，促进解决青年婚恋问题。8月，在南岭国家森林公园开展乳源第二届的婚恋交友活动。

【志愿者活动】 团县委积极推广广东“志愿时”信息管理服务平台，完成全县76支志愿服务队的信息登记工作。截至2015年，在广东“志愿时”系统注册志愿者人数为3367人。开展各类助残助弱助老、关爱留守儿童、应急救援、政策法规宣传等志愿服务活动20余次，各级各类社会爱心人士累计捐赠10万余元。（邓琳娟）

附：共青团乳源瑶族自治县委领导名单

书　记：赵婵媛

妇女联合会

【概况】 乳源瑶族自治县妇女联合会（以下简称县妇联）认真贯彻《中共中央关于加强和改进党的群团工作的意见》，坚持“一手抓发展、一手抓维权”的工作方针，创新工作载体，以“联系妇女、服务妇女、教育妇女、维护妇女儿童合法权益”为根本任务，谋求工作新思路、新举措，完成各项工作。

2015年，县妇联被广东省妇女联合会授予“广东省2015年度妇女报刊宣传推广工作二等奖”。

【出席韶关市妇女第十二次代表大会】 1月5日至6日，县妇联主席邓爱萍组团出席韶关市妇女第十二次代表大会，代表团有18名妇女代表，副县长梁丽娟作为特邀代表出席会议。

【纪念“三八”国际妇女节105周年活动】 3月6日，县妇联在县体育馆举办“健康生活、快乐你我”庆“三八”趣味体育活动，纪念“三八”国际妇女节105周年，县委常委、组织部部长林应良和副县长梁丽娟出席活动。县直机关单位妇委会、各镇妇联约200名运动员参加活动，进行拔河、趣味篮球接力、两人三足接力3个团体项目比赛。活动评选出各类比赛项目一等奖3个、二等奖6个、三等奖9个。

【妇女巾帼建功活动】 2015年，县妇联坚持以提高妇女综合素质为重点，深化巾帼建功，弘扬尊老爱幼与和亲睦邻的社会风尚，引导广大妇女和家庭践行社会主义核心价值观、弘扬中华民族家庭美德、树立良好家风。4月至5月，在全县开展三八红旗手（集体）、巾帼增收致富带头人、五好文明家庭、优秀书香家庭、最美家庭等主题活动评选，表彰“三八红旗手”10名、“三八红旗集体”5个、“巾帼增收致富带头人”6名、“五好文明家庭”7户、“优秀书香家庭”5户、“最美家庭”9户等先进典型。

【“平安家庭”创建活动】 2015年，全县有115个委、社区，55284户家庭，其中“平安家庭”54873户，参评率100%，各村委、社区“平安家庭”覆盖率达99.3%，完成2015年度既定目标。游溪镇中心洞等3个村获评韶关市“平安家庭”先进示范村；李春梅等10户家庭获评韶关市“平安家庭”先进示范户。

【谢小榭到乳源调研】 4月14日下午，省妇联副巡视员谢小榭率中山大学研究团队到必背镇必背村“妇女之家”调研，调研工作主题为《社会治理背景下村居妇女工作转型创新研究》。市、县、镇和必背村四级妇联主席，必背村负责人及村组妇女代表等参加调研座谈会。

【省妇联基层组织建设创新研究课题组到乳源调研】 6月25日至26日，省妇联基层组织建设创新研究课题组到县妇联、桂头镇大坝村委会、桂头镇凰村村委会开展实地调研，全面掌握基层工作实际，推动全省妇联基层组织在机构设置、组织网络拓展和工作手法上创新，县、镇两级妇联相关人员共同参与该次调研工作。

【妇女创业发展】 2015年，县妇联加大对妇女小额担保贷款财政贴息政策宣传，为10名城乡创业妇女提供妇女小额担保贴息贷款50万元，解决妇女创业、就业资金紧缺问题，推动妇女创业就业，实现妇女创业增收。联合县人社局、韶关市真情月嫂培训学校，免费举办四期“真情月嫂”技能培训班，为全县245名城乡妇女、下岗女工、外来务工女工提供培训、就业、安置服务，促进城乡失业妇女、进城务工人员、农村富余劳动力就业。137名月嫂专业培训学员取得“职业技能证书”。

【维护妇女儿童合法权益】 2015年，县妇联接待来信来访来电57宗，离婚案件陪审2宗。法律援助妇女6名，县妇联干部作为合适成年人全程陪同参与审讯1名未成年人刑事案件。以“倾听妇女心声关护妇女权益”为主题，开展“12338”热线妇联主席接听日活动，为妇女群众答疑2宗。3月8日，在县桂头社区全民健身广场举办“维护妇女权益，建设法治乳源”为主题的“三八维权周”普法文艺会演活动。3月26日，在必背镇举办“万家联动 送法到家”主题活动，开展知识讲座、妇女民生座谈会、瑶绣培训，增强瑶族妇女法律意识和依法维权能力，提高村民对传统瑶绣的重视。5月20日，市妇女维权与信息服务站一行到县妇联召开维权工作调研座谈会，县委常委、组织部部长伍梅华与县妇联全体干部及县机关、基层妇联维权工作志愿者、法律顾问等参加座谈会。加大法治宣传力度，结合“3·5”雷锋日、“6·26”禁毒日、“九九重阳节”“11·25”反家暴日、“12·4”法制宣传日等活动，以发放宣传手册、宣传展板、现场咨询、文艺演出等形式向广大妇女群众宣传法律法规，提供劳动就业、计生、反家庭暴力等政策咨询服务。

【妇女儿童发展规划】 2015年，县妇联认真做好妇女儿童发展规划（2011—2020年）中期评估工作，督促各成员单位按照要求，抓好评估重点，对所承担规划目标进行自我评估，收集和整理五年来妇女儿童发展指标数据，实事求是全面总结回顾妇女儿童发展规划实施五年成果，找准影响和制约妇女儿童发展的问题，客观分析和评估妇女儿童发展状况、趋势、新需求和新期待，顺利通过韶关市对乳源“两个规划”的检查。

【开展家庭教育大讲堂活动】 11月至12月，韶关市妇联、县妇联联合在县金禧小学、机关幼儿园、乳源第一小学开展家庭教育大讲堂活动。邀请省家庭教育金牌讲师罗曼红，韶关学院教育学院曾灿讲师，乳源一小家长委员会主任、乳源高级中学教师胡春霞，结合家庭教育、社会教育和幼儿园教育问题，列举大量实际例子，向学生家长教授全新内涵的成功教子理论，让广大学生家长获益匪浅，得到一致好评。

【“妇女之家”建设】 2015年，韶关市妇联在桂头镇阳陂村、一六镇团结村创建韶关市第二批“妇女之家”示范点。县妇联加强妇联基层工作，推动建设“妇女之家”示范点，活跃妇联基层工作。阳陂村、团结村“妇女之家”作为农村传播知识的课堂、传递信息的纽带、联系和服务妇女群众的窗口、展示妇女风采的平台，先后举办法律知识、农村种养知识培训班，慰问特困妇女家庭、困境儿童等活动。

【妇女儿童民生实事】 *春节慰问活动。*2015年春节前夕，县委常委、组织部部长林应良和副县长梁丽娟、县妇联主席邓爱萍等组成慰问组，走访慰问单亲特困母亲，为39户贫困单亲母亲家庭送去慰问金，共计2万元。

*大病救助活动。*到乳城镇岭溪陈岗村，慰问患重病婴儿陈一闲，送上治疗费10000元。联合团县委在全县各镇、各机关单位发放倡议书，为该婴儿家庭募集捐款33560.2元。慰问大桥镇“两癌”患病妇女廖际兰，送去博爱基金两癌救助款5000元。与云门寺爱心人士联系，为困境重大疾病患者黄家轩送去救助款1万元。

开展帮扶单亲特困母亲家庭发展生产项目。开展以“关爱单亲妈妈温暖困难母亲”为主题的贫困单亲母亲发展生产款发放仪式活动，向全县35名具有一定种养发展规模的贫困单亲母亲发放发展生产资金，共计10万元，用于解决购置种苗、化肥、农药、饲料等生产资料问题。

扶贫济困活动。为全县37名家庭贫困、品学兼优的学生发放助学金共计2.1万元，帮助孤贫、特困学生顺利完成学业。香港励贤会爱心父母为60名乳源贫困留守儿童，捐赠3.6万元，送上米、油、面、衣服等生活用品。一心公益基金会（蒙特尔公司）到乳源贫困学生所在学校开展见面会，为70名品学兼优的困境儿童发放助学金，共计8.4万元。联系省“爱心妈妈”对困难学生邝紫进行结对帮扶，代表“爱心妈妈”为她送上1000元助学金和学习用品。与TCL家电集团联合开展“情系瑶乡心系妇女”爱心捐赠仪式。TCL家电集团为1名“妇联之星”基层妇联优秀工作者捐赠洗衣机1台，为70名贫困妇女捐赠电饭煲各1台，发放面值400元家电购置补贴基金卡1000张，帮助乳源贫困妇女家庭改善生活条件。

开展关爱留守儿童活动。“六一”国际儿童节前夕，市、县领导组成5个慰问组，到部分小学、幼儿园开展慰问关爱贫困山区留守儿童活动，为师生送去慰问金和慰问品。儿童节期间，县妇联和团县委在洛阳镇古母木水杉木角小学开展“幸福绽放·共享蓝天”庆“六一”慰问助学活动，为学校师生送去电脑、学习机、学习文具、体育用品等慰问品以及慰问金1万余元。10月17日，联合团县委在游溪镇中心中学开展“幸福手拉手青青志愿行”关爱留守儿童“南粤幸福活动周”系列活动，全县各单位志愿者和留守儿童共80多人参与活动。

（郑结园）

附：县妇女联合会领导班子成员名单

主　席：邓爱萍

副主席：郭小兰

科学技术协会

【概况】 乳源瑶族自治县科学技术协会（以下简称县科协），为全县各自然科学学会、协会的联合组织，属省科协地方组织和市科协团体会员。业务受省、市科协的指导。年末，县科协在职人数4人。

县科协下设有农学会、林学会、工业学会、水利学会、农电学会、中华医学会乳源分会、建筑学会、蚕桑研究会、烟草研究会、气象学会、金属学会、花卉学会、兰花学会、赏石学会、青少年辅导协会、畜牧水产学会、天井山林学会、五指山林学会等县属学会（研究会）18个，有会员936人。农村专业技术协会15个，会员730多人。科技示范户230多户，科普示范基地5个。

【科技周活动】 5月，县科协组织鲜明八一希望学校六年级师生200多人前往市科技馆参观学习，丰富青少年科普知识，开阔眼界，提升综合实践能力和科学素养，增强青少年学科学、爱科学、用科学的思想意识。

【培育科普先进典型】 2015年，县科协通过培育科普惠农兴村先进典型，加强优秀项目后备库建设，推进全县科普惠农兴村计划。通过典型示范，引导县农技协、科普带头人、科普示范基地发挥科技兴农示范作用，增强产业区域辐射作用。

2015年，粤凰生态科技有限公司乳源生态农业科技园获得“2015国家科普示范基地”荣誉称号，一峰生态度假庄园获得“韶关市科普示范基地”荣誉称号。

【推进农民科学素质行动】 2015年，县科协组织各成员单位深入乡镇集市、美丽乡村建设示范村、省市扶贫村，开展送科技下乡活动9次，发放农业生产科普资料10000多份，帮助农民解决技术难题10多件，宣传推广农业生产新技术2项、新品种3个。培训农村党员、基层干部1000人次，培训新型职业农民150多人次，农民从事农业生产技术水平获得提高。

【科普进山区校园】 科技馆进百校。4月16日，韶关市科协“科技馆进百校”活动走进乳源瑶族自治县红云希望学校。活动开展有趣的科学项目，活跃校园气氛，丰富校园生活，帮助学生开启心智，拓宽视野，感受科技魅力。给该校留守儿童上励志课，关爱和鼓励留守儿童，东莞市水木计算机科技有限公司和市科协赠送每位留守儿童学习用品1套。

科普育苗行。6月18日、19日，2015年广东省科技进步月“科普育苗行”活动在乳源民族实验学校、乳源第一小学举行。活动中，广东省航空协会的教练们为同学们带来各式航空飞机模型，以此丰富学生课余生活，开拓学生对航模科学的视野，激发学生热爱航模、热爱科学的热情。

【科技文化卫生三下乡】 4月17日，韶关市“科技文化卫生三下乡”—乳源行系列科普活动分别在乳城镇幼儿园、乳源第一小学举行，3000多名师生、幼儿参加活动。活动内容包括：《青少年安全教育》科普图片展览、3D画展、锻炼思维的益智玩具体验以及集趣味性和科学性于于一体的科学课。

【推进社区居民科学素质行动】 2015年，县科协整合科普资源，健全科普网络，创新科普服方式，为社区居民提供丰富、便捷的科普服务。利用全国科普日、科技活动周、食品安全月、防震减灾日等科普宣传活动日开展科普进社区宣传活动，免费赠送科技科普书籍、报刊、宣传资料500多份（册），增强社区居民节约能源资源、保护生态环境、保障安全健康、促进创新创造意识，促进建设资源节约型社会在社区宣传，推动社区居民形成科学文明健康的生活方式。指导云峰社区建设公众科学素质教育体验馆试点工作。2015年，云峰社区获得“社区科普益民计划”20万元奖补。

【科普宣传】 2015年，县科协在县有线电视台开通科普宣传专栏，拓宽科普宣传渠道。争取省级资金扶持建设县一小科学素质体验馆，该项目投入14万元。支持1万元帮助云峰社区建设社区科普活动中心活动室。新建3个科普宣传栏，加强管护、维修全县各村（社区）科普宣传栏，征订城市、农村科普挂图300份。 （曾祥伦　黄杰峰）

附：县科协领导班子成员名单

主　席：黄章城

副主席：刘剑波（—2014.12）

　　　　曾耀宗（2015.08—）

文学艺术界联合会

【概况】 2015年，乳源瑶族自治县文学艺术界联合会（以下简称县文联）挂靠县委宣传部，以习近平总书记在文艺工作座谈会上的讲话精神统揽全局，按照县委统一部署，开展“三严三实”专题教育活动，加强自身建设，发挥文联联络、服务、协调、指导作用，团结引导全县广大文艺工作者，围绕中心，服务大局，积极开展各项文学艺术活动，推动全县文化事业的繁荣发展。

【乳源作家协会成立】 1月10日，县作家协会召开成立大会，陈文忠当选县作协主席，许化鹏、梁红玉、郭寿荣、刘丽霞当选副主席，郭寿荣兼任秘书长。会上，县文联组织学习习总书记在文艺工作座谈会上的讲话精神，莫瑞福、陈文忠、许化鹏等发表讲话。

【乳源观赏石协会换届大会召开】 1月11日，县观赏石协会召开换届大会，邓建中做协会工作报告，会议选举产生新一届协会班子。

【乳源书法协会举办“书法临创培训班”】 6月，县书法协会在县一小举办“书法临创培训班”，聘请中国书法家协会会员华荣军执教，每周六晚上、周日下午及晚上上课，学制一年。

【广东省“百家千场艺术讲座下基层”活动】 7月，“广东省‘百家千场艺术讲座下基层’活动”走进乳源，省作协专业作家黄金明、郑小琼在县财政局11楼会议室分别作“写作炼金术”“从现实中来，到传统中去——诗意的寻找”专题讲座，县作协会员、云峰诗社会员、部分中小学生近100人参会。

【乳源摄影协会办公室置建活动】 2015年，县摄影协会在县直工委、岭南天影视文化公司、粤诚房地产公司和艺峰家具公司支持下，筹建布置协会办公活动场所。县直工委提供1套会议桌椅，岭南天影视文化公司提供30多平方米办公场地，粤诚房地产公司赠送1台电脑及打印机，艺峰家具公司赠送3套沙发，协会购置电脑桌椅和文件柜。

【惠民志愿活动】 2月，县书法协会分别到县政府广场、洛阳镇、大布镇、大桥镇、乳城镇开展以“春联写价值观”为主题的现场挥毫送春联活动。

2月15日，县书法协会与县图书馆在图书馆举办“2015年群众迎春书画展”。

2月，县摄影协会在政府广场宣传橱窗举办“迎春摄影展”。

5月，县摄影协会在政府广场宣传橱窗举办主题为“放飞摄影梦想”的协会第五期会员作品展。

【赛事展览活动】 2月，县书协组织会员参加韶关市书协举办的“碧水花城杯”书法篆刻作品大赛，获特邀作品1幅、优秀作品2幅，参展作品8幅。

6月，县书协组织会员参加由市书法家协会主办、南岭国家森林公园承办、县文联和县书法协会协办的“南岭扇面书法作品大赛”，获得特邀作品1件、优秀奖（即一等奖）4件、提名奖（即二等奖）1件、入展奖9件和县书协获最佳组织奖等成绩。

县书协组织会员参加韶关市新人新作展。获得特邀作品1件、新人入展作品1件的成绩。

9月，县作协组织会员参加由南水湖国家湿地公园管理处主办的“南水湖湿地杯”征文大赛（全市范围征文），获得“南水湖湿地杯”征文大赛一等奖2篇、二等奖2篇、三等奖5篇、优秀奖12篇、入围奖2篇的成绩。

全年，县摄影协会先后与有关单位承办“普法杯”“紫荆杯”“卫计杯”“魅力东坪杯”“生态洛阳杯”“依法治县杯”“民中杯”“二小杯”等八项摄影比赛活动。

【文艺交流活动】 5月，县观赏石协会组织“乳源彩石”参加2015年深圳文博会展销；11月，组织“乳源彩石”参加韶关市赏石根艺盆景年展，获金奖2件，银奖5件；组织会员参加由广东省观赏石协会主办的“国际泛亚太赏石、盆景博览会”，乳源观赏石获金奖1件、银奖1件；组织30多名会员参加在湖南郴州举行的“大南岭八省市区赏石文化交流会”。

9月28日，选送乳源民间艺术“唐顺姣兼职作品”12幅、邓菊花瑶秀作品7幅，参加韶关市“中国梦·韶韵风·东街汇”系列文化活动之“韶关市民间工艺作（藏）品展”。

组织乳源、仁化书法联展。征集乳源瑶族自治县书法作品53幅，仁化县书法作品50幅，国庆期间在仁化县展出，11月中旬“十月朝”文化旅游节期间在县图书馆展出。

县美协组织会员参加韶关市纪念建党94周年美术作品展、迎春美术作品展。

县作协建立官方微信公众号平台，促进县作协内部、各县（市）区、上级作协之间的交流。

【采风创作活动】 2015年，县云峰诗社组织诗社会员开展“纪念抗日战争胜利70周年”诗词创作活动，部分诗词作品，被有关刊物选用发表。

县摄影协会组织会员登高山、走田野、跑城乡、进村寨、入校园，围绕各项赛事的主题开展采风创作活动，创作出采风优秀摄影作品一批。

县作协组织会员到南水湖国家湿地公园开展采风创作活动，创作出反映南水湖风光的文学作品一批。

县美协组织会员先后参加广州市美协“南粤禅音百米长卷创作团队”到乳源云门寺采风活动和市美协到乐昌采风活动。

【主要成果】 《希望的史诗》（莫瑞福著）、《梦里呼唤你》（梁红玉著）获韶关市九龄文学奖；音乐《西京古道》（许化鹏作词）获广东省群众文艺创作评选音乐创作奖。

诗词作品《山居杂文》（许羡达著）出版（内部）发行。 （陈路生）

附：县文学艺术界联合会领导名单

主　席：陈路生

社会科学联合会

【概况】 县社会科学联合会（以下简称县社科联）与县委宣传部合署办公，编制2名，县社科联主席由县委宣传部一名副部长兼任。社科联有研究学会15个，会员1850人。2015年，县社科联围绕县委、县政府的中心工作，紧扣“加快生态发展，建设美丽乳源”主题，深入学习贯彻中共十八届三中、四中、五中全会和习近平总书记系列重要讲话精神，在探索研究历史文化产业等方面取得新成就。

【学术科研活动】 2015年，县社科联协助县非物质文化遗产保护中心做好“圣祖祭”“契娭生日”申报工作。5月22日，“圣祖祭”“契娭生日”被韶关市人民政府批准公布为韶关市第五批市级非物质文化遗产名录。

协助大桥镇做好“契娭生日”传统民间文化活动申报工作。12月18日，大桥镇被广东省文化厅命名为“广东省民间文化艺术之乡”。

协助、指导大桥客家联谊会在大桥古道文化森林公园成功举办“韶关市非物质文化遗产‘圣祖祭’2015年乙未岁纪念舜帝诞辰暨新宝像升座庆典”活动。

【科研成果】 2015年，由县社科联原副主席许化鹏申报的课题项目《“大南岭”的“大”历史文化》完成结项工作。

县社科联协助云门寺收集挖掘整理东平山正觉寺历史资料，由许化鹏编著《沩仰宗祖庭之一——东平山正觉寺》一书，于12月1日东平山正觉寺奠基时，赠送给来自海内外佛教徒以及文化学者。

由许化鹏作词的原创歌曲《西京古道》《瑶乡恋歌》创作完成，其中《西京古道》获广东省群众文艺作品评选音乐类三等奖，并被评为韶关市2015年文艺精品。

（许化鹏）

附：县社科联领导班子名单

主　席：欧先凤

归国华侨联合会

【概况】 乳源瑶族自治县归国华侨联合会（以下简称县侨联）是由归侨、侨眷组成的人民团体，归口县委统战部管理，有事业编制2名。县侨联作为县委、县政府联系广大归侨、侨眷和海外侨胞的桥梁和纽带，依法代表和关心、维护归侨、侨眷和海外侨胞在国内的合法权利和利益。

2015年，县侨联以中共十八届三中、四中、五中全会和中央统战工作会议精神为指导，以“加快绿色发展，建设美丽乳源”为目标，团结和带领全县归侨、侨眷，服务全县经济社会发展大局，充分发挥侨联的特点和优势，牵线搭桥港澳和海外侨界人士到乳源开展慈善活动。

【理论学习】 2015年，县侨联采取召开学习会、座谈会等形式，组织侨联委员、侨界政协委员和部分归侨侨眷，学习贯彻中共中央办公厅印发的《关于加强和改进新形势下侨联工作的意见》、中共韶关市委办公室印发的《关于加强和改进新形势下侨联工作的实施方案》，2015年中央统战工作会议精神、习总书记有关论述，学习贯彻县委、县政府的有关文件精神，并结合乳源侨联工作实际开展讨论，提高研究侨联工作新情况和解决新问题的能力。

【筹建香港乳源同乡联谊会】 2015年，县侨联积极协助县委统战部筹建香港乳源同乡联谊会，密切与港澳侨社团联系，为深化两地经济、文化等方面交流建立新平台，拓宽新侨工作，增加侨务资源可持续发展动力。10月30日，香港乳源同乡联谊会首届就职典礼在香港煌苑酒家成功举行。

【加强与海外瑶族文化交流】 12月，乳源成立文化交流演出团，赴汤加、密克罗尼西亚进行文化交流演出15天。12月21日，“一带一路”建设与世界瑶族交流研讨会在乳源举行，全国各地专家、学者与美国、越南等海外瑶族同胞代表齐聚乳源进行探讨和交流。

【打造引资引智平台】 2015年，县侨联结合履行侨联职能与服务发展，加强联系，关心、支持在乳源发展的港澳台同胞和海外侨界人士，协调解决各种困难和问题，为招商引资搭建平台。12月，组织安排部分香港乳源同乡联谊会成员到乳源考察经济开发园区，商谈建立园区总部经济和开发县城老城区温泉片等项目。 （叶招娣）

附：县归国华侨联合会领导名单

副主席：郭富强（兼）

邓学良（兼）

残疾人联合会

【概况】 乳源瑶族自治县残疾人联合会（以下简称县残联）承担全县残疾人业务工作，内设办公室和康复教育就业股，有行政编制5名，下设残疾人综合服务中心，有事业编制4名。年末，在职人数14人。

2015年，县残联围绕残疾人社会保障体系和服务体系建设，履行部门职责，全县残疾人事业发展状况良好。

【康复救助】 县残联以服务残疾人及残疾人家庭为宗旨，全面开展残疾人康复工作。全年有0—6岁的8名智障残疾儿童进入县康复中心接受免费抢救性康复训练和照料，成效明显。7月14日，省三九脑科医院、市第二人民医院、市残联康复中心的医生专家到乳源开展0—7周岁听力语言、肢体、智力、孤独症残疾儿童筛查，确诊出符合指征的残疾儿童19名。根据需求适配，向33名困难残疾人免费供应和配发各类辅助器具36件，其中轮椅27台。开展精神病人服药和住院救助，做好精防工作，为100名精神病患者发放服药补助5万元，为8名精神病患者发放住院补贴3.2万元。

【教育帮扶】 县残联做好困难残疾学生帮扶工作，落实助学补贴发放，为27名就读于中、高等学校的残疾学生发放助学金600元—800元/人，为5名应届残疾大学生发放一次性助学补贴1万元/人。

【就业培训】 县残联组织19名残疾人报名参加市残联举办的SYB创业、初级电脑、网店微运营专才、养蜂及糕点制作等职业技能培训班，提升残疾人职业技能水平和就业能力。落实上级按比例安排残疾人就业相关文件精神，成功推荐12名残疾人到企业就业。

【社会救助】 县残联为4000名残疾人免费申报城乡居民基本医疗保险，为435名重度残疾人免费办理城乡居民社会养老保险。为全县1215名低保、低保家庭成员、五保残疾人和残疾军人发放生活津贴145.8万元，为1572名一、二级重度残疾人发放护理补贴282.96万元。为104位肢体残疾人申报2016年机动轮椅车燃油补贴，保障肢体残疾人权益。遵循公平、公正原则，经过层层审核，为115户农村贫困残疾人申报危房改造补助金，保障困难残疾人住有所居、居有所安。

【“残保金”征收】 县残联围绕省、市文件精神，从实际出发，稳步推进全县残疾人就业保障金征缴和劳动就业工作，全县上下形成部门协调、支持和发展残疾人培训就业的共识。从4月开始，协同地税对全县企事业单位进行按比例安排残疾人就业年审工作，全年年审企业85家，收缴残疾人就业保障金70万元。

【组织维权】 县残联按照残疾人专职委员选聘条件，对全县9个乡镇115个村（居）委、2个林场的专职委员进行严格选拔，聘用一批年富力强、有文化、有感召力的残疾人担任专职委员。于5月17日“全国助残日”期间，对该批专职委员进行专项业务培训，夯实残联基层组织。优化残疾证办理流程，规范残疾鉴定方法，2015年累计新增残疾人办证数333件。认真贯彻《信访工作条例》，成立残疾人维权室，接待来访40余人次，提供法律援助2起，有效处理网络问政2件，无越级上访和群众性上访事件发生。

【残疾人“专项调查”工作】 县残联根据中央、省、市、县残工委关于残疾人基本服务状况和需求专项调查工作部署安排，1月份组织调查人员对全县 4310 名在册残疾人开展入户调查和电话调查，填写残疾人调查表 4260 份，入户调查率达 96.24%。2 月，安排专人对调查数据进行复核，对不规范的调查表和数据及时进行更正和重新调查。3 月，安排工作人员对调查数据进行采集录入，历时 20 多天完成所有数据的录入和复录任务，确保各项数据准确无误。至 3 月底，按质按量完成上报任务，全面完成残疾人专项调查工作。（范永平）

附：县残疾人联合会领导班子成员名单

理事长：吴巧英

副理事长：冯邦庭

红十字会

【概况】 乳源瑶族自治县红十字会（以下简称县红十字会）是从事人道主义工作的社会救助团体，属群团机关序列副科级单位，主要负责在自然灾害突发事件中，对伤病人员和其他受害者实施救助，开展人道领域内的社会服务、社会公益活动和人道主义救援工作，推动县无偿献血工作的开展。

2015 年，县红十字会挂靠县卫生局，有编制 3 名，其中会长 1 名（由县领导兼任），副会长 1 名，秘书长 1 名。配备办公用房 2 间、红十字会备灾救灾物资仓库 1 间。

2015 年，县红十字会协助完成无偿献血 1102 人次，无偿献血量达 22 万毫升。对乳源各学校教师进行急救培训 100 人次。

【“博爱家园”项目】 2015 年，县红十字会向广东省红十字会成功申请援建一六镇乌石岭新村红十字会“博爱家园”项目。省红十字会为该项目投入 30 万元用于建设健身广场、避难场所、博爱书屋、防洪坝和急救知识宣传栏（以上设施建设于 6 月份竣工投入使用），投入 20 万元用于乌石岭生计发展项目。在乌石岭博爱新村成立基层红十字会，村委党支部书记为会长，村民组成志愿者队伍。

【无偿献血】 2 月 14 日，县红十字会协助情人节爱心献血活动；6 月 12 日，协助南方电网、银源公司员工无偿献血；6 月 9 日，协助政府机关和公安武警系统爱心献血；9 月 11 日，协助教育系统爱心献血。35 名志愿者协助上述 4 次活动，完成 400 人次的无偿献血计划。

【协助香港爱心团队】 4 月 4 日，县红十字会协助香港爱心团队在乳源举办助学扶医徒步活动，组织 60 名志愿者参加活动。11 月 14 日，协助香港爱心团队在乳源古母水举办饮水工程徒步捐款活动，组织 50 名志愿者参加。

【慰问老人】 2015 年，县红十字会组红十字会志愿者 186 人次开展探访、慰问老人活动 8 次，关爱老人，为老年朋友送上慰问品。4 月 12 日，到洛阳敬老院探访老人。5 月 17 日，到侯公渡敬老院探访老人。5 月 19 日，到岭溪石角村探访残疾老人张立顶。6 月 14 日，到桂头敬老院探访老人。8 月 16 日，到大布敬老院探访人。9 月 25、26 日到东坪敬老院、兰厂、岭溪等地给老人送中秋月饼。12 月 8 日，到桂头敬老院探访老人。12 月 27 日，到洛阳敬老院探访老人。

【关爱儿童】 10 月 10 日至 11 日县红十字会组织志愿者分三组到大桥镇、洛阳镇、游溪镇、乳城镇、东坪镇、必背镇和桂头镇慰问 70 位单亲家庭贫困学生，为学生送上书、学习用品和助学金。先后协助 2 名贫困先心病儿童申请免费手术，并在广州陆军医院成功完成手术，实现康复。（曾凯鸿）

附：县红十字会领导名单

会　长：梁丽娟

副会长：文清良

秘书长：曾凯鸿

革命老区建设促进会

【概况】 乳源瑶族自治县革命老区建设促进会（以下简称县老促会），属县政府管理的社团组织。

【数据统计】 2015年，县老促会开展2010—2015年有关数据统计工作，其间向党委政府建议报告86份，批复78份。创新扶贫开发模式项目180个，脱贫1265户。县以上政府批准项目立项78个，总投资123952万元。为老区募捐资金42万元，向老区捐款21万元。资助老区中小学13间、贫困大中小学生1419人。修建乡镇卫生院3间，派出医疗队46批，义诊2209人次。修建乡间公路3.06公里，架设便民桥14座。修水库电站19座，架设电线2.5千米。建图书室、健身场27个。捐赠文体器材22件，图书16万册，电脑563台。修复革命遗址2处，救助老红军军烈属6人。助老区农民就业8696人，接受职业培训2069人。老区农民现代远程教育基地15个，接受教育4348人。

【宣传工作】 根据省、市老促会文件精神，县老促会印发资料64份，深入学习贯彻习近平总书记关于老区建设重要讲话。完成2016年度老区杂志《中国老区建设》1800本和《源流》1560本订阅指标。

【申报重点革命老区县】 县老促会协助县委、县政府完成“桂头杨溪曲合渡口红七军渡江战斗、张云逸率红七军经过必背半岗岭、大桥镇铁龙头村救助红七军伤病员和反围剿战斗，以及大桥镇柯树下村农军与国民党军战斗”等历史资料收集整理，推动乳源瑶族自治县申报重点革命老区县工作。

【保护和修复革命遗址】 县老促会协助县史志办进行党史资料收集整理、革命遗址认定以及撰写碑文，参与保护修复乐夫农民协会和农军防御战遗址、云门歼灭战遗址、上座保卫战遗址、铁龙头反“围剿”战斗与红七军伤病员养伤遗址、乳北人民抗征队会议遗址、红七军经过必背半岗岭瑶寨遗址、白竹战斗遗址、柯树下农民自卫军防御战遗址和大布老区纪念公园。

【资金支持】 县老促会配合省老促会开展“思源反哺老区，助解医疗困境”书画认捐活动，认捐资金5万元。引进香港希望之友教育基金会20万元，帮助大布中学进行教学楼修缮工作。争取到省、市财政资金17万元，其中12万元用于支持大布镇英明村委3个自然村硬底化公路建设，5万元用于支持一六镇乐夫村饮水工程建设。

【制定“十三五”规划】 根据韶关市革命老区经济社会发展“十三五”规划方案，县老促会制定县革命老区经济社会发展“十三五”规划方案，明确“十三五”目标任务。 （李亚才）

附：县革命老区建设促进会领导班子名单

会　长：莫瑞福

副会长：钟永进（兼秘书长）

瑶族海外联谊会

【概况】 乳源瑶族自治县瑶族海外联谊会（以下简称县瑶族海外联谊会）成立于1998年9月25日，是乳源各界人士与海内外瑶族人士及其社团进行联系、合作的涉外民间组织和具有独立法人地位的全县性社会团体。

2015年，县瑶族海外联谊会重点开展过山瑶文化史料收集整理工作，加强与国内外瑶族同胞联系。

【国外联谊】 11月13日至15日，县政协副主席、瑶族海外联谊会顾问邓国雄，县民宗局局长、瑶族海外联谊会秘书长王东代表乳源瑶族自治县赴美国参加2015年“海外十二姓瑶人拜盘王愿”庆典活动。

【过山瑶文化史料收集】 县瑶族海外联谊会与瑶学会共同开展过山瑶文化史料收集整理调查登记工作。截至12月31日，完成东坪镇辖区茶坪、下寨、东田、新村，游溪镇辖区大村、冷水岐、中心洞、莲塘边村等8个村委2498户，10528人的登记工作。

【为瑶区民众排忧解难】 4月，县瑶族海外联谊会到瑶区调研，向游溪镇人民镇政府提出修复游溪镇冷水岐村被洪水破坏的道路和桥梁建议，得到重视和采纳。10月，道路和桥梁修复工作完成。

【人事变动】 5月，县瑶族海外联谊会秘书长变更为王东。8月，法定代表人变更为盘永花。

【修改章程】 5月，经县瑶族海外联谊会常务理事会议一致议定，对县瑶族海外联谊会章程第1页第1章总则第3条、第2页第3章第7条等9处内容进行修改。（盘永花）

附：县瑶族海外联谊会领导名单

会　长：赵志发

秘书长：王　东

工商业联合会

【概况】 乳源瑶族自治县工商业联合会（以下简称县工商联）是中国共产党领导的面向工商界，以非公有制和非公有制经济人士为主体的人民团体和商会组织。2015年，县工商联机关有行政编制在人员2人，工勤编制在职人员1人。党组书记兼专职副主席1名。

2015年，县工商联发挥职能作用，履行参政议政职责，加强会员发展与服务，推进自身建设，积极开展非公有制经济体调研，为县委、县政府决策提供参考依据。

【召开第五届第四次执委会议】 7月，县工商联（总商会）召开第五届第四次执委会议，总结一年工作情况，提出下一阶段工作任务和要求。会议新增（补）选黄立东为工商联（总商会）专职副主席，杨德、孙涛、杨富成、曾庆明为工商联（总商会）副主席，李文哲、罗勇荣、董红雨、赵伟华为总商会副会长，孙志宁为工商联（总商会）执委。

【成立纳税人权益保护中心】 8月，县工商联（总商会）、县国税局和县地税局共同发起组建的乳源瑶族自治县纳税人权益保护中心在县工商联挂牌成立。该中心由以法律法规为依据，以纳税人正当需求为导向，以提高纳税人满意度和税法遵从度为目的维护纳税人权益，开展宣传辅导，畅通联系渠道，促进征纳沟通，保护纳税人的合法权益。

【商会交流】 8月，县工商联（总商会）与湖南省郴州市北湖区、苏仙区及桂阳县工商联（总商会）缔结“友好商会”，利用商会间友好往来，搭建交流合作平台，为地域经济发展、招商引资觅得新路径，为广大非公经济人士筑起新的创业空间，促进地区经济发展，实现“两地联手、互利共赢”。

【社会公益活动】 扶贫“双到”。2015年，县工商联（总商会）开展扶贫“双到”工作，支持洛阳镇扶贫款3000元，支持必背镇扶贫款5000元。

助学活动。9月县工商联（总商会）及会员与中山市鸿邦制漆有限公司董事长梁仲华、广东狮子会福慧服务队等一批爱心人士到东坪镇、大桥镇、游溪镇、桂头镇等贫困户家中，开展扶贫助学活动。活动资助贫困学生近100名，并为偏远山区的孩子们送去电脑、学习机、学习文具、体育用品等慰问品及慰问金，共计10万余元。总商会青年会员筹集助学金5万元，首批对5名大学生发放2.8万元。

【开展关心下一代工作】 县工商联（总商会）引导县非公有制经济组织和非公有制经济人士推进关心下一代工作，截至2015年，发展有15家非公有制企业成立关工委组织。加强青年职工的业务技能培训，提高青年职工和职工子女的思想道德素质、科学文化素养，帮助青年职工排忧解难，关心青少年弱势群体和特殊群体，促进“两个健康”（非公有制经济健康发展和非公有制经济人士健康成长）发展，努力构建和谐社会。

2015年，县工商联（总商会）关工委被县关工委评为“乳源关心下一代工作先进集体”，骆艳红被县关工委评为“关心下一代工作先进工作者”。

【发展商会会员】 2015年，县工商联（总商会）发展广东扬成铝材实业有限公司、韶关硕成化工有限公司、韶关盈田环保材料有限公司、乳源锴盛模具材料有限公司、韶关威鸣研磨材料有限公司、乳源瑶视文化传媒有限公司、乳源弘成房地产开发有限公司、乳源瑶族自治县农业协会和乳源典雅阁商行非公有制经济代表人士加入商会。

【构建合作平台】 2015年“十月朝”活动期间，县工商联组织部分成员与珠三角联谊会主要成员开展联谊活动，互相交流经验，提出合作框架，邀请香港同乡联谊会代表一行到乳源交流考察，共谋发展。（骆艳红）

附：县工商联领导名单

主　席：张红伟

党组书记、专职副主席：黄立东

法　　治

政法委及综治工作

【概况】　2015年，中共乳源瑶族自治县委政法委员会（以下简称县委政法委）围绕创建“平安乳源”目标，落实各项措施，维护社会和谐稳定。乳源在全省2015年度群众安全感调查中以83.31分排名全市第二，国安工作位列全市国安办年度绩效考核第一，创建平安韶关暨综治工作考评以92.88分，排名全市第三，评定为优秀等级。

【维稳防控】　2015年，县委政法委坚持打防结合，以防为主、源头治理，突出重点整治、定期研判，完善工作机制，落实工作举措，维护社会稳定。

挂牌整治社会治安。5月至12月，在全县开展社会治安重点地区和突出治安问题排查整治工作，县综治委挂牌整治县城入室盗窃重点地区，镇综治委挂牌整治5个社会治安重点地区和1个突出治安问题。在整治行动中，发放宣传资料3万多份，悬挂横幅130条，张贴标语1.8万张，电视滚动播出标语、短片600多条次。破获刑事案件148宗，抓获犯罪嫌疑人79人。查处治安案件35宗，抓获违法人员44人。

重要敏感节点维稳。坚持把重大节日活动维稳工作作为首要政治任务，全国“两会”、“9·3”抗战胜利日、国庆和十八届五中全会期间，多次召开全县信访维稳工作会议，强化预警，细化举措，加大涉军群体和重点人员稳控力度。重要防护时段没有发生进京非正常上访事件，没有发生重大群体性事件，全县社会大局持续稳定。

矛盾纠纷排查调处。坚持每月召开1次维稳形势分析研判及矛盾纠纷排查调处协调会，推广东坪镇矛盾纠纷化解与干部绩效挂钩新做法。5月，在全县部署开展深化社会矛盾化解工作，列账40宗案件，分成7个大类，成立7个化解工作组，截至12月，化解案件31宗。全县综治信访维稳平台受理突出矛盾纠纷278宗，成功调处271宗，调处成功率97.5%。

【综治创平】　县委政法委、县综治办按照省、市综治及创平工作统一部署，发挥部门职能作用，深化平安乳源建设，落实社会治安综合治理各项措施。

平安乳源创建。年初，县委政法委制定《乳源瑶族自治县2015年综治暨平安创建工作要点》，明确平安村居、平安家庭、平安校园、平安铁路等14类平安细胞创建目标任务；制定《乳源瑶族自治县平安小区创建工作方案》，全面推进平安小区创建。县委、县政府高度重视平安乳源创建工作，县委书记吴春腾等县四套班子领导经常深入基层一线检查指导，帮助解决创建中遇到的问题；县财政安排创建经费305万元（其中，专项工作经费15万元）；县平安办牵头并协调督导各镇、各单位宣传发动、阵地建设、矛盾化解、严打整治、民生建设等平安创建工作。坚持文化引领宣传做法，在全县悬挂横幅737条，张贴宣传标语2848条，制作宣传栏341块，发送短信120140条，接受群众咨询2万多人次，发放宣传资料80420份，发布微博372条，开展电视访谈报道31次，新闻媒体用稿300多篇。推广大桥镇挖掘西京古道、客家文化资源，东坪、游溪、必背镇传承瑶族传统文化做法。成功打造乳桂线新农村平安村居风光带，县城周边东莞商会新村、长乐新村等瑶区长廊平安村居带和方武村、汤盆村等库区长廊平安村居带。全县平安创建氛围浓厚，群众知晓率30.37%、排名全市第二。年底，命名、挂牌平安细胞55257个，实现平安细胞创建覆盖率100%、验收达标率95%以上，其中，平安镇9个、平安村居115个、平安家庭54873个、平安校园112个、平安医院13个、平安小区15个、平安企业65个、平安边界20条、平安铁路1条、平安林区11个、平安宗教场所1个、平安文化市场9个、平安景区5个、平安金融8个。

综治平台建设。抓好镇综治办标准化、综治维稳平台和政法信息化建设，整合三级政务服务平台资源，建成9个镇公共服务中心和102个公共服务站、农村集体“三资”管理平台和三级公共法律服务平台，与综治平台实现互通共享。添置一批政法网专用计算机、打印机、照相机、投影仪等办公设备，完成政法信息网标准机房建设。

铁路护路联防。以创建“平安铁路线”为目标，围绕“保障铁路安全和预防涉铁暴力恐怖活动”两个中心任务，开展涉铁矛盾纠纷排查、突出治安问题整治、爱路护路宣传、重点部位巡查等活动。6月25日，在桂头镇中心小学和东岸分校、七星墩分校以及桂头镇健身广场开展“爱路护路暨‘平安铁路线’创建”主题宣传咨询活动；6月26日，县护路办、县教育局联合在桂头镇中学开展爱路护路演讲比赛。2015年，铁路沿线师生群众爱路护路意识提升，治安秩序稳定，铁路安全畅通，未发生各类事故案件。

【防邪反邪】 2015年，县委政法委开展反邪教警示教育活动，张贴挂图、海报120张，制作宣传栏20块，悬挂横幅30条，派发《反邪教漫画读本》等资料10000多份。在县政府广场、各镇开展“反邪教百米画卷”宣传展览等活动15场次，组织全县在职党员干部观看《毒瘤—邪教透视》《邪教本质，残害生命》等警示教育视频，受教育党员干部90%以上。4月，在全县组织开展其他邪教组织和有害气功组织拉网式摸排。全国“两会”“4·25”“7·22”等敏感日期间未发生邪教组织聚会闹事等违法事件。在金狮公园依法阻止一游方和尚非法开展宗教活动。全面推进“三个一”无邪教创建示范工程建设，打造必背镇为省级示范点、乳城镇为市级示范点。

【国安工作】 2015年，县委政法委围绕“维护社会政治稳定、维护国家安全”工作重点，搜集维稳、危害国家安全深层次、内幕性、预警性情报信息，配合协助省、市国安局开展工作调查、调研16次，完成8类重点人员活动情况摸排，搜集不稳定信息5条，上报总结、调查报告、专项调研文章31份，省、市有关部门采用信息14份，配合化解突出矛盾纠纷2起。全年未发现敌对势力插手、蒙蔽群众，攻击党和政府、破坏国家安全、社会稳定情况。编印《中华人民共和国反间谍法》及解析、案例汇编、宣传标语1000余份。开展警示教育活动，全县没有发生重点单位及人员被渗透、策反、泄密、窃密事件。及时完善更新境外、宗教、邪教、社区矫正人员信息271人，港澳台企业信息30家。在全市国安工作绩效考核评比中名列第一。

【执法监督】 2015年，县委政法委围绕“司法公正、执法为民”主线开展工作，强化、完善执法监督工作机制，执法监督工作迈上新台阶。

疑难案件协调。对有争议重大案件，组织公检法等部门召开案件协调会。全年召开协调会3次，协调疑难案件5件，有效避免当事人缠访，促进社会稳定。

整治损坏群众利益行为。在全县政法系统中深入开展“坚决纠正涉法涉诉领域损害群众利益行为”专项整治行动，整治执法执业和信访工作不作为，没有发现政法部门损害群众利益行为。

涉法涉诉信访。完善司法救助制度，监督政法各部门具体实施救助工作，督促政法部门及时受理、妥善处理信访案件，全力化解涉法涉诉信访积案，维护群众合法利益。全年督促政法部门受理涉法涉诉信访77件（来信31件、来访46件），落实司法救助6件，发放司法救助金7.7万元。69件涉法涉诉案件息诉罢访。

建立干预司法追究制度。建立记录、通报和责任追究领导干部干预司法活动、插手具体案件处理制度，全年无发现领导干部干预司法活动、插手具体案件处理情况。

深化改革工作。年初，制定下发《乳源瑶族自治县深化法治领域改革工作要点》，9月，召开政法部门工作会议推进深化改革工作，完善执法司法管理体制和权力运行机制，提升政法机关维护社会公平正义能力。

【机关党建】 坚持以“人民满意”为标准，在干部职工中开展政法干警核心价值观、党规党纪、“三严三实”专题教育。开展创建党建工作规范化达标党支部活动，建成标准化党员活动室。全年组织党员观看教育影片3场，开展学习培训12场，“党员固定活动日”活动12次，志愿服务活动2次。9月，完成公务用车改革，完善车辆管理、财经管理，严格公务用车和公务接待。（冯永成）

附：县政法委领导班子成员名单

县委常委、政法委书记：黄寿生（—2015.04）
赵志敏（2015.04—）
副县长、县政法委副书记：连　卫
县政法委副书记、县综治办主任：罗天松
县政法委副书记、县国安办主任：徐越健
县政法委副书记、县防范办主任：陈文忠
县防范办副主任：刘建华
县综治办副主任：申飞翔

公　安

【概况】 乳源瑶族自治县公安局（以下简称县公安局）是县人民政府主管社会治安工作的部门，具有武装性质的治安行政和刑事司法力量，担负着惩治犯罪、保护人民、服务社会、维护稳定的重要职责。内设指挥中心（加挂办公室、情报信息中心牌子）、国内安全保卫大队、刑事侦查大队（加挂县禁毒办牌子）、经济犯罪侦查大队、治安管理大队（加挂爆炸危险物品监管大队牌子）、交通警察大队、特警大队（加挂巡逻警察大队牌子）、出入境户政管理科、政工办公室、监督室、法制科、警务保障科、网络警察大队等13个执法勤务和综合管理机构；下辖乳城镇、侯公渡、一六、游溪、桂头、必背、大桥、东坪、洛阳、大布等10个公安派出所；看守所、拘留所等2个监管场所。行政编制226人，年末实有民警231人、普工11人、辅警85人。

【维护社会稳定】 2015年，县公安局收集深层次、内幕性、预警性情报信息398条，开展出租车行业、香港“占中”事件专项调研2次，查处涉邪教案件2起、非法入境案件1起，处置扬言报复社会事件1起、灾害事故1起、群体事件苗头20起。

【打击刑事犯罪】 2015年，县公安局根据省公安厅、市公安局统一部署，开展“3+2”专项打击整治行动，严厉打击各类违法犯罪。全县立年内刑事案件582宗，破250宗，补立年前隐案21宗，破积案156宗，抓获刑事犯罪嫌疑人417人（刑事拘留416人，提请批准逮捕334人，移送起诉353人），打掉犯罪团伙20多个，破案为人民群众挽回经济损失200多万元。

【禁毒工作】 2015年，县公安局侦破毒品刑事案件69宗（其中公安部目标案件2宗、省公安厅目标案件4宗，千克毒品案件2宗），刑事拘留87人，提请批准逮捕87人，打掉涉毒团伙8个。查处吸毒行政案件346宗，抓获吸毒人员743人次（强制戒毒108人，社区戒毒83人，行政拘留398人）。侦破“9·23”特大制毒案件，缴获冰毒313公斤，制毒半成品76公斤。4月16日，在大桥镇深源、岐石两个村委铲除罂粟5391株。

【打黑除恶】 2015年，县公安局侦破涉黑恶案件24宗，打掉涉恶团伙3个，公诉118人，判决47人。

【治安管理】 2015年，县公安局受理治安案件783宗，查结493宗，查结率63%。查处违法人员871人〔警告17人、行政拘留448人〈并处罚款261人〉、罚款205人、其他201人〕。

民爆物品管理。全年审批炸药443952公斤，雷管121705发。审批剧毒化学品购买许可证25个。

旅馆业管理。查处不按规定登记住宿信息案件1宗。

印章刻制业管理。全年审核刻制公章1333个。

校园安全管理。全年整治治安乱点5处，处置涉校案事件3起（猥亵幼女案1宗、自杀1起、意外溺亡1起），化解涉校纠纷15起。

【交通安全管理】　2015年，全县发生道路交通事故38起，死亡14人，受伤45人，直接经济损失331190元。万车死亡率为3.86。

道路安全管理。排查道路安全隐患12处（完成整改11处）。新增道路标志牌50套，临时停车泊位57个，新建城区固定和流动灯控路口车道信号灯各1组。建成机动车安全技术检验监管系统，实现机动车远程查验和跨区域检验。建立9个镇级交管办，配备专职交通安全员42人；108个行政村配置交通安全协管员；设立农村交通安全劝导站55个，安装大喇叭65个。

交通秩序整治。查处纠正交通违法行为23180起（其中无证驾驶519起，酒后驾驶46起，醉酒驾驶5起，毒驾7起，超速行驶13480起）；查扣无牌无证、假牌假证机动车1445辆。

机动车及驾驶人管理。全年受理机动车注册登记2250辆、转移登记386辆、变更登记170辆、抵押登记85辆、注销登记297辆、补换牌证合格标志395辆、档案更正12辆、年检7651辆。受理驾驶证初领增驾458人、补证换证3414人、驾驶人年检624人、违法记分学习755人、自愿降级29人。

交通安全宣传。开展宣传活动35场，播放宣传光盘26次，设置固定宣传栏6处，张贴宣传画60张，发放宣传资料10000余份。

【出入境户政管理】　2015年，县公安局继续开展公民文明出境旅游宣传，做好空军招飞政审、辖区重点人员管控以及社区矫正工作。

人口统计年报。2014年度全县常住人口218426人。

户口登记清理。清理身份证重号2人；清理18周岁以上无相片人员数据4165条；完成人相比对核查任务521人；注销重复（虚假）信息户口1238个。

常住人口管理。审批户口迁移1531人次、入户2715人、户口变更362人次、制发二代居民身份证14527张，办理临时身份证4026张。开展门牌号码编制装订，编制乳城镇鹰峰东路门牌标志牌549个。

流动人口、出租屋管理。新增登记流动人口信息469条，居住证受理290人，擦写365人次，出租屋安装门禁一间，新增登记境外人员9人。

出入境管理。办理普通因私护照2138人、港澳通行证5302人、赴港澳签注15868人次、赴台申请182人、赴港澳定居申请6人。完善国家工作人员报备工作，报备单位64个4284人。

【监所管理】　2015年，县看守所羁押748人，处理出所478人，年末羁押275人；拘留所关押行政拘留人员802人，期满释放790人，年末关押67人。年内，通过公安部“五化建设”（勤务模式科学化、执法行为规范化、管理工作精细化、监管手段信息化、设施保障标准化）验收，再次被公安部评为二级看守所，是韶关唯一的县区二级所。1月26日，举行“广东省法治文化建设示范点”挂牌仪式，成为全县首个法治文化建设省级示范点。

【社会管理】　2015年，县公安局推进DQB平台应用，列管本地重点人员1597人，处置常控预警信息3183条（红色24条，橙色2条、黄色360条，蓝色2797条），抓获在逃嫌疑人2名。监控预警信息8条，抓获嫌疑人6名。

【网络安全管理】　2015年，县公安局监控收集舆情信息36条，处置网络舆情10起。对全县7间网吧督促落实实名登记制度，行政处罚1宗。开展WIFI热点摸查，掌握辖地WIFI使用数70个，投入300万元在县城和各乡镇建设警用热点110个。开展打击电话“黑卡”专项治理。年内，移动、联通、电信三家运营商在网用户实名制均达到90%以上。

【安保工作】　2015年，县公安局开展“1131”等警卫任务14次。完成云门寺释迦宝塔开光大典、第三届环南水湖自行车赛、第九届“十月朝”文化旅游节、粤北（乳源）农特产品博览会、普通高校招生考试等大型群众性活动安保工作30多项。

【机制创新】　3月，县公安局整合资源，建立县级“四侦合一”（情报、技术、网侦、图侦）、“四位一体”（打击、管控、防范、发现）合成化作战模式。

【基础建设】 2015年，县公安局投入274万元完成派出所案管中心建设，改建一间应急保障仓库，购置一辆防暴装甲车及一批公用、单警装备、办公设备。推进治安防控体系建设，新增社会视频联网1200个。加强基础信息工作，全年采集社会信息60多万条。

【惠民服务】 2015年，县公安局车管部门建成机动车安全技术检验监管系统，实现机动车远程查验和跨区域检验。9月底，启用互联网服务管理平台网上和窗口用户注册业务，10月份推出网上办理机动车、驾驶人业务。户政窗口购置2台出入境自助办证一体机，简化流程，方便群众。信访部门完成“五个一”（一支工作队伍、一个接访场所、一套信息系统、一套制度规范、一笔工作经费）建设。视频办建立盗抢案件电话回访制度。

【公安宣传】 2015年，县公安局在中央、国家级媒体发稿55篇、省级媒体294篇、市级媒体91篇。

【队伍建设】 政治建警。2015年，县公安局开展“三严三实”等学习教育活动，增强民警的宗旨意识、服务意识、奉献精神。

素质强警。落实“战训合一，轮训轮值”制度，组织开展领导干部大轮训、民警岗位大练兵、警种专业大比武活动。

文化育警。组织各类文体活动，提升队伍凝聚力。

从优待警。落实各项从优待警措施，加强警察职业保障。

全年有14个单位、150名个人获得各级各类立功表彰和荣誉称号，无发生民警违法违纪问题。县公安局获全市“3+2”专项打击整治行动考核总成绩第1名。乳源在全省2015年度群众安全感调查中，以83.31分排名全市第二。（朱孝华）

附：县公安局领导班子成员名单

党委书记、局长：连　卫

党委副书记、政委：张伙胜

党委委员、副局长：邓思东

张文东

白宜安

党委委员、纪委书记：龙东升（2015.07—）

党委委员、消防大队大队长：于卫平

党委委员、指挥中心主任：龙东升（—2015.07）

依法治县工作

【概况】 2015年，是《法治广东建设五年规划（2011—2015年）》的收官之年，也是乳源瑶族自治县贯彻实施五年规划推进依法治县的关键一年。依法治县办根据省、市工作要点要求，开展“法治县”创建各项工作，取得较好的成绩，全县“办事依法、遇事找法，解决问题用法，化解矛盾靠法”的法治氛围形成，全县经济发展和社会和谐稳定得到法治保障。年末，在职人员4人。

【调整领导小组成员】 切实加强对依法治县工作的领导，全面推进依法治县工作。4月16日，经县委研究，县依法治县工作领导小组重新调整组成人员。组长由县委书记、县人大常委会主任吴春腾担任，常务副组长由县人大常委会常务副主任马福德兼任，副组长由县领导伍文、黄寿生，许益云、许尔华、连卫担任，成员由县公安局、县人民检察院、县人民法院、县司法局等19个相关单位主要领导26人组成。领导小组办公室设在依法县办，许尔华兼任办公室主任，林光平任副主任。

【制定法治县工作规划】 2015年，县依法治县工作领导小组办公室牵头，按照《广东省2015年依法治省工作要点》和《韶关市2015年依法治市工作要点》的通知要求，研究制定《乳源瑶族自治县2015年依法治县工作要点》，发至全县各部门征求意见。6月6日，印发《乳源瑶族自治县2015依法治县工作要点》《2015年详细工作计划》《2015年依法治县工作具体目标任务和职责》，将各项工作的目标、任务层层分解落实到各级、各级部门，明确各级部门“法治县”创建的工作任务和职责。全县各单位相应制订职能部门“2015年依法治理工作具体实施计划”，并组织实施。县委将依法治理工作的成效列入各单位、各部门绩效考评体系，主要领导和分管领导就法治创建工作多次下乡到基层调研和督查指导。

【“民主法治村（社区）”创建活动】 根据《乳源瑶自治县民主法治村创建实施方案》2015年，全县有34个村（社区）开展主法治村创建工作。各镇根据“民主法治村”创建实施方案，相应成立工作领导小组，制定工作计划和组织实施。围绕群众反映突出的热点、难点问题，依法进行专项治理，切实解决关系群众切身利益的问题，农村不稳定因素及时化解，村委干部和群众学法、守法、用法的意识和法律素质明显提高，全县无发生重大群体性事件，党群干群关系融洽。县依法治县办制定相关民主法治村创建工作目标任务及考核办法，将“民主法治村”创建工作纳入乡镇年度绩效考核。截至6月30日，全县9个镇102个村居全面完成民主法治村（社区）创建的工作。乳城镇大群村取得成效明显。3月，被评为“全国民主法治示范村”荣誉称号。

【法治文化建设】 县依法治县办推广乳源看守所开展法治文化建设的成功经验，开展全县法治文化教育活动，采取寓教于乐和潜移默化的教育方式，利用节日的契机开展各种法治文化宣传教育，扩大法治宣传的覆盖面和渗透力，适时在县政府广场组织开展多次大型的法治文化宣传活动，营造全社会广泛参与学法、守法、用法的依法治理氛围。1月26日，市依法治市常务副主任陈绍球、县人大常委会副主任许尔华和副县长、公安局长连卫到县看守所参加“广东省法治文化建设示范点”揭牌仪式。12月，县依法治县办与县委宣传部共同举办法治杯摄影大赛，制作出《法治广东建设五年规划（2011—2015年）》乳源实施图片集。

【普法宣传教育】 依照省、市“六五”普法和2015工作要点的要求，县依法治县办与县司法局联合牵头，组织全县各级部门实行“谁执法谁普法”的普法责任制。一是组织全县各职能部门，利用各项法律颁布实施纪念日，有针对性地开展各项宣传活动。二是组织全县领导干部、公职人员、学校、企事业、乡镇干部职工，村（居）两委干部积极学法、用法和普法考试，参加考试单位参加对象达到100%；各单位干部职工学法用法、普法考试纳入各单位年度绩效考核。三是组织新招录公务员学习宪法和法律知识，对新招录公务员举行向宪法宣誓仪式。四是组织举办中小学校法律知识讲座，以“法制副校长”、律师和法律工作者为主体，对全县范围内的中小学校大力开展与青少年权益保护和健康成长相关的法律法规知识专题讲座。五是“12·4”全国法制宣传日，组织开展主题为“弘扬宪法精神、建设法治乳源”的法制宣传日和法制宣传周咨询活动。参加活动单位有宣传部、法院、检察院、信访局等18个单位。全县普法宣传取得良好效果。

【依法行政专题法治讲座】 7月6日，召开县委中心组理论学习（扩大）会议，会议邀请省人大常委会法制工作委员会主任王波作依法行政专题讲座。县四套班子领导，县直单位副科以上干部，各镇党委书记和镇长、人大副主席、司法所长，县人大常委会组成人员，县人大机关全体干部及上级直管单位副科级以上干部等参加会议，参会人数400多人。会上，王波做《深入推进依法行政关键要在严格执法上下功夫》的专题辅导。

【五年规划终期检查验收】 根据广东省《法治广东建设五年规划（2011—2015）执行情况终期检查评估的各项要求，9月9日，县依法治县办下发关于开展《法治广东建设五年规划（2011—2015年)》终期检查验收的通知，各镇、各相关责任单位根据任务分解工作，对照标准，积极组织自查自纠工作，并指定专人负责，分管领导负责把关，县依法治县办组织有关人员到各单位检查督促指导。9月16日，韶关市检查组到桂头镇、乳源中学、县司法局、县依法治县办等单位进行终期检查指导，并通过检查评估，乳源贯彻实施“十二五”规划顺利通过市的检查验收。

【加强按法治框架解决基层矛盾工作开展】 根据省、市2015年工作要点的要求，5月，在洛阳镇开展“按法治框架解决基层矛盾”试点工作。试点工作成效明显，受到上级好评。12月15日，市人大召开在全市全面推开按法治框架解决基层矛盾工作会议精神，市人大常委会副主任张平与各县（市、区）签订目标责任书。12 月 28 日，经县委研究，决定成立乳源瑶族自治县按法治框架解决基层矛盾工作领导小组，组长由县委书记、县人大常委会主任吴春腾担任，副组长由伍文、马福德、林昌卫、赵志敏、许益云、伍梅华、许尔华、连卫担任，成员由 40 部门的主要领导组成。12 月 30 日，县依法治县办组织召开乳源瑶族自治县按法治框架解决基层矛盾工作会议，全面推进按法治框架解决基层矛盾工作。（王香文）

附：县依法治县办领导班子成员名单

主　任：许尔华

副主任：林光平

检　　察

【概况】 乳源瑶族自治县人民检察院（以下简称县检察院），内设政工科、办公室、侦查监督科、公诉科、反贪污贿赂局（含侦查一科、侦查二科）、反渎职侵权局、刑事控告申诉检察科、监所检察科、民事行政检察科、职务犯罪预防科、案件管理中心、司法警察大队、派驻桂头检察室。在编干警 37 人。

2015 年，县检察院围绕“强化法律监督，维护公平正义”的检察工作主题，强化法律监督、自身监督和队伍建设，参与依法治县和社会综治及创平、创文工作，推进司法体制改革。

【侦查监督】 2015 年，县检察院依法受理审查逮捕案件 231 件 449 人。依法批准（决定）逮捕 181 件 346 人。依法作出不批准逮捕 49 件 102 人。依法提前介入案件 1 件，纠正漏捕人犯 8 人。依法发出《检察建议书》7 份、《逮捕案件继续侦查取证意见书》79 份、《不捕理由说明书》66 份、《纠正违法通知书》5 份、《侦查活动监督通知书》4 份、《要求说明不立案理由通知书》4 份。

【公诉工作】 县检察院依法受理移送审查起诉案件 199 件 372 人。依法提起公诉案件 125 件 178 人。依法作出不起诉决定 4 件 8 人。依法发出《纠正违法通知书》10 份，退查案件 45 件 126 人。依法发出《检察建议书》15 份。依法作出不起诉决定案件 3 件 3 人，纠正漏诉 33 人，提起抗诉 4 件 4 人。依法发出《检察建议书》11 份，提出量刑建议 115 份。

【反贪污贿赂】 2015 年，县检察院依法立案查处涉嫌贪污贿赂犯罪案件 11 件 11 人，移送审查起诉 11 件 11 人。

【反渎职侵权】 2015 年，县检察院依法立案查处涉嫌渎职侵权犯罪案件 6 件 6 人，移送审查起诉 6 件 6 人。

【刑事控告申诉检察】 2015 年，县检察院依法受理举报线索 17 件，受理来信 14 件。检察长（含部门负责人）接访 25 次。办理刑事被害人救助案件 2 件、国家赔偿案件 1 件 1 人、刑事申诉案件 1 件。

【监所检察】 县检察院依法保障在押人员合法权益，维护监管场所的安全与稳定，防止超期羁押。依法向看守所发出《检察建议》3 份，向县人民法院发出《检察建议书》1 份。依法监督社区矫正工作。

【民事行政检察】 县检察院依法受理并立案民事行政诉讼案件 27 件，办结 24 件。依法采用民事诉讼监督方式，对吴某与曾某的民事虚假诉讼案提起抗诉，为国家挽回经济损失 80 多万元。

【犯罪预防宣传】 县检察院开展“五进”（进机关、进企业、进乡村、进社区、进学校）专项预防工作。讲授法律知识辅导课 15 次。组织县直有关单位、村（居）干部到韶关市预防职务犯罪教育基地等接受警示教育 17 次。组织有关单位人员观看警示教育光碟 4 场。

【案件管理】 县检察院利用网络信息平台，发布案件程序性信息 475 条、主要案件信息 45 条，公开法律文书 150 份，辩护与预约申请 40 次。举办“检察开放日”活动 2 次。

【派驻检察室工作】 2015年，驻桂头检察室对所辖桂头镇、一六镇、必背镇、游溪镇4区公职人员上法制教育课4次。

【接受人大、政协监督】 县检察院邀请县部分人大代表、政协委员到该院听取开展规范司法行为专项整治工作情况专题汇报2次。组织县部分人大代表、政协委员到县人民法院参加公开观摩庭活动。

【司法体制及检察改革】 县检察院根据上级检察机关的部署要求，做好资产清算、登记资产、编制2016年办公办案预算等司法体制及检察改革的前期准备工作。

【队伍建设】 县检察院结合“三严三实”教育实践活动以及司法专项整治工作，开展抓中央八项规定落实情况和干警的政治纪律、组织纪律、廉洁从检纪律等方面教育工作。全年，组织干警参加各类培训学习280多人次。 （陈文平）

附：县人民检察院领导班子成员名单

党组书记、检察长：袁瑞刚

党组副书记、副检察长：赵良湾

党组成员、副检察长：李和平

党组成员、副检察长、反贪局局长：谢　健

党组成员、政工科科长：周　丽

法　院

【概况】 乳源瑶族自治县人民法院（以下简称县人民法院）内设办公室、政工科、纪检监察室、书记员管理办公室4个综合部门和立案庭、刑事审判庭、民事审判第一庭、民事审判第二庭、行政审判庭、研究室、审判管理办公室、执行局8个业务部门，1个直属机构司法警察大队，下辖桂头法庭、大桥法庭、大布法庭3个派出法庭。有中央政法编制61名，机关后勤服务人员数6名；2015年有在职干警60人，其中法官30人，司法辅助人员20人，司法警察5人，其他工作人员5人。

2015年，县人民法院围绕“努力让人民群众在每一个司法案件中感受到公平正义”的目标，坚持司法为民、公正司法工作主线，忠实履职，全年受理各类案件1339件（含旧存65件），审结、执结1220件，比2014年上升14.25%和10.12%。

【刑事审判】 2015年，县人民法院受理刑事案件127件，审结125件，判处罪犯199人。严厉打击故意伤害、抢劫、强奸等严重暴力犯罪和盗窃、抢夺、诈骗等多发性侵犯财产犯罪，积极参与平安乳源创建，努力维护社会稳定。坚持宽严相济刑事政策，罚当其罪，对情节较轻、有悔罪表现的初犯、偶犯、从犯、未成年人犯等，依法从宽处理，判处非监禁刑62人，非监禁刑适用率为31.2%。加强少年审判工作，完善审判方式，强化涉罪未成年人帮教，健全防控未成年人违法犯罪工作机制，保护未成年人合法权益，审理未成年人案件5件11人。

【民商事审判】 2015年，县人民法院受理各类民商事案件882件，旧存39件，审结848件，诉讼标的金额2.31亿元。重视涉民生案件审理，审结婚姻家庭、遗产继承、抚养、赡养、侵权纠纷等民事案件289件，审结民间借贷、金融借款合同纠纷案件153件，审理追索劳动报酬、农村土地流转、宅基地纠纷等“三农”案件38件。

【行政审判】 2015年，县人民法院全面推行诉外沟通、庭前对话、庭中协调、庭后建议工作模式，采取协调方式实质解决行政争议。支持行政机关依法行政，维护执法权威，强化具体行政行为审查，维护行政相对人合法权益。加强与行政机关交流协调，促进司法与行政良性互动。全年受理行政诉讼案件10件，审结10件，审查非诉行政执行案件5件。

【执行工作】 2015年，县人民法院深化“转变执行作风，规范执行行为”专项活动，堵塞案件管理漏洞，清理长期积案，严厉打击规避、抗拒执行行为，回应群众关切。推进“总对总”全国法院网络查控系统建设，深化网上“点对点”查控被执行人银行存款、车辆、出入境、房地产等执行机制。推行涉诉资产集中拍卖和网络司法拍卖，降低买受人成本，接受社会监督。用尽执行措施，依法采取查封、冻结、扣押、司法拘留等强制措施，维护当事人胜诉权益。全年受理执行案件255件，旧存26件，执结237件，执结率84.3%，执行标的金额1.27亿元。

【司法改革】 2015年，县人民法院坚持遵循司法规律、符合改革要求、发挥首创精神原则，稳步推进司法改革。细化主审法官、法官助理、书记员岗位职责，分工负责，相互配合，提升办案效率。下放裁判文书签发权，落实办案责任制，实现让审理者裁判，由裁判者负责。深化人民陪审员制度改革，加大参审力度，保障落实人民参与权、表达权、监督权。推行立案登记制改革，强化立案引导，接收符合法律规定的诉状，当场立案，一次性全面告知需要补正材料，减轻当事人诉累。

【司法为民】 2015年，县人民法院树立“文明立案”理念，倡导文明接待、文明用语、文明答疑，提升司法服务水平。更新诉讼指引及常用诉讼文书样式，印发诉讼常识、诉讼须知，方便群众诉讼。加大司法救助力度，让经济确有困难的当事人打得起官司，全年对困难群众减、缓、免交诉讼费15.28万元，对无法通过诉讼获得有效赔偿且生活陷入困难的当事人，给予及时救助，全年发放司法救助资金6.6万元。推行巡回办案，深入社区乡村、田间地头，及时就地化解矛盾，让司法走进群众、贴近群众，解决偏远地区群众诉讼不便问题。

【司法公开】 2015年，县人民法院常态化运行审判流程、裁判文书、执行信息“三大公开平台”，及时公开审判工作进度，方便当事人随时查询案件进展，在门户网站裁判文书公开平台和中国裁判文书网公布裁判文书322份。加强官方网站管理，按时更新网站内容，及时发布典型案例、审判动态、工作亮点、分析性信息、新法律法规、开庭公告等主题信息。

【队伍建设】 学习领会习近平总书记系列重要讲话精神，把握新时期法院工作的指导思想和目标任务。开展“三严三实”专题教育、“司法改革中的理想坚守”思想大讨论、向邹碧华学习等活动，引导干警坚定理想信念、坚守法治信仰、坚持秉公用权。开展机关作风建设，巩固拓展党的群众路线教育实践活动成果，深入整改“四风”问题和“六难三案”问题。重视干警教育培训工作，组织开展科技法庭操作、新行政诉讼法、新民事诉讼法司法解释等多项培训，提升干警审判业务和司法辅助能力。 （毛政新）

附：县人民法院领导班子成员名单

党组书记、院长：蓝韶东
党组副书记、副院长：许智昌
党组成员、副院长：廖聪有
　　　　　　　　　舒粤平
党组成员、政工科科长：邱惠芬
党组成员、纪检监察室主任：梁毓刚

司 法 行 政

【概况】 乳源瑶族自治县司法局（以下简称县司法局）是县人民政府的司法行政管理机关，对全县司法行政工作进行统一管理、指导、监督和检查。内设办公室、宣传教育股、基层工作管理股、公证律师管理股、社区矫正股、政工科。局机关政法专项编制16名，其中：局长1名，副局长2名，政工科科长（副科级）1名，正副股长（主任）6名（含政工科副科长1名）；后勤服务人员1名。

直属机构：县法律援助处、公证处，其中法律援助处配备参公管理事业编制10名（含主任1名，副主任2名）、公证处配备事业编制2名（含主任1名）。

各镇司法所是县司法局的派出机构，9个镇司法所政法专项编制21名，其中乳城镇、桂头镇、大桥镇司法所各3名，其余司法所各2名；镇司法所配备所长（正股级）。

【三级公共法律服务实体平台建设】 4月，县司法局印发《乳源瑶族自治县三级公共法律服务实体平台建设工作方案》，明确具体建设工作目标、建设规划、经费预算、解决办法和组织实施期限。确定建设工作方案，着手分工组织实施，重点抓好县级实体平台服务大厅的改建和配套完善无障碍通道建设、定制公共法律服务标志牌和县、镇两级公共法律服务平台的服务信息、办事流程等公示宣传栏，以及购置必要的办公设施设备、整合服务事项和服务载体等工作。6月底，县三级公共法律服务实体平台建设任务完成，9个镇公共法律服务中心和各村（社区）公共法律服务站分别依托各镇综治维稳中心或政务便民服务中心以及各村（社区）政务便民服务站挂牌成立，设置“公共法律服务”岗位。8月7日，县公共法律服务中心举行挂牌启用仪式。改建成立的县公共法律服务中心大厅面积约75平方米，大厅设施配备齐全。将法治宣传、人民调解、法律援助、公证、律师、社区矫正、安置帮教以及“12348”法律服务专线等法律服务资源全面整合进驻县公共法律服务中心，确保县公共法律服务中心按照省司法厅《关于推进公共法律服务实体平台建设的意见》的规定要求，为人民群众提供方便、快捷、高效的综合性“一站式”法律服务。

【人民调解】　2015年，县司法局为群众印制派发《人民调解法》《广东省信访条例》等宣传资料2000份，举办人民调解员业务培训班12期（其中县局举办3期，司法所举办9期）。在春节、全国“两会”、十八届五中全会重大活动和节日等敏感期间，组织开展矛盾纠纷大排查、大调解活动，对排查出的不稳定因素进行梳理、统计登记，及时做好调处工作。协助县、镇党委、政府处理山林、拆迁等方面的疑难复杂纠纷。全县各级人民调解组织调解矛盾纠纷1653件，调解成功1617件，调解成功率97.8%，成功化解桂头东升纸业有限公司门卫邓某工伤纠纷、大峡谷山石滑落砸伤游客事件赔偿纠纷、钟某与县人民医院医疗纠纷、蒙某与一六镇卫生院医患纠纷等各类复杂矛盾纠纷。

【法治宣传教育】　2015年，乳源“六五”普法工作通过市检查验收。开展送法活动19次，出动宣传车15车次，派出宣传员160多人次，为全县人民群众解答法律咨询2300多人次，发放宣传资料9000多份，悬挂横幅30多条。3月，乳城镇大群村委会被司法部、民政部评为第六批“全国民主法治示范村（社区）”。

【法律援助】　8月，县法律援助处进驻县公共法律服务中心办事大厅。全年承办各类法律援助案件102件，解答群众法援咨询310人次，为当事人挽回经济损失50万元向群众印制派发《法律援助条例》《法援知识小册子》等资料1000份、便民卡片1200张。

【公证工作】　8月，县公证处进驻县公共法律服务中心办事大厅。采取对外发放便民联系卡、电话预约办证等一系列便民措施，为年老、残疾、危重病人等特殊困难群众提供上门办证服务。办结各类公证共532件，其中继承公证120件，亲属关系证明21件，声明书214件，死亡公证90件，委托书23件，赠予41件，其他23件。

【安置帮教】　2015年，全县在册390名刑释解教人员，全部落实“四到位”（接收、安置、帮教、管控），帮教率100%，无脱管漏管，无重新犯罪。

【社区矫正】　2015年，县司法局严格按接收、入矫、建档、教育、监管、解矫的流程做好社区矫正工作，为全县97名在册社区服刑人员安装定位手机卡，依法按程序实行监管和矫正，未出现脱管失控现象。

【一村（社区）一法律顾问工作】　2015年，县司法局贯彻落实省委、省政府关于开展一村（社区）一法律顾问工作的部署。3月，召开全县一村（社区）一法律顾问工作动员会。指派律师分别进驻全县115个村（社区）签订法律顾问合同。顾问律师在村（社区）开展法治宣传，解决社会矛盾纠纷，促进基层组织民主法治建设，维护基层和谐稳定，全年接访咨询795次、调解纠纷31件、举办法治讲座183次、发放法律宣传手册3500余份，服务群众2765人次。　（曹松发）

附：县司法局领导班子成员名单

党组书记、局长：陈永汉

党组成员、副局长：郭富强

付冬妹

政工科科长：侯娟兰

武　　装

人　民　武　装

【概况】　乳源瑶族自治县人民武装部（以下简称县人武部）是乳源的军事领导机关，正处级单位，内设军事科、政工科和后勤科。主要职责：应对突发事件，维护社会稳定，维护地方政权；做好民兵教育训练，兵役登记，国防动员和兵员征集工作；平时服务，急时应急，战时应战。12月，县武装部被广东省军区评为“先进人武部”。

【政治工作】　1月至9月，县人武部全面贯彻落实上级指示精神，深入“三严三实”专题教育整顿活动。6月，开展“学习践行强军目标，做新一代革命军人”主题教育，通过展开讨论，使全体官兵领会要点，筑牢听党指挥的军魂意识，强化献身国防的奉献精神。

【军事训练】　2月，县人武部进行基本知识、基本技能和体能训练。3月，进行民兵专项训练。4月，进行民兵组织整顿和兵役登记。5月，召开韶关军分区战备、正规化建设试点现场观摩会，为全市各个县（市、区）做示范，受到与会领导高度赞扬。

【征兵工作】　7月，县人武部召开2015年征兵工作会议，部署全县征兵工作。2015年，实施为部队输送优秀新兵，圆满完成年度征兵工作任务。

【后勤建设】　2015年，县人武部完成房地产审计相关资料、补助补贴发放自查报告、军队住房建设管理系统数据采集、营区规划、营区纪实、污染治理和水利普查等相关资料统计上报。11月，在军分区统一组织指导下，完成民兵后勤保障分队建设工作。

（孙永利）

附：县人民武装部领导班子成员名单

部　长：吴炬光

政　委：闫振一（2015.02—）

副部长：阳　灿（2015.03—）

政工科长：陈泽川

后勤科长：邓宜勤（2015.03—）

人　民　防　空

【概况】　乳源瑶族自治县人民防空办公室（以下简称县人防办），为正科级行政单位，核定人员编制5名，其中行政编制3名，后勤编制2名，是县国防动员委员会常设机构和县人民政府办事机构。设专职主任1名、副主任1名，专职干部1名。

【指挥工程建设】　2015年，县人防办投资70万元建成人民防空机动指挥所，提升全县在防空袭斗争、抢险救灾和突发事件应急指挥的处理能力。

【人防体系建设】　2015年，县人防办委托解放军理工大学设计院完成乳源人防工程建设总体规划编制，为规范全县人防建设提供政策法规依据。

【防空警报试鸣和防空疏散演练】　10月20日，县人防办在县城区组织防空警报试鸣活动，在县八一小学举行防空疏散演练活动，增强人民群众国防观念和人防意识。

（傅神双）

附：县人民防空办公室领导名单

主　任：傅神双

副主任：庞胜星

武　警　中　队

【概况】　武警韶关市支队乳源瑶族自治县中队（以下简称县武警中队）组建于1983年6月，主要担负县看守所看守勤务和“处突”“反恐”、城市武装巡逻、抢险救灾等任务。

2015年，县武警中队学习贯彻落实中共十八届四中、五中全会精神，开展“三严三实”教育实践活动，被武警广东省总队评为“基层建设标兵中队”“正规化执勤标兵单位”“思想政治教育等级达标一级单位”，被武警韶关市支队评为“军事训练优秀单位”。选送技术学兵6人，预提指挥士官集训5人，发展党员4人，选改晋升士官3人。县武警中队荣立集体三等功，2人荣立三等功，1人被省武警总队评为“优秀基层主官”。

【思想政治教育】　2015年，县武警中队深入学习中共十八大精神和习近平总书记系列重要讲话精神，贯彻落实习近平总书记“能打仗、打胜仗”的指示要求，打牢官兵“忠诚于党、热爱人民、报效国家、献身使命、崇尚荣誉”的思想政治基础。1月至3月，开展“学法规、用法规、守法规、保安全”活动；4月，开展《军队基层建设纲要》学习活动；5月—12月，开展“争做新一代‘四有’革命军人”主题教育活动，培育革命军人核心价值观。2015年，县武警中队官兵思想政治教育等级评定为一级。

【军事训练】　2015年，县武警中队全体干部士官达到“四会”（会讲、会做、会教、会做思想工作）教练员标准，10名战士参加反恐骨干集训。开展“岗位练兵”活动，完成专勤专训、应急棍术、警棍盾牌操、擒拿技术、战术及体能科目训练，综合考核成绩名列支队第一。11月，参加省武警总队和市武警支队年终《军队基层建设纲要》考评，取得优异成绩。

【执勤处突】　2015年，县武警中队圆满完成看守固定勤务及上级赋予的各项任务，协助看守所押解犯罪嫌疑人72人次。　（孙　瑞）

附：武警乳源瑶族自治县中队领导班子成员名单

中队长：刘　航

指导员：孙　瑞

消　防　大　队

【概况】　乳源瑶族自治县公安消防大队（以下简称县公安消防大队）成立于1997年，下辖一个中队，有多功能抢险救援车、多功能主战消防车、水罐泡沫消防车、水罐消防车、抢险救援消防车、化学事故抢险救援消防车、22米登台平台消防车等执勤车辆。负责东至韶关市曲江区以西，南、西与清远市交接，北至乐昌市以南，2125.5平方公里区域消防安全工作，以及京港澳高速粤北段37千米至98千米，6个隧道、3个出口安全保卫和抢险救援工作。

【抢险救援】　2015年，县公安消防中队接警131起，出动消防车165辆次，出动消防人员913人次，抢救被困人员22人，疏散人员154人，抢救财产价值93万元。参与市、县两级的安全保卫工作4次。火灾起数相比2014年持平，继续保持零伤亡记录。

【消防监督执法】　2015年，县公安消防大队结合公安部“8·13”会议精神，联合安检、工商、环保等部门开展易燃易爆危险品场所大排查大整治专项活动，发现问题以县安委办的名义进行督促整改。县委常委、常务副县长林昌卫，副县长、县公安局局长连卫等领导多次听取工作汇报，对易燃易爆危险品场所专项整治活动作出批示，并亲自带队检查指导工作。

2015年，县公安消防大队联合安监、教育、食药、交通等部门，对全县27间幼儿园和8家敬老院进行专项检查。

2015年，县公安消防大队举办培训班对全县10个派出所23名消防专（兼）职民警进行业务培训。印发派出所消防安全大排查大整治活动登记表，由大队指定专人“一对一”联系协调，指导派出所应用消防监督执法业务系统。每季度结合县公安局量化考评工作，对全县派出所的消防监督管理工作进行考评，并予以排名公布，推动全县公安派出所的消防安全监督管理工作。建立四定（定人、定岗、定时、定量）工作机制，将4名消防监督执法人员警力推到执法一线，开展监督检查。

【消防安全保卫工作】 2015年，县公安消防大队清除辖区内火灾隐患，完成春节、全国“两会”、中共十八届五中全会、云门寺释迦佛塔开光庆典法会和粤北（乳源）农产品博览会期间消防安全保卫工作。

【宣传教育】 2015年，县公安消防大队投入专门经费，将旧车改造成消防宣传车，开展流动消防宣传工作。部署“移动互联网消防信息服务平台”建设，目标人群信息采集和录入率100%。按照省委、省政府办公厅《关于加强我省消防宣传教育工作的意见》和广东省贯彻实施《全民消防安全宣传教育纲要（2011—2015）》要求，完成消防宣传基础建设目标。完善消防宣传主题公园和消防安全宣传示范街，为群众营造随时随地学消防的良好氛围。结合119消防宣传月，联合相关部门，在电视广播、户外电视、公共交通和沿街铺面LED等媒介播放消防宣传示范片和公益广告。

【正规化建设】 2015年，县公安消防大队重视正规化建设，加大投入提升软硬件建设，把部队条令条例作为准绳，贯穿一日生活始终。结合全年工作目标完善营房标志设施规范，完成营区智能门岗系统、干部电子查铺查哨系统、上下班考勤系统建设，为强化请销假、晚点名、查铺查哨等制度和干部八小时以外的管理提供保障。每月召开一次队伍形势分析会，大队值班领导每周对中队进行督察指导，严格落实一日生活制度和等级执勤备战秩序，督促实现执勤规范化、训练实战化、工作流程化、生活条令化、管理精细化。

【思想政治教育】 2015年，县公安消防大队党委紧紧围绕“学习践行强军目标，做新一代革命军人”主题，每月进行议教，着力提升班子软实力。深入学习贯彻中共十八届五中全会和习近平总书记系列重要讲话精神，发扬党内民主，增进党内团结，加强党委班子及成员能力和作风建设。全力推进思想建设、组织建设、作风建设、制度建设以及反腐倡廉建设，保证大队高度稳定和健康发展。严格落各项规章制度，抓好各项主题教育活动，将廉政教育制度化、经常化，真正落到实处，有效维护队伍铁的纪律。组织官兵参加支队集中学习，落实每周集中学习制度，提升官兵综合素质。

【荣誉】 2015年，县公安消防大队党委被韶关市公安消防支队党委评为“党委建设好班子”，乳源中队荣获广东省总队级2015年度“先进中队”、韶关市消防支队“执勤岗位练兵先进中队”，大中队1人被韶关市公安消防支队授予“个人三等功”，1人被总队评为“训练标兵”，1人被总队评为“红旗车驾驶员”，4人被韶关市公安消防支队评为全市“优秀警官”，6人被支队评为“优秀士官”，9人被支队授予“个人嘉奖”。（吴剑辉）

附：县公安消防大队领导班子成员名单

党委书记、教导员：王云晖

党委副书记、大队长：于卫平

副大队长：罗良梁

参谋长：韩昆伦（2015.06—）

　　　　曾　硕（2015.12—）

中队长：沈玄悟（2015.09—）

指导员：吴剑辉（2015.06—）

副中队长：汪　冠（2015.06—）

经济管理

发展和改革

【概况】 乳源瑶族自治县发展和改革局是县人民政府工作部门，负责全县计划、物价、统计、粮食的行政管理、经济体制改革和指导全县统计工作。内设办公室（国民经济动员办公室、综合规划股）、投资与审批股（招投标管理股、重点项目稽查办公室）、工业科技农村社会股（经济体制改革股）、物价业务股、价格监督检查所、粮食调控与监督管理股、国民经济统计股、国民经济核算股、能源管理办公室等9个股（室、所）。机关行政编制24名。其中：局长1名、副局长3名，股长（主任、所长）9名，后勤服务人员3名。下辖县粮食储备中心（县粮食购销有限责任公司）、县价格认证中心、县普查中心。年底在职人数为45人。

2015年，乳源瑶族自治县实现地区生产总值（当年价，下同）65.9亿元，比2014年增长9.5%。人均生产总值35940元，比2014年增长8.7%。地方财政一般预算收入5.24亿元，增长3%。社会固定资产投资完成65.2亿元，增长16.9%。社会消费品零售总额完成20.4亿元，增长12.1%。农民人均纯收入10696元，增长10.2%。城镇居民可支配收入19448.1元，增长9%。人口自然增长率7.53‰，各项指标均完成年度计划。

【编制规划】 2015年，组织编制《乳源瑶族自治县国民经济和社会发展第十三个五年规划纲要》《乳源瑶族自治县2015年国民经济和社会发展计划草案》《乳源瑶族自治县社会信用体系建设规划（2014—2020）》等发展规划。

【固定资产投资】 社会固定资产投资完成65.2亿元，增长16.9%，全市排名第四。其中，县重点项目31项，计划总投资30.7亿元，完成投资25.06亿元，占年度投资计划的81.6%。全县6个项目被列入市重点（其中省重点2项），2015年度计划投资11.5亿元，完成投资13.3亿元，占年度投资计划的115.67%。

【项目监督管理】 执行《广东省生态发展区产业发展指导目录》《广东省政府核准的投资项目目录》，全年共完成项目立项76项，总投资额41.23亿元。其中审批50项、备案26项。配合省发改委开展2013年至2014年中央、省投资项目的检查，完成农村安全饮水、生活垃圾存量治理、东阳光铝合金板带升级改造等36个项目的省级检查。

【新能源项目】 4月，粤水电集团大布一、二期风电项目被列入国家“十二五”第五批风电核准，并先后于7月、12月获省发改委核准批复。其中：一期项目于10月完成勘察设计、设备采购、工程施工的公开招标，并入场建设；二期仍在开展前期工作。

【公务用车制度改革】 制定《乳源瑶族自治县全面推进公务用车制度改革总体方案》《乳源瑶族自治县县直机关公务用车制度改革实施方案》，并获市车改领导小组批复。先后于9月、12月对全县县直各单位及9个镇拟取消车辆进行封存停驶。

【世界银行贷款】 世行贷款一期供水管网新建和改造工程于7月正式动工，完成源泉路、环城西路等路段约6500米管道安装；污水管网改造工程于8月正式动工，完成南水路、文昌南路、鹰峰东路等路段约14000米管道安装；培育中心土建工程于10月正式动工，完成三层楼面浇筑工作。综合3项工程完成投资约2510.86万元。

【深化改革】 深化企业投资体制改革，从3月1日起全面实行企业投资项目网上备案。推进政府和社会资本合作试点项目工作，8月，成功争取PPP项目生活垃圾无害化综合性水分选处理工程资金1000万元。修改完善《乳源瑶族自治县中小微企业助保贷管理办法》，2015年发放贷款1890万元。

【项目申报】 向上申报产业振兴和技术改造、基层综合公共服务平台、乡镇卫生院综合楼等9个项目，总投资约13.4亿元。成功争取垃圾水分选项目、世行贷款项目、乡镇卫生院、南水供水工程等项目，合计2.92亿元，其中中央资金3440万元，省级资金2.499亿元。 （温施琦）

附：县发展和改革局领导班子成员名单

党组书记、局长：张小枫（—2015.07）
李智军（2015.08—）
党组成员、副局长：姚铁骏
廖聪华（—2015.08）
邹秋凯
陈秋云

统计行政管理

【概况】 乳源瑶族自治县统计局是对全县国民经济和社会发展情况进行统计调查、统计分析，提供统计服务、统计资料和统计咨询意见，实行统计监督的政府职能机构。2014年8月县级机构改革组建县发展和改革局，将县统计局的职责整合划入县发展和改革局，挂县统计局牌子。

【统计监测调查】 完成全县农业、工业、能源、固定资产投资、建筑业、社会消费品零售业、基本单位名录库维护、综合核算、城乡一体化住户调查等各种专业2014年度年报、2015年月报、季报、年报和各项统计调查工作。

【提升统计服务水平】 加强经济运行监测。围绕全县经济增长目标，做好2015年计划指标细化预测，每月定期向县领导汇报经济增长目标完成进展情况；按时完成每月的统计月报、统计信息和分析，撰写年度统计公报。

【夯实统计基础】 根据省局“统计基层基础建设年”以及《韶关市人民政府关于进一步加强和改进统计工作的意见》的要求，7月初，对全县9个乡镇的双基工作（7个部分、26个方面的内容和指标）、县级统计机构基础建设（5个部分、25个方面的内容和指标）、150家联网直报企业的基础台账进行检查。

【业务培训】 8月31日至9月2日，委托韶关市亿航科技有限公司在县发展和改革局举办统计人员持证上岗培训班，参加培训人数77人，学习《中华人民共和国统计法》《统计基础知识与实务》等，全部参加全国统一的资格考试，考试合格70人。完成统计继续教育学习70人。

【联网直报工作】 继续开展统计“四大工程”（建立一个真实完整、及时更新的统一化单位名录库；建立统一规范、方便企业填报的企业统计报表表示制度；建立功能完善、统一兼容的统一数据采集处理软件系统；建立统一高效的统计联网直报系统）建设。县统计局工作人员到企业开展调研，加强协调与企业的工作联系及业务指导，解决联网直报工作难题，推进联网直报工作。2015年，乳源实行联网直报工作的企业有150家，比2014年增加26家。积极培育“四上”重点企业，截至2015年10月，全县完成32家“四上”企业申报工作，并全部通过国家统计局的审批入库。其中：房地产3家、工业4家、批发、零售业19家、餐饮业1家、服务业4家，投资1家。

【统计执法检查】 8月31日至9月11日，落实《中华人民共和国统计法》和《广东省统计管理条例》，开展统计法制宣传，实施统计执法检查和统计巡查。在市局检查16家企业的基础上，乳源瑶族自治县再抽取30家企业进行检查。依法查处存在拒报、迟报、瞒报、虚报的单位部门，责令整改，维护统计法权威。

【第三次全国经济普查后续工作】 根据市统计局反馈普查数据结果，积极开展数据审核更新工作，按照三经普的数据及时更新乳源瑶族自治县基本单位名录动态库，完成普查年度2013年GDP总量重新核算、2014年GDP调整及修订2013—2014年历史数据工作。

【全国1%人口抽样调查工作】 根据《国务院办公厅关于开展2015年全国1%人口抽样调查的通知》和《全国人口普查条例》等相关文件要求，乳源瑶族自治县"全国1%人口抽样调查"工作全面启动。起始时间2015年11月1日。全县110位调查员和10位调查指导员按照全国的统一部署对县抽中的51个调查小区进行入户登记。终止时间2015年11月12日24点，圆满完成县"全国1%人口抽样调查"登记阶段工作。被调查登记4290户（其中PDA登记3386户，网络登记17户，空户887户），登记总人数13909人，出生170人，死亡70人。县"全国1%人口抽样调查"工作取得阶段性成效。

【全国第三次农业普查前期准备工作】 根据《国务院关于开展第三次全国农业普查的通知》《广东省人民政府转发国务院关于开展第三次全国农业普查的通知》等相关文件要求，县政府于2015年10月成立乳源瑶族自治县第三次全国农业普查领导小组，领导小组组长由县委常委、常务副县长林昌卫担任，正式启动全国第三次农业普查工作。

（曾俊峰）

物　　价

【概况】 2015年，物价工作认真贯彻落实党的十八大和"三严三实"工作会议精神，立足本职，服务大局，依法管价治费，充分发挥价格职能，完善价格形成机制，疏导价格矛盾，重视民生价费问题，保持价格总水平基本稳定，促进乳源经济和社会的和谐稳定发展。

【价格监测】 按照省、市物价部门价格监测工作部署，紧紧围绕县域经济重心，密切关注市场动态，重点加强对粮油、蔬菜、肉、禽、蛋等农副产品和群众生活必需品的价格监测，防止价格发生异常波动，做好各类价格监测数据上报，一旦发生市场价格异动，及时预警上报，采取妥善措施，保持市场价格总水平和社会秩序的稳定。

【价格调节基金征收管理】 根据《乳源瑶族自治县价格调节基金征收使用管理暂行办法》，县政府组织各联动部门通力合作，价格调节基金征收工作开展顺利，2015年征得价格调节基金622万元，其中发电企业征收340万元，如期完成预期目标。

【价格补贴联动机制】 启动价格补贴联动机制，从县价格调节基金核拨180万元，用于春节前发放各类补贴：用于扶持全县9个镇菜篮子工程建设，共计约110万元；用于发放困难群体临时价格补贴，标准为每户200元，共计约70万元，惠及低保、五保困难群体约3386户（约1万人）。

【三项建设】 根据《广东省发展改革委关于印发广东省农副产品价格调控项目库管理办法的通知》要求，严格审查入库项目，做好申报及乳源瑶族自治县企业的入库工作。2015年，全县有4个项目单位进入广东省农副产品价格调控项目库，其中，生产环节项目单位共1家，销售环节项目单位共3家（平价商店）。

平价商店管理。乳源瑶族自治县有4家平价商店，管理比较规范，运作正常。功能性体现在严格执行价格政策、履行保供稳价义务和起到"平价、平抑、平稳"的作用，主导市场价格；平价商店力求减少流通环节，有效降低经营成本，更好实现平价经营；完善内部价格管理制度，严格执行相关会计制度，建立平价商品台账；管理较为规范，诚实守信经营；明码标价较为规范；认真履行价格监测预警义务，价格信息采集、报送较为及时准确。

【价格专项监督检查】 2015年，重视教育收费、平价商店和旅游景区等专项监督检查。

教育收费专项检查。根据广东省治理教育乱收费联席会议《关于开展2015年春季学期教育收费督导检查工作的通知》精神，汇同县财政局、县教育局、县审计局对全县各中小学、幼儿园教育收费开展专项检查。检查中未发现各中小学校及幼儿园收费价格违法行为。专项检查规范各类学校的收费行为，有效保护学生家长的合法权益。

平价商店专项检查。根据《广东省发展改革委关于进一步改进和完善平价商店工作的通知》及省、市价格部门的统一部署，会同财政、城建、农业、税务、工商、供销等部门采取企业自查、组织明察暗访方式，按照规定的绩效评价指标，对全县平价商店进行专项检查。根据检查情况，保留4家平价商店的资格，取消12家平价商店的资格。

【举报受理和网络问政】 2015年，受理群众网络问政工作（含投诉咨询）约35宗，涉及旅游、物业管理收费、经营服务性收费以及其他商品价格方面，经详细调查了解后，及时将受理情况反馈给投诉者并予以解决，着力化解价费矛盾，保障人民群众的切身利益。 （李雯雯）

工商行政管理

【概况】 乳源瑶族自治县工商局为正科级建制单位，内设8个股室、1个直属行政单位、2个事业单位，下设4个工商所（乳城、城南、桂头、大桥），有在职干部职工72人。2015年全县有市场主体共7931户，年度新增市场主体1000户，新增注册资本127811.62万元，比2014年增长12.87%和103.97%。其中：企业1213户，年度新增166户，新增注册资本115060.5万元，比2014年分别增长34.96%和114.91%，注册资本增速明显；个体户6336户，年度新增792户，新增注册资本8464.02万元，比2014年分别增长12.02%和20.45%；农民专业合作社307户，年度新增42户，新增注册资本4287.1万元，比2014年分别增长25%和104.41%。

【服务地方经济】 县工商局全面推进“宽进严管”，放宽注册资本登记准入和经营场所限制，营造良好市场环境，激发社会投资创业活力。

商事制度改革。9月1日，全县实施“三证合一、一照一码”登记制度改革，分别由工商行政管理部门核发工商营业执照、质量技术监督部门核发组织机构代码证、税务部门核发税务登记证，改为1次申请，由工商行政管理部门核发一个统一社会信用代码的营业执照。全县发出“三证合一”新版营业执照合计212份，其中设立登记50份。

市场主体年报及抽查。县工商局采用上门服务、分期开展企业年度报告培训等方法，深推年报工作。2014年度企业年报率90.63%，全市排名第三；2013年度企业年报率88.11%，全市排名第五。年报抽查：县工商局严格按照《企业信息公示暂行条例》和《企业公示信息抽查暂行办法》的规定，对省局下发的辖区内13户企业开展即时信息的公示情况进行检查，出动执法人员32人次，出动车次7台次，共抽查企业13户；根据市工商局《关于开展个体工商户、农民专业合作社年报抽查工作的通知》要求，随机抽取137户个体户和9户农专社。

股权出质和动产抵押登记。拓宽企业融资渠道，办理抵押登记34宗，帮助企业、个体工商户合法融资8570万元。

商标管理。加大对新《中华人民共和国商标法》宣传工作，引导企业创立商标品牌和正确使用商标，让广大企业和消费者进一步了解商标品牌的知识，帮助企业申报著名、驰名商标奠定良好的基础和营造温馨的氛围；以修改后的《中华人民共和国商标法》及新颁布的《商标法实施条例》的贯彻执行为契机，加大对商标侵权行为的查处力度。全县共有注册商标197件。

广告管理。规范广告市场的经营秩序，促进广告业健康发展，保护广大生产经营者和消费者的合法权益。全年登记户外广告53户次，查处擅自发布户外广告案1宗。

【规范农资市场】 开展红盾护农工作，全年共检查农药、化肥、种子等农资经营者120户次、市场50间次，出动执法车辆60台次，执法人员150人次。根据省工商局化肥抽检结果，在全县范围内开展不合格化肥排查，严厉打击售假行为，切实维护农民群众合法权益。

【打击传销活动】 开展打击传销、变相传销专项行动，维护社会稳定和正常的经济秩序。与有关部门协作配合，加强对出租户、宾馆和招待所排查，保持打击高压态势，震慑传销违法犯罪行为。2015年，县工商局协助公安部门破获非法传销案件1宗，做好对被遣返的传销人员许某某等人进行宣传教育。

【打击无照经营】 全面清查辖区内无照经营行为，加大无照经营行为的查处力度，规范市场经济秩序，全年查处无照经营行为7宗。

【打击走私活动】 专项整治与日常监管相结合，开展元旦、春节、中秋和国庆商品走私及成品油走私“春雷”专项行动，冻库清查、第一次走私集中清理行动，有效维护辖区内消费安全。

【反不正当竞争执法工作】 开展打击侵犯知识产权和制售假冒伪劣商品行动，规范市场竞争秩序。县工商局对建材市场、成品油市场、房地产市场、汽车市场、猪肉市场、高考作弊器材和电子烟、境外电视网络接收设备、非煤矿山等进行专项检查，加大对假冒伪劣、商业欺诈等不正当竞争行为的查处力度，出动执法人员659人次，检查经营主体1160户次。

【消费维权】 扩大消费维权宣传，2015年3月15日开展以“携手共治，畅享消费”为主题的“3·15”国际消费者权益日宣传咨询活动，发放《中华人民共和国消费者权益保护法》、商事登记改革的最新政策、消费警示等宣传资料6000多份，接待现场咨询260人次，提升全社会消费维权意识。处理消费者投诉，全年共受理消费者投诉21件，解决率为100%，为消费者挽回直接经济损失4.72万余元，接待消费者来访及电话咨询68人次，化解大量消费纠纷，较好地发挥消费维权在促进社会和谐稳定方面的作用。

【队伍及基层建设】 加强对领导干部的监督，督促局领导干部严格执行中央“八项规定”。开展工作作风整治，加强工作纪律监督检查。严格执行请销假制度，遵守作息时间，接受群众的监督，有效遏制工作纪律涣散的状况，提高队伍的战斗力和凝聚力。

（谢祚焕）

附：县工商行政管理局领导班子成员名单

党组书记、局长：陈日富

副局长：谭志林

　　　　王伟东

国土资源管理

【概况】 国土资源局是县人民政府职能部门，是贯彻执行国家有关土地、矿产、测绘管理的方针、政策和法律、法规，合理利用和保护土地资源。内设办公室、规划用地股、不动产登记局（地籍测绘股）、耕地保护股、矿产资源管理股（地震股、地质环境股）、执法监察大队、行政审批股等职能部门。派出机构有5个中心镇国土资源管理所，以及4个事业单位（国土资源综合服务中心、土地整治管理中心、土地储备中心、不动产登记局）。

【土地利用规划管理】 持续开展源之都云门山旅游度假区项目、正觉禅寺恢复重建项目、银山南岭温泉度假村综合开发项目、大桥“两不具备”条件搬迁安置项目的规划修改工作。2015年完成云门山旅游度假区及塘头水电站占用多划基本农田材料申报、审批、备案等工作。开展土地利用总体规划调整完善和永久基本农田划定工作，完成项目地块及基本农田范围摸底调查。完成大布风电、塘头水电站项目建设前期用地预审。出具项目用地意见63宗，涉及县级中小河流流域治理、乡村公路硬底化等项目。

【用地服务】 实施2014年获批城镇建设用地总面积134.8185公顷，获用地指标34.67公顷（含年度计划指标10公顷、奖励指标10公顷、园区专项指标14.67公顷）。2015年度完成供地计划制定工作，经县人民政府批准。完成集体建设用地审批6个批次，涉及111户，面积约为1.2428公顷；完成国有建设用地审批51宗，其中划拨8宗、变更23宗、出让土地20宗，成交土地出让金7938.7461万元，完成出让面积34.73公顷；完成土地征收36.77公顷，完成土地回收27.4公顷；完成国有建设用地出让网上成交用地19宗，土地面积为33.908公顷，成交金额为人民币7812万元。

【土地管理和监管】 开展节约集约模范县创建活动，通过省国土资源厅审核。经县政府批准实施《乳源瑶族自治县土地征收实施细则》《关于要求规范土地出让前期工作相关费用的通知》。查处收回县国土房地产开发有限公司的民族风情园闲置土地。完成省国土资源厅2014年度土地市场动态监测与监管系统运行情况实地检查工作；完成2014年度土地利用与管理情况例行督察工作。

【耕地保护】 完成耕地保护目标任务，全县耕地面积达19940公顷。建立和实施基本农田保护经济补偿机制，下达2013年度和2014年度农田保护经济补偿省级补助资金共计1402.81万元。开展城市周边永久基本农田核定举证划定工作，启动耕地质量等别年度更新评价与年度监测评价工作。

【地籍管理】 2015年，完成2014年度土地变更调查工作，变更图斑155个，变更面积约54.45公顷。完成土地登记发证232宗，涉及土地面积共455.98719公顷。完成乳城镇农村宅基地调查统计试点工作，测量面积650公顷，调查农户5195户，宅地基9634宗，宅基地面积140.4公顷，通过市国土资源局审查验收。经县政府批准实施《乳源瑶族自治县农村地籍调查项目工作方案》，按年度分片区实施各镇农村地籍调查统计。完成“数字城市”地理空间框架建设，《数字乳源地理空间框架建设与使用管理规定》经县人民政府批准实施。

【矿产资源管理】 2015年完成2014年度18个采矿权矿山年检工作，征缴57.3534万元矿产资源补偿费。完成16个探矿权项目年检工作，通过县级初审。完成洛阳叶竹山陶瓷土矿采矿权和洛阳深洞陶瓷土矿采矿权的网上挂牌交易。

【执法监察】 完成土地卫片遥感监测实地核查，乳源合法用地耕地面积87.1755公顷，违法用地面积118.0941公顷，其中耕地20.4513公顷，共查处违法用地50宗。

【地质灾害防治】 编制地质灾害防治方案、地震应急预案，开展汛前督查、汛期地质灾害隐患点排查工作，完善“两卡一书”发放登记、地灾点标志牌设置、《地质灾害巡查登记册》记录工作，检查年内可核销的地灾点。组织鲜明八一希望小学地质灾害避险应急演练，组织全县地质灾害防治知识培训，开展地灾详查项目工作，完成必背口大型地质灾害治理项目的总体工程，获得全省市县防震减灾工作年度考核优秀单位。

【测绘地理】 完成一六镇、游溪镇农村宅基地调查1：500数字化地形图4.882平方公里，测绘一六镇和游溪镇镇区1：500数字化地形图2.87平方公里。开展瑶族迁移村的房屋和土地确权登记工作，完成乳城镇18个瑶族迁移村确权登记工作，测量耕地面积79.189公顷、房屋面积15.36公顷，完成一六镇14个瑶族迁移村确权登记工作，耕地面积为59.959公顷、房屋面积为44.85公顷。完成农村宅基地、国有建设用地等宗地入库280宗。配合地税部门清查土地7.4平方公里。

【高标准基本农田建设】 组织高标准基本农田建设项目工作，2012年度项目通过市级验收确认，2013年度项目工程完成工程复核，2014年度项目完成总工程量的约81%。组织开展2015年高标准基本农田建设项目工作，完成项目的规划设计及预算的评审、招投标等工作，完成总工程量的4%。

【城乡建设用地增减挂钩试点】 编制《乳源瑶族自治县2015年度城乡建设用地增减挂钩试点拆旧区复垦工程实施方案》，经县人民政府批准实施，完成项目公开招投、前期测量及规划设计方案和专家评审等工作。

【不动产登记】 开展不动产登记职责机构整合工作，建立乳源瑶族自治县不动产统一登记工作联席会议制度，成立乳源瑶族自治县不动产登记局，设立乳源瑶族自治县不动产登记中心。

【“土地日”宣传】 围绕“节约集约利用土地，推动土地利用方式根本转变”主题，开展第25个全国“土地日”宣传活动，全县悬挂横幅15条、接受群众咨询2000余人次、发放宣传资料4600余份，出动宣传车4车次。设立宣传咨询点，向群众解答关于基本农田保护、集体土地权证发放、农民建房审批程序等方面的问题，向公众宣传讲解土地管理法律法规、办事流程以及地质灾害防治知识，提高珍惜土地意识，营造节约集约用地氛围，使宣传舆论覆盖全县城镇和村组。 （穆漫云）

附：县国土资源局领导班子成员名单

党组书记、局长：秦春芶

党组成员、副局长：隆周立

曹　瑜

邹立清（2015.11—）

党组成员、纪检组长：李素玲

党组成员、执法监察大队队长：

邹福前（2015.10—）

质量技术监督

【概况】 2015年3月17日上午，乳源质监系统行政管理体制调整移交仪式举行。韶关市质监局党组成员、纪检组长王武生与副县长黄寿生分别代表韶关市质监局和乳源瑶族自治县人民政府签订交接协议书，标志着县质监局正式由省以下垂直管理转化为属地分级管理，成为地方政府的重要工作部门。在新三定方案出台以前，县质监局内设机构和人员编制不变，设有办公室（与纪检组、监察室合署）、政策法规股、质量股（稽查队）、标准与计量股、特种设备安全监察股等5个股室，行政编制12名，行政执法专项编制2名，年末在职在编公务员13人，聘用人员3人。承担全县产品质量安全监管、特种设备安全监察、计量监管、标准化管理和打假治劣相关职能。

【质量强县】 贯彻落实《乳源瑶族自治县建设质量强县2014—2015年行动计划》工作方案，深入企业调查，确定重点培育对象，筛选一批支柱产业及重点产品，着力把拥有自主知识产权和核心技术的产品、高新技术和先进产品作为培育名牌的重点。对申报名牌的企业实行“一对一”帮扶，形成标准规范、质量提升、品牌培育的良性互动，全年共申报广东省名牌产品2个。

加强对工业产品生产许可企业的监管，组织开展无证生产专项执法行动，严厉打击无证生产扰乱市场的行为，加强进货验收、出厂检验等专项检查，消除使用“三无”和不合格原辅材料现象，督促企业确保或完善提高生产条件，严防不合格产品流入市场。全年产品质量定期监督抽查企业7家，抽查产品18批次，合格18批次。

【标准化建设】 推动九节茶种植农业标准化示范区申报工作，制定实施适合本地区种植的农业综合标准，做到高标准、严要求，确保九节茶种植良性发展。指导南岭森林公园旅游服务标准化试点项目，把标准化工作融入旅游文化建设中，打造独具南岭特色的旅游品牌。全年协助企业制订修改企业标准8份，备案企业标准8份，登记企业执行标准9份。配合县政府开展商事登记制度改革，专人负责“三证合一”工作，正式启动市场准入“三证合一”登记。

【民生计量】 组织检测所对集贸市场与基层医疗卫生单位在用计量器具2495台（套）进行免费检定，严格执行省政府关于免征涉企行政事业性收费的文件，检测所全年共检定在用计量器具1914台（套），免征检定费用488688元。

【特种设备安全监察】 全县有特种设备使用单位156家，在用特种设备共2181台（套），其中锅炉39台、压力容器1063台、电梯278台、起重机械235台、厂内机动车47辆、压力管道507套，大型游乐设施12台，液化石油气充装单位4家，重点监控使用单位4家，设备57台。

加强特种设备违法行为的查处，对安全意识淡薄，存在重大安全隐患且拒不整改的单位，坚决立案查处。开展电梯安全监管大会战工作行动，把车站、商场、医院、学校等人群密集场所电梯列入重点监控对象，发现隐患要立即停用，直到隐患整改到位。督促云门山旅游度假区制定应急救援方案，提高游乐设施游玩人员的自我保护能力以及使用单位应对突发事件的应急救援能力。

【稽查执法】 按照“质检利剑”行动要求，县质监局围绕农资、汽车配件、儿童用品、民生计量、特种设备等领域，开展多次打假执法行动，共出动执法人员438人次，检查场所185家次，立案4宗，结案4宗，查处货值0.959万元，罚没款1.6608万元。县打假办定期组织各打假部门开展打击生产和经销假冒伪劣商品违法行为联合行动，全年共出动执法人员5479人次，检查场所3089个，立案查处假冒伪劣商品案件87宗，查处假冒伪劣产品涉案货值82.82304万元，罚没款6.219625万元。

（李　贵）

附：县质量技术监督局领导班子成员名单

党组书记、局长：章钢生

党组成员、副局长：陈三福（兼任纪检组长）

黄志鹏

市场与安全监管

【概况】 县市场与安全监管局（挂县安全生产委员会办公室牌子）是县政府工作部门，负责全县安全生产、文体旅游与农业市场监管、执法等工作，属正科级单位。内设办公室、规划法规股（县安全生产应急救援指挥中心办公室）、安全监督管理一股、安全监督管理二股、安全监督管理三股（职业安全监督管理股）、文体旅游与农业市场监管股、市场与安全行政综合执法大队（副科级）7个职能股室，人员编制20名，后勤服务人员3名。

2015年，全县共发生各类事故15起，死亡4人，受伤6人，直接经济损失31.661万元。其中：工矿商贸企业发生生产安全事故0起；生产经营性道路交通事故5起，死亡4人，受伤6人，直接经济损失16.561万元；消防事故10起，死亡0人，受伤0人，直接经济损失15.1万元；除消防事故起数有所上升以外，各项数据均比2014年有大幅下降，有效遏制住较大以上事故，减少一般事故，较好地实现市政府下达的各项控制指标任务，保持全县安全形势的总体稳定。

【安全生产“一岗双责”制度】 全县全面推行的“党政同责、一岗双责、齐抓共管”的安全生产工作责任体系初见成效，实现管行业必须管安全、管业务必须管安全、管生产经营建设必须管安全格局。建立安全隐患排查整改、督办机制，有效落实安全生产责任制。4月17日，在县政府中心会堂召开全县安全生产工作会议，各镇、县安委会成员单位及部分重点企业共100多人参加会议。会上，县政府与各镇、县安委会成员单位及重点生产经营单位签订《安全生产责任书》，明确各镇、各单位部门的年度安全生产工作目标任务、监管责任，层层落实安全生产责任制。将安全生产工作列入县委、县政府对乡镇和全县所有副科级以上单位的年度重点工作绩效考评的重要内容，客观评价各镇、各单位年度安全生产工作，对安全生产责任制考核不合格、连续两年突破安全生产控制指标或发生重特大安全生产事故的单位，实行“一票否决”和责任追究。

【宣传教育】 开展系列安全生产宣传教育，营造浓厚的安全生产社会氛围。围绕“依靠科技进步，坚守安全红线”这一主题，组织开展“2015年安全科技活动周”活动，将活动与日常监察工作相结合，全面普及安全科学知识，提高公众安全意识，倡导安全健康生产生活方式；以“加强安全法治、保障安全生产”为主题，联合县公安、食药监、建设、交通、气象、供电等15个部门，在县经济开发区举办2015年安全生产宣传咨询日活动，采用悬挂安全主题标语、设置展板、现场设摊咨询、回答群众提问、发放安全生产宣传品及安全知识手册、现场扫描二维码关注安全生产等多种形式，向群众深入宣传公共安全、建筑安全、消防安全、交通安全、特种设备安全、生活安全、防汛减灾安全、职业健康等多方面的知识；制作和发放安全生产宣传牌和挂图200多块，职业病危害告知卡50多张；组织企业、镇长、安监站站长、安监人员全员参加市组织的执法业务培训3期。

【安全标准化建设】 深入开展以岗位达标、专业达标和企业达标为内容的安全生产标准化建设工作，把落实企业安全生产主体责任与安全标准化工作紧密结合，对企业实行全员、全过程、全方位的安全生产管理，加大政府对生产经营企业的监管力度，明确企业主体责任，推动企业安全生产工作的制度化、规范化建设，不断提高企业的安全生产管理水平。按照“试点先行、示范带动、循序渐进、逐步推进”的思路，筛选乳源东阳光实业有限公司作为乳源瑶族自治县重点培育示范，召开现场点评会，邀请专家指导点评，解答疑难问题，展示企业标准化创建的阶段性成果，结合典型企业的创建实践，组织县其他企业进行观摩学习，带动其他企业开展创建工作。截至2015年年底，全县工矿商贸企业已有41家企业单位完成安全生产标准化建设工作，完成情况处于全市前列。

【安全生产专项整治】 按照“全覆盖、零容忍、严执法、重实效”的总要求，继续抓好重点行业领域安全生产专项整治工作。制定《乳源瑶族自治县安委会关于印发全面开展安全大检查深化“打非治违”和专项整治工作实施方案的通知》《乳源瑶族自治县安委会关于印发开展油气输送管道隐患整治攻坚战实施方案的通知》《关于印发矿山安全治理整顿专项行动工作方案的通知》《关于印发危险化学品重点企业安全生产攻坚工作方案》等文件，积极组织国土、公安、交通、建设、气象等职能部门联合行动，重点对未经安全条件审查建设的项目、证照过期未及时换证以及安全生产指令执行情况、无证上岗情况、应急预案建立完善情况和安全设备设施配备情况的非煤矿山、危险化学品、烟花爆竹等重点行业企业加大执法检查力度，打击非法违法行为。2015年，共检查各类生产经营单位688家，发现一般隐患545条，已完成整改539条，整改率98.89%；处罚违法行为经营企业4家，处罚金额7.4万元。

【职业卫生监管】 印发《职业卫生监管法律法规及文件汇编》及《职业卫生管理国家标准汇编》，要求企业进一步明确须依法承担的职业病防治责任，依法落实职业病防治管理措施，依法进行职业病危害申报、员工职业健康体检，按规定进行工作场所职业病危害因素监测评价和职业病危害现状评价。2015年，完成预评价审查1件，设施设计专篇审查1件，现状评价报告备案3件，开展危害因素现场检测10家，完成企业员工职业健康体检1425人次，有效地保障了劳动者健康权益。

【文体市场监管】 根据文化市场特点，加大文化市场日常及节假日期间的监督检查和行政执法力度。重点对网络文化市场、音像市场、出版物市场的安全生产责任、消防设施设备、游乐设备设施、突发事件应急预案、用电用气安全等方面存在的问题进行排查和整治。2015年，办理娱乐、演出等市场门类行政审批（变更、年审、新设立）76余件，无任何违法行政收费现象，无一例被申请复议或提起行政诉讼，无群众行政投诉、无举报反映行政不作为、乱作为的案件，也无因具体行政审批行为不规范而引起的行政赔偿，文化市场项目审批合格率达100%。

【基础能力建设】 2015年，县市场与安全监管局完善基层执法装备配备，开通视频会议系统和应急网络体系。根据上级关于加强镇（街）园区安全监管工作意见的文件要求，招聘38名乡镇专职安监员，招聘工作分2年逐步进行，第一批专职安全员将于2016年年初正式到位。（胡雪莲）

附：县市场与安全监管局领导班子成员名单

党组成员、局长：陈　凯

党组书记：文胡胜（—2015.08）

副局长：赵云天

党组成员：袁振谦

国有资产管理

【概况】 县明源国有资产经营有限公司（简称县明源公司），成立于2004年1月。内设办公室、企财审计部、资产经营部等3个职能部门。是由县政府出资设立的资产经营有限公司（国有独资公司），主要以独资、控股方式从事国有资产产权经营和资本运作的企业法人，是县政府授权的国有资产运营机构（国家授权投资的机构），对政府授权范围内的国有资产直接行使资产受益、重大决策、选择经营者等出资者权利，承担国有资产保值增值责任。

【国有企业改革】 2015年，累计与4个困难国企共707名职工解除（终止）劳动关系，清缴历年社保欠费1670万元，发放一次性工龄补偿金805万元，为退休职工购买终身医保283万元。筹备开展国企老旧楼房“三旧”改造前期工作。

【国有资产监管】 2015年，深入开展企业内部审计，确保财务监管落实到位。完善所属企业差旅费开支管理办法。对金叶公司的金银花基地进行有偿转让，减少企业损失。开展煤炭公司权属土地的回收工作，避免国有资产流失。

【国有资产运营】 2015年，成功向韶关市农发行贷款人民币壹亿元，推动县土地储备工作顺利开展。完成县新农村示范性安居工程项目建设融资贷款2亿元的贷款申请手续。做好食品公司屠宰场异地搬迁改造的筹备工作。（闫　静）

附：县明源公司领导班子成员名单

党委书记、董事长、总经理：沈鸿标

党委副书记、副总经理：丘华忠

党委委员、副总经理：林建伟

党委委员、工会主席：池火生

审　计　工　作

【概况】 乳源瑶族自治县审计局，成立于1984年3月。2011年3月，组建乳源瑶族自治县监察和审计局。2014年8月，县审计局由原县监察和审计局划出，单独履行职能。内设机构：办公室、法规审理股、经济责任审计股、经贸审计股、财政金融审计股。核定机关行政编制10名，其中：局长1名，副局长2名；股长（主任）5名。后勤服务人员2人。2015年，共完成审计项目26个，查出管理不规范资金5.8亿元，审计发现非金额计量问题70个，应上缴财政1万元，上缴财政1万元，审计提出建议78条。

【县级预算执行审计】 完成2014年的县级预算执行和其他财政收支的审计。围绕构建财政审计大格局，进一步拓展预算执行审计的广度和深度，以全部政府性资金为主线，对县财政预算执行和其他财政财务收支情况进行审计，延伸审计部分单位的部门预算执行情况以及部分乡镇和行政事业单位的财政财务收支情况。重点审计预算编制、调整、预算收支执行和预算平衡情况，审计调查国库集中收付等财政管理制度执行情况。审计中着重从体制、机制和管理层面研究财政问题和提出审计建议，注重审计的整体性、效益性和建设性，强化财政资金的预算约束力，严格依法理财。

【民生项目资金审计】 按照上级审计机关的统一部署，组织开展城镇保障性安居工程跟踪审计、稳增长促改革调结构惠民生政策措施落实情况跟踪审计等审计项目。查找各项惠民政策贯彻执行存在的问题，促进国家各项政策措施落实到位，推动乳源经济平稳运行、健康发展和转型升级。

【部门预算执行审计】 为促进预算资金健康有效运行，重点把预算执行单位作为审计工作，对全县118个预算执行单位进行财政财务大检查工作。对审计发现的问题提出意见，督促整改和纠正，促使各单位资金规范管理、有效运行。

【经济责任审计】 受县委组织部委托，对22个单位的领导干部开展了经济责任审计。重点审查领导干部任职期间单位“资金、资产、资源”管理制度是否完善，制度是否有效执行，把查处问题与完善制度机制有效结合起来，单位资产账实是否一致，是否存在账外资产、资产未经规定程序随意处置，防止国有资产的流失，是否存在违规发放津贴补贴现象，是否发生资金截留挪用、体外循环、私设“小金库”等问题。通过审计，提高相关单位资金的管理水平和使用效益。针对存在问题，提出审计处理意见和建议，对违规问题依法作出审计处理决定。增强领导干部执行“中央八项规定”和财经纪律的意识，促进领导干部依法行使权力和履行职责，提高单位财务管理水平和依法理财能力。

【上级交办的审计任务】 县审计局统筹兼顾，合理安排审计力量，完成上级交办的各项任务。其中抽调3人次参加为期2个月的县级和乡镇领导干部经济责任异地同步审计，1人次为期1个月的省纪委专案组办案工作，进行县委、县政府交办的对县工商行政管理局和县质量技术监督局资产负债情况审核工作。 （文慧云）

附：县审计局领导班子成员名单

党组书记、局长：温　存

党组成员、副局长：丘勇生

　　　　　　　　　邝显华

农业·农村·气象服务

农　业

【概况】　2015年，县农业局挂县委农村工作办公室牌子，实行“一套班子，两块牌子”，内设机构11个，下设机构23个。局机关行政编制26名，渔政大队专项编制8名，农产品质量安全监督检测站参公编制10名，动物卫生监督所事业编制8名，农业技术推广中心事业编制17名，畜牧兽医水产局事业编制16名。

【农村经济】　全县发放种粮补贴、禁渔补贴和农机购置补贴等强农惠农补贴资金1516.92万元。农作物播种总面积22106.78公顷，其中粮食播种面积12293.39公顷，总产量6.03万吨（水稻8466.71公顷、总产4.91万吨，玉米1266.67公顷、总产0.38万吨，大豆933.34公顷、总产0.21万吨，番薯1106.67公顷、总产0.34万吨，马铃薯453.34公顷、总产0.19万吨，其他66.67公顷）。蔬菜4886.69公顷、总产8.22万吨，黄烟560.00公顷、总产0.11万吨，花生1893.34公顷、总产0.4万吨，甘蔗46.67公顷，油菜873.34公顷，绿肥800.00公顷，青饲料166.67公顷，其他非粮食农作物586.67公顷。全县生猪存栏为10.81万头（其中能繁母猪存栏1.12万头），肉类总产量1.31万吨，比2014年增长13.3%。禽蛋产量858吨，水产养殖面积4976公顷、水产品总量2623吨。2015年，全县农业总产值11.57亿元，增长3.7%，农业增加值7.29亿元，增长3.8%，农民人均可支配收入10968元，增长13%。

【现代农业】　加强农技推广服务体系建设，东坪镇、游溪镇、必背镇等3个农技站工作，维修改建好一六镇、桂头镇、大桥镇、洛阳镇、大布镇等5个农技站。全年新增引进新优品种52个，推广先进实用技术17项，实施测土配方施肥12333.33公顷，建成粮食高产示范片666.67公顷、高标准基本农田5200.02公顷和特色农业生产基地12个、现代农业科技示范基地10个。2015年共举办马铃薯、柑橘和蔬菜栽培技术培训等102期、培训农村实用人才4829人次，发放资料1.46万份，新增测土配方施肥信息宣传栏70个。深入田间做好农情信息的收集整理工作，编写、发布《农作物病虫情报》14期。加强基层农技推广服务体系建设，遴选基层农技指导员56人、科技示范户560户，认定农业科技示范基地3家。推进农田水利项目建设，完成洛阳、大桥、东坪等镇高标准基本农田建设567.14公顷。

【产业发展】　加大农民专业合作社、农业龙头企业、家庭农场、种养大户等新型农业经营主体的扶持力度，全县有蔬菜、优质稻、茶叶、金银花、油茶等生产基地16个，规模农业企业25家，家庭农场55个，农民专业合作社310个，其中国家级农业合作示范社1个，省级农民专业合作示范社8个，省级重点农业龙头企业3家，市级农民专业合作示范社9个，市级农业龙头企业6家，市级家庭示范农场7家。2015年新增农民专业合作社44家、家庭农场39家、市级龙业龙头企业1家、省级重点龙头企业1家。冠华公司被农业部认定为全国主食加工示范企业；宝华公司的东方玉液牌茶油、冠华公司的冠益牌米粉等17个农产品获无公害、绿色食品或有机食品标志认证；金竹峰茶叶获得第6届“中茶杯”全国名优奖。休闲农业与乡村旅游健康发展，绿家缘瑶乡生态农场成功申报全省休闲农业与乡村旅游示范点，南岭一峰生态园、天井山粤凰生态园、云瑶宫山庄被国家旅游局授予“中国乡村旅游金牌农家乐”荣誉称号。11月12至15日，举办以“产销互通，互惠共盈”为主题的首届粤北

（乳源）农特产品博览会，有近200家企业参展，观展人数超过5万人，交易总额达669万元，比上一届乳源农展会翻一番。其中：现场销售金额290万元，增长120%；签订订单金额379万元，实现零的突破，得到各级领导、广大企业和消费者的一致好评。

【农产品质量安全】 完成县级检测站升级改造工程，并启动计量认证资质申报工作，各镇相继建立检测室，其中桂头站建成投入使用，其余镇待验收，完善全县农产品质量安全检测体系。2015年共检测蔬菜、水果样品2456份，其中合格样品2432份，合格率达99%。抓好农业生产主体责任制落实，登记汇总全县种养大户及一六镇0.13公顷以上种植户名单。抓好农产品质量安全培训，邀请中国水产研究院珠江水产研究所黄樟翰教授、省农厅领导分别到乳源举办健康养殖暨水产品质量安全技术培训班、全县农产品质量安全监管体系建设及法律法规学习培训班，共培训相关单位、企业、种养殖大户等170余人。抓好生猪屠宰管理，在县城及中心镇各大市场悬挂横幅宣传，发放“严禁生猪私宰告知书”等宣传资料。单独或者联合县工商、质监、公安等职能部门定期、不定期开展生猪屠宰、占道经营整治行动。全县生猪产地检疫10.8万头，生猪屠宰检疫2.5万头，监督检查禽类30万羽，动物产品1687.5吨等，检出病害猪5头，病害肉类0.3吨，进行无害化处理。实施“瘦肉精”等违禁药物抽检1730头份，合格率100%。坚持做好动物疫病防控工作，全年共进行禽流感免疫注射112.33万羽，鸡新城疫免疫注射73.18万羽，猪口蹄疫免疫注射25.15万头次，猪瘟免疫26.15万头次，猪蓝耳病免疫26.15万头次，牛口蹄疫免疫注射1.03万头次，羊口蹄疫免疫注射1.41万头次，免疫率均达99%以上。推进规模养殖场污染治理工作，2015年列入节能减排工作20家规模养殖场，全部进行减排处理，其中上半年列入计划15家规模养殖场，按照要求进行污染设施修建、扩建工程建设。

【三资管理】 乳源成功创建“全国第二批农村集体‘三资’管理示范县”。全年举办各类“三资”管理业务培训班14期，邀请韶关电视台拍摄专题纪录片宣传“三资”管理经验。在2012、2014年“三资”清理工作基础上，查漏补缺，完善集体资产、资源、资金信息。推进农村“三资”常态化管理工作，全县资源录入单位1127个，资源信息10103宗，其中：生态公益林（地）信息3162宗；资产录入单位444个，资产信息1202宗；资金录入单位149个；经济合同录入单位265个，经济合同信息824宗。县镇两级交易平台成功交易项目263宗，总价值4.1亿元。

【减轻民负】 2015年实施一事一议村级公益事业财政奖补项目18个、涉及村委18个、村小组38个，受益人口7934人，其中村内道路硬底化工程项目11个、村内安全饮水工程项目3个、村内公共场所项目3个、村内水利设施项目1个。项目全部竣工，完成安全饮水27.3千米、水利设施1.98千米、村内道路硬底化19.2千米、公共场所2369.6平方米，建好桥涵2座、公厕1个，植树2000株，总投资1683.79万元，共获得省市奖补、增补资金505.14万元。

【土地流转】 2015年，全县9个镇68村委共流转农村土地3678.09公顷，占耕地总面积40.39%，占家庭承包经营耕地面积42.26%。按土地流转形式划分：出租2106.41公顷，转包288.60公顷，转让141.27公顷，互换421.94公顷，其他形式719.87公顷；按流转去向划分：流转一般农户3005.62公顷，流转农民专业合作社和家庭农场以及专业大户153.20公顷，流转农业企业519.27公顷；按流转期限划分：5年以下2902.41公顷，6—10年154.20公顷，11—20年311.47公顷，21—30年310.00公顷。

【新农村建设】 实施“五彩瑶乡”省级新农村示范片建设项目，2015年共投入资金4.98亿元，完成41个自然村的建设规划，落实42个宜居村庄建设项目，其中：完成村巷道硬底化村庄30个，完成村村通自来水35个，初步建立农村小公园、村史馆、文化、娱乐和活动场所的村庄14个，完成外立面整治村庄18个。启动两拆（拆违章建筑、拆乱搭乱建）三清（清垃圾、清杂物、清小溪河道沟渠池塘）六美（美化村头村尾、村道两旁、房前屋后、公共场所、小溪河道和旧村旧居复绿）等活动，建立垃圾处理收运模式，落实“三包”责任；村庄雨污管网大部分完成施工设计投入建设，开工建设污水管网村庄19个，建设污水处理池9个。实施扶贫开发工程，推进全县2015年1047户“两不具备”村庄搬迁安置工作，全面完成719户农村低收入住房困难户住房改造建设任务。在有关对口帮扶单位及广大群众共同努力下，投入资金9307.57万元为贫困村实施基础设施、产业帮扶等较大项目165个，为贫困户实施7500多个帮扶项目，加快农村经济发展和落后面貌改变，搬迁扶贫、新农村建设、党建扶贫等做法得到省、市好评。

（胡坤平）

附：县农业局（县委农办）领导班子成员名单

党委书记、局长、县委农办主任：秦正京

党委委员、县委农办副主任：王明煌

莫胜华（扶贫办主任）

党委委员、副局长：李少灵

李颖兴（渔政大队队长）

副局长：朱益坚

党委委员、畜牧兽医水产局局长：李金照

党委委员、总畜牧兽医师：马甫团

2015年乳源瑶族自治县粮食作物生产一览表

表4

统计量 粮食	播种面积（亩）			亩产（公斤）			总产量（吨）		
作物	2014年	2015年	增长率（%）	2014年	2015年	增长率（%）	2014年	2015年	增长率（%）
稻谷	125535	121994	-2.82	382	393	2.88	47908	47931	0.05
玉米	18855	18447	-2.16	192	231	20.31	3613	4256	17.80
番薯	16885	16635	-1.50	202.3	204	0.84	3416	3393	-0.67
大豆	12625	12730	0.83	152.3	154.7	1.58	1923	1970	2.44
总计	173900	169806	-0.24				56860	57550	1.21

2015年乳源瑶族自治县经济作物生产一览表

表5

统计量 粮食	播种面积（亩）			亩产（公斤）			总产量（吨）		
作物	2014年	2015年	增长率（%）	2014年	2015年	增长率（%）	2014年	2015年	增长率（%）
蔬菜	72932	73270	0.46	1057	1125	6.43	77078	82456	6.98
花生	28500	28446	-0.19	139	141	1.44	3949	4017	1.72
烟叶	9775	8420	-13.86	135	135	0.00	1316	1135	-13.75
总计	111207	110136	-0.96				82343	87608	6.39

林　业

【概况】 县林业局内设机构6个，直属单位1个，下属事业单位13个。2015年，围绕县委、县政府确立的“生态立县”发展战略和“加快生态发展、建设美丽乳源”战略目标，结合省委、省政府推进新一轮绿化广东大行动要求，落实县委十一届五中、六中全会精神，推动生态林业、民生林业发展，全面谋划区域国土绿化，强化森林资源管理，守护良好生态环境，夯实加快发展生态基础。

【生态工程】 围绕新一轮绿化广东大行动部署和建设北部连绵山体生物多样性生态屏障体系建设目标，推动乳源南岭山地生物多样性生态功能区建设，推动重点生态区位、重要生态节点、生态建设薄弱区域绿化和城乡绿化，优化森林生态布局。全县完成重点工程造林1827.7公顷。其中推进森林碳汇造林965.7公顷，推进森林进城围城工程，在县城周边建设景观改造200公顷。在京珠高速、广乐高速沿线建设生态景观林带9.5公里，计38公顷。完成乡村绿化美化工程17个，建成省级高标准示范点3个。开展火烧迹地植被恢复工程，完成16处火烧迹地造林修复，绿化面积168.5公顷。加快石漠化地区生态治理造林工程322.1公顷，其中油茶种植291.4公顷，水晶梨种植30.7公顷。四江流域水源涵养林建设133.3公顷。完成团结村委乌石岭新村乡村绿化美化建设，种植珍贵树种1700多株，完成绿化面积1.3公顷。

【林政管理】 全县森林覆盖率为78.22%，森林面积为151266.7公顷，林地绿化率提升至93.6%，森林蓄积量为788.6万立方米。落实森林采伐限额制度，在省、市明确不再下达木材生产计划指标情况下，核定全年采伐计划8万立方米，审批6.67万立方米，采伐木材以工业原料林为主（桉树），加上非公造林的松树、杉树，严禁商业性采伐天然阔叶林。严格执行林地征占用审核审批制度，打击未批先占、少批多占、边批边占等非法使用林地行为，以及在临时使用林地上修筑永久性建筑物等行为，督促临时用地单位到期后及时完成林地复绿任务，落实项目征占用林地预审预报制度，做到年初上报项目用地计划，每月预审预报，并及时跟进和提醒用地单位及时办理征占用林地报批手续，经省林业厅审核重点项目征占用林地5宗，用地31.29公顷。开展林业生态红线划定，推进林地保护等级调整。

【社会服务】 加强生态公益林保护管理；完成2014—2015年生态公益林扩面任务，省级以上生态公益林面积达到84706.7公顷，生态公益林中一、二类林比例达86%，完成信息系统的组建工作。实行生态公益林非更新性全面禁伐，禁止采伐生态公益林范围内天然阔叶林。完成2014年度、2015年度生态公益林补偿金发放3204.45万元。鼓励农民和各种经营主体利用林业发展融资优惠政策，参与林权证抵押贷款和林业贴息贷款，增强融资创业能力，全年开展林权证抵押贷款18宗，涉及林地面积5966.7公顷，贷款金额1.065亿元。加快林业产业发展，引导群众和各种经营主体发展林下经济，建成洛阳九节茶186.7公顷的林下经济示范基地，采取公司+基地+合作社+农户模式，全县建成林下经济示范基地9个，项目、资本、劳动力等要素逐步投入林下经济发展。茶叶产业加快发展，建成华瑶、天瑶、瑶乡3个品牌茶叶基地，华瑶获得2015年产业补助资金150万元，向市申请产业补助资金项目3个。

【集体林改】 按照省的要求，2015年继续深化集体林权制度改革，完善林地、林木产权归属，规范森林资源资产评估、林权流转、林权抵押贷款、林业贴息贷款林业社会服务政策，完成生态公益林全部确权，生态公益林补偿收益70%落实到农户。新增新确权发证13宗，面积173.5公顷。全县流转林地总规模达到45533.3公顷，占商品林面积60%，其中2015年流转19宗次，总规模为578.6公顷。

【平安林区建设】 9月，全县进入森林防火期，县召开森林防火专题会议全面部署工作，安排人员分赴各镇开展专题培训，县、镇、村严格执行森林防火24小时值班制和领导带班制，召开县、镇两级培训班，森林消防大队实行24小时备勤。按照“预防为主、积极消灭”方针，抓好各项森林防火工作落实。县与镇、镇与村签订森林防火目标责任状，明确各级森林防火责任，年末进行考核，森林防火期严格落实森林防火24小时值班制和领导带班制，加强野外火源管理；充分发挥护林员、林业站作用，加强护林巡查，利用26个视频监控严密监测林区火情，发现火灾及时处置，对省市通报的林火卫星热点及时开展核查。对山火易发多发乡镇进行重点整治，推行农事用火三集中制度，高火险时段通过宣传车巡回宣传、发送短信、发放传单等形式加强宣传，开展森林火灾隐患大排查行动，对城镇周边、油库、气站等重点部位进行排查，发现隐患，及时化解，严格落实炼山审批作业制度。

【案件治理】 县森林公安分局把打击森林火灾案件纳入日常工作重要内容，利剑行动期间开展打击森林火灾案件专项行动。2015年，发生森林火灾4起，均在24小时内扑灭，森林火灾当日扑灭率100%，过火森林面积14.1公顷，森林火灾发生率2.5次/10万公顷，低于5次/10万公顷的控制指标，森林火灾受害率为0.094‰，低于0.5‰的控制指标；立森林火灾案件4起，查处4起。加强林木采伐管理，实行县林业局和各镇政府负责制度，由各镇政府和林业站监管好辖区内伐区设计、采伐，从源头上和生产一线堵塞乱砍滥伐漏洞，强化林区监管。组织森林公安、木材检查站、林政、林业站等部门开展打击破坏野生动物专项行动，对全县木材加工企业开展一次全方位清理整顿排查，加强对山上源头、木材交通运输线巡查治理，及时查处打击一批涉林违法犯罪行为。受理各类森林案件59起，其中立刑事案件3起，破3起，刑事拘留3人；受理林业行政案件56起，查处56起，林业行政处罚56人次。妥善处理涉林信访纠纷，开展林区矛盾纠纷排查大化解活动，实行案件受理、立案、办案、结案一本账制度，每月一汇总，每月集中研判，调处影响重点工程、民生工程建设和经济社会发展大案、要案，解决争议、及时发证，保障群众合法权益，维护社会安定团结，促进林业改革发展，山林林纠纷立案14宗，处理办结11宗，解决争议面积108.3公顷，接待群众来访450人次。开展春季虫情普查和森林病虫害处置专项行动，及时清理一批枯树、病树、死树400多棵，防止疫情蔓延，完成森林病虫害发生区160公顷防治工作。

（黄鹏辉）

附：县林业局领导班子成员名单

党委书记、局长：唐保生

党委委员、副局长：陈日华

宋治华

范永兴

南水湖湿地公园管理

【概况】 广东乳源南水湖湿地公园地处县城西南16公里东坪镇境内，地理坐标为北纬24°39′45″—24°58′57″、东经113°08′01″—113°12′30″，南向北呈狭长形廊道走向，东西垂直长约为10.0公里，南北垂直宽约为18.7公里，规划总面积为6283.7公顷。湿地公园分为南水湖湿地保护保育区、山溪入库口湿地保育区、环库湖滨森林生态缓冲保育区、湿地生态功能展示区、湿地体验区、服务管理区等功能区。南水湖湿地及周边地区植被类型多样，物种丰富，共有植物2400多种，其中国家级珍稀保护植物35种和省级保护植物2种；有野生脊椎动物438种，非脊椎动物有3000种以上，其中有国家级保护动物34种，广东省重点保护动物13种。

乳源南水湖湿地公园管理处，属县政府直属正科级事业单位，定编人员15人，其中：主任1名、副主任2名、股长4名、站长1名；2015年年底在职人数11人。

【湿地保护】 完成在国道G323、省道S249和环库公路等主要交通干线的明显位置设立南水湖湿地公园交通标志牌和引导牌，在湿地公园入口处修建大型生态停车场。聘请5位巡护人员，加强对湿地公园范围内乱砍树木、乱采沙石、乱捕鸟鱼等破坏生态行为巡查工作。对6公里环湖绿道进行树种植被绿化，种植桂花树1500株、枫树600株。对受破坏边坡进行再植树2公顷，完成生态敏感区域30公顷封山育林工作。

【科研工程】 2015年，完成对稀有动植物和南水湖野生动物疫源疫病监测记录，完成全年野生动物疫源疫病系统直报。结合第二次全国湿地调查，邀请华南农业大学专家教授对南水湖生物多样性进行调查，完成《广东乳源南水湖国家湿地公园自然资源综合考察报告》《广东乳源南水湖国家湿地公园野生动物图鉴》《广东乳源南水湖国家湿地公园植物彩色图鉴》等调查成果编撰工作。

【服务建设】 完成科学展览馆、科研监测绿道、湿地公园广场和植物园、亲水平台长廊、湿地保护管理站等基础设施建设。在湿地公园内设置标志牌23块、法律法规宣传牌20块、宣传标语19块、交通指示牌6块和建成21米的宣教长廊。建立健全日常监测任务并记录归档，对南水湖水质、空气、雨量、水位等环境和水文水质指标监测记录工作。

【科普宣传】 利用小册子、宣传栏等新媒体传播方式宣传湿地公园规划建设和生态保护、湿地文化和瑶族文化。深入周边村庄宣传国家有关湿地公园生态保护的法律、法规和政策方针，共发放2万余份宣传资料。与乳源作家协会联合在全市范围内举办以“广东最美湿地——乳源南水湖国家湿地公园”为主题的“南水湖杯”征文大赛。

【国家级湿地公园验收工作】 2月5日，完成省级湿地公园建设考核验收工作，省林业厅组织专家教授对南水湖湿地公园进行评估验收。9月8日，完成国家林业局湿地公园建设考核验收工作，国家林业局湿地保护管理中心主任马广仁协同国家发展改革委农经司副司长吴晓松、国家林业局调查规划设计院书记刘国强、北京林业大学教授张明祥等专家组到实地验收评估。12月31日正式通过验收，乳源南水湖湿地公园正式成为国家级湿地公园。

（彭云成　温家鸣）

附：乳源南水湖湿地公园管理处领导班子成员名单

主　任：李茂文

副主任：李建宏

　　　　黄明彩

农业机械

【概况】 乳源瑶族自治县农业机械管理局，为县人民政府直属正科级公益一类事业单位。主管全县农机安全监理和推广工作。内设办公室、农业机械监理股、农业机械管理股。定编11名，在职人员9人。其中局长1名，副局长2名，股长（主任）3名。乡镇聘用农机员8名。

【开展“三严三实”专题教育工作】 按照习近平总书记2014年在全国“两会”期间，参加安徽代表团审议时提出“各级领导干部要做到严以修身、严以用权、严以律己，谋事要实、创业要实、做人要实”具体要求，围绕学习践行“三严三实”教育主题，完成以讲党课、学习研讨、专题轮训、开展“体察式”学习和召开专题民主生活会和组织生活会、开展专题整治等工作，取得成效。

【农机化推广】 继续做好农机推广化工作，严格按照《广东省2015—2017年中央财政农业机械购置补贴实施方案》规定的程序做好受理申请、申请确认、对象公示、机具核实，资金拨付等各个环节工作，做到执行政策不走样，确保政策的严肃性和统一性。2015年全县有450户提出申请，受理资金147.5万元，发放补贴资金147.5万元，受益农户450户。其中补助购置大中型拖拉机10台，小型拖拉机91台，联合收割机15台，耕整地机械428台（套），其他机械19台（套），农业机械总动力86750千瓦，比2014年增长10.07%。

【农机服务】 做好农机春耕和夏耕工作，县农业机械管理局派员下到基层一线，动员农户做好备耕前的机车检修保养工作。全县检修各类农机具608多台。组织人员深入春耕和夏耕生产中，指导农户应用农机新技术，提升农机作业水平，发挥农机在春耕和夏耕生产中的主力军作用。在“双夏”期间，全县投入联合收割机91台，机收面积2270公顷，投入插秧机20台，机插秧面积268公顷。

【农机监理】 科学制定提高“三率”（上牌率、检验率、持证率）及降低农机安全生产事故的工作方案，落实安全生产责任制，与机手签订安全生产责任书，确保安全监管措施落实到位，全年检验拖拉机1528台，年检率67%，上牌率95.8%，持证率75.7%，全年无发生农机安全事故。

【安全生产】 县农业机械管理局积极开展“农机安全生产年”活动，按照县安委会部署，组织“安全生产检查督查”活动，派出监理人员深入田间地头，开展农机安全隐患排查，完成排查联合收割机57台次，纠正违章21台次。开展农机安全生产执法和治理行动。完善农机安全生产各项制度，联合县公安交警和县安监局对拖拉机及其驾驶人各种违法和违章行为进行排查治理，严厉打击拖拉机非法载人、无牌行驶、无证驾驶等严重违法行为，保障拖拉机作业安全和道路行驶安全。开展农机安全生产执法和隐患排查整治工作。学习农机事故情况通报，吸取重特大农机事故教训，切实加强源头管理，做好农机安全生产工作，加大排查隐患力度，坚决杜绝重特大农机事故发生，全面推动农机化事业安全发展。（陈胜华）

附：县农业机械管理局领导班子成员名单

局　长：马汉标
副局长：谢建明
　　　　陈胜华

扶　贫　工　作

【概况】 县扶贫开发领导小组办公室内设3个职能股室，在职人员12人。按照省、市统一部署要求，推进新一轮扶贫开发工作纵深发展，投入帮扶资金3.7亿元，完成贫困村帮扶项目811个，完成贫困户16471个帮扶项目，帮扶成效明显。全县贫困村农民人均收入9300元，比2012年3780元增长146%；有劳动能力贫困户家庭人均收入提高到7400元，比2012年2495元增长197%；三项指标占全省2015年农民人均纯收入平均数81%，69%，55%。31个重点村年集体收入平均达到8.9万元。

【责任落实】 根据广东省委、省政府关于第二轮扶贫开发“双到”工作的部署，县委、县政府实行县、镇党政领导定点联系扶贫制度。县委常委各联系1个镇，县四套班子领导挂点联系帮扶村、户和面上扶贫工作；镇的班子领导及分管干部，重点跟踪、协调帮扶村和农户相关工作。

【产业帮扶】 围绕贫困人口年均收入、贫困村群众年均收入、全县农民年均收入达到全省农民年均收入45%、60%、75%以上，村集体年收入要达到5万元以上经济发展指标，打造平原区乳桂线生态农业观光长廊、石灰岩山区京港澳高速公路特色产业带、深山区高山茶中草药三大产业带。发展优质蔬果2000多公顷、品牌养殖1万头、瑶族特色村寨8个、瑶家乐与农家乐15个等。建成高山蔬菜基地12个，面积800公顷，黄烟733公顷。建立高山茶基地533公顷，中药材500公顷。引进20多个农业龙头企业，新增农民专业合作组织36个。

【民生工程】 2015年，启动实施“五彩瑶乡”省级新农村示范片建设，建成雕子塘瑶族新村、高元新村、乌石岭新村和塘头安置新村等8个新农村建设示范点，涌现一批具有现代化新农村示范效果新农村，完成农村低收入住房困难户住房改造719户，实施“两不具备”村庄搬迁安置1047户，整治村庄46个，铺设道路190公里，实施农村安全饮用水工程51宗，修建水利设施230宗，改善31个贫困村“两委”办公条件，新建文体卫生设施81宗。（许井养）

附：县扶贫办领导班子成员名单

主　任：莫胜华
副主任：陈见星
　　　　许井养（2015.03—）

水利

【概况】 县水务局以贯彻国家有关水行政管理方针政策、法规，编制全县水利和小水电有关的中、长期规划及年度计划，主要江河的综合规划并监督实施。负责组织指导全县水政监察和水行政执法、水利行业的多种经营、审查、监督技术质量等重点农水工程建设与验收，主管与监督水土保持工作和城乡节水、供水、人畜饮水工作，组织指导社会水利工作、农田水利基本建设工作，组织指导河道、水库、滩涂等水域及其岸线管理保护和开发利用，组织城乡防洪排涝及水库、水电站大坝安全监督、水利系统科技教育、队伍建设、水电站、机电排灌、农村电气化建设等工作，承担县防汛防旱防风指挥部办公室、县水库移民办公室及县人民政府和上级主管部门下达的工作。2015年，县水务系统有职工111人，局机关公务员16人，工勤1人，参公人员9人，下属事业单位管理人员14人（其中：九级岗位14人），专业技术人员26人（其中：工程师4人，助理工程师17人，技术员5人），工勤技能人员45人（其中：高级工18人，中级工21，初级工3人，普工3人）。

【重点项目】 采取有效措施，按照“精心组织，系统管理，抓进度，抢工期，保质量”的总体要求，倒排工期，顺排工序，立体施工，交叉作业，全面完成县小农水重点县建设项目、农村饮水安全工程、山洪灾害防治县级非工程措施建设等重点项目建设。启动杨溪水（大桥段）、南水河、新街河、大东河综合整治工程等重点项目建设，前期工程。上级下达5614万元资金，完成投资2064.34万元。实施3宗（2015—2017年）中小河流治理（三清一护）工程，到位资金3055万元。6月完成设计施工总承包招标工作，完成初步设计技术审查，10月份完成施工招标并开展施工准备工作，完成主体工程建设。启动全县村村通自来水工程，抓好组织领导，“村村通”自来水工程省级补助资金下达2980万元。村村通自来水工程规划建设县城市政供水管网、桂头镇市政供水管网进行扩网及整合部分分散供水工程。实施农村水电增效扩容工作，完成招标21宗小水电扩容增效项目工作，其中20宗改造任务，完成下达中央补助资金4586万元、省补助资金1339万元，开展“十三五”水利规划工作，完成“十三五”农村水电增效扩容改造计划编制工作。

【依法治水】 3月22日至28日，开展“严格管理水资源，推进水利新跨越”为主题的2015年“世界水日”“中国水周”宣传活动，通过宣传营造全社会都来关心水、珍惜水、节约水新局面。加大《中华人民共和国水土保持法》宣传力度，增强全民水保意识。在水保宣传周中，出动宣传车11车次44人到各乡镇、村组进行宣传，发放宣传资料500多份，派发法规小册子200多份。组织职工观看《人水法》36人/2次，悬挂水法宣传条幅14条，翻新固定标语7条，张贴宣传标语500多条，大力宣传水利法规，增强全社会的水法治意识。全年开展辖区内河道、采砂场以及水利工程实施等执法巡查，出动巡查车辆136次，派出工作人员共1008人次。依法征收水利规费983.72万元，水资源费860.77万元，水土保持费122.95万元。全年发出责令违法行为整改通知书5份，信访回复3份、缴费通知3份、责令拆除整改通知书1份。进行生态水宣传，出动宣传车11车次44人，发出宣传资料500多份、法规宣传册200多份。开展水土保持宣传活动，加大水土保持预防监督执法力度，基本建设项目水土保持方案申报、审批数2个。2015年依法征收水土保持补偿费122.9万元。

【民生工程】 11月，农村饮水安全工程动工。一六镇农村饮水村村通自来水供水扩网工程，解决游溪镇（江背村、烈村、中联村3个行政村与坑口、塘土岭2个自然村）和一六镇（东粉、一六、团结、罗屋、乐群5个行政村）共4362户18594人农村人口饮水不安全问题，工程概算总投资1062.37万元。大布镇农村饮水村村通自来水供水扩网工程，改善大布镇镇区、英明村委、夹水村委和埕头村委4个片区饮水条件，解决1259户7957人农村人口饮水不安全问题，工程概算总投资364.89万元。完成岩溶地区石漠化综合治理工程，整治渠道33.64千米，维修水池35个，整治山塘水库6座，整治陂头1座，修建机耕路1条。专项项目投资1100万元。

【平安水利】 实施“防洪工程”，建设防洪减灾体系，构建“安全水利”。加强防洪减灾能力建设，做好县防汛防旱防风防冻应急预案和山洪灾害防治县级非工程措施；依法加大河道管理工作力度，抓好河道采砂管理，加强日常巡查监管，严打河道非法采砂行为，规范河道采砂许可审批和河道管理秩序。

【砂石资源整治】 加强对河道巡查监管，对群众反映各类水事违法案件进行调查和处理，对各采砂现场进行严格监管，保持对河道非法采砂行为高压严打态势。加大河道巡查力度，进行河道巡查113次，按有关法律法规，对违法行为发出3次责令停止违法行为通知书。严厉打击无证采砂、乱采滥挖河砂的犯法行为，维护河道采砂的正常秩序。加强水资源管理和水行政法工作，加快节水型社会建设，构建“资源水利”。围绕“四无一整治”目标（一是堤岸无垃圾；二是水面无漂浮物；三是河中无污泥堆积；四是饮用水源无污染；五是入河排污口得到整治），开展水环境专项治理活动，实施城乡水源明显好转；开展水资源论证和取水许可审批，注销取水许可证2宗，吊销取水许可证1宗，审批水资源论证2宗，变更取水许可证17套，审批延续取水许可约400多宗；开展取水许可日常监督工作，做好取水计量设施安装和取水户管理，2015年依法征收水资源费860.8万元。

【防汛防旱】 1月至9月，总的降雨量为1807.2毫米，月最大降雨量为723.0毫米，出现在5月，月最小降雨量为68.4毫米，出现在2月。4月15日，乳源瑶族自治县进入汛期，县防汛防旱防风指挥部办公室和乡镇办事处实行24小时值班制度。5月19日20时至20日8时，受强盛的西南暖湿气流和高空槽共同影响，乳源普降暴雨局部大暴雨，降雨量达2319.1毫米，全县各镇不同程度受灾，部分乡镇灾情严重，受灾人口9830人，转移群众770人，水浸农田196.13公顷、经济作物351.4公顷，公路出现塌方52处，水浸房屋395间，饮水工程损毁7处，水圳受损580米，河堤冲毁2处、桥梁冲毁8座、陂头6座、山塘1座、水池1座、鱼塘15.67公顷，家禽损失100多羽。全县直接经济损失约1419.4万元。确保安全度汛做好“六个到位”：一是预案编制到位。修订完成《乳源瑶族自治县防洪救灾应急预案》《乳源瑶族自治县城防洪预案》，科学编制和完善全县大型水库1宗、中型水库4座、小（1）型水库10座、小（2）型水库34座，共49座水库防汛应急预案。二是责任落实到位。召开全县防汛暨地质灾害工作会，与全县业主、各镇镇长签订防汛安全度汛责任书。每座水库配备防汛技术责任人和防汛岗位责任人1名，公布全县水库责任人名单及联系方式。三是防汛值班带班到位。于4月15日开始，县防汛指挥部办公室和各乡镇实行24小时值班制度，防汛值班做到重要天气信息及时上传下达，灾情统计及时上报等工作。四是物资储备到位。全年储备编织袋7.4万个，编织布67捆，土工布、土工膜28捆，冲锋舟5艘，橡皮艇7艘，救生衣200件，救生圈75个，救生保险绳820米，帐篷10顶，雨衣、雨靴425件，应急发电机5台，升降式照明灯2台，强光、普通手电筒185把，铁锹、铁铲563把，斗车29辆，抽水机38台等。五是队伍组建到位。组建韶关市轻舟三大队乳源中队防汛应急抢险人员24人，分别开展防汛应急抢险和水上救护等演练，提高应急抢险实战能力。六是水毁工程和应急抢险工程修复到位。在汛期前完成水毁防洪水利工程修复和抗旱工作，完成南水河、杨溪河、水源宫河、游溪河、大潭河等32处水毁工程修复，总投资676.87万元。

【安全生产】 健全落实安全生产管理制度，做好水利安全生产及消防安全工作，坚持“安全第一、预防为主、综合治理”方针，实行各级领导干部安全生产“一岗双责”制度，即党政领导干部安全生产“一票否决”和责任追究制度。开展安全生产法规宣传教育工作，贯彻《水利安全生产知识》宣传新《中华人民共和国安全生产法》，增强安全防范意识。定期召开县水利系统安全生产工作会议，分析、研究、解决安全生产问题。做好水利水电工程汛前检查、深化落实安全生产责任制。

【水库移民管理】 落实移民后扶资金直补政策，全年足额发放大中型水库移民后期扶持资金742.48万元，受益移民群众13543人，维护移民群众切身利益。加强移民基础设施建设，用中央和省属资金701.74万元投资建设新农村16宗，饮水安全管网4宗，修建渠道5宗，文化室2184平方米，改善移民生产生活和居住环境等设施状况，加强移民信访稳定工作。 （李惠英）

附：县水务局领导班子成员名单

党委书记、局长：李加武

党委副书记、副局长：赵安贵

党委委员、副局长：雷振宇

副局长：李珊娜

气 象 服 务

【概况】 县气象局是基础性、科技型社会公益事业单位，实行上级气象主管机构与县人民政府双重领导、以上级气象主管机构领导为主管理体制。内设办公室、预报股、站网管理股、发展改革与财务股4个职能股室，下设防雷设施检测所，管理突发事件预警信息发布中心、人工影响天气管理中心、防雷减灾管理中心3个地方气象机构。2015年，在职人数20人，中级专业技术岗位8人，初级专业技术岗位4人。

2015年，县气象局以气象现代化建设为中心，巩固和提高基础业务质量，围绕乳源经济建设和社会发展，推进气象防灾减灾工作和气象综合管理体制改革，加强农村气象信息体系建设。6月11日，对新型台站（ISOS）气象仪器进行2年1次仪器例行更换工作。10月22日，顺利通过中国气象局专项检查组地面气象业务大检查。

【气象灾害】 5月1日16时46分，受高空槽前西南暖湿气流和弱冷空气共同影响，大布镇大峡谷景区出现强降雨过程，此次强降水过程后发生突发山石滑落事件，导致1人死亡，3人重伤，4人轻伤。5月19日20时至20日20时受强盛西南暖湿气流和弱冷空气共同影响，乳源普降大暴雨局部特大暴雨。19日23时，发布暴雨红色预警信号，5月20日6时30分暴雨红色预警信号继续生效，全县所有中小学、幼儿园及技工院校20日上午停课。暴雨降水造成各地不同程度受灾。

【服务社会】 2015年，地面观测和天气预报各项指标达到广东省、韶关市气象局目标管理要求，预报质量稳步提高。全年向县委、县政府及有关部门发出《天气报告》37期，《重大气象信息专报》16期，《重大气象信息快报》12期，春运专题预报11期，高考专题预报2期，决策服务短信85期（2750余条次）。通过短信平台、微博、微信、电子显示屏等媒介向社会公众发布气象预警信号214次，其中：寒冷信号25次；暴雨信号43次；高温预警信号24次；雷雨大风预警信号45次；灰霾1次；大雾40次；森林火险预警信号10次。

【防雷检查】 县气象局强化“部门监管和企业自管相结合”防雷安全生产管理机制，促进企业提高防雷安全自查自管主动性和自觉性。1月28日上午，与县公安消防大队、住建局、公安局、质监局等部门对乳源辖区内石油液化气站、商场、宾馆等单位进行安全生产联合检查督查。根据《韶关市安全生产委员会办公室关于开展2015年韶关市气象灾害防御暨防雷安全生产执法检查的通知》要求，6月25日与韶关市防雷减灾管理中心对乳源大桥浩江加油站、乳源亿华广场建设项目气象灾害防御暨防雷安全生产落实情况进行初查。7月20日，韶关市气象局副局长曾运东带领韶关市气象、安监、经信、住建、消防等五部门组成的联合检查小组，赴乳源检查气象灾害防御暨防雷安全生产情况，先后到亿华投资发展有限公司、韶关怡诚房地产开发有限公司在建项目、乳源中学、永恒实业有限公司等进行现场检查。9月24日至10月15日，联合教育局对全县27所中小学及部分幼儿园联合进行防雷安全暨气象灾害防御专项检查，开展防雷减灾宣传。

【行政许可】 2015年网上行政审批处理业务63件，出具《防雷装置设计核准意见书》37份，《防雷装置验收意见书》26份，客户满意度为100%。

【科普宣传】 3月23日，县气象局围绕世界气象日“气候知识服务气候行动”主题，开展“3·23”气象开放日宣传活动，邀小学生零距离体验气象奥秘。气象工作人员向学生们详细讲解气象要素观测技术、气象仪器工作原理、人工影响天气原理、天气预报制作等知识，重点讲解台风暴雨停课机制。活动现场向学生发放300余份“3·23”气象科普宣传资料。5月19日，面向在校大学生开展一次气象科普活动。6月16日，县气象局组织气象业务人员走进乳源东阳光实业有限公司，参加由县安委会统一组织安全生产宣传咨询日活动。活动现场设立宣传咨询台，向该企业职工介绍如何正确防御雷电及突发性气象灾害等气象科普知识，发放《防雷减灾36计》《突发气象灾害预警信号及防御指引》《气候变化知多少》《灰霾健康的隐形杀手》等气象科普宣传资料百余册。

【应急指挥】 2015年7月，县委书记吴春腾、县长邓志聪、副县长李明华先后调研乳源气象业务及预警发布工作，期间省气象局副局长邹建军与吴春腾商讨加快推进乳源气象现代化、预警信息发布中心及应急指挥平台建设等相关工作。县人民政府印发专题会议纪要，将应急指挥平台建设成对突发事件的监测预警、信息报告、综合研判、辅助决策及应急指挥调度综合平台，健全和完善由政府主导、多部门联动防灾减灾救灾应急机制，增强应对重大灾害主动响应和联动处置能力。 （赖晓琳）

附：县气象局领导班子成员名单

局　长：王玉宝（2015.09—）

副局长：王玉宝（—2015.09）

　　　　曾德松

纪检组副组长：周中意

畜牧兽医水产

【概况】 2015年，县畜牧兽医水产局内设办公室、行政审批股、畜牧兽医兽药饲料管理股、水产管理股等4个股室，核定事业编制16名，后勤服务人数2名，在职人数15人，其中在职在编人数13名，后勤服务人员2人。下属9个镇畜牧兽医水产站，核定事业编制21名，面向社会公开招聘5名专业技术人员，年底在职人数11人。12月31日，经广东省公务员局研究，同意批准县畜牧兽医水产局参照公务员法管理。

【畜牧业】 全年生猪存栏10.81万头（其中能繁母猪1.12万头），肉猪出栏15.53万头；牛存栏0.413万头，出栏0.256万头；羊存栏0.842万头，出栏0.387万头；家禽存栏58.184万羽，其中鸡36.025万羽，出栏62.632万羽；肉类总产量1.3076万吨，比2014年增长13.32%，禽蛋产量858吨，比2014年下降-0.81%。全县没有发生重大动物疫情流行和畜产品质量安全事件。

【水产业】 水产养殖面积4976公顷，水产生产总量2623吨（淡水捕捞产量约225吨），产值3306万元，分别比2014年增长6%、0.5%和11.5%。其中三角鲂、台湾大鳅、有机草鱼等优质鱼类产量1700多吨，产值约2500多万元。

【重大动物疫病免疫】 2015年，完成家禽高致病性禽流感免疫注射量112.33万羽，免疫率99.87%，鸡新城疫免疫接种73.18万羽，免疫率99.63%；猪口蹄疫免疫注射25.15万头次，免疫率99.71%；猪瘟免疫26.15万头次，免疫率99.71%；猪蓝耳病免疫26.15万头次，免疫率99.71%；牛口蹄疫免疫注射1.03万头次，免疫率99.85%；羊存栏量0.83万头，羊口蹄疫免疫注射1.41万头次，免疫率99.92%；小反刍兽疫免疫注射1.406万头次，免疫率97.62%。

【动物疫病监测】 制定《乳源瑶族自治县动物疫病监测和流行病学调查实施方案》，检测血清样品954份，其中，禽流感480份，新城疫420份，猪口蹄疫、猪瘟、猪高致病性蓝耳病各352份，牛羊口蹄疫122份，抗体水平分别为92.7%、88.09%、94%、95.2%、92.6%、98.4%。

【H7N9流感防控】 成立H7N9禽流感防控工作组，制定《禽类H7N9禽流感监测工作方案》，于2

月17日下午，召开活禽经营市场监督巡查紧急会议，派出人员到侯公渡市场、洲街市场、县中心市场发放和张贴《关于春节期间活禽经营市场统一休市的紧急通知》100多份。要求活禽经营户在休市期间做好休市工作，按照“1110”制度，加强清扫及消毒灭源工作。抽检禽血清540份、口腔拭子100份。

【质量安全监管】 2015年，检查兽药、渔兽药和饲料经营企业89家次，养殖场75个，出动监督执法人员365人次，张贴督导巡查记录牌252块，签订畜禽、渔产品质量安全责任书（县级）9份，畜禽、渔产品质量安全责任书（镇级）50份，无害化处理责任书9份，发放宣传资料480多份，指导培训5场次，培训人数500多人次，责令整改兽药经营问题1起，抽检饲料样品65个，抽检合格率100%，配合上级完成水产品样品抽检30个，合格率100%。全县有8家兽药经营单位通过兽药GSP认证。

【动物检疫】 于11月1日始，全县10个检疫申报表全面暂停征收动物及动物产品检疫费用。2015年，全县生猪产地检疫10.8万头，生猪屠宰检疫2.25万头，监督检查禽类30万羽，动物产品1687.5吨，检出病害猪5头，病害肉类0.3吨。出具“水生动物检疫合格证明”101份，其中A证9张，B证92张，检验鱼苗、鱼种1120多万尾，检疫项目主要为草鱼出血病、淡水小瓜虫病等。

【污染减排】 2015年，全县列入减排计划养殖场20家，均采用“鼓励模式·五”进行污染减排工程建设，其中18家通过国家认定减排量。

【落实惠农政策】 全县政策性能繁母猪累计承保4872头，赔付153头，赔付金额15.7万元。根据《韶关市养殖环节生猪无害化处理补助工作管理办法（暂行）》，对养殖环节病死猪进行无害化处理生猪养殖场（户）每头给予80元补助，由中央、省、地级市和县级财政承担。其中中央财政承担补助经费40元/头、省财政补助24元/头、市县各承担8元/头。审核符合补贴标准死亡生猪1154头。

【渔牧一体化生态健康养殖】 建设乳城镇新高畜牧水产养殖场渔牧一体化生态健康养殖示范基地，基地以传统山塘养殖模式为基础，集成牧草栽培技术、定点投喂自动起捕以及牧草机械切割利用等技术，以工程生态学原理，创建山塘鱼牧生态工程新模式，提供一套养猪、养鱼污染物生态循环利用技术。实施生态循环养殖模式，利用养殖废水种植饲料植物皇竹草，变废为宝，减少养殖废水排放。10月21日，华南师范大学、中国水产科学研究院珠江水产研究所、中国水产科学研究南海水产研究所教授、专家对乳源开展渔牧一体化生态循环养殖系统进行论证，认为该模式具有较好经济效益和生态效益，推进县畜牧水产业发展的转型升级。省、市、县组织人员到渔牧一体化生态健康养殖示范基地参观学习达150人次。

【发展稻田养鱼】 结合县人大代表关于发展山区稻田养鱼建议工作落实，转变水产养殖业发展方式，推广稻田养鱼技术。一是学习外地先进经验和做法，于2月份组织相关部门业务骨干前往连南节地节水高质高效渔业示范园，调研学习稻田养鱼开展情况，根据连南先进做法，结合乳源实际，在技术上进行深入探讨，形成较为完整稻田养鱼技术理论体系及系列操作技术。二是举办宣传推广培训班，精心制作稻田养鱼技术PPT，于3月31日晚、4月1日晚进村入户举办两期“稻田养鱼技术培训班”，为大桥镇中冲、核桃山村委养殖户讲解稻田养鱼关键技术，在如何改造当地稻田资源进行禾花鱼养殖，及养殖后对农户和地区会带来怎样的经济、文化效益等方面作深入浅出讲解，有100多人次参加集中培训学习，增强农户发展特色养殖脱贫致富兴趣。三是进行苗种选育、提纯，邀请珠江水产研究所朱华平博士、姜兰、黄樟翰研究员开展石鲤品种选育、产地环境及产品质量控制等研究，经试养取得成效。四是提高养殖效益，统筹资金6万多元，购买优质禾花鱼鱼苗90000多尾，免费发放给养殖示范农户。2015年，全县禾花鱼养殖面积66.67公顷，收成稻鱼20000多公斤，市场价值120元/公斤，产值达到240多万元，带动农民增收效果显著。

【行政审批】 2015年，网上办理“动物防疫条件合格证”3份，“兽药经营许可证”1份，“水产苗种生产许可证”2份，“水域滩涂养殖使用证”23份，年审“水域滩涂养殖使用证”260多份。

【开展党建工作】 统筹兼顾，狠抓党风廉政建设、纪律教育学习月“三严三实”专题教育和党员“固定活动日”等党建工作。2015年，吸收莫世雄、邓飞飞、江奕秦3名预备党员。 （文建峰 林琳）

附：县畜牧兽医水产局领导班子成员名单

局 长：李金照

副局长：邓桂展

莫世雄

渔 政

【概况】 广东省渔政总队乳源大队为县农业局直属正股级行政执法单位，业务工作接受广东省渔政总队指导，主要负责渔业行政执法工作，2015年，行政编制8名，实有人员7人。

【禁渔期工作】 武江河桂头段禁渔期为4月1日至6月1日，为实施“禁渔期”制度，大队成立禁渔期领导小组，健全禁渔期值班制度，上报反映禁渔情况。出动巡查车辆15车次，人数75人次，向渔民发放禁渔宣传单200余份，设立“禁渔期渔船停靠点”标示牌，悬挂禁渔期倒计时牌以及禁渔宣传横幅1幅。为适当补偿渔民因执行珠江流域禁渔制度造成损失，缓解渔民禁渔期生活困难，经审核，符合休（禁）渔补助申请资格渔船119艘，渔业船员238名，发放休（禁）渔补助资金共计26.18万元。

【渔船安检】 加强县渔业安全生产工作，消除生产中存在安全隐患，渔政大队与126位渔民签订渔业安全生产责任书。前往桂头、杨溪和七星墩等地开展渔业安全生产大检查活动20余次，出动执法人员人数80人次，检查内容涵盖渔船的救生设备（救生衣、救生圈）、消防、通信、船体等重要安全设备。执法人员对渔船电子标签、IC卡、渔业船舶证书等相关证件进行检查。

【执法巡查】 为严厉打击非法捕捞行为，维护南水水库水生态安全，乳源渔政大队于4月至5月开展“南水湖剪网”专项行动，出动执法艇7艘次、拖车7辆次、执法车辆10辆次、执法人员28人次、剪网刀具14副，剪除螺旋网4张总长近1000米。中秋节、国庆节前夕，渔政大队与南水湖国家湿地公园开展一系列联合执法行动，销毁非法禁用渔具2张，总长260米。

【油补工作】 油补工作关系到渔民切身利益，渔政大队高度重视，认真负责，精心部署。1月至6月，完成2013年度渔船油补结算资金发放工作，发放金额达1030567元。7月至12月，完成2014年度渔船油补结算资金发放工作，发放金额达1569576元。

【船舶检验】 乳源渔政大队坚持早谋划、早着手、早预防指导思想，充分利用4月份禁渔期，于3月至4月，按照分批分段实施方式，组织辖区内126条渔船开展2015年度渔业船舶检验工作。始终坚持高标准、严要求，做到不漏1艘船、不少一项检验内容、不缺1人的安全教育，落实渔业船舶100%受检、检验人员100%登船检验、受检渔业船舶100%符合相关技术标准要求，对桂头镇、七星墩、杨溪、大赛村和东坪镇辖区内所有在册渔业船舶进行检验。

【增殖放流】 8月，乳源渔政大队在北江水系桂头段码头和杨溪两地举行渔业资源增殖放流活动，放流青鱼、鳙鱼、草鱼、鲢鱼等鱼苗约7万尾到北江水系桂头段和杨溪流域。

【船东互保】 响应广东省渔业互保协会工作要求，开展非政策性渔业保险工作，保险险种为渔民人身意外伤害保险，全县参保渔民126人，实收非政策性渔业保险保费7.56万元。

【渔船信息】 为加强渔船信息化管理，深化和规范全县渔船管理和安全工作，于11月始，乳源大队开展为期1个多月渔船信息化普查。普查内容主要包括：逐船登船复测渔船主要数据、采集渔船基础信息和管理信息、拍摄照片以及相关信息数据的录入。成立渔船信息化管理工作领导小组，负责组织本辖区渔船普查。

【渔民安居工程】 为解决以船为家渔民上岸安居问题，切实改善特困渔民居住条件，乳源大队配合县住建局助力渔民上岸安居。11月至12月，县大队执法人员陪同住建部门到桂头镇社区、县政府、渔民聚居地、住家船走访调查10余次，经过反复的走访勘察，统计出符合补助条件的困难户33户，其中28户为无房户，5户为面积不足。 （刘 雅）

附：渔政乳源大队领导班子成员名单

大队长：李颖兴

教导员：赵兴辉

副大队长：杨昌智

工　业

电 力 工 业

【概况】 广东电网韶关乳源供电局内设有办公室、人力资源部、财务部、市场营销部、计划建设部、生产设备管理部、安全监管部、监察审计部、党群工作部等9个职能部门，输变电管理所、电力调度控制中心、物流服务中心等3个二级机构，按照“一镇一所”的原则设置9个供电所，3个配电运维中心。现有员工358人，其中硕士研究生1人，硕士学位4人，本科学历76人，获得专业技术职称共有87人，其中中级职称13人。

【安全生产】 全面深化设备主人责任制，建立设备主人责任卡和设备承包制，明确设备主人工作职责、到位标准及工作指引，多种手段定期督查指导、全口径综合考核，故障停电时间比2014年下降26%，故障跳闸率比2014年降低19%，故障消缺及消缺及时率均达100%，设备运行维护水平得到显著提升。完善作业风险管控机制，组建安全专项督查网络，全年开展日常督查1036次，发现问题79项，发出红牌7张、黄牌1张，整改通知书40份。推进安全生产风险管理体系建设，顺利通过省公司审核考评，取得72分，优于2015年满分值70分。强化应急处置能力建设，优化应急预案结构，新增部门级应急预案23份，形成1+20+23+180的预案体系，开展应急演练66项，圆满完成2015年重大节假日、抗战70周年等11项保供电任务。

全年未发生人身事故事件，未发生四级以上事件，电网连续安全稳定运行3761天。

【经营情况】 2015年完成供电量13.18亿千瓦时，比2014年下降13.36%；售电量13.02亿千瓦时，比2014年下降13.26%。电费回收率100%，旧欠电费回收率100%。强化线损闭环管理，全口径线损率为1.26%，比2014年下降0.11个百分点，综合线损电量比2014年减少300多万千瓦时。抓好电费回收，实现电费回收双结零。加强审计监督，共完成专项审3项，发现问题16个，提出审计建议16条。

【电力供应】 乳源地区日最高负荷达22.16万千瓦，全年未发生强制性错峰或限电。新增用户0.27万户，新增用电容量6.26万千伏安。抓好主配网联动的综合停电、转供电管理和快速复电机制推广，用户平均停电时间比2014年下降6.97小时，比2014年下降19.18%。电压管理成效显著，基本消灭低电压台区；重过载设备管理水平不断提升，全年仅2台配变短时重载。应对近年来罕见的“霸王级”寒潮，保障乳源电网的安全稳定和电力的可靠供应，得到上级和地方党委政府领导的充分肯定。

【电网建设】 认真落实“稳增长”要求，新增35千伏及以上变电容量10万千伏安，建成10千伏及以上线路20.33千米。全面开展“一镇一册”规划工作，将配电网规划管理延伸至供电所，建立供电所电网运行、规划建设数据日常管理机制，配电网基础数据更全面、问题分析更深入。提前开展“十三五”投资规划工作，确定投资方向及重点。建立健全中低压配网项目日常储备机制，动态更新项目储备库。推进35千伏简易站试点建设，完成35千伏红车输变电工程前期工作。深化政企合作，配合县政府“五彩瑶乡”8个省级示范新农村供电工程，受到县政府的高度评价。

【优质服务】 推进客户全方位服务体系建设，推动各部门将工作重心从关注设备到关注客户转变，狠抓客户改进方案和计划的落实。多渠道收集客户用电诉求，坚持每月召开客户全方位服务管理委员会协调会议合力解决客户诉求，快速传递与协同解决效率不断提高。落实客户服务评价机制，充分发挥客服班的服务调度和服务监督职能，常态化开展客户满意度电话回访。解决客户沟通短板，抓好对工业客户的沟通，设立局、部门、所三级客户经理，对工业客户进行一对一跟踪，落实客户经理走访制度，走访工作已经实现日常化、常态化进行。2015 年“一站妥”得分为97.81 分，在韶关三区八县排名第一；营销综合服务质量考评得分 83.19 分，位居韶关 3 区 8 县第 1 名；市局考核的 42 个营销指标中有 38 个在全市排名第一；服务窗口以排名第一的好成绩被评为县第三批“优质服务示范岗”。

【人才技能比武】 继续开展练兵比武活动，完成 77 名专业技术人员和 7 名 2014 年新员工参加岗位胜任能力评价，岗位胜任能力评价通过率 100%。不断提升员工素质，谭国才、邓巍、何建荣等 3 人通过技师考评，陈小华等 5 人通过中级专业技术资格评审。技能岗位人员水平提升明显，参加省公司班组技能比武，抄核收专业获得县级子公司第二梯队第二名。参加韶关供电系统用电监察员、用电客户受理员技能竞赛，获得团体一等奖，胡银红等获得个人一、二、三等奖；参加韶关局配电线路工技能竞赛，获得团体二等奖；参加省公司人事人资业务比武成绩 100 分，培训系统应用获得省公司二等奖。积极开展电网新技术探索，计划建设部技术团队开展的《通用型滑动螺栓旋压式接地棒》项目，荣获省公司“职工技术创新最佳成果创新奖”，并被国家专利局授予实用新型专利。

【党建企业文化】 学习贯彻落实习近平总书记系列重要讲话精神，扎实开展“三严三实”专题教育活动，抓好基层党组织建设，全面完成了 10 个党支部的换届选举工作。严把党员入口关，全年发展党员 6 人。严格落实中央“八项规定”精神，深化“四风”整治，全年办公、差旅、会议、业务招待费用合计同比下降 112%，公务用车、办公用房管理进一步规范。层层签订党廉责任书，细化考核标准，确保“两个责任”“一岗双责”到岗到人。打造文化品牌，做好创建南方电网公司安全文化示范单位申报工作。（吴世韶）

附：广东电网韶关乳源供电局领导班子成员名单

党委副书记、局长：刘继松

党委书记、副局长：刘孟宁

党委委员、纪委书记、工会主席：谢世军

党委委员、副局长：林梓先
　　　　　　　　　阙胜和

党委委员：谭志明

银　源　公　司

【概况】 县银源水电有限责任公司，系县属国有独资公司。按照《中华人民共和国公司法》和现代企业制度的要求，建立党委会、董事会、监事会和经营班子组织架构，内设行政、财务、生产技术安全监察和政治思想工作 4 个职能部，下设泉水水电厂、（县城）自来水分公司、桂头自来水分公司、电产管理分公司、龙谷电站和鹰咀石电站 6 家分公司，以及官溪水电有限公司、上狮水电站和污水处理厂 3 家子公司。在职员工 516 人，其中中专（技）以上学历 292 人，专业技术人员 150 人。退休人员 215 人。

2015 年，实现发电量 1.79 亿千瓦时、售电量 1.75 亿千瓦时，分别比 2014 年增长 19.33% 和 19.05%；产水量 1295.8 万吨、售水量 841.2 万吨，分别比 2014 年减少 3.31% 和 2.32%；污水处理量 516 万吨、COD 减排 525 吨、氨氮减排 50 吨、处置生活污泥 848 吨，分别比 2014 年增长 7.94%、21.25%、22% 和 26.57%；路灯、彩灯亮化率达 98% 以上；实现工业产值 1.058 亿元、销售收入 8811 万元、利润 2192 万元，分别比 2014 年增长 15.78%、6.6%、48.86%；上缴税金 1742 万元、财政利润 1610 万元；支付县委基层办、桂头镇政府、广东粤水水电发展有限公司股份分红 213 万元。

【工程项目】 投资 1100 万元的龙谷电站水毁恢复工程于 3 月下旬建成，投入并网试运行。桂头镇锡地、黄金岭、王龙围，东坪镇茶坪，必背镇新茂、军安山等15个村庄的安全饮水工程相继建成通水；世行贷款一期项目供水管网新建、改建工程，总投资2200万元，完成管网铺设8公里，占投资计划的57%；世行贷款一期项目截污管网改造工程，总投资2182万元，完成敷设管网14公里，占投资计划的70%；泉水水电厂增效扩容改造工程，总投资4514.22万元，完成升压站、两台发电机组安装，以及监控室的新建，占工程投资的81.5%；大布镇自来水厂及供水管网建设工程，总投资250万元，完成一级泵站、滤池、厂区道路、排水系统等安装，敷设主管道2公里，占投资计划的60%。

【安全生产管理】 解决泉水水电厂添置大坝闸门启闭备用发电机问题，恢复坝顶位移监测的激光准直系统，升级泉水大坝安全信息管理系统。投资34.5万元，对县城水厂和桂头水厂的21台电机，进行节能改造，每年节约电费支出3.3万元。组织新版《电业安全规程》，以及新版"两票"填写的学习与考核。相关职能部门健全安全运营反馈监督机制，经常性地深入生产、工程建设一线开展安全督查工作，落实整改。6月份组织全体员工，开展"排除隐患大行动"，共排查处理安全隐患40余项，收到既锻炼员工发现、解决问题的能力，又达到比较全面检查消除安全隐患的效果。结合工程项目实施，泉水水电厂安排员工跟班熟习安装、调试业务；龙谷电站请安装调试人员带班培训本站员工，以"每周一学"的形式，组织员工技术问答，有针对性地提升员工技术业务。

【市政经营服务】 针对信访热点、难点问题，及时对接"民声热线""网络问政"和县信访部门，做好世行项目、农村安全饮水工程、路灯建设管护等解释、宣传工作，化解群众疑惑。在一六、游溪镇政务中心增设供水服务窗口。开展45项常规指标和106项全分析指标检测，全年水质综合合格率达100%。抽调50多名员工，组成多个安装小组，多路齐进，加快农村安全饮水工程施工。筹措资金40万元，更新、技改污水处理设备和监控系统，新设污泥脱水班，保障污水处理运行稳定、达标。投入90万元，完成迎宾路口至侯公渡中学路灯的安装；维修12公里长的彩灯；配合"十月朝"文化旅游节活动，检修音乐喷泉、水幕电影，保障节庆期间的亮化。申报获得两期（500万美元和600万美元）世行贷款项目，新建、完善县城截污、供水管网，升级自来水厂和污水处理厂相关设备、设施。

【机体建设强化规范】 新（修）订一批涉及企业民主管理、集体决策、工作规程、廉洁从业等为主题的规章制度；出台《公车非工作时间管理规定》等廉政规章，制订、落实党风廉政建设主体责任清单，转发执行省纪委等部门《关于加强党员领导干部"八小时以外"活动监督管理的意见》《关于促进国有企业领导人员廉洁从业禁止违规兼职的通知》等纪律文件，落实对公司中层及以上管理人员的日常管理；新设立龙谷电站党支部；改进内部招议标办法，推进多方寻价制度，控制降低拦标价；压减业务接待和车辆费用；完善报销凭证"四审"制度（主管部门核实、分管领导审核、主要领导审批、财务部核查的制度），每半年组织1次财务检查。

【扶贫公益】 筹集资金216万元，支持桂头镇扶贫开发、塘头村委会基层组织建设，新建300多平方米的村民文化广场、塘头村委至王龙围4.75公里的公路硬底化工程，以及7个生活垃圾池；协助游溪镇、必背镇完成新建、完善供水管网、路灯等市政设施建设。
（林　楠）

附：县银源水电有限责任公司领导成员名单

党委书记、董事长：徐　明
党委副书记、纪委书记：胡　丹
党委委员、董事、总经理：赖显东
党委委员、董事、副总经理：肖正春
党委委员、副总经理：岑少峰
党委委员、董事：刘建国
董事、总经理助理：林　楠

泉水水电厂

【概况】 2015年，泉水水电厂在职员工112人，内退员工16人，退休员工83人。该厂是以发电为主兼防洪的水利枢纽工程，由水库大坝、引水系统和地下厂房三大部分组成。全年机组运行5523小时，实现连续安全生产2547天，完成发电1.32亿千瓦时，售电1.3亿千瓦时，产值6650万元。

【安全生产】 做好大坝安全管理，确保大坝安全度汛，在汛期，添置一台75千瓦柴油发电机，以保证大坝泄洪闸门启闭备用电源。对大坝坝顶位移监测激光准直系统进行维护升级。严格按照大坝中心要求，升级泉水大坝安全信息管理系统，对泉水大坝各项监测数据进行整理和初步分析，及时报送。2015年泉水全年流域降水量2997毫米，比2014年增加35%，较常年2500毫米偏多20%。是年度属丰水年份，全年来水量4亿立方米，比2014年增加35%，全年泄洪67次，泄放水量6385万立方米，为多年平均泄放水量74%。

【增效扩容】 2015年，增效扩容改造工程进入机组及配套设备安装的阶段，全厂高度重视，多次召开协调会，精心组织，强化措施，加强管理。抽调技术骨干，协助厂家和安装队认真跟进及做好设备拆卸、安装，调试等工作，做好安全措施和安全监督。3号机组于12月31日顺利并网试运行。

【员工培训】 选派员工到兴宁等地进行学习培训，在机组安装期间，定员分组协助厂家安装机组及配套设备，让员工更好地了解新机组新设备的安装及操作程序，从工作中提升业务技能和维护机组能力。举办安全知识培训及工会劳动保护知识宣讲。集中观看新版《中华人民共和国安全生产法》讲座和音像制品“生命的红线”等安全生产视频。举行反事故演习，提高一线员工在事故处理等方面技能和应变能力；专题开展新版《电业安全规程》、新版工作票和操作票规范填写等安全知识学习、考核，提高对规程掌握和理解。提高员工业务技能水平。

【大坝定检】 11月完成国家能源局大坝中心对泉水大坝第三次安全定期检查。

【民主管理】 保障员工民主决策、民主管理、民主监督权利。通过职代会和专设的厂务公开展板及公告栏，公布厂每月生产经营、厂班子成员廉洁自律、管理人员和技术职称人员评聘、公开承诺办理工作进度、重大决策及员工切身利益相关事项。

【关爱活动】 发放各类劳动保护用品，关心爱护员工；关爱员工身心健康，切实落实女员工保护条例，协助开展女工健康知识讲座，进行女工体检。看望、慰问困难或重病员工21人次，送去慰问金、慰问品9200元。举办健康有益的活动，在员工中开展扑克牌、拔河比赛、趣味游园活动等，组织退休员工到必背瑶寨、横溪水库等地参观游览，愉快地度过“九九重阳节”，丰富员工业余文化生活，推动企业精神文明建设。（罗国强）

附：泉水水电厂领导班子成员名单

党总支书记、厂长：赖显东

副厂长：罗国雄

工会主席：李万田

自来水分公司

【概况】 县银源水电有限责任公司自来水分公司、桂头自来水分公司，主营供水、安装、维修服务及管件销售。内设行政部、营销部、生产技术部和制水厂4个职能部门。在职员工总人数112人，退休员工35人。2015年，自来水分公司完成生产水量1179万立方米，销售水量748万立方米，销售收入（含税）1087万元，与2014年相比分别减幅4.7%、4.2%、3.4%，年平均水损率37%。8月，入驻游溪镇、一六镇2个镇设立的“乳源政务服务”办事窗口，办理自来水缴费及业务报装。桂头自来水分公司完成生产水量117万立方米，销售水量93万立方米，销售收入（含税）128万元，与2014年相比分别增幅14%、15%、19%，年平均水损率21%。

【水质管理】 严格执行饮用水水源地保护制度。通过视频监控、加强值班巡逻等方式，保障原水安全。提高水质监测力度。水厂每天完成9项常规水质检测，每季度完成全分析25项；委托第三方完成三季度的45项常规指标和一季度的106项全分析指标检测，符合水质新国标《生活饮用水卫生标准》（GB5749－2006）的检测要求，水质综合合格率达100%。水质检测均做原始台账记录、报告及检测质量控制记录，定期向社会公布检测结果。加强化验设备维护，不定期对干燥箱及消毒设施进行维护。完善化验药品采购制度及值班制度。对药品采购流程进行规范，实行验收制度，严把化验药品质量关。在汛期、节假日期间加强值班人员巡视，注重水浊度分析，确保汛期安全供水。

【安全生产】 加强供水设施维护。制定供水设施和设备日常保养、定期维护和大修理三级维护检修制度，查验供水设施和设备台账。全面推进设备升级换代，降低供水成本。公司投入资金11.5万元对乳源制水厂V型滤池设备进行升级改造，新设备在操作方面科学简易、实时监控更全面，有效提升应对日常及浊水期水质的过滤管控能力；投入资金34万元对水厂电机进行节能改造，更换高效节能电机后年可节约电费3.3万元。加强安全生产管理。坚持“安全第一，预防为主”的宗旨，严格执行运行管理各项规章制度，加强安全监管，不定期组织安全生产检查，排除隐患，发现隐患及时整改。定期对员工进行安全生产教育培训，提高员工安全生产意识。利用安全生产月，组织员工学习《中华人民共和国安全生产法》，观摩官溪电站“强化安全基础，推动安全发展”反事故演习活动、全员参加安全生产知识考试、开展安全隐患排查整治工作。做好防洪防汛工作，完善供水应急预案，提升应急事故处理能力。

【管网建设】 实施“世行项目”工程，加快城区管网升级，逐步解决城区管网老化、管网口径小压力不够等用水问题。进行自来水管网兴建与改造，合计兴建与改造供水管道约14公里，完成城区内管道铺设安装8公里。根据县政府为保障农村安全用水以及银源公司的指示，2015年，完成桂头镇周边824户、东坪镇227户、必背镇156户、游溪镇114户、一六镇548户等5个镇24个村落共1869户的通水任务。

抓紧大布水厂建设工程。组织施工人员对大布厂区设备进行安装，完成安装送水泵站机组、滤池工艺管道、滤板滤头、构筑物连接管、电磁流量计等，完成厂区设备安装工程量的70%，完成厂区道路、排水土建工程，完成主管安装约1公里，完成供水管网安装工程量的5%。

【优质服务】 2015年，围绕全国文明城市创建活动以及巩固2014年党的群众路线教育活动和“三难”问题专项整治行动成效，以营业厅为文明服务示范窗口，对乳源、桂头营业厅宣传栏进行规范更新，新增一六镇、游溪镇等服务网点，对镇村实行双月抄表，方便用户就近选点缴费。在办公楼门口设置自来水“营业厅”指示牌，方便用户查找。成立营销部客户服务中心，负责自来水业务咨询、报装服务、报修处理、客户投诉、停水发布等工作，全年共收到和处理4起网络问政信访。实行服务热线管理，乳源水厂、桂头水厂设24小时热线，做好电话记录及相关信息上报。成立24小时应急抢修小组，做好管网抢修工作。

【党务工作】 坚持党工建设，加强党员干部纪律教育学习、“三严三实”教育，开展形式多样廉政宣传教育活动、制定党政班子落实党风廉政建设主体责任清单，党组织凝聚力和战斗力增强。

完善职代会制度，有效地保障员工民主决策、民主管理、民主监督的权利；推行厂务公开制度，维护员工合法权益；组织员工普法考试，加强法制教育；看望、慰问患病困难职工5人次；慰问受灾职工1人次，筹集款项1万多元协助其渡过难关；鼓励员工围绕公司运作热点、重点进行新闻传播投稿，2015年共9篇文稿、5张摄影作品，分别刊登于《中国供水节水报》《广东供水》和广东水协网等，职工尧雪梅、郑锐2人被评为2015年度积极通讯员。

（尧雪梅）

附：县自来水分公司领导班子成员名单

党支部书记、经理：刘建国

副经理：张志光

副经理、工会主席：吴丽华

经济开发区

【概况】 广东乳源经济开发区于2015年5月经省政府同意列为广东省省级产业转移工业园，规划面积为667平方公里，设富源工业园、东阳光高科技园、仙湖工业园、新材料产业园4个工业园区。开发区园区内有规模以上企业62家，其中高新技术企业5家，2015年工业总产值为80.44亿元，上缴国家税收1.65亿元，拥有东阳光公司、三协电子、永恒实业、冠华食品等一批龙头企业。开发区内设机构：党组书记1名，由副县长兼任；主任1名，副主任2名。下辖办公室、经济发展股、规划建设股3个股室，在职人员14名，其中行政编制人员12名，后勤服务人员2名。

【招商引资】 开发区坚持“产业招商、园区招商、以商招商、委托招商”的招商理念，共引进中农批、聚能永拓等项目，恒扬、永恒、硕成实现“二次招商”，累计引进资金约20亿元，在谈项目6个，分别是：富源创业园、机电五金科技产业园、天然冰片项目、腹膜铁项目、电动车项目、大布光伏农业科技项目，签约项目3个，分别是：电梯路轨项目、大布光伏农业科技项目、叉车物流项目。

【设施建设】 对新材料产业园区实行封闭式管理，园区企业签订《乳源新材料产业园企业联防联治协议书》，园区内实行联防治安和带卡出行；对富源工业园高压电网进行迁改；抓好富源工业园新开发地段排污、通信、供水、供电、天然气管网建设；铺设东阳光电化厂至凌一、硕成、盈田供水和供汽管网，实现集中供热和供水（电化厂生产中产生的净化水）；跟进开发区工业污水处理厂建设，由于原选址用地无法征用，进行重新选址和设计，完成2公顷污水处理厂建设用地征收工作，交付银源公司进场入钻探、设计。

【重点项目】 开发区重点项目共完成投资5.1亿元，其中园区基础设施建设投资完成8700万元，占计划175%；新四海项目于2014年9月竣工，10月份建成试产；威鸣项目主体工程基本完成，扬成铝材办公楼和宿舍楼完成建设5000平方米，厂房1.5万平方米建设的基础完成；污水处理厂全面实施动工，恒扬二期、绿之源二期、深圳高立、硕成二期、盈田项目完成土地招拍挂，恒扬二期和永恒二期均全面进场施工，有序推进。

【优惠政策】 2月9日，经省人民政府同意，省财政厅、省国税局、省地税局联合下发《关于同意乳源瑶族自治县连山壮族瑶族自治县连南瑶族自治县免征企业应缴企业所得税地方分享部分的函》文件，同意乳源免征本地区企业应缴纳企业所得税中属于地方分享部分（含省级和市县级）。

【产业转移】 5月19日，省经信委下发《广东省经济和信息化委关于同意乳源产业转移工业园享受省产业转移政策的复函》，乳源产业转移工业园经省人民政府同意纳入省产业转移工业园管理，享受省产业转移政策，纳入省产业转移工业园统计考核，安排一次性启动资金5000万元用于推进产业园扩能增效。

【服务企业】 开发区采取各种措施进行“贴身式”“保姆式”服务企业，千方百计帮助企业解决施工环境、资金困难、市场萎缩等实际困难。2015年，协调有关部门解决东升纸业、华源灯饰厂、富特机械厂的纠纷问题，鸿峰特钢合同履行，绿之源欠薪问题，三协电子厂劳务派遣工劳资纠纷等各类纠纷二十几宗，促进社会和园区企业的稳定发展。

【廉政建设】 2015年，开发区组织全体干部职工分别到县看守所、武江监狱开展警示教育，开展纪律活动月系列活动，观看《“红包”之祸》《致命的决口》等党风廉政电教片，落实党委主体责任、纪委监督责任制。

【党建工作】 扎实开展“三严三实”专题教育和县党政领导班子成员讲党课活动，组织开展丰富多彩“党员固定活动日”10次，吸收预备党员1名。

（许红传）

附：广东乳源经济开发区管理委员会领导班子名单

党组书记（副县长）：林　军

党组副书记、主任：邬宝华

副主任：张展兴

　　　　黄为民

民营规模以上企业简介

【乳源东阳光电化厂】 隶属广东东阳光铝业股份有限公司，位于广东乳源经济开发区氯碱特色产业园内，是广东省最大的氯碱生产厂，2015年员工总人数388人。主要经营研发、生产和销售氢氧化钠、高纯盐酸、双氧水、液氯和次氯酸钠等产品，其中盐酸和氢氧化钠可用做食品添加剂。离子膜烧碱项目采用最先进的烧碱生产工艺，核心装置选择先进的离子膜电解工艺，双氧水项目生产装置采用蒽醌固定床自动氧化法，2万吨（50%）食品级双氧水生产装置系国内最大的食品级生产装置之一。该厂是高纯盐酸行业标准的编纂单位，生产高纯盐酸符合食品添加剂盐酸、化学试剂盐酸、电子级盐酸标准，高纯盐酸品质居全国同行业前列。实现产值74240万元，比2014年增长17.50%。

【韶关包装印刷有限公司】 位于广东乳源经济开发区，隶属深圳东阳光实业发展有限公司的全资子公司。2015年有员工236人，其中大专及以上学历占20%。公司拥有国际先进的生产设备和“务实、进取、和谐、高效”的管理团队。主要从事纸品印刷、镀铝包装膜、转移膜/纸及相关激光制品三大系列产品生产与销售，是集产品设计开发、生产、服务为一体高新企业。实现产值5302万元，比2014年增长0.82%。

【乳源东阳光精箔有限公司】 于2002年6月成立，注册资金74650万元。被认定为高新技术企业。2015年有员工总人数915人。主要产品有：电子光箔、钎焊箔等最尖端的产品，其中HFF铝板带荣获“中国名牌”称号。设计年产能力为15万吨铝板、带、箔；公司与日本最大、技术最先进的三大铝加工企业——古河斯凯、东洋铝、日本制箔，以及拥有铝矿石最多的日本三井公司建立合资企业。实现产值215937万元，比2014年增长4.94%。

【乳源阳之光亲水箔有限公司】 位于广东乳源经济开发区，公司占地面积4万平方米，建筑面积2万平方米，2015年有员工217人，其中技术管理人员20余人，是以生产空调器散热翅片用亲水涂层铝箔为主，集科研、开发和生产为一体高新企业，是全国最大亲水箔生产基地。多次获得管理技术创新奖、优秀奖、专利奖。实现产值115462万元，比2014年下降1.03%。

【乳源东阳光化成箔有限公司】 成立于2004年12月，注册资金15000万元，是全世界最大腐蚀箔生产商，生产能力为每年中高压3500万平方米。公司员工总人数845人。产品主要销往日本的尼吉康、罗比康、凯美康和欧洲的EPCOS等世界主流市场，主要产品为腐蚀箔、化成箔、阴极箔。2015年实现产值65750万元，比2014年下降22.42%。

【乳源东阳光机械有限公司】 位于广东乳源经济开发区，主要产品为：腐蚀化成设备电柜、镍锌材料模具、“三鸭”智能坐便器一体机。2015年有员工90人，拥有近30台数控精密电加工机床，为乳源东阳光化成箔厂及宜都东阳光化成箔厂生产上百条腐蚀化成生产线，为乳源东阳光磁性有限公司提供磁性材料模具。重点发展方向是智能冲洗坐便器、太阳能组件设备及机器人制造。实现产值5897万元，比2014年增长81.53%。

【乳源东阳光磁性材料有限公司】 位于广东乳源经济开发区，主要产品种类有：高频低功耗软磁铁氧体材料、抗电磁干扰高磁导率软磁铁氧体、抗电磁干扰镍锌及镍铜锌软磁铁氧体材料。产品主要原材料有：三氧化二铁、四氧化三锰、氧化锌等。主要辅助材料有：硬脂酸锌、聚乙烯醇、分散剂、五氧化钒、五氧化二铌等。公司拥有全自动氮气保护烧结窑14条、钟罩炉7台、镍锌空气窑4条、全自动磨床近60台、3T－100T全系列自动干粉压机100多台。制粉工序，从配料到成品料出口均采用流水线操作，产品质量稳定，长期与国内著名研究机构建立合作关系，拥有一流磁性材料生产技术，产品主要用于小型变压器、电磁开关等，广泛应用于家电、通信、数码、汽车、电脑等行业配件变压器中。年生产规模有锰锌功率铁氧体9000吨/年，锰锌高磁导率铁氧体1000吨/年，镍锌抗EMI铁氧体1000吨/年的能力。2015年有员工953人，其中大专以上人员95人，中技职称102人，实现产值20698万元，比2014年下降0.69%。

【韶关东阳光电容器有限公司】 是集产品开发、生产、服务为一体的高新技术企业，2015年有员工550人左右，其中大专以上技术管理人员50人。专业生产全系列高、中、低压铝电解电容器，主要用于电脑、彩电、空调、照相机、VCD等家用电器及数控车床、占地电子机等工业设备。拥有国家一流的大型自动化生产设备，月生产量Φ18毫米以上800万只，Φ5－Φ12.5毫米1亿只，实现产值11693万元，比2014年下降35.71%。

【乳源阳之光铝制品有限公司】 是以铝制品再冶炼为核心业务铝加工企业，员工总人数400人。主要产品有成品铝锭和合金铝锭等，重点的发展方向为太阳能用框架铝合金和焊带，产品直接供应铝加工企业。2015年实现产值6925万元，比2014年下降25.38%。

【乳源东阳光氟有限公司】 该公司是国内A股主板上市公司——广东东阳光科技控股股份有限公司下属子公司，成立于2011年，注册资金3.5亿元。主要经营新型环保制冷剂系列产品：R125、R32、R134a、R22、R410a、R407c、R404a、R507等。公司秉承“科技兴企，质量第一，客户至上”经营理念，以科学企业管理体系和完善的品质保障体系促进企业不断改进，2014年顺利通过ISO 9001、ISO 14001及OHSAS18001体系认证。与格力、美的、日本大金、韩国三星、TCL、志高空调等公司建立战略合作伙伴关系。2015年实现产值22509万元，比2014年增长244.75%。

【广东宝华农业科技股份有限公司】 位于广东乳源经济开发区富源工业园，公司员工总人数86人。是一家以油茶产业为主体生物科技企业，集良种油茶育苗、种植、油茶深加工及销售科研于一体广东省农、林业龙头企业。2015年实现产值3668万元，比2014年下降13.00%。

【广东冠华食品有限公司】 位于广东乳源经济开发区富源工业园，员工总人数196人。生产“冠益”牌系列排米粉产品，原料为大米，是一家集产品研发、生产、销售为一体的农产品深加工企业，采用国家最新节能、环保循环流化床锅炉、全不锈钢自动流水生产线和先进的生产工艺质量控制技术，推行“公司＋基地＋农户”的生产经营模式，达到双赢目标。2015年实现产值6716万元，比2014年下降2.65%。

【乳源瑶族自治县永恒实业有限公司】 位于广东乳源经济开发区新材料产业园区内，以生产经营氯化石蜡及副产盐酸等系列产品为主，主要产品氯化石蜡—52具有低挥发性、阻燃、电绝缘性良好等优点。公司氯化石蜡产品注册“挂绿”牌商标，是广东省知名商标产品，主要销往长三角、珠三角、江浙一带等省内外28个大中城市。现有在册员工60人，其中：各专业中高级以上技术人员16人，管理人员10人，产业人员46人。2015年实现产值16076万元，比2014年下降0.68%。

【韶关赛普超硬材料科技有限公司】 坐落于广东乳源经济开发区富源工业园，员工总人数55人。主要从事超硬材料专用设备和人造金刚石的研发生产及销售。公司自主研发ZZSP－1500型压机具有自主知识产权和7项技术专利，系国内最先进生产金刚石的设备，技术世界独有。2015年实现产值2078万元，比2014年下降40.78%。

【乳源瑶族自治县晟发有色金属有限公司】 坐落于广东乳源经济开发区富源工业园，公司员工总人数112人。主导产品为：电解锌及综合回收铟、铋、锡等有价金属，设计年产电解锌15000吨。公司以绿色环保资源综合利用及清洁生产为宗旨，利用固体废物再生资源次氧化锌为原料，生产电解锌及综合回收铟、铋、锡等有价金属，每年综合利用次氧化锌近30000吨，减少固体废物排放量近150000吨。公司不断加大投入研发新工艺、新技术，大力降低能耗，使用离子交换除杂等新型技术及工艺达到清洁生产目的，获得ISO 9001质量管理体系认证和ISO 14001环境管理体系认证。2015年实现产值8245万元，比2014年增长17.88%。

【韶关市腾辉特钢有限公司】 位于广东乳源经济开发区富源工业园，是集自主设计、规模生产和商业管理为一体的企业，产品基本涵盖铝型材挤压模、汽车轮毂模、五金模具、塑料模具等行业100多种模具钢的研发和生产，在广东地区占有绝对优势。有员工90多人，其中大学本科5人，大学专科10余人，高级技术职称3人。2015年实现产值2699万元，比2014年下降62.40%。

【乳源瑶族自治县鑫源环保金属科技有限公司】 位于广东乳源经济开发区富源工业园，是一家专业化综合处理工业固体废物科技型环保和资源综合利用企业，广东省民营科技企业之中佼佼者。公司员工总人数130人。主要收集利用电子、电镀工业废水和渣等工业固体废物（WH17、WH22和WH46等危险废物）为生产原料，在进行无害化、减量化处理过程中，综合回收其中有价值铜、镍等有色金属和金、银、钯等贵金属，实现工业固体废物资源化。2015年实现产值5064万元，比2014年增长10.05%。

【乳源瑶族自治县富特机械配件制造有限公司】 位于桂头镇七星墩，主要经营机械零部件加工、制造和销售。是广东富华工程机械制造有限公司上下支板、托架成品、凸耳、连杆、钢圈等汽车悬挂产品的合格供应商，是其上下支板唯一供应商。有员工45人，管理人员4人。2015年实现产值4852万元，比2014年增长2.61%。

【乳源瑶族自治县恒力炭素制品有限公司】 位于桂头镇，是一家碳素制品企业，主要生产和销售电池炭棒、再生胶，及销售原材料。与广州市虎头电池集团有限公司达成友好长期合作伙伴关系，完成第二期生产线建设，投入生产。有员工100多人，其中95%是乳源籍农民工，管理人员任用以外招和内部培养提拔相结合。2015年实现产值4096万元，比2014年增长13.16%。

【韶关好特利电子有限公司】 坐落于广东乳源经济开发区富源工业园，是一家专业生产高精密度线路板厂、盲埋孔板厂家。工艺有无铅沉锡、无铅喷锡、化学沉金、化学银等。主要生产线路板、节能灯具、LED灯，产品广泛应用于电脑、通信、汽车、医疗设备、光电仪器、仪表等领域，客户遍布国内外，60%销往美国、韩国及中国台湾地区，40%销往华北、华东及本地客户。建有技术力量雄厚和高素质员工队伍，员工120人，其中本、专职技术人员60人。2015年实现产值2812万元，比2014年下降39.56%。

【韶关大唐研磨材料有限公司】 位于广东乳源经济开发区富源工业园，主要生产经营磨料、磨具、砂纸、砂布及其制品。其母公司——顺德大唐研磨材料有限公司是华南地区第一家集磨料磨具、抛光研磨材料、抛光工具、表面处理器材的开发、制造、销售于一体的企业，拥有高素质、专业化的员工队伍，建立一套完整质量管理体系，2000年8月通过ISO 9000质量体系认证，是中国涂附磨具协会副理事长和中国超硬材料协会理事单位，开发生产花轮、纱布砂纸、金刚石软磨片砂轮、抛光轮等系列磨具产品100多种，创立小太阳、坚力士、新东江、永亮等著名品牌，产品畅销国内外市场。有员工165人，其中大专以上学历人员42人。2015年实现产值2484万元，比2014年增长0.56%。

【韶关硕成化工有限公司】 位于广东乳源经济开发区氯碱特色产业园内，生产销售化工原料、化工产品、电子线路板及相关产品，注册资金1390万元，有员工85人。2015年实现产值3477万元，比2014年增长15.56%。

【韶关绿之源包装食品有限公司】 坐落于广东乳源经济开发区富源工业园，是收购原韶关乳源绿鲜冠天然食品有限公司基础上新成立一家食品饮料加工企业，注册资金500万元，占地面积380亩。公司是集研发、生产、销售一体的综合性企业。拥有先进金属易拉罐制罐全套生产设备和PET热罐装生产线，年产能达700万箱。2015年实现产值2083万元，比2014年下降14.18%。　（文锦洪）

商贸·商业

经济贸易

【概况】 县经济促进局以加快绿色发展、建设幸福乳源为核心，围绕“调结构、保增长、解难题”工作思路，开展党的群众路线教育实践活动，提升服务企业质量，抓好培扶企业、重点项目、招商引资、节能降耗和科技创新等工作，出台一系列工业经济扶持政策，狠抓指标任务落实，各项工作顺利推进。有编制19名，其中机关行政编制17名，后勤服务人员编制2名。全县实现工业总产值108.45亿元，比2014年下降0.5%，完成社会消费品零售总额20.41亿元，比2014年增长12.1%。

【工业经济】 2015年，全县生产总值65.99亿元，比2014年增长9.5%，完成县定年度预期增长9%以上目标。增速分别高于全国6.9%、全省8%、全市6.2%的2.6、1.5和3.3个百分点，在韶关10个县（市）区中排名并列第三。全县工业总产值108.45亿元，比2014年下降0.5%，其中：规模以上工业产值91.95亿元，比2014年下降1.59%；规模以下工业产值16.5亿元，比2014年增长6%。在规上工业中，制造业产值81.8亿元，比2014年下降1.58%，其中：东阳光集团工业产值52.13亿元，比2014年增长1.39%；电力生产和供应业产值10.14亿元，比2014年下降1.64%。规上工业产品销售率95.9%，比2014年下降0.2个百分点。实现工业增加值25.18亿元，比2014年下降1%，拉低GDP增长0.45个百分点，其中规上工业增加值20.57亿元，比2014年下降2.6%，拉低GDP增长0.94个百分点。全县经济主力东阳光集团工业完成增加值9.33亿元，同比下降1.31%，拉低GDP增长0.2个百分点。规下工业增加值4.62亿元，比2014年增长6.5%。

【招商引资】 充分发挥省财政、国税、地税三部门联合下发《关于同意乳源瑶族自治县连山壮族瑶族自治县连南瑶族自治县免征企业应缴企业所得税地方分享部分的函》免征本地区企业应缴纳企业所得税中属于地方分享部分（含省级和市县级）政策。成功引进步步高集团公司，14家上亿元省一级代理商在乳源注册；引进中国500强央企中农批落户乳源，该项目计划投资12亿元，占地面积约33.3公顷，拟建成现代化大型综合商贸城，集农特产品批发、零售交易、供港澳蔬菜加工配送、电子商务、农特产品、旅游产品展示展销、仓储物流等功能。

【外经外贸】 2015年，外贸进出口总额12112.7万美元，比2014年下降10.7%；合同吸收外资金额955万美元，比2014年降53.23%；实际吸收外资874万美元，比2014年下降57.18%。

【规模以上工业企业】 落实领导服务重点企业制度，培育“四上企业”。用好用活省财政厅、省国税局、省地方税务局关于同意乳源县免征企业应缴企业所得税地方分享部分优惠政策，刺激和扶持企业做大做强，引进总部经济。东阳光甲烷氯化物、绿之源罐装、扬成铝材、威鸣研磨等项目稳步推进，嘉旺混凝土二期、新四海玻璃纤维复合材料、立东电子科技等工业项目实现动工投产。鸿峰特钢列入省重点帮扶高成长性中小企业。新增“四上企业”31家，其中规模以上工业企业4家、限额以上服务业企业4家、限额以上批零住餐企业20家、房地产3家。

【社会消费】 全县批发业销售额60.79亿元，比2014年增长168%，零售业销售额18.53亿元，比2014年增长13%，以批零业销售额增幅为依据核算的批发和零售业增加值6.42亿元，拉动GDP增长3.14个百分点，是拉动GDP增长的主力；住宿业营业额0.91亿元，比2014年增长10.4%，餐饮业营业额2.63亿元，比2014年增长15.6%。全年社会消费品零售总额20.41亿元，比2014年增长12.1%。

【节能降耗】 落实用电产出相匹配政策，严控能耗上升，完成淘汰电机任务1.43万千瓦，单位GDP能耗下降9.78%，完成市下达年度节能目标及“十二五”节能进度目标。

【科技成果】 专利申请总量121件，其中发明25件、实用新型41件、外观设计55件；专利授权80件，其中发明7件、实用新型44件、外观设计29件。完成市下达任务的110%。

【企业服务】 为企业向上级申报专项发展资金，组织企业申报省级财政专项资金达8552.34万元。其中：广东乳源经济开发区获2015年新认定省产业园扩能增效专项资金5000万元；中小企业融资风险补偿平台项目，获省财政注资1000万元；广东省第四批战略性新兴产业政银企合作专项资金贷款贴息项目778万元。

【重点项目】 2015年，重点项目共计2项：中国供销·粤北农产品电商物流商贸城项目；东阳光氟化工基地建设（续建）项目。

【省产业园】 广东乳源经济开发区，规划建设乳源产业转移工业园，纳入省产业转移工业园管理，享受省产业转移政策，纳入省产业转移工业园统计考核。享受省政府在项目布局、土地政策、财政政策、金融服务、基础设施、环境资源、人力资源和体制机制等相关产业转移政策扶持。对增强县域经济重要载体，加快产业园经济发展方式转变和产业结构升级步伐，加快乳源领域经济发展步伐具有重大意义，获2015年新认定省产业园扩能增效专项资金5000万元。

【三严三实】 围绕“三严三实”主题，紧扣“严以修身、严以用权、严以律己，谋事要实、创业要实、做人要实”要求，完成各项规定动作，创新形式，开展一系列具有经促特色学习教育活动。完成深化学习研讨、广泛征求意见建议、深入开展谈心谈话、撰写发言提纲、开专题民主生活会、建立整改清单、整改落实、建章立制等重点环节各项工作，教育实践活动重点突出、特色鲜明、成效明显。

【安全生产】 2015年，坚持以“安全第一、预防为主、综合治理”方针，以落实安全生产责任制为核心，开展民爆安全生产专项整治、安全生产大检查等活动，确保全年无安全生产责任事故发生，为乳源工业发展创造良好安全环境。 （卢建军）

附：县经济促进局领导班子成员名单

党委书记、局长：李智军（—2015.10）
　　　　　　　　刘文泉（2015.10—）
党委委员、副局长：包　勇
　　　　　　　　　梁丽君
　　　　　　　　　唐　彪

粮油购销与储备

【概况】 县粮食储备中心和县粮食购销有限责任公司主要承担全县粮食储备和军粮供应等政策性业务工作，内设机构保持不变。在职干部职工38人。2015年，按照市下达上年度粮食播种面积等4项指标的粮食工作考评任务要求，配合县农业、财政、统计、农发行等部门，按时、按质、按量完成粮食考评各项指标，其中粮食播种面积任务完成率100.48%，粮食总产量任务完成率104.07%，粮食储备任务完成率100%，食用植物油储备任务完成率100%，粮食风险基金任务完成率100%。

【粮油轮换增储管理】 县粮食购销有限责任公司认真贯彻落实中央和省、市的地方储备粮增储任务总要求，克服粮食市场低迷、原粮需求增大、粮源紧张、入库成本增加等困难，做好乳源地方储备粮的增储和轮换工作。截至9月底，全县共收购早籼稻谷6500多吨，完成代市储、县储粮油轮换销售收储任务100%，完成新增地方粮食储备规模43%。县粮食部门各粮库在夏粮收购期间，严格执行最低收购价政策，遵守“五要五不准”收购守则，敞开收购，及时结算，现金付收谷款，不打白条。各承储库点在粮食增储和粮油轮换过程中，严格入库检验程序，运用储粮新技术、新工艺、新设备，做好日常储粮管理工作，提高科学储粮水平，确保地方储备粮油质量良好，储存安全。

【粮食安全责任考核】 响应市政府关于粮食工作的各项部署，按照粮食工作政府负责制的要求，深化粮食流通体制改革，建立健全粮食行政管理体制，完善粮储基础设施体系建设，强化粮食流通监管，增强粮食应急能力，稳定和发展粮食生产，较好的承担确保行政区域内粮食安全的责任。根据2015年省市县政府粮食安全责任届满前考核要求，由县发改局牵头，相关部门履行职责，各项粮食安全责任考核指标任务完成到位。10月经市评审考核，本届政府粮食安全责任届满前（考核年度为2013、2014年）考核合格。

【军供服务创新】 县粮食储备中心认真贯彻“以兵为本”理念，做好新形势下军粮供应工作，按照“服务与保障并重”的原则，逐步营造“质量良好、保障有力、服务优良”的军粮供应体系，确保驻地部队吃得好，确保放心粮油进军营，有力推动双拥共建工作深入开展。配合市军供中心开展“3·15”维护消费者权益日和“粮油服务进军营，餐桌节约促强军”活动，与部队官兵互动交流，加快军民融合式发展，为部队提供有力保障。

【粮油库存普查】 县粮食购销有限责任公司认真开展好储备粮油春秋两季普查工作，分别于3月和10月，按承储库点开展自查、县粮食储备中心普查、市局抽查三个阶段方式，按照《粮食库存检查暂行办法》和《广东省省级储备粮仓储管理暂行规定》要求，对全县库点、粮堆和仓廒进行全面检查，为配合上级各种检查及迎检工作准备充分，提高检查准确性、规范性和工作效率。中心检查组严格按照“有仓必到、有粮必查、查必彻底”原则，对每一仓、每一堆、每一廒、每一笔粮进行彻底清查，对正在进行密闭熏蒸的仓廒进行严格登记，熏蒸过后再行检查，将真实的粮油储备实物数通过检查反映出来。严格核实账实、账账、账卡的一致性，掌握各库点粮食真实数量。“发现问题、及时整改、不留隐患”原则，对承储企业粮油储备工作不到位当面予以指正，督促承储企业和监管单位及时整改，对熏蒸密闭、环境卫生、药剂管理等事项专门督促指导。承储企业采取措施，立足本地粮源，结合外采，完成储备粮油轮换任务的100%，按计划完成年度新增地方粮食储备规模64.04%。

【“粮安工程”筹建】 县粮食储备中心严格按照“南粤粮安工程”建设要求，做好粮食现代物流项目和县域“粮安工程”筹建工作。项目依托仙湖粮库粮食物流规模设施为基础，4月投资300万元兴建1栋粮食储备平房仓（仓容6000吨），于12月新仓基本竣工。10月，以侯公渡粮库、桂头粮所等8处基层粮所土地、房产置换流转县土地储备中心，重点用于筹措粮储基础设施体系建设资金，实施县域“粮安工程”项目建设。以落实政府粮食安全责任制为中心，重点落实新增地方储备粮规模，推进粮食仓储设施建设等专项任务，规划一六粮库粮食储备中心库和仙湖粮库粮食应急加工厂建设规模，解决增储仓容不足和粮食应急保障能力欠缺的问题。

【粮食安全生产管理】 按照市粮食局、县安全生产委员会要求，贯彻落实国家、省、市安全生产工作视频会议精神，深刻吸取天津港“8·12”瑞海公司危险品仓库特别重大火灾爆炸事故教训。8月25日，县发改局紧急制定《县粮食安全生产大检查工作方案》，迅速组成粮食安全生产大检查工作领导小组前往仙湖粮库、一六粮库、侯公渡粮库开展粮食安全生产大检查。就粮库制度建设、消防工作、粮食收购和出入仓管理、储粮药剂管理等情况进行排查，每个库点均做好《情况登记表》签名记录工作，及时发现薄弱环节，采取有效措施治理整改，消除各种不安全因素。

【宣传活动】 10月16日至22日是全国“爱粮节粮”宣传周活动，按照《关于做好2015年世界

“粮食日”和全国“爱粮节粮”宣传周活动的通知》的要求，采取悬挂横幅，在县城各大超市、粮油店发放爱粮节粮知识读本、科普宣传资料，开展“爱粮节粮进家庭、进学校、进机关、进企业”和“粮油科技进军营”活动。广泛宣传爱粮节粮的重要意义，引导居民科学消费，合理选择食物，增强节粮意识，动员全社会力量共同参与减少粮食损失浪费，增强市民的自我保护意识和维权意识，加强市民对粮食部门工作的了解和对食品安全的信心。

【平价商店】 县粮食购销有限责任公司惠民平价商店始终把供应“放心粮油”作为经营的宗旨，以质优价廉的商品，让市民、官兵吃上放心粮油。依托军供站信誉度高、产品质量安全的优势，与本地粮食生产企业实行产销对接形式，为广大市民、部队官兵提供“放心、安全、实惠、送货”惠民便民服务。推进平价商店建设和规范管理，促进平价商店健康发展，充分发挥平价商店稳价惠民的积极作用，8月，县发改局会同财政、城建、农业、税务、工商、供销等部门对县各平价商店进行专项检查。经检查，惠民平价商店管理规范，运作正常，履行价格监测预警义务。（许勇强）

附：县粮食储备中心（购销公司）领导班子成员名单

主任、经理：李细平

副经理：骆卫平

黄振文

供销合作社

【概况】 2015年，县供销合作社主要负责贯彻执行党和政府有关农村经济工作和社会发展的方针、政策，研究制订全县供销合作社发展战略和发展规划，指导改革与发展工作。内设4个股室，干部职工12人。全系统实现销售总额8593万元，比2014年增长1.2%。其中：农资销售1655.46万元，比2014年增长8.6%；日用消费品销售6380万元，比2014年增长3.5%，烟花爆竹销售239.95万元，比2014年增长1.2%。

【构建服务体系】 县供销社完善为农服务体系建设：一是要求基层社千方百计做好化肥储备，确保春耕农资供应；二是保证农资质量，不经销假冒伪劣及“三证”不齐农资商品，维护农民合法利益；三是做好农资销售服务系列化，以送肥到村到户到田头便民做法；四是不随意哄抬农资价格，维护全县农资市场价格稳定；五是做好春耕夏种水稻种子供应工作，把适销对路优质高产种子推介给农民，在乳城镇、一六镇推广试种水稻新种，聘请农技师深入试验田进行技术指导，为试种农户提供技术支撑，确保农业稳产增收。全年销售化肥4500吨、稻种1.5万公斤。

【综合改革】 根据《中共中央　国务院关于深化供销合作社综合改革的决定》（以下简称《决定》）全面推进供销社综合改革要求。4月2日，县政府组织收看国务院关于贯彻落实《决定》电视电话会议。结合乳源供销系统实际贯彻落实《决定》，推动供销社综合改革工作取得成效。

【服务大局】 2015年，县政府招商引资落户乳城镇侯公渡木竹坝村，木竹坝需整体搬迁。县政府征用侯公渡供销社位于打鼓堆岭岗家属区作为木竹坝村整体搬迁安置点，县供销社负责该家属区9户住户搬迁工作，主要领导亲率工作人员深入侯公渡供销社开展调查摸底，了解掌握被搬迁对象情况，8月中旬向该家属区住户下发搬迁《通知》，深入住户逐户开展搬迁动员工作，听取搬迁户对搬迁安置补偿意见。根据住户反馈情况，结合供销社实际，参照县政府有关拆迁文件补偿标准制定较为合理搬迁安置补偿方案。县供销社始终以人为本、照顾搬迁户利益为原则，克服各种阻力，县供销社与6户住户签订《搬迁安置协议》领取安置补偿款和青苗补偿费。对少数“钉子户”，坚持依法拆迁，按程序办事，及时向县政府汇报有关情况。10月底，完成工作任务。

【安全管理】 县政府与县供销社签订《安全生产责任书》，全面落实“安全第一，预防为主，综合治理”方针，与直属企业签订《安全生产责任书》，将安全管理和综合治理工作层层分解，落实到人。

定期召开安全专题会议，部署各阶段安全生产工作任务。发现问题及时整改，消除安全隐患，避免安全事故发生，做到工作有人抓，责任有人担。日常注意安全生产检查，与安监、公安、工商等部门密切配合，确保安全生产工作万无一失。

【廉政建设】 根据县委、县政府安排部署，结合供销社实际，县社制定《供销社2015年党风廉政建设》文件，认真落实各项监督和措施，从源头上预防腐败，从完善制度、明确责任追究等关键环节入手，把党风廉政建设责任制与工作同部署、同落实、同考核，坚持目标到人、责任到人。执行党内监督条例，落实领导干部个人重大事项报告制度，严格执行领导干部配偶、子女个人从业有关规定，落实民主集中制原则，杜绝防止个人或少数人独断专行，确保权力规范运行。

【信访工作】 2015年，县社有3宗信访案件，其中接待群众来访2次，处理信访案件3件。在信访工作中认真处理好各种来信、来访，倾听人民群众意见，做好信访案件查处和解释疏导工作。使来访人满意，确保全案全结，信访人息诉罢访，避免重复访和越级访发生。

【扶贫双到】 促进农村经济社会发展。2015年，县供销社领导班子及驻村干部多次深入洛阳镇半星村委会帮扶村小组开展“扶贫双到”工作，了解帮扶对象家庭生产生活、经济收入、外出务工等情况，帮助所挂点村委完善各项规章制度，村两委换届，制定“一对一”结对帮扶计划等工作，帮扶资金3.5万元。（梁钰杉）

附：县供销合作社联合社领导班子成员名单

主　任：赵兴志

副主任：童树带

　　　　李胤锋

烟 草 专 卖

【概况】 县烟草专卖局（广东烟草韶关市有限公司乳源瑶族自治县分公司）有员工99人。是年，县分公司完成卷烟销售39276.68万支，实现销售金额19709.98万元；收购烟叶23246.19担，实现收购金额2796.9万元，全部完成烟叶调拨任务；创税2565万元。

【专卖管理】 县烟草专卖管理工作，保持打假高压态势，整治卷烟市场，抓好非烟治理工作，巩固打假成果，“两烟”市场得到规范和净化。内部专卖管理监督工作以提高内部监管效能，健全专卖内管长效机制，严格规范意识，履行同级监管职能，各项工作有效开展，“两烟”生产经营更趋规范。2015年全县查处涉烟违法案件121宗，查获涉案卷烟151.54万支，涉烟违法案值656468.20元。全县持证经营户共计786户。

【卷烟销售】 “按客户订单组织货源”原则，以市场需求为导向，以服务为宗旨，以规范为重点，做好卷烟品牌培育、明码标价和配送工作。2015年，需求预测37103.7万支，零售客户需求量39807.99万支，需求预测准确率93.21%，实际销售量39276.68万支，订单满足率98.67%。卷烟配送是由配送人员将卷烟零售户订购的卷烟直接送到其店里，配置3辆专用送货车负责对全县776户持证经营户进行配送，都能按时、按质、按量把卷烟配送到零售客户手中。全年销售卷烟39276.68万支，其中：一类烟7428.16万支，二类烟7175.5万支，三类烟19455.76万支，四类烟2740万支，五类烟2462.82万支，无价类14.44万支。

【收购调拨】 2015年，乳源烟叶收购工作，于7月26日开磅，10月7日全面结束。期间，县烟草专卖局（分公司）成立烟叶收购工作领导小组，加强专卖管理和宣传力度，严格烟叶收购“七条要求”和“五条纪律”，树立“烟农至上、服务至上”的原则，提高服务质量和水平，确保烟叶收购任务的顺利完成。是年，收购烤烟23246.19担，完成收购计划96.86%，实现收购额2796.9万元，分两批次向广东中烟工业公司调拨烟叶23319担，完成烟叶调拨任务。（潘伟雄）

附：县烟草公司领导班子成员名单

局长、经理：张忠礼

副局长：李丹平

刘仲轩（—2015.11）

曾　涛

黄跃鹏（2015.10—）

盐　业　专　卖

【概况】　乳源盐业分公司（乳源盐务分局）主要负责本行政区域食用盐供应、销售以及盐业市场行政管理。人员定编5人。乳源盐业分公司按“改革攻坚年”要求，结合广东盐业2015年继续围绕转型升级，按照总公司“两个确保”的原则，打击假冒食盐，确保食盐市场安全和食盐销量，落实渠道下沉、发展直供店，发展“广盐健康大厨房”会员，为盐业转营升级做准备。

【盐政管理】　2014年底由于媒体大肆宣传盐业即将开放，2015年食盐市场假盐冲销死灰复燃及跨区盐冲销严重，为保证食盐市场安全，乳源公司加强与县打假办及食安会的联系，加强盐政管理，实行片区联动，坚持每星期天天巡查，每季度一次打假大行动，进行盐政市场管理，保一方平安。加强舆论宣传导向，加强食盐转营宣传，利用“3·15”“5·15”活动教群众辨别真假食盐的方法，自觉抵制假盐。每次打假大行动都有媒体随行，事后进行新闻报道，整治乳源食盐市场，震慑不法分子，维护消费者权益。乳源盐业被韶关盐业有限公司评为打假先进单位。

【创新经营】　2015年食盐市场严峻，食盐销量严重下滑，为保证盐业的可持续发展，盐业人更新观念、强化市场意识，在履行社会责任的同时提示企业的经济效益，自觉调配改良食盐品种，根据山区特点引进粗颗粒自然食用盐、红海盐和纯天然澳洲湖盐，提高市场竞争力。为占领终端市场，创新经营模式，实行渠道下沉战略，建立直供店、直营店、加盟店、健康大厨房等，乳源盐业发展20多家直供店、1家广盐健康大厨房，为适应市场经济改变食盐单一品种，增加粮油酱醋奶酒等品种，努力打造广盐健康大厨房，发展020平台，大力发展会员，实行线上线下网络销售，实施市场化、多元化战略，为今后盐业的体制改革打好基础布好阵。

（张可芳）

附：乳源盐业分（局）公司领导名单

局长、经理：张可芳

商业总公司

【概况】　县商业总公司是县明源国有资产经营有限公司下属企业，企业主要是以保障国有资产增值保值为发展，在深圳市、珠海市、韶关市、乳源等地分布有物业。主要收入来源是物业租金。企业有在职人员7人，离退休人员19人。

【企业经营】　2015年，县商业总公司努力挖潜增效，通过市场调查，投入资金改善企业的物业经营环境，适当提高到期物业的租金，企业年收入提高10%，企业经济效益明显提高，企业进入稳步发展时期。为公司在珠海市的物业办理房产权证，防止国有资产的流失，理顺企业30年遗留的问题。

【企业管理】　按照上级部门要求，结合党的群众路线教育实践活动，完成企业所有物业造册登记工作，对财务部门进行内审，并对审计中出现的问题抓好整改落实，为深化企业改革打下基础。

（曹　慧）

附：县商业总公司领导名单

负责人：孙献明

民爆物资监管

【概况】　县物资总公司2015年有员工14人，其中总经理1人，副总经理2人，干部职工11人。

【安全学习】　县物资总公司2015年派人参加专业部门举办的学习新安全生产法培训，其中1人参加主要负责人培训班学习，3 人参加保管员安全继续教育，1 人参加安全管理人员培训，1 人参加押运员换证学习，做到每个员工持证上岗。

【安全生产】 1 月 16 日“岁末年初安全生产大检查”行动中，检查组对公司指出三个存在问题，需立即整改。1 月 22 日，县公司组织相关人员进行检查，对整改项目逐一确认，全面整改。对民爆仓库进行安全评估，达到安全级。2 月，在县公安局治安管理大队协助下，县公司邀请韶关宏大爆破工程有限公司协助销毁一批过期民爆器材，5 月仓库防雷设施通过安全检测取得合格证书。

【安全检测】 6 月是安全生产月，公司制定活动方案。组织员工学习演练安全操作，学习各项安全生产操作规程、安全生产规章制度、岗位责任制等相关规定，学习广东省经济和信息化委印发《经济和信息化系统 2015 年“安全生产月”活动方案》的通知精神，进行学习测验，全体员工操作合格。组织在职员工在民爆仓库进行消防应急演练，取得良好效果。组织有关人员对仓管人员进行思想教育，确保仓管人员不能带有情绪工作。韶关市公安局督导组对公司仓库进行安全检查，提出整改意见。县防雷设施检测所对民爆仓库防雷设施进行检测颁发相关的合格证书。 （王莉萍）

附：县物资总公司领导班子成员名单

总经理：蔡汉章

副总经理：罗　辉

　　　　　王莉萍

财税·金融·保险

财　政

【概况】　县财政局内设17个机构，挂靠归属管理有县国库集中支付中心、财政投资评审中心，垂直管理9个镇财政所。2015年，在县委的坚强领导下，在县人大和县政协的监督指导下，财政工作紧紧围绕年度预算收支目标，服务全县发展大局，积极应对复杂严峻的经济形势，努力克服收支压力，促进全县经济社会平稳发展，较好地发挥了主动作为、靠前服务、助力发展的作用。

【预算执行】　2015年，全县地方一般公共财政预算收入完成52363万元，为调整预算103%，比2014年（可比口径）增收1532万元，增长3.0%。

上划中央收入完成31629万元，比2014年减少12666万元，减少28.59%；上划省“四税”收入完成9690万元，比2014年减少2787万元，减少22.34%。

全县公共财政预算支出完成248432万元，比2014年增支106896万元，增长76%。

全县公共财政预算总收入294415万元，其中：地方一般公共预算收入52363万元，返还性收入3525万元，转移支付收入167953万元，2014年滚存结余61606万元，调入资金2020万元，债务转贷收入6948万元。

公共财政预算总支出254272万元，其中：一般公共预算支出248432万元，上解上级支出2026万元，债务还本支出2351万元，安排预算稳定调节基金1463万元。

上述收支相抵后，年终滚存结余40143万元，其中：结转下年支出39945万元，财政净结余198万元。

【扶持带动】　立足实际，落实“稳增长、促改革、调结构、惠民生”政策措施，财政资金杠杆作用得到发挥。2015年，纳入GDP考核财政支出8项指标直接拉动乳源GDP增长3.5%；制定落实《乳源瑶族自治县中小微企业贷款风险补偿基金管理办法》，大力支持中小微企业融资发展，全年安排“助保贷”资金2000多万元，带动资金达1亿元。落实“免征企业所得税地方分享部分”优惠政策，减轻企业税收负担，全年政策性减税6000多万元；落实支持企业技改、科研经费4031万元；新增小额贷款担保基金130万元，帮助劳动者获得贷款资金近1000万元。

【依法理财】　学习和严格执行新预算法，组织举办全县新预算法专题培训班，邀请省有关专家教授解读新预算法地位、修订过程简述和亮点、预算编制、执行、改进预算控制方式、责任追究等方面内容，全面了解新预算法精神实质，全县200多人参加培训。增强依法理财观念、打造法治财政意识，提升全县依法理财工作能力和水平。按新预算法要求，将一般公共财政预算草案、县级政府性基金预算草案、国有资本经营预算草案、社会保险基金预算草案“四本预算”向人大报告和提请大会审议，全面公开。全县各预算单位，按要求公开年度收支预算，支出功能科目细化到项级。

【资金作用】　根据省财政厅关于做好盘活存量资金工作要求，采取清理一般公共预算、政府性基金和财政专户结转结余资金；加强部门结转结余资金管理，全县收回2012年及以前年度结转结余资金6074万元。盘活存量资金全部用于“两不具备”安居工程建设、高标准基本农田建设、坝厂新村建设、消化乡镇逾期债务等重点项目和民生支出。盘活存量资金有效地推动民生事业的发展，减轻乡镇负担，提高财政资金使用效益。

【助力三农】 县财政局始终把服务“三农”作为一项重要工作，认真落实强农惠农政策，加大财政支农惠农力度，强化惠农资金使用管理，用有效资金助力“三农”跨越发展。全年落实强农惠农资金7.3亿元。用于发放水稻良种、玉米良种、农村危房改造、生态公益林补偿、休（禁）渔补助、农机购置补贴，支持林业生态工程建设和岩溶地区石漠化综合治理，支持农村水电增效扩容改造，中小河流治理，大中型水库移民后期扶持，农村低收入住房困难户改造建设，“两不具备”贫困村庄搬迁集中安置新村基础设施建设和少数民族发展等方面。

【保障民生】 底线民生实现应保尽保。全年落实社会保障与就业资金1.9亿元，城乡最低生活保障、农村五保供养、孤儿基本生活保障、城乡医疗救助、残疾人保障生活津贴和重度残疾人护理补贴、城乡居民基本养老保险补助等底线民生实现应保尽保。农村低保人均补差标准从172元/月提高到260元/月，残疾人生活津补贴补助标准由600元/人/年提高到1200元/人/年，重度残疾人护理补贴资金补助标准由1200元/人/年提高到1800元/人/年。

支持医疗卫生事业发展。全年落实医疗卫生和计划生育资金2.1亿元。用于落实城乡居民基本医疗保险、基本公共服务人均补助、深化基层医疗卫生机构改革、县公立医院基础设施建设及设备购置和人员经费、免除债务等。

大力支持交通建设。全年投入交通道路建设资金1.5亿元。

大力改善城乡环境。投入2.4亿元用于市政道路改造建设、美化亮化工程、城乡用水安全、节能环保、生态保护等。

养老服务保障有力。为60岁以上的城镇“三无”老人、农村“五保”老人、城乡低保家庭老人和80岁以上老年人购买“老人意外伤害保险”，惠及全县5920名老人。

大力支持教育发展。全年投入教育资金4.3亿元，主要用于教育工资保障、城乡免费义务教育公用经费补助、落实贫困学生助学工程、寄宿学生营养工程、少数民族学生住宿生活费补助工程、强师工程、边远山区教师特殊岗位津贴补助，支持“全国义务教育发展基本均衡县”创建等。

【管理创新】 镇级国库集中支付改革顺利推进。加强镇级财政资金监督管理，制定《乳源瑶族自治县镇级国库集中支付改革资金支付管理暂行办法》，全县9个镇实行国库集中支付制度改革，明确银行账户设立使用和管理、财政直接支付内容和程序、财政授权支付内容和程序等。

规范结算制度管理。推广并规范公务消费公务卡结算工作，加强财政资金使用实时监管和动态监控，减少单位现金结算，提高公务支出透明度，推进公务卡结算改革工作。（马万里）

附：县财政局领导班子成员名单

党组书记、局长：禤继文

党组成员、副局长：盘良叁

邹国忠

副局长：何　娟

党组成员、国库支付中心主任：

刘文泉（—2015.10）

国家税务局

【概况】 县国税局围绕组织收入工作，落实税制改革，开展便民办税，各项工作取得较好效果。2015年，县国家税务局（以下简称县国税局）内设机构保持原有的不变，有干部职工66人。

【组织收入】 县国税局组织税收收入40946万元，减收10040万元，减少19.69%。其中：中央级收入29994万元，省级收入1407万元，市县级收入9544万元，完成市国税局下达年初计划的100.1%。增值税收入33931万元，企业所得税收入6549万元，车辆购置税收入464万元。

【纳税评估】 对41户企业开展纳税评估，评估调整增加企业所得税应纳税所得额2112.17万元，查补税款滞纳金670.06万元，已入库税款及滞纳金458.17万元。开展房地产行业专项纳税评估，调整增加企业所得税应纳税所得额1940万元，查补应交企业所得税额485万元。

【税收征管】 推进“一照一码”登记制度改革。办理“一照一码”登记新办企业39户，落实变更登记企业51户。开展邮政代开普票业务，3个代开网点代开发票153笔，代征税额95711.86元。

落实税收优惠政策。享受小型微利企业所得税优惠政策77户企业，减免税额90万元，优惠面达100%。为享受民族地区企业所得税优惠政策163户企业，减免税额2021万元。

【风险应对】 2015年，应对142户高、中、低风险纳税人，风险应对率100%，发现问题66户，命中率46.47%，全年查补入库税款696.58万元，加收滞纳金56.53万元，罚款7.17万元，调增应纳税所得额2112.17万元，弥补亏损52.83万元，调减留抵税款96.16万元。在对双定户风险应对中，责令风险纳税人补充申报销售收入73.36万元。

【税务稽查】 县国税局稽查组织收入320万元，其中立案检查案件7户，直接查补税款78万元(其中直接查补入库26万元，抵减留抵税额52万元)，直接查补弥补亏损210万元；督导自查4户，自查入库294万元。开展打击发票违法犯罪活动。全年共查处违法发票46份，涉及发票累计金额397.6万元，查补入库税款8.7万元，加收滞纳金1.15万元，罚款5.4万元。

【纳税服务】 落实《纳税服务规范2.0版》，发挥“以服务促管理、以管理提质效”的作用。推进纳税人学校建设，确保培训工作有序开展。建立纳税人权益保护中心。畅通纳税人投诉渠道，定期召开纳税人座谈会，听取纳税人意见和建议。成立纳税服务青年志愿者队伍，定期开展纳税服务。在县地税局乳城分局增设自助办税机1台，促进国地税合作工作开展。

【队伍建设】 2015年，根据工作需要交流轮岗5名科级干部、17名股级干部，18名一般干部。共提拔任用干部4名，其中市局提拔任用科级干部2名、县局提拔任用股级干部2名。组织5期知识更新拓展培训班，104人参加培训。举办6期各类业务培训班，参加人数达231人次。

【文化建设】 充分利用文化展厅等载体和阵地，发挥文化载体营造氛围、凝聚力量、塑造形象功能作用，促进乳源国税文化落地生根。

2015年，县国税局获评县培育和践行社会主义核心价值观示范点称号。 (黄泽琪)

附：县国税局领导班子成员名单

党组书记、局长：侯世长

党组成员、副局长：李颂华

胡志振（—2015.11）

曹天射

陈永彰（2015.12—）

党组成员、纪检组长：张汝卡

地 方 税 务

【概况】 县地方税务局内设6个职能部门，分别为办公室、人事教育股、征收管理股、税政股、纳税服务股、监察室，辖稽查局和4个税务分局。2015年，在职干部职工78人。

【组织收入】 县地方税务局组织税费收入72443万元，增收2332万元，增长3.33%。税收收入42120万元，比2014年增收509万元，增长1.22%。完成市局全年税收预期39700万元的102.27%。其中中央级收入7999万元，比2014年减收784万元，减幅8.93%，完成税收预期104.14%；省级共享收入8283万元，比2014年减收1726万元，减幅17.24%，完成税收预期101.01%；县级收入24612万元，比2014年增收2970万元，增长13.72%，完成市税收预期103.41%，完成县委县政府全年税收预期24455万元100.64%。其他各费收入30323万元，比2014年增收1823万元，增长6.40%。其中：社保费收入24921万元，增收2202万元，增长9.69%。

【服务发展】 全面落实各项服务举措，助推全县“五大战略”实施。配合上级部门落实少数民族地区企业所得税减免优惠政策，优化当地营商环境，扩大县域地区经济规模；完善优惠政策执行机制，切实做到“应免尽免”。落实小微企业、高新技术企业等税收优惠政策。2015 年，辖区内符合广东省少数民族地区企业应缴企业所得税地方分享部分政策纳税人 179 户，减免税 2800 万元。

【队伍建设】 县地方税务局开展“三严三实”专题教育活动，查摆“不严不实”问题。推进道德讲堂等特色活动，系统上下扬清风、讲廉洁、勇争先、甘奉献蔚然成风，干部职工精气神提振，队伍凝聚力和战斗力不断提升。严格按中央“八项规定”精神，主动落实办公用房超面积清理腾退，全局清理调整基本办公用房面积 426 平方米，“三公”经费、培训费、会议费继续下降。召开特邀监察员座谈会，听取社会各界意见、建议；组织干部职工观看廉洁教育电影，参观廉政教育基地，听取廉政教育讲座，确保干部队伍平安。

【文明建设】 运用各式宣传载体，以个体为着力点，逐步架起全面覆盖的宣传网络和日常践行的行动纲领，采取多种形式倡导“富强、民主、文明、和谐”“自由、平等、公正、法治”“爱国、敬业、诚信、友善”，使社会主义核心价值观 24 字基本内容深入人心。开展创全国文明单位和各种公益爱心等各项创建工作，自觉践行社会主义核心价值观，以一系列活动向系统内外传递地税人培育践行决心和行动，2015 年，县地方税务局荣获“第四届全国文明单位”称号。

【征管改革】 按照省局征管改革总体要求，实施深化征管改革各项工作举措，落实国家税务总局颁发《国家税务局地方税务局合作工作规范（1.0 版）》，推动国、地税局之间合作交流，提高服务纳税人水平，堵塞征管漏洞，提升工作效率和风险防范能力，召开乳源瑶族自治县国、地税联席会议，会议讨论审议通过国、地税联席会议制度，学习贯彻合作规范，就其中细节进行深入讨论。成立合作领导小组，共建纳服平台、协同管理非正常户、税收专项整治、涉税信息共享、纳税等级评定、风险防范等业务问题进行交流探讨，完善合作机制，深化合作层次，税收征管质效得到有效提升。以落实《税收征管规范 1.0》为契机，整合优化征管流程，税收管理业务统一规范。推进金税三期上线运行，履行商事制度改革，推进“三证合一”制度。

【作风建设】 县地税局结合“三严三实”专题教育，谋划 2015 年纪律教育学习月活动，提出“五个抓好”要求。一是抓好学习教育基础，采取廉政讲座、党课学习、警示观影、案例分析等多种形式深入学习、释纪明规，引导干部职工受警示、明底线、知敬畏。二是抓好廉政提醒环节，针对干部职工出现苗头性、倾向性问题，加强警示教育，早提醒、早预防、早纠正。三是抓好察访行动、加大对作风纪律监督力度，不定期到各股室、分局开展突击明察工作。对个别着装不规范、在岗玩手机等执行纪律规定不到位现象当场予以指出并纠正，对察访中发现个别办事效率不高、便民服务措施不完善等问题，反馈相应责任部门落实整改。四是抓好查摆分析关键，对“会所腐败”、会员卡清退、违规收送“红包”礼金、公款吃喝送礼等专项整治工作“回头查”，列出问题清单，开展专题讨论，做到立查立改。五是抓好整改提高重点，坚持问题导向，教改结合，有效推进建章立制。（辛建平）

附：县地税局领导班子成员名单

党组书记、局长：蔡俊波

党组副书记、主任科员：冯志坚

党组成员、纪检组长：吴金城

党组成员、副局长：田石通

党组成员、总经济师：钟振春

党组成员、总会计师：邓粤雄

人民银行乳源支行

【概况】 2015 年，人民银行乳源支行认真贯彻落实稳健货币政策，推动金融改革创新，维护金融稳定，提升金融服务水平，全县金融业稳健运行。内设机构 3 个，有干部职工 22 人。

【金融机构】 2015年，全县有人民银行乳源支行、工商银行乳源支行、农业银行乳源支行、建设银行乳源支行、邮储银行乳源支行、农村信用合作联社、乳源县德杰小额贷款有限公司、财产保险公司、人寿保险公司9家金融机构。金融机构营业网点26个，其中：工行2个、农行2个、建行1个、农信社13个、邮政储蓄5个、小额贷款有限公司1个、人寿保险1个、财产保险1个。全县金融机构从业人员292人。

【货币政策】 坚持稳中求进工作总基调，准确把握、主动适应经济发展新常态，统筹稳增长、促改革，调结构、惠民生和防风险。实施稳健货币政策，保持政策连续性和稳定性，更加注重松紧适度，适时适度预调微调，引导辖内金融机构合理、适度、平稳投放。2015年，全县各项存款77.20亿元，比2014年增长14.38%，各项贷款39.20亿元，比2014年增长23.94%，存贷比达到50.78%，在韶关市各县（市）中名列第一，全县支农再贷款余额1.1亿元，有效支持县辖“三农”经济发展。

【金融服务】 乳源在召开2015年政银企联席会议暨金融支持实体经济信贷签约仪式上，加强银企对接现场签订贷款1.5亿元；开展中征应收账款融资平台推广应用工作，县辖注册企业27家，通过平台达成融资交易金额为1.2亿元，完成任务120%；按照“一县一特色、一行一品牌”手机支付业务推广模式，依托各银行业机构特点，推广手机支付业务，全年手机支付业务量拓展11832台；发展农村金融，成功建立3家农村金融综合服务站，助农取款服务点由单一取款业务迅速扩展到集6项功能为一体综合服务站，有效补充完善农村金融服务环境；推进金融自助建设，全县城乡离行式自助设备ATM机增加至71台、POS机增加至294台，更多城乡民众分享现代金融发展成果；建立农村金融宣传教育体系，在全县102个行政村“便民服务站”设置金融知识宣传点，帮助农民学习金融知识。

【跨境结算】 加强联系沟通和政策宣传，促进县辖内重点出口企业继续提升使用人民币跨境结算意愿，促进出口企业开辟结算业务新领域，贸易便利化、降低企业汇率风险和经营成本的政策效应显现，2015年，全县结算业务量4.1亿元。

【国库服务】 配合上级行做好第二代支付系统、国库会计数据集中系统、中央银行会计核算数据集中系统上线推广工作；落实核算操作程序化、账务处理标准化、业务管理制度化“三化”一体管理机制，支付结算及国库服务持续保持高效、安全，全年办理一般预算收入5.2亿元，办理一般预算支出25.3亿元。

【金融稳定】 协调公安经侦等有关部门落实好维护金融稳定、打击洗钱、打击假币、打击银行卡犯罪等工作职责，确保社会秩序稳定；加强对金融机构风险监测，密切关注金融运行情况，分析金融稳定形势和风险状况，牢固守住不发生系统性、区域性金融风险的底线；对县各银行机构开展专项执法检查，促进各金融机构塑造更好专业服务形象；充分发挥金融协会在金融知识宣传、纠纷调处、综合评价等方面作用，构建和谐金融消费关系。

（欧阳会）

附：人民银行乳源支行领导班子成员名单

行　长：黄海英（—2015.04）

　　　　张伟旗（2015.04—）

副行长：雷　平

　　　　文　光

副主任科员：江雄文

工商银行乳源支行

【概况】 中国工商银行股份有限公司乳源支行（以下简称县工商银行）在职员工27人，内设4个机构。2015年，围绕市分行下达各项业务指标，坚持“四大标杆”理念，贯彻落实“稳中提速”要求，推动转型发展，各项工作保持发展势态，实现内控案防双零目标。各项存款余额126373万元，比2014年减10619万元。其中对公存款比2014年减13265万元，储蓄存款比2014年增2619万元。

各项贷款余额87566万元，比2014年增11918万元，含还原后的拨备前利润4149万元，实现年初制定相关核心目标任务。

【负债业务】 落实负债业务经营目标，完善考核机制，调动员工积极性，采取多种形式加大业务营销，依托综合业务系统优势，重点发展银行卡、电子银行、工银e支付业务。加强自助网点建设，引导客户逐步改变传统柜面储蓄方式，推动客户多使用自助银行产品，缓解客户排队问题。强化分层次营销工程，完善考核激励机制，全方位、多层次开展市场营销，促进存款业务持续发展。

【信贷业务】 为发展乳源经济，加强经济金融良性互动，达成银企双赢。围绕“招商引资”“工业园区建设”工作重点，以城市化、工业化、住房商品化为三大主攻方向，按照“大投入、大集聚、大发展”信贷工作思路，落实“择优扶植”信贷原则，一手抓信贷有效投入，一手抓信贷风险防范，促进乳源经济和社会事业发展。

【业务亮点】 2015年，县工商银行担任主承销商为企业注册发行中期票据、超短期融资券等债券融资工具和办理并购贷款、股权融资等投行业务。业务品种多样化充分满足企业不同需求，降低财务成本、改善企业融资结构、使企业灵活应对突发性资金需求、有助于完善企业财务管理体制。成功搭建韶关市首笔跨境人民币资金池，票据池等现金结算类业务紧跟而上。

【互联网战略】 县工商银行拓展“工银E缴费”业务，实现燃气费代扣1家，物业费代扣2家，全面接触涉及人民群众水、电、电视等各项缴费业务，推动缴费互联网化，给予企业、个人以方便快捷银行缴费服务，拓展客户2000户，开通手机银行1600多户，“工银E缴费”业务推广成为市工行系统内第一个实现实质突破最终成为年度十大营销案例之一，取得良好业绩推广效果。

【支持企业】 *支持企业融资需求。*县工商银行创新信贷产品，优化信贷流程，为地方重点工业企业和商贸企业提供符合其生产经营特点信贷产品，解决企业生产经营所需资金，全年发放各项企业融资45590万元，企业融资余额比2014年净增11918万元。

*优化信贷流程。*根据企业日常结算方式特点和抵押不足情况，重点推出预付款融资业务，以企业应收账款为还款依托，解决企业在抵押不多无法融资时困难。

*产品创新。*县工商银行主动通过上级行与境外银行合作，创新出跨境人民币贸易融资优化方案，采取境外分行参贷模式，缓解规模不足造成影响，有效解决部分企业融资，为企业原材料采购注入资金血液。推广经营型物业贷款、网络循环贷款、开立银行承兑汇票等业务，多种方式满足企业日常资金需求，提供便利优质企业网银、现金管理、网银对账、法人理财等多项配套服务。

【社会效益】 加大对企业信贷、结算等服务投入，实现自身业务快速发展，带来明显社会经济效益。

*在流动性收紧时期支持企业发展。*把重点企业、重点项目、优质成长型企业作为首选目标，拓展新能源、新材料和文化旅游等新兴产业市场，支持实体经济发展和结构调整，支持一批规模以上企业快速成长。

*提供资金加快企业转型。*支持企业加快转型扩大规模，确保企业经营稳定，形成就业人员稳定，缓解乳源就业压力。

*创新金融产品，满足多样化融资需求。*做到担保方式多样化，以不动产抵押、动产抵押、动产质押、企业保证、保证金质押、应收账款质押等手段不断创新和完善贸易融资类、置业按揭类、权利质押类等产品，形成较为完善产品体系，为后续服务县域经济积累经验。

*支持地方企业促进自身发展取得明显成效。*2015年发放贷款45590万元，比2014年融资余额净增为11918万元，全年实现拨备前利润4149万元（净利润：3118万元），比2014增292万元，计划完成率为100%，比2014年增幅14%。

【中间业务】 2015年，中间业务收入持续增长，实现中间业务收入1210万元，比2014年增255万元，完成上级行下达的计划。依法合规经营，加大在结算服务、代理业务、投融资顾问、高端财务顾问、贵金属销售等业务开拓。

【加强“反洗钱”工作】 组织落实反洗钱制度学习培训，提高员工对反洗钱工作重要认识和遵守反洗钱规章制度自觉性，做好反洗钱工作。对县工商银行可疑交易和可疑行为进行监测、分析，严格执行人民银行及工总行、省行关于反洗钱各项规章制度。

【优质服务】 组织员工认真学习“七步曲”等规范化服务流程，领会规范化服务意义，要求员工在服务中规范用语、规范操作，开展争创规范化服务示范网点工作。

【队伍建设】 落实案件防范责任，依法合规经营，落实各岗位职责。加大监督，督促相关责任人履行职责。加强道德教育、制度建设，监控机制等三方面工作。以人为本，从严治行，提高干部员工队伍素质，促进精神文明建设。把创建市级文明单位作为精神文明建设、支行党建重要任务。开展“严格执章、严肃执纪、严防案件”“三严”教育活动，学制度、纠违章。层层签订责任书，每季召开防案分析会，加强员工行为动态管理和安全防范意识教育，强化内控管理和安全保卫月度检查，实现“三防一保”和内控防范“双零”目标。

【家园文化】 2015年落实好总行、省行“共创、共健、共享”的家园文化建设要求。一是落实好老干、困难员工的慰问工作；二是继续完善饭堂建设，对网点放心午餐实施统一配送；三是做好员工生日、生育、有疾病员工实时问候工作；四是完善职工书屋建设和支行宣传栏信息发布，努力营造好家园文化建设，不断提高员工满意度。 （黄胜波）

附：中国工商银行股份有限公司乳源支行领导班子成员名单

行　长：陈新辉
副行长：邹创宁（2015.01—）
　　　　肖志武（—2015.01）
　　　　周继辉（—2015.01）
　　　　张　雪（2015.01—）
　　　　沈学智（2015.01—）

农业银行乳源支行

【概况】 中国农业银行乳源瑶族自治县支行（以下简称县支行）内设综合管理部、客户部、风险管理部3个机构和建立支行营业部、乳城支行2个营业网点，开设16个服务窗口，17台ATM存取款机，其中6个离行式自助银行服务点，分布于乳城镇、桂头镇共有ATM存取款机11台，在职员工49人。

2015年，县支行各项存款121381万元，比2014年增长18502万元，各项贷款余额为98694万元，比2014年增加34633万元，实现利润1870万元，完成市分行下达的各项经营指标。全年运营安全无事故、无案件，实现“双零”目标，获乳源瑶族自治县“平安金融单位”称号。

【存款业务】 服务“三农”工作，提高服务质量，拓展存款。2015年县支行各项存款121381万元，比2014年增加18502万元，增长17.98%，增量为乳源国有银行之首，其中对公存款48274万元，比2014年增长10790万元，个人存款72805万元，比2014年增长8679万元。各项存款日均余额111562万元，比2014年增长16755万元，其中对公日均存款43458万元，比年初增长9707万元，个人日均存款68104万元，比2014年增长7048万元。

【信贷业务】 根据总行“服务‘三农’、支持‘三农’”指导思想，主动应对市场变化，支持乳源经济发展，2015年投放贷款74035万元，其中中小企业贷款64664万元，个人住房按揭贷款9003万元，住房按揭贷款净增6829万元，其他个人生产经营贷款368万元，各项贷款余额98694万元，比2014年增加34633万元，增长54.06%，增量为乳源金融机构之首，存量为第二，贷款投放量和增量均居乳源同业第一，一批县域企业事业单位得到支持发展。

【业务推广】 开展走进社区、走进农村“双走进”活动，服务农村、农民，担当社会责任，2015年实现乳源金融村村通，农行金融服务站有效点达47个，达到符合条件全覆盖，普惠金融工作得到有效实施。

【党建工作】 县支行健全完善支行党组织体系，把党支部设在基层网点，支行营业部、乳城支行分设独立党支部，强化支部战斗堡垒作用。开展“践行‘三严三实’，打造严守纪律、敢于担当的干部队伍”和“四风”问题整治活动。落实“五有+上墙”要求，制定《关于党总支部领导班子成员2015年度党风廉政建设工作任务分解意见》制度，各班子成员分头抓好分管范围内党风廉政建设工作的推动和落实，做到党风廉政建设工作有人抓、有人管、有人负责办，有人监督良好机制。

【风险管控】 2015年做好风险防控工作，做到业务发展与风险防控二手抓。一是通过加强企业运作、现金流及贸易真实性核查，开展资金流向动态跟踪监管，协助企业做好资金规划，将信贷风险管控工作前移，提高信贷资产质量；二是做好贷后管理，跟进贷后服务，及时发现风险点，协助企业采取措施归还贷款，保持资产良好状态；三是做好逾期及不良贷款催收工作，多策并举，依法清收，把不良贷款控制在萌芽状态，资产不良率1.46%，为乳源同业最低水平，并低于《巴塞尔协议》要求，达到业务发展，风险控制双目标。

【队伍建设】 贯彻落实干部员工交流、重要岗位人员轮岗、近亲属回避等制度规定，调整县支行主要领导，选拔任用二级支行副行长1人，人员轮岗11人，强化基础管理，优化队伍结构，促进领导干部履职能力的提升。 （钟志明）

附：农行乳源支行领导班子成员名单

行　长：伍国富（—2015.06）

副行长：赖志勇（2015.07—）

杨莉萍

王长江

建设银行乳源支行

【概况】 中国建设银行乳源支行（以下简称县建行）内设营业部和客户部两个部门，按照“三综合”网点转型要求的设置岗位，设置网点负责人岗、营销主管岗、营运主管岗、网点客户经理岗、产品销售经理岗、高级柜员岗、柜员岗和大堂经理岗共八个岗位。在综合业务方面，按要求除经办对公业务、个人业务及对公和个人外汇业务外，还经办中小微企业信贷业务、个人类贷款业务，业务趋于全方位、综合发展。2015年，以打造“三大工程”和塑造“五大机制”的发展思路，推进网点“三综合”转型工作，提升综合服务能力和价值创造能力，完成2015年各项KPI指标。

【人员结构】 2015年，在职人员20人，其中网点负责人1人，营销主管1人，营运主管1人.

年龄结构。30岁以下（不含30岁）4人，其中柜员1人，产品经理2人，大堂经理1人，占在职人数20%；30～40岁（不含40岁）5人，其中产品经理1人，高级柜员1人，客户经理2人，营销主管1人，占在职人数25%；40～55岁（不含55岁）11人，其中柜员4人，高级柜员1人，大堂经理1人，客户经理3人，营运主管1人，网点负责人1人，占在职人数55%。

学历结构。本科学历9人，其中柜员1人，产品经理3人，大堂经理1人，客户经理3人，营销主管1人，占在职人数45%；大专学历11人，其中柜员4人，高级柜员2人，大堂经理1人，客户经理2人，营运主管1人，网点负责人1人。

【各项业务】 2015年，县建行全口径存款余额123593万元，比2014年新增加6525万元，增幅5.57%，存款增额为乳源同业排名第二。其中企业存款余额67083万元，比2014年增加483万元，增幅0.73%，增额在乳源同业排名第二，个人存款余额56510万元，比2014年增加6062万元，增幅12.02%，完成率同业排名第二。各项贷款余额

53084 万元，比 2014 年增加 13629 万元，增幅 34.54%。其中公司类贷款余额 41286 万元，比 2014 年增加 11651 万元，增幅 39.31%，个人类贷款余额 11797 万元，比 2014 年增加 1978 万元，增幅 20.14%。中间业务净收入 393 万元，比 2014 年增加 118 万元。不良贷款（一逾一非）余额 22 万元，比 2014 年增加 3 万元。不良率 0.041%。全年实现账面利润 2233 万元，比 2014 年增加 571 万元。

【工作创新】 2015 年，按照建设银行工作部署，推进乳源支行“三综合”转型建设工作，提高支行综合服务能力和价值创造力。

建立完善“三综合”工作架构。成立领导小组，组织全员学习培训“三综合”文件、会议精神，统一思想认识、明确工作重点，对照各项具体工作实施方案，逐条抓落实，按时、保质推进“三综合”转型建设工作。

完善支行业务功能。一是制订会计业务培训管理考核办法，组织安排员工对公柜台轮岗培养，确保柜员均熟练掌握对公、对私业务。二是加强对柜员的外汇业务学习、培训，使更多员工熟悉外汇业务操作。三是提升网点信贷经营能力，整合现有客户经理岗位职能，提高信贷业务知识，提升拓展市场能力。

“三综合”转型建设工作。乳源支行全员综合素质和各项经营指标得到提升，并于年末顺利通过建设银行广东省分行的验收工作，成为建设银行韶关市分行系统内唯一获得省分行“三综合”转型标杆的示范网点。

支持县域高新企业发展。配合县委、县政府支持县域高新企业发展工作，通过综融创新业务，于 2015 年上半年对东阳光集团公司投放 1.5 亿元流动资金贷款。（江　荣）

附：中国建设银行乳源支行领导班子成员名单

行　长：尹德贵（—2015.04）

副行长：丘东升（2015.04—，主持支行全面工作）

营销主管（支行副行长级）：周峥嵘

营运主管（支行副行长级）：刘忠平

农村信用合作联社

【概况】 2015 年，县农村信用合作联社（以下简称乳源联社）进行不断深化改革，法人治理结构日益完善，“三会一层”尽职尽责；各项工作有序开展，流程银行建设正式运行，实现扁平化垂直管理。乳源联社班子成员 5 人，其中提拔高管人员 1 名。党委下设 4 个党支部，在职员工 146 人，内设 8 个部门，辖 13 个营业网点。

【经营成效】 乳源联社各项存款余额 24.8 亿元，比 2014 年增加 7.2 亿元，增幅 40.65%，超额完成省联社下达任务，创历史之最。各项贷款余额 13.8 亿元，比 2014 年增加 1.1 亿元，增幅 8.71%。存贷比为 55.8%。实现经营利润 0.42 亿元，净利润 0.20 亿元；计缴税费 783.72 万元。

【业务创新】 乳源联社各项存款实现历史性飞跃，联社领导班子率先垂范，上下联动营销政府财政性对公存款。打造一系列财政资金归集平台，为业务发展奠定坚实的基础。壮大资本实力，大力开展资金组织，实行业务垂直管理到社，层层落实抓考核，全年存款考核任务超额完成。落实省、市联社总体部署和要求，向县政府领导汇报和与县财政等有关部门沟通，阐明农信社对乳源经济建设贡献以及提供金融服务天然优势，得到县政府大力支持及有关部门的配合。乳源联社作为广东省四家试点机构之一、韶关首家“农村三资管理平台”业务成功实现对接；取得镇级国库集中支付代理业务资格并正式开办业务，是韶关首家取得此项业务开办资格的联社，为全市农信社起到带头示范作用；做好原有对接系统服务，如国土网拍业务，烟草系统代收付业务等。

【普惠金融】 2015 年，乳源联社积极履行社会责任，践行普惠金融，得到良好社会反响。全年发卡量达 170568 张，累计安装 ATM、CRS17 台，发放粤信通 POS 机 202 台，助农服务点 21 个，拓展网上银行客户 3511 户，手机银行客户 5806 户，电子替代率为 66%。借助政府三资平台建设，改善农村地区支付环境，分批在全县30多个村委投放42台粤信通机具，方便村民就近办理转账汇款等基础金融业务。创新信贷产品，助力小微企业发展，与县人社局合作开办“自主创业贷款”产品、与县政府合作开办“政银保”“助保贷”产品，助力农民合作社及小微企业发展，全年累计发放该类贷款350万元。打造“卡贷宝”亮点信贷品种，增加小微企业主授信最高额，减少小微企业融资成本。加大宣传力度，采用悬挂横幅、LED显示屏、派发宣传单、设立宣传展台等形式，开展“普及金融知识万里行”“金融知识进万家”“金融知识普及月”宣传服务月活动以及反洗钱主题宣传月、非法集资警示宣传、银行业消费者权益保护知识宣传、征信、反假币、推广新版人民币等户外宣传活动，为公众普及各类金融基础知识。

【风险管控】 根据省联社2015年案件防控及银监会“两个加强，两个遏制”工作要求，围绕内部制度执行、规范管理、风险防范等内容全面开展案件防控工作，开展风险排查，提升风险防范能力。落实从严治贷，建设“法治农信”。及时向信用社传达上级行社下发治安形势和案例通报，对员工进行警示教育；组织35岁以下员工前往武江监狱观摩学习，听取劳教人员现身说法，接受警示教育。制定和修订完善内部管理制度42项，持续强化内部治理和提升内控执行力，提升内部控制和风险防控能力。层层签订责任书共568份，明确案防责任。加大稽核检查，切实消除风险隐患，组织开展离任（岗）审计（45人次），岗位轮换80次，亲属回避60次，全面排查重点领域风险现状，消除风险隐患。加大安防设施投入，对网点进行装修改造及购置更新安全器械，提高网点安全系数。

【文化建设】 按照省、市联社《关于全面加强企业文化建设的决定》，引导和培育员工文明、健康行为，让全体员工行为符合“手握手的承诺，心贴心的服务”服务理念和“诚信、为民、勤勉、务实、创新、争先”价值追求。开展读书学习活动；参加2015年广东省农村合作金融机构第二届职工运动会，其中田径项目铅球获得女子第六名；举行浓情颂党恩——庆祝建党94周年活动。

【党建工作】 2015年，乳源联社党委突出从严从实特点，重点在落实主体责任、抓好班子建设、从严管理领导干部和激活基层党组织活动，构建“党委总体抓、书记亲自抓、班子成员共同抓”格局。建立党建工作责任考评机制，加强党务干部队伍建设，深化“四好班子”创建，把发挥党委领导核心作用落到实处；定期组织党委中心组理论学习，开好党员领导干部民主生活会；扎实开展“三严三实”、从严治党等专题系列教育活动，贯彻落实党的十八大及五中全会精神和习近平总书记系列重要讲话精神，严格遵守《中国共产党廉洁自律准则》《中国共产党纪律处分条例》以及中央八项规定。

【重视民生】 乳源联社开展送温暖活动，关怀和帮扶困难职工。春节期间对退休人员、困难贫困党员（员工）进行走访、谈心、慰问，发放慰问金6.8万元；关心和爱护员工，组织在职员工、内退（退休）员工160人进行体检；对大布镇进行对口扶贫，捐款2万元。支持社会公益事业，冠名赞助“乳源农信杯·瑶乡好声”十大青年歌手大赛、必背镇“十月朝”篮球比赛。

【荣誉】 2015年，乳源联社获得广东省农村信用社联合社金融服务创新“三等奖”；被韶关市消费者委员会评为“诚信单位”；被县政府评为“县级文明单位”；县创平办评为“平安金融单位”；被税务部门评为“纳税先进单位”。（潘　明）

附：县农村信用合作联社领导班子成员名单

党委书记、理事长：张初富
党委副书记、主任：唐晓飞
纪委书记、监事长：陈世祯
党委委员、副主任：吴小亮
党委委员：陈显芳（2015.11—）

邮储银行乳源县支行

【概况】 邮储银行乳源瑶族自治县支行围绕加快转型、质效并重的总体部署，夯实发展基础、提升经营效益、健全风险管控，发展形势良好。2015年，内设2个部室、5个网点，在职员工22人。

【业务发展】 各项存款规模达到10.44亿元，其中个人储蓄存款为8.83亿元，比2014年增加1.6亿元，公司储蓄存款为1.61亿元，比2014年增加1.01亿元。各项贷款规模保持稳定增长，贷款余额达到1.5亿元。

【资产质量】 资产质量好转。2015年年初支行不良贷款83笔413.79万元，2015年年底支行不良贷款22笔金额40.28万元，全年压降不良贷款61笔合计373.51万元，整体不良率从3.11%降至0.26%。小企业不良贷款保持为0。

【履行责任】 邮储银行乳源瑶族自治县支行践行普惠金融，结合大众创业万众创新政策导向，与县人社局良好合作，再就业贷款累计放款667万元，结余521万元。累计发放家庭农场贷款1093万元，结余1044万元，为地方农业发展提供资金支持。辖内5个营业网点推出“一站式”新农保服务，为乳源农民提供优质金融服务。全县各9镇银行卡助农取款服务点结存量27个，村民足不出村即可享受取款、汇款等基础金融服务。

【综合管理】 一是加强案防管理。定期召开邮银控管会，先后开展各项案防排查，开展反洗钱、员工行为排查、安全保卫等工作，全面落实内控管理制度，提高全行合规经营水平，消除各项安全隐患，全年实现资金管理、案件防控“双零”目标。二是推进合规文化建设。支行自上而下层层签订《合规承诺书》；加强警示教育，组织学习宣贯“十条禁令”，开展“合规回头看”“除隐患、促整改”等系列活动，确保员工合规履职、尽职免责。三是抓好员工服务和管理。5月支行职工小家建设竣工并投入使用，解决全行员工的办公就餐难题，提供员工业余活动场所；以人为本，关爱员工，开展员工家访、员工慰问等活动，支行“家文化”氛围浓厚。 （陈晓慧）

附：中国邮政储蓄银行乳源县支行领导成员名单

行　长：胡蝶飞

行长助理：邓继兵

财　产　保　险

【概况】 中国人民财产保险股份有限公司乳源瑶族自治县支公司（以下简称县公司），内设经理室、办公室、直销业务一部、直销业务二部、营销业务一部、理赔分部及客户服务部，2015年有在职人员15人，其中领导成员2人。下辖桂头营销服务部及9个镇三农保险服务站。

县公司立足服务乳源经济社会发展全局，以“人民保险、服务人民”为使命，秉承“以人为本、诚信服务、价值至上、永续经营”经营理念，弘扬“求实、诚信、拼搏、创新”企业精神，以市场为导向、客户为中心，履行优秀企业公民责任，为促进改革、保障经济、稳定社会、造福人民提供强大的保险保障。

【经营情况】 2015年，在县委、县政府的支持下，提供保险保障共293.8亿元，完成保费2208.3万元，比2014年增13.35%。其中车辆保险1447.8万元，比2014年增20.09%，商业非车险保费336.7万元，比2014年增7.08%。

处理保险赔案1710宗，支付赔款共709.3万元。其中：车险1254宗，支付赔款510.7万元；财产险54宗，支付赔款74.5万元；责任信用险41宗，支付赔款55.6万元；意外健康险155宗，支付赔款32.5万元。

【三农服务】 政策性保险。承保水稻玉米保险，其中水稻1.18万公顷、玉米1113公顷，提供保额保障7768万元，水稻玉米保险有效减少农户因灾损失，促进粮食稳定发展、农民持续增收、农村和谐稳定。承保农房保险36995户，提供保额保障3.7亿元；承保能繁母猪保险4872头，提供保额保障487.2万元；承保自然灾害公众责任保险人数21.7万人，提供保额保障216.9亿元。2015年政策性保险理赔案件共204宗，支付赔款34.9万元。

【特殊理赔案件】 2015年5月1日16时46分，乳源大峡谷景区因暴雨引发山石滑落事件，导致1

人死亡，县公司承保广东大峡谷旅游发展有限公司风景名胜区责任保险，事发后县公司立即与景区负责人联系，了解事件发生的具体原因，参加县政府组织的各职能部门协调会议，组织相关经办人和人伤调解人员进行跟进，全程跟踪，秉着认真负责的态度，开展善后保险处理工作。配合县政府、大峡谷景区做好事件相关协调配合工作，对保险范围内责任，做好相关赔偿，需支付赔款约 90 万元。

9 月 6 日，必背镇林业工作站护林人员赵良溪因雨天维护林木，导致雷击死亡，县政府办公室为乳源户籍人口投保自然灾害公众责任险，县林业局为护林人员投保团意险，经核实验证，县公司最终支付赔款 25 万元。

【职场升级】 县公司位于县城沿江路 6 号的办公楼，于 1995 年完成建成装修，属于钢筋混凝土七层楼房结构，县公司办公楼在 1～3 层。由于公司发展速度加快，业务量逐年加大，原有办公设施不能满足日益增长的业务需求。为提升公司形象，改善办公环境，对公司招牌门楣、营业厅、办公室、会议室等地方重新进行装修改造，完善日常的办公设施，改善办公条件，提升客户服务。

【商业车险新产品】 12 月 25 日，广东省实行商业车险的费率改革，商车费改完成后，车辆保额多少将按车辆投保时实际价值确定，费率计算将会受车辆出险次数、具体车型的影响。保险公司赔偿责任范围也会扩大，代位求偿制度得到完善。费改后，县公司承保服务、理赔服务、售后服务更周到、更完善。在该公司投保 9 座以下非营业客车和家庭自用汽车客户，车辆遇故障需拖车、送油、充电、更换轮胎、轮胎充气，可以拨打救援服务专线电话“95518 转 9”，享受到保单有效期内在中国大陆范围不限次免费故障车救援服务和共享从报案到领取赔款全流程便捷、高效、统一理赔服务。

（钟燕群）

附：县人保财险支公司领导班子成员名单

总经理：李立伟

经理助理：黄志勇

综合部经理：许志清

人寿保险

【概况】 2015 年县人寿保险公司内设总经理室、办公室、客户服务部、个险销售部、中介代理部、团险销售部，下辖桂头镇营业部、一六镇营销服务部、乳城镇侯公渡营销服务部、大桥镇营销服务部、洛阳镇营业务部等 5 个营业服务网点。有人力 168 人，其中：一线业务骨干及精英 158 人，在职干部、职工 10 人（包括正、副总经理各 1 人、客户服务部经理 1 人）。县公司秉持“成己为人，成人达己”的“双成”理念，建设管治先进、制度健全、内控严密、技术领先、队伍一流、服务优良、发展和谐的一流寿险公司，实现又快又好发展，服务于社会。

【业务发展】 县公司调整业务结构，应对市场竞争，强化市场优势地位，保持业务稳定健康发展，业务规模平稳较快增长，取得明显成效。2015 年，县公司总保险收入突破 5279 万元，其中长期人身寿险保险 5004 万元，短期人身意外险 290 万元。全县新参加人寿保险人数 48713 人、参加机关团体医疗保险 3688 户，为增强乳源人民的保险生活水平提供保障。

【管理机制】 遵照上级监管部门要求，加强业务经营、资金运用、财务管理及偿付能力管理、消费者权益保护、信息系统安全性、案件风险管控有效性工作，开展自我排查与检查，建立长效机制，有效防范化解风险。

县公司以防范化解风险为核心，以规范市场行为为重点，为县公司业务健康发展创造条件。严格执行财政部、保监会、人民银行和上级公司有关财务管理的各项规章制度，严格管理，合规经营，提高企业经济效益。结合实际工作，持续开展销售误导综合治理工作：一是重点加强宣传资料检查与展业资料真实性检查。二是现场突击检查产品说明会、报告会，强化合规意识。三是加强营销员诚信教育，提升展业人员素质修养。四是在培训过程加入防范新人销售误导知识培训。五是固化职场防范销售误导知识培训。六是加大销售误导行为处理力度，强化队伍防范风险能力。七是组织开展小额保险业务专项自查，确保承保信息真实、完整。

按照上级公司部署，根据“职务能上能下，收入能增能减，员工能进能出”的原则，落实“定岗、定责、定薪、定人”的要求，构建扁平化管理体系，使管理机制更趋合理，增强县公司的核心竞争力。加强内控合规守则学习，和风险防范教育，员工守则的学习、岗位职责每年要重新认知、签名确认各自风险防范点。把风险发生降至低点。

【客户服务】 一是以加强服务管理、重点规范服务行为，夯实服务基础，提高服务质量，提升县公司形象，保证客户满意，力争以规范、快捷、高效的工作方式，为客户在投保咨询、承保办理、保费缴纳、现场查勘、理赔受理、赔款领取等方面提供富有特色的保险服务，2015年服务考评全市第二，新单保费创全省第六。二是采取客户服务首问负责制，有效解决承保、理赔速度慢等突出问题。2015年县公司承保全县中小学生平安险和银龄安康老人保险。解决人民群众后顾之忧。三是加强对客户回访率、结案率以及理赔时限等关键指标的考核，建立服务督察制度，进行远程和现场督察，安排专职人员对县公司承保、理赔等环节进行客户服务远程回访监控和现场督察。采取指标考核和定期通报等措施，促进县公司服务水平的提高。四是以理赔速度和质量为重点，解决理赔方面存在的问题。要求限时赔付，提高结案速度和结案率，2015年全县理赔案755件，其中长期人身险共赔付955万元，短期意外险74万元。

【产品宣传】 一是积极推广增值服务活动，包括开展向VIP客户赠阅特别文摘活动，参与群众共2400人次，组织“健康养生活动”“少儿天赋开启大讲堂活动”“第五届少儿绘画比赛”，以及“6·16客户节”等系列活动共计41场。二是持续扩大微信服务范围，县公司为扩展业务和服务领域，举办“客户服务节”“牵手国寿，健康生活”等一系列客户联谊活动。感恩回馈强强联手礼品大派送活动达15场，提升中国人寿的品牌形象。联系上级公司开展问卷调查活动，了解群众最关心的热点话题，有目的性加强对分红险和意外险宣传和销售，促进“国寿鑫福年年两全分红”及国寿防癌保险等险种得到客户普遍认同和青睐。三是以个险为主普及保险知识讲座，发挥公司品牌效应，扩大公司影响力。2015年，县公司组织100场保险知识讲座，内容包括风险管理、投资理财、养老、教育、健康知识等，参加群众近60人次，有效提高城乡居民保险意识，促进业务增长。四是借助民政、银行、邮局及农村信用社等窗口行业，将中国人寿经营理念和保险产品推介出去。五是组织保险知识读本进校园、保险教育进农村、进社区等活动。六是发挥党团组织和工会作用，开展各种形式文体活动，增强中国人寿凝聚力。七是公司上下始终坚持风险防范不放松，管控逐步加强，资源整合继续推进，品牌形象大幅度提升。（胡忠有）

附：县人寿保险支公司领导班子成员名单

总经理：潘祝文

副总经理：杨燕红（—2015.05）

范相科（2015.—06）

旅游·服务业

旅　游

【概况】　乳源瑶族自治县旅游局（以下简称县旅游局）内设机构有办公室、资源开发和市场拓展股、行业管理股和旅游发展服务中心。行政编制6名，事业编制3名，后勤编制1名，其中局长1名、副局长2名。2015年11月，招考事业编人员1人，在职人员11人。

县旅游局围绕县委、县政府“旅游旺县、旅游强县、旅游富民”发展战略，克服经济下行不利影响，打造“大南岭、大峡谷、大云门、大瑶寨、大南湖”五大产业集群和“大南岭生态文化旅游区”“世界过山瑶之乡”两大品牌，一手抓产业发展，一手抓市场营销，推进旅游重点项目建设，维护旅游市场稳定发展，取得良好社会与经济效果。2015年，接待游客376.03万人次，比2014年增长14.74%，旅游综合收入30.98亿元，比2014年增长22.84%。12月，乳源瑶族自治县被评为“2014—2015年度广东省县域旅游创新发展十强县”。

【固定资产投资】　2015年，旅游重点项目年度投资计划为6.5亿元，重点推进源之都云门山旅游度假区、银山南岭温泉度假区、蓝威科技园等旅游项目建设。2015年完成旅游固定资产投资8.2亿元，完成年度投资计划的126.15%。

【旅游扶贫项目】　县旅游局争取旅游扶贫项目资金345万元，其中用于南岭国家森林公园、丽宫国际温泉度假区、广东大峡谷、云门山旅游度假区等10个旅游厕所的新建和改扩建共125万元，用于市级乡村旅游项目云瑶宫山庄的提质改造工程建设50万元，用于一六乌石岭新村乡村旅游项目建设100万元，旅游扶贫资金用于洛阳坪溪村旅游项目建设70万元。为帮助解决旅游企业融资难问题，南岭国家森林公园成功列入2015年全国优选旅游项目名录，取得旅游企业融资贷款、扶持资金优先权。

【旅游规划编制】　县旅游局聘请北京专业旅游规划团队对《乳源瑶族自治县旅游发展总体规划（2010—2025）》和《乳源瑶族自治县“十三五”旅游产业发展规划》进行认真修规编制形成内容合一，做到高起点、高质量、高效用，11月20日顺利通过专家评审组规划评审。

【乡村旅游品牌】　县旅游局着重将南岭一峰生态园、云瑶宫山庄、天井山粤凰生态科技园、绿家缘瑶乡生态农场等作为乡村旅游示范点进行重点扶持。6月，南岭一峰生态园、天井山粤凰生态科技园、云瑶宫山庄负责人被市委组织部、市旅游局授予“韶关市‘扬帆计划’乡村旅游（农家乐）项目创业创新人才”荣誉称号。8月，国家旅游局授予南岭一峰生态园、天井山粤凰生态科技园、云瑶宫山庄为“中国乡村旅游金牌农家乐”荣誉称号；天井山粤凰生态科技园还被评为“2015—2019年度全国科普教育基地”和“中国乡村旅游模范户”。

【旅游联合营销实现常态化】　积极整合全县旅游资源，引导旅游企业借助省市县旅游联合营销平台，拓展粤港澳地区、珠三角地区、湘赣桂地区和京港澳高速、广乐高速、武广高铁沿线省市旅游客源地，实现联合营销常态化机制。2015年，组织旅游企业赴广州、厦门、重庆、西藏、台湾、港澳等地开展旅游推介活动11场，参加“广清韶”旅游联盟推介和韶关地区联合营销活动5场，举办瑶族“十月朝”节庆活动旅游系列3场、旅游推介2场，在《南方都市日报》《新快日报》《韶关日报》以及韶关电视台、韶关电台和乳源电视台、大网络新媒体联合投放旅游广告、形象宣传片和活动报道。

【旅游推介渠道呈现多元化】 开通“悠游乳源”旅游官方微信平台，与“广东旅游”“韶关旅游”官方微信、韶关民声网、乳源家园网等强强联合，共建共享微信息平台，借力优酷、腾讯等知名旅游网站，推广乳源优质旅游产品和内容丰富的旅游信息，拓宽游客获取乳源旅游资讯渠道，取得显著效果，到乳源游客日益增多。与旅游电商企业开展战略合作，共同开发建设“驴迹导游”APP电子导游体系、“掌上乳源”等智慧旅游平台，完善“旅游一卡通”“找饭吃”“二维码”等旅游电商服务平台，推动国家AAAA级旅游景区率先实现WIFI无线区域内覆盖。

【开辟新的文化与旅游融合宣传】 打造《映像乳源》原创旅游歌曲音乐电视MTV专辑和《我的女友是条鱼》旅游微电影等项目，以及旅游歌曲进校园和电视、微信、网络媒体宣传，促进旅游与文化深度融合发展，开辟新的旅游宣传模式，提高乳源旅游知名度和影响力。派发出《映像乳源》原创歌曲CD、MTV专辑2000多张，在县电视台、市电台和腾讯、优酷、爱奇艺等视频网站及“乳源家园网”“韶关旅游”“惠州旅游”“广东旅游”等10多家微信平台播出，观众反响热烈。播出《我的女友是条鱼》微电影在“悠游乳源”和腾讯视频网后，2天内微信传播收看人数上万人次，腾讯视频收看点击量达2.3万人次。

【旅游节庆活动】 举办南岭“瓜果花香世界”旅游节、天井山云锦杜鹃赏花节、绿家缘生态农场开耕节、云门山“水上世界”旅游狂欢节、瑶族“十月朝”文化旅游节系列活动、“文明旅游，你我同行”旅游推介、《映像乳源》原创旅游歌曲进校园歌咏比赛、云门山首届登山露营节、南岭登山节等以及暑假各景区、乡村旅游点推出夏令营、亲子游等活动，助推全县旅游消费持续增长。

【旅游执法】 实现旅游执法常态化，抓好“五大”节假日旅游安全专项大检查、常规旅游安全检查和“五一”大峡谷景区自然灾害事件善后工作。2015年，联合县安委会成员单位，出动执法人员150多人次，检查旅企40多家次，旅行社10多家次，抽查导游20多人次，全年无重大旅游安全事故和旅游投诉事件，旅游市场经营情况持续良好。

【文明旅游】 围绕创文工作，积极组织旅游企业参与乳源创建全国文明城市工作，利用微信平台、节事活动、导游宣传、标语图片等开展“文明旅游”宣传活动，加强文明旅游宣传引导和行业人员自律，提升公民文明道德素质。

【党风廉政】 开展“三严三实”教育活动，推进党风廉政文化和安全生产知识进景区、进酒店、进单位，会同县纪委、县委组织部、县安监局等部门，举办乳源信息员综合业务培训班和旅游安全生产业务培训班。严格执行“八项规定”，不断加强旅游干部队伍作风建设和组织建设。 （何　俊）

附：乳源瑶族自治县旅游局领导班子名单

局　长：谭群英

副局长：潘伟洪

　　　　黄　清

旅游景区简介

【南岭国家森林公园】 位于广东省韶关市乳源瑶族自治县与湖南省郴州市宜章县交界处。273平方公里的公园内有小黄山、瀑布群、亲水谷、广东最高峰等知名景区，南岭主峰石坑崆海拔1902米，是广东省最高峰。第二、第三峰也位于此处，有“广东屋脊”之称。南岭有广东省保存最完好，最大片的原始森林，是中国亚热带绿阔叶林中心地带，保存着最完整的自然生态系统。南岭是广东的天然生态保护屏障，被誉为“广东物种宝库”“岭南生物多样性最丰富之地”，在公园内发现的植物有3000多种，野生动物有五百多种，有82种属于国家一、二级保护动植物，是华南虎的最后栖息地。南岭山脉是长江水系与珠江水系的分水岭，是华中气候和华南气候的分界线。南岭被列为“中国生物多样性保护示范基地”“中国人与生物圈保护区”“全国科普教育基地”“全国林业科普基地”。2014年被评选为“全国首批负氧离子高含量健康旅游区示范景区”、2015年荣获“广东最美森林”荣誉称号、“2015中国·广东旅游总评榜游客最喜爱景区”、2015年全国优选旅游项目。

【广东乳源大峡谷】 位于乳源瑶族自治县西南60公里处的大布镇，是国家AAAA级旅游景区，属石英砂岩地貌，是华南地区唯一的地陷式峡谷，有“华南第一谷”之美誉。峡谷长达15公里，谷深300多米，集“雄、奇、险、峻、秀、美”于一身，沟壑纵横、奇峰林立、古木参天、飞瀑流泉，构成一幅巧夺天工的水墨画卷，被评为“广东最美的峡谷”“最受外国人欢迎的广东十大景观之一”“广东自驾游十大最优景点之一”，是游客喜爱的休闲旅游好去处。

【云门寺佛教文化生态旅游区】 位于乳源瑶族自治县城东北6公里的云门山慈悲峰下，俗称“云门寺”，是国家AAAA级旅游景区。云门寺佛教文化生态保护区旅游资源主要分佛教文化类和生态资源类。云门寺创建于后唐同光元年（923年），由六祖惠能七代弟子文堰禅师开山建寺，距今有1000多年的历史，与湖南沩仰宗、河北临济宗、江西曹洞宗、南京法眼宗齐名，并称佛教五大宗，是国家重点寺院，是佛教禅宗一花五叶之“云门宗”的发祥地，寺内设有云门佛学院，是全国为数不多农禅并重的寺院之一。云门寺佛教文化生态保护区北面一公里有新开发的旅游项目——云门峡漂流，是乳源境内唯一生态漂流项目，建成后有河道漂流、溯溪探险、野战俱乐部、烧烤场、游乐场、水上乐园、酒店、游客中心、商业街等多个项目，是个集旅游、休闲、娱乐、饮食、体育、锻炼、探险于一体的度假区。

【云门山旅游度假区】 位于乳源瑶族自治县城东北6公里的云门寺佛教文化生态保护区内，是乳源唯一建成开业的生态漂流项目。景区占地面积约200公顷，投资11.3亿元，区内面积5平方公里，依托云门山得天独厚的自然风景资源，突出体现“云门禅宗文化”及“过山瑶民俗风情文化”的特色。景区划分为云门山自然风景区、过山瑶民俗文化旅游区、云门山户外游乐区、印象洲街服务区、云门山旅游度假酒店区、观光农业休闲体验旅游区六大功能板块。

【天井山国家森林公园】 位于乳源瑶族自治县西北部，距县城33公里，是国家3A级旅游景区，属山岳型自然风景区，面积5593公顷，以原始森林、山地矮林和云锦杜鹃、溪流瀑布等景观著称，是广东省天然林面积最大的国家级森林公园。景区内动植物资源极为丰富，森林层次众多，有维管植物216科946属2572种，约占广东省已查明野生维管束植物总数7055种的36%，是名副其实的“植物基因宝库”和“岭南天然博物馆”。景区对外运营：生态长廊景区、广东屋脊景区、古结洞田园农家乐景区、刚阳石探险景区和公园服务休憩区，每个景区不同的风格和迥异的个性充分展示出天井山森林公园的无穷魅力。

【天景山仙人桥景区】 位于乳源瑶族自治县洛阳镇境内，距县城38公里，景区内自然生态原始，景色迷人，集山水溶洞、仙踪奇迹、道教文化、仙人桥于一体。主景区仙人桥高约138米，内拱106米，宽53米，长156米，突显秀、奇、峻、美的特点。景点有雅玛秀水、同心鹊桥、仙人朝圣、源远流长、鱼跃龙门、木石姻缘、仙山大象、龙凤朝阳、情侣奇树、天下第一洞天、神童戏水、悬崖栈道、仙人古洞、仙桥神游、西京古道、古道迷踪、灵霄宝殿、天上美景等。

【必背过山瑶之乡生态旅游景区】 位于乳源瑶族自治县城东北50公里处，是旅居海外瑶族同胞的祖居地，被誉称为“世界过山瑶之乡”。景区内游客可以欣赏瑶山风光，观看瑶族歌舞，领略瑶族风俗，品尝瑶家美食。瑶族同胞热情好客，喜用甘甜的瑶山茶、清香味美的竹筒饭和自制的瑶家水酒招待游客。必背瑶寨自然风光优美，人文景观丰富、民族特色突出，是集旅游、科考、休闲于一体的民族生态休闲旅游景区。

【南方红豆杉森林公园】 位于乳源瑶族自治县西北部的大桥镇，京珠高速公路、坪乳公路可直达，距县城约45公里。公园是自然观光体验型风景区，因国家一级保护植物红豆杉树数量众多而得名，面积约10190公顷。核心景区内约有红豆杉3万株，百年以上树龄的有1000多株，其中最为壮观的是“红豆杉王”，树龄约2000多年，树径超过5米，是华南地区生长最古老的红豆杉。南方红豆杉森林公园是全国唯一以红豆杉为观光主题的森林公园，也是广东省内赏雪、赏雾凇的胜地。

【通天箩地下森林公园】 位于乳源瑶族自治县大桥镇。距县城约50公里。在海拔高度690多米的石灰岩高原上垂直下陷而成，洞口直经100多米，垂直深度90多米，底部最大直径140多米，四壁反坡峭立，形似一个倒扣的谷箩，故名“通天箩”。底部有一片原始森林植物群落，面积约4500平方米，洞底有洞相互连通，神秘莫测，被誉为“中华第一洞”。

【西京古道】 古驿道路线位于乳源瑶族自治县大桥镇、东坪镇、乳城镇，古驿道大桥段是广东省文物保护单位，距离县城约40公里。西京古道指东汉时期，在南岭开凿的一条南起英德浛洸，途经乳源，北接湖南湘粤古道，通往古京都西京的大路。保存较完好的路段在乳源境内有：梯云岭路段约2.5公里，猴子岭路段约2公里，乌桐岭路段约2.5公里，续成亭路段约3公里，红云乐善亭路段约2.5公里，老虎冲纳凉避雨亭和三元寿德亭路段较短，共约800米长。其中梯云岭路段和猴子岭路段为广东省文物保护单位。古亭有8个：梯云岭亭、红云村仰止亭、猴子岭心韩亭、乌桐岭官止亭、老虎冲纳凉避雨亭、红云乐善亭、三元寿德亭、续成亭。其中梯云岭亭、红云村仰止亭、猴子岭心韩亭为广东省文物保护单位。

【南水湖国家湿地公园】 位于广东省乳源瑶族自治县西南，距县城13公里，京珠高速公路、坪乳公路可直达。南水湖是1958年由国务院总理周恩来亲自批准动工修筑的大型水库，是新中国成立以来中国采用定向爆破筑坝工程仅存项目，水面面积3800公顷，库容12亿立方米。水库呈狭长形，南北走向，其水质晶莹透碧，沿岸青山连绵，美不胜收。湖中有12个岛屿，湖水最深处达120多米，湖水呈深蓝色，故又称“蓝水湖”，是广东省一级水源保护地、广东省第三大人工淡水湖泊、广东第二座国家湿地公园。南水湖的西北面有全省稀有的碳酸型温泉游泳池和温泉鱼苗养殖场。 （何　俊）

2015年乳源星级酒店一览表

表6

酒店名称	地　址	星级标准	拥有客房	电话	传真
避暑林庄温泉大饭店	大桥镇南岭国家森林公园	按五星级酒店标准建设	193间	0751－5236666	0751－5236888
广东大峡谷丽宫果园度假村	大布镇		83间	0751－5458338	0751－5222299
丽宫国际温泉旅游度假区	乳城镇	按五星级酒店标准建设	500间	0751－6122888	0751－6122999
宁泰商务新店	县城	三星级酒店	100间	0751－6120666	0751－6120600
白云天园林宾馆	县城	按五星级标准建设	157间	0751－5377777	0751－5366666
小岛饭店	县城	三星级酒店	107间	0751－5389888	0751－5389222

续上表

酒店名称	地　　址	星级标准	拥有客房	电话	传真
云锦山庄	天井山国家森林公园	三星级酒店	42 间	0751－5461111	0751－5461111
星之光酒店	县城	二星级酒店	35		
名瑶酒店	县城	二星级酒店	95	0751－6120111	0751－6120206

2015 年乳源主要旅行社一览表

表 7

名　　称	地　　址	电　话
天翔旅行社	乳源县沿江路嘉乐花园大门右侧 19 号	5381111
瑶家源旅行社	乳源县鹰峰西路总工会一楼 5 号	5370102
南岭瑶乡旅行社	乳源瑶族自治县鹰峰东路 2 号	5388648
广东中旅乳源营业部	乳城镇沿江东路得源小区 A 栋综合楼	5383200

交通·邮政·通信

交 通 运 输

【概况】 2015年，乳源瑶族自治县交通运输局内设机构有：办公室、综合运输股（交通战备办公室）、综合规划股（基建管理股）、政策法规股、交通综合行政执法局和行政审批股。行政编制9名，综合行政执法局行政专项执法编制36名，后勤服务人员5名。事业单位有：县地方公路管理站，事业编制41名，其中站长1名、副站长2名。县交通运输管理中心，事业编制7名，其中主任1名。

1月，龙顺桂任交通运输局综合行政执法局综合股股长（正股级），马慧娣任交通运输局办公室主任，聘任陈国红为交通运输管理中心主任（正股级），聘期5年。9月，招录许金祥为交通综合行政执法局公务员，招录邵高峰为交通运输局科员。

大桥道班、古母水道班被韶关市公路管理总站评为“2015年度韶关市地方公路先进道班”，黄学贱被评为“2015年度韶关市地方公路管理工作先进个人”，李杨林被评为“2015年度韶关市地方公路养护之星”。

【公路建设】 完成必大公路与坪乳公路大桥连接线建设。杨溪大桥建设项目完成大桥主体工程的75%。县道324线长江岭至波罗段路面大修工程全部完工。完成农村公路硬底化建设44.875公里。10月份开通乳源直达武广高铁韶关站专线车。开通游溪镇大寮坑至东坪镇金竹峰瑶区连片道路。积极开展瑶区新开连通公路前期工作，对5条瑶区连通公路进行实地勘察，完成工程可行性报告，准备报批立项。积极开展“十三五”规划项目库和旅游公路工程可行性报告等前期工作。

【水毁乡村道公路修复工程】 投入资金190万元，完成县道326线重点水毁工程，完成乡道Y933线、Y934线、Y935线3条线路7处重点水毁工程，修复挡土墙工程量约3000立方米，投入资金190万元。投入资金90万元完成乡道Y800、Y861、Y938、Y939、Y945、Y959等6条线路的10处一般水毁修复工程，修复挡土墙工程量约1100立方米，C35砼路面修复210立方米。投入资金50万元完成村道C610一般水毁工程3处的修复，挡土墙工程量800立方米。

【路政管理】 做好路政巡查。巡查时间263天，巡查里程25134.345公里。联合国土部门形成合力，源头治理公路违法建筑，拆除非公路标志119块，面积250平方米，清理公路路障15处150立方米，制止占用公路用地乱摆卖14起、非法种植3处，劝导占用公路路肩摆卖摊档36户、摆卖农户65户。有效保护公路路产路权，确保管养路段公路安全畅通。

【运输监管】 部署安全生产工作，与13家下属单位签订“安全生产目标管理责任书”，组织开展“安全生产月”活动。制定《乳源瑶族自治县交通局2015年“安全生产月”活动实施方案的通知》，与4家客运运输企业的198名从业人员签订反恐维稳责任书。对客运站场、危货运输企业及在建公路重点工程等进行50余次安全生产检查，开展安全生产应急演练周活动。

【行政审批】 2015年办理行政审批事项9115项，其中行政许可28项，非行政许可9087项。针对未审验或道路运输许可证过期2年以上的业户和车辆开展注销清理活动，共注销业户202户、车辆220辆。

【质量信誉考核】 对杰狮运输有限公司等4家客运运输企业，县交通汽车修理厂等2家一类汽车维修企业，韶关市粤运汽车运输有限公司乳源汽车站保修厂等2家二类汽车维修企业以及47名机动车教练员进行质量信誉考核。2家评为AAA、7家评为AA，机动车教练员47人评为AA。

【交通执法】 出动执法人员7872人次，车辆1320辆次，检查车辆1986辆次，查处违章案件88宗，罚没款30万元，其中路政案件69宗（超限运输66宗，公路路政案件3宗），运政案件19宗（班车客运3宗，出租车客运4宗，其他12宗），卸载货物2125.61吨。

【公路养护】 全县纳入交通运输局管养地方公路养护1366.902公里，其中县道养护178.886公里，好路率80.5%。乡道养护799.405公里，良好路率76.5%。村道养护388.611公里，良好路率76.5%。

【春运工作】 成立春运工作领导小组，制定春运工作方案。检查县汽车客运站、公路主干线、旅游区公路、横水渡口、渡船。对进站经营的班线客车、出租小汽车进行安全性能检测评定。春运期间没有发生重大道路交通安全事故，没有发生任何火灾、爆炸、工伤工亡事故。大桥道班订购溶冰用盐10吨、河沙15立方米、碎石12立方米，订租铲车1辆、挖掘机1辆。桂头道班订购河沙10立方米、碎石8立方米，订租铲车1辆、挖掘机1辆。保证路面整洁，公路通畅。

【党风廉政建设】 落实党风廉政建设责任制，做好纪律教育、党风廉政、党务公开、公车治理、反腐纠风等各项工作，开展“三严三实”民主生活会和民主评议政风行风活动，参会人员撰写对照检查材料，开展批评与自我批评，征求各单位以及社会公众对交通运输系统在政风行风建设方面的建议和意见，共发放和收回《县交通运输局2015年民主评议政风行风征求意见表》29份，评议结果均为满意。组织领导干部及系统工作人员50余人观看反腐倡廉电影《黑瞳》、警示教育片《致命的决口》等，组织全体干部职工80余人到县图书馆参加廉洁读书月活动，召开纪律教育月集中学习会。

（邵高峰）

附：县交通运输局领导班子成员名单

党组书记、局长：王明生

党组副书记、副局长：彭胜利

党组成员、副局长：谢灿辉

曹华山

党组成员：周启文

公路建设与管理

【概况】 乳源公路局位于乳城镇沿江东路，2015年在职干部职工77人，退休干部职工173人。是韶关市公路局垂直管理的正科级事业单位。内设办公室、生产技术股、人事监察股、路政管理所、收费管理所、财务股、安全生产股7个正股级机构。主要负责辖区内公路的改造建设与养护、路政管理、机动车辆路桥通行费年票征收等。

【路桥建设】 乳源公路局以迎接“十二五”全国干线公路养护管理大检查为契机，紧抓路面大中修工程建设进度，改善国省道公路状况，提高路网通行能力。一是完成G323线韶关乳源上围至坪溪段路面改造工程沥青路面主体工程的铺筑。该工程全长26.1公里，省局批复预算2996.2万元。二是完成G323线坪溪至阳山交界段（K452+934～K462+907）灾毁路面修复工程。该工程全长10公里，路面修复面积为7万平方米，总造价490万元。三是完成G323线K408+680～K423+420段路面挖补工程。该工程全长14.74公里，工程在原路基础上按原有技术标准对原水泥砼路面破损进行挖补整治，整治面积2500平方米，整治资金50万元。

【公路养护】 养护管理上新台阶。“迎国检”是2015年公路养护工作的重中之重，乳源公路局早部署早安排，成立专项领导小组，对迎检工作任务进行具体分解，分工负责，明确责任。各股室之间密切配合，严格按省、市局内业规范化的要求，高标准、严要求按时高质完成养护内业资料（包括路政管理资料）的收集、整理、补充、归档、上墙等工作，以规范化的管理，为国检做好充分准备。

加强公路日常养护管理。注重路面日常保洁，及时修补路面损坏地带，大搞路容路貌和对路树、边线进行石灰油白，按养护规范要求剪割路肩草和铲除边坡杂草。特别重视桥涵的检查养护，及时清理、疏通桥涵边沟等排水系统，确保路况稳中有升。实行每月下旬生产检查制度，严格按照《乳源公路局公路养护绩效考评标准》进行考评。各养护中心（道班）按月度计划目标做好养护工作，加强内务管理，提高管理和服务水平。据统计，2015年，机械清扫路面80万平方米，人工清扫路面460万平方米，清理水沟杂物380千米，疏通桥涵865座次，人工和机械割草66万平方米，人工清理塌方235立方米/60处，修复边沟、边线500米，确保路况稳定。

加强预防性养护，提高应急处置服务能力。乳源公路局管养的路段多属山区公路，国道323线为抗灾能力弱的公路，遇洪水和自然灾害易诱发公路边坡、路基塌方。对此类问题乳源公路局做到“早部署，早安排，早预防”，汛期前要求各养护中心对管辖路段的水沟、桥梁、涵洞和高危边坡等进行全面检查，发现隐患及时处置。汛期加强雨天巡路和四勤养护，实行24小时值班制度，发生塌方积极快速组织清理，确保管理路段安全畅通。5月20日，受暴雨影响，县境内国省干道遭受严重水毁，国道323线东坪至洛阳的20多公里路段（桩号K415～K435），发生上塌方60多处，影响通行。乳源公路局快速反应，组织人员、机械及时对塌方进行清理。确保全县境内国省干道没有造成交通中断。

坪乳公路应急处置保通工作。2月和10月“国检”前，根据市局《关于做好S249线坪乳公路养护工作的通知》，为做好公路安全保障工作，两次快速组织工程技术人员对坪乳公路进行安全隐患排查，对发现的安全隐患路段、桥梁设置警示标示，确保公路安全畅通。5月下旬至6月中旬，先后对通济桥、半山桥、东田桥、蔚林桥、多田桥和罗口坑桥实施交通限制，并按要求将危桥整治方案上报上级主管部门。确保坪乳公路安全通行。

“十月朝”期间公路安全保畅工作。“十月朝”又称“盘王节”，是乳源瑶族自治县的重大节日，每年全县瑶汉人民都会举行隆重的庆典活动。乳源公路局及早动员部署，制定方案，安排养护中心对各进出口路段进行维修、清理，加强路面保洁力度，为节日营造一个畅、洁、绿、美公路交通环境。11月12日“2015年广东省环南水湖自行车公开赛”比赛在乳源县境内国道323线县城至上围段约20公里路段举行，该路段受洪灾影响，沿线水毁严重。为不影响比赛，乳源公路局优先安排抢险人员、机械对国道323线赛道进行抢修复施工，保障国道323线赛道安全畅通。

【路政管理】 乳源公路局坚持“依法治路，规范管理”，加强路政管理，严格规范路政许可审批，确保公路安全畅通。2015年清理各类路障463.5立方米，拆除非公路标志440平方米，发出路政告知书45份，发现公路违法案件262宗，自行制止186宗，移交交通行政综合执法局76宗，办理路政协议4宗，事故车辆损坏路面事项3宗；收取损坏路产补偿费1612元。

加强路政队伍建设，提高路政执法人员综合素质。乳源公路局要求路政人员必须熟练掌握《中华人民共和国公路法》《公路安全保护条例》《广东省公路条例》等有关路政管理法律法规，在工作中做到熟练运用。加大路政管理法律法规宣传力度，提高群众爱路护路意识。践行行政服务窗口服务承诺，按“严格执法，热情服务”要求，规范路政审批程序，加强对公路不准建筑区的管理，树立公路部门在群众中执法、服务良好形象。

实施与养护中心联动巡查制度。履行《广东省公路条例》赋予路政管理的职责，加大上路巡查力度，实行与养护中心联动巡查制度，及时发现和制止各种违反路政管理行为，保护公路完好。

开展路域环境综合整治行动。根据市局《关于加快推进普通干线公路路域环境综合整治工作的通知》精神，乳源公路局5月份开展为期一个月的“路政宣传月”活动，制定《韶关市乳源公路局国省道沿线农村生活垃圾池整治工作方案》上报县委、县政府，向沿线村民派发宣传单，对沿线沙场、在建工地、商铺进行入户宣传。不定期开展整治，路政人员加大巡查力度，及时制止各种损害公路的违法行为。9月16日至18日，县政府组织交通局、公路局、有关各镇、派出所等单位组成联合执法组，开展为期3天的路域专项整治行动，对国道323线、省道248线和250线的非公路标志、占路为市乱摆卖现象、乱堆乱放等进行拆除清理，公路两侧的脏、乱、差现象得到有效整治。

【年票征收】 按市政府对年票收费工作的要求，加强年票收费宣传，提高服务质量，树立良好服务形象，2015年年票收费工作开展顺利，至12月底，征收年票费758万元，完成年任务740万元的102.4%。（朱正标）

附：乳源公路局领导班子成员名单

局　长：刘文生（2015.06—）
副局长：吴平波（—2015.05，主持全面工作）
　　　　陈健萍
　　　　苏泉鸣

客运汽车

【概况】 2015年韶关市粤运汽车运输有限公司乳源汽车站（以下简称乳源汽车站），围绕安全、便民、利民服务宗旨，抓好安全生产，实现车辆总行程1746.36万公里（含乳源出租小汽车分公司、乳源顺达城乡公共客运有限公司），完成客运量374万人次，客运周转量14911万人公里，实现总营收1535.38万元。2015年在编营运客车131辆（含乳源出租小汽车分公司、乳源顺达城乡公共客运有限公司），客运经营线路13条，其中：市际班线3条，县际班线2条，县内农村客运班线8条，组织外单位车辆进站配客10条，基本实现县城至行政村之间村村通班车。

【客运经营】 根据《韶关粤运道路客运班线公司化经营方案——2014年至2015年到期承包车处置计划》，乳源汽车站积极做好合同到期承包线路回收工作。对承包合同到期的桂头线、一六线调整经营模式，采取合作经营的形式，与社会其他力量共同合作经营；利用广州线班车需要更换新车之际，成功收回广州线，重新购置车辆后采取公车公营的形式运营，并于9月1日成功复班。

【节能减排】 为落实国家节能减排发展战略，乳源汽车站利用10辆外资厂车经营到期需要更换新车之际，10月份投入1426万元更新10辆宇通牌新能源充电车。为方便新能源车辆充电，在停车场车位紧张的情况下调整出1000平方米用于建设新能源充电站，工程于12月完工，充电站建有400千瓦专变1座、充电桩5个，可供10辆新能源充电车同时充电。

【安全生产】 抓安全生产。乳源汽车站积极做好企业一级安全生产标化评审工作，抽调专职人员负责安全标准化工作，完善安全生产标准化评审的各项资料。8月14日通过企业一级安全生产标准化达标评审工作。借安全生产标准化评审之机，乳源汽车站制定和完善安全生产管理各项管理制度，安全生产管理工作迈向标准化，制度化。

强化基础管理。从源头上消除安全隐患，制定周三为安全例会对驾驶员进行培训办班48次，接受安全培训学习驾驶员3462人次；严格落实车辆回场必检制度，全年检查车辆19345车辆次，查处不符合技术规定车辆95台次，整改率100%；加大安全宣传，利用企信通发送安全短信12070条，派发安全行车手册140册，宣传横幅8条，出版宣传栏12期。

【反恐演练】 为提高乳源汽车站突发性安全事件处置能力，10月20日组织全员参与的“乳源汽车站反恐防恐演练”，演练模拟车站受到恐怖分子袭击后展开应急救援。演练体现以人为本、科学施训的演练理念，检验各级应急预案的实用性和可操作性，检查应急救援小组、应急物资、装备、技术的准备情况，达到锻炼队伍、增强员工反恐防恐意识的目的。（李志怀）

附：乳源汽车站领导班子成员名单

站　长：杨木清（—2015.01）
　　　　黄兴彩（2015.01—）
副站长：黄志良

杨亚养
支部书记：黄兴彩
工会主席：黄志良

邮　　政

【概况】 乳源瑶族自治县邮政局于2015年5月1日因邮政企业实施机构改革，变更为中国邮政集团公司广东省乳源瑶族自治县分公司（以下简称县分公司），内设两部一室，有职工80人。县分公司认真落实韶关市邮政分公司党组提出有关工作的战略部署，加快乳源邮政发展，全县邮储余额新增5000多万元，完成全年业务收入计划，比2014年增长8.39%，完成年度预算的100.65%，完成收支差计划，完成市公司预算100.01%，比2014年增长21.08%。

【业务发展】 2015年，对业务收入结构进行合理调整，重点发展邮储、保险、银信通、代理速递、农资销售等高效业务，稳步发展函件、报刊、汇兑、集邮等传统业务，确保县分公司业务收入质量提高。瑶乡电商首次进驻粤北（乳源）农特产品博览会，此次粤北（乳源）农特产品博览会（简称"农博会"）是乳源"十月朝"重点活动之一，展会上展示韶关和乳源地区丰富的农特产品。为满足参展商及客商的物流寄递需求，县分公司在农博会现场设立收寄服务点，为客商提供即时收寄农特产品服务，让客户不出展会门就能寄出产品，在自家展位能享受邮政上门服务。农博会现场收寄快包308件，带动各营业网点收寄211件，收集电商商家资料168条。

【邮务工作】 报刊专业。配合县委宣传部抓好党报党刊发行征订工作，2015年全县党报党刊代投6283份，其中县城3721份，各镇2562份，抓好报刊补续订工作。加大报刊项目营销进度，对校园市场利用现有报刊文化礼盒及市报刊局统筹的文化产品，开展《特别关注》《时代周刊》等商务期刊征订工作。走访扶贫办、农家书屋等拓展行业报刊，积极参与科技扶贫、知识下乡等活动。

投递服务。邮政是劳动密集型企业，2015年有投递员27人，投递段道31段。服务全县21.8万人，2299平方公里，投递单程998公里，日均投递量1.2万件，日均负重800公斤。

村邮站建设。抓好"三农"服务，打造邮政服务品牌，全县建成102个村邮服务站。

【金融业务】 提高从业人员业务技能，抓好网点服务工作，减少营业前台客户等候时间。开展网点人员银行化转型培训，对鹰峰中、桂头营业所理财经理使用营销客管系统进行考核，指引网点理财经理按市公司要求，做好与客户面谈时的客户档案建立、完善及笔录。以"互联网+流通"为载体，充分挖掘电子商务在释放消费潜力、激发行业活力和增加大众创业、就业机会等方面的重要作用，大力实施韶关邮政"十百千万"工程［10个县（市、区）级电子商务创业园、100个乡镇电子商务中心、1000个农村电子商务站点、1万家POS金融商户］。加快网点营销地图建设，走访和维护商户，抓好代发项目开发，金融业务发展步入快车道。加大银信通业务加办率、成功率，做好POS机用户发展和助农取款点开发，方便农户在村中就可取款。

【资金安全】 2015年，县分公司内控管理工作围绕"突出重点、创新管理、提高质能、强化整改"案防工作目标，开展各项专项检查活动，动态跟进问题整改落实情况，规范储汇资金检查档案管理。县分公司开展常规检查42次，非现场检查8次，突击检查15次，专项检查7次，共检查72次；下发整改督办表56份，检查发现问题168个，整改168个，整改率100%；县分公司金融实现"零案件、零重大违规违纪事件"的"双零"目标。

【速递业务】 2015年，县分公司速递物流公司按照省公司"变革、质量、发展、服务、效益"的工作方针和"突出重点，专注核心，讲究效益"工作思路，经营方式和制度建设进行变革，优化业务种类，明确业务发展重点，全年速递业务量达2万多件，全县邮政速递业务收入30多万元。狠抓进、出口邮件服务质量，在"双十一"和"双十二"生产旺季中实现重点客户和业务量的突破，有效提升EMS品牌形象和美誉度。

【基础建设】 对县邮政储蓄支行、桂头、大桥邮政支局等3个邮储网点监控系统进行安防改造，开设VIP贵宾室及邮政会员优先窗口，提高优质客户满意度。增设一六镇邮政所离行式CRS存取款机。完善网点服务设施，先后为鹰峰中营业所、桂头、大桥支局换装CRS存取款机。4个邮政储蓄网点有自助设备10台，有效缓解前台压力。补建空白乡镇网点，乳源游溪邮政生产场所已启用。投递网建设先后投入3台汽车及27台摩托车，完善配送网络。加快县内特快专投队伍建设，特快专递邮件在县城实现多频面对面投递，其他各镇均实行混合投递。

【职工之家】 2015年，装修县分公司大学生之家，完善桂头、大桥支局小家建设，增加小家互动经费，大学生宿舍和支局职工小家全部装上冷暖空调、洗衣机和电热水器，增强邮政员工的归属感。加大对生产、办公场所投入，解决县分公司综合大楼多年存在安全隐患。（陈尚升）

附：县分公司领导班子成员名单

党组书记、局长：綦小林（—2015.06）

党组副书记、副总经理：

邓国辉（2015.07—，主持全面工作）

副总经理、工会主席：何新良

总经理助理：李智民

电　信

【概况】 中国电信股份有限公司乳源分公司（以下简称乳源分公司）内设综合部、销售部、客响维护部、政企客户服务中心，下设8个营销服务中心，有从业人员102人。围绕市公司的工作部署和经营目标，把握“变革创新、开放合作、提质增效”三个关键，重点围绕“抓收入、保存量、拓增量、夯基础”四个方面，找准定位，攻坚克难，扎实推进各项工作任务的开展。

2015年，乳源分公司荣获省公司“光纤大会战小区光改先进区县分公司”、大桥营服中心被评为“光纤大会战小区光改先进营销服务中心”，乳源分公司被市公司评为2015年度先进县分公司一等奖，政企客户中心、侯公渡中心、一六中心被分别评为营销服务中心先进单位一等奖、二等奖、三等奖，县分公司被省公司评为先进绩效二等奖。

【业务拓展】 针对铜宽用户进行梳理，分区域、楼盘提炼出铜宽平移清单。完成乳城镇宋田村、桂头镇（莫家村、新茂村、凰村、大坝）、大桥镇石角塘村和五指山林场等退铜工作。完成县城新城、紫荆花园、烟草公司、嘉乐豪庭等小区的铜缆改光宽工作。开通公安天翼对讲系统、镇级卫生院翼机通和林业巡防系统等业务。

【网络建设】 落实“宽带中国”战略，响应“互联网+”行动计划，围绕建设“高速畅通、覆盖城乡、质优价廉、服务便捷”宽带网络基础设施，实施“双百兆、双升级”即宽带上网100兆、手机4G上网100兆目标。2015年，新建县城、侯公渡、桂头、一六、大桥等143个片区，新增FTTH端口11326个，FTTH端口容量达到22266端口，县城基本实现100%光宽覆盖，侯公渡、桂头、一六、大桥等片区实现100%全光覆盖。

全年进行四批光网建设，新建光宽端口1批，完成县城、镇区及镇区周边人流较密集区域及村庄的覆盖。强化网络优化、节能减排工作，推进老旧设备退网工作，完成23个接入网点交换设备撤除工作。

【服务质量】 开展服务提升活动，以提高工作效率、服务质量为切入点，重点解决装维难问题。落实服务提升活动，以服务领先带动双百兆发展，从网络、业务、渠道、终端、客户关怀五方面提升服务质量。每季度开展“总经理接待日”活动，现场倾听客户声音，让服务更贴心，解决涉及网络服务、装维服务、资源覆盖、营销口径、营业受理、终端质量等各项服务问题。建立县二级售后服务网点，加强终端售后服务，跟踪、回访并落实客户投诉问题。

【党风廉政建设】 开展“三严三实”教育，落实中央“八项规定”和国有企业领导人廉洁自律七项要求。落实党风廉政建设责任制，推进廉洁从业教育常态化，组织开展销售费用使用效能监察。坚持依法运营，严格执行内控规定和“三重一大”民主决策制度。开展纪律教育月活动，利用多种形式，对员工进行廉洁从业、思想道德、党风法纪、廉政建设等教育；开展风险漏洞查找，遇到问题及时整改。

【员工培训】 组织开展教育培训20多次，参加培训327人次，完成培训内容有：“农村4G光纤攻防营销培训”“天翼4G至潮应用及流量经营业务培训”“商客市场光改营销实战培训”“社区经理进行创维4K机顶盒及掌上综调等系统培训”“驾驶员交通安全学习” “员工全业务岗薪制度宣贯”“2015年社会人才招聘实施细则学习”等。

【企业文化】 开展元旦、春节等节日送温暖活动，乳源分公司管理层深入基层一线和离退休人员家中，看望和慰问奋斗在生产第一线的广大员工、劳模和困难员工，为生病或家庭困难员工申请困难家庭资助金。开展员工生日慰问活动，组织全体员工、离退休人员进行健康检查。

坚持以人为本，关心关爱员工，加强人文关怀，健全与员工沟通台账，积极疏导和缓解员工压力。关心员工身体健康，开展“每周运动一小时”和各种业余文体活动。组队参加市公司羽毛球、乒乓球、篮球、“变革你我同行”辩论比赛，乳源分公司获“变革你我同行”辩论赛冠军。各工会小组组织开展烧烤、爬山、徒步等户外活动。（张树明）

附：乳源分公司领导班子成员名单

总经理：廖海辉

副总经理：戚永锐

许先松（—2015.12）

钱　平（2015.12—）

移　动　通　信

【概况】 中国移动通信集团广东有限公司乳源分公司（以下简称乳源分公司），秉承“正德厚生，臻于至善”的企业文化，以“责任”和“卓越”为核心内涵，以“创无限通信世界，做信息社会栋梁”为使命，以“成为卓越品质的创造者”为愿景。2015年，贯彻落实市公司“六个定位”（网络为先、客户为本、流量为王、渠道为赢、效益为重、安全为上）和“六个抓手”（打好双网双优的领先仗、抓住4G客户发展的牛鼻子、扎紧存量经营的篱笆墙、啃下家宽和专线两根硬骨头、织好风险管控的防护网、吹响效能提升的集结号）工作思路，各项工作有序、扎实开展，较好地达成年初设定的工作目标，实现市场、网络、管理新突破。

【经营模式升级改造】 2015年，乳源分公司县城两间营业厅转变经营模式，对原经营模式进行升级改造，先后开展外包转型工作，引入合作伙伴共同经营。分公司成立以领导挂帅的项目组，与合作商就厅店卖场氛围布局达成共识，为确保厅店平稳过渡，设立专职人员梳理交接目录清单，重点关注系统工号、客户数据、重要文件资料等交接。为保证服务质量，项目组协助合作商开展招募员工及岗前培训，审核上岗人员资质，要求符合营销代表的执业标准，具备独立上岗能力。该升级改造项目，起到优化布局，提升产能，促进4G用户发展作用。2015年，分公司4G用户占比达30%。

【网络质量攻坚】 2015年，为改善4G网络质量，实现4G网络速率与覆盖“双领先”优势，组织全员开展网络质量攻坚活动。网络质量攻坚活动第一阶段：发现黑点、上报黑点，即员工将4G网络速率慢或无覆盖区域登记为黑点报送。网络质量攻坚活动第二阶段：网络线条员工优化调整网络设备，合理调度微基站，解决黑点区域网络问题。实施质量攻坚活动发现网络黑点76个，解决率达60%以上，推动本地4G网络质量提升。

【党风廉政建设】 认真落实党风廉政建设和反腐败工作，学习中央和集团公司有关党风廉政建设和反腐倡廉工作精神，落实“党政同责”和“一岗双责”制度。执行“三重一大”制度，即公司重大事项决策、重要人事任免、重要项目安排及大额资金的使用，遵循集体讨论、民主决策原则作出决定。

5月，梳理供应商管理、资产管理两个流程，寻找廉洁风险点，制订廉洁风险防控清单，落实业务部门“纵向责任”，构建“嵌入式廉洁风险防控机制”。

6月，分公司召开党支部专题组织生活会，全体成员学习党中央“三严三实”“六条禁令”“八项规定”，坚决反对“四风”等重要内容。组织开展员工意见征求工作，对照检查党的政治纪律、组织纪律、廉政纪律三方面存在的24个问题，提出整改建议24条，并完成整改。（邱丽霞）

附：中国移动乳源分公司领导班子成员名单

总经理：王慧敏

副总经理：房勇明

联通通信

【概况】 中国联合网络通信有限公司乳源县分公司（以下简称乳源县分公司），设有城区营服中心、乡镇营服中心、营销团队、综合室等4个职能模块及乳城营业厅1个对外服务窗口，共有员工18人。

2015年，乳源县分公司紧紧围绕上级公司工作总体战略，运营势头较好，持续扩大用户规模，基本完成上级公司下达的全年运营收入任务。

【营销模式转型】 以“渠道提升”及“终端运营”为抓手推进营销转型，具体通过强化连锁渠道运营、开展营服争霸赛、社渠炒店提产能，构建终端货源、终端上柜、终端销售三大环节一体化运营体系，做大终端流水量，提升终端销售量，推出“线上预约线下办理”中国联通老用户网购专属服务，实现移动宽带收入比2014年的增长。

【构建超卓网络】 一是快速建设4G网，全年新开通4G站点10个，实现核心价值区域网络感知领先；二是推进传输核心汇聚层成环，全网核心层带宽容量和接入层带宽能力得到很大提升；三是聚焦核心业务，提升服务支撑能力。全年网络质量投诉率比2014年均有下降。

【规范营销服务，维护市场环境】 落实工信部“强化电话黑卡的源头防范”“加大黑卡发现力度”“从严处理黑卡违法违规行为”三方面14项措施要求。规范社会渠道管理。执行《关于社会实体渠道“授权标识”牌工作要求的通知》，明确授权牌铺设工作要求，指导、组织完成授权牌的铺设，开展对实体渠道梳理工作，对不符合要求渠道进行关停。根据工信部、集团公司的相关工作要求，配合公安机关严厉打击利用电话黑卡实施违法犯罪行为。设立举报电话、邮箱等，接受社会各界对出售非实名电话卡违法行为进行举报。发现黑卡销售信息，及时上报。

【内部管理】 深化工效挂钩薪酬改革，实施“沃暖家园”实事工程和“沃之星”荣誉体系，有效调动基层单元活力；动员组织职工参与营服精英争霸赛、智慧沃家劳动竞赛等竞赛活动，强调能力建设，取得良好经营效益；积极推行放号实时奖励营销管理办法，完善激励机制，集中全员力量，发挥员特长，壮大营销队伍，摸索全员营销新路子，调动全员营销的主动性。2015年度，在智慧沃家劳动竞赛中分公司获得区县争先奖，在营服精英争霸赛中乡镇营服排名第二的佳绩，乳源营销团队被评为市公司先进集团客户营销团队，公司员工冯宇兴被市公司团支部评为优秀团干，刘毅被评为工会积分子，何丽敏获“铁血十三杰”称号。2015年公司完善“三重一大”决策体系，制定投资项目决策和评价制度，形成更加科学合理的管理制度和决策体系。落实国资委、监事会、国家税务总局以及省级各有关单位内外部专项检查发现的风险漏洞，企业经营风险得到较好控制。

【党风廉政建设和反腐倡廉】 组织学习《中国共产党纪律处分条例》，落实中央的“八项规定”，充分认识反腐倡廉，加强党风廉政建设的重要性。廉政建设做到有组织、有活动、有成效。按照省公司党委的统一部署，学习贯彻十八届四中、五中全会精神，开展“三严三实”专题教育。2015 年召开 12 次民主生活会。抓好“三严三实”活动在公司党支部的落实，组织 3 次“三严三实”学习汇报及一次学党章活动。坚持“三会一课”制度，完善党务公开制，公司在选人用人要坚持先通过党组开会统一意见后再进行人才的选拔任用。强化班子内部权力运行程序的监督和制约以及重大决策、人事安排和大额资金使用，经过集体讨论做出决定。

（陈慧芳）

附：中国联合网络通信有限公司乳源县分公司领导班子成员名单

总经理：蔡志鸿

业务主管：李建军

城建·环保

住房和城乡建设

【概况】 县住房和城乡规划建设局内设办公室、城乡规划股（县城市规划委员会办公室）、城市建设管理股（住房保障与房地产管理股、城市建设档案室）、建筑管理股、行政审批股等5个股室。

2015年，县住房和城乡规划建设局以“上水平”为总体要求，精心组织重点项目、城镇基础设施建设，开展农村垃圾整治，坚持“常规工作抓规范，重点工作求突破”工作思路，抢抓机遇，谋求发展，全力做好各项工作。

【城乡规划】 核发“一书三证”，依据《中华人民共和国城乡规划法》及县城区总体规划，审查报建资料，核发《建设项目选址意见书》“建设用地规划许可证”“建设工程规划许可证”共88宗，用地面积约166万平方米。加大规划编制力度，引领城区“向东”发展。完成县城总体规划修编及乳城镇坝厂新村沿街地块、示范农场地块、民族路西侧地块、文昌公园北侧地块等控制性详细规划。城市控制性详细规划覆盖率达49%。积极推进村镇规划编制工作。完成桂头镇小江、红岭、草田坪搬迁安置点初步方案设计和大桥镇重点地区控制性详细规划及游溪镇、一六镇的总体规划修编工作。

【房地产市场管理】 审批富邦华景、水岸国际等房地产开发项目商品房预售许可，建筑面积4万平方米；办理商品房预售登记1109套，建筑面积12.12万平方米；办理商品房现售登记57套，建筑面积7000平方米；办理二手房转让313套，建筑面积3.69万平方米；办理存量房买卖609套，建筑面积6.69万平方米；办理抵押登记1297件，建筑面积39.99万平方米。抓好保障性住房建设。启动游溪镇瑶馨雅居“两不具备”安居工程、坝厂新农村示范性安居工程、东坪镇东田大寮下避险解困安居房工程建设。其中坝厂新农村安居工程228套；新开工怡乐居（旧实验学校公租房）维修改造43套、滨江印象（文昌塔东片区）棚户区改造21套、得源锦绣花园（旧汽车站片区）棚户区改造43套；2015年，对文昌塔西旧城改造项目拆迁户46户进行安置，对171套公租房进行分配，有效地解决中低收入困难户的住房问题。

【市政设施】 完成建设路、沿江东路（财政局至国土局段）施工建设，二九一路口路面与排水设施改造工程；铺设迎宾路蔚蓝水岸旁人行道；启动南环路广播电视台段排水渠建设工程；完成坝厂安居新村一期、二期道路与排水的设计方案及南水桥头公园工程的设计方案与预算。

【园林绿化】 抓好绿化美化亮化工程建设。补种行道树220棵、绿化苗木10.8万株，完成河南路、文昌路、云峰路、解放南路行道树修剪以及沿江路、景江路、滨江路安装行道树大理石树池工作，强化公园、绿地、绿带维护管理。

【环卫管理】 抓好县城常态化清扫保洁清运工作，重点加强重大活动期间卫生保障工作，确保县城环卫工作常态化运行。强化对县城卫生的日常清扫、保洁、清运工作，清除卫生死角，维护市容美观。投资700万元，完成县城垃圾填埋场渗滤液处理站设施建设，并进入调试阶段；投资1450万元，启动旧城垃圾填埋场治理封存一期工程和县城生活垃圾无害化综合性水分选处理工程PPP项目；投资630万元，为9个乡镇配置拖拉机、三摩、垃圾桶等环卫设施，开展桂头、一六、游溪、东坪、侯公渡镇区垃圾清运到县垃圾填埋场处理工作。

【城市管理】 加强城管法律法规宣传，强化执法力度，重点整治夜宵摊档、烧烤店、占道经营等乱摆乱卖行为。加大对违法违章建筑巡查和查处力度，尽可能地把违章建筑制止在萌芽状态。全年共发出《责令停止违法违章建筑行为通知书》14 份，《责令限期整改通知书》6 份，有效地遏制违章建筑行为继续蔓延。

【建筑市场管理】 一是加强质量管理，提高工程质量水平。2015 年，全县新开工项目 25 项，其中房屋建筑面积 21.57 万平方米，市政工程 3.39 万米，工程造价 2.8122 亿元；竣工验收备案工程 22 项，其中房屋建筑面积 20.59 万平方米，市政道路 460 米，排水渠 440 米，供水管道安装工程 19.42 公里，工程总造价 2.64 亿元，工程验收合格率 100%。二是狠抓施工安全生产和文明施工。为保障建筑施工安全生产、文明施工，确保工程质量和人民生命财产安全，住建局与各施工企业负责人签订《安全生产工作目标管理责任书》，明确双方安全生产责任。实施安全生产许可证、建筑业安全生产"三类人员"持证上岗、安全生产措施费和建筑意外伤害保险等制度，实行安全生产动态化管理。组织定期与不定期、全面性和专项性相结合安全生产大检查，对存在隐患工程发出整改通知，并限期整改。全年未发生安全生产事故。（江春凤）

附：县住房和城乡规划建设局领导班子成员名单

党委书记、局长：龚　民

党委委员、副局长：谭堂奎

陈大伍

孙科军

党委委员：陈　惠

环 境 保 护

【概况】 2015 年，县环境保护局内设 3 个股室：办公室、环境保护管理股（加挂行政审批股）、环境应急与监察股（环境监察分局），下属事业单位乳源瑶族自治县环境监测站。机关行政编制 5 名，行政执法专项编制 10 名，后勤服务人员 1 名，下属事业单位编制 20 名。年底实有干部职工 34 人。

【环境质量】 乳源环境质量达到优良水平，县城城区环境空气质量达标天数比例 100%，主要河流水质监测断面水质达标 100%，城市集中式饮用水水源地水质达标 100%，城市区域声环境质量达到二类区水平标准。

大气环境。城市环境空气质量达到优良天数为 362 天，达到国家空气环境质量二级标准，达标天数占全年 100%，与 2014 年持平。其中，空气中二氧化硫年平均浓度均值为 0.010 毫克/平方米、二氧化氮年平均浓度均值为 0.016 毫克/平方米、可吸入颗粒物平均浓度均值为 0.037 毫克/平方米，均达到国家空气环境质量二级标准。城市降雨酸浓度 pH 年均值为 5.00，酸雨频率 72.1%。

水环境。全县境内有武江河、南水河、杨溪河、大潭河等 9 条主要河流，总流域面积达 2205 平方公里。这些河流大部分处于源头和上游，未受到污染，符合国家饮用水标准。武江河段上游因有工业废水和生活污水排放，造成一定污染，只符合地表水质标准，可作工业用水或农田灌溉之用。位于县城西部 10 公里处的南水水库，水面面积 3800 公顷，库容 12.43 亿立方米，是县城主要饮用水源和韶关市区备用水源，水质一直保持在国家地表水环境质量标准Ⅱ类标准。全县 9 条主要河流总体水质良好，均达到水功能区目标要求。在监测的 6 个断面中，均符合地表水环境质量Ⅲ类标准，水质达标率 100%，与 2014 年持平。

声环境。县城区域环境噪声等效声级平均值昼间为 54.7 分贝，比 2014 年降低 0.5 分贝，主要声源为生活噪声和交通噪声。乳源县城区道路交通干线噪声等效声级平均值为 62.5 分贝，未超过标准值 70 分贝，比 2014 年降低 1.1 分贝，平均车流量 569 辆/小时，监测点达标率为 100%。

【环境影响评价】 2015 年，县环保局共完成建设项目环评审批 47 宗，其中报告书初审 5 宗、报告表初审 3 宗、报告表审批 15 宗、报告书审批 1 宗、登记表审批 23 宗；完成环保竣工验收 18 宗，其中验收初审5宗、验收审批13宗；完成排污许可证发放71份。

【污染物减排】 将县城基础设施与县城生活污水管网改造统筹规划合并施工建设，完成8.8公里管道改造，完善污水管网建设，提高县城生活污水厂进水浓度。完成全县20家养殖场环保治理设施建设和台账编制工作，19家上报核查核算，其中18家拟通过环保核查核算，顺利完成农业源减排任务。桂头镇污水厂完成800米截污管道建设，进入调试运行；大桥镇污水厂完成厂区建设和1.1公里截污管道建设，进入调试运行。机动车减排进展顺利，机动车环保检测率达到80%以上，发放环保标志5497个，发放率达95%以上。

全年化学需氧量排放控制在2508吨，氨氮排放控制254.5吨，二氧化硫排放控制在1000吨，氮氧化物排放控制在825吨，完成年度减排任务。

【环境监察与排污费征收】 县环保局扎实开展环境安全大检查，主要对南水水库周边、南水河流域、涉重金属、涉危险废物、化学品和规模化养殖企业进行全面细致排查，依法依规查处多起环保违法违规行为。加强饮用水源环境监管力度，定期和不定期组织执法人员到饮用水源地周边区域进行执法巡查，坚决查处饮用水源地周边违法排污行为。2015年，共出动执法人员1149人次，580台（车）次，检查企业130多家，发现环境安全隐患企业36家，责令整改企业36家，实施行政处罚企业8宗，处罚金额50多万元。征收排污费112万元。

【环境监测】 完成2014年全县环境质量报告书编制、环境监测实验室资质认定和计量认证评审及环境空气质量自动监测站搬迁等工作，认真做好空气质量、水环境质量、常态预警监测、农村环境质量、降尘降雨等常规监测以及企业监督性监测，及时做好信息公开工作。2015年，获得有效监测数据8272个。

【政务信息及环境信访】 加大环境信息公开力度，按时在市重点领域信息公开平台、政府信息公开平台等网站上发布城市环境空气质量日报、重点流域水质月报、集中式饮用水水源地水质月报、重点企业监督性监测信息，全年主动公开政府信息158条。

2015年，受理投诉案件129宗，其中水污染投诉21宗，大气污染投诉62宗，噪声污染41宗，固体废物5宗，处理率达100%。

【固体废物监管】 乳源瑶族自治县固体废物主要包括生活垃圾、养殖废物、矿山尾渣、工业垃圾、医疗废物等。2015年，5个乡镇垃圾转运到县城生活垃圾无害化填埋场处置，4个乡镇垃圾收集后就近填埋。38家规模化养殖场实行猪粪返田利用，用作种植基肥。工业垃圾进行分类处置，可回收利用垃圾全部实行回收，危险废物全部安全暂存和处置，污泥、中和渣进行填埋处置，工业危险废物处置利用率为62.61%。全县医疗废物大部分交由韶关市波丽医疗废物处理有限公司进行无害化处理，少部分边远乡镇医疗机构的医疗废物自行消毒焚烧，医疗废物集中处置率为97.58%。

【辐射安全监管】 开展全县辐射安全大检查专项行动，对东阳光精箔有限公司的X射线测厚仪、鑫源环保金属科技有限公司的伽马射线的料位仪和7家医疗卫生机构的普通X线机共5台、CT/CR/CT等在用的设备共7台进行专项排查，对发现的安全隐患督促整改。定期开展放射源、射线装置辐射环境执法检查，确保全县辐射安全。

【自然生态保护】 乳源地处于粤北山区，水力、森林、矿产、风力、旅游等资源丰富，生态环境良好，水、空气、土壤和声环境都保持在优良水平，空气质量达到国家空气质量二级标准，环境空气质量优良率达100%。主要饮用水源、江河水质全年监测达标，分别达到国家地表水Ⅱ类、Ⅲ类标准，全县森林覆盖率为75.89%，有国家级、省级、市级自然保护区。为保护良好的生态环境不被污染、破坏，县委、县政府加强环境保护力度，提出生态立县的发展战略，对自然保护区、饮用水源保护区、生态公益林等严格保护，通过制定环保规划、林业保护规划、农业发展规划、生猪养殖规划等，从宏观上调控这些区域的过度开发建设，通过把控环评审批、用地审批等行政手段限制一些不宜项目的开发，保障生态环境良性发展。

【生态环境宣传教育】 结合“6·5”世界环境日、法制宣传日和环保志愿服务活动，深入农村、企业、社区开展形式多样的生态环境宣传。2015年开展环保宣传咨询5次，发放环保宣传手册3000多份，悬挂宣传横幅10条，制作环保宣传橱窗8个，在南水水库周边制作宣传告示牌30块。

【农村环境保护】 县环保局申请环保专项资金，开展农村环境连片综合整治，推进农村整治示范县建设，完成东坪镇5个行政村环境连片整治，建成一批农村生活垃圾和生活污水集中处理设施。完成南水水库隔离防护项目（一期）建设，保障饮水安全。加强畜禽养殖业污染防治，对列入2015年减排的20家规模化养殖项目每月进行督查，督促按期完成污染治理设施。（谢红容）

附：县环保局领导班子成员名单

党组书记、局长：吴文伟

党组成员、副局长：钟寿文

陈发云

党组成员、环境监察分局局长：邓战勋

文　化

文化行政管理

【概况】 县文广新局，内设办公室（行政审批股），社会文化股，文物和非物质文化遗产股，新闻出版与广播电视股，文化产业和艺术股。

【文化设施建设】 安全放置文物到新博物馆文物库房密集架。完成博物馆消防系统安装工程和东一楼展厅布展工程。购置图书馆用的空调、电脑、书架设施，新增藏书2万册图书，建成韶关市首个图书馆电子书工坊。购置传习馆专用LED显示屏、舞台灯光、音响及演出车辆。完成东坪、乳城、一六、大桥等镇文化站功能修缮工程；启动必背镇文化站灾后重建工程，并完成投入使用。配备图书馆、文化馆以及7个文化站电子阅览室电脑130台。落实农村文化建设资金近100万元，采购新图书近万册对全县农家书屋进行图书补充更新。完成83间行政村（社区）文化室电子阅览室设备配送，实现全覆盖。

【公共文化】 先后开展以“文化构建和谐社会，阅读成就精彩人生”为主题的“4·23世界读书日”活动、图书馆服务宣传周活动、“六一”送图书进校园以及开展农家书屋流转试点送书下乡等活动。今年以来，图书馆进馆读者超过117431人次，阅览280200册次。开展文化消费补贴工作，组织低保户、五保户、残疾人共2000人到县云河影城集中观看电影；完成农村电影放映1230多场次，完成率100%。组织“激情广场·幸福乳源”广场群众文化活动的文艺辅导、策划演出街舞、广场舞、腰鼓舞及合唱、指挥辅导培训班等系列群众文化辅导；邀请广东歌舞剧院男高音歌唱家、国家一级演员周琦在县教师进修学校举办专业声乐培训班。

【社会文化】 举办包括迎新春送文化下乡、迎新春猜谜语游园活动、广场电影展演、纪念侯安都诞辰暨群众业余文艺会演、“放飞梦想·扬帆起航”迎新春暨计划生育宣传文艺晚会、“激情广场·幸福乳源”迎新春闹元宵文艺晚会等在内的元旦、春节文化活动，组织“5·12”国际护士节、“八一”建军节等文艺演出和全县十大青年歌手大赛以及大桥镇的“圣祖祭”等活动。先后承办“中国梦·韶韵风·东街汇”文化活动以及瑶族十月朝文化旅游节的开幕式演出、瑶族山歌会及瑶绣艺术节活动。

【文化遗产】 举办非遗项目保护成果暨瑶文化传承与创新人才发展工程汇报演出、野生动物标本展等系列展览活动，接待观众5.9万人次。第一次全国可移动文物普查完成收藏单位1576件（套）藏品数据采集登录和网上平台数据审核，完成率100%。完成37处不可移动文物点的保护标志制作工作。启动民族博物馆民俗文化展厅布展工程和观澜书院的修复工程。对县住建局规划涉及的泽桥山古墓群、官亭桥文保单位进行协调保护。成功申报《契娭生日》《圣祖祭》列入韶关市第五批市级非物质文化遗产名录。举办非物质文化遗产日系列传承培训活动，全年共有500多名传承子弟、学校师生参加培训；成功承办韶关市非物质文化遗产保护工作业务培训班，培训班有来自韶关市各县（市、区）文广新局分管领导、非遗主管、业务骨干和乳源文化系统等相关人员，共70多人参加培训。

【文艺创作】 文化馆表演的混合小组唱《歌姆》获韶关首届花会活动表演金奖、舞蹈《唠忒》获得创新奖，音乐作品《铜铃悠歌》在年度全市群众文艺作品音乐类评选一等奖；音乐作品《歌姆》获韶关市原创歌曲征集评选一等奖并入选和参加首届全国少数民族优秀音乐作品展演；音乐作品《西京古道》获广东省群众文艺作品评选三等奖、表演项目《桩》《嘮忒》《塞柈》参加第十届全国少数民族传统体育运动会获得三个银奖，12 名表演项目运动员获得道德风尚奖，表演项目《桩》获竞技类道德风尚奖。

【文化交流】 与东莞市文广新局达成 30 场文化惠民演出项目，在东莞市范围内的企业、社区、军警营、学校、乡镇等地演出 35 场。5 月 14 日至 17 日其间，参加第十届中国（深圳）国际文化产业博览交易会、云浮市郁南县兰寨村举办的“文化遗产日”广东主会场活动、韶关“百年东街”首届花会和梅州举办的世界客商交流会暨文化创意产品交易博览会活动以及湖南江华举办的第十三届中国瑶族盘王节活动。民族文化传习馆于 2015 年 11 月 23 日至 12 月 7 日赴汤加、密克罗尼西亚、美国关岛、新西兰进行为期 15 天的文化交流演出活动。

【荣誉】 必背镇、大桥镇获广东省文化厅命名为“广东省民间文化艺术之乡”。（邓雄华）

附：县文广新局领导班子成员名单

党组书记、局长：赵丹丹

副局长：刘宏美

党组成员、副局长：彭良勤

广　播　电　视

【概况】 县广播电视台是县政府直属正科级事业单位，主要职责是：把握舆论导向，发挥党和政府的喉舌作用，围绕县委、县政府的中心工作开展新闻宣传；制订、组织、实施广播电视台事业和产业的发展规划，负责广播电视节目的制作、播出，制定镇广播电视事业发展规划，整合镇广播电视传输网络，指导基层广播电视工作。内设办公室、总编室、网络部、新闻部、广告部、雷公岭转播中心和乳城、大桥、桂头、东坪 4 个镇广播电视站等部门。2015 年，有广播电台 1 座，电视台 1 座，广播电视发射和转播台 1 座。在职员工 71 人，退休人员 14 人。

2015 年年初举办的“韶关市广播电视节目评比”，县电视台编辑的作品《36 户瑶族灾民喜迁新居》《高寒山区大桥红云中心学校如期开学》分别获得二等奖，《校园特色舞龙传承弘扬中华传统文化》《一块古石碑引出南岭观音文化》《邓菊花和她五彩斑斓瑶绣情怀》分别获得三等奖。

【新闻报道】 2015 年完成乳源瑶族自治县电视台新闻播出 1440 条，上送省台 5 条，上送市电视台 130 条，上送市电台 272 条。

“两会”特别报道。为两会的圆满成功营造良好的舆论氛围。春节期间全面报道云门寺、南岭国家森林公园、大峡谷等景点景区的游客情况以及县里举办的一些游园、猜灯谜等活动。开设《践行社会主义核心价值观》栏目，挖掘和宣扬先进典型和先进事迹，弘扬主旋律，传播正能量。报道县开展学习贯彻党的十八届五中全会巡回宣讲，对各镇、局领导进行抓落实提高执行力专题采访，报道韶关《民声热线》大型户外活动走进乳源，县实施“扬帆计划”传承发展瑶族文化，县开展多期道德讲堂及专家学者齐聚乳源、研讨“一带一路”建设、县公安局侦破特大制毒案等，制作《百镇千村晒亮点促发展》专题片。完成市县区连线的各项工作，《罗屋村首个太阳能家庭电站建成并网》《抢匪光天化日抢金链？三市民全力擒顽徒》《乳源全力打造特色“五彩瑶乡”》《建立农村三级卫生服务网络，方便群众就医》等具有地方特色的片子被市台采用。报道全县各地举办“三严三实”专题教育党课有关情况，各乡镇党委、县直各部门党组织切实抓好“三严三实”专题教育活动及各镇各单位专题民主生活会，推动“三严三实”专题教育的扎实开展。开设《创建全国文明城市》专栏，制作创文标语，播出创文新闻 16 条，引导群众自觉遵守社会公德，养成文明、自重、守法的良好习惯。连续报道最美家庭之涂寿伟、许玉英、谢善香感人的故事，传播家庭美德和现代家庭文明新风。公开招聘 5 名采编播人员。其中 3 名播音主持人，记者 2 名。争取到政府资金 40 万元购买一批采编器材，为做好宣传工作提供物质基础。

【设施维修与安全管理】 有线数字电视网络正常运作，用户保持稳定，新装用户稳步增长。全县共有数字电视主机用户18500户，副机5000户。投入6万元更新机房UPS不间断电源系统，确保停电时信号不间断传输；改造县城残旧主干线路约10公里；强化窗口服务，提高服务质量；做好网络维护工作，巩固现有用户。2015年在春节、国庆期间，没有出现安全播出责任事故。

【其他工作】 依法依规经营广告业务。与瑶视传媒签订广告合作协议。

创建全国文明城市工作。行政后勤工作正常运行，切实做好上传下达、材料起草、文书档案、会议筹备、环境卫生及安全保卫等工作。（陈启发）

附：县广播电视台领导班子成员名单

台　长：邹卫平（2015.01—）

副台长：冯帮助

　　　　李　玲

广东新华发行集团乳源新华书店有限公司

【概况】 广东新华发行集团乳源新华书店有限公司是国有独资企业，公司注册资本为500万元，设有办公室、门市部、财务部等3个部门，有在职员工10人。主要经营中小学教材、图书、文体用品等业务。

【完成经济指标】 2015年度总销售360万元，其中教材销售（含非免费教材）340万元，门市部图书销售20万元，其中一般图书销售18万元、文化用品销售2万元。馆配业务情况，获得县图书馆馆配业务，总额30万元。

【义教《新华字典》】 完成政府义务教育段一年级《新华字典》的配送发行工作，全县总册数为2701册，金额37814元的配送发行工作。

【创办校园书店】 乳源校园书店在省集团公司大力支持下，创办乳源金禧小学阅读俱乐部和桂头小学阅读俱乐部，投入资金20万元。

【文化消费补贴】 根据省财政厅《关于下达2014和2015年度省级文化消费补贴资金的通知》及《乳源瑶族自治县2015年文化消费补贴项目实施方案》的文件要求，完成全县低保户人员文化消费补贴项目工作，发放物品价值为56万元。（邹辉强）

附：广东新华发行集团乳源新华书店有限公司领导名单

经　理：莫庆军

卫生·体育

卫生和计生

【概况】 乳源瑶族自治县卫生和计划生育局（简称卫计局），内设机构有办公室、规划与财务股、人事股、医政股（县深化医药卫生体制改革工作领导小组办公室）、疾病控制与妇幼保健股（卫生应急办公室），计划生育发展股、宣教考核股、综合监督股。编制21名。后勤服务人员3名。

下属事业单位有：县卫生监督所、县疾病预防控制中心、县慢性病防治站、县妇幼保健院、县中医医院（民族医院）、县人民医院、儿童专科医院，另有9个镇卫生院：乳城镇卫生院，桂头镇中心卫生院，大桥镇卫生院，一六镇卫生院，东坪镇卫生院，游溪镇卫生院，大布镇卫生院，洛阳镇卫生院，必背镇卫生院。原人口和计划生育任期目标管理责任制考核办公室更名为计划生育考核办公室。

县红十字会，县爱国卫生运动委员会，均属副科级事业单位，挂靠县卫计局。

县计划生育协会，正股级单位，挂靠县卫计局。

全县卫计系统干部职工总数1165人，离退休272人，在职893人，2015年事业单位公开招聘46人，公务员招录3人。调出干部1人；干部退休14人，职工退休6人。

驻乳厂矿医疗单位有：广东省乳阳林业局职工医院、广东省天井山林场卫生所、广东省核工业地质局二九一大队职工医院、广东省水电集团有限公司乳源办事处卫生所。

2015年全县卫生医疗机构152间。村卫生站122间，其中村办104个，占85.2%，镇卫生院下设点18间，占14.8%。村卫生站在岗93人，其中执业（助理）医师11人，乡村医生78人，执业护士4人。医疗机构实际开放总床日数199123日，实际占用总床日数114062日，病床使用率57.28%，死亡率3.08%。

【巩固医院改革试点成果】 率先在韶关市制定实施《二次绩效实施方案》，分配二次绩效工资向关键岗位、业务骨干、一线岗位和作出突出贡献的人员倾斜，激励医护人员的积极性。完善经费投入机制，合理安排政府对公立医院的资金投入。

【完善基层综合改革成果】 组织乡村医生业务培训，探索村卫生站药品配送方法，争取资金迁址新建村卫生站，推进镇村一体化建设，提升基层公共卫生和基本医疗服务水平。2015年完成17间村卫生站新建、改建或装修，面积1000多平方米；投入资金10多万元用于购置村卫生站基本医疗设备。

【基础设施建设】 积极争取上级项目及社会各界支持，多方筹措资金，投入3000多万元用于医院基础设施建设。投入210万元迁址新建的东坪卫生院二门诊于3月24日投入使用；投入30多万元，用于改善大桥卫生院科室及病房设施；县人民医院住院楼改（扩）建项目进入施工阶段。

【医疗服务】 2015年投入1000多万元购置救护车、电发光免疫分析仪、血液透析仪、多参数监护仪、血球分析仪、数字成像系统（DR）等一批先进医疗设备，建立县级公立医院与镇卫生院之间分工协作关系，实现医疗资源科学整合和有效利用。加强县人民医院与省第二人民医院、县中医院与省中医院、县妇幼保健院与东莞市妇幼保健院的协作，采用互派人员任职、重大手术观摩、专业学术讲座等方式，规范科室管理，提升服务能力。加强重点学科建设。县人民医院中医科通过韶关市专家组评审，成为全县首家“韶关市综合医院中医药工作示范单位”。县中医医院康复科和妇科成功通过验收，被评为市中医医院重点（特色）专科。2015年县中医院被省中医药局评审为二级甲等医院。

【公共卫生】 疾病预防控制工作。为防范登革热、H7N9的流行和蔓延，制定一系列预防控制和医疗救治措施和应急预案，指定县人民医院为定点收治医院。加强重点传染病防控知识宣传，引导群众正确认识疫情；加强卫生整治，积极开展消杀工作，提高应对登革热、H7N9能力。

提升突发事件卫生应急能力。强化卫生应急体系制度和队伍建设。开展H7N9、霍乱疫情应急处置演练。在风疹、手足口病、甲型流感等疫情发生时，立即启动卫生应急预案，快速组建由医疗救治、消杀、流行病学调查、卫生监督、检验等专业技术人员组成的突发公共卫生事件应急队伍，完成疾病防控工作，科学处置各项疫情。2015年全县未发生过重大疫情。

提高公共卫生服务均等化水平。6月，乳源瑶族自治县代表韶关市参加全省基本公共卫生服务项目检查，荣获全省第二名，建立常住居民健康档案140739份，其中农村居民建档率为75.76%，城镇居民建档率为85.04%；全县建立常住居民电子健康档案137441份，其中农村居民建档率75.29%；城镇居民建档率77.57%。重点人群中0岁至6岁儿童14833份、孕产妇721份、老年人16046份、慢性病患者12780份。农村生育妇女补服叶酸1401人，补助农村住院分娩产妇604人。

【作风建设】 落实党风廉政建设责任制，做好纪律教育、党风廉政、公车治理、反腐纠风等工作，开展"三好一满意"和民主评议政风行风活动。组织领导干部及系统工作人员参观反腐倡廉典型案例巡回展览，观看《致命的决口》警示教育片，召开"向先进典型学习会"等学习教育活动。

【计生概况】 全县下辖9个镇、102个村委会、13个社区居委会。截至2015年9月30日，全县户籍总人口22.48万人，出生人口3212人，政策生育率为91.91%，政策外多孩率为0.996%；出生率为14.35‰；自然增长率（常住人口）为6.86‰；出生人口性别比为105.11；实行计划生育手术3818例，长效措施落实率为96.01%，长效措施及时率为73.11%，征收社会抚养费908.83万元。

2015年全县投入计生事业资金2855.86万元，比2014年增加362.2万元，增长11.86%，人均129.8元，超过省下达33元的目标任务。投入10万元流动人口计划生育管理和服务经费，集中开展流动人口专项计生活动。投入18.3万元，免费为全县3050户农村独生子女户、纯二女户的计划生育家庭成员购买意外伤害保险。解决帮扶资金116.7万元。落实"奖惩办法"，将全县计生工作奖惩职责分解到镇、部门及个人，兑现各类奖励金111万元。出台文件，要求各镇每月必须安排3到5天集中开展四术库存清查，每季度组织1次检查评比，实行末位排名制，按考评方案进行奖惩，促进计生工作平衡发展。建立卫计、公安、民政、教育等部门信息共享机制，采集和变更信息系统数据，部门信息通报率100%。开展整治"两非"活动，出台举报"两非"奖励制度，开展整治"两非"执法行动4次，清查医疗机构、药店和卫生站（室）43家，查处非法采购终止妊娠药品案1宗。在县、镇、村设置计生协会。提高计生专干待遇，将镇、村（居）级工作人员工资列入县财政年度预算，所有村（居）委计生专干享受村（居）"两委"委员同等待遇，月工资由2014年的1280元提高至1600元。招录12名公务员和4名事业单位人员，充实计生队伍。

【妇幼保健和计生服务】 全县有1个妇幼保健计划生育服务中心和9个妇幼保健计划生育服务站。创新宣传形式。全县各镇、各有关单位通过开展咨询服务、文艺演出、发放宣传品、图片展览、电视播放等形式，加大对国家计生政策、法规宣传，利用新兴媒体开创微信、微博、网站等3种宣传平台，开设《白衣天使的风采》栏目，举办"放飞梦想·扬帆起航"迎新春计划生育文艺晚会、"5·12"护士节暨计生宣传文艺晚会和"满意卫生和谐计生"摄影大赛，宣传医疗卫生和计划生育的好人好事等。全县投入90.38万元进行计生宣传，组织大型专题宣传活动3次，更新卫计三栏124处，悬挂横幅87条，开展咨询6场，图片展览3场，文艺演出2场，播放利益导向、优生优育专题片12期，编发“5·12”护士节暨计生宣传专刊《医韵》1000份，发放计生宣传画册2000份，宣传折页3.1万份，宣传购物袋3万个，宣传围裙3万条，避孕药具2500多盒。乳城镇投入100多万元打造计生人口文化园；一六镇投入60多万元建设计生楼。优化户外宣传环境，打造县城计生宣传一条街，每天在县城LED大屏幕定期播放各类计生政策法规。8月13日，在乳城镇启动新家庭人口文化示范基地创建项目，选取乳城镇、一六镇、游溪镇、东坪镇、大布镇为试点镇，对50名新家庭人口文化辅导员进行系统培训。推广免费孕前优生健康检查。全县参检对象687对，占省下达预测目标人群的91.60%，覆盖面达100%。

【落实计生政策】 计划生育扶助与奖励。县有550人享受城镇独生子女父母奖励，有38人享受计划生育家庭特别扶助，有728人享受农村部分计划生育家庭奖，有3971人享受农村计划生育节育奖，发放奖励金额447.1万元。

依法开展社会抚养费征收。落实“单独两孩”政策，做到审批规范、及时准确，全县办理申请单独两孩生育152对。对各镇、村（居）委会的卫计三栏内容进行更新，开通“12356”热线，落实计生信息公开。落实信访工作，设置举报电话和计生政策咨询室。2015年受理计生工作来访106人次，回复市、县交办信访案件68宗，信访案件结案率100%。

【爱国卫生运动】 2015年组织各单位结合城乡环境卫生开展爱国卫生活动。组织13330多人次上街大扫除，清除垃圾156吨，重点整治县城区及周边路段、景区、通往旅游景区的国道、县道、乡道沿途及周边村庄环境卫生。全县成功创建1个省卫生村（行政村），11个市卫生村。

【登革热防控】 召开专项会议，布置登革热防控工作。截至9月18日，全县开展大型教育宣传活动17场，悬挂横额128条，出版防蚊灭蚊宣传栏136期，派发灭蚊宣传单、扇子、折页9000份，张贴宣传画报500份，在电视播放爱国卫生倡议书及防蚊灭蚊专题节目14次，开展专项督导检查5次。重点整治县城及各镇区周边路段和卫生死角1234处、清除滋生地924处、清理垃圾340吨、疏通沟渠7328米、投放灭鼠药饵384公斤，使用灭蚊药物416千克，使用灭蚊器械205台次。派发消灭蚊蝇、预防乙脑和登革热发生的各类宣传画册1万多份。

【慢性病防治工作】 县慢性病防治站在职人员29人，其中中级职称7人，初级职称22人，2015年门诊18405人次，收入152.63万元。

慢性病防治宣传与防范处置。全年发放宣传资料11908份；播放音像1428小时；出版宣传栏15期；举办知识讲座5期；开展现场咨询活动6期，接受群众咨询1000余人次。全年举办各类慢性病防治知识培训班21期。组织2期结核病防治知识咨询，派出志愿者宣传员12人次。全县检查可疑结核病465人，拍摄胸片465例，初诊查痰441例，痰培养34例（其中阳性7例）。发现活动性肺结核病人105例，任务完成率100%。2015年报告并及时处置学校结核病散发病例4例。

精神障碍患者健康服务。启动严重精神障碍患者家庭健康护理指导服务，举办家庭康复护理指导培训班1期，培训患者家属41人。建立严重精神障碍患者健康档案1352份，患者检出率6.96‰，在册患者1270人。

性病防范。2015年全县报告性病167例，与2013年比（183例）下降8.74%。其中：生殖道感染沙眼衣原体67例，占40.12%；梅毒66例，占39.52%；淋病27例，占16.17%；尖锐湿疣7例，占4.19%。2015年开展干预咨询活动12次，发放安全套4800只。干预5类高危人群472人，其中女性性工作者117人、性病门诊就诊者165人、结核病患者80人、吸毒人群67人、自愿咨询者43人。对高危人群进行HIV检测301人，梅毒检测189人，淋病检测36人、衣原体检测87人。2015年对看守所488名劳教人员进行2轮艾滋病、梅毒抗体筛查，其中：HIV全部阴性、隐性梅毒3例。

麻风病疑似病例筛查。2015年有麻风病存活患者12例，其中1例失访，4例随儿女外出居住，实际在管7例。完成7例历史存活病例复查和随访，管理率100%；2015年选取部分原疫点（云门）居民进行麻风病疑似病例筛查，筛查689人，未发现疑似病例。

2015 年报告法定传染病 50 例，报告三种归口管治法定传染病及其疑似病例 209 例，做到及时审卡。及时处置 4 起学校结核病疫情。对 111 人次乡村医生进行精神病、麻风病、结核病、性病防治知识培训。（袁素兰）

附：县卫计局领导班子成员名单

党委书记、局长：许尔全

党委委员、副局长：邓向东

朱洪养

张育青

食品药品监督

【概况】 乳源瑶族自治县食品药品监督管理局（以下简称县食品药品监督管理局）设办公室、规划财务股、政策法规股（行政审批股）、综合协调股（应急管理办公室）、食品安全监管股、药品和医疗器械监管股、人事股、稽查局等 8 个内设机构和乳城镇、桂头、东坪、大桥等 4 个镇级食品药品监督管理所。行政编制 12 名，专项执法编制 14 名，后勤编制 3 名，4 个镇派出机构专项执法编制 15 名。在职人员 28 人，其中副局长 2 人，科员 23 人，后勤 3 人。全县监管对象 2082 家。其中药品经营企业 53 家，药品使用单位（医疗服务机构）112 家，保健食品经营企业 71 家，餐饮服务单位 412 家，食品流通企业 1421 家，食品生产企业 13 家。

2015 年，县食品药品监督管理局认真履责，保持打假高压态势，严厉打击食品药品领域制假售假行为，推进食品安全整顿和专项整治，规范食品、药品市场秩序。

10 月，荣获韶关市食品药品快检技术竞赛团体二等奖。

【稽查执法】 县食品药品监督管理局全年出动稽查执法人员 584 人次，检查食品药品生产、经营单位 657 家次，查处食品药品领域违法行为 67 宗。其中药品案件 26 宗，食品案件 24 宗，保健食品案件 1 宗，化妆品案件 16 宗，涉案货值 14905.7 元，罚没款金额 4.19 万元。

【生产环节食品安全监管】 县食品药品监督管理局出动巡查人员 306 人次，巡查食品生产加工单位 153 家次，下达整改通知书 23 份，约谈生产企业 2 家，移交稽查立案查处 5 宗。抽检 75 批次，其中：国抽 1 批次，省级抽 24 批次，市级抽 34 批次，县级抽 16 批次，合格 65 批次，不合格 8 批次，其中企业类合格率 100%，不合格的 8 批次分别为 4 批白酒及 4 批食用油。

【餐饮食品安全监管】 核发《餐饮服务许可证》72 个，延续“餐饮服务许可证”9 个，变更餐饮服务许可证 8 个，注销餐饮服务许可证 14 个，不予许可餐饮服务 21 户。结合食用油和火锅原料、底料等专项检查，对已审批的餐饮单位的场所卫生和设施设备，食品原料贮存方式，索证索票及采购台账，加工操作，餐饮具的清洗消毒保洁等进行日常检查，出动执法人员 630 人次，出动执法车辆 133 辆次，检查餐饮服务单位 265 户次，下发整改意见书 85 份。

餐饮服务食品安全量化分级管理工作。对全县 360 家餐饮服务单位进行量化分级管理，其中评定 A 级餐饮单位 8 家，B 级 85 家，C 级 267 家。对各类型餐饮服务单位的食用油、熟食和餐饮具等进行抽样检验，全年抽检 73 个批次，合格 61 批次，合格率 83.56%，将不合格产品移交稽查处理。2015 年，乳源瑶族自治县创建市平安示范学校食堂 1 家，县平安示范学校食堂 1 家。

【流通环节食品安全监管】 按照《中华人民共和国食品安全法》《食品安全法实施条例》《食品流通许可证管理办法》落实食品市场主体准入制度，坚持先照后证，依法规范食品流通许可证的核发。指导经营户落实索证索票制度、进货查验制度、不合格食品退市制度；讲解食品安全知识；帮助规范店容店貌；签订食品质量安全责任书。2015 年，流通领域监管出动执法人员 950 人次，出动车辆 238 辆次，检查流通食品经营户 699 户，下发责令整改通知书 74 份。

【药品、保健食品和化妆品监管】 全年检查药品经营企业80家次，保健食品经营企业67家次，医疗单位40家次，疫苗使用单位14家次，化妆品生产企业1家，化妆品经营企业206家；受理开办新药品经营企业申请4家，发放经营许可证3家；药品经营企业变更26家，换证19家；受理开办保健食品经营企业9家、换证3家、变更2家。

【专项检查、整治】 白酒小作坊专项检查。出动20人次，检查5家生产白酒小作坊，并进行抽样检验，合格1批次，不合格4批次，对1间滥用食品添加剂的白酒小作坊进行立案处理。对总酯、总酸不合格的3间小作坊下达整改通知书，责令其查明不合格原因并作出相应整改。

食用油专项整治。出动160人次检查80家次食用油生产单位，督促企业严格实施《食品生产通用卫生规范》，督促小作坊严格实施《食品生产加工小作坊质量安全控制基本要求》。下达限期整改书20份。进行食用油抽样检验，其中国家级、省级共抽检6批次，市级28批次，县级8批次。其中企业为5批次，小作坊34批次，合格37批次，不合格4批次（不合格单位全为小作坊）。

农村食品专项整治。开展农村食品安全专项整治，出动执法人员525人次，执法车辆132台次，检查各类食品经营户361户，发放整改通知书45份。

节假日食品安全专项整治。制定元旦、春节、“五一”、清明、国庆等节假日和“两会”等期间食品安全保障实施方案，加强对食品安全的巡查。抓好进货查验、索票索证、购销台账等市场准入制度的落实，打击各种以节日为由促销过期霉变、假冒伪劣食品的违法行为，维护节日期间食品市场秩序。

婴幼儿配方乳粉监管。加强流通环节婴幼儿配方乳粉经营单位许可管理，严格审核经营条件，对全县销售婴幼儿配方乳粉经营户进行排查。实行婴幼儿配方乳粉专柜专区销售，在销售专区张贴指示牌以及在专区和店面张贴婴幼儿配方乳粉宣传单。发放宣传通知，告知配方乳粉经营户在规定时间内加入婴幼儿配方乳粉追溯系统，协助其上传相关资料信息。

春季、秋季学校食堂食品安全专项检查。对学校食堂持证情况、食品加工及从业人员卫生、食品原料采购索证索票及登记、餐具清洗、消毒及保洁、食品贮存、食品留样等进行检查，出动检查人员175人次，检查学校食堂84家次，对不符合食品安全要求的食堂下发监督意见书和责令改正通知书共34份。

药品、保健品、化妆品专项整治。开展保健食品虫草类专项检查，检查保健食品经营企业47家，对检查中发现标志不合格的虫草类保健食品进行登记保存，移交稽查局处理。开展中药饮片专项整治，检查36家次，未发现违法行为；开展打击保健食品“四非”专项行动，检查保健食品经营企业67家次，未发现违法行为；开展医疗器械“五整治”专项行动“回头看”，检查医疗器械使用单位7家次、经营企业6家次，未发现违法行为；开展化妆品安全专项整治行动，检查化妆品经营、使用单位206家次，其中发现涉嫌违法经营16家，均移交稽查部门处理；开展涉嫌违法生产的银杏叶制剂下架、召回工作，全县涉嫌违法生产银杏叶制剂均按规定全部下架和召回。（陈美香）

附：县食品药品监督管理局领导班子成员名单

局　长：陈　凯

副局长：李　琳

　　　　钟亚平

疾病预防控制

【概况】 乳源瑶族自治县疾病预防控制中心（以下简称县疾病预防控制中心）为副科级公益一类事业单位，主要负责疾病监测、卫生监测检验、疾病防治研究、突发公共卫生事件处理、卫生宣传与健康教育、卫生培训与技术指导等工作。2015年，有工作人员46人，其中本科学历15人，大专学历24人，副主任医师1人，中级职称13人。内设疾病预防控制科、慢病科、公共卫生科、健康教育科、预防接种门诊室、质量管理科、检验科、中心办公室、财务科9个科室。在2015年度全省基本公共卫生服务项目检查中，乳源瑶族自治县代表韶关市参检并取得全省第二名的好成绩。

【计划免疫管理】 2015年，完成含麻疹成分疫苗查漏补种工作任务，接种723针次，接种率为96.5%。乳源境内儿童常规免疫接种率达95%以上，安全注射率100%，未发生重大预防接种副反应。适龄儿童建证、建卡率100%。入托入学查验证率100%。全县范围内无甲类传染病发病和死亡报告。1月1日始，全县13个预防接种门诊正式启用中国免疫规划信息管理系统。9月始，启动每月1期的“妈妈课堂”专题讲座。

【聚集性疫情处置】 先后成功处置3起聚集性疫情：4月2日，县机关幼儿园手足口病聚集性疫情；5月22日，县机关幼儿园手足口病聚集性疫情；11月13日，县机关幼儿园手足口病聚集性疫情。所有聚集性疫情经过及时科学处置，均得到有效控制，遏制疫情的蔓延与发展。

【人感染H7N9禽流感防控】 2015年，县疾病预防控制中心按照国家、省、市和县上级部门的要求，开展人感染H7N9禽流感防控工作，落实疫情的主动监测和防控工作督导，在全县医疗机构开展发热病例的预检分诊，加强对发热病例、不明原因肺炎、严重呼吸道疾病住院病例和有禽类接触史呼吸道病例的监测。全县未发现人感染H7N9禽流感疑似病例。

【登革热防控】 县疾病预防控制中心主动落实登革热媒介监测，在居民区、学校、工厂等地选点开展蚊虫滋生地调查和蚊媒布雷图指数监测，加强卫生宣传教育，进行登革热疫情风险评估，及时向县政府通报疫情相关情况。2015年，全县未发现疑似登革热病例。

【卫生保障】 9月和11月，乳源瑶族自治县先后举办云门寺佛塔开光庆典和第九届“十月朝”旅游文化节暨首届粤北（乳源）农特产品博览会活动，县疾病预防控制中心承担食品卫生保障工作。按照重大活动卫生保障技术规范要求，完成接待酒店、会议场所用品、生活饮用水和餐具的卫生监测检验，活动期间没有发生食物中毒和饮用水污染事件。

6月，负责高考卫生保障工作，对考生试室、饭堂进行空气环境消毒，加强传染病疫情的监测和控制，高考期间无食物中毒和传染病疫情的发生。

【健康教育与健康促进】 县疾病预防控制中心作为全县健康教育与健康促进项目工作指导机构，不断完善全县健康教育网络，创新性利用微信和乳源家园公众号开展健康教育，扩大全民健康教育覆盖面。组织健康教育骨干培训2次、培训人数122人次，举办健康知识讲座187次、参加人数10149人，开展咨询活动146次、参加咨询活动群众9757人次，制作横幅94条，制作各类卫生知识宣传单、宣传折页94089份、海报2115份，发放宣传资料88022张（册），更新出版宣传栏506次，全县视频播放各类健康知识宣传片13484小时，电视台播放健康知识31次、播放时间84分钟，个体化健康教育38058人次，群发手机短信4次、覆盖数10021人次。积极推进控烟工作，巩固控烟成效，全县有20个单位取得省级无烟单位称号，其中卫计系统全部通过省级无烟单位验收。

【能力建设】 8月，县疾病预防控制中心通过省评审专家组现场考核，取得职业健康检查机构的资质。顺利完成艾滋病初筛实验室质量考评工作以及水中硒含量和食品风险监测致病菌检验质量控制考核工作。配备消杀设备和补充应急物资，拥有1台车载式喷雾器、2台蓄电池式喷雾器、2台热力烟雾机、3台混合动力喷雾器、5台电动式喷雾器和一批应急消杀药物，具备一定的应对突发公共卫生事件的处置能力。

（欧　华）

附：县疾病预防控制中心领导名单

主　任：江金华

副主任：欧初贵

　　　　吴增洲

　　　　黄　敏

卫　生　监　督

【概况】 2015年，乳源瑶族自治县卫生监督所

（以下简称县卫生监督所）在职干部职工11人，是副科级公益一类参照公务员管理事业单位，核定事业编制17人，内设办公室、受理办证股、公共场所卫生监督股、医疗卫生监督股和稽查股等5个股室。主要承担对公共卫生、医疗卫生机构监管，卫生行政处罚，卫生许可审查、上报和批准后的发证等工作。

【卫生行政执法】 简化卫生行政审批，规范卫生行政执法。2015年发放77张卫生许可证，其中新办11户，延续28户，复核38户；加强公共卫生执法，依法查处2家公共场所，罚款1000元；严厉打击非法行医，取缔无证行医2户，未取得放射诊疗许可证开展放射诊疗活动的1户，行政处罚3宗，罚款6100元。

【卫生监督协管】 聘用卫生监督协管员26名，先后在3月份和8月份进行2次卫生监督协管员培训并考试，卫生监督协管工作步入正轨。

【公共场所卫生】 按照《公共场所卫生管理条例》规定和韶关市卫生监督工作计划要求，以住宿业和学校食堂为重点推行公共场所卫生监督量化分级管理。对30家住宿场所实行分片包干，领导包干，目标管理，全程服务，经常开展上门指导，着重检查消毒间、布草间、污物筒（间）清洁工具等各项卫生保障措施落实情况，下达卫生监督意见书32份，实行量化分级管理制度29家。2015年检查公共场所224户次。

【学校卫生】 加强学校传染病防控和饮用水卫生监督管理，预防控制传染病发生，保障学生身体健康。2015年，对全县的中小学校及幼儿园进行督导检查，检查学校28所、幼儿园24所，出动车辆20台次、卫生监督员68人次。

【医疗卫生】 定期开展医疗机构行为整治专项行动，对医疗机构监督覆盖率100%。规范医疗机构诊疗行为，重点查处无证行医、医疗机构聘用非卫生技术人员、医疗机构出租、承包科室等非法行医活动。2015年，出动监督执法人员212人次，执法检查医疗机构101户次。

【重大活动卫生保障】 2015年县卫生监督所完成高考、2015年云门寺释迦佛塔开光庆典法会和2015年瑶族十月朝暨50周年县庆等重大活动卫生保障任务。共派出驻点监督员65人次。（杨志康）

附：县卫生监督所领导班子成员名单

所　长：欧六增

副所长：邹远群

医疗机构简介

【县人民医院】 乳源瑶族自治县人民医院（以下简称县人民医院）创建于1963年，地处县城中心位置，毗邻优美的乳江河畔，是一所集医疗、预防、保健、康复、教学和科研等功能于一体的国家二级甲等综合医院。2015年县人民医院职工总人数387人，专业技术人员323人，其中高级职称17人，中级职称80人。内设机构41个，其中职能科室13个，临床医技科室28个，床位定编330张。县人民医院学科齐全，技术力量雄厚，有全自动生化分析仪、DR、CR、麻醉呼吸机、双排螺旋CT、彩色B超、电子胃肠镜、血液透析机等现代化检查治疗设备。县人民医院120急救中心肩负着全县意外事故及危重病人的院前、院内急救重任。各科有副主任医师为学科带头人，医疗质量与技术水平以及服务能力均处于县域领先水平，能够完成中毒、心衰、休克、呼吸衰竭等各种危重病人的救治，能开展各种创伤、

颅脑、骨科、妇科、产科重大手术，腔镜微创手术技术成熟。

业务指标完成情况。2015年医院总门诊量210244人次，比2014年增长6424人次；出院总人数12347人次，比2014年减少570人次；业务总收入9154万元，比2014年增长887.2万元，增长10.7%；门诊每人次费用128.1元，比2014年增长2.82%；住院每人次费用4678.4元，比2014年增长10.78%；每床日费用767.36元，比2014年增

长17.29%；平均住院日6.1天，比2014年增长0.21天；病床使用率88.66%，比2014年下降0.85%；法定传染病报告率100%；医院感染率0.75%；病历合格率99%；成分输血比例90%；完成指令性任务100%。

综合能力建设。引进和培养方式，优化人才队伍。2015年，与广东省第二人民医院签订《对口支援协议》，针对县域内常见病、多发病和3年县外转诊率排名前5名的病种，重点加强内分泌科、肿瘤科、皮肤科、五官科、心血管内科等5个二级学科的建设。与韶关市第一人民医院签订协议，成为全县首家柔性人才引进合作医疗单位。邀请上级医院专家到乳源，举办学术讲座、业务培训班、开展临床教学查房、疑难危重症病例讨论、下乡义诊、推广应用新技术新项目等活动，有效提升医院专业技术能力及综合服务水平。积极组织申报各级科研项目，不断拓展新的服务范围。县人民医院开展新技术、新项目共计75项，专业技术人员发表论文共12篇，申请推广应用新技术、新项目并获市卫生局审核通过共2项，县级科技计划（医学类）项目2项，市级科技计划（医学类）项目1项。加大医疗设备投入，为临床诊断提供有力保障。购置神经外科手术动力系统、可视喉镜、呼吸机、心电监护仪、多功能超声清创仪等设备，县人民医院配套硬件水平得到明显加强。

专科建设。中医科开设《颈肩腰腿痛中医治疗》《中医妇科》《中医肺病》等特色专科。开展颈椎病、腰椎病、腰腿痛等疾病的特色诊疗技术等新技术新项目，赢得患者广泛好评。外科专业技术水平实现质的飞跃，新开展胃癌根治术，直肠癌腹、会阴联合切除术等较复杂手术，标志着县人民医院肿瘤外科诊治水平跃上一个新台阶。胃镜室在粤北医院指导下，完成县人民医院首例“胃镜下食管癌狭窄食管支架置入术”，新开展内镜下黏膜切除术、内镜下钛铗止血、缝合术、内镜下黏膜注射止血等新技术新项目，标志着县人民医院消化系统诊治技术进一步提升。口腔科专业技术人员队伍不断壮大，专业技术水平和服务能力不断提高，新开展青少年、成年正畸治疗、冷光美白技术、贴面修复技术、牙再植术、颌面部小肿物手术等多项新项目，并取得一定的社会效果。

新住院大楼建设。2015年，在县委、县政府的大力关心和支持下，列为县“十大民心工程”之一的县人民医院住院大楼改扩建工程于7月开始动工，该工程建筑面积6900平方米，总投资预计3000万元。工程进展顺利，完成封顶，进入外墙及室内布局装修阶段。

公立医院改革试点工作。以破除“以药养医”为关键环节，以药品零差率销售为切入点，继续推进公立医院改革试点工作，药品（中药饮片除外）实行零差率销售。全年药品使用金额占医院总收入比例为28.96%，药品比例比2014年下降3.98%；门急诊处方平均金额为74.38元，比2014年下降1.14元；2015年基药使用率为61.03%，比2014年上升7.88%。政府加大对县人民医院的扶持力度，各级财政拨付经费2973万元，比2014年增加2166万元，增长268.24%。免除800万元县财政借款债务。（侯永朝）

附：县人民医院领导班子名单

院　长：江荣福（—2015.06）
副院长：邱　波（2015.06，主持全面工作）
　　　　庄小丽
　　　　刘朝华

【县中医医院】 乳源瑶族自治县中医医院（以下简称县中医医院）成立于1985年6月，是一所集医疗、保健、康复等功能于一体的综合性医院。主要担负全县21万瑶汉族群众疾病的医疗、预防、保健、康复等重任。县中医医院为副科级事业单位，属县卫计局管理。设院长（兼党支部书记）1名，副院长2名。有干部、职工96人，其中副主任医师1人，中级职称23人，注册护士32人，执业医师21人。新县中医医院项目于2011年12月10日开工建设，于2013年10月28日投入使用。其中门诊楼3层，住院楼5层，设置床位140张，总建筑面积6541平方米，总投资2536万元。其中中央预算内资金1300万元。新院建成后，县中医医院规模和各项指标达到《中医医院建设标准》和二级甲等中医院标准，有效缓解医院业务用房严重不足、科室布置不合理的矛盾，从而提升中医药服务能力水平，是便民利民的一项重大民心工程。

县中医医院坚持中医特色为主，中西医结合的发展方向，重点发展针推、理疗、治未病、康复、瑶医瑶药等业务。骨外科对四肢骨折病人能进行传统手法复位治疗，可施行腰椎手术，髋关节置换术、四肢骨折手术。腹部外科主要能施行消化系统与泌尿系统等外科手术。针灸理疗科是特色专科，能有效地治疗颈、肩、腰、腿痛等疑难杂症。为传承民族医药文化，开设瑶医瑶药门诊部，瑶医外治疗法主要有刮痧疗法、瑶药熏洗、刺血疗法、药罐疗法、火攻疗法、药线点灸疗法和点烧疗法。医院拥有体外碎石机、DR－X光诊断系统、彩超、生化分析仪、纤维胃镜、骨科治疗仪、微波综合治疗仪等先进医疗设备。能适应各种疾病的检查、诊断、治疗需要。

县中医医院于2015年10月，顺利通过国家二级甲等中医医院的初次评审，康复科被评为2015年度韶关市“青年文明号”。（黄善东）

附：县中医医院领导班子成员名单

院　长：赖兴荣

副院长：张志伟

邓优胜

【县妇幼保健院】 乳源瑶族自治县妇幼保健院（以下简称县妇幼保健院）创建于1953年，是一所集医疗、保健、健康教育、优生优育及指导基层妇幼保健等任务为一体的综合性一级甲等专科医院，属公益一类事业单位，编制140人，在编127人，其中专业技术人员136人，中级职称27人，是全县唯一定点免费婚前医学检查、孕前优生健康医学检查医疗机构，内设妇产科、儿科、新生儿科、内科、儿童保健科、妇女保健科、乳腺专科等临床医技科室15个。

医院占地1.67公顷，建筑面积7518.7平方米，业务用房6918.7平方米，内设停车位120个，开放床位120张。

全年门诊量78114人次，比2014年增加19%；住院病人3247人次，比2014年增加24%；产妇数1351人，比2014年增加24.75%；业务总收入1977万元，比2014年增加17.33%。

2015年，县妇幼保健院被韶关市总工会评为“先进职工之家”。

县妇幼保健院体制改革。11月19日成立乳源瑶族自治县妇幼保健计划生育服务中心，副科级，属公益一类事业单位。县妇幼保健院中医科门诊于7月正式成立，率先开展儿童评估、儿童康复项目，填补乳源瑶族自治县儿童康复治疗项目空白。

人才队伍培养。选送儿科医师、B超医师、护士、中医理疗康复师等10人到上级医院进修学习。加强与上级帮扶医院合作，接受省妇幼保健院、韶关市妇幼保健院、东莞市妇幼保健院派驻专家15人到县妇幼保健院坐诊带教。

公共卫生。出生缺陷综合防控项目工作于9月在县妇幼保健院正式启动，确定以县妇幼保健院为主的县级出生缺陷干预中心正式成立。开展基本公共卫生服务项目、艾滋病、梅毒、乙肝母婴传播阻断项目免费检查。6月至7月间免费为托幼机构4岁至6岁在园儿童3212人进行健康体检。2015年报告传染病161例，性病、传染病病例报告及时性为100%。为适龄生育妇女免费发放叶酸2477人，覆盖率99%。

医院文化。7月被列入乳源瑶族自治县首批培育和践行社会主义核心价值观示范点。全院积极开展乒乓球、拔河、羽毛球文体比赛以及义务人员急救操作技术演练比赛活动。（聂毕愚）

附：县妇幼保健院领导班子名单

院　长：冯晋康

副院长：陈美玲

雷粤英

【桂头镇中心卫生院】 乳源瑶族自治县桂头镇中心卫生院其前身是1957年创建的韶边县人民医院，1963年成立乳源瑶族自治县后更名为桂头卫生院，1995年核定为桂头镇中心卫生院，是一所集医疗、预防、保健、康复、健康教育以及计划生育技术服务等功能于一体的政府办非营利性一级甲等综合卫生院。全院占地面积1.39万平方米，建筑面积2300平方米，业务用房4750平方米。2015年在编职工74人，含卫生专业技术人员编制64名，其中中级及以上职称16人，初级职称40人。

业务工作。核定病床33张，开放总床日数

12045，实际占用总床日数4213。2015年，完成诊疗人次33227人次，其中急诊7341人次，入院治疗714人次。业务收入297.5万元，其中药品收入90.9万元，占业务收入的30.56%；每门诊人次费用52.87元，每住院病人人均费用1759.24元。

开展家庭医生式服务，制定工作方案。建立团队模式分片包干，进村入户服务，签订家庭医生式协议990户、3323人，建立健康档案885份。接待健康咨询及告知健康信息1567人，服务老年人健康管理699人，粘贴发放健康教育资料书籍1056份。

设施设备建设。接受香港联业合力堂慈善基金有限公司捐赠20万元港币，12月建成桂头镇中心卫生院联业合力堂中医科。更换尿液分析仪、显微镜、胎心监护仪、B超探头、阴道镜摄像设备等设备一批，满足临床需求。

作风建设。开展“三好一满意”“建设群众满意乡镇卫生院”活动，每科室每个岗位开展“与病人换位思考”活动，提高服务质量。加强行业作风建设，邀请社会各界领导职工担任行风监督员，对卫生院行业作风予以监督。推行“一日清单制度”，各种收费明码标价，公开上墙。

队伍建设。2015年，招聘大专以上技术临工4人，选送进修学习8人，参加继续教育12人，有2人通过国家执业助理医师资格考试，4人通过执业医师资格考试，1人通过副高职称评审。按计划组织学习培训，开展业务培训19次；组织“三基”知识考核6次，合格率98.5%。（朱永烨）

附：桂头镇中心卫生院领导班子成员名单

院　长：赖桥养

副院长：许其学

霍文欢

张苏波

【大桥镇崇安医院】 乳源瑶族自治县大桥镇崇安医院，前身是1956年创建的大桥人民公社卫生院，1995年春由香港崇安堂捐资50万港元兴建医院综合楼，后改名为大桥镇崇安医院。是一所集医疗、预防、保健、康复、健康教育以及计划生育技术服务等于一体的非营利性一级乙等综合医院。属正股级事业单位，编制78名，有职工51名，其中：中级职称6人，师级14人，士级24人，办公后勤7人．医院占地面积1.1万平方米，建筑面积4300平方米，业务用房3531平方米。医院为一类公益事业单位，医院实行收支二条线、基本药物实行零差价制度、普通门诊实行一般诊疗费制度。医院设有6个行政职能科室，10个临床业务科室，拥有生化分析仪、尿分析仪、全自动血球仪、B超、彩超、心电图机、心电监护仪、DR机、胎心监护仪、麻醉机、呼吸机等诊疗设备。开展内、外、妇、儿科等诊疗服务，可独立施行外产科中小型手术。

2015年，编制床位26张，开放床日数9490日，实际占用总床日数4173日，病床使用率44%。门诊24287人次，门诊总费用86.5万元，日均门诊66人次，门诊人均费用36.6元/人次，住院人数890人次，住院总费用115.4万元，人均费用1296.6元/人次。

基础设施。2015年3月，医院投资30万元对病房进行装修改造，购买10台电视机、5台热水器、4台空调。安装中心供氧、负压吸引系统、床头呼叫铃及电视闭路宣教系统一套。5月，投资1.3万元进行DR防护门改造。9月，投资13万元用于大桥崇安医院中医堂建设，12月投入使用。

公共卫生。2015年，财政投入公共卫生经费103万元，建立居民健康档案25590份。其中0岁至6岁儿童1712人，高血压患者1924人，糖尿病患者488人，重症精神病223人，65岁及以上老年人2507人，孕产妇152人，普通人群18584人。下乡免费体检13241人。到各学校、村委及公共场所进行健康知识讲座12次，健康咨询活动12次，出宣传栏12期，发放健康教育宣传资料3854份。填写大桥镇出生儿童建卡209人，为一类疫苗接种6827剂次，二类疫苗接种2053剂次。对全镇19所小学和2所幼儿园开展预防接种证证明查验工作，查验小学入学新生234人，幼儿园新入园儿童182人。2015年全镇发现传染病19例（法定传染病8例、非法定传染病11例），网上直报19例。儿童保健严格实行“4.2.1”体检制，0－7岁以下儿童保健人数2122人。新生儿采血送市妇幼保健院筛查61人。对辖区内19所学校、21个村委265个自然村的供水、卫生厕进行巡查、登记及消毒改进工作12次。3月2日，医院16位医生、23位乡村医生签订《人感染H7N9禽流感》等重大传染病防控工作责任书。

送医送药。2015年，为“第一届南岭瓜果花香世界旅游节”“广东省第三届‘体彩杯’自行车赛”“南岭旅游登山节”“广东救援辅助队（香港）协会瑶乡助学扶医活动”“大桥中学体育升中考试”“乳源县九年义务教育均衡县国检”“‘弘扬美德、美丽大桥’重阳节老年人活动”等的大桥镇境内活动派出12支医疗队、42名医务人员。4月30日，大桥镇小学、红光幼儿园发现手足口病疫情后，派出一支医疗队到大桥各小学进行消毒及防病指导工作，发放消毒物品一批，宣传资料500份。下乡支农，派出6支医疗队48名医务人员，到深源、大光、红星、歧石、岩口村委进行义诊活动，诊疗1121人次，免费赠送药品6542元。5月3日，为22间村卫生站免费发放抗“禽流感”用药“奥司他韦”42盒，免费赠送药品、医疗器械等7.8万元。

家庭医生式服务。9月，启动家庭医生式服务模式，建立3个服务团队，与辖区内居民签约893户。为签约人员提供简捷、便利、经济、优惠医疗服务1232人次。

人员培训。2015年选送1人到省全科医学培训中心进行中医全科医生培训，1人到市中医院、2人到县人民医院、2人到县妇幼保健院进修学习。5月，全卫生院医生网上进行《医师定期考核》培训学习。全年对乡村医生培训8次。

医疗保险。2015年城乡医保服务门诊3573人次，总费用25.4万元，统筹基金支付费用9.4万元，住院546人次，住院总费用101万元，统筹基金支付费用63万元。职工医保门诊、住院434人次、总费用7.2万元，统筹基金支付费用5.3万元。

村卫生站管理。2015年，大桥镇有22个村委会卫生站23名乡村医生，其中大专3名、中专20名，有执业助理医师证医生2名，有乡村医生证医生21名。全镇卫生站实行一般诊疗费制度及基本药物零差价制度。村卫生站实行行政统一管理、业务统一安排、培训统一实施、药品统一采购、收费统一标准、工作统一报表的六个统一管理，乡医承担辖区内居民百分之四十的基本公共卫生服务。

计划生育。2015年为计生服务对象查环、查孕、上环、取环、术后治疗1023例，育龄妇女、孕妇宣教讲座12次，育龄妇女叶酸发放125份。

（饶林东）

附：大桥镇崇安医院领导班子成员名单

院　长：李树华

副院长：饶林东

周满花

张　健（挂职，—2015.07）

体　育

【概况】 2015年，县体育局组织实施年度体育工作，落实好参加第五届广东省民族运动会和韶关市体育运动部署的各项工作，严格管理，科学训练，促进全县体育事业协调发展。

【参加第十届全国民族运动会组织工作】 成立乳源瑶族自治县参加全国第十届民运会组织委员会，由县领导任组长，有关体育、教育、文化、宣传、公安、卫生等有关单位的主要领导任委员，县体育部门具体负责组队、训练和参赛等相关工作。对各代表队实行严格管理和科学训练，明确奋斗目标，加强队伍建设。抓好后勤服务保障，确保训练顺利进行。县代表队代表广东省于9月份参加第十届全国民族运动会在内蒙古举行的龙舟、押加项目比赛，共夺3金6银1铜的优良成绩，圆满完成各项工作任务。

【群众体育工作】 2015年，抓好国民体质检测工作。配合市体育局安排，县体育局认真做好国民体质检测工作，于12月14日至20日面向全县机关、企事业单位等人员进行检测，圆满完成省市下达的检测任务。

【社会体育工作】 组织参加2015年韶关市龙舟赛并获取冠军，组织广东省第二届万村居篮球赛韶关赛区争霸赛乳源分赛区和国庆男子篮球赛工作，桂坑、必背、中联分获前三名，其中桂坑村委队代表乳源参加韶关市决赛，在市争霸赛中取得第六名的成绩。

【节庆系列体育活动】 县体育局组织开展春节体育活动，活动有乒乓球、羽毛球、三人篮球等。国庆期间，成功举办2015年“云门山”杯男子篮球赛。11月，成功举办“十月朝”系列体育活动，有第三届环南水湖自行车公开赛、首届铁人三项公开赛、国庆乒乓球赛等。

【体彩管理工作】 通过狠抓网点管理、加大宣传力度、加强人员培训、提高服务水平、拓宽营销渠道等手段，较大幅度提高彩票销量。

【体育馆常规管理】 做到场地安排与收费管理公开透明，做到消防安全日每日进行检查和有关报表每月准时上报工作，确保体育馆安全、有序运行。

（李书金）

科技·教育

科学技术

【概况】 县科技局职责是宣传贯彻执行国家、省、市、县有关科技工作的方针、政策和年度科技工作计划，并组织实施；负责全县对外科技合作与交流工作，统筹协调涉外知识产权事宜；负责信息产业管理、科技统计工作，推动科技中介组织发展和科技服务体系建设。

【国家、省、市、县科技进步考核】 2015年，县科技局做好科技进步考核工作，精心组织材料，顺利通过2014年度市科技进步考核。

【县级科学技术】 县政府设立县级科技项目，重点支持农业产业化，传统工业高新化，社会发展等领域的技术创新。立项科技项目15项，县科学技术支出1917万元，达到2015年财政总支出2.19%。

【科技计划及项目管理】 申报国家级科技计划项目1个，申报省级科技项目3个，获得国家、省1225.79万元项目资金支持，申报广东省高新技术产品项目2个。

【科技成果】 1月30日，广东省人民政府关于颁发2014年度广东省科学技术进步奖的通报，乳源东阳光精箔公司的“车辆及电子工业用铝镁合金等温挤压、压铸与控轧关键技术及产业化”项目获得一等奖；6月1日，韶关市人民政府关于颁发2014年度韶关市科学技术进步奖的通报，东阳光精箔公司的“一种超薄空调铝箔及其制造方法”项目获得一等奖，东阳光电化厂的“一种次氯酸钠的制备方法”项目获得二等奖。

【科普工作与科技培训】 加大科普工作力度，组织开展科技活动周、科技下乡、科技进社区等活动。2015年举办专业技术人员、农业企业与协会人员和种养大户的培训班102期，培训4892人次。

【科技型企业】 2014年，乳源有东阳光化成箔有限公司、东阳光精箔有限公司、富之光电子科技（韶关）有限公司、韶关市鸿峰特钢有限公司4家国家高新技术企业。有东阳光磁性材料有限公司、东阳光化成箔有限公司、韶关市腾辉特钢有限公司、乳源瑶族自治县鑫源环保金属科技有限公司、韶关市冠群实业有限公司5家省民营科技企业。硕成化工厂、聚力胶粘制品有限公司、力强公司、电化厂和东阳光药厂5家企业进入广东省的高新企业培育后备库。新增广东省工程技术研究中心1家，为东阳光磁性材料公司的广东省磁性材料及器件工程技术研究中心，新增研究院1家，为乳源东阳光精箔有限公司的广东省铝板带箔加工企业研究院。

【知识产权保护和管理】 2015年专利申请总量140件，其中发明27件、实用新型43件、外观设计70件；专利授权85件，其中发明7件、实用新型48件、外观设计30件。 （刘一凡）

信息化建设

【概况】 乳源瑶族自治县政府信息中心属县政府副科级事业单位。负责全县党政机关电子政务的统一规划、指导和组织实施；建设、维护和管理乳源瑶族自治县人民政府信息中心平台和县直党政机关电子政务系统网络，并提供技术指导和服务；负责建立、运行和管理乳源瑶族自治县人民政府门户网站；组织、指导和协调全县政务信息资源的开发利用和电子政务信息技术的推广应用。中心编制 14 名，现有主任 1 名，副主任 1 名，股长两名。内设网络技术股、信息采编股。赖南坡获 2015 年《南方日报》优秀通讯员奖。

【全国政府网站普查】 按照第一次全国政府网站普查的相关要求，认真对照普查指标，对乳源政府门户网、廉政网、机构编制网、教育信息网、国土资源网、建设与房地产信息网、人防网、财政网、南岭瑶乡文化网、政务服务网 10 个网站进行全面核查，针对存在的问题，切实采取有力措施进行整改，有效解决一些网站存在的群众反映强烈的“不及时、不准确、不回应、不实用”等问题。

【网站管理】 一是更新政府机构职能、办事流程及政府向社会公开的政策规定，整合“政务版”“企业版”“社会版”和“民族版”等四大板块内容，设立“创建全国文明城市”“践行社会主义核心价值观”“三严三实”“学习习总书记讲话精神”等县委、县政府的重大活动专栏；二是采集正面新闻，大力宣传乳源社会经济发展的成就和经验，共发布政府门户网信息 2897 篇，图片 1706 张，通知公告 570 条，视频新闻 365 条；三是做好全县重点工作、重要会议、重大活动的信息采访和图片拍摄工作。全年累计派出工作人员到现场采访图片信息达 262 人次。

【公共服务体系信息化建设】 建立集“服务、管理、监督”三位一体的“一站式”基层公共服务综合平台信息网络系统。一是实现公共服务“虚实结合”。线上办理事项，线下收集所需书面材料，通过县、镇、村三级公共服务平台，逐层回传给办事群众，实现服务流程无缝对接。二是拓展完善网上办事大厅。建成 13 个社区网上办事站；制作网上办事大厅宣传视频；设立村（社区）自助终端服务区。全年网上办理件 10613 件，实现网上办结率 98.49%。三是加强农村集体“三资”管理服务平台建设。对系统进行优化，指导各镇补录、公开“三资”情况资料和相关项目交易信息，全年全县资源交易项目 229 宗，总价值 2 亿元。四是升级全县视频监控系统。建成 13 个社区视频监控站点，完善 102 个村便民服务站视频监控网络。五是加强业务能力培训。聘请省、市、县有关部门、有关专家、专业技术人员，采用集中授课和现场培训相结合的方式，开展 16 期公共服务业务培训班，对全县 9 个镇便民服务中心、115 个（社区）便民服务站的镇村人员共计 200 多人进行应用能力培训。

【新型职业农民培育信息化管理服务体系建设】 建设新型职业农民培育管理服务平台，利用自助查询终端机推送信息 2 万条，培训农民 5 万人次，农民自主网上办事率达到 10% 以上；投入 25 万元，搭建新型职业农民培育管理服务平台，利用培育平台采集各类型课件资源 60 多份，试题库中陆续添加 400 余道试题，扩展建设 115 个村（社区）具备信息化培训能力的培训基地，开展培训班 40 期、培训农户（含村干部）2220 人次，发放资料 24600 多份。

【对外宣传】 一是积极与省市各大媒体报刊沟通联系，在省、市报刊共发表信息 244 篇，其中《南方日报》21 篇、《羊城晚报》13 篇、《南方杂志》6 篇、《广州日报》17 篇，《韶关日报》187 篇；二是发挥“乳源发布”政务微博在推动信息公开、加强政民互动、引导网络舆论、宣传推介乳源等方面的重要作用，全年各部门报送“乳源发布”信息 1846 篇、图片 2219 幅，发布微博 835 篇、图片 635 幅，发布总量位居韶关各县（市、区）第二；三是做好“醉美乳源”党政客户端信息发布工作，向国内外用户推介宣传乳源社会、经济、旅游、人文等信息和资源。全年共发布“乳源要闻”板块信息 349 篇、“聚焦乳源”板块信息 181 篇。

【网络问政】 收集网民提出的问题和意见，进行汇总和分类，交由县纪委、县委办、县信访局协调相关部门去办理和回复。全年共按时受理和回复网络问政留言 889 条，其中“12345”热线 55 条，受理率和回复率 100%。

【视频会议系统管理】 做好视频会议系统及多媒体设备管理工作，每次会议做到“会前调试、会中保障、会后维护”，保证会议正常召开。一是负责管理通过政府视频会议系统召开的各类电视电话会议，完成与中央、省、市的视频链接；二是配备县委常委会议室、中心会堂、政府二楼会议室、国土资源局会议室等4间会议室的多媒体设备，全年完成全县各类需多媒体演示会议、活动共31场次。

【扶贫开发“双到”】 2015年多次组织干部职工到挂扶点杨溪村委开展党组织生活及访贫慰问、送温暖等活动，为11户帮扶贫困户送上每人200元的慰问金（合计2200元）及慰问品，为他们购买城乡居民医疗保险2880元，向村委会捐赠“七一”党员活动经费500元，帮扶计生工作经费10000元。

（林小钰）

附：县政府信息中心班子成员名单

主　任：赖南坡

副主任：林小钰

教　育

【概况】 乳源瑶族自治县教育局是县人民政府工作部门，主管全县教育体育事业和语言文字工作，内设办公室、教育督导室、人事股、教育股、计财股、德体卫艺股、体育股和勤工俭学办公室等8个机构，机关行政编制17人，后勤服务人员3人。

【教育规范化建设】 2015年，全县有中小学校23所，其中高中2所（普高和职高各一所），特殊教育学校1所，初级中学6所，一贯制学校1所，完全小学13所，教学点51个，幼儿园29所（公办园12所，民办园17所）。拥有广东省国家级示范性普通高中1所、省重点职业技术学校1所、省安全文明校园4所、省德育示范校1所、市德育示范校7所，省绿色学校3所、市绿色学校7所、规范化幼儿园16所、广东省依法治校示范校2所、义务教育标准化学校20所。全县中小学专任教师1928人，幼儿园专任教师95人。在校学生25556人，其中高中学生4406人，初中学生5797人，小学生15303人，特殊学校学生50人。

【创建工作】 2015年全县教育工作以办人民满意的教育为目标，以创建全国义务教育基本均衡县、创建国家级农村职业教育和成人教育示范县、桂头镇教育强镇复评验收为抓手，大力推进硬件建设。完成鲜明八一希望学校扩建一期工程的教学楼和学生宿舍建设，通过市级教育信息化验收评估，获得市财政100万元的义务教育学校信息化基础设施建设资金奖补。全县有13间镇中心小学以上中小学校实现10M以上带宽接入，35间学校完成广东教育视频网建设，所有城乡学校均配置计算机网络教室，“班班通”实现全覆盖。成功创建成为全国义务教育基本均衡县，创建国家级农村职业教育和成人教育示范县、桂头镇教育强镇复评通过省级督导验收。全面落实各项教育惠民政策，实现全县贫困学生资助全覆盖，全年累计落实资助资金超过2480万元，受惠学生累计达2.25万人次，其中义务教育营养改善计划试点工作惠及学生近1.3万人。

【教学工作】 2015年，县教科研工作围绕“破解教育发展难题，办人民满意教育”主题，系统上下全面开展“教育发展大讨论”活动。工作实施重心下移，开展教学评价，教学常规视导、教学质量分析、教学竞赛、蹲点教研、送教（训）下乡、备课到校（分片教研）、城乡共同体、支教活动等形式多样的教研活动，落实课程计划和新课程理念，有效实施“高考提质”“科研改薄”两项工程，实现减负增效的目标要求，全面提升教学质量。

【教学科研成果】 2015年，乳源师生在各种评比有2205项获县级以上奖励（其中：教师获得国家级21人次；省级61人次；市级253人次；县级507人次；学生获得国家级34人次；省级249人次；市级251人次；县级829人次）。全国初中物理知识竞赛，共有24人获奖，其中，获全国一等奖4人，全国二等奖5人，全国三等奖1人，14人获市级奖励；第五届广东省中学生地理奥林匹克竞赛，有178人获奖，其中21人获省一等奖，58人获省二等奖，99人获省三等奖，县教研室、乳源高级中学、乳源中学荣获优秀组织奖，吴春霞等一批教师荣获优秀指导教师称号。

2015年高考，普通高考第一批上线99人（含专项计划35人），上线率7.59%，名列全市（七县一区）第三位。本科以上上线467人，上线率35.81%，名列全市（七县一区）第四位。专科以上上线1150人，上线率88.19%，名列全市（七县一区）第五位。职业高考上线42人，上线率68.85%，高于全省中职类学校的平均上线率。2015年，县教育局获广东省计算机教育软件评审活动组织工作优秀组织奖（乳源瑶族自治县教育局是韶关市唯一获此奖的单位）。

【队伍建设】 出台《乳源中小学教师职业行为十项准则》《乳源瑶族自治县义务教育学校奖教金分配方案》。公开招聘13名教师，其中高级中学8名，特殊教育学校5名；选拔1名局机关股级干部、10名校长、3名幼儿园园长，1名副校长和20名学校中层干部。2015年，2名教师被评为南粤优秀教师，8名教师被评为韶关市优秀乡村教师，1名校长被评为韶关市优秀乡村校长。

利用省“强师工程”地方奖补资金和县财政下拨的百万教师培训经费，开展多层次、系统化的教师培训。一是进行全县中小学（幼儿园）教师公需科目全员培训，全县共有2146名专业技术人员参加培训考核；二是组织中小学教师参加省组织的教师专业科目全员培训，其中中小学、幼儿园教师869人，中职教师138人通过培训学习，取得合格证；三是中小学教师信息技术应用能力提升工程培训，其中小学213人、初中581人参加培训通过考核；四是校长和骨干教师培训，选送2名中小学校长、教师参加清华大学伟新教育扶贫中小学师生培训，选送100多名教师参加省市的各类骨干教师培训，县级骨干教师培训300多人；五是举办新教师上岗培训、培训者培训及各校举办的校本培训。

加强名教师、名校长工作室和广东省校本培训示范校的建设与管理，做好学科带头人的考核和任期津贴发放的工作。落实“关于广东省事业单位实施绩效工资有关问题的通知”和“广东省山区和农村边远地区义务教育学校教师岗位津贴实施方案”，按时发放绩效工资和农村边远地区义务教育学校教师岗位津贴。

【教育体制】 2015年，县委、县政府把教育摆在优先发展的战略地位，确立“学前教育普及化、义务教育均衡化、高中教育优质化、民族教育特色化”的工作思路。各级政府教育投入不断增加，鼓励民间多渠道、多形式办学。

全年教育经费投入46992.2万元，其中教育事业费42758.6万元，各级政府征收用于教育的税费163.7万元，公共财政预算安排的其他经费23.8万元，政府性基金预算安排的彩票公益金46.1万元，民办学校举办者投入361.9万元，社会捐赠161.1万元，事业收入2960.7万元，其他教育经费516.3万元。完善中小学校长聘任制，落实中小学校长“选、考、评、聘”上岗改革。完善中小学校长管理办法，落实对中小学校长的聘任、管理、考核。完善教师准入制度，实施绩效工资。落实山区、农村边远地区教师岗位津贴，重新制定山区和农村边远地区义务教育学校教师岗位津贴标准，由原来的人均590元提高到771.6元。落实《乳源瑶族自治县教育系统优秀人才管理办法》，大力引进教育优秀人才。普通高考、成人高考和中考等国家教育统一考试信息化管理系统进一步完善，提高招生考试现代化管理水平。

【基础教育】 2015年，小学适龄儿童毛入学率为105.56%，在校生辍学率为0，小学生毕业率为100%，小学五年保留率为96.86%。义务教育阶段“三残”儿童少年入学率为100%。初中阶段毛入学率为119.80%，在校生辍学率为0.70%，17周岁受完初中教育完成率为100%，初中学生毕业率为100%，初中三年保留率为97.06%，初中毕业生升学率99.10%。少数民族学生义务教育阶段入学率为100%，升入高校人数为76人。普通高中和职业高中的比为5.5：4.5。全县建成义务教育标准化学校20所，义务教育标准化学校覆盖率达100%。

【职业教育】 2015年，顺利通过教育部委托省教育厅进行的创建国家级农村职业教育和成人教育示范县督导评估。全县中等职业技术在校学生1404人，在职教职工122人，其中专任教师98人，“双师型”教师45人。开设计算机应用、电子电器应用与维修、机电设备安装与维修、数控技术应用、农业机械使用与维护（汽车运用与维修方向）、会计、旅游服务与管理、学前教育等8个专业。学校占地面积6万多平方米，总建筑面积3万多平方米，有40多间实训室，总面积1200多平方米，设备总值1860多万元。

【成人教育】 全县有镇成人文化技术学校9所和瑶区成人文化技术学校1所，其中5所为韶关市示范性乡镇成人文化技术学校。2015年，以创建国家级农村职业教育和成人教育示范县为契机，对桂头、东坪、洛阳、大桥、游溪等5个镇成人文化技术学校的校舍升级改造，对所有成人文化技术学校的硬件进行升级改造。构建起以县中等职业技术学校为龙头，乡镇成人文化技术学校为骨干，村级成人文化技术学校为基础的县域三级职业教育培训网络。为农民教育培训提供必要的条件保障，满足县域城乡劳动者接受职业教育和技能培训的需求。2015年，全县共培训4.5万人次。

【学前教育】 2015年，全县共有幼儿园29所，其中公办园12所，民办园17所。全面普及学前三年教育，在园幼儿8083人，学前三年毛入园率96.55%。2015年，制定实施《乳源瑶族自治县第二期学前教育三年行动计划》（2014年—2016年），完成大桥镇中心幼儿园的改扩建工作。大桥镇中心幼儿园、一六镇中心幼儿园、东坪镇中心幼儿园实现独立法人，独立办园。积极创建规范化幼儿园，全县有14间幼儿园被评为规范化幼儿园。形成以镇中心幼儿园为骨干，以公办幼儿园为主体，公民办并举的学前教育发展格局。

【民办教育】 依据《关于对全县民办非学历培训学校、机构实施教师实名备案制度的工作意见》，对全县民办非学历培训学校、机构实施教师实名备案制度，确保每个幼儿园的每个班达到“两教一保”要求。加强民办幼儿园和培训机构的管理，规范民办幼儿园办园行为，及时、准确掌握各民办幼儿园的工作状况，县教育局组成年检考核小组对全县民办幼儿园、培训机构进行年度专项检查，规范民办学校和机构的管理，促进民办教育事业健康有序发展。（王永花）

附：县教育局领导班子成员名单

党委书记、局长：郑东红

纪委书记、副局长：邱冬凌

党委委员、副局长：潘继明

曹国秀

局长助理：曹胜书

重点学校简介

【乳源高级中学】 乳源高级中学创办于2003年7月，占地33.33公顷，是广东省国家级示范性高中。有57个教学班，学生3002人，教职工222人，其中专任教师195人（特级教师2人；高级教师62人；中级教师75人；初级83人）。2015年，乳源高级中学先后获得乳源县中小学德育特色创新与发展优秀项目学校、南都利群阳光校园工作站、全国中小学舞龙舞狮教育示范学校、全国互联网+数学自习课示范学校等荣誉。

2015年，乳源高级中学得到各级领导和社会各界的关怀支持。先后有县政协港澳委员考察团一行十人、肇庆市委组织部考察组一行到乳源高级中学进行考察；县委副书记伍文，县委常委、常务副县长林昌卫，县委常委、县委办主任许益云和县教育局局长郑东红等到学校调研；市教育局局长邓小杰到学校进行开学工作检查；香港旭日扶轮社、香港培苗行动组、香港元朗灵粮堂等爱心人士到学校看望受资助的学生。有998位学生受到社会各界及国家资助，资助金额达220万元人民币。

2015年，乳源高级中学高考超额完成上级教育主管部门下达的指标任务，重本上线99人（含农村专项计划上线35人），本科上线467人，上线率为36%，专科上线1150人，上线率为88%。16人通过中国人大、同济大学、武汉大学、北京外国语大学等国内知名大学的自主招生初试。学校被评为韶关市教育科研先进单位。

2015年，乳源高级中学参加各类竞赛成绩优异。学校龙狮队参加全国第三届中学生舞龙舞狮锦标赛，获舞龙自选套路高中男子组第一名及体育道德风尚奖。参加省、市、县各种竞赛，有19人获得省级一等奖，41人获得省级二等奖，83人获得省级三等奖，28人获市级奖项，233人获县级各等奖项。宗道华获得广东省第九批中小学特级教师荣誉称号，张强获得南粤优秀教师荣誉称号，郑殿伟、宗道华被评定为县第7期专业技术拔尖人才。

（曾艳梅）

附：乳源高级中学领导班子成员名单

校　长：周维发

副校长：王新阳

　　　　宋显长

　　　　刘文英

【乳源中等职业技术学校】 创建于1981年，是乳源瑶族自治县一所办学效益显著的综合性、示范性学校，是乳源瑶族自治县“农村劳动力职业技能培训基地”“下岗失业人员职业技能培训基地”及广东省“创业培训定点机构”。占地面积6万多平方米，总建筑面积3万多平方米；有40多间实训室，总面积1200多平方米，设备总值1860多万元；教职工122人，其中专任教师占98人（“双师型”教师45人）；在校学生1404人，短期培训班学员1580多人次。

学校内设办公室、学生处、教学实训处、招生就业处、总务处、培训处、职业素养教研室等七个处室。开设计算机应用、电子电器应用与维修、机电设备安装与维修、数控技术应用、农业机械使用与维护（汽车运用与维修方向）、会计、旅游服务与管理等7个专业。

2015年，学校实训中心完成主体工程建设、篮球场铺上塑胶。参加韶关市中职学校学生技能大赛获得两项团体一等奖（计算机技术、机电一体化设备安装与调试）、一项团体二等奖（电力拖动电路设计组装与调试）、一项团体三等奖（机械装配技术），7人获单项一等奖，9人获得单项二等奖，7人获得单项三等奖。

（李锡荣）

附：乳源中等职业技术学校领导班子成员名单

校　长：何先彩

副校长：齐巧花

　　　　黄恩雄

　　　　冯慢松

【乳源教师进修学校】 位于乳城镇园泉路，是经广东省人民政府批准成立的一所完整建制的学校。建筑面积5700平方米，建有综合教学楼、图书馆和学生宿舍楼。拥有信息技术教室、舞蹈室、电子钢琴室、电脑室、美工展室、藏书室、借阅室与电子阅览室等。教师19人，其中研究生学历1人，本科学历18人；高级职称6人，讲师8人，中级职称5人。

2015年，学校得到广东中华民族文化促进会资助，更新一批电脑及舞蹈室设备。取得县教育局的支持，建成独立钢琴室，校园环境及教师办公条件得到改善。

学校以“求真知，做真人”为办学理念，实行严格、科学的管理，重视学生专业知识的学习和专业技能的训练，注重培养学生的综合素质。作为教师培训机构，切实做好全县各中小学、幼儿园的校本培训工作及其他培训项目，与华南师范大学网络学院联合办班，招收大专、本科学历提升班实行培训，为县教师学历提升提供学习平台。2015年，学校开设4个全日制学前教育专业中职班，学生121人。

（徐小健）

附：乳源教师进修学校领导班子成员名单

校　长：邓光荣

副校长：陈培养

　　　　冯四清

　　　　邓家庆

【乳源中学】 乳源中学创办于民国30年（1941年）10月，为广东省一级学校，广东省义务教育阶段规范化学校。占地面积78833平方米，校舍建筑面积30151平方米。学校有50个教学班，学生2406人，校长1名，副校长3名，下设办公室、教务处、德育处、科研处、总务处、团委6个处室，在编教职工181人，专任教师157人，其中中学高级教师31人。

学校以“让校园成乐园，让潜能变可能”为办学愿景，以“追求卓越”为学校精神，以“全面发展，彰显个性”为办学宗旨，以“享受成长，体验成功”为办学理念，以“尽力、进步”为校训，形成“立志、勤奋、进取、创新”的校风、“严谨、高效”的教风和“笃学、善学”的学风。

2015年，学校获得“广东省中学生地理奥林匹克竞赛优秀组织奖”、县“2014—2015 学年度教学工作先进单位”，顺利通过规范化学校省级检查，获“县弟子规朗诵比赛”“县国庆男子篮球赛”“县中学生税法知识竞赛”和“县庆元旦乒乓球比赛”优秀组织奖，学校工会被评为韶关市先进教工之家，学校团委被评为县“五四红旗团组织”，物理、历史、体育组被评为“乳源县中小学先进教研组”。（郭庆城）

附：乳源中学领导班子成员名单

校　长：孙献忠

副校长：马靖辉

　　　　黄恢文

　　　　龚衍科

【桂头中学】 桂头中学创办于 1957 年，占地面积 5. 8 公顷。学校内设办公室、德育处、教务处、总务处 4 个机构。有教学班 18 个，在校学生 777 人，教职员工 104 人，专任教师 80 人，本科学历教师 82 人，中学高级教师人 2 人，中学一级教师 89 人，中学二级教师 10 人，有省级骨干教师 1 人，县级学科带头人 5 名。

学校秉承“立志成才，报效祖国”的办学宗旨和“相信每一个人的潜能，帮助每一个人的成长”的办学理念，以“激发潜能，成就自我”为校训，营造“乐学、善思”的良好学风，以“培养勤于思考、敏于发现、灵于创新的自信学子”为育人目标，努力实现“立足师生幸福、培育学生梦想的一流名校”的办学目标。

学校积极进行各项教学改革实验，大力推广“导学案”课堂教学模式，开展小组合作学习的教学研究，充分调动学生的学习积极性和主动性；重视依法治校、以德治校，抓常规、管基础，积极开展法治教育活动，设立行之有效的德育课题研究，大力推进“木棉精神”为主题的校园文化建设。2015 年学校以“广东省教育强镇”复评和创建“全国义务教育发展基本均衡县”为契机，着力改善办学条件，实现“班班通”教学平台的安装使用。

2015 年，学校参加乳源首届“体彩杯”校园足球邀请赛，获一等奖，参加市中小学校鼓号操展评活动获二等奖，参加全县中小学篮球比赛中学女子组获第 1 名，参加县组织的“阳光下成长”文艺比赛获三等奖。（钟林养）

附：桂头中学领导班子成员名单

校　长：毛永星

副校长：张佐芬

　　　　钟明昌

【乳源民族实验学校】 乳源瑶族自治县民族实验学校占地面积 10 公顷，校舍建筑面积 26544 平方米。建有教学楼、综合实验楼、宿舍楼、食堂、教师工作用房，内设图书室、阅览室、实验室、计算机室、多媒体室、舞蹈室、音乐室、美术室、标准运动场等配套设施。学校教职工 79 人，其中高级职称教师 7 人，中级职称教师 57 人，县学科带头人 2 人；教学班 19 个，在校生 776 人，其中内宿生 301 人。学校实行内宿生免收学杂费及住宿费政策，全体内宿生享受县政府每月 60 元的伙食补助，少数民族学生同时享受省政府每月 100 元伙食补助的政策照顾，来源于原布局调整撤并地区的农村学生享受每天 4 元的省政府营养餐工程的补助。

学校把保护传承瑶族文化作为一项重要任务，组织编写《瑶语》《乳源瑶族民俗文化》《少数民族传统体育》《瑶族生活中的物理》等瑶族特色校本教材，开设瑶族刺绣、瑶族民歌、少数民族传统体育等民族特色文化校本课程。开展瑶语课教学，让瑶语教育走进课堂。

2015 年，利用上级拨款，对课室、卫生间、走廊、活动室等进行修葺改造，全校班班通教学平台建成投入使用。2015 年 3 月，学校被确定为“中国关心下一代教育示范基地”，中国关工委捐赠 50 万元，用于 1 间仁爱启明书院、1 间心理辅导室、3 间开放式图书室、50 台教师工作手提电脑、校园广播系统的兴建和配置。

2015 年，学校教师发表论文 30 多篇，其中冯世有的《血液循环途径》荣获第十七届全国教育教学信息化大奖赛一等奖，蓝兵强的《珍奇的稀有动物——针鼹》获第十九届全国教育教学信息化交流展示活动基础教育组课件二等奖。英语组教师 5 人次荣获 2014 年全国中学生新课程英语语言能力竞赛优秀辅导教师一等奖，荣获“名教师称号”“优秀教育工作者”“县十佳基层团组织书记”“张九龄文学奖”等各级各类荣誉近20人次。学校参加“映像乳源”原创旅游歌曲进校园歌咏比赛获最佳演艺奖、首届“青少宫彩票公益金杯”全县中小学幼儿园文艺比赛获三等奖、2015年“财税杯”中学生税法知识竞赛获一等奖。（王建松）

附：乳源民族实验学校领导班子成员名单

校　长：余前镜

党支部书记：曹文新

副校长：赵天金

　　　　许红保

　　　　张传湘

【乳源第一小学】 乳源第一小学位于乳城镇育才东路。占地面积45137平方米，建筑面积24055平方米。拥有72间标准化电教多媒体教室及计算机室、航模室、天文气象室、录播室、心理辅导室等功能场室，生均教学仪器设备值1568.98元，图书79258册，生均藏书量20.6册。全校有教职工169人，其中专任教师166人，职工3人，县学科带头人18名，国家、省特级教师2名。2015年春季，开设教学班66个，在校学生3373人；2015年秋季，开设教学班72个，在校学生3856人。

学校以“至坚至美”为发展理念，积极打造“坚美”教学品牌。严格按国家课程计划开设音乐、美术、体育课，开齐课时，培养学生良好体质及艺术素养；开设声乐、书法、美术、国画等兴趣小组，成立学校鼓号队、合唱队、舞蹈队及其他专业训练队，开展学生课外艺术活动，陶冶学生情操，发展学生艺术特长，带动全校性的艺术教育的开展。学校每年均举办一次艺术节、体育节、书香节及各类文体比赛活动，打造具有鲜明特色的“三节”文化。

2015年，学校参加广东省第九届小学数学优质课观摩评比活动获省级优秀奖、韶关市第十二届中小学（幼儿园）“英东杯”文艺竞赛获市一等奖和县一等奖、县“彩票公益基金杯”篮球比赛荣获小学男子一等奖、“映像乳源”原创旅游歌曲进校园歌咏比赛获最佳组织奖，“至坚至美”校园文化建设读本参与2015年中小学学校文化建设优秀成果评比获县一等奖（《坚美一小》等五项标志性文化作品获县一等奖），学校被评为“全国优秀家长学校”县优秀少先队集体、2015年乳源中小学德育特色创新与发展优秀特色项目学校。众多教师和学生在各类教学、文体、艺术竞赛活动中获省、市、县奖励。（邓惠琼）

附：乳源第一小学领导班子成员名单

校　长：罗镇球

党支部书记：许日轩

副校长：曾春林

　　　　蔡　虹

　　　　黄学军

工会负责人：丘永和

【金禧小学】 乳源金禧小学创办于1992年秋，前称是“县第二小学”，1995年易名为“金禧小学”，占地面积10720平方米，有教学班43个，学生1808人，专任教师94人。学校的办学理念是“国学立德，经典育人”，办学宗旨是“为学生健康成长奠基，为教师持续发展铺路”。

2015年，韶关市加强学校管理暨校园文化建设现场推进会在乳源金禧小学召开，介绍并推广该校的校园文化特色；市重点课题《“国学立德，经典育人”主题文化建设的实践与研究》顺利结题并获市一等奖；学校被评为乳源中小学德育特色创新与发展“优秀特色项目学校”“乳源瑶族自治县关心下一代工作先进集体”“2015年广东小学生诗歌节”获优秀组织奖。校长傅庚在广东省“百系列”学校德育优秀成果展示活动入选“教书育人”系列——“百名优秀德育教师”（校领导组）展示活动；覃秋燕被评为2015年韶关市优秀教师、邓天伟被评为2015年优秀教育工作者、文梅娇被评为2015年韶关市优秀青年班主任、文胡新荣获“2015年广东小学生诗歌节”优秀指导奖；有3位同学的书画作品在韶关市第二十届中小学（幼儿园）“英东杯”文艺竞赛获小学组三等奖，有2位同学获2015广东省“牵手你我，携梦人生”书画创作活动优秀奖。（官建钰）

附：金禧小学领导班子成员名单

校　长：傅　庚

副校长：邓天伟

许宏华

秦锦修

【机关幼儿园】　乳源机关幼儿园是乳源首家“韶关市一级幼儿园”“韶关市绿色幼儿园”，创办于1957年，位于县城群英路一号，占地面积8530平方米，建筑面积5825平方米，总投入1500万元，是按省一级幼儿园标准兴建、教育教学设备齐全、实现教师办公网络化管理、富有现代气息的全新的幼儿园。有15个教学班，630名幼儿，在岗教职工70人，其中专任教师35人，大专、本科学历占80%，学历达标率为100%，保证两教一保的配备。

学校全面贯彻党的教育方针，加强内部管理，促进教师专业成长。幼儿素质不断提高，孩子的身心得到和谐发展，各项工作深受幼儿家长好评，成为乳源幼教的标杆单位。

2015年，幼儿园荣获“2015年广东教育学会学前教育专业委员会年会论文”优秀组织奖、“全县中小学校园风采文艺比赛”二等奖、“印象乳源”原创旅游歌曲进校园歌咏比赛获最佳表演奖。参加广东省学前教育专业论文征集评选活动，1名教师荣获二等奖、9名教师获三等奖；杨启连、邹蕾分别获韶关市优秀教育工作者、韶关市基础教育教学能手称号；陈秋兰、钟紫怡分别获得县优秀班主任、县优秀教师称号；饶建英在广东省幼儿教师说课比赛中获二等奖。参加韶关市英东杯书画大赛1位小朋友获三等奖；参加第二届全县中小学、幼儿园“彩票公益杯”现场书画比赛活动有4位小朋友获一等奖、5位小朋友获二等奖。（邹　蕾）

附：乳源机关幼儿园领导班子成员名单

园　长：黄爱兰

副园长：黎　慧

刘纪斌

张绣中

【大桥欧晖中学】　学校创办于1964年，其前身为大桥农林中学，1968年更名为大桥中学，设有初中、高中学制，1984年撤并高中学制，成为独立初级中学。2009年因香港欧晖集团远东有限公司对大桥中学慷慨捐资改善办学条件和助学兴教，而取名为“大桥欧晖中学”。

学校占地面积30720平方米，建筑面积20277平方米，有17个教学班，685位在校学生，教职工83人，其中专任教师70人。建有较完善的教学楼、办公楼、综合楼、教师住宅楼、学生宿舍、学生食堂，生源覆盖原大桥、大坪、红云3个镇，21个村委会和1个居委会，265个自然村。

学校致力于走文化育人、文化立校的内涵发展道路。以“立足山区、教书育人、服务社会”为办学宗旨，以“为每一个学生的成才奠基”为办学理念，以“崇文尚礼、仁善处世”为校训，以“崇文、崇礼、崇善”为校风，以“厚德善教、行为世范”为教风，以“笃学上进、重礼守纪”为学风。三崇教育校园文化建设，开设的古筝、电子琴、竖笛、美术、田径等兴趣小组和推行的跑操、太极项目，初步成为学校的办学特色与亮点。

2015年，学校荣获“乳源中小学德育特色创新与发展优秀特色项目学校”和2014—2015学年度教学工作先进单位称号。（欧成坤）

附：大桥欧晖中学领导班子成员名单

校　长：李德光

副校长：陈伟波

【侯公渡中学】　乳城镇侯公渡中学是一所农村初级中学，创建于1967年。学校位于乳源瑶族自治县县城东南部，距离县城3公里，占地面积40675平方米，建筑总面积15092平方米，服务辖区6个行政村。有21个教学班，学生699人，教职工103人，其中中学高级教师4人，中学一级教师88人，教师合格率96.8%。

学校以“和谐育人，成就幸福”为办学理念、以“为每一位师生的幸福美好人生奠基”为办学宗旨、以“尊重、责任、奉献”为教育核心价值观，着力推进“和合教育”特色素质教育，注重学生综合素质的培养，探索城乡结合义务教育办学路子。

2015年，学校被评为先进基层党组织，获“财税杯”中学生税法知识竞赛活动优秀组织奖、全县中小学幼儿园文艺比赛三等奖、全县小学幼儿园现场书画比赛二等奖，全县中小学篮球比赛中学男子组第1名。（张耀群）

附：侯公渡中学领导班子成员名单

校　长：欧永辉
副校长：丘伟信
　　　　曾伟波
　　　　朱东明（挂职）

【一六中学】　一六中学是一所乡镇初级中学，创建于1974年秋。学校占地面积19998平方米，总建筑面积11648平方米。内设教导处、总务处、政教处、办公室、团委、学生会，配有电脑室、语音室、美术室、舞蹈室、多媒体课室、图书室、生化实验室。有教学班12个，学生359人；教职工57人，其中外借教师4人，任课教师48人。

学校坚持“以人为本，和谐发展”的办学理念，秉承“立志、健体、笃实、活泼”的校训，形成“文明、团结、求实、创新”的校风，营造“善教、崇德、严谨、爱生”的教风和“上进、笃学、全面、求真”的学风，倡导“健康工作，快乐学习，幸福生活”的工作理念，确保师生“快乐工作、快乐学习、快乐生活、快乐成长”。

2015年，全县中小学生篮球比赛学校荣获中学男子组二等奖、中学女子组三等奖，学校化学教研组被评为年度先进教研组，七（1）班被评为县优秀少先队先进集体。冯月有撰写的论文《谈如何提高初中数学课堂教学的有效性》获市三等奖、《浅析农村中学“留守儿童”的教育》获县三等奖；邓鑫的课件《小巷深处》阅读赏析指导获市三等奖。刘栋才、范伟民、赵志勤被评为县优秀教师；朱东明被评为县优秀教学工作先进个人，其个人制作的课件获省优秀奖；赖冬秋被评为县优秀德育工作者；秦远辉被评为县优秀班主任；廖雯艳被评为县优秀“三八红旗手”；邓春妹被评为县“优秀少先队辅导员”；张海英、刘栋才在2015年全县中学师生英语素养做题和解题基本功比赛获三等奖。有1名学生评为县“美德少年”、4名学生被评为县“优秀学生干部”、6名学生被评为县“三好学生”。（刘其荣）

附：一六中学领导班子成员名单

校　长：温新福（—2015.11）
　　　　黄少华（2015.12—）
副校长：张勤辉
　　　　张海英

【大布中心学校】　大布中心学校是一所九年一贯制学校，设中学部和小学部2个校区。全校共有教学班18个，学生688人，其中：中学部设四至九年级，共12个教学班，学生440人；小学部设一、二、三年级，6个教学班，学生248人。学校中学部占地20046平方米，小学部占地面积23560平方米。全校专任教师79人，其中中学教师30人，小学教师40人。

学校建有信息中心、计算机室、语音室、多媒体课室、藏书室、图书阅览室、音乐舞蹈室、美术室、科学实验室、化学实验室、生物实验室、物理实验室、仪器室、体育器材室、校史室；每个教学班均配有“班班通”平台；建有一个200米跑道标准运动场和可供400多学生食宿的饭堂宿舍。全校共藏书55000册，能满足师生的阅读需求。

2015年，学校重新维修教学楼，安装校园视频监控系统。德育主题“习惯教育”被县教育局列为德育创新与发展特色项目；升中考上线率达73%；在物理竞赛中，有1名学生获全国一等奖；获县第九届中小学乒乓球赛中学组男子团体第4名、乳源瑶族自治县第五届教工乒乓球赛男子团体第8名。（陈福员）

附：大布中心学校领导班子成员名单

校　长：吴宏远
副校长：黄明星

【红云中心学校】　学校地处海拔780多米粤北高寒山区——乳源瑶族自治县大桥镇红云村委会红云村，距县城50多公里。2010年8月学校进行布局调整，初中和小学合并，更名为红云中心学校。2012年秋初中部从七年级开始撤并至大桥中学，到

2014年随最后一届九年级学生的毕业，2014年秋季始为完全小学。

学校占地面积为39564平方米，汇集原红云镇十个村委会63个自然村四至六年级的高年段学生，高年段学生以住校就读的居多。

学校结合实际情况，开展深圳市宝安区高尔夫球协会助学红包、香港港九纺织染职工总会设立的“黄燕芳教学基金”的发放活动以及其他各类型的捐赠公益活动，打造以“善强”文化为办学的核心理念，进行“五善”立行，“五强”立人的培育，把红云中心学校师生培育成充满希望和彰显价值的人。

（黄镇秋）

附：红云中心学校领导班子成员名单

校　长：黄镇秋

副校长：廖树养

　　　　尧良华

社会生活

社会工作委员会

【概况】 县社会工作委员会（以下简称县社工委），是县委、县政府的工作机构，负责研究和统筹处理全县社会建设工作，属正科级单位。内设社会社区建设指导股（社会组织工作股）和公共服务促进股（群众工作股）2个股室，行政编制5名，工勤编制1名。年末在职人员5人。

2015年，县社工委坚持健全完善党委领导、政府负责、社会协同、公众参与、法治保障的社会管理格局，贯彻落实上级会议精神，创新社会管理机制，推进社会体制改革，扎实开展“南粤幸福活动周”系列活动。

【南粤幸福活动周】 9月22日，2015年“企业之光”文艺晚会暨第四届“南粤幸福活动周”启动仪式在县政府广场举行，县委副书记、县社工委主任伍文致辞并宣布仪式启动，县委常委、政法委书记、县社工委副主任赵志敏等县领导及相关单位、部分企业负责人出席启动仪式。活动设有“幸福我来秀、幸福我健身、幸福手拉手、幸福大礼包、幸福大家谈”五大板块，包含“县庆杯”国庆男子篮球赛、新农村建设成果图片展等28项活动内容。活动期间，在县政府信息网、县广播电视台开辟“南粤幸福活动周”专栏，编发专题简报2期，撰写简讯16篇，其中，《韶关日报》登载1篇，市社工委网站发表9篇，县政府信息网发表6篇。印制并发放《2015第四届南粤幸福活动周》画册500本。

【社会体制改革】 根据县委2015年工作要点及全面深化改革工作要点有关要求，县社工委协调民政局、工青妇等部门推进社会体制改革。

深化社会组织体制改革。实施直接登记和备案登记相结合的双轨制登记模式，降低社会组织准入门槛，简化登记程序，培育扶持社会组织发展。全县有注册社会组织103个，与2014年95个相比，年增幅8%。

支持工青妇构建枢纽型社会组织。指导、协助工青妇等群团组织加强阵地建设，搭建服务平台，筹措项目资金，统筹协调社会各方力量，构建以自身职能为中心的社会服务网络，形成县工青妇枢纽型社会组织架构；组织民政、工青妇等成员单位深入镇、村（居）及相关部门开展以“推进枢纽型社会组织建设”为主题的工作调研，撰写调研文章《关于推进枢纽型社会组织建设的几点思考》，发表在2015年《乳源调研》第6期。

【社工人才】 协助组织动员各镇、各单位、社会各界人士参加社工培训和资格考试。2015年，全县共173人报名参加考试，20人通过初级考试。至12月底，全县持证社工人数84人（其中，中级8人，初级76人）。

【移民搬迁调研】 4月至5月，深入全县9个镇、部分村委、县直相关单位，采取召开座谈会、实地走访各类移民村（安置点）等方式，对全县移民的现状及存在问题进行专题调研，撰写《乳源移民搬迁问题调研报告》，发表在2015年《乳源调研》第4期，为党委政府科学决策提供参考。

【社会治理创新项目】 乡镇（街道）和职能部门与村（居）委会双向考核工作是全市2015—2016年社会治理创新项目，乳源为广东省开展该项目的试点县，县社工委联合民政局、编办制定《乳源瑶族自治县开展镇和职能部门与村（居）委会双向考核试点工作方案》。采取调查摸底、考察筛选的方式，确定洛阳镇、东坪镇及所属2至3个村（居）

为试点镇、村（居）。5月底，联合县民政局在洛阳镇召开双向考核试点工作座谈会，结合政府职能转变和双向考核主要内容，理清考核双方的职能和主客体关系，明确村（居）委会依法承担和依法协助政府、职能部门的事项，推动试点工作有序开展。年底，在试点镇、村进行双向考核。

【信息宣传】 做好全县社会建设宣传，编发县社工委简报6期，在《韶关日报》、市社工委网站、县政府信息网发布信息18篇，撰写调研文章2篇，《广东省社会工作内参》采用1篇，《乳源调研》采用2篇。（巫银樱）

附：县社工委领导班子成员名单

主　任：伍　文（县委副书记兼）

副主任：

黄寿生（—2015.04 县委常委、政法委书记兼）

赵志敏（2015.04—县委常委、政法委书记兼）

许益云（县委常委、县委办主任兼）

连　卫（副县长、县公安局局长兼）

专职副主任：郑新群（正科级）

人力资源和社会保障

【概况】 乳源瑶族自治县人力资源和社会保障局（以下简称县人社局）是正科级行政单位。有行政编制15个，其中局长1名，副局长3名。局内设机构8个，分别为：办公室、就业促进股、事业单位人事管理股（人事考试办公室）、工资福利股、社会保险管理股、劳动监察股、公务员管理股、行政审批股。局下属单位4个，分别为人才管理工作办公室、劳动人事争议仲裁院、劳动监察大队、就业服务管理局，下属单位在编人员27名。2015年被评为全省2013—2015年扶贫开发“双到”优秀帮扶单位。

【就业服务】 2015年，县人社局坚持“民生为本、人才优先”为主线，积极实施创业就业带动群众增收，建立完善城乡的就业服务体系，统筹做好全县就业工作，成效显著，完成市下达的各项目标任务：全县城镇新增就业人数2006人，完成市下达任务的100.3%；下岗失业人员再就业人数1411人，完成市下达目标任务的100.79%；就业困难人员实现再就业人数202人，完成市下达目标任务的101%；农村劳动力转移就业人数3009人，完成市下达目标任务的100.3%；城镇登记失业率控制在2.45%；发放小额担保贷款64笔，发放金额581万元；办理就业失业登记709人；网上登记招聘单位55家，完成年度下达任务的110%；登记招聘信息数238条，完成年度下达任务的158.6%；登记岗位数2085个，完成年度下达任务的104.25%；登记求职人数3506人，完成年度下达任务的100.1%；落实职业技能培训560人，完成市下达任务数的109%；完成2015年城乡居民和企业农民工人力资源社会保障基本情况调查工作，城乡居民入户调查70户，共286人，企业农民工调查4家企业，共75人。

【社会保障】 县人社局坚持以人为本，按照“保基本、广覆盖、有弹性、可持续”的方针，加大政策宣传，扎实推进各项社会保障事业，各项指标任务完成情况均排名全市前列。城镇职工养老保险参保30980人，完成年度任务数的100.61%，基金征缴15467万元，完成年度任务数的102.19%；城镇职工医疗保险参保27594人，完成年度任务数的101.64%，基金征缴7272万元，完成年度任务数的107.51%；失业保险参保15470人，完成年度任务数的100.52%，基金征缴910万元，完年度任务数的128.70%；工伤保险参保人数20368人，完成年度任务数的100.33%，基金征缴499万元，完成年度任务数的100.61%；生育保险参保16112人，完成年度任务数的100.07%，基金征缴244万元，完成年度任务数的110.45%。

【劳动仲裁】 来信来访调处工作。2015年县人社局坚持和谐至上，以保持劳动关系和谐稳定为目标，做好劳动维权工作，接待群众咨询、来信来电来访121批次，涉及256人次。

建设领域施工企业工人工资支付保证金的收缴和管理工作。县人社局严格按市、县要求做好建设领域施工企业工人工资支付保证金的收缴工作。累计收缴 81 户建设领域施工企业工人工资支付保证金约 2131.72 万元。2015 年收缴 22 户金额约 678.28 万元，为预防和解决建筑施工领域欠薪问题，维护务工人的合法权益，保持乳源社会稳定发挥积极作用。

加大劳动人事争议调解仲裁力度。2015 年度，县仲裁院收到各类劳动争议案件 45 宗，其中不予受理 14 宗、受理 31 宗，受理案件涉及人员 87 人，涉案金额达 160.94 万元。上年度未结 0 宗。2015 年度结案 31 宗，法定审限内结案率为 100%，累计结案率为 100%。其中调解结案 7 宗、仲裁结案 21 宗、其他方式结案 3 宗。

【人事管理】 公务员管理工作。2015 年，县人社局向社会公开招录行政机关公务员、参照公务员法管理单位工作人员 55 人，对新招录的行政机关公务员和参公单位工作人员，推行导师制；全年举办 13 期“职业道德建设全员培训”，培训 1570 人次，参训率 100%；举办 1 期新录用公务员初任培训，培训 110 人次，参训率 100%；选派 19 位政治素质好、业务能力强的乡镇领导及科员到东莞市进行为期一个星期的对口培训；公务员管理信息系统记录 701 人信息，办理调任 47 人。

事业单位管理。做好广东省 2015 年粤东西北地区乡镇事业单位专项公开招聘工作，面向社会公开招聘乡镇事业单位工作人员 37 人；做好广东省 2015 年首次集中时间组织开展事业单位公开招聘工作，面向社会招聘事业单位工作人员 41 人。加强人才流动管理，加强专业技术人才的职称评审及认定。评定职称 61 人，其中副高职称 7 人，中级职称 31 人，初级职称 23 人。

“三支一扶”大学生的日常管理及期满就业工作。2015 年，全县“三支一扶”期满大学生就业率达到 100%。加强对高校毕业生实名制信息系统的更新和录入工作。报到的高校毕业生共 512 人，就业 472 人，就业率达 93%。全年整理毕业生档案入库 372 份。

【工资福利】 2015 年，办理 102 人次退休手续，办理死亡、抚恤金手续 54 人次，办理遗属生活困难补助 32 人次。根据中共中央办公厅、国务院办公厅《印发〈关于县以下机关建立公务员职务与职级并行制度的意见〉的通知》文件精神以及省、市的统一部署，扎实有序地做好公务员职务与职级并行制度工作，除个别特殊群体外，符合晋升条件人员均在 2015 年 7 月兑现工资待遇，职务与职级并行制度总体入轨运行；根据年初《国务院办公厅转发人力资源社会保障部财政部关于调整机关事业单位工作人员基本工资标准和增加机关事业单位离退休人员离退休费三个实施方案的通知》和《转发人力资源社会保障部办公厅财政部办公厅关于完善机关事业单位工资制度实施中有关问题的通知》文件精神，以及省、市工作要求，于 2015 年 7 月起为全县 4264 名财政统发人员调整基本工资标准以及为 1747 名机关事业离退休人员增加离退休费。提高全县企业军转干部慰问费，按时发放县百货公司凌琴发等 4 位企业军转干部的生活解困补助。

【扎实推进社会保险扩面征缴】 特别是个体工商户和灵活就业人员的宣传工作。县人社局开展针对个体工商户及灵活就业人员的专项宣传活动，制作面向个体工商户和灵活就业人员的通俗易懂、简明好记的宣传资料，利用县电视台、县政府、县人社局微博等媒介，宣传解读《中华人民共和国社会保险法》及其配套法规政策，联合地税、社保、工商等部门精干力量，分组包片责任落实到人，上门服务，入户宣传，认真解答群众关心的热点难点问题。2015 年全县企业职工养老保险参保 22126 人，完成市下达任务数 22110 人的 100.07%，基金征收 12251 万元，完成市下达任务数 12080 的 101.42%，基金征收完成率名列全市第一。（陈白然）

附：县人力资源和社会保障局领导班子成员名单

党组书记、局长：林建华

党组成员、副局长：马展平
罗冰倩
罗天养

社 保 工 作

【概况】 韶关市社会保险服务管理局乳源分局

（以下简称社保分局），为韶关市社会保险服务管理局管理的分支机构，属行政正科级事业单位，主要负责全县社会保险工作。内设人秘股、社会保险关系股、养老失业保险待遇核发股、医疗工伤生育保险待遇核发股、城乡居民医疗保险管理股、社会保险稽核监督股、计划财务股。核定事业编制22人，后勤服务人员2人。

2015年，全县养老保险参保30980人，其中：企业参保人数26363人，机关事业单位参保人数4617人，享受养老保险待遇4237人；失业保险参保15470人，医疗保险参保27594人；工伤保险参保20368人；生育保险参保16112人，享受生育保险待遇158人；城乡养老保险参保68407人，享受待遇22849人；城乡医疗保险参保人数15461人。按时足额支付：基本养老保险支出数10849万元，其中待遇支出9900万元，其他支出949万元，失业救济金481万元，医疗保险待遇3393万元，工伤保险待遇179万元，生育保险待遇64万元，城乡居民养老保险待遇2996万元，城乡居民医疗保险待遇3230万元。

【社会保险扩面征缴工作】 配合县人社局，设立社会保险扩面征缴小组，举办社会保险、医疗保险等政策宣传和咨询活动，活动期间，向群众派发社会保险宣传资料，现场解答群众对社会保险法等疑难问题，宣传效果良好，为个体工商户和灵活就业人员切实增强参保意识，社保分局统一部署，局长、副局长和工作人员到个体工商户实体店挨家挨户上门宣传社保政策，发放宣传资料，动员鼓励群众积极参保缴费。个体工商户和灵活就业人员参保比2014年增加100多人次。

【机关事业单位养老保险信息登记】 按照《关于做好韶关市机关事业单位养老保险参保信息登记工作的通知》文件要求，社保分局积极组织全县机关事业单位开展工作人员学习培训、宣传社保法和相关知识，2015年下半年开展机关事业单位养老保险信息登记工作，与县财政、编制等单位沟通协调，严格按照政策及文件要求完成登记信息采集，做到数据准确、完整，按时上报，共完成183个单位的信息登记。

【医疗保险定点医疗机构、零售药店考核】 2015年社保分局负责和县级医院、镇卫生院及医疗定点药店签署医保定点协议工作。社保分局对定点医疗机构、定点药店实行每个星期不定时至少2次医保检查，将检查结果上报市局稽核科，其中定点医疗机构每月实行不少于连续3个晚上监督检查，根据实地考核，结合日常检查情况，综合评定各定点医疗机构履行服务协议情况，加强和规范基本医疗保险定点医疗机构管理，提高服务质量，保障参保人员的基本医疗权益。

【开展“三严三实”专题教育活动】 根据中央、省、市、县委关于开展“三严三实”专题教育活动的精神，社保分局开展“三严三实”专题教育。对照“三严三实”的要求，聚焦对党忠诚、个人干净、敢于担当，教育引导领导干部加强党性修养。开展“三严三实”专题学习研讨，组织党员领导干部到服务窗口开展体察学习，体察机关作风之疾，召开专题民主生活会和组织生活会，找准找实存在问题，认真撰写党性分析材料，着力解决好“不严不实”问题。党员干部工作作风明显转变，服务意识和便民意识增强，社会保险服务效率和服务质量明显提高。

【城乡居民医疗保险参保续保】 2015年社保分局在办理城乡居民医疗保险业务上按照规范，符合政策，未出现违规办理现象。全年城乡居民基本医疗保险参保人数达15461人，完成目标任务的109.45%，特殊群体人员参保共计9556人，其中民政6479人、残联3077人。

【社会保险关系转移工作】 2015年共办理：养老保险关系转入118人，转出122人。共开具养老保险参保凭证119人，养老保险转移联系函101人，医疗保险关系转入65人，转出42人，医保参保凭证102人，医保转移联系函86人。退伍军人转入23人。

【信访工作】 做好信访接待工作，针对涉及社保方面矛盾突出的信访问题进行排摸梳理，加强宣传、解释和稳控工作，努力化解矛盾；对群众“上访”情况做好解释工作，及时处理问题，对群众通过“网络问政”等方式提出的问题，及时回复，在认真听取群众提出诉求的同时，积极引导群众正确理解有关社保的政策，对于因政策或其他客观原因，部门和地方难以解决的，及时向上级部门反映，妥善解决特殊群体的历史遗留问题，2015 年处理 20 件信访及网络问政问题，平均两三天主要领导接待一次群众来访，处理群众提出的疑难问题，维护社会稳定和群众的合法权益。（余　彬）

附：韶关市社会保险服务管理局乳源分局领导班子成员名单

局　长：陈海聪

副局长：万戈华

　　　　李炳才

民　政　工　作

【概况】　乳源瑶族自治县民政局是县人民政府主管社会行政事务的职能部门，正科级单位，设有办公室、优抚股、救济股、基层政权股、社会事务股、行政审批股和社会组织管理中心 7 个内设机构，下属社会福利院、殡仪馆和殡葬监察大队。单位在职人员有行政编制 13 人，参公管理 2 人，事业在编 9 人，工勤 1 人，慈善会 3 人，临聘 3 人，共 31 人。其中，正科级 4 人，副科级 3 人，科员及以下 24 人，办理退休 1 人。主要工作职能：社会救助和社会福利、基层民主政治建设、拥军优属和管理专项社会事务。

【双拥工作】　春节期间，县委常委、政法委书记黄寿生带队慰问县人武部、县民兵预备役一营、县消防大队、县武警中队等 4 个驻县部队，送去慰问金 4.1 万元。6 月上旬，县委常委、副县长刘永生和县委常委、人武部部长吴炬光带队慰问在乳源训练的武警黄金部队，送去慰问金 8000 元。“八一”期间，县委书记吴春腾、县长邓志聪率领县四套班子领导以及相关单位领导慰问韶关军分区、二炮韶关大塘旅、马坝炮旅等 16 个部队单位，送去慰问金及慰问物资折合人民币 12.9 万元。9 月 30 日，举办乳源瑶族自治县第二个烈士纪念日公祭活动。

【优抚工作】　2015 年，全县各类享受抚恤和生活补助对象共 394 人，全年发放一次性临时价格补助共计 7.88 万元，发放抚恤和生活补助 325.3 万元；军队无军籍离退人员 4 人，发放生活费 10.4 万元；60 周岁以上农村籍退役士兵 579 人，发放生活补助 56.2 万元。

【村务公开】　2015 年，完成全县 115 个村（居）委会的党务村（居）务公开栏规范化升级改造工作，指导各村委会规范填写“四簿一卷”内容。县村务公开协调小组被广东省村务公开协调小组办公室定为广东省村务公开示范化单位。

开展洛阳和东坪镇“双向考核”试点工作，制定下发镇和职能部门与村（居）委会双向考核方案及成立领导小组，理清考核双方的权力范围，明确考核双方的职责，为推动“双向考核”奠定基础。

8 月 1 日始，对全县 394 名村务监督委员会成员发放工作补贴。发放标准按照村“两委”成员补贴标准（不包含通信补贴）1/4 计算，人均每月 500 元，财政补贴部分 400 元，村自筹部分 100 元，共发放 98.5 万元。

【低保工作】　5 月，完成低保、五保提标工作。提标后城镇居民最低生活保障每人每月 415 元不变，人均补差从 335 元提高到 376 元；农村居民最低生活保障标准由每人每月 230 元提高到每人每月 260 元，人均补差从每人每月 147 元提高到每人每月 178 元。全年新增户数 121 户，290 人；取消 183 户，584 人。全县享受低保救济有 2542 户，6029 人；其中城镇 212 户，389 人；农村 2330 户，5640 人；中省企业 23 户，44 人；累计发放低保救济金 1429.76 万元（其中城镇 193.44 万元）；发放春节补贴及临时价格补贴 53.17 万元（其中城镇 5.25 万元）。9 月，开展 2015 年城乡低保对象核查工作，共清查清退不符合的低保对象 36 户，109 人。

【五保工作】　2015 年，五保对象全年新增 35 人；取消 42 人，截至 12 月，全县共有五保对象 450 人

（其中分散供养 370 人，集中供养 80 人）。2015 年 1 月 1 日全面提高五保供养对象的月供养标准，由 370 元提高至今每人每月 492 元，达到《广东省农村五保供养工作规定》“农村五保供养标准由县级人民政府或者不设区的地级市人民政府每年按照不低于当地上年度农村居民人均纯属收入的 60%”确定的要求，全年累计发放五保供养资金 263.5 万元。2015 年 9 月，清查清退五保对象 6 人。

【医疗救助】 2015 年，全县城乡医疗救助共救助 536 人次，其中低保对象 370 人，五保对象 150 人次，困难家庭人员 16 人，支付医疗救助资金 167 万元；资助城乡低保对象、农村五保户，城镇“三无”人员参加新型城乡合作医疗 9519 人，资助金额 57 万元。

【救灾工作】 5 月份，受强盛的西南暖湿气流和高空槽共同影响，乳源普降暴雨，局部大暴雨，各镇不同程度受灾，部分乡镇灾情严重。县民政局成立工作组，分别到受灾严重的乳城镇、东坪镇、大布镇开展救灾工作。共下拨救灾款 2.2 万元，发放棉被、衣服等物资一批。

【区划地名】 7 月，对“滇乳线”和“武乳线”这两条界线的各个界桩进行描红，清除界桩周围的杂草，完成第三轮联合检查的实地勘察工作。

【社会组织】 依法登记乳源瑶族自治县小星星幼儿园等 4 个社会组织，完成 36 个社会团体的年检工作，对不按章程进行活动的社会团体进行整顿。

【婚姻登记】 全年依法办理结婚登记 1779 对，离婚登记 489 对，补发婚姻证件 355 份；9 月份起，全省取消出具婚姻登记记录证明业务。

【社会事务】 全县有孤儿 24 名，全年发放孤儿基本生活费 25 万元；办理弃婴收养认领登记 7 宗；救助临时乞讨人员 70 人，支付救助金额 6.9 万元。动员和组织全县机关单位和社会人员报名参加社工考试共 173 人，其中 20 人通过考试。配合省民政厅建设好直接联系群众点，组织开展送医送药送温暖，为村委 60 多位五保、低保和残疾老人体检活动，协调省厅投资建设村务大楼。

【老龄工作】 全面发放 80 岁以上老年高龄补贴。2015 年 11 月始，凡具有乳源户籍的 80 岁以上老人都可享受高龄补贴，具体发放标准为 80—89 岁 20 元/月，90—99 岁 30 元/月，100 岁以上 200 元/月，累计发放补贴金 30.4 万元。2015 年，“银龄安康行动”获得韶关市“优胜奖”。全年为老年人办理老年优待证 112 张。

【慈善募捐】 2015 年，组织开展“6·30”扶贫济困日活动，全县募集捐款 535869.2 元。

【殡葬管理】 全面免除城乡居民基本殡葬服务费政策。根据县民政局、县财政局联合印发的《乳源瑶族自治县城乡居民殡葬基本服务免费实施办法》，自 2015 年 7 月 1 日零时起，凡在本县或异地死亡且遗体实施火化的本县户籍居民均可免除七项殡葬基本服务费共计 1600 元/具。2015 年 5 月，完成殡仪馆火化机尾气处理工程安装，12 月份通过省二级馆创建验收，被授予广东省第四批“二级殡仪馆”称号。全年共火化遗体 1200 具，火化率达 100%，惠民政策惠及 626 人，减免费用 99.16 万元。

（彭延雄）

附：乳源瑶族自治县民政局领导班子成员名单

党组书记、局长：陈　琸

党组成员、副局长：李洪发

张馥菁

陈志雄

民　族　宗　教

【概况】 乳源瑶族自治县民族宗教事务局归属中共乳源瑶族自治县委统战部，属正科级行政单位，编制 6 名，其中局长 1 名，副局长 2 名，股长（主任）3 名，后勤服务人员 1 名。内设办公室、民族股、宗教股。

根据县机构编制委员会《关于设立乳源瑶族自

治县过山瑶文化研究中心的通知》文件，2013年4月设立乳源瑶族自治县过山瑶文化研究中心。属公益类事业单位，正股级，归口县民族宗教事务局管理，编制5名，配备主任1名，后勤服务人员1名。

2015年，邓毅明荣获广东省民宗委先进信息员称号。

【民族工作】 组织参加民族运动会。3月至8月，与县体育局联合组织全县少数民族运动员进行训练，代表广东省参加第十届全国少数民族传统体育运动会。乳源运动健儿夺得3枚金牌、9枚银牌、1枚铜牌，8名女子龙舟运动员被评为全国优秀运动员，12名表演项目运动员获得道德风尚奖，表演项目《桩》获竞技类道德风尚奖。

参加全省社区民族工作培训班学习。4月21至22日，广东省民族宗教委在深圳市举办全省社区民族工作培训班，县民宗局组织人员参加学习培训。

推进少数民族特色村寨的保护和发展。按照广东省民族宗教委《关于申报2015年中央财政少数民族发展资金特色村寨项目的通知》文件精神，做好必背镇必背口村，游溪镇八一村、政研村、营康村、新会村，东坪镇茶岭村、长乐村、东下山村、东莞商会村、雕子塘村、斜岭村等11个具有传统保护价值和修缮特色村落做好材料申报。研究部署“十三五”期间少数民族特色村寨建设工作。6月3日，全市推进少数民族特色村寨建设工作现场观摩会在乳源召开。

交流指导少数民族传统体育运动会筹备工作。6月4日，内蒙古鄂尔多斯市水务局局长白银宝到乳源就参加全国少数民族传统体育运动会交流指导筹备工作。白银宝到乳源少数民族龙舟训练基地实地考察，查看了解训练情况。

开展瑶区公路建设调研。6月5日至17日，县委、县政府组织统战部、民宗局、交通局及3个瑶族镇等相关单位负责人到乳桂线新街路口至原游溪镇政府驻地的公路、游溪镇水源宫八一瑶族新村至东坪镇金竹峰的公路、必背镇公坑尾至大村的公路、东坪镇乌坑坝至三联大坳公路开展调研，对路段地形进行实地考察。

开展瑶族迁移人口土地确权工作。6月1日始，瑶族迁移人口土地确权工作组开展调查摸底，完成乳城、一六、游溪、桂头4个镇的调查摸底工作。

开展瑶族姓氏文化史料收集培训。6月12日，县瑶族海外联谊会与瑶学会组织开展瑶族姓氏文化史料收集培训，负责瑶族姓氏文化史料收集工作的全体人员参加培训。培训会对成立筹委会、宣传工作、填写表册、整理史料、史料调研、编撰校对、出版七方面进行详细的指导。

指导城市社区民族工作示范区创建。9月9日，市民宗局到乳源指导城市社区民族工作示范区创建工作。

开展少数民族发展资金项目实施情况检查。9月23日，市民宗局到必背、游溪、东坪等镇开展少数民族发展资金项目实施情况检查工作。检查内容包括实地检查项目实施情况、资金是否按照管理办法和有关规定要求管理使用。

参加云南富宁瑶族盘王节活动。11月27日，应云南瑶学会邀请，乳源瑶学会及相关部门人员一行前往云南富宁，参加2015年云南富宁瑶族盘王节暨瑶族地区精准扶贫工作研讨会。

召开瑶乐居管理工作座谈会。12月11日，县民宗局召开瑶乐居管理工作座谈会，参加会议人员有东坪、游溪、必背等相关乡镇分管民族工作的领导及负责人。

【宗教工作】 开展正觉寺遗址调研。4月1日，广东省文物考古研究所刘成基副所长一行5人到正觉寺遗址进行调研。刘成基一行实地察看正觉寺遗址、了解正觉寺重建相关情况。

“云门农禅”夏令营活动。7月22日上午，云门寺举行以“体验农禅，参悟人生”为主题的第三届“云门农禅”夏令营活动。活动采取网上报名，吸引省内外近200名禅修爱好者参加，其中大部分学员是来自全国各高校的大学生。禅修爱好者在云门寺内进行为期7天的农禅生活体验，内容包括专题讲座、禅修指导、农禅体验、慈悲放生、诵经传灯、禅茶座谈、感悟分享等。期间清华大学教授讲授有关宗教方面的知识。

释迦佛塔开光庆典法会筹备工作。9月8日，韶关市民宗局向志强副局长一行在县民宗局领导陪同下到云门寺指导释迦佛塔开光庆典法会筹备工作。

释迦佛塔举行落成开光典礼法会。9 月 20 日，岭南千年古刹云门寺标志性建筑释迦佛塔举行落成开光典礼法会，来自海内外的诸山长老及四众弟子汇聚云门寺参与盛会。

东平山正觉禅寺奠基庆典。12 月 1 日，云门山大觉禅寺于东平山隆重举行“东平山正觉禅寺奠基庆典”。云门寺方丈明向大师及诸山长老、大德法师主持举行洒净仪式。来自全国各地的高僧大德，诸山长老，四方佛子，八方檀越数百人同襄盛举，共沐佛恩。

推进云门生态保护区建设。协助有关单位解决云门寺佛教文化生态保护区建设存在的山林纠纷、自留山林权争议、乱搭建、斗湾村鱼塘及部分村民插花地征收等问题，协调有关部门做好范屋村、岭头村村民搬迁工作。（邓毅明）

附：县民宗局领导班子成员名单

党组书记、局长：王　东

党组成员、副局长：赵伟胜

许昌发

各 镇 概 况

乳 城 镇

【概况】 乳城镇位于乳源瑶族自治县东南部，是县政府所在地，镇政府驻地侯公渡，距离韶关市区31公里，距县城4公里；区位优越，是乳源的工业重镇、政治中心、经济中心、交通枢纽和信息中心。东临韶关市武江区龙归镇，南连韶关市武江区江湾镇，西邻东坪镇，北与游溪镇、一六镇交界；交通便利，京珠高速公路在境内设有1个出入口，国道323线，省道249线、250线，县道358线贯穿境内。地形西北高、东南低，平均海拔为97米，是丘陵平原地区。全镇土地总面积209平方公里，耕地总面积1370.5公顷，其中水田面积1203.8公顷，水浇地面积146.7公顷。林地面积为1.42万公顷，森林覆盖率为83.5%。辖13个村委会，5个居民委员会，211个自然村，216个村民小组，总户数为19021户，常住人口为71437人，其中乡村户数8109户，乡村人口34534人。乡村劳动力资源总数为18264人，乡村从业人员16243人。属中亚热带季风气候，南水河自西向东穿越境内汇入北江。

镇内景点。云门寺、桂花潭、云门山风景区、文昌公园、金狮公园、乳源温泉、双峰山、国公岩、丽宫国际温泉旅游度假区、三王石、文秀峰、睡美人（下街岭）、燕子岩、白石岩。

历史文化遗产。泽桥山遗址、横石山遗址、文昌塔、西京古道遗址——大富桥、刘氏宗祠、宋田古戏台、宋田文塔、天德寨。

主要特产。菜干、竹笋、巴西果汁、香蕉李、葡萄、蜜柚、茶叶、冬菇、木耳、山羊、瑶山黑猪、九仙腊味、瑶东生态猪、瑶东腊味、茶油、甜玉米。

【经济社会发展】 2015年全镇国民经济生产总值为30.8亿元，比2014年增长3%。农村经济总收入4.59亿元，比2014年增长10.01%，其中第一产业收入1.39亿元，第二产业收入1.63亿元，第三产业收入1.57万元，分别比2014年增长5.3%、10.5%和14%；城镇居民可支配收入19894元，比2014年增长11.5%；农村人均纯收入7922元，比2014年增长13.09%；地方财政总收入3150万元，比2014年增长2.28%。

【企业与产业发展】 全镇有企业3269个，其中集体企业1个，私营企业36个，港商企业2个，个体工商户3218个，休闲农业12个；辖区内建成大中小型水电站15座，装机容量14895千瓦，建成22万伏变电站1座和11万伏变电站4座。工业发展以铝箔、生物医药、电子、化工产品、高新材料等产业为主的主导产业，成为产业聚集、功能齐全、特色鲜明的工业主导型乡镇。辖区内设立1个省级开发区即乳源经济开发区，截至2015年，建成新材料产业园、东阳光高科技产业园、富源工业园等3个省级工业园区，进驻86家工业企业。

【重点项目建设】 加快基础设施建设，搭建招商平台。积极承接东莞长安产业转移，培育发展城镇的主导产业、支柱产业、骨干龙头企业和产业集群。服务好已建项目，组织协调好在建项目。完成绿之源征地10.87公顷，虞塘坑第二期（租转征）20公顷，云门山旅游度假区征地5.37公顷，岭溪河整治征地4公顷，云门寺佛教文化生态保护区征地0.87公顷，嘉旺二期征地3.33公顷，扬成铝材项目征地0.53公顷，瑶山古寨征地20公顷，富源工业园征地10.47公顷，财政局至迎宾路征地0.4公顷，金禧小学征地1.79公顷，八一小学一期征地0.64公顷，高速公路以西项目征地21.67公顷，鲜明屠宰场征地1.33公顷等重点项目征地拆迁工作，确保各项重点项目顺利推进。

【农业农村经济发展成效显著】 优化和调整水稻、烤烟、玉米、花生、甘蔗、大豆等农作物的种植面积，全年播种总面积3726.07公顷，其中，水稻2075.13公顷、总产12132吨，蔬菜396.2公顷、总产8305吨，花生122.8公顷、总产413吨，玉米149.33公顷、总产504吨，烤烟223.67公顷、总产479.65吨，冬种面积733.33公顷，发放绿肥种子12659.5公斤，园林水果种植面积551.47公顷、总产1845吨，其中55户农户新种柑橘123.33公顷；全年出栏生猪6.8万头，牛0.7万头，羊0.15万只，出售三鸟10.8万羽。

落实惠农强农政策。保障粮食生产安全；发放粮食直补27.1万元，农资综合直补206.8万元，良种补贴50.9万元，农机具购置补贴14.3万元；农户参加水稻种植保险有5934户，面积2260.35公顷，农户缴费18.65万元。

落实“三防”工作责任制。实行防汛期间24小时值班制度，做到责任到人；镇政府与9座水库、15个电站、14口山塘的责任单位分别签订防汛责任书。

发展农业产业经济。成立农业专业合作组织26个，家庭农场11个。发展高盛菜场甜玉米基地、葡萄园、泰丰农业园瑶东山猪养殖基地、小凌角农业观光园（6.67公顷）柿子基地、现代烟叶标准化园区、云门村苗圃场、荣达牧业发展有限公司黑猪养殖育种基地、辉耀农业开发有限公司产业基地。2015年封山育林面积8666.67公顷，其中县城景观林带建设2666.67公顷；发放生态公益林效益补偿金1589.2公顷共135.9万元到村、到户。

培训与就业。全年举办各类培训班18期，培训2110人次，农村劳动力转移10190人，劳务收入8746万元。

乡村清洁美工程。以健全保洁长效机制为目标和开展集中整治为重点，投资62.5万元购置18台三轮摩托车、500个垃圾桶、3台垃圾车发放到各村（居）委。

【开展农村土地确权颁证工作】 6月至12月，实施瑶族迁移人口土地确权颁证工作，全镇有28个迁移点共641户、2456人，完成水田123.5公顷、林地55.33公顷的调查摸底和测量工作。10月至12月完成大联村委试点工作。11月18日，成立镇农村土地确权颁证工作领导小组，制定工作实施方案。12月11日，该镇在镇文化楼会议室召开农村土地承包经营确权登记颁证工作动员会，部署相关工作，参加会议共有300多人，按试点要求在全镇216个村小组铺开确权颁证工作。

【农业基础设施建设】 完成云门村委钟屋、胡屋、坝背、马安山村饮水工程建设。争取中央、省、市农田水利建设资金2299万元，于2月份完成岭溪、大东、新兴、健民、前进、云门、新民7个村委会高标准基本农田建设，工程涉及受益面积1277.33公顷。争取中央、省专项资金4600万元，实施健民至大东河和岭溪河中小河流治理工作，截至12月底，完成16.3公里河堤建设；投入197万元完成鲜明横坑水库等15条共6.6公里公路硬底化建设，投入85.9万元新建大东杨屋桥、新民新邓屋桥和挡土墙。修复水毁工程22宗，其中陂头8宗，山塘3宗，水圳11宗、长3.6公里，投入2.5万元垦复农田0.23公顷。

新农村建设。投入117.6万元完成松山头新村巷道、赖屋特色村建设和坝厂安居工程涵管埋设项目。开展鲜明新屋坪村、坝厂新村整村推进工程和木竹坝村整村搬迁工作。加快五彩瑶山省级新农村示范片建设。积极做好规划申报工作，规划建设村庄有云门村委崩岗头村等10个示范村，实施巷道、自来水、外墙、改厕、雨污分流工程，完成共和村委会桥头邓屋、宋上村新村建设三通一平工作。

【“5·20”防灾减灾工作】 5月20日，乳城镇遭受持续暴雨和大暴雨袭击，受灾13个村委18213人，造成直接经济损失1132万元。导致1个村庄水浸，房屋倒塌31间，水毁桥梁3座、公路8处180米、水圳5宗280米、陂头6座、饮水工程5处水管长1350米，农作物受浸面积406.13公顷，转移群众3户5人。灾情发生后，镇领导班子和干部职工组成18个工作组开展抗洪救灾，灾后积极配合上级有关部门修复水毁的公路、桥梁、饮水工程和水利设施等，抗灾减灾工作扎实有效。

【新一轮扶贫开发工作】 继续围绕基础设施、基础产业、社会事业等重点扶贫工作的需要，做好共和、新兴、岭溪、云门、鲜明5个贫困村，582户2125人扶贫规划和扶贫开发“双到”实施工作，实现脱贫致富，5个贫困村如期实现集体经济收入达10万元以上，贫困户人均收入达8000元以上。全年共投入帮扶资金862.3万元，其中东莞虎门镇投入297.8万元，省青年技术学院投入78万元，南方石油公司投入107.5万元，县、镇两级共投入379万元，完成帮扶项目25个。

【城镇化发展】 以加快中心镇建设为重点，实现产业和城镇融合互促，城镇化和农村建设统筹推进。统筹规划向韶关市芙蓉新区拓展，促进产业向园区集中，打造好“一江两岸”等城市环境体系。查处和整治“两违”等违法违规行为，加大力度打击小产权房，加强耕地保护。2015年，发现违法违规占用土地61宗，其中违法开采矿山3宗，违规农田宅基地建房58宗，及时下发“责令停止土地违法行为通知书”61份。投入37.3万元完成镇政府停车场建设。2月5日，组织开展清理虞塘坑项目非法抢种专项行动，出动工作人员150多人，共清理果树1.5万株。完成中农批、虞塘坑二期、富源工业园、金禧小学扩建项目土地清表工作。

【文化与教育工作】 文化建设。镇内有文化站1个和文体广场5个、村文化室和农家书屋19家等文化设施，完善文化站、文体广场、村文化室和农家书屋等文化设施建设，实行免费开放，促进基本公共文化服务均等化。投入3万元购置图书一批，发放15个农家书屋。投入20万元完善镇成人文化技术学校维修，投入286.3万元完善镇人口文化园、文化站、村（社区）电子阅览室和云门村委崩岗头村文化室建设。6月，云峰社区被评为国家科普示范社区。

教育工作。镇内有党校1所，教师进修学校1所，高级中学1所，职业学校1所，初中3所，完全小学4所，成年技术学校1所，幼儿园7所。巩固教育强镇工作成果，推进中小学互助共同体建设和特色学校（金禧小学、鲜明八一小学）建设，缩小城乡和校际差距，促进全镇教育均衡发展。9月，镇政府被县政府评为尊师重教先进集体。12月，镇关工委被县委、县政府评为县关心下一代工作先进单位。

【社会保障制度改革】 2015年，城乡居民基本医疗住院补偿人数318人，住院总费用273.5万元，补偿金额109.8万元。截至12月底，城乡居民医疗保险参保人数为27562人，其中新增261人，参保率达100%。城乡居民养老保险参保人数12847人，其中参保缴费7079人，参保率109.84%，享受待遇5237人。全镇有五保户82人，发放生活费48.6万元。低保户660户1464人，发放救济款354万元。大病救助51人，发放救助金28万元，发放残疾人生活津贴318人共38.2万元、残疾人重度护理补贴355人共63.9万元。投入16.8万元完成28户困难残疾人危房改造。投入9万元完成新民邓屋、赖屋和大联曾屋农村幸福院建设。发放高龄津贴1113人共5800元，完成60岁以上银龄安康意外保险3800人，占任务的115%。投入1.78万元，帮助1户五保户建房1间，面积25平方米。发放困难户救助物资油45桶，棉被145张，大米25包，合计金额2.29万元。组织镇干部职工举行慈善捐款2.5万元，支助大病贫困家庭2户1.22万元。

【水库、石灰岩移民管理】 发放移民生活补贴1098户211.1万元，发放47个移民村4884人生态公益林款41.4万元，发放移民粮差、生产扶持款8.6万元；投入229.9万元，完成移民村基础设施建设19宗。

【卫生计生服务】 镇内有县级医院3所，镇卫生院1所，卫生站20个，农村医疗体系建立健全。严格执行人口与计划生育层级动态管理责任制，扎实开展冬季、春夏季和秋季计生集中服务月活动，2014年10月至2015年9月，全镇共出生婴儿911人，政策生育率为91.66%，社会抚养费征收206.32万元，投入10.4万元完成镇人口文化园宣传栏建设。5月，松峰社区、大联、健民村委被县政府评为县2014年度人口与计生工作先进单位；8月，乳城镇荣获广东省人口文化示范基地称号。

【社会管理工作】 综治信访维稳工作。建立健全领导班子接访制度、排查制度，完善领导班子包案制度，开展“平安乳城”创建活动，落实全国“两会”期间维稳工作，积极开展无邪教创建示范镇村活动。1至12月，全镇共受理各种信访及矛盾纠纷案件95宗。受理市、县批转各类信访案件62宗，其中民生热线4宗，信访件24宗，网络问政33宗，投诉举报热线1宗，办结62宗，办结率为100%；镇村级接待来访群众33批共59人次，办结33宗，办结率为100%。与2014年相比全镇各种信访及矛盾纠纷案件减少25宗，下降21%。1月，源峰社区被评为韶关市“平安家庭”创建活动先进示范社区。

安全生产工作。提高企业安全生产意识和管理水平，期间无发生重大安全生产事故，镇政府与46个单位签订2015年消防安全责任书、安全生产责任书和食品药品安全责任书。

加强法治建设。积极开展“六五”普法各项工作，1至12月，共举办各种法律知识培训班6次。3月，大群村委被评为全国民主法治示范村。

【健全基层民主机制】 村级干部培训工作。召开专题会6次和举办学习班9期，组织村（社区）“两委”干部学习贯彻《中华人民共和国村民自治法》《中华人民共和国国家土地管理法》《广东省人口与计生条例》等法律法规知识。

农村集体“三资”清理监管工作。制定《乳城镇村级财务管理制度》，举办各村（居）委会财务人员培训班2期，充实镇农村“三资”管理财会工作人员4人，全镇13个村委设立台账13个，设立组级台账216个，13个村委成立村务监督委员会。9月23日，在县政府会场召开由村“两委”干部和各村小组长330人参加的全镇农村集体“三资”管理工作专题会议，进一步规范村组财务管理，维护村组集体利益。

【镇村二级服务平台建设】 加强社区规范化建设，深化社区管理和服务功能，创新社会管理。投入12万元，完善镇便民服务中心和5个社区公共服务站建设，购置办公设备，为群众办事提供“一站式”服务。1至12月，镇便民服务中心和村级便民服务站为群众代办服务累计53763件。网上办事大厅代办服务累计1227件，完成农村三资交易5宗。

【镇人代会】 2015年1月23日，召开乳城镇第十一届人民代表大会第四次会议，应到会代表80名，实到会代表76名，会议听取和审议《政府工作报告》《人大主席团工作报告》和《2014—2015年财政预结算报告》，补选镇人大主席1人、副镇长1人，许钧华当选镇人大主席、陈顺华当选副镇长。

【成立镇工会联合会】 2015年9月25日，召开乳城镇工会联合会第一届第一次会员代表大会，应到会员代表41名，实到会员代表38名，会议听取《乳城镇工会联合会委员会筹备工作报告》，表决通过《乳城镇工会联合会委员会第一届第一次代表大会选举办法》，选举产生第一届工会联合会委员7名，其中主席1名，副主席1名。选举产生经费审查委员会委员3名，其中主任1名。经乳城镇工会联合会提名，设立女职工委员会委员3名，其中主任1名。第一届工会联合会委员会任期5年。

【创建全国文明城市工作】 3月31日，成立乳城镇创建全国文明城市工作领导小组，制订镇创文工作实施方案。悬挂横幅50条，张贴标语2000张、宣传画300张。加强机关效能建设。召开镇中心组学习会16次，以“五好”（领导班子好、党员队伍好、工作机制好、工作业绩好、群众反映好）创建活动为载体，群众对行政效能的满意度达98%，对反腐倡廉工作的满意度达100%。开展群众性文化活动。举办道德讲堂5场，反家暴文艺会演1场，健康知识教育5次。开展送电影下乡11场，春节送春联活动1次。实施环境卫生综合整治。落实单位办公区域及商铺“门前三包”责任，实行农村211个自然村垃圾统一收集清运工作。开展中小学周边环境整治工作。加强精神文明建设。创建省生态文明村1个，五星级社区1个、四星级社区4个，星级文明户2302户。张爱光、张宗飞入选中国好人榜和被授予广东省见义勇为模范提名奖。董秀芳、张添缘、林志贵、潘文杰荣获韶关好人称号。

【加强党的基层组织建设】 投入8.4万元完善云门村、新民村党员活动室和党代表工作站宣传栏建设，发放离任村干部生活补助74人共计10.44万元，发放困难老党员补助15人共3万元，春节慰问困难党员185人次，发放慰问金1.65万元。共和村、新民村党支部列为党建示范点；组织党员互助金捐款9638元；6个党支部被镇委评为先进基层党组织，47 名党员被镇委评为优秀共产党员；6 个单位被镇委、镇政府评为先进集体，56 名工作人员被镇委、镇政府评为先进工作者；镇委召开专题培训会，落实镇村（社区）“三务”（党务、政务、村务）公开制度；组织 18 名入党积极分子参加县委党校培训。

【组织实施薄弱村整治转化工作】 制定有针对性的整顿转化方案，明确整顿转化目标、措施、步骤安排和责任人。落实领导干部挂钩联系村制度，选派工作组进行驻村整顿。选派薄弱村党支部“第一书记”3 人，定期组织“第一书记”为党员干部上党课，强化党性意识。完成市级薄弱村坝厂、河北和前进 3 个村委整治转化工作。

【开展“三严三实”专题教育】 6 月 9 日，举办“三严三实”专题教育党课，紧扣严以修身、严以用权、严以律己，谋事要实、创业要实、做人要实的主题，要求广大党员干部，尤其是领导干部要加强学习，对工作认真负责，对党忠诚，言行一致，树立为民、务实、勤奋、清廉干部形象；12 月 29 日，镇领导班子召开“三严三实”专题民主生活会，班子成员深入查摆“不严不实”和“四风”方面存在的突出问题，认真开展批评与自我批评。

【镇领导干部驻点普遍直接联系群众活动】 全镇共组建驻点团队 18 个，驻点团队成员 90 名，分别由镇党政班子成员牵头负责，其中“两代表一委员”21 人；组建辅助团队 18 个，辅助团队中村“两委”干部 84 人，“大学生村官”10 人，驻村（社区）法律顾问以及各类志愿者 21 人。投入 0.9 万元制作宣传栏 5 个；截至 2015 年 12 月底，全镇 18 个驻点团队共直接联系群众 69467 人，其中当面接待人数 2469 人，分片走访群众 65931 人，发放民情联系卡 49500 张；群众反映问题 2096 条，共解决问题 2094 个，帮助群众解决一批热点难点问题。

【党风廉政建设】 贯彻落实党风廉政建设责任制。明确党风廉政建设“一把手”工程，落实责任分解，强化职能任务；投入 2.1 万元完成镇纪委谈话室规范化建设；加大执法办案工作力度，全年共立案查处违法违纪案件 14 起，查处党员干部 19 人。

【武装工作】 抓好民兵整组、民兵预备役、兵役登记、轻舟训练、民兵应急分队训练、国防坑道普查。全镇秋季征兵从 7 月 1 日开始，至 9 月 1 日结束。镇政府成立镇征兵工作领导小组，镇长与 18 个村（居）委会签订征兵工作责任书，有 100 名适龄青年报名参加体检，经过初检、复检和政审，圆满完成 2015 年征兵工作任务。4 月，镇武装部被评为全县武装工作先进单位。 （叶新华）

附：乳城镇领导班子成员名单

党委书记、人大主席：许钧华

党委副书记、镇长：林桥远

党委副书记：肖福城

党委委员、纪委书记：赵　强

党委委员、武装部部长：赵伟军

党委委员、人大副主席：侯贱娇

党委委员、副镇长：陈荣生

党委委员：许碧葵

陈囿先

张润岳

朱君鹏

副镇长：张新芳

陈顺华

2015 年乳城镇村（居）委会基本情况表

表 8

村（居）委会	书记、主任	村居民小组	总户数（户）	总人口数（人）	集体经济收入（万元）	农民人均纯收入（元）
云门	林新化	10	389	1678	8	8062

续上表

村（居）委会	书记、主任	村居民小组	总户数（户）	总人口数（人）	集体经济收入（万元）	农民人均纯收入（元）
鲜明	丘志坚	10	622	2305	6	8162
大联	袁振海	11	432	1862	10	7981
岭溪	朱移古、张亚焕	11	418	1818	7	8061
大群	邓翠华	17	548	2340	18	8119
坝厂	吴伟	7	197	728	8	7400
河北	刘振宽	12	282	1048	20	8069
共和	丘荣胜	19	1200	5290	9	8027
新民	丘湖生	28	890	3897	6	7912
新兴	丘永莲	21	890	3660	8	8167
健民	谢世平	30	835	3695	6.8	7900
大东	杨少锋	29	845	3801	3	7466
前进	张润岳	11	561	2412	3.8	7529
鹰峰	谢善香	18	2827	9135	5	/
源峰	李林根	22	3232	9880	5	/
云峰	董秀芳	21	2050	7526	5	/
松峰	陈桥妹	17	1901	6480	5	/
康乐	吴招彩	7	902	3882	5	/
合计	/	301	19021	71437	138.6	/

桂　头　镇

【概况】　桂头镇地处乳源东北部。镇域东与武江区重阳镇、浈江犁市镇接壤，南邻游溪镇、武江区重阳镇，西邻游溪镇、必背镇，北与乐昌市长来镇毗邻。境内有京广铁路、武广高铁、广乐高速公路（设有2个出入口），镇区属省道248线、250线交汇点，县道325、326线纵横贯穿全境，武江河经镇域由北向东南从中部流过，区位优越，交通便利，是省政府确定的268个中心镇之一。全镇总面积125平方公里（其中总耕地面积1807公顷，森林面积0.8万公顷，森林覆盖率72%），辖14个村委会，1个居委会，有93个自然村。全镇有户籍总数11607户，户籍总人口36158人，其中农业人口

32022人。镇内设有中学1所，小学12所，幼儿园7所，市级示范性乡镇成人文化技术学校1所，镇级卫生院1所，村级卫生站16个。

历史保护文物。位于桂头镇区（江背）背夫山李根源立南宋陈军名将“陈司空征北将军侯公安都墓”。

特色农产品。有杨溪砂糖橘、杨溪马蹄、杨溪杨梅、小江三华李、皇帝柑、阳陂甘蔗、均村甘蔗、阳陂香芋。

2015年，全镇国民经济生产总值77800万元，城镇居民人均纯收入7898万元。

【经济建设】 *落实惠农政策*。落实玉米、水稻农业保险和乳桂沿线水果种植补贴等惠农政策。2015年度全镇农田补贴面积3026.18公顷，补贴金额达277万元，补贴农户6057户。

大力发展新型农业模式。全镇农作物总播种面积4311公顷，粮食作物面积2429公顷。耕地流转面积652公顷，种植大户33户，畜禽养殖大户101户，农业合作社52个。推广“协会+农户+基地”“支部+协会”等方式，加大投入发展特色农业，建莫家村地膜花生基地、大坝旺民蔬菜种植基地、阳陂香芋种植基地、杨溪马蹄种植基地、小江烟叶基地。

积极推进生态文化旅游业。依托广乐经济带和乳桂干线五彩瑶乡示范片大力发展服务业和旅游业。杨溪天鹅堂杨梅基地建成有集采摘、直销、旅游于一体的农业产业基地。投资50万元开发上司庙森林公园，加快生态林业公园开发建设。

重点做好招商引资。按照“优化企业投资环境、加大招商引资工作力度、大力宣传广乐高速经济带”的工作方法，加快园区发展，促进工业产业升级。3月，举办外出务工人员返乡会，进行招商引资；组织人员到珠三角进行招商宣传，承接珠三角的产业转移项目。

【城镇化建设】 桂头镇污水处理厂及其配套管网建设项目累计投入资金400多万元，其中2015年投资120万元建设完成截污管网污水处理厂至育才路十字路口。

6月至11月，实施育才路维修项目，总投入资金330多万元，建设完成路面维修、增设人行道、增设路灯及医院和学校警示灯、道路旁旧楼拆旧维修工程等。

投入20万元改造“文化站—必背路口—桂头新桥—乐韶公路—新市场”道路照明，安装40盏路灯，美化亮化街道环境。

【重点项目建设】 杨溪大桥新建工程是广乐高速在均村出入口连接省道248线的重要工程之一，是市、县重点项目，2015年上半年杨溪大桥东岸段附属路面铺通。“两不具备”村搬迁安置工作，完成红岭村土地征用、平整，进入建房工作阶段，草田坪“两不具备”搬迁锡地安置点完成三通一平工作，位于松围村委的2个安置点进入征地阶段。

【基础设施建设】 *改善农田灌溉条件*。投入436万元实施农田水利三面光项目（包括高标准农田建设项目）共9个，总工程长度27.3公里。

村道硬底化建设。投入128万元完成村道硬底化项目共2个，村道长度为3.1公里。

食水工程建设。投入107万元完成安全饮水项目共5个。

农村公共设施建设。投入289万元完成文化健身广场项目共12个，投入95万元改造、修缮村委办公场所项目共4个，投入60万元完成村庄路灯安装亮化工程5个项目，共安装路灯88盏。

小型水利深化改革确权工作。完成122宗水利设施的资料收集和整理。其中陂头23宗，泵站4宗，水库8宗，山塘13宗，渠道63宗，堤防2宗，饮水工程9宗。完成确权及公示等相关工作。

【农村“三资”平台建设】 9月份，全面部署全镇117个经济联社及经济合作社的“三资”清查核实工作，10月中旬完成核实，11月前完成“三资”录入工作。全年共开展16宗集体资产资源交易（其中有1宗作废标处理、有1宗流标），涉及金额230万元。

【社会保障】 2015年完成779名残疾人残疾证办理工作，确定五保户47人、低保户346户。截至12月底，敬老院入住老人15人。办理80以上老年人津贴728人，银龄安康参保4625人。

新农保和新农合工作。全镇城乡居民医疗保险参保人数25868人，完成率96.7%；城镇居民养老保险参保人数5395人，完成率96.37%。

【党的基层组织建设】 认真落实乡镇领导干部驻点普遍直接联系群众工作。将每周二定为接访日，要求全体干部职工必须通过走访和接访的方式和群众开展“面对面”工作。乡镇干部驻点普遍直接联系群众工作期间共计走访村民23231人，搜集群众反映意见建议419条，反映问题总数4095条，现场解决问题3674条，村居自行解决的358条，镇街协调解决的55条，上报县级协调解决的8条。

集中力量整顿软弱涣散党组织。从群众反映强烈的突出问题着手，通过集中学习、明确责任时限、建立健全制度规范、化解矛盾纠纷等一系列举措开展整顿转化工作。以“365党代表工作站”、便民服务站为活动中心，组织开展“学先进、作表率”的主题实践活动，加强教育培训，提高支部成员履职能力和综合素质。投入资金30多万元对七星墩村委进行基础设施建设，投入资金20多万元对塘头村委进行基础设施建设。整改后软弱涣散党组织转化率达100%。

【党风廉政建设】 以深入开展乡镇领导干部直接联系群众和“三严三实”教育为契机，严格落实党风廉政建设责任制。全年共立案6件，结案6件，给予党纪处分6人。召开桂头镇纪律教育学习月动员会1次，组织观看反腐倡廉教育片3次，邀请县纪委和县农业局村账业务工作人员到桂头镇开展村账管理业务培训和讲座1次，组织镇、村领导干部赴韶关市廉政教育基地参观1次。

【创建平安工作】 投入10万多元，完成4个村委会、4个自然村建设创平宣传栏，提高村民的法治意识，组织评比11621户平安家庭。6月25日，在镇区开展爱路护路暨“平安铁路线”创建集中宣传咨询活动，共发放宣传资料800多份，现场解答群众咨询50多人次。7月，开展“法律进学校”活动，发放《中华人民共和国未成年人保护法》《中华人民共和国义务教育法》等法治宣传资料，通过现场互动的方式，充分调动学生学法的积极性。

综治信访维稳。2015年桂头镇维稳整体情况稳定。全镇共受理各类信访案件87宗，其中信访案件45宗，矛盾纠纷43宗，调处率98.8%。办结信访案件43宗，办结率100%。成功调处矛盾纠纷42宗，成功调处率97.6%。

安全生产和食品药品安全检查。8月20日，桂头镇在全镇范围内开展安全生产检查，共抽检7家安全生产企业，涉及涉爆、危险化学品、烟花爆竹、燃气等方面；多次组织工商、食药局等部门到超市、药店、零售店、菜市场开展食品药品安全检查，规范食品药品市场。

【文化教育】 3月8日，桂头镇政府联合县妇联在桂头镇全民健身广场举行“三八维权周”普法文艺会演。10月21日，阳陂村委在村委会举行“欢度重阳——老年人维权宣传活动”。“6·1”儿童节和端午节期间，组织15个村（居）委的农家书屋开展留守儿童的读书活动，共有3000人次的儿童参加读书活动。配合开展农村电影放映工作，播放电影共28场。

加大教育投入力度。整合优化资源，配合县开展创建国家级农村职业教育和成人教育示范县验收工作，11月广东省教育强镇复评验收组对桂头镇申报广东省教育强镇复评工作进行复评验收，验收组对桂头镇创强复评工作给予充分肯定。两项工作顺利通过省、市、县验收。

【扶贫“双到”】 新一轮扶贫开发“双到”工作。全镇共有重点帮扶村12个，贫困户1113户、3066人。至2015年年底，完成新一轮扶贫开发“双到”减贫任务3066人。12个贫困村共投入各类帮扶资金2483.3万元，完成一批重点帮扶项目。投资85.8万元建设大坝文化广场及完成大坝村容村貌整治工程，投资28万元建设七星墩健身广场，投资100多万元在桂头小学旁建设朗桂综合楼，投资38.5万建设莫家村仙人潭段水渠三面光工程，投资33.28万建设杨溪村委文化综合楼，投资110万完成王龙围3个自然村自来水安装工程。

10月份，顺利通过国务院扶贫办在广东开展扶贫领域重点工作任务督查，完成第二轮扶贫开发“双到”验收工作。

【卫计工作】 人口与计划生育工作。2015年度全镇出生婴儿570人，其中一孩出生297人，二孩出生261人，三孩及以上出生12人。政策生育率92.28%，其中男孩出生292人，女孩出生278人，出生性别比为105.4。发放免费孕前优生健康检查通知书330份，免费孕前优生健康检查138对，举办3期镇村干部共109人的计生业务知识培训，培训镇村（居）计生专干2期约70人次。

乡村清洁美工程。按照农村生活垃圾“户收集、村集中、镇转运”的工作原则，大力整顿镇村“脏、乱、差”现象。全年全镇共投入80多万元完成垃圾收集转运工作。在大坝村、莫家村试点聘请专职保洁员进村、入户上门清收垃圾。10月23日，桂头镇大坝村、莫家村顺利通过由市爱卫办组织的卫生村市级考核。红岭村委会兴建完成1批垃圾池，并投入资金14.42万元购置1台容积8立方米东风多利卡自装卸式垃圾车和40个垃圾桶。联合桂头镇卫生院开展登革热灭蚊专项行动4次。

【全国1%人口抽样调查工作】 9月份完成调查小区地图的绘制和上报工作、“两员”选调及培训工作、调查户摸底工作、上门入户调查工作、数据PDA录入工作。11月中旬顺利完成抽样调查工作。

【人大工作】 2月3日，桂头镇第十二届人民代表大会第四次会议召开，大会听取并审议桂头镇人民政府工作报告、镇人大主席团工作报告及镇财政预决算报告，听取镇人大副主席陈玉明关于各代表团提交议案情况的汇报，依法投票选出吴衍雄为镇人大主席团主席，李教化为镇人民政府副镇长。

【武装工作】 认真抓好民兵整组、民兵预备役、国防坑道普查等日常武装基础工作建设，积极参加市县民兵应急演练和点验。8月，依照“早安排、早宣传、早动员、早落实”的原则，成立镇征兵工作领导小组，加大动员和宣传力度，有56名适龄青年报名，经过初检、复检和政审，圆满完成征兵工作。

【妇女儿童工作】 成功申报韶关市第二批“妇女之家”示范点项目（在阳陂设点），积极推进“妇女之家”各项建设。成功申报韶关市“友好儿童社区”示范点项目，在社区居委会成立桂头镇第一个儿童友好社区，为儿童创建快乐天地和趣味学习平台。开设“真情月嫂”育婴技能培训班，邀请韶关市“真情月嫂”职业培训学校到桂头镇为60名妇女开展为期五天的育婴技能培训。做好妇女儿童“四项援助”工作，对贫困单亲母亲、女性白内障患者、先天性心脏病患儿、孤儿进行信息核查登记，帮助单亲母亲改善住房条件，发放发展生产款3000元/人。

【工会工作】 10月21日，桂头镇工会联合会第一次会员代表大会在镇政府综合楼会议室召开，桂头镇各行业共41名工会代表参加大会。大会按照《中华人民共和国工会法》选举规定，选举产生桂头镇第一届工会联合会委员8名，选举钟美凤为镇工会主席。

【志愿服务活动】 7月9日，团市委副书记凌雪峰率市、县、镇三级团委志愿者宣传队伍，在桂头镇凰村开展全国土体地知识宣传活动，向凰村村民派发简单易懂、贴近农村实际情况的彩页宣传资料；先后组织参与团县委在游溪镇中心小学开展的关爱留守儿童志愿服务活动，配合狮子会开展贫困学生助学活动，为15名贫困学生送去温暖；派出2名团干志愿服务者参加第九届乳源瑶族“十月朝”文化旅游节活动。（麦　翡）

附：桂头镇领导班子成员名单

党委书记、人大主席：吴衍雄
党委副书记、镇长：邓桂雄
党委副书记：黄永久
党委委员、纪委书记：吴振光
党委委员、武装部长：邹福前（—2014.11）
党委委员、人大副主席：陈玉明
党委委员、副镇长：钟美凤
党委委员：钟慧秀
　　　　　马桂洲
　　　　　黄博东
　　　　　邓良辉
副镇长：李月祥
　　　　李教化

2015 年桂头镇村（居）委会基本情况表

表 9

村（居）委会	书记	主任	总户数（户）	总人口（人）	集体经济纯收入（万元）	农民人均纯收入（元）
阳陂	侯荣桥	冯香尧	1457	5026	4.65	7994
凰村	邹福前	侯家安	717	2396	0.9	7914
草田坪	周文龙	周文龙	167	486	7.14	6346
均村	吴振光	郑雪文	723	2378	5.2	7964
小江	赖彩发	赖彩发	805	2760	0.36	8004
王龙围	王群	王　群	536	1814	6.2	7919
杨溪	朱火发	朱火发	1015	3391	5.5	7997
塘头	邓洪辉	邓洪辉	399	1262	8.75	7913
莫家村	莫维东	莫维东	352	1001	5.52	8031
红岭	侯丽庭	侯丽庭	441	1487	5.1	7969
七星墩	陈建华	王维榕	820	2707	5.1	7921
大坝	林长仪	林长仪	466	1574	6	8301
松围	王扬海	王扬海	1201	4020	5.4	7502
东岸	林昌强	林昌强	522	1701	4.1	7950
社区	黄玉玲	黄玉玲	1986	4136	/	/
合计	/	/	11607	36158	/	/

大　桥　镇

【概况】　大桥镇地处乳源西北部，镇政府驻地距县城约 33 公里。区位优越，交通便利，省道 249 线、258 线于石角塘处交会，境内京港澳高速公路在大桥设有出口，有县道 325、327、357、358 线贯穿。是县 3 个中心镇之一，镇域总面积 384 平方公里，其中耕地面积 3.94 万公顷，林地面积 2.65 万公顷。森林覆盖率为 70%。辖 21 个村民委员会，1 个居民委员会，共 266 个村（居）民小组。镇有总人口 41000 人，户籍总数 8499 户，户籍总人口 39662 人，其中农业人口 38749。设有中学 1 间、小学 21 间，镇级卫生院 1 间，村级卫生站 22 个。2015 年，全镇国民经济生产总值 4.672 亿元，农民人均纯收入 6558 元。

*历史文化遗产。*境内历史文化遗产有西京古道、西京古道文化陈列馆、古民居、观澜书院、开来书院、步蟾书院、古通济桥和西云寺等，非物质文化遗产有客家民俗艺术“舜帝诞辰”“契娭生日”，景点有南岭国家森林公园、红豆杉公园、通天箩等。

*农特产品。*大桥镇饮食文化独特，农家菜有禾

花鱼、麻包豆腐、懒人豆腐、花生豆腐等。主要特产有石头猪、大桥酸姜、大桥河鱼、禾花鲤鱼、魔芋豆腐、茶叶等。

【生态农业发展】 扩大优势产业规模。2015年全镇农作物耕种面积2625公顷，其中：水稻种植播种面积1649公顷；黄烟种植总面积286公顷，总产值约1200万元；蔬菜种植总面积1370.8公顷，总产值达6000多万元。

积极发展新型作物。继续加大对新型农产品的推广力度，以“农户＋支部＋协会＋龙头公司”的发展模式发展种植业，依托有良好发展前景的农产品开发公司，积极鼓励农户发展薄荷、薰衣草、莫茱萸、兰花、红豆杉等珍贵中草药及苗木。建成红星46公顷薄荷基地，塘华66公顷吴茱萸基地。

【基础设施建设】 大桥污水处理厂。大桥污水处理厂于2015年12月竣工，日均处理污水能力可达800吨。

杨溪河（大桥段）河堤建设项目。河道整治、修葺等工作有序进行。

“两不具备”安置点建设项目。该项目完成村民自建房屋28套（全部入住），完成10幢122套住宅楼建设，其中农户认购92套，有68户村民入住。

公路硬底化及水利工程。2015年，完成村道硬底化建设共计22公里。对全镇范围内的水利项目进行调查摸底，联合水利等部门对全镇21个村委维修加固水圳44条，总长约32公里。扶贫“双到”工作，兴修饮水工程4个村委共5宗，改造“两不具备”安置点、塘峰岩村的水利设施，共惠及719户家庭，有效缓解村民的饮水、用水难问题。

【生态环境治理】 通过组织开展形式多样的生态文明宣传活动，教育广大干部职工和群众养成良好的卫生习惯。全年共发放各类宣传资料6000多份，手机短信5000多条，让生态文明理念深入人心。以“实施乡村清洁美工程，创建生态示范镇”为目标，完成人口密集地区设置垃圾收集桶320个，出台相关卫生制度，指导村民制定卫生公约，鼓励和支持村庄申报生态村、卫生村，确保广大村民积极主动参与农村生态文明建设。开展植树造林工作，3月12日植树节共种植松树等苗木共1500多株，全年村庄绿化植树2400株，送苗进村35000株，造林540公顷，抚育森林1666公顷，火烧迹地更新23公顷。2015年大桥村、红星村被韶关爱卫办评为韶关市卫生村。

【生态文化旅游发展】 积极宣传客家古邑人文历史，10月13日，大桥村举行“弘扬美德、爱我大桥”九九重阳敬老活动主题文艺晚会。11月29日，举办“2015年乙未岁舜帝诞辰暨新宝像升座庆典”。大力做好观澜书院文物保护、旅游推介文章，打造以西京古道为主线的寻踪忆古自驾游精品项目。充分利用大南岭、南水湖国家湿地公园、银山温泉等重大旅游项目的开发，结合大桥旅游资源、客家文化、交通便利三大优势，推动高速公路出口到南岭国家森林公园农业观光带项目建设，大力打造旅游名镇。2015年大桥客家民俗艺术“舜帝诞辰”“契娭生日”被广东省文化厅列入非物质文化遗产，大桥镇被评为广东省民间艺术之乡。

【综治信访维稳】 以新《广东信访条例》试点镇为契机，2015年6月多次在镇、村人口密集地方开展“法律知识、信访知识”下乡进村活动，提升政府工作人员依法行政能力，促使基层管理走上规范化、法治化轨道。10月28日，省人大常委会教科文卫委主任委员梁万里率执法检查组，到大桥镇进行《广东省信访条例》执法检查暨深化解析工作，对大桥信访工作取得的成绩给予充分肯定。全年共发放各类法治宣传小册子5000余份，悬挂标语20余条，张贴宣传图片300余张。共接待群众来访10批14人次，受理矛盾纠纷化解成功案件5宗，化解率100%。受理上级转交信访案件16宗，办结16宗，无发生群体性事件，社会和谐稳定。

【医保与社会保障】 全镇新农保工作完成续保任务数7720人，新增参保284人，新农合返回结算人数为255人，报销金额为81.78万元，发放城乡医保卡22374张。共发放低保金207.97万元、五保金53.33万元，结合春节、“七一”等节日开展形式多样的慰问帮困送温暖活动，对五保低保户、孤寡老人、困难老党员等进行走访慰问。

【计划生育服务工作】 强化落实人口与计划生育服务工作。紧紧围绕“健全组织、加大宣传、强化服务”的工作思路不断强化基础工作，进一步强化计生服务工作。2015 年，全镇婴儿出生 192 人，政策生育率为 94.27，性别比为 128.57，征收社会抚养费 252.01 万元。

【征兵工作】 认真做好征兵工作，2015 年 7 月下旬，积极响应国家号召，按照县的征兵工作部署，采取“安排部署、创建氛围、加强合作、公开透明”四举措有效开展夏季征兵工作。全镇顺利完成征兵任务，大桥镇武装部被县武装部评为“2015 年度武装先进工作单位”。

【五有规范化建设】 认真推动“三资”管理服务工作。截至 12 月，大桥镇有收入村小组 113 个，结账的村小组有 111 个，有结存资金村小组 113 个，完成结存资金上缴的村小组 113 个。共清理“三资”信息 10437 条，其中合同信息 67 条，物业及实物信息 171 条，资源信息 2484 条。全年成功通过交易平台办理 25 宗交易项目，交易资金达 600 万元以上。

【基层党建工作】 扎实开展驻点联系群众工作。通过加强领导，落实责任，继续巩固拓展党的群众路线教育实践活动成果，扎实开展乡镇干部普遍驻点联系群众工作，深入了解群众的具体情况，切实解决群众的实际困难，2015 年分片走访人数 29575 人，面对面接待人数 13512 人，解决问题共计 3408 个，进一步紧密干群关系。

严格落实党风廉政建设工作。深入落实贯彻党中央、省、市、县关于党风廉政建设和反腐败工作部署，结合实际，以加强和改进农村基层党员干部作风为抓手，以维护农民群众利益为重点，着力抓好农村党员违纪违法及腐败问题，努力推动党风廉政建设和反腐败工作取得新成效。全年共查处党员违法违纪 8 宗，开除党员 1 人，党内严重警告 1 人，党内警告 6 人，发挥基层纪委监督的作用，有效规范农村党员行为，确保基层党员队伍风清气正。

深刻开展“三严三实”专题活动。镇党委班子高度重视“三严三实”专题教育活动，于 5 月开始，组织全镇 1120 名党员，共 33 个党支部深入学习十八届五中全会精神和习近平总书记关于党员领导干部践行“三严三实”的新思想新观点新要求，准确把握践行“三严三实”的基本要求，参与覆盖面达 100%。6 月 26 日，镇党委书记饶峻洪为镇政府机关党支部上“三严三实”专题党课。采取对基层党组织、党员群众和党代表座谈走访、发放征求意见表等方式，共收集到对领导班子意见 25 条，对班子成员意见 218 条，并对问题、意见和建议进行认真汇总梳理，找准找实突出问题。通过深刻开展“三严三实”专题活动，进一步加强党的作风建设。

强化基层党组织建设。7 月，批复成立乳源瑶族自治县一峰农业发展有限公司支部委员会，完善党组织优化设置模式，推动党组织的延伸覆盖。2015 年，按照上级组织部门的安排及要求，对红星、大桥街社区的软弱涣散组织进行整顿改造，整改后组织的凝聚力和战斗力得到加强。切实为群众解决出行、饮水、灌溉、防护等民心工程项目，圆满完成整改任务。大桥镇是县委组织部确定创新基层组织设置试点镇，于 12 月前按计划完成基层党小组设置试点工作。 （赵少辉　赵琳娜）

附：大桥镇领导班子成员名单

党委书记、人大主席：饶峻洪
党委副书记、镇长：张桂辉
党委副书记：陈　粤
党委委员、副镇长：张芬城
党委委员、纪委书记：林文辉
党委委员、人大副主席：罗龙贵
党委委员、武装部部长：黄先龙
党委委员、组织委员：袁涔皓
党委委员、宣传委员：邓冬英
党委委员：李天福
　　　　　黄　磊
副镇长：李雪辉
　　　　赵　章

2015 年大桥镇村（居）委会基本情况表

表 10

村（居）委会	书记、主任	村（居）民小组（个）	总户数（户）	总人口（人）	集体经济收入（万元）	农民人均纯收入（元）
大桥	许天华	7	396	1968	13	7098
红星	尧火连	14	536	3030	8	6885
石角塘	林子贵	28	800	4150	12	6772
武丰	邹亚明	21	598	3068	6	6140
塘华	罗树平	13	442	2355	7	6250
大岗	陈子涛	17	552	2483	6	6173
均容	许土养	24	648	3150	8	6440
岩口	陈良秋	20	462	2323	7	6237
新谷	许明洋	18	246	1397	8	5894
大坪	林契养	18	317	1563	8	5888
青溪洞	黄阳辉	16	215	1050	5	5808
和平	王石养	8	425	2318	7	6085
歧石	余席锦	7	330	1654	8	6037
红光	江洋汉	8	320	1760	7	7966
中冲	朱志伟	2	117	542	6	5886
核桃山	江明山	3	198	1185	6	6015
塘峰岩	江东华	6	114	547	8	5684
三元	李国兵	8	325	1570	5	6358
红云	马兴荣	11	446	2150	7	8023
柯树下	张新民	6	218	1117	5	8000
深源	余细东	5	180	780	6	8040
大桥街社区	张坚华	6	596	1051	/	/
合计	/	266	8481	41211	153	/

大 布 镇

【概况】 大布镇地处乳源南部，镇政府驻地距县城约67公里，属乳源典型石灰岩高寒山区镇、革命老区镇和生态发展镇。区位比较优越，东与武江区江湾镇、曲江区罗坑镇交界，南与英德市波罗镇相邻，西北与洛阳镇相连。交通便利，省道258线贯穿镇境。全镇总面积220平方公里，其中耕地面积989公顷，林地面积1.94万公顷，森林覆盖率为75%。辖7个村民委员会，1个居委员会，84个自然村（108个村民小组）。全镇总户籍数2900户，总人口数12814人，其中农业人口数12309人。有中学、小学各1所，镇级卫生院1间，村级卫生站7个。

境内景点有国家AAAA级景区广东乳源大峡谷。历史遗存典型建筑有鸽英村委牛婆洞四角楼。特色农产品有番薯干、腐竹、荷兰豆、竹笋等。

2015年，大布镇国民经济生产总值2.55亿元，比2014年增长7.1%。财政收入1708万元，比2014年增长24%。农民人均纯收入6765元，比2014年增长13%。

【经济社会发展】 发展绿色农业。打造具有大布特色、绿色无公害的精品农业品牌，全镇农民继续发展笋竹、辣椒、荷兰豆、番薯、黄豆等特色农产品种植项目。全镇种植笋竹总面积1333.3公顷，辣椒总面积320公顷、番薯总面积70公顷、黄豆总面积60公顷。笋竹、辣椒年产值分别达1000万元，番薯年产值400万元。

发展生态工业。培育发展潜力大、带动能力强的农产品深加工龙头企业，利用潜力大的风力资源，发展风力发电项目和旅游观光项目，加快镇域绿色工业发展。截至12月，完成风电开发一期项目的征租地，风电基塔开始动工建设。

发展红色旅游。合理利用乳源唯一革命老区镇的革命文化保护和生态环境建设条件，选址英明村委松树坝处，建设大布镇革命纪念公园，整体设计是建设集教育、旅游、休闲于一体的多功能公园。截至12月，完成大布镇革命纪念公园的租地和图纸设计。

【基础设施建设】 实施村道硬底化。完成英明村委高坎、吴屋2条村道长度共750米。

实施水利工程。修复因灾损毁的水库堤坝1座，陂头2处，河堤修复长度350米，水渠修复长度630米。实施大布河治理工程，治理夹水上张村陂头至大峡谷景区河段，全长4250米。截至12月，完成大布河河道清淤，护岸工程和堤防工程3000米。

农村饮水建设。启动大布自来水厂建设项目，完成自来水厂区改造、设备安装调试和夹水红田、唐屋等村小组主供水管道的安装。启动夹水、英明、埕头片农村饮水村村通自来水扩网工程，完成工程所需管材的公开招标。

“两不具备”村庄搬迁。开展鸽英村委会牛婆洞村民小组“两不具备”村庄搬迁项目，搬迁户数37户，惠及202人。截至12月，完成搬迁项目土地平整和37户搬迁安置户房屋主体工程建设。

【创建平安大布】 生态资源保护。森林防火工作，开展护林防火宣传，落实防火责任制，签订森林防火责任书，加大巡防巡查力度，严格执行24小时值班制度。生态资源保护工作措施：加强宣传教育，提高村民保护生态资源的意识。开展专项行动，严厉打击盗砍滥伐等破坏生态环境的行为。做好封育区的管理和巡护工作，杜绝盗采事件的发生。

土地、矿山资源保护巡查。加强对矿山整治区的防范，加大巡查力度，落实土地、矿山每日巡查1次，查处盗挖盗采矿泥案件10宗，扣押挖机10台，巩固整治成果，有效的保护土地资源和矿产资源。

综治信访维稳。全年成功调处矛盾纠纷共19宗，其中林业纠纷45宗，占60%，邻里纠纷12宗，占16%，其他矛盾纠纷18宗。2015年组织排查38次，排查出矛盾纠纷41宗，调处率100%，调处成功率100%。为群众解答法律咨询168人次，为群众办理民事合同协议等16宗，为群众挽回经济损失约28万元。

汛期防汛安全工作。开展汛期安全检查，加大河堤、山塘、水库、电站、地质灾害点的巡查力度，强化“三防”值班制度，严格执行汛期镇、村24小时值班制度。

落实安全生产管理。落实安全生产“一岗双责”责任制，定期和不定期地开展安全生产检查，对工矿、加油站、企业、饭店、商店等进行全面排查，排除安全隐患。

【便民服务】 镇级便民服务中心和7个镇村级便民服务站开展民政、医保、计生、国土、农业等各项代办业务，共办理各项业务3585件。

【完成征兵任务】 7月22日，大布镇召开2015年全镇征兵动员大会，加强组织、宣传和落实责任三项措施，于8月14日完成对全镇应征青年开展夏秋季征兵体检初检工作，并通过严格把关，顺利完成年度征兵任务。

【社会各项事业】 教育工作。做好成人文化学校创建工作，成立机构，配齐教师队伍。大布镇中心学校9年级升中考成绩居全县前列，44名学生考入高中，升学率达73.3%。

卫生和计生工作。全镇合作医疗保险参保率达100.04%，基本实现镇、村全民医保。结合卫生村创建和重大节日，在全镇范围内，开展3次大扫除活动。全年开展2次计生集中服务月活动，截至12月31日，全镇婴儿出生173人，政策生育率为93%，性别比为107，年度共征收社会抚养费83万元。

民生保障。全镇新型农村养老保险续保完成104.61%，基本完善覆盖城乡居民的社会保障体系。实施扶贫济困工作，开展爱老、敬老的“夕阳红”活动和温暖衣冬活动。严格执行低保、五保进出制度。

农村集体资产清理核实工作。全面摸清全镇7个经济联社和108个经济合作社的农村集体资产情况，“三资”清理核实数据全部录入“三资”管理平台，完善农村集体资产管理体制。

农村土地承包经营权确权登记颁证工作。基本完成白坑村委农村土地承包经营权确权试点工作，剩余6个村委的调查摸底和外业指界工作全面开展。

【加强基层党建】 加强反腐倡廉建设。开展作风转变活动，结合“纪律教育学习月”活动，建设纪委“六有”规范化工作，落实党风廉政建设责任制。8月21日，组织党政领导班子、中层干部、镇纪委委员等22人到乳源金逸电影城观看反腐倡廉警示教育《黑瞳》。

做好发展党员工作。按照“坚持标准，保证质量，改善结构、慎重发展”的方针，针对全镇党员年龄老化、文化结构偏低，妇女比例偏少的情况，要求各党支部要做好党员“入口关”，吸收有能力有文化的年轻人到党员队伍。2015年，全镇共吸收新党员8人，新吸收党员平均年龄在35岁以下，其中女党员4人、大专以上学历3人。

开展好驻点联系群众活动。采取“一二三四五”（一个核心：搞好怎么联系群众的问题；两项固定：固定成员和对象，固定时间和地点；三个结合：“定点接访”与“分片走访”相结合，“上门慰问”和“三访三谈”相结合，“驻点联系”和“党员联组”相结合；四项原则：直接性原则，全面性原则，常态化原则，制度化原则；五项制度：建立入户登记制度，建立两级研讨制度，建立情况反馈制度，建立责任分级制度，建立监督考核制度）工作模式，了解群众的所思所想，解决群众实际困难，排查矛盾消除隐患，着力解决群众最关心的热点难点问题，维护社会稳定。2015年，大布镇领导干部驻点普遍直接联系群众工作驻点团队8个共38人，直接联系群众总人数12391人次，收集群众意见条数165条，反映问题总数906条，群众反映问题全部得到解决。

完善村务公开。建立健全和完善各项村务公开制度，加强农村基层民主建设，保障村民对村务的民主决策、民主管理、民主监督，推进全镇村民自治和农村经济协调发展，确保社会稳定。（李振华）

附：大布镇领导班子成员名单

党委书记、人大主席：李世华

党委副书记、镇长：杨川毅

党委副书记：黄祖胜

党委委员、人大副主席：文亚保（—2015.11）
党委委员、纪委书记：罗　凯
党委委员：邓永华
　　　　　谢　华
　　　　　许石安
副镇长：侯永娣
　　　　林文坤
　　　　吴旺灵

2015 年大布镇村（居）委会基本情况表

表 11

村（居）委会	书记、主任	总户数（户）	总人口（人）	集体经济纯收入（万元）	农民人均纯收入（元）
夹水	文金福	685	3207	6.9	6825
英明	侯国养	470	2191	6.8	6871
埕头	黄新强	349	1727	5.8	7058
钨莲	陈松兴	441	2047	5.1	6685
钨英	文雄辉	293	1298	5.5	6653
坪山	李亚平	209	791	7.0	6367
白坑	禤月明	245	1048	7.8	6498
大布社区	许亚福	208	505	/	/
合计	/	2900	12814	43.8	/

游　溪　镇

【概况】　游溪镇位于乳源县城东北部，系乳源 3 个瑶族人口聚居镇之一。镇域总面积 133.6 平方公里，耕地面积 465.87 公顷，林地面积 8628 公顷，森林覆盖率 71.3%。全镇户籍总数 3130 户，户籍人口 11796 人，其中瑶族 6475 人，占总人口的 55%，农业人口 11410 人，占总人口的 96%。镇域辖 11 个村委会（其中：3 个为汉族人口集居村委，8 个为瑶族人口集居村委），74 个村民小组，1 个社区居委会。镇区区位优越，交通便利，西南距县城 23 公里，南距一六镇 7 公里，北距桂头镇 6 公里，广乐高速、省道 250 线（乳桂线）贯穿而过，镇政府驻地距广乐高速公路出入口 3 公里，距京珠高速公路出入口 18 公里。

2015 年，全镇生产总值 11168 万元，人均收入 6548 元。全镇 2/3 属瑶族山区，1/3 属丘陵平原地区，丘陵平原地区盛产水稻、槟榔芋、黑美人西瓜、甘蔗、花生等农经作物，山区盛产木材、山棕、冬菇、竹笋等。镇域内有八一瑶族新村、新会村、中心洞政研瑶族新村、冷水岐木笼博爱瑶族新村、营康新村等具有瑶族风情的特色村寨。

【农业经济】　2015 年，游溪镇强力推进农业结构调整，落实省级新农村示范片果树产业发展意见，新种植有机水稻、香芋等特色作物 100 余公顷，山区发展中药材、灵芝、茶叶等林下经济，新增杉木等种植面积 430 余公顷，平原区大力推进柑橘、油茶、柚类等水果主导产业发展，种植柑橘、柚类 40 余公顷、油茶 130 余公顷。

【新农村建设】　该镇 5 个村委 11 个自然村纳入“五彩瑶乡”省级新农村示范片项目建设。积极按照项目建设要求，规划实施营坑、大寮坑 2 个村委会及所涉及的11个自然村村巷道、村容村貌、饮水工程、生活污水处理、农房外立面等项目建设，其中新会村、政研瑶族新村等完成生活污水管网设施建设。

【农村环境卫生综合整治】 实施“户集中、村收集、镇转运、县处理”的生活垃圾收运处理模式，截至12月，配备500个生活垃圾分类收集桶，八一瑶族新村、新会村等10个自然村配齐卫生保洁员，完善农村生活垃圾定期收运及部分村庄保洁机制。大寮坑村委会成功创建市级卫生村。

【农村土地承包经营权确权登记颁证工作】 11月5日上午，游溪镇召开农村土地承包经营权确权登记颁证工作动员会，全面铺开土地确权登记颁证工作，至12月底完成莲塘边试点村工作。

【饮水工程】 积极配合实施自来水“村村通”扩面工程，2015年完成镇区、政研新村、营康新村和木笼博爱瑶族新村等村共340户自来水管道安装及全部供水。

【基础设施建设】 认真组织开展中小河流域专项整治工作，水源宫河、柳坑河整治进展顺利。积极配合引杨水渠修复工程进场施工。完善腊溪桥梁、老游溪河段河道维护清理、溪口村河堤修复、烈村苦溪水渠机耕路硬底化、新芹村“三改”（改水、改路、改厕）及公路二期工程等项目施工建设，解决村民灌溉难、行路难、住房难等问题，完成腊溪桥、塘窝头瑶族迁移点村道、冷水岐进村桥梁、山路维护等群众反映多年的桥梁、村道等设施建设，完成农村危房改造37户。

【精准扶贫工作】 第二轮扶贫开发“双到”工作成效明显，12月份启动新时期精准扶贫工作，申报新时期精准扶贫相对贫困户245户。

【社会保障工作】 积极做好“两保”参保缴费工作。全镇参加养老保险人数2949人，续保人数2998人，续保率88.44%，参加2016年城乡居民医疗保险人数为9302人，完成率95%。做好低保对象核查工作，低保救济、五保供养、医疗救助、优抚抚恤、残疾人关爱等工作得到加强。启动被征地农民养老保险扩面工作。

【人口和计生】 扎实开展计生工作，依法实施“单独二孩”政策。2015年度，该镇通过全省人口和计划生育检查考评。全镇共出生婴儿215人，其中一孩115人，二孩90人，多孩出生10人，政策生育率为92.56%，出生性别比为104.46。

【创文创示工作】 7月6日，承办2015年第三期县道德讲堂，助推乳源创建全国文明城市深入开展。完成镇成人文化技术学校和12个村（社区）成人文化技术学校教学点的配套基础设施建设，积极配合县“创示办”开展农村职业教育和成人教育示范创建活动。2015年，乳源顺利通过省级评估验收。

【政务服务体系建设】 12月，完成镇公共服务中心和12个村（社区）公共服务站建设和窗口专职人员招聘工作，配齐设备配强人员，打通服务群众“最后1公里”。

【综治信访维稳】 坚持社会矛盾纠纷研判例会及社会治安排查，2015年，全镇共受理上级交办信访事项17宗，办结17宗。受理矛盾纠纷26宗，成功化解24宗，成功化解率92%。做好学校安全教育工作。6月19日，组织驻村（社区）法律顾问和镇派出所民警开展禁毒宣传教育进校园讲座。

【法治建设】 3月16日，游溪镇在镇党委会议室举行“律师进村（居）担任法律顾问，开展公益性法律服务”签约仪式，县瑶台律师事务所、湘客律师事务所及南水律师事务所6位律师与该镇12个村（居）委签订结对法律服务合同，实现律师进村居的全覆盖，每月安排律师定期到个对接村（居）委提供法律咨询、法律知识培训班、人民调解、法律援助等法律服务。

【召开工会联合会第一届第一次会员代表会议】 10月26日，游溪镇工会联合会第一届第一次会员代表会议在镇政府会议室召开，选举产生游溪镇工会联合会第一届委员会委员5名，充分发挥工会组织的作用，更好的服务广大职工群众。

【召开十二届人民代表大会第四次会议】 1月29日，游溪镇在镇大会议室召开第十二届人民代表大会第四次会议。大会听取和审议《政府工作报告》《人大主席团工作报告》《2014年财务预算执行情况和2015年财政预算报告》，大会按法定程序依法选举镇长、副镇长各1名。

【党员领导干部“八小时以外”活动监督管理工作试点】 12月，游溪镇被韶关市党风廉政领导小组选取为全市9个党员领导干部“八小时以外”活动监督管理工作试点单位之一。自开展党员领导干部“八小时以外”活动监督管理试点工作以来，游溪镇以镇副科以上领导干部、基层站所负责人、村（社区）党支部书记、村（居）委会主任为监督对象，对党员领导干部“八小时以外”的社交圈、生活圈、休闲圈展开监督管理，从引导“自律”、多元“他律”入手，探索建立“引导与管理并举、监督与关爱并重”的监管方式，有效防范党员领导干部“八小时以外”违规违纪行为。

【基层党建工作】 开展乡镇领导干部驻点普遍直接联系群众工作，确定每周二为全镇固定联系时间，通过组建“两支队伍”，即驻点团队和辅助团队，建立“三本台账”，即《驻点日志》《民情登记本》和《问题台账》，进行零距离服务群众，解决群众遇到的难题，推进服务型基层党组织建设。2015年度，开展驻点团队下乡入村工作80次，采取当面接访、分片走访、上门慰问、电话联系等方式直接联系群众11000多人，共收集有关饮水、垃圾点建设、医疗社保、计生等意见265件、反映问题382件，解决问题377条。 （邓素萍　肖璐）

附：游溪镇领导班子成员名单

党委书记、人大主席：李国洪
党委副书记、镇长：黄燕斌（—2015.01）
　　　　　　　　　赵天聪（2015.01—）
党委副书记：蒋健保
党委委员、纪委书记：吴韶华
党委委员、人大副主席：赵明明
党委委员、武装部长：许路华
党委委员：林永平
　　　　　赵　敏
　　　　　丘国前
副镇长：黄贱胜
　　　　盘良银
　　　　欧阳江南（—2015.08）

2015年游溪镇村（居）委会基本情况表

表12

村（居）委会	书记	主任	村（居）民小组（个）	总户数（户）	总人口（人）	集体经济纯收入（万元）	农民人均纯收入（元）
大村	赵兴良	赵兴良	6	220	870	7.7	5425
冷水歧	邓兴文	邓兴文	13	276	1213	8.5	6777
中心洞	赵爱春	赵爱春	6	176	665	10.8	5263
莲塘边	邓志保	邓志保	5	133	531	10	6497
江背	许路华	许新苟	8	386	1351	13.3	9326
烈村	吴世才	吴世才	7	343	1588	28.9	7154
中联	蒋健保	陈健华	9	558	2045	10.4	6235

续上表

村（居）委会	书记	主任	村（居）民小组（个）	总户数（户）	总人口（人）	集体经济纯收入（万元）	农民人均纯收入（元）
茨良坑	冯才选	冯才选	7	176	693	16.7	5527
营坑	盘进宝	盘进宝	4	265	977	9.9	5558
上营	赵才东	赵敬留	4	168	734	12	5395
大寮坑	赵天生	赵天生	5	193	743	28.2	6595
社区	赵才周	赵才周	4	236	386	/	/
合计	/	/	78	3130	11796	156.4	/

必背镇

【概况】 必背镇地处乳源北部，距县城54公里，距广乐高速杨溪出口15公里，县道325线贯穿全境，是乳源3个瑶族人口集居镇之一。东靠桂头镇，西临大桥镇，南邻东坪镇和游溪镇，北邻乐昌市长来镇。全镇总面积147平方公里。耕地面积250公顷，其中，水（旱）田186公顷，水浇地64公顷。林地面积1.2246万公顷，其中生态公益林0.49857万公顷，森林覆盖率83.09%。水利资源丰富，全镇共有小水电站15个，中型电站3个，总装机容量10.738万千瓦。辖必背、王茶、桂坑、方洞、半坑、公坑、横溪7个村委会和必背口社区1个居委会，自然村52个，村民小组58个。全镇总户数2183户，总人口7842人，其中，农业户口数2010户、人口数7482人，瑶族户数1811户、人口数6403人。

镇内景点有瑶寨景区、必背口村特色村寨、大村古村落、桂坑尾村、横溪水库等，瑶族历史文化承传遗产有拜盘王、瑶绣、瑶族歌舞等，古墓、祠堂有盘安山墓、莫氏祠堂，主要特产有瑶家腊肉、瑶爽酒、瑶绣、白毛尖茶叶、公坑辣椒等。

【经济发展】 2015年，全镇财政收入2660万元，国民经济生产总值5502万元。其中，第一产业生产总值为3026万元，第二产业生产总值为1107万元，第三产业生产总值为1369万元。农民人均纯收入为6477元，比2014年增长13%。

农村农业发展。新增桂坑、横溪茶叶种植基地20公顷。在必背、王茶村委种植九峰油桃4.7公顷。巩固林业发展，完成造林200公顷。落实惠农政策，免费发放绿肥种子1.5吨，肥料29吨。

扶贫双到工作。2015年1月至6月，投入2.998万元在横溪村委增种丛生竹13.33公顷，4月至6月，投入0.32万元开展就业技能培训，7月至9月，投入200万建立茶叶种植基地13.33公顷，投入24万元完成横溪村16户农村危房改造，投入28.6872万元完成油榨嘴1公里巷道硬底化，投入2.0355万元完成新安村0.1公里巷道改造。投入29.6492万元完成埂子村1.1公里巷道硬底化，投入10.58万元完成溪口二村0.4公里公路建设。投入4.803万元完成新兴叶家村农田三面光0.369公里水利建设，投入7.2万元完成茶园底0.6公里水利建设，投入2.2995万元扶持50户农户养殖肉鸡，共发放鸡苗1500羽。10月至12月，投入34万元完成溪头、上湾饮水工程。投入120万元完成村委新办事处建设。完成全镇171户贫困户559人的精准识别工作。

【基础设施建设】 镇区建设。7月，完成镇区饮水工程建设。10月至12月，投入97万元完成镇区政府广场、文化广场大理石地砖铺设及主街道改造建设，投入50万元新装带有瑶族文化元素的路灯50盏。配合相关部门完成治理杨溪河必背河流段1.5公里。

农村基础设施建设。8月，完成必背口村特大型山体滑坡治理工程，共投入资金660万元，其中600万元为国家专项资金，60万元为县财政资金，年底完成修复被水毁的大岭村饮水工程。7月，动工建设大岭村水毁通村公路，公路里程1.4公里，第一期共投入资金97万元，年底实现通车。11月初完成重修新山坑农田水利设施。

【“两不具备”搬迁】 12月，完成迁移点桂头镇塘头二期工程安置房31套和军安山二期工程48套安置房建设，以及完成迁移点乳城镇新邓屋11户安置房建设。年初，完成新一轮“两不具备”村庄459户1509人登记、申报及意向金缴收工作。

【文化卫生事业】 镇村环境卫生整治。镇区绿化进一步加强，新种桂花等景观树120棵。全面启动农村生活垃圾收运处理模式，完成垃圾填埋场建设，加强镇区保洁工作，完成公厕建设，大力开展卫生镇村创建工作，顺利通过韶关市卫生镇复审，横溪村成功创建韶关市卫生村，有序推进省级卫生镇创建工作。

文化建设。必背镇新文化中心大楼2015年7月底全面动工，12月落成启用，共投入资金180万元。组建成人文化职业技术学校建设。成功创建广东省民间文化艺术之乡。必背镇省文明镇和必背口村省文明村顺利通过复审。成功举办重阳敬老、迎十月朝篮球赛及猴年迎春晚会。

计划生育服务。2015年度，户籍人口政策生育率为95.07%，长效措施落实率为100%。社会抚养费征收27.54万元。常住人口政策生育率为97.12%。

【综治信访维稳】 2015年，共受理矛盾纠纷6宗，成功调处6宗，调处成功率达100%；受理信访案件21宗，成功调处21宗，办结率达100%。开展“无邪教创建”活动工作，投入近8万元用于制作宣传栏、灯箱、广告牌、横幅、宣传手册等。

【民生保障】 城乡基本医疗保险参保6133人，完成县下达任务数的100.16%，新型农村养老保险续保人数1785人，完成县下达任务数的100.85%。发放五保户供养金41328元，发放最低生活保障对象保障金46.6万元。积极开展关爱特殊及困难群体慰问活动，发放慰问金9万元。

【征兵工作】 认真贯彻落实上级夏秋征兵工作精神，坚持早部署、早发动、早落实，7月28日召开征兵工作会议，9月全镇顺利完成夏秋征兵工作。

【纪委工作】 加大案件查处，查处案件3宗，给予党内严重警告2人。完成镇纪委规范化建设，新增谈话室1间，完善软硬件建设，6月11日，省委常委、省纪委书记黄先耀到必背镇检查调研工作，市委书记蓝佛安、县长邓志聪等市、县领导陪同。黄先耀对必背镇纪委规范化建设工作给予高度评价。

【基层组织建设】 整顿软弱涣散村。4月，王茶村委因土地、集体资产等基层治理存在问题以及信访问题突出，被列为市级软弱涣散村党组织。县委常委、统战部部长黄寿生，县委常委、组织部部长伍梅华等县领导先后到必背镇、村指导工作。9月，王茶软弱涣散村整顿工作全面完成，涉及整顿问题全部得到解决。

驻点联系群众工作。认真开展乡镇领导干部驻点普遍联系群众工作，驻点团队全年直接联系群众7531人，收集群众意见212条，反映问题149条，解决问题134条。

农村党务村务规范化建设。启用四卷一簿，4月至6月，完成新党务村务公开栏升级建设，党务村务公开内容进一步规范。

【召开第十二届人民代表大会第四次会议】 2月4日，必背镇第十二届人民代表大会第四次会议召开。会议听取、审议和通过《必背镇政府工作报告》《必背镇人大报告》和《必背镇财政预决算报告》，依法选举黄燕斌为必背镇人大主席，赵伟明为必背镇人民政府镇长，赵春英为必背镇人民政府副镇长。

【加强政府自身建设】 3月，进一步健全完善考勤制度、请销假制度、值班制度、车辆管理制度、采购制度、接待制度、财务制度等一系列政府工作制度，强化监督落实，实现用制度管人管事。

（杨启园）

附：必背镇领导班子成员名单

党委书记、人大主席：王　东（—2015.01）
　　　　　　　　　　黄燕斌（2015.01—）
党委副书记、镇长：赵伟明
党委副书记：赖志远
党委委员、人大副主席：邓良养（—2015.07）
党委委员、纪委书记：欧天永
党委委员、武装部部长：胡　亮
党委委员：庹　校
　　　　　邝志红
　　　　　邹福利
副镇长：赵春英
　　　　赵华端
　　　　邓晓辉

2015年必背镇镇村（居）委会基本情况表

表13

村（居）委会	书记、主任	总户数（户）	总人口（人）	集体经济收入（万元）	农民人均纯收入（元）
必背村委	邓晓林	266	1050	0.8	6157
桂坑村委	盘明华	265	1171	1.2	6131
公坑村委	赵良美	335	868	4.8	6051
方洞村委	盘天发	345	1260	4.89	6161
王茶村委	邓永贵	245	948	6.2	6022
半坑村委	赵永保	178	717	5.2	6061
横溪村委	余桥生	377	1468	3.6	7927
必背口社区	盘良发	173	360	—	—
合计	—	2184	7842	—	—

东　坪　镇

【概况】 东坪镇地处乳源西北部，距县城14公里。国道323线、省道258、省道249线、县道358线分别贯穿全境，京港澳高速公路在境内东田村设有出入口，区位优越，交通便利。是乳源3个瑶族镇之一。全镇总面积359平方公里，有水田面积180公顷、耕地面积262.6公顷，森林覆盖率为92.9%。镇辖10个村民委员会，1个居民委员会，共81个村民小组。家庭户籍总数3678户，总人口13115人，常住总人口10460人，其中农业人口12792人。设小学2间、幼儿园1间；镇级卫生院1间，村级卫生站7个；镇级综合文化站1个，村级农家书屋13间。

镇内景点。有广东第三大人工湖南水湖、龙溪车干水温泉，主要特产有三角鲂、方武生姜、金竹峰单丛茶。

2015年，全镇实现国民生产总值6531万元，比2014年增长1.79%，其中：第一产业4163万元，比2014年增长0.97%；第二产业产值1499万元，第三产业产值869万元，基本与2014年持平。农民人均纯收入6410元，比2014年增长14.51%。

【农业农村经济发展】 推进高效生态农业发展，持续巩固镇域农村专业合作社优势，持续开发梯下生猪养殖、东田食用菌、下寨养羊、茶坪养牛、汤盆西瓜、龙溪高质水稻、茶坪凤凰单从茶等项目。落实各项政策，减轻农民负担，关心、服务农民。全镇落实划拨总面积743.82公顷的种粮直补资金91.49万元。有16711.5公顷生态公益林。大力推广水果产业示范种植宣传发动，引导村民积极投入水果产业示范种植，全年水果种植面积增加133.33公顷。针对内靠移民增收难问题，大力扶持发展农家乐、瑶家乐，各类农家乐、瑶家乐增加近10家，有效促进农民发展增收。大力发展林下经济作物的种植，全镇种植茶叶20多公顷。继续做好方武生姜、汤盆葡萄等农产品品牌的打造，“方武”牌生姜荣获韶关市网络十大最具人气名优新农产品称号。2015年，全镇粮食种植总面积577公顷，总产量3515吨；经济作物种植总面积173公顷，总产量467吨；其他作物总面积178.6公顷，总产量1573吨。共有小水电站74个，总装机容量65040千瓦，年发电总量5043.62万千瓦时。

【召开第十二届人民代表大会第四次会议】 2月13日，东坪镇第十二届人民代表大会第四次会议在镇政府驻地召开。参加会议代表46名，列席人员16名。会议听取和审议《东坪镇政府工作报告》《东坪镇人大工作报告》。会议期间，依法增补郑玮如、廖平等2名代表。

【“两不具备”村庄建设安置工程】 做好全镇433户“两不具备”贫困村庄搬迁，2015年完成选址、报名确认等工作。认真做好全镇36户“危房改造”核查和确认工作。完成第一批44户“瑶乐居”住户的验收。做好水库移民避险解困新村各项基础设施建设，完成4套房屋主体工程建设，其他工程正有序推进。扎实开展“省级新农村示范片”创建工作，各村卫生整治等各项工作扎实推进，雕子塘、东山2个重点村村巷道建设进入收尾阶段。

雕子塘新村举行竣工仪式。2014年，县委、县政府积极争取省委统战部等部门的支持，将雕子塘村列为省“光彩事业”项目。通过村民自筹一点、财政补贴一点、帮扶单位支持一点、社会捐助一点的方式共筹措投入1038万元，其中：列入省“光彩事业”项目投入600万元，扶贫资金投入180万元，农户每户自筹5.5万元。建设具有瑶族文化特色的两层半框架混合结构的楼房60套（每套150平方米），配套基础设施有文化广场1个、活动室1间和人畜分离猪牛栏等，2015年1月，新村主体工程全面建设完工。

【全民体育健身运动及健身广场建设】 投入40多万元建设方武、梯下、禾仓栋、东莞新村等4个健身广场，民众文体活动阵地得到不断加强，体育休闲场地设施不断完善，全民健身工程不断推向深入。

【基层文化建设】 投入10多万元对镇文化站藏书及村级农家书屋藏书进行更新和添置；投资近200万元完成龙溪、方武、下寨文化楼。

【科学防灾救灾】 5月11日、5月19日至21日，东坪镇普降大雨到特大暴雨，境内山洪暴涨，部分村组出现山体滑坡和泥石流，民房、交通、水利等基础设施及农作物受损、受灾严重。认真做好雨季防汛工作，做好各种防汛工作预案，镇“三防”部门做到24小时有人值班，24小时联络通畅。科学组织“5·11”“5·19”洪灾的防灾救灾，对灾情严重的汤盆围门村连夜召集镇村干部组织转移村民。积极组织6台次挖机、铲车进行灾后自救和生产恢复，组织全镇干部及村“两委”干部500多人次投入到开展镇、村生产自救工作；组织全体干部职工清理省道323线路面垃圾、石块、淤泥，确保323线双向正常通车；对政府广场、镇区及受灾村委进行卫生清理，确保灾情过后政府及各村委卫生整洁和上班秩序正常。

【综治信访维稳】 开展新《信访条例》等法律法规的学习宣传；制定出台《东坪镇综治信访维稳工作量化考核办法》，对信访工作进行量化考评，推进信访工作发展。建立健全矛盾纠纷排查化解工作平台，实行矛盾纠纷排查化解工作领导包案制。积极探索综治网格化管理，构建一支“纵向到底，横向到边”的镇、村、片、组、格五级网络化管理模式，覆盖全镇各个角落，形成上下联动、齐抓共管，真正实现“小事不出组、大事不出村、信访不出镇”。2015 年全镇到镇上访率比 2014 年下降 50%，到县上访数为 0，比 2014 年下降 100%，该镇的做法得到市县领导的充分肯定，该做法作为全市唯一镇一级经验做法在韶关电视台《平安韶关》栏目播出。全面完成“一村（社区）一法律顾问”部署工作，实现全镇 11 个村（居）都配有法律顾问。全年驻村律师共提供法律咨询服务 65 次，开具法律意见书 7 份，参与调解矛盾纠纷 9 宗，参与诉讼 3 宗，得到广大群众的充分认可。

【医保与社会保障】 2015 年，全镇参加新型城乡居民基本医疗保险 10723 人，其中特殊人群 885 人，完成参保 100.15%。新型农村社会养老保险参保 5312 人，其中：享受养老待遇（领取基本养老金）1419 人，缴费总人数 3893 人，续保 3551 人，续保率 91.2%。全镇农村最低生活保障户有 192 户，月发放最低保障金 86448 元。拥军优属优抚对象 18 人。完成东坪敬老院修缮和维护工作，完善敬老院工作管理制度，配备专人负责，全镇有五保户 33 人（其中敬老院 6 人，福利院 1 人，分散供养 27 人），敬老院居住条件得到改善。发放大米、食油、棉被等物品 1 批，农村社会保障得到推进。

【党管武装与征兵工作】 东坪镇把党管武装工作列入重要议事日程，圆满完成全镇党管武装工作的各项目标和任务，党管武装工作取得新的成效。

组建以镇基干民兵为主的民兵应急分队，制定各类抢险救灾方案。2015 年“5·11”“5·19”等洪灾及各类防火救灾共 20 余次，投入兵力 500 余人次，最大限度地挽回经济损失，受到干部和群众的高度称赞。

驻地部队武警某支队向东坪镇赠送环保设备。6 月 17 日上午，武警黄金部队某支队教导员刘建东率领支队官兵一行向东坪镇捐赠一批环保设备。7 月 30 日，东坪镇党政领导慰问驻地部队官兵，通过与驻地官兵进行座谈交流，共叙军民鱼水情，并向部队官兵赠送慰问金。

认真贯彻上级征兵工作精神，依照“早部署、早准备、早落实”的原则，积极抽调人武干部及镇村干部进村入户，做好征兵宣传工作，鼓舞适龄青年响应祖国号召，踊跃报名参军，积极投身现代化军队建设和现代国防事业建设。完成县下达大学生参军入伍任务指标的 300%。

【成立东坪镇第一届工会联合会】 10 月 30 日，东坪镇第一届工会联合会第一次会员代表大会召开。县人大常委会副主席、总工会主席赵雷出席大会，全镇各行业共 55 名代表参加大会。大会听取《东坪镇工会联合会筹备工作报告》，表决通过《中华人民共和国选举办法》，选举出监票员、计票员名单。会议严格遵照《中华人民共和国工会法》选举规定，通过差额选举方式选举产生东坪镇第一届工会联合会委员。经过无记名投票，成功选出东坪镇第一届工会联合会正副主席、经费审查委员会主任及各工委主任。

【文明卫生村（户）创建工作】 开展文明卫生户、文明卫生村的创建评比活动，共有雕子塘等 19 个自然村、426 户农户开展文明卫生村（户）创建。“户集、镇收、镇运”的农村生活垃圾收运体系基本形成，全镇上下“讲文明、讲卫生、讲秩序”蔚然成风。

【计划生育服务】 加大计生利益导向，出台《人口目标责任制奖罚办法》和《计生层级动态管理责任制实施方案》，对各村（居）委计生工作进行“月评”和“季评”，加大奖惩力度，推进计生工作发展；在元旦、春节等时间节点，对 22 户计生家庭进行“送关怀，暖人心”为主题的春节走访慰问。做好计生春夏及秋季计生集中服务活动，取得 2 次集中服务活动考核第 1 名的好成绩。

1 月 23 日晚，举办计划生育宣传文艺晚会。晚会以宣传计生工作为主题，群众自编自演表演《欢歌相聚瑶家源》《相亲相爱一家人》《瑶山炫》等 10 多个节目，活动以群众喜闻乐见的表现形式，展现全镇干部开展计生工作的风采。

【文教卫生工作】 开展农村职业教育和成人教育示范镇创建。结合农村职业教育和成人教育示范县创建活动，认真做好农村职业教育和成人教育示范镇创建各项工作，充分利用现有资源，科学调配，想方设法为新校设置充足的教育教学、办公场所。创示工作得到市县领导、专家肯定，全县创示工作现场会在该镇召开。

引进香港热心人士爱心资金在新村投资兴建占地面积870平方米，建筑面积达2100平方米的东坪仁泽医院。坚持每月月底集中开展“清死角、除四害、保健康”等爱国卫生运动；组织全镇200多名群众参加20—69岁人群体育健身和体质状况抽测活动；完成县下达全年无偿献血任务。邀请中华全国总工会讲师团专家到东坪宣讲健康知识，组织女性群众60多人聆听讲座。

【热心人士施医送药送温暖义诊活动】 11月28日，省民宗委组织省基督教协和堂及基督教界医务人员、志愿者和热心人士共47人，到乳源瑶族自治县开展施医送药送温暖义诊活动。市民宗局局长赵卫东、县民宗局局长王东、镇委书记廖功文等相关领导参加义诊活动。送温暖义诊活动在东坪镇新村办事处举行。义诊活动由来自中山大学第三附属医院、南方医院等十多家广东省知名医院的内科、儿科、心理科、妇科、骨科等共21名医学专家坐堂义诊，该镇各村及县城周边300多名前来村民寻医问药。省民宗委、教会代表分别向东坪镇赠送价值约3万元的药品、棉被和衣物。

【太平洋岛国公务员培训班（第二期）学员到访雕子塘新村】 12月5日，由省外事办组织的第二期太平洋岛国高级公务员培训班一行31位学员到访东坪镇雕子塘新村，省市县外事部门相关领导、县委常委赵志敏、镇委书记廖功文等陪同。培训班学员来自库克群岛、斐济共和国、密克罗尼西亚联邦、纽埃、巴布亚新几内亚独立国、萨摩亚等国共31位学员组成。培训班参访人员走进雕子塘新村的农户家，与农户畅谈生产生活情况，了解瑶族村民的家庭生活情况、农村教育成果、农民就业情况及瑶族风俗。

【乳源创建全国文明城市工作】 不断提升文明水平，积极参与乳源创建全国文明城市活动。成立由党委书记任组长，党政班子相关成员为副组长，各相关职能部门负责人、村（居）委书记为成员的创文工作小组。认真开展群众性精神文明创建，全镇共召开创文工作动员大会1次，派人参加道德讲堂9次，投放宣传版共13个，悬挂宣传横幅（电子显示屏）100多条，并在政府驻地建设一块大型创文工作宣传栏，在国道323线沿街处加装两大块电子显示屏，改变以往横幅乱搭乱挂的现象。

大力推进“韶关好人”评选活动。在各大办、村委召开评选推荐大会，推荐具有“外来媳妇”、热心妇女和村委事业工作者荣誉人员——新村村委“两委”委员、计生专干黄世葆为全镇“敬业奉献好人”候选人。

【村务公开工作】 完成11个村居的党务、村务公开栏的升级改造工作，提升村（居）委党务、村务、财务等方面的透明、公开、规范度。做好镇和职能部门与村（居）委双向考核试点工作。

【南水湖水上交通安全工作】 向南水湖周边村民印发《关于加强南水湖水上交通安全管理的通告》《致全镇广大群众的一封公开信》等通告、信件，加强南水湖周边区域的安全巡查力度和南水湖水上交通安全管理，治理“三无”（船舶无检验证书、船舶无登记证书、船员无适任证书）船舶非法营运等违法行为；派出10多批次党团员志愿者在南水湖码头劝说游客不乘坐“三无”船只，开展文明旅游宣传。

【纪检监察工作】 加大力气改进工作作风，在镇机关中实施指纹签到考勤制度，以专人检查、录像核查、到岗抽查的方式，对村委及各部门上班情况开展明察暗访，提高全体干部的纪律意识和纪律自觉；投入9万多元，完善纪检监察谈话室及相关的配套设施。加大力气提高行政效能。

【“三资”管理平台建设及村账镇代记工作】 开展农村集体“三资”监管培训班，把做好农村集体“三资”监管工作，作为加强农村综治信访维稳工作的切入点，通过制度建设、加强教育、强化监督等多项举措提升农村集体“三资”监管水平，成功实现资金合理使用、资产保值增值、资源有序利用，规范农村基层权力。

积极推进村小组“五有”规范化建设，完善“三资”平台建设，实施农村资源、资产、资金数据规范化录入，2015年全镇完成结账的村小组61个，累计上存资金35万元。农村“三资”管理引发的矛盾纠纷下降100%。

【推进土地确权试点工作】 认真开展梯下村作为土地确权工作示范点，通过加强领导，统筹确权工作全面有序开展。共下发300余份宣传资料，全镇10个村委进村入户开展摸底调查工作。试点村梯下完成摸底调查工作。

【生态文明建设】 不断完善南水湖周边地区生态功能配套设施，加强对南水湖周边环境的治理，努力构建人与人、人与自然、人与社会和谐发展的格局。建设人工湿地、围网、警示标牌等一批环保工程，切实加强对南水湖周边环境的治理，“水清、地洁、环境美”的美丽东坪战略取得重大进展。整合各方资源，加大对乱砍滥伐的打击力度，切实维护林区秩序稳定。做好护林防火的舆论宣传及护林员培训工作，邀请县林业专家到镇上开展护林防火知识讲座，从源头上预防森林火灾发生；组织全镇干部职工前往雕子塘新村开展“关爱自然，义务植树”志愿服务活动。

【博爱送温暖活动】 2月5日中午，广东省红十字会常务副会长梁健带领“省红会红十字博爱送万家慰问组”到方武村委兰厂村慰问，副县长梁丽娟、县政府办、卫计局负责人及镇委书记廖功文等相关领导陪同，慰问组为全村31户人家送上大米、棉被、花生油等物资。

【环南水湖自行车公开赛、铁人三项赛秩序维护工作】 11月12日，广东省“体彩杯”（韶关·乳源环南水湖）自行车公开赛在南水湖举行。东坪镇高度重视环湖赛安保工作，提早启动赛事安保准备工作，成立以镇委书记为总指挥的赛事秩序和安保工作总指挥部，出台环南水湖自行车公开赛的安保方案，明确相关工作人员安保职责。明确各项安保工作任务及责任，做到定人、定岗、定责；对需要隔离的三个路口、路段进行科学的规划和隔离，确保整个赛道不失控、不留盲区。通过宣传标语、告示等加强对自行车公开赛的告知。召集各村（居）委主任开会，对赛事中可能出现的各类情况进行分析研判，保证赛事期间不发生问题。组织4个小组共100多名志愿者，对环湖自行车公开赛国道323线、省道258线和249线等东坪境内省国道进行路面杂物清理，清除路边有碍骑行视线的杂草、树枝，集中清理京珠高速公路东田桥下的杂物。为过往人员、自行车公开赛提供整洁、舒适、安全的道路通行环境。圆满完成自行车、铁人三项赛等赛事主赛场地东坪段赛道沿线的秩序维护工作。

【“双向考核”试点工作】 东坪镇认真对照全省《乡镇（街道）和职能部门与村（居）委会双向考核试点工作方案》精神和上级有关部门要求，领会精神，理清思路，凝聚共识，共同谋划，抓紧部署，精心组织，全力推动东坪镇“双向考核”工作开展。

【志愿服务常态化科学化发展】 东坪镇大力弘扬志愿精神，注重发挥党团员队伍志愿服务示范带头作用，有力推进志愿服务的制度化、常态化、科学化发展。截至2015年12月，全镇共有志愿者服务队13个，注册团员志愿者30人，党团员志愿者达到180多人，开展“清理白色垃圾，守护绿色南湖”等党团员志愿服务活动30多件（次），为群众办理各类实事好事150多件。志愿服务引领带动全镇民众树立良好道德风尚。（谢三华）

附：东坪镇领导班子成员名单

党委书记、人大主席：廖功文
党委副书记、镇长：赵财保
党委副书记：郑玮如
党委委员、纪委书记：邓兴云
党委委员、武装部部长：肖润文
党委委员、人大副主席：盘兴秀
党委委员：陈耀忠

杨红卫　　　　谢佰天
廖　平　　　　杨细金

副镇长：黄静莉

2015年东坪镇村（居）民委员会基本情况表

表14

村（居）民委员会	主任	总户数（户）	总人口（人）	集体经济收入（万元）	农民人均纯收入（元）
梯下	林梓书	167	653	19	6344
南水	许永养	314	1061	8	6357
方武	谢秋生	242	936	8	5970
汤盆	杨祥联	131	483	11	7651
龙溪	张辉灵	299	1179	10	6602
东田	赵才福	530	1890	6	6410
长溪	谢金明	423	1537	7	6352
下寨	赵劲成	344	1304	8	6076
新村	赵云华	532	1920	7	6373
茶坪	赵志文	470	1829	8	5963
龙湖社区	马汉万	226	323	2.5	6438
合计	/	3678	13115	107.5	/

洛阳镇

【概况】 洛阳镇位于乳源西南部，镇政府驻地洛阳村委，距县城约36公里。东与东坪镇、大布镇、韶关市武江区江湾镇交界；南与英德市波罗镇、清远市阳山县江英镇相邻；西与阳山县秤架瑶族乡接壤；北靠五指山乳阳林业局。国道323线横穿镇境内，省道258线和县道324经过镇域东、南部，有4条镇村主干道公路。镇域总面积558平方公里（其中耕地面积969.5公顷，林地面积31259.2公顷，森林覆盖率为95%）。辖12个村民委员会，1个居民委员会，有130个自然村，91个村小组（其中1个少数民族村小组）。镇有户籍总户数2827户，户籍总人口数9883人，其中农业人口9540人。镇内设有小学2间，分教点2个，镇级卫生院2间，村级卫生站9个。2015年，全镇国民经济生产总值22076.8万元，城镇居民人均纯收入6994元。

历史文化遗产。 镇内历史文化遗产有东平山正觉寺遗址、洛阳桥、蔡襄祠、洛阳古街、陈金城故居。

旅游景点。 景点有天景山仙人桥、南岭国家森林公园、天井山国家森林公园、天井山生态长廊、白竹绿家缘瑶乡生态农场。

农特产品。 主要特产有洛阳茶、九节茶、蜂蜜、笋干、柠檬、木耳、黑山羊、海狸鼠、中华鲟、三文鱼、古母水鸡等。

2015年，洛阳镇关工委被乳源瑶族自治县关心下一代工作先进集体。

【镇域经济发展】 2015年，镇域经济持续发展。全镇有小水电站147座，总装机容量10.7万千瓦。充分利用自然资源优势，采用“企业+支部+合作社+农户”的产业化经营模式，引导村民种植九节茶，壮大种植基地规模，截至12月，全镇种植规模达到400公顷，带动300多户农户增收。通过政府引导扶持，引进沿溪山茶场公司大力发展洛阳茶叶种植，推动龙头产品发展。以“公司+基地+合作社+农户”的模式，带动广大群众发展茶叶种植。共建立茶叶种植基地1个，占地面积33.3公顷，完成13.3公顷，茶叶育苗基地1个，占地1公顷。据镇政府统计，茶农种植茶叶面积100公顷。着力发展种养业，种植柠檬4万余株、67公顷，年产柠檬约250吨。养殖海狸鼠11000余只，中华鲟、三文鱼37000余尾和黑山羊500多头。加快生态旅游开发步伐，加快五彩谷农业特色观光园、白竹绿家缘瑶乡生态农场、古母水旅游度假区建设，全面启动东平山正觉寺保护性重建，努力把洛阳建设成禅宗文化、生态旅游、乡村体验、自驾游乐、户外活动的重要场所。

【基础设施建设】 水利设施建设。完成板长村委大围、田冲、板洞、大洞田、下埔等7个村庄的食水工程，解决700多人秋冬季食水难问题。进一步建设高标准农田，投入20多万元完善月街村委1.5公里“三面光”农田水利工程、对古母洞村委会欧屋“三面光”水利设施进行修建，促进粮食增产、农业增效和农民增收。

道路桥梁建设。完成深洞、洛阳2个村约17公里的乡村公路硬底化建设，群众出行难问题得到解决。协助做好国道323线洛阳段改造的前期准备工作开始实施。

饮水安全工程建设。投入12万元建设双坪村委2.8公里食水工程，惠及粟地坪、大木山、亚己寨村小组200余人食水安全。

村庄环境卫生整治工程。投入80多万元，做好坪溪村庄的环境整治工程，改善村民的生产生活条件，完成公共厕所、垃圾池、人工湿地、排水沟等基础设施。全镇共发放110多个垃圾桶和配备垃圾车，完善村庄垃圾收运工作，提升环境卫生，打造宜居村庄，做好洛阳村创建卫生村工作。

【生态环境保护工作】 坚持封山育林与植树造林并举的策略，坚持以保护为重点，禁止砍伐阔叶林，创新森林防火机制，保护洛阳的青山绿水。一是认真落实森林防火和消防安全责任制，杜绝乱砍滥伐现象。加强与天井山林场联动机制，发挥小水电业主护林防火和生态保护特邀监督员作用，有效遏制山火事故发生。二是加快创建生态镇建设步伐，2015年，植树造林1066公顷，扩大森林覆盖率。三是杜绝破坏耕地行为，做好违法违规用地整治工作。认真执行“零报告”制度，对卫星图片上反映的斑点进行摸底调查和对非法占用土地及无证采矿卫片巡查，没有出现违法违规用地现象。加强自然保护区建设，加强地质灾害预防，加大水土流失治理力度。

【重点项目建设工作】 完成半星村委横石溪村小组“两不具备”（不具备生活条件、不具备生产条件）村庄6户搬迁建设的项目选址、规划工作，截至12月，完成楼房的封顶工作。正觉寺重建项目截至12月份完成大部分征地拆迁工作。国道323线（乳源段）改造项目完成上围至坪溪段路面改造工程。

【新一轮扶贫开发工作】 新一轮扶贫工作中，全镇13个村（居）委中，有贫困村6个，贫困户254户贫困人口879人，其中扶贫户134户、574人，低保户50户、121人，扶贫低保户47户、161人，五保户23人。截至2015年12月，6个贫困村，共有1304户5265人，其中贫困户254户，贫困人口879人。据统计，全镇17个帮扶单位为6个贫困村投入自筹资金745万余元，整合各级财政、行业、社会扶贫资金4102万余元，累计投入4847余万元，对贫困村实施帮扶项目132个，对贫困户实施帮扶项目1763个，贫困村基础设施和农村村容村貌得到明显改善，贫困户收入水平大幅提升。

【文化建设】 加强全国文化信息资源共享工程建设管理，与上级文化部门沟通、交流，做好文化站村级文化室、农家书屋的管理与免费开放服务工作。充分运用文化信息资源共享工程设备，先后举办农业适用技术培训班8期，参加培训280多人次。组织举办送书、送电影、送戏下乡活动，开展篮球赛活动，活跃山区群众文体生活。

【社会保障服务】 社会保障工作。截至2015年12月，全镇共有五保户55人，低保户181户477人，共发放低保金92万元，五保供养金32万元。洛阳镇12个村采取集体适当补贴方式，鼓励支持农村群众参加新型农村养老保险城乡医保，全镇共有2592人参加新型农村养老保险，其中享受养老待遇（领取基本养老金）1272人，享受待遇的参保率为100%。共有7305人参加城乡医保，参合率达100%。

公共服务体系建设。2015年，完成镇公共服务中心和13个村（居）委公共服务站建设，配备齐全公共服务站的办公设备，通过公开招聘13名基层公共服务平台专职人员，实现为民办事公开透明和“一站式”服务目标。

慈善事业。6月30日，该镇在镇政府二楼会议室举行“扶贫济困，奉献爱心”扶贫济困日捐款活动，募捐资金共5000多元。

【党风廉政建设】 深入推进农村基层党风廉政建设，以抓基层、打基础为主轴，贯彻落实党风廉政建设责任制。2015年镇纪委共上报农村基层党员、干部违纪违法线索42条，其中成案线索6条，立案查处党员违纪案件6起，结案5起，党纪处分5人。通过案件查办，有效促进全镇党风廉政建设，推动各项工作的顺利开展。

【人口计划生育】 坚持把人口计生工作作为重中之重紧抓落实，认真制定实施《洛阳镇人口与计生工作层级动态管理责任制》，抓好镇、村基础设施建设，召开全镇人口计生工作大会，明确部署，开展计划生育集中服务月活动加大社会抚养费征收，稳定低生育水平。2015年，全镇总人口9883人，已婚育龄妇女2072人，出生人口129人，出生率12.43‰，自然增长率8.86‰，政策生育率89.92%。

【人武工作】 8月，按照上级的统一部署，洛阳镇开展夏季征兵工作，通过宣传、动员，顺利完成征集新兵工作任务。

【社会综合管理工作】 以建设“平安洛阳”为己任，该镇加强组织领导，抓措施落实，创平工作取得成效。截至12月，全镇未发生越级上访事件，未发生群体性事件、重大恶性刑事案件和重大生产安全事故，社会稳定得到维护。按照县政府要求，集中开展整治违法用地、违法建设的活动，严查违法用地、违法建设行为。

【乡镇领导驻点普遍直接联系群众活动】 2015年，领导驻点普遍直接联系群众活动取得实效，通过定点接待、上门走访、重点约谈、座谈听证等多种方式，领导干部作风得到改进，党群干群关系密切。洛阳镇共有驻点团队成员42人，辅助团队成员54人，分片走访7786人，即时接待385人次，上门慰问59人，座谈咨询96人。发放民情联系卡6385张，共收集到意见建议182条，其中得到解决的174条，处于处理阶段的8条。

【党建工作】 开展基层治理工作。对农村集体资产、资源、资金进行全面摸底清查工作，实现日常化和网络化管理。共清理“三资”信息832条，其中：合同信息309条，物业及实物信息117条，资源信息406条。建立“三资”交易平台，通过交易平台办理成功交易4宗项目。开展软弱涣散党组织整顿工作，完成板长村的软弱涣散整顿工作。强化干部队伍建设，针对村党支部书记年龄结构偏大、文化程度较低、战斗力不强的状况，为4个村（社区）配备综合素质高的后备干部，组织3场培训会，并组织2名村党支部书记参加在职大专学历教育。

【镇第十二届人民代表大会第五次会议】 1月22日，洛阳镇第十二届人民代表大会第五次会议在镇机关二楼会议室召开，41名镇人大代表参加会议，12名列席人员参加会议，县人大常委会副主任朱均玉应邀出席会议，与会代表听取并审议《政府工作报告》《人大工作报告》和《财政预决算报告》，

依法投票选举出镇人大主席、镇长、镇人大副主席、副镇长各1名。（邹敏芳）

附：洛阳镇领导班子成员名单

党委书记、人大主席：华　跃
党委副书记、镇长：吴志俭
党委副书记：张　杰
党委委员、纪委书记：谢翠群
党委委员、人大副主席：曾亚松
党委委员、武装部部长：赵　强（—2014.12）
党委委员：谢智敏
　　　　　周国祥
　　　　　陈庭武
副镇长：罗光宝
　　　　廖桂珍
　　　　江立佳

2015年洛阳镇村（居）委会基本情况表

表15

村（居）委会	书记、主任	总户数（户）	总人口（人）	集体经济纯收入（万元）	农民人均纯收入（元）
深洞	江为通	276	1064	18.8	7709
坪溪	陈永华	356	1330	10.9	7977
田螺坑	潘顺祥	154	610	14.5	8214
洛阳	魏福安	260	862	6.7	8181
半星	雷观胜、李亚洪	150	507	8.1	7928
白竹	文清连	280	1000	34.4	7900
双坪	李金发	268	971	1.7	5503
板长	李水北	237	774	8.9	5779
古母洞	欧坛胜	90	356	2.4	5577
富塘	李东养	166	618	8.8	5685
月坪	李锦全	170	544	11.8	5948
月街	冯路金	243	904	4	6168
阳升社区	杨土生	177	343	/	/
合计	/	2827	9883	/	/

一　六　镇

【概况】　一六镇位于乳源东北部，北距桂头镇13公里，境地东邻韶关市武江区，南邻乳城镇，西邻东坪镇，北邻游溪镇。一六镇原是曲江区一墟集，农历一、六为墟期，故名一六墟，镇以墟命名，明清时期属曲江县，民国时期为一六乡。镇政府驻地一六村委，广乐高速、省道S250穿镇而过，距武广高铁韶关站只有35公里，距京珠高速公路出口仅12公里，距离广乐高速乳源出口才7公里，区位优越，交通便利。是乳源瑶族自治县三个平原乡镇之一，全镇总面积84平方公里（其中总耕地面积1029.4公顷，林地面积5762.7公顷，森林覆盖率76.3%。），辖7个村委会，1个居委会，有64

个自然村，103 个村民小组。镇有户籍总数 4491 户，户籍总人口 16489 人，其中农业人口 15771 人。镇内设有中学 1 间，完全小学 1 间，村级小学 3 间。镇级卫生院 1 间，村级卫生站 6 个。2015 年，全镇农村经济总收入 11711 万元，农民人均收入 7646 元。

历史文化遗产。主要有西岸石拱桥、一六招田石拱桥、东粉村平安阁、一六大村围楼、团结莲塘村平安阁、东七下门秦氏祠堂、乐群乐夫村欧氏祠堂、团结上社王氏祠堂、罗屋下南村何氏祠堂、乐群乐夫村农民协会旧址、鲶鱼寨遗址等。

境内景点。乌石岭客家新村、东粉温泉、千亩竹园、乐群乐夫村农民协会旧址、牧草园农场、现代蔬菜生产基地以及东粉湿地公园（在建）等。

特色产品。槟榔芋、大棚西瓜、香蕉李、三华李、银辉香瓜、白玉香瓜、有机大米等。

特色食品。芋头鸭、麻辣花生豆腐煲、辣椒拌凉菜、辣椒花鱼、窄粉以及米酒等。

【农业经济发展】 推动农业规模化经营。坚持鼓励种植大户参与土地流转、专业合作社介入土地流转、城市工商资本投入土地流转，着力扶持一批种植大户发展规模农业；扎实推进农村土地确权颁证工作，促进农村土地规模化、集约化经营，初步完成团结、罗屋、西岸、一六等 4 个村委的土地确权颁证试点工作，至 2015 年 12 月该项工作在全镇全面铺开。充分发挥三雄、益民等专业合作社在扩大生产经营规模、提供技术服务、拓宽销售渠道等方面向农户提供技术支持，促进农民增收。

大力发展特色农业产业。根据乳源打造“一片两带”农业规划，利用区位优势改变传统的种植模式，积极调整产业结构。重点加大乳桂公路沿线贡柑、“四季绿”蔬菜、拿比特西瓜等特色农业基地建设，形成三红蜜柚 81 公顷、砂糖橘 40.5 公顷、贡柑 144.7 公顷、大棚西瓜 53.34 公顷、有机蔬菜种植面积超 66.67 公顷的高产高效优质现代农业。

加快林下经济发展。利用山区资源优势，发展林下经济，充分发挥林地长、中、短期效益，增加林地附加值，构建稳定的生态体系，增加林地生物多样性，提高经济效益。建成牧草园农场、好心情山庄、快活林农庄等林下经济示范基地。

【基础设施建设】 高标准农田建设。夯实基础设施建设，通过土地整治完成 1.3 万亩高标准基本农田建设，形成集中连片、设施配套、高产稳产、生态良好、抗灾能力强，与现代农业生产和经营方式相适应的高标准基本农田。

水利设施及中小河流整治。加大投入建设山塘水库、土坯圳等水利设施，完成龙谷陂至重阳交界 13 公里中小河流整治，完成简屋——罗屋共 2.1 公里排洪泄洪工程，排除周边的 30 公顷水田受洪涝灾害问题。

饮水工程。通过上级拨款、镇级补助、村民筹资等途径落实饮水工程建设资金，全面完成涉及 800 多户、约 4000 人的镇区饮水工程。实施村村通自来水扩网工程，乐群、团结、罗屋、一六、东粉等乳桂沿线 20 多条自然村 8000 多村民的饮水难问题得到解决。

公路硬底化。完成西岸至石门、西岸至大历全长 2 公里的公路硬底化工程和全长 2.729 公里的下塘线公路硬底化工程，全长 4 公里的乡道 846 线公路硬底化工程进入施工阶段，群众出行难和出行安全问题将切实得到解决。

【新农村建设】 按照《乳源瑶族自治县五彩瑶乡省级新农村示范片总体规划》的安排，作为总体规划设计中的重要组成部分，着力打造新农村示范村，不断改善人居环境，提速推进社会主义新农村建设。通过科学规划、突出特色、统一建设、村民自主管理，把乌石岭新村打造成具有岭南特色的社会主义新农村。将团结村委各村小组纳入乳源五彩瑶乡省级新农村示范片建设，统一标准、高质量推进各村的综合环境整治，完善新村公共基础设施建设、改善新村生态环境、加强新村人文精神建设。

【农村环境综合整治】 积极推行“户收集、村集中、镇转运、县处理”农村生活垃圾收运处理模式，健全镇、村两级齐抓共管的城乡环境卫生保洁制度，推进城乡垃圾减量化、资源化、无害化处理进程，实现农村垃圾统一清运。实行乡村卫生保洁费制度，在农村环境卫生整治过程中，选择基础较好、群众素质高、改善农村环境意识强烈的村小组作为试点，对村内居民每户每月收取 5 元卫生保洁费，用于改善农村人居环境。推行农村卫生保洁费制度的村小组有东粉村委的楼下、桂花和团结村委的下社、庙背、坳背、上塘、乌石岭等7个。2015年东七村委会被评为韶关市卫生村。

【驻点普遍直接联系群众工作】 创新思路，改进方式，进一步夯实党建基础。通过注重思想教育、注重工作实效、注重解决群众实际问题、注重建立健全机制等有效措施，积极推进驻点直接联系群众工作落到实处，打通服务群众最后1公里。2015年，全镇8个驻点团队44名成员联系群众12662人次，收集意见建议369条，解答群众咨询582人次，解决实际问题489件。

【计划生育服务】 2015年度，全镇育龄妇女3530人，新出生婴儿250人，其中一孩出生103人，二孩出生139人，多孩出生8人，政策生育率为91.60%，性别比为103.25。

【便民服务】 完善镇、村二级便民服务体系，拓展农村党组织和党员服务群众的平台，2015年度，全镇各村（居）委共受理办结计生、国土、民政、新农保、新农合等服务事项4655件，受理办结率均达100%，为民服务能力显著提高。

【社会保障】 全镇参加新型农村合作医疗14138人，参合率100%。新型农村养老保险参保183人，续保4435人，享受养老待遇2163人，参保率91.27%。全镇最低生活保障户270户524人，五保户64人，每月发放低保金及五保金130510元。协助14人申请到医疗救助资金合计56826元，帮助113人办理合作医疗诊费报销，为村民报销医疗费用278376.83元。发放大米、食用油、棉被等物资，社会救助得到保障。

【扶贫开发“双到”工作】 2013年至2015年，挂扶单位落实各类帮扶资金4489.391万元，全面完成贫困户住房改造、饮水工程、村道乡道硬底化、村委办公楼修缮等51个对口帮扶项目。贫困村基础设施建设得到完善，人居环境得到改善，村级服务能力得到提升。积极推广“专业公司+农业合作社+农户”三位一体的产业发展模式，大力发展大棚西瓜和有机水稻、无渣粉葛等特色农产品，贫困户收入逐年稳步提升。

【武装工作】 抓好民兵整组编排、民兵预备役、兵役登记、轻舟训练、民兵应急连集训等工作。全镇征兵工作于7月21日正式启动，动员镇区适龄青年积极参军，经过初检、复检、政审，全镇超额完成2015年度征兵工作任务。一六镇武装部被县人民武装部评为“2015年度武装先进单位”。

【综治信访维稳】 深入推进“平安一六”建设，积极开展创建平安校园、平安医院、平安村居、平安家庭活动；充分发挥镇综治信访维稳中心、派出所、司法所、信访调解员的作用，加大矛盾纠纷排查和调处力度，妥善处理好征地拆迁、山林纠纷等各类信访问题，做到无越级上访、无矛盾纠纷上交、无重大案件发生、无社区矫正对象脱管，维护社会和谐稳定。2015年共调处信访矛盾纠纷33宗，结案率100%；调处民间矛盾纠纷28宗，办结率100%；调处并办结医患纠纷2宗；调处其他纠纷4宗。

【工会联合会第一届第一次会员代表大会】 10月29日工会联合会第一届第一次会员代表大会召开，全镇各单位工会代表29人参加大会。会议选举产生第一届工会联合会委员、经审委员会委员。

（张廷柱）

附：一六镇领导班子成员名单

党委书记、人大主席：邓远林
党委副书记、镇长：马新萍
党委副书记：潘　鸿
党委委员、纪委书记：龙金培
党委委员、人大副主席：盘小军
党委委员、武装部部长：冯水生
党委委员：文水福
　　　　　陈大俊
　　　　　郭桂运
副镇长：叶福全
　　　　丘国雄
　　　　雷　英

2015 年一六镇村（居）委会基本情况表

表 16

村（居）委会	书记	主任	总户数（户）	总人口（人）	集体经济纯收入（万元）	农民人均纯收入（元）
一六村委	邱玉贵	付红飞	861	3315	5.56	6930
东粉村委	黄明瑶	黄明瑶	894	3178	5.5	7912
罗屋村委	何俊	何俊	328	1596	4.2	7841
乐群村委	欧初强	欧初强	325	1280	2.2	7457
东七村委	冯日清	冯日清	575	2209	3.2	7543
西岸村委	欧伟彬	欧伟彬	206	906	5	7932
团结村委	冯玉生	冯玉生	963	3288	9	8160
为民社区	陈景华	陈景华	339	718	/	/
合计	/	/	4491	16489	39.66	/

中央、广东省驻乳源单位

广东省核工业地质局二九一大队

【概况】 广东省核工业地质局二九一大队，为省属正处级事业单位。以地质找矿为主，同时从事工程勘察、地灾防治、路桥施工、地质技术服务、环境评价、工业气体生产销售等业务。2015年设有广州花都、佛山三水、韶关乳源3个基地。内设机关科室15个，二级单位9个（含1个联营单位）。有专业技术人员800多人，其中，研究员级高工8人，高级工程师50多人。拥有固体矿产勘察甲级、工程勘察综合类甲级、地球物理勘察乙级、地质勘探乙级、水工环地质调查乙级、地质钻探乙级、环境影响评价乙级、液体矿产勘察丙级、地球化学勘察丙级、地质灾害治理工程监理及公路工程施工总承包壹级、桥梁工程和隧道工程专业承包壹级等资质。乳源基地设有机关离退休管理科、基地管理办公室、核工业华南二九一工程勘察公司、二九一大队职工医院、乳源瑶族自治县二九一房地产开发有限公司5个基层单位（科室）。

【主要职能】 加强战略地质调查、地质科研工作、实施铀资源需求国际战略，强化为广东省核产业发展提供资源保障任务；加强参与全省天然放射性生态环境调查、评价、治理、保护、监测和参与全省环境地质、地质灾害防治等公益性工作；承担国家和省下达的核地质勘查工作任务，重点负责粤北百顺矿田和南雄盆地成矿区、粤西北铀资源勘查工作，承担大队的放射性档案管理及大队工作区的军工核设施（铀矿地质勘探）退役治理工作。

【历史沿革】 1955年4月组建于湖南省长沙市，原属中央二机部管辖，1971年整编为中国人民解放军基建工程兵二〇三师六一九兵团，1984年“兵改工”改编为核工业部华南地质勘探局二九一大队，2000年9月属地化管理后，更名为广东省核工业地质局二九一大队。2001年，大队机关从韶关乳源迁至佛山三水，2014年12月26日，大队机关又从佛山三水搬迁至广州花都，保留佛山市三水、韶关市乳源2个基地。

【地质业务】 2015年，全年落实财政类地质项目8个，市场地质项目25个。地质成果显著，圆满完成中国地调局2个大型项目，其中，诸广整装勘查区综合研究项目连续3年被评为优秀，专家组予以高度评价，认为“可作为南方硬岩型铀矿找矿模式的示范项目”。全国找矿突破战略行动技术指导组组长、中国地调局原局长叶天竺也充分肯定粤北诸广地区牛澜断裂带铀成矿研究成果，认为项目工作总体做得很好，有望实现“大诸广”世界级花岗岩型铀矿聚集区。新增探矿权4个。成功取得“区域地质调查甲级”资质。全年完成地质技术服务项目22个，参与地质灾害防治项目竞标12项，中标4项，完成国土资源部委托大队承办的全省整装勘察区跟踪指导工作会议服务工作。加强地质档案管理的力度，完成文书档案立卷、资料定密及保密普查、年鉴编制等各项工作。

【核工业华南二九一工程勘察公司】 核工业华南二九一工程勘查公司专门从事工程地质勘查、岩土工程治理、工程测量、水文地质勘查及钻井。内设有经营部、工程部、质安部等多个部门，各项专业技术人员21人，证书级别为乙级，能独立承担多项工程施工。

【二九一大队职工医院】 二九一大队职工医院位于乳源瑶族自治县乳城镇鹰峰东路，医院建筑面积764平方米，属一级乙等医院，总资产67万元，万元以上设备六台（套）。设有内科、外科、中医科、妇产科、口腔科、X光室、化验室、急诊室、注射室，B超心电图室等。医院年门诊量约为8000余人，年收入约为70万元。

【二九一房地产开发有限公司】 乳源瑶族自治县二九一房地产开发有限公司成立于2010年12月，是一家全资国有企业，注册资本100万元，房地产开发企业暂定资质。公司位于乳源瑶族自治县县城中部，有待开发土地25万平方米。（曹　韩）

附：广东省核工业地质局二九一大队领导班子成员名单

党委书记：肖正华

大队长：苏文聪（党委委员）

党委委员、副大队长：周　鑫

张辉仁（总工程师）

张焕雄

党委副书记（兼纪委书记）：李毓成

广东粤电南水发电有限责任公司

【概况】 2015年，广东粤电南水发电有限责任公司（以下简称：南水发电公司）秉承广东省粤电集团有限公司“团结、创新、诚信、高效”的宗旨，坚持公司“关爱员工、确保安全、规范管理、优质高产、爱护环境、美化家园、求真务实、持续发展”的管理方针，积极推进各项工作开展，全面开展创先进发电企业、安健环管理、贯标、安全性评价等工作，企业管理水平进一步提升。继续保持三标认证，AAA级先进发电企业，2015年荣获“广东省第二届厂务公开民主管理示范单位”“韶关市先进职工之家”“乳源县爱心企业”、年度安全生产目标奖、2015年度发电企业档案工作被评为优秀单位等荣誉。截至2015年12月31日，安全生产连续实现3个百日安全记录，创历史最高安全记录5768天。完成广东省粤电集团有限公司下达的发电任务，总发电量为2.65亿千瓦时（合并）。年末，公司在职员工135人，内退人员5人，离休人员3人，退休人员168人。

【企业管理】 2015年南水发电公司三标一体化管理工作有序进行，顺利通过北京中电联认证中心对公司三标一体化管理体系的再认证审核工作。

2015年对南水发电公司的标准体系文件进行八次修订，其中新增23个标准文件，修改31个标准文件，调整13个标准文件，作废12个标准文件，标准文件体系进一步完善。9月6日获得广东省粤电集团有限公司2014年度AAA级先进发电企业荣誉称号。

开展“优秀班组建设”工作。优秀班组检查加入班组各成员的参与考核相应的条款，营造全员参与的氛围，优秀班组创建工作良性循环，班组管理水平得以提升，班组得分率极大提高，8个班组取得五星班组称号。

参加广东省粤电集团有限公司的管理创新工作，申报管理创新项目，组织2014年度管理创新项目的验收。按广东省粤电集团有限公司的要求开展对标工作，制定对标工作的标杆值和一个最佳实践研究案例，按计划实施，完成年中及年度的对标工作总结。

【安全生产活动】 南水发电公司抓好交通安全知识及消防安全知识的培训工作，举行灭火器材、逃生面具使用方法实际操作培训，实施《电厂全停电紧急状态的应急预案》《防御特大洪水应急预案》《水淹厂房事故应急预案》等应急集合演练活动，进行《安全规程》的考试；组织在职员工观看2015年国家“安全生产月”活动宣传主题《崇尚法治依法治安》等安全生产VCD教育片。增强员工遵章守纪的自觉性，有效提高员工对标准的执行能力，打好安全生产工作坚实基础。

全年制订反事故措施12项，完成率100%，安全技术劳动保护措施8项，完成率100%。“两票”执行情况：截至2015年12月31日，共完成操作任务280项（南水162项，其中电气操作102项，机械操作60项，操作票合格率为100%；南源118项，其中电气操作78项，机械操作40项，操作票合格率为99.15%），没有出现误操作事故。工作票566张（南水432张，工作票合格率为100%；南源134张，工作票合格率为99.25%），发现设备缺陷106项，其中电气设备缺陷50项，机械设备缺陷19项，水工建筑类缺陷3项，其他缺陷34项，均得到及时处理，有效保证设备在最优工况下安全稳定运行。

【防汛工作】 2015年，南水发电公司做好防洪度汛工作，贯彻“安全第一、常备不懈、预防为主、全力抢险”的方针，认真做好防汛各项工作，确保落实人员到位、责任到人、思想到位，按既定的防汛岗位、职责开展工作。于2月调整2015年防汛指挥部成员和防汛岗位人员及防汛抢险队员。

水情遥测系统。2015年系统运行稳定，各遥测站的信道畅通，数据传输质量及电磁环境良好，系统畅通率和可靠度均达到设计要求。

南水发电公司防汛调度决策系统应用。水文班定期对值班人员进行操作应用培训，随时做好水库的洪水预报与洪水整编工作。

防汛工程。防汛应急通信系统运行稳定，大坝与厂区间信道畅通，信号传输质量及电磁环境良好，系统畅通率和可靠度均达到设计要求。

水文预报及精度情况。2015年库采用防汛调度决策系统洪水预报软件进行洪水预报，按照原省电力集团公司规定对5年一遇的洪水预报场次进行精度评定，根据年内的实际洪水情况选定1场洪峰流量较大的洪水对预报进行精度评定，评定结果：洪峰流量预报精度95.5%，洪水总量预报精度86%，峰现时间准确率100%，三个指标预报平均合格率为93.8%。

洪水分析。2015年南水水库流域洪水相对集中，主要出现在前汛期。全年洪水特点：洪水场次少、洪量较小。最大的一场洪水出现在5月20日，最大洪峰流量为683立方米/小时（时段1小时），相当于2年一遇的洪水；一日洪量为3900×104立方米（5月19日23时~20日22时），相当于4年一遇的洪水；三日洪量为7200×104立方米（5月19日22时~22日21时），相当4年一遇的洪水；五日洪量为10200×104立方米（5月19日21时~24日20时），相当5年一遇的洪水。

【科技创新】 南水发电公司2015年荣获广东省粤电集团有限公司科学技术项目三等奖。项目名称：#1主变改造、三台机组调速机伏化改造、三台机组振动摆度监测系统改造。

【人力资源管理与培训】 机构变动人员调配。根据《广东省粤电集团有限公司贯彻落实党风廉政建设党委主体责任、纪委监督责任的实施细则》的要求，公司成立纪检监察部，配备专职人员，合并党办、工会为党群工作部，配备专职人员。开展财务部负责人、团委书记公开竞聘、员工职业生涯管理第二轮选拔聘任工作，完成2014年入职员工转正定级定岗及班组技术员职档人员的聘用等。2015年新接收4名大学毕业生，增强检修各专业及财务的技术力量。做好新员工的培养工作，制订详细的培养计划，责任到人。

员工劳动保护。2015年7月份完成劳动合同期满的续签和新来人员劳动合同的签订工作，续签3人，新签订劳动合同4人。10月解除劳动合同1人（员工本人申请）。

专业技术资格申报、认定及技能等级鉴定。2015年度有1人申报高级职称，1人申报中级职称，初级资格认定4人，5人参加技能等级鉴定。按公司持证上岗管理要求，对特殊作业证全面进行复审，有执业资格证要求的财务、统计等专业技术人员参加相关的继续教育、取证及年审。

人才培养。按南水、南源运行合并方案，全体运行人员每周安排学习，由值长、运行技师、检修专业技术人员讲课，每月进行一次竞赛考试。分三期组织全公司员工在韶关开展培训，聘请专业老师讲解团队建设与有效沟通、公司企业管理、信息管理等方面知识，专业技术人员讲解公司相关的管理知识。举办紧急救护知识、交通安全知识、职业健康知识、消防知识等培训班，由生安部、人力资源部、综合部等部门联合举办公司有关管理标准（生产管理部分）培训，开展安规及生产人员现场规程考试，配合广东省粤电集团有限公司完成一次电气人员竞赛前进行培训。全年员工培训率达到100%，40课时以上达91.47%。

完成广东省粤电集团有限公司在线培训系统的应用，安排专业技术人员公需科目、专业科目、自选科目及组工干部等的在线学习。

【党建工作】 南水发电公司党委重视基层党支部建设，班子成员积极参加党支部的各项活动。强化支部工作目标管理，坚持落实三会一课的制度，支委班子成员具有良好的相互协作精神。开展党员民主评议和创先争优活动，重视员工政治思想学习，加强生产技术骨干的考察、培养，做好发展党员的工作。

“创先争优”活动。参加民主评议活动的党支部有5个，应参加评议的党员116人，评选优秀支部1个，优秀党务工作者4人，优秀党员23人，合格党员93人；受广东省粤电集团有限公司表彰的优秀党支部1个，优秀党务工作者1人，优秀党员1人。

发展党员。南水发电公司党委按照《党章》的要求，坚持成熟一个，发展一个的原则，2015年，按期转正党员1人、发展预备党员1个、入党积极分子2人、提交入党申请书6人。

加强理论学习。按照广东省粤电集团有限公司党委要求，组织全体党员开展学党章、守纪律、争先锋专题活动。每位党员写心得体会，参加《党章》知识测试，提高党员对党章新的认识；组织观看《作风建设永远在路上》教育片及党员到韶关市反腐倡廉教育基地进行廉政教育等。粤电集团党建信息系统派人参加广东省粤电集团有限公司举办的新党建系统培训，并进入试运行阶段。

“三严三实”专题教育活动。南水发电公司党委制定出实施方案，召开领导人员和中层管理人员召开动员会议活动采取个人自学、集体学习和专题研讨相结合的方式进行。分别于7月、8月、9月就“严于修身”“严于律己”“严于用权”三个专题进行学习和组织中层以上人员集中研讨。公司领导、干部分4批共5人参加广东省粤电集团有限公司举办的“三严三实”专题学习培训班。

【工会工作】 全年办理新员工入会8人，8月新聘1名工会专责。9月新成立毽球协会，工会下属协会增至8个，各文体专项活动有针对性、专业性，满足员工的不同专长爱好。修订南水发电公司《集体合同》《补充医疗保险管理标准》的有关条款，新制定《工会经费收支管理标准》。开展先进集体和个人的评选活动，评选出：先进集体4个，先进生产工作者14人，工会积极分子27名；2015年安全生产先进集体3个、安全生产先进个人19人、防洪积极分子19人。

文体活动成果。开展升国旗、粤电旗活动，奏唱国歌、粤电之歌，进行爱国、爱企、爱岗教育。为纪念公司发电45周年，公司组织制作电子杂志《南水通讯特刊—南水发电45周年纪念（1970—2015）》，在原发电30周年刊物的基础上，全面展示公司2001年以来领导关怀、党建工作、安全生产、群体工作、团建工作等的发展成果，公司摄协组织厂区生活区“南水风光摄影大赛”，职工活动场所每天对职工开放，场所上活跃着广场舞、交际舞、羽毛球、乒乓球、篮球、健步走、棋牌等爱好者，营造良好的全民健身氛围。

南水发电公司各专业文体协会积极开展训练、交流和比赛活动。组队参加第六届“粤电杯”羽毛球赛、“风采杯”毽球大赛、乳源“水岸国际杯”羽毛球赛。年内举办羽毛球、毽球培训班。

厂务公开。利用内部信息网、厂务公开专栏、座谈等形式公开公布厂务工作，全年公开10项422条内容。

职工健康生活。2015年工会坚持员工重病住院探望、慰问制度，共探望慰问46人次。坚持春节期间开展送温暖活动，慰问离休干部、长期重病员工、困难员工家庭遗属共14人次。为3名病故员工办理亡故丧葬费和抚恤金的发放。做好调解工作，全年调解员工邻里关系纠纷3件，为公司营造一个和谐相处的居住环境。

【综合管理】 信访维稳、创建平安、交通安全工作。健全南水发电公司内部治安保卫管理标准，进行不定期巡检、外来人员登记管理、车辆出入证管理等一系列规章制度。严格执行登记制度，加强对外来人员、外来车辆出入管理和物品进出厂区管理，防止各类被盗案件发生。密切保持与地方公安机关及政府部门的联系，确保公司长治久安。

做好车辆日常安全检查和保养。严格执行《交通安全管理条例》，强化车辆驾驶员的交通安全意识，每辆车都由专人负责定期安全检查和维护，驾驶员全部持证上岗。驾驶员（含兼职），有良好的安全行车意识，能遵守有关规定，严禁酒后驾车，公司全年行车无事故，全年没有发生信访维稳事件。

南水发电公司综合档案管理。完成年度档案归档资料共3141件，提供利用152人次。

【先进人物】 南水发电公司生安部被广东省粤电集团有限公司党委评为先进党支部；南水发电公司生安部被广东省粤电集团有限公司团委评为五四红旗团支部；许洪文被广东省粤电集团有限公司党委评为优秀党务工作者；张兆新、林昌希等被广东省粤电集团有限公司党委评为优秀党员；刘照平被广东省粤电集团有限公司评为先进生产工作者；董红升被评为韶关市优秀工会工作者；王昌红被广东省粤电集团有限公司团委评为优秀团干；张明被广东省粤电集团有限公司团委评为优秀团员。（潘耀丽）

附：广东粤电南水发电有限责任公司领导班子成员名单

党委书记、总经理：周喜安

副总经理：刘发胜

党委副书记、纪委书记、工会主席：许洪文

广东省乳阳林业局

【概况】 广东省乳阳林业局（以下简称乳阳林业局）成立于1958年，是广东省林业厅直属正处级事业单位，主要职能“保护森林生态体系，培育利用森林资源”。2015年全局总人口数1908人，在职在岗职工480人，退休工人790人。全年经营总收入3790万元，实现利润253万元，上缴税费534万元。职工人均年收入达到4.5万元，比2014年增长13%。年末资产总额为2.78亿元，资产负债率为43%。森林蓄积量达到244.6万立方米，森林覆盖率达97.6%。2015年全面完成482户棚户区改造任务，通过由县发改局、林业局、建设局和财政局组成的验收小组的总体验收。职工人均住房面积由2010年的18平方米增加到2015年的50.2平方米，增幅达178.9%。

【森林培育】 2015年完成2013年、2014年森林碳汇重点生态工程，2014年珠江防护林工程、2015年森林碳汇重点生态工程、2014年中央森林抚育补贴工程、省森林碳汇林抚育工程、2015年省森林碳汇林抚育工程等。建立横龙南生态公益林示范基地、小黄山生态公益林示范基地和天门嶂珍稀树木培育基地，打造成集珍稀树木培育、科研科普、景观于一体的示范基地。

【小水电生产】 2015年完成小水电总发电量约6148万千瓦时，总送电量5957.33万千瓦时，实现总产值3147.72万元，完成计划产值任务104.92%。投入1800万元（其中上级拨款专项资金1000万元）完成溪二、溪三、溪四、龙四4座电站的增效扩容改造任务，装机容量增加3590千瓦，平均每年可增加产值约250万元。

【森林生态旅游】 投入3000多万元加大对旅游基础设施的建设，完善旅游基础设施，推进景区景观、景点复绿工程建设，加强景区的管理，提升南岭的知名度，珠三角、港澳游客成倍增长。2015全年南岭国家森林公园接待游客人数12.1万人次、门票收入500万元，分别比2014年增长45%、30%。

【森林资源管护】 完成“二类资源”调查、林地变更、林业生态红线划定任务。推进林权证换发工作，林权证发证率为53%。2015年11月，广东省森林公安局在乳阳林业局成功召开首届南岭林区治安联防会议，为辖区资源管护搭建新的平台。全年共出动车辆156台次，警力396人次，其他执法人员76人次，清理盗伐、滥伐木材20多立方米，林区资源管护呈现良好的发展态势。

【安全生产】 乳阳林业局严格落实安全责任制，做好事故隐患排查、整改工作。全年投入资金20多万元，完善电站的安全基础设施，提高设备的安全可靠性，强化一线作业人员的安全防护教育。制定、推进全局安全生产岗位责任告知制度化建设。开展突发事件的应急演练，强化应急情况下的指挥调度能力。

【森林防火】 乳阳林业局贯彻落实“预防为主，积极消灭”的森林防火方针，健全森林防火长效管理机制，实现全年“零火警”目标。完成总长度90公里、面积100万平方米的森林防火林带的清杂工作。推进森林重点火险区综合治理工程建设项目，设好第二峰瞭望塔1座、林火视频前端监测设备2套，安装森林防火宣传牌20块，购买远程扑火运输车1辆、森林防火扑火机具一批。

【廉政文化建设】 制定和落实党风廉政建设实施方案，印发《广东省乳阳林业局党的群众路线教育实践活动修订制度汇编》。推进效能监察和“小金库”专项治理工作。完善各项规章制度，从源头上防止腐败，使工程建设成为民心工程、阳光工程和廉政工程。坚持民主集中制原则，做到“公正、公开、公平”，不搞暗箱操作。继续整治四风，完善制度。

【学校、医院移交工作】 按照国有林场改革的政策，乳阳林业局积极做好职工子弟学校与职工医院的移交工作。2015年，乳阳林业局多次参加县政府召开的移交工作协调会，与地方签订医院移交协议，协商学校移交。 (卢小冬)

附：广东省乳阳林业局领导班子成员名单

党委书记、局长：陈振明

党委委员、副局长：容建明

丁海胜

党委副书记：杨武权

党委委员、工会主席：谷建国

党委委员、办公室主任：陈国元

党委委员、省森林公安乳阳分局局长：刘永华

广东省天井山林场

【概况】 广东省天井山林场创建于1958年，是广东省林业厅直属的生态型自收自支正处级事业单位。2015年年末，林场实现总收入4828万元，上缴税费426万元，创利润492万元。国有资产总值1.82亿元，活立木蓄积量189.47万立方米，森林覆盖率91.6%。完成《粤北山区雨雪冰冻灾害受损森林群落恢复技术》项目获得广东省人民政府颁发的2015年广东省科学技术三等奖。

【营林生产】 完成杉木速生丰产林造林102.6公顷，新桥、蓬山杉木采伐迹地更新造林66.7公顷，杉木幼林、阔叶中幼林施肥、抚育707.4公顷，森林碳汇重点生态工程补植套种、抚育631.7公顷，生物防火林带抚育维修188公里，新建40公里；完成杉木商品林采伐和生态林间伐工作，杉木出材5500立方米；完成森林碳汇重点生态工程政府采购、森林资源二类调查、伐区调查规划、采伐设计的编制申报并领取采伐证；完成3740.5公顷林地的确权登记工作，待走完发证流程，全场林权证发证率可提高到89.5%。

【林业科技】 完成2012年中央林业科技推广与示范项目——枫香优良品系栽培；完成53.33公顷示范林的抚育追肥、样地调查工作并通过结题验收；完成2012年林业科技创新项目——天井山野生杜鹃选育和栽培项目的年度任务，培育杜鹃幼苗2万株。与广州林业与园林研究院合作开展“广东杜鹃花属植物资源收集和开发利用研究项目”；完成2015年森林抚育补贴试点项目、“四江”流域水源涵养林及防护林建设项目、国家珍贵树种培育项目的申报立项工作。

【林下经济】 铁皮石斛及灵芝的林下栽培试验取得阶段性成果。种植铁皮石斛组培苗31万株，移植上树12.3万株；栽培灵芝菌段100平方米，采收灵芝干品99公斤。另采购2500株金线莲组培苗进行试验性栽培。

【生态旅游】 争取省旅游局立项投资50万元开展森林公园旅游规划工作，由省旅游局的统一招标，广州智景旅游规划有限公司中标该项目。继续加大开发生态旅游力度，投入建设资金140万元，用于景区建设、购买旅游保险、基础设施建设维护和对外营销。在生态长廊景区新建旅游公厕2个，临时停车场1个，增设标示牌、宣传牌一批。全年接待游客20125人次，门票收入4万元，旅馆业收入

36.8 万元，餐饮收入 48.6 万元，实现综合收入 89.4 万元。

【森林防火】 森林防火指挥部采取挂横幅、贴标语、路口安装警示牌等形式，加强森林防火宣传教育工作；加大灭火队伍建设力度，经常性开展扑火演练，增强队伍的快速反应能力和灭火实战能力；加强对重大节日、重点防火期和重要地段的森防巡查，严格野外火源管理，杜绝人为山火发生，强化与周边村、镇、县防火联动机制以及各电站前池水工、林场聘请的各山场农村合同制护林员的防火职能，构建和扩大森林防火网络。全场全年实现零火警，有效保障森林资源的安全。

【安全生产】 完善安全生产应急预案管理，开展防洪、消防预案演练 200 人次；抓好安全培训，按照特种行业的要求对林场 40 名特种工作人员进行培训，提高全员安全素质；加大安全资金投入，投入 110 万元修复天坪电站、仙坪电站水毁水工设施及护坡，投入 32 万元对景区铜锣坡路段的急弯进行裁弯取直加宽，确保车辆通行安全；强化安全生产监管，印发《2015 安全生产工作计划》，签订安全生产责任书 23 份，召开安全生产专题会议 7 次，印发、转发安全生产文件 16 份，组织开展安全生产专项检查 7 次，发出 20 份整改通知书，加强跟踪落实，整改率达 100%。实现生产经营、职工日常生活零事故、零工伤、零损失的安全生产目标。

【小水电站生产】 实现年上网电量 10024.226 万千瓦时，超额完成年度生产任务的 10.45%。完成天坪电站扩容增效技改，增加装机容量 500 千瓦。

【小区建设】 采用每 10 天检查一次工程进展并与经济手段相结合的管理措施，加快工程建设进程。A、B、C、D 四个标段的建设基本完成，B 标段完成竣工验收交付使用。A、C、D 标段在 2016 年的 4 月、5 月、6 月相继完成验收交付使用。E 标段三栋高层主体及室内墙批基本完成，在 2016 年年底完成建设进入验收阶段。小区供水、供电、通信及天然气管道、道路硬化、路缘石的铺设接近完成，绿化工作进入实施阶段。开展筹备小区物业管理工作。

【水库移民安居房建设】 完成 2015 年水库移民人口数据核查与网上报送工作，为参与本期安居房建设的 60 户水库移民办理土地使用证和工程报建手续。通过询价方式确定大坪安居房建筑施工单位，明确建筑造价和施工工期并签订合同。施工队于 7 月 21 日正式进场施工。

【党风廉政建设】 加强学习，每季度召开中心组学习会，学习党和政府的最新文件精神及上级有关文件精神。根据上级部署并结合自身实际开展“三严三实”专题教育和“四重温四增强”“廉政文化进事业单位”等专项活动，增强党员党性修养，坚定共产主义理想信念。落实工作责任，年初由场党委书记与场属单位和支部签订党政廉政建设责任书 23 份。强化反腐倡廉教育，邀请乳源瑶族自治县检察院到林场举办预防职务犯罪法律知识讲座，组织副科以上干部到韶关市干部任前法纪教育暨预防职务犯罪教育基地参观学习，增强领导干部廉洁自律意识和拒腐防变能力。组织党员走访红色根据地、到外单位学习交流，促进广大党员了解党的发展历程、缅怀革命先烈、学习先进经验，不断巩固党风廉政建设成果。

【国有林场改革】 3 月，根据省林业厅的要求，对林场的经营状况、森林资源本底总量、在职人员情况和退休人员等基础数据的调查摸底，对学校、幼儿园、卫生所和场带队等承担社会负担及政府职能的情况进行专项调查，按照上级要求先后拟定并上报 7 套模式不同的实施方案和机构编制初稿。

（林景辉　孔国荣）

附：广东省天井山林场党政领导班子成员名单

党委书记、场长：梁东成
党委副书记、纪委书记：赵学军
党委委员、副场长：彭华贵
　　　　　　　　　黄长娣
党委委员、工会主席：黄衍斋
党委委员、办公室、党工办主任、工会副主席：

何月玲
党委委员、林政生产科科长：曾庆团

广东省高速公路有限公司京珠北分公司

【概况】　广东省高速公路有限公司京珠北分公司（以下简称京珠北分公司）负责京港澳高速公路粤境小塘至甘塘段（简称京珠北）109.84 公里高速公路的经营管理。全路段按 4 车道完全控制出入口高等级公路标准设计，时速重丘区 100 公里/小时，山岭区 80 公里/小时，设有 1 个主线和 6 个匝道收费站。公司业务主要以收费、养护、路产维护为主，下设综合事务部、党群人力部、计划财务部、养护工程部、收费管理部、机电及隧道管理部、路政大队等 7 个职能部门，职工 530 多人。

2015 年，京珠北分公司健全业务技能竞赛机制，提高队伍综合业务能力，京珠北分公司获得省委组织部授予的“全省践行‘三严三实’先进典型”、省总工会授予的“全省厂务公开民主管理示范单位”“省交通集团 2013—2014 年度先进职工之家”“省交通集团安全生产文艺作品创作大赛第二名”等多项殊荣。全年共有 30 人次获得省公司及以上荣誉称号，黄操爱获得中华全国总工会授予的“全国五一巾帼标兵”荣誉，陈淑英获得全国交通运输部授予的“全国交通运输行业文明职工标兵”荣誉，陈玉涌获得广东省总工会授予的“2015 年度五一劳动奖章”荣誉，邱红岩获得 2015 年广东省交通运输行业路政管理人员岗位技能竞赛个人三等奖。

【收费体系建设】　全年完成全线 61 条收费车道的检测和软件升级，新建改造升级 16 条 ETC 车道，完成完全计重收费和全国 ETC 并网工作。加快信息智能技术的应用，完成自助发卡机及配套设施工程、粤北站绿通车道高清摄像机工程、全线防逃费高清卡口工程、粤北站“银联卡支付”试点工程，全面提高服务效率。

【创新防逃工作机制】　面对严峻的逃费形势，公司建立以“人员防、技术防、制度防”为核心的“PTS”防逃费工作体系。联合相邻高速、地方公安、交警开展专项行动打击假冒故障甩挂车辆、假牌假证、伪绿通等逃费行为；严格落实绿通新政策，发挥绿通快检系统的作用，严格绿通查验流程，实施“望、闻、问、切”四诊法，提高绿通查验效率；发挥省营运平台稽查子系统的后台稽查作用，加快防治新型逃费方式如粤通卡、改进型液压泵逃费、假行驶证的研究，建立严抓逃费的长效机制。

【路域环境整治】　联合交通执法局、交警持续开展高速公路“入口劝返、出口查处”拒超工作，严厉打击违法超限车辆。联合交通执法局、高速交警、地方派出所等单位开展粤北收费广场非法摆卖、违法上路加水等专项整治行动，实施粤北站长期驻点机制，净化高速公路通行环境。以“全国首个路政宣传月”为契机，深入沿线学校、村庄、社区开展高速公路法律法规宣传，全年共发放各类宣传手册 2000 余份，有效提高沿线群众的爱路护路意识。

【科学管养水平】　推进“四新”技术的应用，引进桥梁检测施工挂篮平台、四旋翼航拍飞行边坡巡查器、PG82－10、机制砂等新技术、新材料、新工艺、新设备，提高养护经济效益。

【基层党建工作】　加强班子及党员队伍作风建设，抓住领导班子的关键不松劲，完善基层支部的工作制度机制，严格执行中央八项规定，坚决反对“四风”，培育风清气正的企业发展氛围，以“三严三实”专题教育活动为契机，学习贯彻全国两会、党的十八届五中全会和习近平总书记系列重要讲话精神，确保“三严三实”成为全体党员干部群众的思想行为的准则。　（粟晶晶）

附：京珠北分公司领导班子成员名单

总经理：田增华
书　记：蔡国辉
总工程师：刘　伟（2015.01—）
副总经理：陈育民（—2015.11）
　　　　　张建泉

李建武（—2015.01）
曾志强（—2015.11）
吴朝晖（2015.11—）

广东乳源大峡谷省级自然保护区

【概况】 广东乳源大峡谷省级自然保护区位于乳源县大布镇辖内，是广东省林业厅的省属自然保护区。2002年8月广东省编委同意，成立广东乳源大峡谷省级自然保护区管理处，核定省级事业编制12人，其中主任1人，副主任1人。由广东省和乳源瑶族自治县共管，人员经费由省财政核拨。

【规范化建设和管理】 2015年，管理处根据工作需要和县委组织原则，配补管理处专职副主任1名，协助管理处主任工作，负责管理处日常事务和保护区的具体管护工作。进行社会公开招聘，补充林建兵到保护区管理处任财务。建立健全自然保护区负责人任期目标责任制，强化评价考核体系，严格考核、严格奖惩。鼓励干部职工外出进修学习，组织全处干部职工和管护队护林员参加各种形式的学习活动，加强内控能力建设，提高森林管护队伍整体素质，增强森林火灾应急处置能力和资源管护能力。2015年9月初和10月份，管理处先后组织安排管护队干部职工参加韶关市和县人民政府举办的2015年森林防火培训。

【宣传教育】 2015年，管理处制作宣传横幅25条，宣传标语200张，宣传公告1500份，翻新保护区内宣传牌（碑），新制作自然保护区界桩8根、界碑5块，大型宣传牌2块。清明、“五一”、国庆和冬至期间，派发宣传单，出动宣传车在镇村进行广播宣传，做好《中华人民共和国森林法》《自然保护区条例》《森林防火条例》《野生动植物保护条例》等法律、法规宣传。提高保护区周边群众保护生态、保护野生动物和禁止野外用火意识。

【保护管理】 保护区管理处执行“预防为主、积极消灭”的方针，确立“隐患险于明火、防范胜于扑救、责任重于泰山”的指导思想，切实做好自然资源管护，抓好森林防火工作。一是抓好管护人员的目标责任制管理。实行管护科负责人与巡护队长，巡护队长与巡护队员签订《广东乳源大峡谷省级自然保护区管理处巡护队工作人员考核目标责任书》，巡护队员分片挂点，分片包干，分小班巡查，加强重点地段、重点区域巡查，做到发生事件有人报，发生违法行为有人管，把责任落实到个人，完善绩效管理。二是建立健全森林管护队伍。成立自然资源管护和森林火灾扑火队。聘请28名临时护林员，在保护区重点防火区域进行巡查，在主要入山道口设卡检查登记，严禁火种火源入山。三是严格领导工作人员24小时带班、值班制度。防火期间，保护区管理处、下属管护队坚持领导带班、科长轮流值班制度，要求全处干部职工必须保证24小时通信畅通，有事外出须向带班领导汇报。2015年保护区管护工作达到“四无”目标（没有发生火灾；没有发生乱砍滥伐、乱捕乱猎、乱挖乱采违法现象；没有出现人员上访；没有违规占用地）。

【科学研究】 2015年，保护区投入120万元用于开展保护区宣教中心、标本馆，购置GPS、望远镜、数码相机及科研仪器等科研基础设施建设。与中南林业科技大学、韶关学院、华南濒危动物研究所、中科院华南植物园等院校和科研单位合作成立研究基地，在保护区放置一批野外监测设备，提高珍稀动物的监测能力。投入资金64万元，建起谷口管理站和广东大峡谷自然资源展馆，夯实科学研究基础。保护区科研宣教中心、标本馆共接待博士生、研究生30人次，本科实习生约100人次，小学生科普教育400人次，社会各界人士参观考察约2000人次。

【社区共管】 保护区领导深入社区调研，了解社区经济发展与自然资源保护过程中存在的矛盾，增强社区居民保护意识，减少保护与利用矛盾冲突。社区居民将保护区周边的连片林地自愿流转给保护区管理，确保社区居民的利益与保护区资源管护和谐共赢。

【“三严三实”教育实践活动】 成立以处党组成员为组员领导小组，开展“三严三实”教育实践、党风廉政建设工作。2015 年，管理处“三严三实”教育实践活动、党风廉政建设、反腐败等各方面工作取得明显的成效。

【挂扶和薄弱村委会整治】 2015 年，管理处与县公安局、法院等县直单位和部门对口扶贫大布镇，参与大布镇薄弱村委——夹水村委的整治工作，成效显著。 （李钰桦）

附：广东乳源大峡谷省级自然保护区管理处领导班子成员名单

主　任：林顺和

副主任：许根有

党组成员：赵梅英

郑飞舟

2015 年乳源瑶族自治县国民经济统计资料

关于 2015 年国民经济和社会发展的统计公报

乳源瑶族自治县发展和改革局

2016 年 2 月 18 日

2015 年面对经济下行压力继续增大，全面建成小康社会提上议事日程，以及改革创新、稳定发展各项任务。县委县政府团结带领全县瑶汉族人民，认真贯彻落实党的十八届三、四、五中会议精神，按照“三严三实”的要求，认真贯彻落实“四个全面”战略布局，以积极的态度，坚持问题导向破解难题。围绕“加快生态发展，融入‘珠三角’发展先行区，建设美丽乳源”的核心任务，扎实开展工作，经济发展取得了稳步增长，各项改革事务深入推进，社会事业不断进步。

一、综合

初步核算，全年完成生产总值 65.9 亿元，比 2014 年增长 9.5%，完成了县定年度预期增长目标，其中：第一产业增加值 7.29 亿元，比 2014 年增长 3.8%，第二产业增加值 29.47 亿元，比 2014 年下降 0.1%，第三产业增加值 29.14 亿元，比 2014 年增长 23.6%。三次产业结构比分别是 11.1∶44.7∶44.2。人均 GDP3.59 万元，比 2014 年增长 8.6%。好的方面：农业生产向前发展，社会投入增加，第三产业实现提速，消费和服务保持强劲的支撑力，三大产业结构得到初步改观；节能降耗形势好转，预计单位 GDP 能耗比 2014 年下降 9.8%。但经济运行仍存在有如下问题：工业形势不乐观，制造业实体生产不升而降，城乡居民持续增收项目不多；税收收入明显减少，财政收支矛盾仍然突出；市场物价小幅上扬，生活成本升高；经济增长新亮点少，全民创业万众创新氛围不浓，大旅游带动效益不显著，经济发展后劲不强，全面建成小康社会压力大。

二、农业

2015 年乳源认真贯彻落实第 12 个中央一号文件和中央经济工作会议精神，以发展农村经济、增加农民收入为出发点，全面落实国家粮食安全战略，保障粮食等重要农产品安全供给；以构建新型农业经营体系，不断推进农业产业化、城乡一体化发展；扎实推进农业科技进步，转变农业发展方式，激发农村发展活力，提高农业综合生产能力；以新农村示范片为突破口，抓好扶贫开发和稳步推进农村综合改革，并强化防灾减灾等工作确保了农林畜渔业的稳定增长，农民收入有较大幅度提高。初步统计全年农林牧渔业总产值 11.57 亿元，比 2014 年增长 3.7%，其中：农业产值 7.3 亿元，比 2014 年增长 3.6%；林业产值 2 亿元，比 2014 年增长 5.5%；畜牧业产值 1.8 亿元，比 2014 年增长 2%；渔业产值 0.2 亿元，比 2014 年增长 4.2%。全年谷物播种面积 14.7 万亩，比 2014 年增长 1.1%。谷物总产量 5.3 万吨，比 2014 年增长 2.6%，其中：稻谷总产 4.9 万吨，比 2014 年增长 2.4%。

畜牧业稳定发展。全年肉猪出栏量比 2014 年增长 3.8%，生猪年末存栏量比 2014 年增长 8%；猪、家禽等肉类总产量比 2014 年增长 3.7%。

渔业平稳增长。年末水产品产量 2574 吨，比 2014 年增长 4.8%。

主要农产品产量

表 17　　　　计算单位：吨

	2015 年	比 2014 年增（减）%
一、谷物	53016	2.6
其中：稻谷	49060	2.4
玉米	3785	4.8
二、薯类	26509	3.4
三、大豆	1941	0.9
四、花生	4017	1.7
五、蔬菜	82211	6.9
六、烟叶	1135	-13.8
七、水果	9774	4.3

三、工业

工业经济步入“寒冬”。2015 年受制造业市场不景气影响，全县工业长期处于低速徘徊，收盘滑落到新世纪以来的次“低谷”，形势仅好于 2005 年。经统计，全年全部工业总产值 108.45 亿元，比 2014 年下降 0.5%，其中：规模以上工业产值 91.95 亿元，比 2014 年下降 1.59%；规模以下工业产值 16.5 亿元，比 2014 年增长 6%。在规上工业中，制造业产值 81.8 亿元，比 2014 年下降 1.58%，其中：东阳光集团工业产值 52.13 亿元，比 2014 年增长 1.39%；电力生产和供应业产值 10.14 亿元，比 2014 年下降 1.64%。规上工业产品销售率 95.9%，比 2014 年下降 0.2 个百分点。

全年工业增加值 25.18 亿元，比 2014 年下降 1%，其中规上工业增加值 20.57 亿元，比 2014 年下降 2.6%；规下工业增加值 4.62 亿元，比 2014 年增长 6.5%。

规模以上主要工业产品产量

表 18

	计算单位	2015 年	比 2014 年增（减）%
发电量	万千瓦时	99513	4.2

续上表

	计算单位	2015 年	比 2014 年增（减）%
腐蚀箔	万平方米	1538	-26.5
亲水箔	万吨	6.46	-6
粗钢材	万吨	19.72	-17.3
盐　酸	万吨	27.8	-32.4
烧　碱	万吨	20	-5
服装	万件	196.6	34.5

四、固定资产投资和建筑业

投资保持高增长。2015 年，在工业扩能、教育卫生、道路交通、旅游服务基础设施、城乡供水供电设施完善改造和房地产开发等主要项目推动下，固定资产投资保持高增长。全年社会固定资产投资完成 65.2 亿元，比 2014 年增长 16.9%，超额完成了年度工作目标。其中：固定资产投资项目完成 60.6 亿元，比 2014 年增长 16.4%，房地产开发投资完成 4.58 亿元，比 2014 年增长 23.8%。全年全社会建筑业增加值 4.29 亿元，比 2014 年增长 5.8%，其中：县资质建筑企业增加值 1.96 亿元，比 2014 年增长 11.8%。

三次产业投资结构，第一产业投资完成 0.8 亿元，比 2014 年下降 50.5%；第二产业投资完成 31.13 亿元，比 2014 年增长 23.8%；第三产业投资完成 33.32 亿元，比 2014 年增长 14.5%；三次产业投资结构比为 1.2∶47.7∶51.1。

五、运输邮电

交通运输业稳步发展。当年全县货运量 256 万吨，比 2014 年增长 3.64%，货物周转量 22520 万吨公里，比 2014 年增长 5.2%；旅客客运量 949 万人次，比 2014 年增长 2.6%，其中：汽车站 698 万人次。全年交通运输、仓储和邮政业增加值 3.67 亿元，比 2014 年增长 5.7%。年末全县公路通车里程 2009.41 公里，比 2014 年末增加 37.34 公路，增长 1.89%。

邮政通信事业发展平稳。2015 年邮政业务总量比 2014 年增长 24.8%；信息传输业务总量比 2014

年增长 25.5%。

六、贸易、对外经济、旅游

城乡消费市场持旺。2015 年在瑶族“十月朝”文化旅游节系列活动和新引入的电商企业带动下，旅游、商贸和住餐业市场持旺。全年批发业销售额 60.79 亿元，比 2014 年增长 168%，零售业销售额 18.6 亿元，比 2014 年增长 13%，住宿业营业额 0.91 亿元，比 2014 年增长 10.4%，餐饮业营业额 2.63 亿元，比 2014 年增长 15.6%。全年累计社会消费品零售总额 20.4 亿元，比 2014 年增长 12.1%。其中：批发和零售业零售额 18.22 亿元，比 2014 年增长 12%，住宿和餐饮业零售额 2.19 亿元，比 2014 年增长 13.8%。按地域分：城镇社会消费品零售总额增长 11.8%，乡村社会消费品零售总额增长 13.2%。

2015 年，全年外贸出口总值 9543 万美元，比 2014 年下降 14.3%；外贸进口总值 2777.7 万美元，比 2014 年增长 14.6%。全年实际利用外资 874 万美元，比 2014 年下降 57.2%。

旅游业平稳向前。2015 年旅游业大力开展营销推介工作，着力打造“大南岭生态文化旅游区”“世界过山瑶之乡”品牌；创新营销策略，培育乡村旅游；加强节、庆日秩序管理，稳步推进旅游重点项目建设，维护了旅游市场稳定发展。据旅游部门统计，2015 年，全县共接待游客 376.03 万人次，比 2014 年增长 14.74%；旅游收入 30.98 亿元，比 2014 年增长 22.8%。

七、财政、金融和保险业

2015 年财税部门，按照国家各项稳增长政策要求，继续实施积极的财税政策，以收入为中心，依法治税，强化征管；依规理财，加强预算执行管理，加快支出科目分解下达节奏支持经济发展，各项重点支出得到有效保障；税收收入受经济下行压力和政策调整影响，收入明显减少。

据财政部门统计：全年地方财政一般预算收入 5.24 亿元，比 2014 年增长 3%（可比口径）；其中，税收收入 3.42 亿元，与 2014 年持平，非税收收入 1.82 亿元，比 2014 年增长 9.2%。地方财政一般预算支出 24.83 亿元，比 2014 年增长 75.4%，其中：一般公共服务支出 3.01 亿元，比 2014 年增长 19.6%；教育支出 4.29 亿元，比 2014 年增长 26.2%；医疗卫生支出 2.18 亿元，比 2014 年增长 30.2%；社会保障和就业支出 1.94 亿元，比 2014 年增长 44.2%；节能环保支出 1.18 亿元，比 2014 年增长 82.1%；文体与传媒支出 0.41 亿元，比 2014 年增长 23.9%。

据税务部门资料，国税、地税税收收入合计 8.3 亿元，比 2014 年下降 10.3%，其中：国税国内税收收入 4.09 亿元，比 2014 年下降 19.7%；地税税收收入 4.21 亿元，比 2014 年增长 1.2%。

货币政策适时从宽，金融运行平稳。年末金融机构各项贷款余额 39.2 亿元，比 2014 年增长 23.9%，各项存款余额 77.2 亿元，比 2014 年增长 14.4%，其中：城乡住户储蓄存款余额 41.79 亿元，比 2014 年增长 10.04%。

保险事业稳步发展。2015 年全县有 48713 人参加了人身保险，有 3.7 万户家庭，参加了家庭财产保险；参加财产保险企事业单位 423 个。全年全县保险保费收入 7487.3 万元，比 2014 年增长 2.5%，其中财产保险公司保费收入 2208.3 万元，人寿保险公司保费收入 5279 万元。全年支付各类赔款及给付额 1738.3 万元，其中：财产保险赔款金额 709.3 万元，各类人身险给付金额 1029 万元。

八、教育、卫生、文化和体育

教育事业提质创新。2015 年在巩固教育强县成果基础上，全面启动全国义务教育发展基本均衡县创建和国家级农村职业教育和成人教育示范县创建工作。积极推进城乡义务教育学校“扩容、改薄”和教育信息化“三通”工程，教育水平、教育质量和办学水平不断提升。年末全县有普通学校 51 间（不含教学点、职中），招生人数 10470 人，毕业生人数 8280 人；在校学生人数 32235 人。在校人数中：普通中学在校学生 8799 人，其中高级中学在校学生 3002 人，小学在校学生 15303 人，在幼儿园接受学龄前教育的儿童 8083 人，特殊教育学校学生 50 人。全县有普通学校的专任教师 2138 人。教学成果丰硕，普通高考成绩大幅提升。2015 年普通高考中，大专以上上线人数 1617 人，比 2014 年增长 13.47%，其中本科以上上线人数 467 人，比 2014 年增长 23.87%，名列七县（市）一区第四位；职业高考上线人数42人，上线率68.85%，高于全省中职类学校的平均上线率。

卫生事业有序发展。2015年全县深入推进医疗卫生体制改革，卫生医疗单位创新服务方式，提升了医疗公共卫生服务均等化水平和卫生服务能力；强化了对H7N9禽流感、登革热、手足口病等公共疫情的预警和应对能力，有力保障了全县人民身体健康。全县城乡居民参加基本医疗保险人数有15.45万人，参加率达98.18%。年末全县有卫生医疗机构39个，村级卫生室（点）122个；年末全县拥有在编卫生人员数844人，其中卫生技术人员712人，执业医师和执业助理医师302人；年末全县拥有病床床位数546张，其中医院352张。

文化事业繁荣发展。2015年全面布置全国文明城市创建工作，民族特色文化宣传推介、对外交流不断拓展；文化遗产保护卓有成效，文化产业创新发展。启动了瑶族动漫创作工作，成功申报大桥、必背两个广东省瑶族文化生态保护实验区及广东省民间文化艺术之乡。成功申报《契娭生日》《圣祖祭》列入韶关市第五批市级非物质文化遗产名录；城乡公共文化设施建设日趋完善。据统计，全县实有电影放映单位数1个、图书馆1个、文化馆1个、博物馆1个、乡镇文化站9个、行政村（居）文化电子阅览室83间。

体育事业创新发展。“节庆系列”群众体育赛事项目增加、对外承办特色赛事能力增强，各类社会体育活动内容不断扩展，全民健身事业不断向基层延伸，竞技水平再创佳绩。2015年乳源圆满成功地承办了广东省（韶关·乳源）环南水湖自行车公开赛和铁人三项挑战赛。在第十届全国少数民族运动会上，乳源代表队代表广东省参赛，夺得3金9银1铜的优异成绩，有8名女子龙舟运动员被评为全国优秀运动员。

九、人口与人民生活

2015年计生部门，坚持计划生育基本国策，加大对国家现行计生政策的宣传，强化动态管理责任和加大计生奖惩力度，稳定了人口长期均衡发展水平。据卫计部门统计：全年出生人口3212人，出生率14.35‰，计划生育率为91.91%；人口自然增长率7.53‰；死亡率6.82‰，出生性别比105.11（以女孩为100）。

2015年年末，全县户籍总人口21.68万人（公安局户籍人口），其中男性11.22万人，女性10.45万人。人口变动中迁入人口合计820人，迁出人口合计2469人。

2015年年末全县常住人口18.41万人，其中城镇常住人口7.99万人，农村常住人口10.42万人；城镇化率43.4%。

城乡居民收入增长跑赢GDP，人民生活水平进一步改善。预计2015年，城乡居民人均可支配收入15815元，比2014年增长11.5%，高于GDP增幅2.5个百分点，其中农村居民人均可支配收入10970元，比2014年增长13%；在岗职工年人均工资比2014年增长11.9%。年末城乡住户人均储蓄存款额2.28万元（按年均常住人口计算），比2014年增长9.3%；全年商品房竣工面积4.2万平方米，全年商品房销售面积17.2万平方米。

社会保障机制和救助体系不断完善。全年再就业工程新增就业岗位2006个，安置下岗失业工人1411人。全年劳动部门输出劳务人员3009人；年末城镇登记失业率2.44%。

社会福利事业以民为本、为民解困平稳发展，优抚政策得到全面落实，助困救助扩面延伸。2015年年末有农村敬老院7所，供养人数80人；城镇社会福利院1所，供养人数35人。按照优抚政策，全年对各类享受抚恤和生活补助的重点优抚对象394人，发放补助金399.78万元；其中发放军队无军籍离退人员生活费10.4万元、发放60周岁以上农村籍退役士兵生活补助56.2万元。

按政策提高城乡低保补差标准。城镇居民在低保标准415元不变下，人均补差标准从335元提高到376元；农村居民低保标准从每人每月230元提高到260元，人均补差从147元提高到178元。全县享受低保救济有2542户，6029人；累计发放低保救济金1429.76万元，比2014年增长52.9%；给享受低保救济户发放春节补贴及临时价格补贴53.17万元。按照《广东省农村五保供养工作规定》，保障五保供养水平。全县共有五保对象450人，月供养标准每人492元。全年累计发放五保供养资金263.5万元。

进一步增强城乡困难群体的医疗救助。2015 年全县城乡医疗救助共救助 536 人次，其中低保对象 370 人，五保对象 150 人次，分别比 2014 年增加 168%、560.7% 和 150%。支付医疗救助资金 167 万元，比 2014 年增长 18.4%；资助城乡低保对象、农村五保户，城镇“三无”人员参加新型城乡合作医疗 9519 人，资助金额 57 万元，分别比 2014 年增长 44.9% 和 46.2%。

注：公报中所列数据均为初步统计数。生产总值、各产业增加值和工农业总产值指标绝对数按当年价格计算，增长速度按可比价格计算。

先进名录

先 进 单 位

2015 年获韶关市委、市政府以上机构（含省直部门、市厅级机构）表彰先进单位一表

单 位	授予时间	荣 誉 称 号	授 予 单 位
县地税局	2015. 2	第四届全国文明单位	中央精神文明建设指导委员会
乳源第一小学	2015. 2	全国优秀家长学校	教育部关工委
乳城镇大群村委会	2015. 3	全国民主法治示范村（社区）	民政部、司法部
乳城镇云峰社区	2015. 6	科普示范社区	财政部“中国科学技术协会”
乳源高级中学龙狮队	2015. 8	体育道德风尚奖	中华全国体育总会
天井山粤凰生态科技园	2015. 8	2015—2019 年度全国科普教育基地	中国科协办公厅
天井山粤凰生态科技园	2015. 8	中国乡村旅游金牌农家乐	国家旅游局
天井山粤凰生态科技园	2015. 8	中国乡村旅游金牌农家乐	国家旅游局
云瑶宫山庄	2015. 8	中国乡村旅游金牌农家乐	国家旅游局
南岭一峰生态园	2015. 8	中国乡村旅游模范户	国家旅游局
粤凰生态科技有限公司乳源生态农业科技园	2015. 11	2015 年国家科普示范基地	农业部科技教育司、共青团中央农村青年工作部
南岭国家森林公园	2015.	全国林业科普基地	中国科协办公厅
三协电子（韶关）有限公司工会委员会	2015. 12	全国模范职工之家	中华全国总工会
县公安局	2015. 2	全省公安系统优秀单位	广东省公安厅
武警乳源瑶族自治县中队	2015. 3	基层建设标兵中队	武警广东省总队
乳源瑶族自治县妇女联合会	2015. 3	广东省 2015 年度妇女报刊宣传推广工作二等奖	广东省妇女联合会
乳源瑶族自治县金禧小学	2015. 5	全国优秀家长学校	教育部关工委
京珠北分公司	2015. 5	全省厂务公开民主管理示范单位	广东省总工会

续上表

单　　位	授予时间	荣　誉　称　号	授　予　单　位
县村务公开协调小组	2015. 7	广东省村务公开示范化单位	广东省村务公开协调小组
南水发电厂公司	2015. 7	广东省第二届厂务公开民主管理示范单位	广东省总工会
国家南岭森林公园	2015. 7	广东最美森林	广东省林业厅
京珠北分公司	2015. 7	全省践行“三严三实”先进典型	中共广东省委组织部
县人力资源和劳动保障局	2015. 8	全省2013—2015年扶贫开发“双到”优秀帮扶单位	广东省人民政府
乳城镇	2015. 8	广东省人口文化示范基地	广东省人口文化促进会
天井山林场	2015. 10	广东省科学技术三等奖	广东省人民政府
县教育局	2015. 11	广东省计算机教育软件评审活动组织工作优秀组织奖	广东省教育厅
乳源瑶族自治县机关幼儿园	2015. 11	2015年年会论文优秀组织奖	广东省教育厅
县武警中队	2015. 12	集体三等功	武警广东省总队
县人民武装部	2015. 12	先进人武部	广东省军区
必背镇	2015. 12	广东省民间文化艺术之乡	广东省文化厅
大桥镇	2015. 12	广东省民间文化艺术之乡	广东省文化厅
金禧小学	2015. 12	2015广东小学生诗歌节优秀组织奖	中共广东省委宣传部 广东省教育厅
乳源瑶族自治县	2015. 12	2014—2015年度广东省县域旅游创新发展十强县	广东省旅游局
县公安局政工办	2015. 12	全省政治工作先进集体	广东省公安厅
武警乳源瑶族自治县中队	2015. 12	标兵中队	武警广东省总队
武警乳源瑶族自治县中队	2015. 12	正规化执勤标兵单位	武警广东省总队
武警乳源瑶族自治县中队	2015. 12	思想政治教育等级达标一级单位	武警广东省总队

先　进　个　人

2015年获韶关市委、政府以上机构（含省直部门、市厅级机构）表彰先进个人一览表

姓　名	授予时间	获奖时工作单位	荣　誉　称　号	授　予　单　位
张爱光	2015.1	乳城镇共和村委下村	中国好人榜	中宣部中央文明办
张宗飞	2015.1	乳源瑶族自治县污水处理厂	中国好人榜	中宣部中央文明办
陈淑英	2015.1	京珠北分公司	全国交通运输行业文明职工标兵	交通运输部
黄操爱	2015.5	京珠北分公司	全国五一巾帼标兵	中华全国总工会
张爱光	2015.1	乳城镇共和村委下村	广东省见义勇为模范提名奖	广东省精神文明建设委员会
张宗飞	2015.1	乳源瑶族自治县污水处理厂	广东省见义勇为模范提名奖	广东省精神文明建设委员会
陈雪辉	2015.1	乳城镇派出所	个人二等功	广东省公安厅
谢　涛	2015.1	县公安局	全省优秀人民警察（2014年度）	广东省公安厅
邓毅明	2015.2	县民族宗教委员会	先进信息员	广东省民宗委
傅　庚	2015.3	乳源瑶族自治县金禧小学	百名优秀德育教师	广东省教育厅
黄海川	2015.4	乳源中学	广东省优秀团员	共青团广东省委员会
李珺睿	2015.4	乳源高级中学	广东省优秀团员	共青团广东省委员会
赵明敏	2015.4	乳源瑶族自治县职业技术学校	荣获2014—2015年度“广东省优秀团干”	共青团广东省委员会
陈玉涌	2015.5	县交通运输局	2015年度“五一劳动奖章”	广东省总工会
宗道华	2015.9	县教育局	特级教师	广东省教育厅
张　强	2015.9	县教育局	特级教师	广东省教育厅
赵雄英	2015.9	县关工委	先进工作者	广东省关心下一代工作委员会
罗镇球	2015.9	县关工委	先进工作者	广东省关心下一代工作委员会
文胡新	2015.11	乳源瑶族自治县金禧小学	2015年广东小学生诗歌节“优秀指导奖”	广东省教育厅
孙　瑞	2015.12	县武警中队	优秀基层主官	武警广东省总队
许连娣	2015.12	县邮政局	最美营业员	广东省邮政公司、省分行

文献转载与重要文件

中共乳源瑶族自治县委办公室　乳源瑶族自治县人民政府办公室关于印发《关于加快少数民族事业发展的决定》和《关于加强瑶族迁移人口管理的实施意见》的通知

各镇党委、人民政府，县直及上级直管各单位：

《关于加快少数民族事业发展的决定》和《关于加强瑶族迁移人口管理的实施意见》已经2015年5月8日县委常委（扩大）会议讨论通过，现印发给你们，请结合实际认真贯彻执行。

中共乳源瑶族自治县委办公室
乳源瑶族自治县人民政府办公室
2015年5月8日

关于加快少数民族事业发展的决定

为全面贯彻落实党的十八大、十八届三中、四中全会和习近平总书记系列重要讲话精神，贯彻落实《中共中央、国务院关于加强和改进新形势下民族工作的意见》精神和中央、省、市民族工作会议精神，进一步做好新时期民族工作，加快我县少数民族事业发展，现作出如下决定。

一、重要意义、指导思想和基本原则

1. 重要意义。少数民族事业是党和国家坚持与完善民族区域自治制度，加快少数民族和民族地区发展，保障少数民族合法权益，巩固和发展平等、团结、互助、和谐的社会主义民族关系，促进各民族共同团结奋斗、共同繁荣发展的一项综合事业。大力发展少数民族事业是增进民族团结和维护社会稳定的重要保障，是实现全面建成小康社会战略任务的重要内容，能否在新形势下实现少数民族地区经济社会快速发展，直接关系到全县全面建成小康社会进程。全县上下要站在政治和全局的战略高度，充分认识做好民族工作的重大意义，进一步增强责任感和紧迫感，采取有力措施加快少数民族事业发展，促进全县各族人民共同团结奋斗、共同繁荣发展。

2. 指导思想。高举中国特色社会主义伟大旗帜，以邓小平理论、“三个代表”重要思想、科学发展观为指导，深入贯彻落实习近平总书记系列重要讲话精神，牢牢把握“共同团结奋斗、共同繁荣发展”的民族工作主题，坚持和完善民族区域自治制度，以解决少数民族事业发展中的困难和问题为工作重点，不断加大对少数民族事业的扶持力度，全面提升少数民族事业发展水平，努力开创我县各民族和睦相处、和衷共济、和谐发展的新局面。

3. 基本原则。一是突出重点地区。以支持少数民族地区事业发展为重点，加大对少数民族地区，特别是瑶区的扶持力度。二是突出重点任务。重点加强少数民族地区基础设施建设，推进少数民族地区城镇化和农业现代化，促进基本公共服务均等化。三是突出民生优先。把保障和改善民生贯穿于经济社会发展的始终，不断提高少数民族群众的收入水平和生活质量。四是突出协调发展。推进城乡、区域和经济社会统筹发展，加强协作、紧密配合，形成支持少数民族地区加速发展、加快转型、实现跨越的强大合力。五是突出生态建设。大力发展生态经济，增强少数民族地区发展的可持续性，实现人口、资源、环境的协调发展及经济效益、社会效益和生态效益的有机统一。

二、加快少数民族事业发展的具体措施

（一）加快推进少数民族地区经济发展

4. 设立少数民族发展资金。县财政每年安排500万元以上的少数民族发展资金，用于帮助加快少数民族地区事业发展。资金规模随县级财政收入增长逐步增加。

5. 大力发展生态农业。鼓励民族地区立足资源优势，按照“一片两带”农业布局，因地制宜大力发展生态农业。借助省级新农村示范片建设，支持游溪、东坪镇发展城郊观光休闲农业，扶持必背镇发展茶叶、药材等生态农业。建立土地流转激励政策，加大土地流转力度，对土地流转达到一定规模的村户、农业经营主体，给予适当资金扶持。每年安排专项资金，扶持发展新型农业经营主体。积极推行“公司+基地+合作社+农户”的经营模式，建设一批现代高效生态农业示范基地和绿色无公害农产品示范基地。整合各项涉农资金，推动少数民族地区农业发展，促进农业增效、农民增收。

6. 扶持发展生态林业。加强少数民族地区生态环境保护，规范少数民族地区林木采伐，严格落实林木限额采伐和审批制度。规范少数民族地区造林设计规程，提高造林成效，加快森林资源培育。鼓励发展生态公益林和社会造林，及时足额发放生态公益林补偿资金和造林补贴、森林抚育补贴政策资金。鼓励支持林农因地制宜地发展森林旅游、林下种植业、林下养殖业、林产品深加工等林下经济，提高林地利用率和产出率，带动农民增收致富。

7. 大力发展特色旅游。积极争取上级资金支持，大力推进少数民族地区旅游景区建设，重点整合必背瑶寨等旅游资源，打造成过山瑶民族特色文化旅游品牌。结合省级新农村示范片建设，加快建设东坪镇新村民族生态旅游长廊，打造成民族特色旅游景点和展示我县瑶族民俗文化的窗口。推动游溪镇镇区改造，完善八一瑶族新村、政研瑶族新村、木笼新村等新农村建设，打造瑶族文化生态观光旅游名镇。积极引导社会资金投入旅游业，鼓励少数民族群众发展瑶家乐、瑶绣工艺品等旅游项目，形成具有少数民族特色的旅游产业。大力促进少数民族地区旅游业与农业、文化、商贸零售、现代服务等产业融合发展，扶持民族贸易和民族特需商品定点生产企业发展。

8. 强化对口帮扶机制。积极争取上级扶持政策和对口帮扶单位支持，在经济发达地区对口帮扶我县的资金、项目、政策等方面重点向少数民族地区倾斜。安排资源、资金、项目较多的县直部门挂扶少数民族地区，加强对口帮扶工作力度，促进少数民族事业全面发展。

（二）加快完善少数民族地区基础设施建设

9. 完善少数民族乡镇交通网络。积极争取上级交通基础设施建设资金项目，大力改善少数民族地区交通状况，优先安排少数民族地区交通公路硬底化项目。积极争取上级支持，力争未来五年重点建设乳桂线新街路口至原游溪镇政府驻地的公路、游溪镇水源宫八一瑶族新村至东坪镇金竹峰的公路、必背镇公坑尾至大村的公路、东坪镇乌坑坝至三联大坳公路，连接县城至金竹峰公路。

10. 加快水利基础设施建设。积极向国家、省争取落实民族地区水利设施补助政策和资金，大力支持少数民族地区加强水利建设，在安排中小河流治理、灌区改造工程和南水水库移民后期扶持项目规划时，优先考虑规划实施少数民族地区和瑶族迁移点范围工程。支持少数民族地区开展中小河流治理、小型灌区改造、河道“三清一护”等重点水利设施建设。支持少数民族地区高标准基本农田建设。在全县推进自来水“村村通”扩面工程时，对规划中条件成熟的少数民族地区的饮水工程优先安排实施，对少数民族迁移安置点就近统筹安排解决饮水问题，到2020年全面解决少数民族地区、迁移点及少数民族人口聚居村庄农田水利灌溉和饮用水安全问题。

（三）加快推动少数民族社会事业全面进步

11. 推动民族教育事业发展。鼓励、扶持少数民族教育，实施奖教奖学政策，有计划安排一定比例的优秀少数民族教师、中层干部或校长外出学习培训。加强少数民族教育人才培养和使用，在县城各校配备一定比例的少数民族教师、中层以上干部。继续做好广东省支持少数民族学生考上全日制高等院校每人每年给予10000元资助的申报工作，鼓励、扶持品学兼优的少数民族学生。助学金和奖学金制度单列少数民族学生名额。加大对少数民族寄宿制学生和学生营养餐工程的扶持和管理。大力发展特色民族文化教育，把优秀少数民族文化纳入第二课堂计划，组织力量编写民族传统文化地方特色教材，开展少数民族民歌、民谣、民族舞蹈和民族手工艺教学活动。加强对少数民族传统体育项目的开发和推广，在少数民族中小学生中挖掘和有计划地培养民族传统体育项目人才，为各级体育部门输送少数民族运动人才，为参加全国、省、市少数民族传统体育运动会储备人才。支持少数民族乡镇体育事业发展，进一步改善我县少数民族乡镇体育健身设施，积极发展少数民族体育事业和产业。

12. 加大科技扶持力度。科技部门在安排科技经费时，对少数民族地区给予适当倾斜。农业、林业、水利等部门要支持少数民族地区建立各类农业、林业示范基地，采取多种形式帮助少数民族地区普及科学技术和推广科技成果，推动少数民族地区科技致富。针对我县特定行业紧缺少数民族技术人才的现状，采取定点培养政策，不断提高少数民族技术人才数量和素质。

13. 加强少数民族文化建设。大力传承和发展少数民族传统文化，加大对列入国家、省、市级非物质文化遗产的保护力度，加强少数民族民间优秀文化传承人的培养。推进省级文化生态保护实验区建设。积极争取更多瑶族特色村庄列入国家少数民族特色村寨名录，加大少数民族特色村寨保护力度。积极推进少数民族文化惠民活动，加强民族文化艺术作品创作，推出更多群众喜闻乐见的文艺精品；办好每年一届的瑶族“盘王节”、瑶族“十月朝”、瑶绣艺术节等节庆文化活动，打响过山瑶民族文化品牌。要把瑶族文化融入城乡建设，县城街道建筑、瑶族乡镇镇区建筑、瑶族迁移点村庄要有体现瑶族特色的标识和图腾。住建部门要设计具有瑶族特色的城镇建筑样板，并在城乡建设中严格按照样板规划设计建设，严禁在瑶区内修建非瑶族建筑特色的建筑物，已经修建的逐步开展“穿衣戴帽”工程。自治县成立逢“五”、逢“十”周年庆祝活动，县里统一为瑶族副科以上干部订做瑶族服装。加强少数民族地区公共文体设施建设，完善县图书馆、过山瑶博物馆和瑶族乡镇文化站、文体健身广场及村文化室、农家书屋等文化设施，建设好过山瑶民族风情园和县民族文化传承中心。加快研发瑶族刺绣、瑶族服饰、瑶医瑶药、瑶山特产等文化产品，提高文化资源生产力。支持和鼓励县民族文化传习馆开展对外文化交流，提高乳源对外影响力和文化品位，增强文化服务招商引资和促进经济发展功能。

14. 积极发展卫生事业。积极争取上级卫生事业发展各项补助资金，支持少数民族地区医疗卫生事业发展，切实解决少数民族群众就医难问题。采取切实措施，帮助少数民族地区培养医务人才，提高医务水平。设立瑶医瑶药研究机构，扶持建立瑶族特色中草药生产基地，挖掘、保护、利用瑶医瑶药，扩大瑶医瑶药的临床运用。根据我县自治条例制定瑶医瑶药准入和监管办法，促进瑶医瑶药事业产业化。对少数民族地区改水、改厕工作给予重点扶持。

15. 完善社会保障体系。健全完善养老、医疗等社会保险和城乡居民最低生活保障等制度，帮助解决少数民族贫困人口的生活保障问题。县财政、人社部门要研究制定低收入少数民族群众参加城乡居民医疗保险、社会养老保险时给予适当补贴的政策。在少数民族人口集中地区建立社区服务中心。

16. 完善就业服务体系。加大少数民族地区农村劳动力技能培训专项资金投入，开展相关实用技能培训，并做好后续跟踪服务。支持少数民族同胞创业，对具有代表性、带动性的少数民族创业致富带头人，给予政策、资金和技术上的扶持。

17. 改善困难群众居住条件。借助新一轮扶贫“双到”、“两不具备”村庄搬迁、省级新农村示范片建设等机遇，积极争取上级支持，开展少数民族地区低收入住房困难户住房改造、“两不具备”贫困村庄搬迁安置改造工作，力争用两年时间把居住在瑶区、深山区有意愿搬迁的少数民族群众搬迁到平原地区，逐步改善少数民族困难群众居住条件。

（四）加强少数民族干部和人才队伍建设

18. 科学合理配备少数民族干部。严格落实《乳源瑶族自治县自治条例》规定，在县党政机关、人民团体、事业单位领导班子中科学合理配备一定比例的少数民族领导干部，确保少数民族领导干部占全县领导干部总人数的比例高于少数民族人口占全县总人口的比例，并确保三个瑶族乡镇的领导班子有一定比例的少数民族干部。

19. 建立健全干部挂职锻炼机制。每年选派一定数量的少数民族领导干部或后备干部到省、市有关单位或经济发达地区挂职锻炼，为提高少数民族干部的综合素质和能力创造条件。

20. 划定招考少数民族人数比例。在我县每年公开招录公务员、招聘事业单位工作人员、招募大学生村官工作中，给予我县户籍少数民族考生单列不少于15%的比例名额招录，增强少数民族干部后备力量。

三、加快少数民族事业发展的保障措施

21. 加强组织领导。每届县委、县政府至少召开一次民族工作会议，听取民族工作汇报，针对民族工作中的薄弱环节和新情况、新问题，及时研究、制定相应的政策措施，促进少数民族地区经济社会全面发展。建立健全民族工作领导机制，成立以县政府主要领导为组长、分管领导为副组长、县直有关部门和有关乡镇主要负责人为成员的加快少数民族事业发展工作领导小组，统筹推进加快少数民族地区经济社会发展各项工作。加强民族工作部门建设和管理职能，为民族工作开展提供必要的保障。

22. 强化责任落实。各责任单位要履职尽责，进一步细化工作任务，明确责任主体和完成时限，单位一把手负总责、亲自抓，及时向县责任领导汇报工作进展情况，形成有推进、有汇报、有成效的工作机制。

23. 严格督查考核。县委、县政府督查部门要把加快少数民族事业发展各项工作列入重点督查内容，对工作落实情况进行定期或不定期的督查检查。严格落实考核奖惩机制，把加快少数民族事业发展各项目标任务纳入各责任单位年度绩效考评范围，对措施得力、目标完成好的予以表彰；对措施不力、目标完成不到位的，启动问责机制，追究有关人员责任。

关于加强瑶族迁移人口管理的实施意见

为解决瑶区、石灰岩地区“两缺”人口的生产、生活问题，我县结合扶贫开发工作实施人口迁移，特别是近几年实施的“两不具备”村庄搬迁工程，使更多瑶族同胞得到异地搬迁安置。通过近20年的人口迁移工作，瑶区大部分群众从偏远山区搬迁到条件较好的平原区，生产条件和生活水平不断得到改善和提高，实现了从解决温饱走向小康生活的转变。由于当时的环境和条件限制，特别是随着时代的发展变化，历史遗留问题和新生矛盾纠纷日趋显现，解决迁移人口管理问题显得尤为迫切。为切实加强对瑶族迁移人口的管理，结合瑶族迁移点点多面广的实际，坚持迁出镇与迁入镇协同管理原则，以实现科学、规范、自治、有效管理为目标，现提出如下实施意见。

一、成立专门管理机构

成立瑶族迁移人口管理工作领导小组，组长由分管民族工作的县领导兼任，副组长由县民宗局局长、扶贫办主任、各相关镇镇长兼任，成员由县政府相关职能部门的副职兼任。领导小组下设瑶族迁移人口管理办公室（办公地点设在县民宗局），全面负责瑶族迁移人口的生产生活、矛盾纠纷等社会管理工作。

二、统一迁移点村庄名称的命名

目前，部分迁移点村庄出现迁移人口来自不同乡镇，或同乡镇不同村委、同村委不同自然村的杂居现象，有的迁移点没有独立的地名村名，各乡镇对杂居迁移点称呼不一，导致行政管理上出现混乱，给人口管理带来极大困难。为方便管理及有效行使行政管辖权，需统一或重新确定各迁移点的村庄名称。此项工作由县民政局负责完成。

三、设立新的村民小组

在不改变迁移人口户籍和享有的民主政治权利及相应村民权益的基础上，在新组合的迁移点设立新的村小组，由人口数占多数的瑶区镇进行管理，并做好新旧村小组衔接工作。管辖镇组织召开迁移点村小组户代表或全体村民会议，选举出村民小组组长、副组长，并制定《村规民约》。各迁移点村小组新当选的村小组长、副组长必须履行相应的义务，享受行政村小组组长、副组长的待遇，相关的补助经费发放由迁出镇负责，县财政给予一定补贴。

四、规范土地、宅基地、山林权属

县瑶族迁移人口管理办公室用1－2年时间对迁移出去的瑶族人口的耕地、宅基地、山林权属等问题进行确权，确保迁移出去的瑶族人口“迁得出、稳得住、能发展”，实现安居乐业。

五、迁出镇工作职责

（一）负责本镇迁移人口统计、户籍管理、计划生育及社会民生事业管理，确保迁移人口原有的山林、耕地等合法权益不减损。

（二）负责本镇迁移人口城乡居民医疗保险、城乡居民社会养老保险等各项政策的落实。

（三）负责本镇迁移人口的军烈属优抚、低保、五保、伤残救济等工作，并纳入统筹安排和管理。

（四）建立镇、村干部走访迁移点制度。镇、村干部定期或不定期深入各迁移点了解群众生产生活情况，解决矛盾纠纷。特别是要深入迁移点及周边群众加强法律法规和党的方针政策宣传教育，引导村民树立和践行社会主义核心价值观。

（五）加大迁移人口历史遗留问题的解决力度，强化与迁入镇、村、组的沟通联系，及时化解各种矛盾纠纷，解决好迁移人口社会管理问题。

（六）致力解决群众办事难问题。从方便瑶区群众办事和降低行政村运作成本等角度出发，结合当前各迁移点集中在平原区的实际，偏远山区村委会要在迁入镇设立办事处，解决迁移群众办事难的问题。

六、迁入镇工作职责

（一）负责将各迁移点的新村规划、农田灌溉、饮水用电、交通道路、文化体育等基础设施建设项目纳入本镇计划，统筹安排实施。

（二）负责调处涉及本镇辖区内瑶族迁移群众发生的各类矛盾纠纷。

（三）负责迁移点的社会治安及村庄垃圾转运等事务。

（四）加强对迁移点及周边群众的宣传教育管理，实现瑶汉群众的相互尊重、平等相处、共同致富，营造良好的社会环境。

（五）各镇要明确一名党政领导班子成员负责人口迁移工作。

七、加强组织保障

（一）为确保瑶族迁移人口历史遗留问题得到有效解决，县财政每年安排工作经费列入财政年度预算，作为瑶族迁移人口管理办公室的工作经费。

（二）以迁移点为单位新设立的村小组，由迁出镇对迁移点村庄进行登记核实，并统筹安排迁移点村民小组长、副组长的补助，其补助经费标准由县财政按现有行政村小组的个数进行核拨。

（三）迁入镇统筹安排迁移点新农村建设规划，实施公路、农田水利、饮水工程、环境卫生等设施建设，各有关部门在涉及少数民族地区基础设施建设有关专项资金安排上要给予一定比例的倾斜。

乳源瑶族自治县人民政府关于印发乳源瑶族自治县农村土地承包经营权确权登记颁证工作实施方案的通知

各镇人民政府，县府直属及上级直管有关单位：

现将《乳源瑶族自治县农村土地承包经营权确权登记颁证工作实施方案》印发给你们，请认真贯彻执行。执行过程中遇到的问题，请径向县农业局反映。

乳源瑶族自治县人民政府
2015年4月23日

乳源瑶族自治县农村土地承包经营权确权登记颁证工作实施方案

为贯彻落实党的十八届三中全会决定，根据《中共中央国务院关于全面深化农村改革加快推进农业现代化的若干意见》（中发〔2014〕1号）和《中共广东省委广东省人民政府关于全面深化农村改革加快推进农业现代化的意见》（粤发〔2014〕9号）等文件要求，切实推进我县农村土地承包经营权确权登记颁证工作，结合我县实际，特制定本实施方案。

一、指导思想

农村土地承包经营权确权登记颁证工作是全面深化农村改革的重要基础工作，关系到国家发展大计和社会长治久安，关系到广大农民群众的切身利益。以党的十八大、十八届三中全会精神为指导，深入贯彻落实科学发展观，坚持和完善农村基本经营制度，保持现有土地承包关系稳定并长久不变，建立农村土地承包经营权登记制度，明晰农村土地承包经营权的归属，强化对农村土地承包经营权的物权保护，依法赋予农民更加充分而有保障的土地承包经营权，切实保护广大农民的合法权益，为工业化、信息化、城镇化过程中同步推进农业现代化提供体制保障。

二、基本原则

（一）保持稳定。进一步完善农村土地承包关系，以保持现有土地承包关系基本稳定为前提，以第二轮承包合同和颁发的土地承包经营权证书为基础，进一步明晰土地承包经营权属，严格执行“三不变，一严禁”原则，即原有土地承包关系不变，承包户的地块不变，第二轮土地承包合同起止年限不变，严禁借机违法调整和收回农户承包地，更不能打乱重分。

（二）因地制宜。农村土地承包经营权确权登记颁证工作政策性强、涉及面广、情况复杂，在确权登记颁证工作中各镇人民政府要因地制宜，制定可操作性强的实施方案，在实施过程中按照先易后难，稳步推进的原则确保农村社会稳定。

（三）民主协商。确权登记颁证工作事关农民群众的切身利益，要充分尊重农民群众意愿，发挥农民群众主体作用，要依靠群众，让群众全程参与和监督。在清查、调查摸底、确权登记重要环节、重大事项实行民主协商和民主讨论解决，取得群众理解支持，让农民群众满意。

（四）稳妥推进。严格执行《农村土地承包法》、《土地管理法》、《物权法》、《农村土地经营管理办法》等相关法律规定，按照法定登记相关内容和程序开展农村土地承包经营权确权登记颁证工作。坚持先易后难，权属清晰的先确权登记，有争议的通过调解、仲裁、上诉人民法院判决生效后再确权登记。切实做好确权登记颁证工作中遇到各种的问题，妥善化解矛盾纠纷。

（五）公平公正。对第二轮土地承包以来，农户之间承包地互换、转让及土地流转造成农村土地经营权变化的要及时变更，对农村承包地实际面积与台帐和合同书及土地承包经营权证不符的要结合这次确权登记测绘实际面积进行确权登记颁证。对在确权登记颁证过程中遇到的问题，要做到公平公正公开，确保实现“四相符、四到户”即土地承包面积、土地承包合同、土地承包经营权登记簿、土地承包经营权证相符，土地承包面积、承包地四至、土地承包合同、土地承包经营权证书发放到户。

三、工作任务

（一）清理核实土地承包档案。全面组织清理土地承包档案，以第二轮土地承包以来建立的农村土地承包档案为基础，对农村土地承包底册进行一次全面清理核实，进一步健全和完善农村土地承包合同、土地承包经营权登记簿、土地承包经营权证等相关文件资料。

（二）查清承包地块面积和空间位置。在对土地承包情况进行摸底调查的基础上，以已签订第二轮土地承包合同、土地承包经营权证书和集体土地所有权确权登记成果为依据，因地制宜开展土地承包经营权权属调查勘测，进一步查清承包地块面积、四至和空间位置，妥善解决承包面积不准、四至不清、空间位置不明，登记簿不健全等问题，切实把承包地块、面积、合同书、权属证书落实到户。

（三）建立健全土地承包经营权登记簿。要在现有土地承包合同、土地承包经营权证的基础上，进一步核实承包地块、面积和空间位置，结合本次确认的承包地块、面积和空间位置等登记信息，建立土地承包经营权登记簿。

（四）开展土地承包经营权确权颁证工作。在建立健全土地承包经营权登记簿的基础上，适时开展土地承包经营权证书的补换发等工作。对已颁发证书的，统一收回以旧换新。承包方无正当理由拒绝交回第二轮土地承包经营权证的由发证机关依法注销原证，并予以公告。

（五）建立土地承包管理信息系统。按照统一的标准，建立农村土地承包信息数据和农村土地承包管理信息系统，实现农村土地承包合同、土地流转合同、土地承包经营权证、土地承包经营权登记簿，农业产业化发展现状及区域发展规划等信息，在农村土地承包经营权确权登记的基础上智能化管理。实行土地承包经营权登记信息资料部门共享。

（六）建立和完善确权登记工作的相关制度。进一步建立和健全土地清查、经营权登记、土地承包经营权流转、纠纷调解仲裁以及档案管理等各项工作制度，对农村土地承包经营权实行常态化管理。

四、工作流程

（一）成立机构。成立领导机构和办公室，明确县财政、农业、林业、水务、国土、司法、信访、档案、司法、统计等部门的工作职责。各镇村也要成立相应领导小组和工作小组，协调、组织确权登记颁证相关具体实施工作。

（二）制定方案。根据中央、省、市有关文件精神，结合我县实际，制定切实可行的确权登记颁证工作方案和工作部署。各镇、村根据实际情况制定具体实施方案。村一级制定的实施方案要经过村集体经济组织成员会议通过后，在村务公开栏进行公示，公示期为7天，无异议后再具体实施。

（三）举办培训班。及时召开动员大会，启动试点工作，对抽调人员及镇、村、组具体工作人员开展农村土地承包经营权确权登记颁证相关法律、法规、政策和业务操作的培训。采用广播、电视、公开信、宣传标语、横幅等方式，广泛宣传开展确权登记颁证的目的、意义，让各级干部、农民群众充分认识开展确权登记颁证的重要性，充分调动各界参与的自觉性和主动性。

（四）收集资料。收集第二轮土地承包台账、户籍资料、行政区域代码及行政界线、国土“二调”和1：2000数字正射影像数据、地类调查等资料等，并填写摸底调查表。具体内容包括：二轮土地承包的原始资料、土地承包二轮合同书、经营权证，村民户口本、户主身份证。

（五）制作工作底图。处理国土“二调”在集体土地确权登记中形成的数据和技术实施部门以1：2000数字正射影像图作为调查地块，获取电子图的基础数据，并加上标注，以图形纹理的形式勾绘农户承包地的权属边界。

（六）外业调查。由镇、村干部、村小组长、专业技术人员组成指界小组一起到实地，由土地承包农户指认地块边界，实地确认每块承包地的权利人（户主）。专业技术人员结合遥感影像调绘法，在调查工作底图上绘制地块边界，并标注姓名和地类，形成外业调查成果图（如工作底图上有遗漏，则需进行现场描绘）。再按照编码，形成有地类、承包地块编号、地块面积等空间信息和地块属性数据的草图。

（七）内业数据处理。将调查摸底和影像外业调查获取的数据和档案资料录入电脑，按照相关规范要求，通过现代计算机技术、地理信息技术和数据库技术等手段进行处理，制作地块分布图（确认图），农户承包土地地块空间方位示意图案文件资料及公示结果归户表、登记簿、合同等资料。

（八）张榜公示。集体经济组织在地块分布图（公示图）公示表上加盖公章，并在村或村小组公开栏进行公示，公示期限不少于7天，并对现场进行拍照存档。公示内容包括户主姓名、家庭成员数、相关人员身份证号、地籍号、确权面积、地类、土地经营方式等信息，在公示期间，对存在争议的地块，待争议解决后再次进行公示，公示期限不少于7天。

（九）审核确认。镇、村对初次公示结果汇总审核后，上报县农村土地确权登记颁证工作领导小组办公室，由领导小组办公室审核后进行二次公示。确保地块的四至、面积、合同、证书的信息相符。如对公示结果有异议，由镇、村和驻村工作组核实和研究处理。再根据第二次公示结果无异议的数据，在草图上进行数据的业内处理，将外业测绘与户籍调查所获得的数据进行导入，通过农村土地确权登记颁证管理系统平台制作电子草图，再由全体承包户在草图、承包合同、土地承包经营权确认表上签字按手印确认。

（十）审核颁证。将汇总土地确权登记颁证的草图、表册以及户数、人数、地块数、面积等资料，上报县农业局。审核通过后，向农户颁发的农村土地承包经营权证书进行造册登记。

（十一）归档建库。由县、镇、村农村土地承包管理部门整理登记相关资料进行归档。县农业局根据确权登记颁证过程中形成的影像、图表和文字等材料，按照统一的标准建立农村土地承包信息数据库和农村土地承包管理信息系统，并将确权数据融入管理系统平台，实现农村土地承包管理信息化。

（十二）检查验收。各镇、村要结合登记工作推进情况，开展自查，并形成报告上报县农业局，县将组织有关部门对各镇、村土地确权登记工作的检查验收，并将检查验收报告和工作总结报县政府。

五、工作步骤和时间安排

（一）准备发动阶段（2015年1月—2月中旬）

主要工作任务成立机构组织，宣传动员，业务培训、方案制定，基础表格印制等准备工作。成立领导小组，制定工作实施方案。各镇相应成立工作领导小组，制定工作实施方案，分解试点任务，明确时间进度，落实工作责任，试点镇其他镇工作领导小组和实施工作方案分别于2015年1月15日和9月10日前上报县农村土地承包经营确权登记颁证工作领导小组办公室。

（二）试点阶段（2015年3月—8月）

经县人民政府同意，确定一六镇团结村、一六村为我县试点镇村开展确权登记颁证工作，其他镇抽调1－2名业务骨干参与试点工作，积累确权登记档案清查、入户调查核查、纠纷调处、公开公示，确权登记等相关工作经验，为全县全面铺开奠定基础。

（三）全面推进阶段（2015年9月—2016年11月）

2015年8月底对一六镇试点村农村土地承包经营确权登记颁证工作进行验收，认真总结试点经验，在试点经验的基础上全县全面开展农村土地承包经营权确权登记颁证工作。主要工作任务是完成调查摸底、农户申请、地籍测绘，现场指界、制作宗地图、结果公示，结果审核，建立确权登记簿和数据等工作。

（四）总结验收阶段（2016年12月）

主要完成农村土地承包经营权登记颁证结果公示，经营权证书发放，资料整理、建档和数据库建设工作，做好迎接省、市检查验收准备工作。

六、保障措施

（一）加强组织领导。成立乳源瑶族自治县农村土地承包经营确权登记颁证工作领导小组，负责农村土地承包经营确权登记颁证工作的统筹协调，解决工作重大问题。领导小组办公室设在县农业局，具体负责相关工作的协调和督导落实。

（二）强化部门职责。农业、财政、国土资源、信访、司法、档案等有关部门要分工负责，密切配合，共同做好农村土地承包经营权确权登记试点工作。农业局负责加强政策指导明确工作要求，完善操作规程，检查和工作验收，组织协调农村土地承包经营权确权登记的管理工作；财政部门负责落实工作经费；国土资源局负责提供第二次全国土地调查和农村集体土地所有权确权登记等相关成果资料，无偿提供1：2000数字影像数据，土地勘察测量等指导和培训；综治信访维稳部门负责做好群众来信来访接待工作，配合责任单位、部门做好政策宣传、疏导解释工作，及时妥善处理上访事件；司法局要充分发挥职能作用，负责提供法律咨询服务，指导基层调解组织及时化解土地承包经营纠纷，为土地承包经营权确权登记工作提供法制服务；档案局要加强对土地承包档案管理工作的支持和服务，指导做好农村土地承包确权登记颁证档案工作。

（三）做好宣传培训。把宣传工作贯穿始终，要全方位、多层次、多渠道加大宣传力度，加强农村土地承包相关法律及确权登记颁证工作的意义、政策和工作方法宣传工作，使全县上下思想统一，行动协调，努力营造各方支持，广大农民群众积极参与的良好氛围，通过组织开展“大培训、大提升”行动。培养一支熟悉政策、掌握工作流程、精通业务、作风过硬的工作队伍，切实提高县、镇、村干部思想认识和政策水平。

（四）明确工作进度。各镇要按照本方案要求，制定详细镇、村的工作实施方案。村级实施方案需经村民大会或村民代表大会表决通过。进一步细化工作任务和工作要求，明确工作进度和时间安排，做到有阶段安排，有重点活动，有检查指导、有责任追究，有总结提高，把各项工作任务落实到实处。

（五）落实工作经费。将试点和全县农村土地承包经营权确权登记颁证工作经费纳入财政保障，加强监督和管理，确保试点和全县确权登记颁证工作顺利进行。按照国家相关政策，确权登记颁证不得向农民收取费用，土地承包经营权证向农民免费发放。

（六）加强检查指导。各镇、各有关部门要把农村土地承包经营权确权登记颁证工作作为当前核心工作来抓，深入调查研究，制定具体的督查、考核、奖惩办法，并严格督查，适时进行情况通报，及时发现和解决工作中出现的新情况、新问题。县政府将农村土地承包经营权确权登记颁证工作纳入年度绩效考核，由县组织督查督办工作小组负责督查，定期通报工作进展情况，年终进行考评，严格实行绩效管理。

乳源瑶族自治县人民政府印发关于进一步优化投资营商环境和促进民营经济及旅游大发展的行动措施的通知

各镇人民政府，县府直属及上级直管有关单位：

现将《关于进一步优化投资营商环境和促进民营经济及旅游大发展的行动措施》印发给你们，请认真组织实施。

乳源瑶族自治县人民政府
2015年12月22日

关于进一步优化投资营商环境和促进民营经济及旅游大发展的行动措施

为进一步优化投资营商环境和促进民营经济及旅游大发展，推动“大众创业、万众创新”，加快乳源全面融入珠三角，提高经济发展质量，为全面建成小康社会奠定坚实的基础。根据市政府的部署，结合我县实际，制定本措施。

一、扶持措施

（一）财税扶持

1. 税收优惠。根据粤财法〔2015〕15号文规定，在我县注册的企业，免征应缴企业所得税中属于地方分享部分（含省级和市县级），即减按15%的税率缴纳企业所得税。

经认定为高新技术企业的，按15%的税率缴纳企业所得税，减免地方分享部分后，减按9%的税率缴纳企业所得税。

符合条件的小型微利企业，按20%的税率征收企业所得税，减免地方分享部分后，按12%的税率缴纳企业所得税。其中：自2015年10月1日至2017年12月31日年应纳税所得额不超过30万元的（含30万元），其所得减按50%计入应纳税所得额，即减按6%的税率缴纳企业所得税。

对月销售额不超过3万元（含3万元）人民币的增值税小规模纳税人，免征增值税。对月营业额不超过3万元的营业税纳税人，免征营业税。

新建设旅游景区景点、星级宾馆，在建设过程中涉及的行政性收费，按国家和省的最低标准征收。旅游企业缴纳城镇土地使用税和房产税确有困难的，按照规定经批准后给予减免。旅游企业宣传促销费用、旅游商品生产企业研发费和技术改造费，依法纳入经营成本，进行税前扣除。（县国税局、地税局负责）

2. 财政扶持。从2016年1月起，工业企业（含原有企业新立项的增资扩产项目）自投产之日起五年内，按当期用地面积数计算，当年税收贡献达到以下条件的，给予单个企业每年最高不超过100万元人民币的财政扶持发展资金。

税收贡献达10－20万元/亩（含10万元/亩），其超出10万元/亩的县本级部分，按不高于30%比例安排给企业用于扶持企业技术改造、技术创新、扩大再生产等项目。

税收贡献达20万元/亩以上（含20万元/亩），

其超出10万元/亩的县本级部分，按不高于50%比例安排给企业用于扶持企业技术改造、技术创新、扩大再生产等项目。

从2016年1月起五年内，旅游企业当年税收贡献达到100万元以上的，给予安排县本级部分1%的扶持发展资金；达到300万元以上的，给予安排县本级部分3%的扶持发展资金；达到500万元以上的，给予安排县本级部分5%的扶持发展资金；单个企业每年最高奖励不超过100万元。（县经促局、财政局、发改局、旅游局、国税局、地税局负责）

3. 规费优惠。乳源产业园区规上工业企业、全县限额以上商贸企业和住宿餐饮业免征堤围费、残疾人就业保障金；对在我县新注册、无须供地的限额以上商贸企业（实现2亿元销售额），按实际财政贡献给予安排扶持资金。企业在项目建设过程中，建设行政主管部门按规定收取的城市建设配套费，在企业投产后，不低于50%安排给企业用于基础设施建设。（县开发区管委会、经促局、地税局、财政局、住建局负责）

4. 用水价格。工业企业按照物价部门批准的工业用水价格标准的85%收取；限额以上的商贸流通企业用水收费标准参照工业企业标准执行。（县银源公司负责）

（二）土地政策

5. 用地服务保障。我县土地利用总体规划新增建设用地规模和每年市下达的用地指标优先安排县重点项目及重大项目。（县国土局负责）

6. 用地价格优惠。对列入《广东省生态发展区产业发展指导目录》的鼓励类招商引资项目，符合产业规划，投资强度不低于每亩200万元人民币，容积率不低于0.8，年税收贡献不低于每亩10万元的工业项目，在确定土地挂牌出让时，按照相对应《全国工业用地出让最低价标准》挂牌。以农、林、牧、渔业产品初加工为主，确定的优先发展产业且用地集约的工业项目，地价按不低于工业用地最低价标准的70%执行。个别特殊招商引资项目用地，由招商引资联席会议按“一事一议”程序进行研究决策。（县发改局、国土局、开发区管委会负责）

7. 用地服务高效。县国土资源局会同县林业局建立项目用地报批共同责任制和联审会审制，开通用地报批“绿色通道”，实行项目用地全程跟踪服务。（县国土局、林业局、相关镇负责）

（三）引荐奖励

8. 推行委托招商、园区招商、以商招商等灵活实用的招商方式，奖励成功为工业园区引进投资项目的第三方个人或集体（公职部门及个人不纳入奖励范围）。

投资项目为生产性项目，并达到园区入园规定的投资强度标准200万元/亩（含土地、厂房、设备投资，不含流动资金）。

对个人奖励封顶10万元，对集体奖励封顶50万元。按照项目实际固定资产投资2000万元以上、5000万以内的（含5000万元），每完成1000万元，奖励1万元；对固定资产投资达5000万元以上的，每增加1000万元，奖励增加2万元，投资实际完成率未达到项目协议约定的不予兑付奖励。（县发改局、财政局、经促局、开发区管委会负责）

（四）人才服务

9. 优秀技术人才。按照新制定的《乳源瑶族自治县引进培养急需紧缺人才实施意见》有关规定执行。（县委组织部、县人社局负责）

10. 进城务工人员。外来务工人员子女的义务教育由县教育局统一解决入学问题，同时免收借读费。

在我县具有合法稳定职业、住所，并连续3年以上持有我县居住证，按国家规定在我县参加社会保险累计3年以上，且随迁子女在我县初中有3年完整初中学籍的，不论何地户籍，其随迁子女从2015年起均可报考韶关普通高中学校，并与本地户籍考生同等录取。（县教育局、人社局、公安局负责）

（五）基础设施配套

11. 供水方面。园区供水设施由园区开发主体和企业分段负责。其中：园区开发主体负责园区主管道至企业红线的分管道铺设；企业负责企业红线以内供水设施建设。自来水公司为主管道至分管道的开口提供优惠服务。（县开发区管委会、银源公司负责）

12. 供电方面。园区供电设施由供电部门、园区开发主体和企业分段建设。供电部门根据园区总

体规划负责架设或敷设高压供电网。（县开发区管委会、供电局负责）

13. 道路方面。园区开发主体负责项目主干道路和支干道路建设；企业负责企业至主干道路或支干道路之间的道路建设，并对其所铺设和连接干道的道口实行“四包”（包绿化完好、包排水畅通、包道路净化、包路面养护）。

旅游项目根据《韶关市人民政府关于加快发展大旅游的实施意见》（韶府〔2015〕53号）文，市财政安排2亿元设立旅游交通公路建设引导基金，支持各等级公路通往旅游景区的旅游公路建设。其中，改扩建的由市引导基金负责建安费，县（市、区）负责征拆费等前期费用；新建的旅游公路市级和县级分别负责60%和40%。（县旅游局、开发区管委会、交通局负责）

14. 其他方面。园区开发主体按照园区总体规划负责公共环保设施建设。企业负责其投资项目的环保设施建设，项目投产后排放的主要污染物应达到国家或地方规定的排放标准。邮政、通讯、有线电视、燃气等由服务单位负责建设到企业红线边。（县开发区管委会、环保局及其他有关单位负责）

（六）拓宽投资领域

15. 实行“负面清单”管理。坚持“非禁即入、非禁即许”原则，严格按照《广东省生态发展区产业发展指导目录（2014年本）》引进企业投资项目，对企业投资实行清单管理，允许和鼓励民营资本投资负面清单外的项目，除《广东省政府核准的投资项目目录（2014年本）》外的项目，实行备案管理。（县发改局、工商局负责）

16. 放宽登记准入条件。除法律、行政法规以及国务院决定对特定行业注册资本最低限额另有规定的外，取消有限责任公司、一人有限责任公司、股份有限公司最低注册资本，公司设立时全体股东（发起人）首次出资比例，公司全体股东（发起人）货币出资金额占注册资本的比例，公司股东（发起人）缴足出资期限等的限制。放宽市场主体场所登记条件限制。申请人提交住所合法使用证明即予以登记，商事登记机关不审查住所用途和使用功能。降低组建民营企业集团条件约束。母公司注册资本达到3000万元、集团母子公司注册资本总额达到6000万元人民币且设立不少于3家子公司的，可以申请设立企业集团。（县工商局负责）

17. 鼓励民营资本参与政府项目开发。扶持民营资本参与政府交通领域、市政公共设施领域和社会事业设施领域PPP模式开发运用。探寻植入PPP模式参与项目运营，引入社会资本并组建PPP项目公司，通过项目租赁、重组、转让等方式对原项目进行升级改造或合作经营。支持民营企业参与国有企业改制重组，参与经营性事业单位改制。（县发改局、财政局、经促局、明源公司负责）

（七）支持企业加快发展

18. 鼓励支持大众创业。落实创业扶持政策，积极支持设立新小微企业、“个转企”民营企业，对新注册的小微企业和个体工商户升级为企业的，可申请最高不超过2万元的贷款贴息。（县工商局、经促局、发改局负责）

19. 加大培植孵化力度。优先规划发展工业类小企业创业基地，鼓励社会力量规划建设小企业创业基地和创业孵化基地。2017年底前规划建设创业基地不少于1个。对新认定的国家、省级创业孵化基地和小微企业创业园，载体建设单位可申请50万元、30万元扶持发展资金用于基础设施完善发展。对新认定的省级民营（中小）企业创新产业化示范基地，一次性安排10万元扶持发展资金用于完善基地基础设施建设。对经国家、省级认定的“两化融合”示范民营企业（含试点企业、示范项目），分别一次性给予扶持发展资金15万元和5万元。（县经促局、财政局、发改局、开发区管委会负责）

20. 实施技改和品牌战略。对经备案符合国家、省产业政策，固定资产投入1000万元以上技改项目，在项目预定的建设期建成并形成生产能力后，按核定的项目设备实际投入的2%以内安排该企业扶持发展资金，扶持金额最高不超过50万元。对民营企业采购工业机器人整机或成套设备的，按其售价5%以内给予补助，补助金额最高不超过50万元。从2016年1月起，对获得“中国驰名商标”的民营企业，一次性给予扶持发展资金50万元；对获得“广东省名牌产品”“广东省著名商标”的企业，一次性给予扶持发展资金20万元。对认定为高新技术企业的，一次性给予扶持发展资金20万元。

对成功创建国家5A级旅游景区的奖励100万元、4A级旅游景区的奖励30万元、AAA级旅游景区的奖励10万元；获评国家五星级旅游饭店的奖励50万元、四星级旅游饭店的奖励30万元。成功创建市特色旅游名镇的奖励50万元、市特色旅游名村的奖励10万元；评定为韶关市五星级乡村民宿的奖励15万元、四星级乡村民宿的奖励10万元、三星级乡村民宿的奖励5万元、韶关乡村旅游驿站奖励5万元；评定为县级特色农家乐（瑶家乐）的奖励2万元。（县经促局、财政局、旅游局、工商局、质监局负责）

21. 推动“互联网+”协同发展。鼓励发展电子商务，推动产业转型升级。对网上年销售额首次突破2000万元（通过网上支付工具结算金额）的企业，一次性给予20万元扶持发展资金；培育一批电子商务应用示范民营企业，对市政府授予的电子商务示范民营企业，一次性给予5万元扶持发展资金。（县经促局、财政局、人民银行乳源支行负责）

22. 促进企业快速发展。

（1）对新办民营企业的扶持。自2016年1月1日起3年内，对新办民营企业（含“个转企”）免征残疾人就业保障金。原有民营企业在职职工总数20人以下（含20人）的小微企业，征缴比例按30%计算。（县财政局、人社局、经促局、国税局、地税局负责）

（2）对新增规上企业的扶持。自本措施实施后，对新增的规上工业企业（由县发改局核定）给予一次性安排扶持资金3万元。对成功申报为限上企业的批发、零售和餐饮、住宿、重点服务业企业给予一次性安排扶持资金1万元。（县发改局、财政局、国税局、地税局负责）

（3）对规上企业加快发展的扶持。上一年度工业产值10亿元以上且当年工业增加值增长15%及以上的企业；上一年度工业产值2亿元以上10亿元以下且当年工业增加值增长20%及以上的企业；上一年度工业产值5000万元以上2亿元以下且当年工业增加值增长25%及以上的企业；上一年度工业产值2000万元以上5000万元以下且当年工业增加值增长30%以上的企业，以上四类企业均按工业增加值新增部分的5‰安排该企业扶持发展资金，单户企业最高扶持金额不超过30万元。

对当年工业产值达3000万元以上，近两年对地方财政贡献均达100万元以上且年平均增长率达15%以上的高成长工业企业，按当年企业对地方财政贡献的3%取整安排扶持发展资金。不连续安排扶持同一个企业，新一轮扶持额度按前一个获扶持年度基数计算。（县经促局、财政局、发改局、国税局、地税局负责）

（4）对省产业园企业技术创新的奖励。对新认定的国家和省级创新企业，获得国家级和省级科学技术进步奖励、国家和省级专利奖等奖项的企业，按获得省奖励金额的10%给予奖励。（县经促局、开发区管委会、财政局负责）

（八）强化政府服务

23. 提高审批效率。县行政服务中心负责协调实施联合审批，内容包括：立项、规划、用地、环保、施工许可、验收等审批事项。由县分管领导召集有关部门，在项目的选址、签约、审批、报建、办证等方面提供一站式全程代办服务，负责协调、处理发展中遇到的各类问题。

对符合产业政策，符合规定各项落地条件，材料齐全并通过技术审查的项目，由县行政服务中心督促相关部门在县级审批权限内5个工作日内办结。（县行政服务中心、开发区管委会、经促局、发改局、环保局、国土局、住建局、旅游局负责）

24. 实行联席会议和政企对话机制。由县政府主要领导和分管领导作召集人，每月至少召开一次联席会，统筹全县招商引资和服务企业工作，为企业提供全程服务，推动项目落地投产。县主要领导与县各重点项目负责人建立定期对话沟通机制，对重点项目建设过程中遇到的问题特事特办、急事急办、一抓到底。（县经促局、开发区管委会、发改局负责）

25. 积极做好融资扶持。设立不低于1000万元的中小微企业贷款风险补偿基金，对列入县中小微企业库的，给予贷款风险补偿基金扶持。成立安瑶融资政策担保公司，规定其向中小微企业收取的担保费年化率不超过2%。加大对担保机构的扶持，对每年末企业融资余额超亿元且同比增长20%以上的担保公司，给予安排5万元扶持发展资金。

对为我县中小型旅游企业提供银行贷款担保的

担保机构，县财政按照年度担保额的10%给予补贴，最高补贴额不超过5万元。鼓励开发符合旅游企业特点的银行卡、银行保函等金融产品。（县经促局、旅游局、金融办、财政局负责）

26. 支持各类服务体系及平台建设。对新认定的国家级、省级公共服务示范平台和公共（技术）服务示范平台分别安排10万元和5万元扶持发展资金；对当年新成立的获得市级认定的公共（技术）服务平台安排3万元扶持发展资金。鼓励公共研发平台和公共检验检测服务平台为民营企业提供仪器共享协作、检验检测等开放性服务，按照年度实际产生服务成本给予20%以内的共享协作补贴，最高补贴不超过20万元。鼓励社会资本投资建设公共研发平台和公共检验检测服务平台，根据其年度投入经费给予20%的补贴，直至平台建设完工投入使用，同一平台最高补贴30万元。（县经促局、质监局、财政局负责）

27. 加强民营企业用地保障。除优先统筹安排新增建设用地指标，对工业企业充分利用已有场地进行技术改造，在符合规划、不改变土地用途的前提下，通过增建生产性设施、拆除重建、加层等方式进行改扩建的，新增建筑面积部门不再征收土地出让金；对闲置办公用地改造利用的公共技术服务中心，优先推荐申报各级中小微企业公共服务平台建设扶持项目。（县国土局、财政局、住建局、经促局负责）

28. 优化营商环境。依法办事、依法行政，切实维护外来投资者的合法权益、人身及财产安全。加强对行政执法行为的监督，积极推行综合执法，严格规范执法行为。对破坏投资环境、影响项目落地、损害企业合法权益的单位和个人，依纪依法追究责任。（县监察局、公安局负责）

（九）约束机制

29. 扶持取消。在享受政策扶持期间，企业出现较大安全事故、环保问题或存在违反国家法律法规行为的，取消当年政策扶持资格。（县开发区管委会、经促局、财政局、安监局、环保局、发改局、旅游局负责）

30. 闲置处理。根据《闲置土地处置办法》认定构成闲置的，属使用权人自身原因造成土地闲置满1年不满2年的，由县国土资源局报经县人民政府批准后，按出让地价的20%征收土地闲置费；造成土地闲置满2年的，由县国土资源局报经县人民政府批准后依法无偿收回；属政府原因造成闲置的，经与国有建设用地使用权人协商，由县闲置土地调查处置工作领导小组商定处置方式、县国土资源局报县人民政府批准后实施；闲置土地收回涉及地上附着物的，商议予以适当补偿。（县国土局负责）

二、工作措施

（一）建立健全组织领导。成立乳源瑶族自治县优化投资营商环境和促进民营经济及旅游大发展工作领导小组，由县政府主要领导担任组长，县分管领导担任副组长，负责统筹谋划，推进营商环境改善和民营经济及旅游大发展。领导小组下设办公室，办公室设在县经济促进局。

（二）设立专项扶持发展资金。

1. 从2016年起，县财政局将招商引资和推进民营经济发展专项扶持资金列入财政预算，每年按县本级财政一般预算收入1%的比例进行安排，并制定专项扶持资金管理办法，用于保障优化营商环境、扶持民营经济发展的政策措施落到实处。县经促局、财政局负责扶持资金的审核、兑现。

2. 从2016年起，县财政设立不低于500万元以上的旅游发展专项资金（含不低于100万元的旅游宣传推介促销资金），并列入财政预算，用于扶持旅游企业加快发展。县财政局、旅游局负责扶持资金的审核、兑现。

（三）完善项目信息库。县经促局负责会同发改、环保、国土、农业、林业、旅游、开发区管委会、供电等部门，根据我县的产业发展方向和园区规划布局，建立完善招商引资项目、民营企业扶持发展、规上限上企业培育、技术改造和专利发明等项目信息库，常态化深入分析国家政策、市场动向、企业转移、企业动态，及时更新信息库；建立完善项目建设动态信息库，引导部门做好服务工作；同时要加强与各类乡贤、商会的联系，建立完善乡贤和商会信息库。

（四）建立项目评估机制。按照“产业导向、用地集约、资源节约、生态环保、产业集群”的原则，从产业目录、入园资格、企业实力、投资规模、财税贡献、行业前景、环境影响等方面进行综合考量，建立完善项目进入评估机制，从严把项目引进入口关着手，不断提升招商质量。县政府年初制定招商引资及民营经济增加值指标，明确全年工作任务，将招商工作和民营经济纳入县级单位绩效考评范围，县委、县政府组成联合督查组，加强对招商引资、重点项目建设、挂点服务企业、促进民营经济发展的量化考核力度，及时通报提出督查意见，督促快速推进工作进程，高效落实项目建设，助推全县招商引资、民营经济和旅游工作的有序发展。

（五）开展立体式宣传推介。不断拓宽创新宣传方式，将传统的报纸、广播、电视与新兴的网络、微博、微信相结合，大力宣传我县的优质生态环境、良好投资环境和优惠投资政策。在县政府门户网站开设“扶持中小微企业（民营经济）”栏目，及时更新扶持措施和政务信息。充分发挥各种行业协会、商会民间组织的桥梁纽带作用，推进以商招商、产业招商工作，积极组织参加交流会、港澳联谊会、各类商会等经贸活动，多角度推介我县的投资环境及优惠政策，逐步形成全方位立体式的宣传局面。

三、附则

（一）本文件所指民营企业界定为国家统计局、国家工商行政管理总局《关于划分企业登记注册类型的规定》（国统字〔1998〕200号）中规定的私营企业范畴。本文件所指中小微企业界定为符合工业和信息化部等4部委联合下发的《关于印发中小企业划型标准规定的通知》（工信部联企业〔2011〕300号）的中型、小型、微型三种类型企业。

（二）本文件自发布即日起实施，同一企业同一项目按就高原则落实，不重复享受本文件和其他文件规定的不同政策。

重要文件目录

2015年县委重要文件目录（选）

年份	文件名称	文号
2015	关于调整县党政领导班子成员分工的通知	乳发〔2015〕1号
2015	关于印发《中共乳源瑶族自治县委2015年工作要点》的通知	乳发〔2015〕2号
2015	关于表彰2014年度绩效考评先进单位的决定	乳发〔2015〕6号
2015	关于帮助协调将乳源列入欠发达革命老区县的请示	乳委〔2015〕2号
2015	关于请求解决我县“两不具备”贫困村庄搬迁建设资金的请示	乳委〔2015〕5号
2015	关于要求单独设置我县老干部局、信访、法制工作机构的请示	乳委〔2015〕9号
2015	乳源瑶族自治县贯彻落实市委领导关于利用少数民族税收政策吸引企业落户重要批示精神的情况报告	乳委〔2015〕10号
2015	中共乳源瑶族自治县委办公室关于县委常委挂钩联系乡镇街道领导干部驻点直接联系群众工作的通知	乳办发〔2015〕1号
2015	关于印发《乳源瑶族自治县2015年深化社会矛盾化解工作实施方案》的通知	乳办发〔2015〕4号
2015	印发《乳源瑶族自治县贯彻落实〈关于在县处级以上领导干部中开展“三严三实”专题教育方案〉的意见》的通知	乳办发〔2015〕5号
2015	关于印发《乳源瑶族自治县全面推进公务用车制度改革总体方案》和《乳源瑶族自治县全面推进公务用车制度改革总体方案》的通知	乳办发〔2015〕6号
2015	关于印发乳源瑶族自治县全面深化改革2015年工作要点的通知	乳改办发〔2015〕1号
2015	关于印发《乳源瑶族自治县2015年度绩效考评指标评分标准》的通知	乳绩效办〔2015〕1号
2015	关于印发关于开展机关事业单位“吃空饷”问题集中治理工作实施方案的通知	乳委办发电〔2015〕1号
2015	关于2015年县党政领导班子成员接待群众来访、不定期约访群众的通知	乳委办发电〔2015〕8号
2015	中共乳源瑶族自治县委印发《关于进一步完善我县党委（党组）中心组理论学习制度的实施方案》的通知	乳委办发电〔2015〕12号
2015	关于印发《乳源瑶族自治县创建全国文明城市工作实施方案》的通知	乳委办发电〔2015〕14号

续上表

年 份	文 件 名 称	文 号
2015	印发《关于进一步规范领导干部外出请示报告、学习考察和报送文件、制发文件的有关制度》的通知	乳委办发电〔2015〕18 号
2015	印发《关于加快少数民族事业发展的决定》和《关于加强瑶族迁移人口管理的实施意见》的通知	乳委办发电〔2015〕21 号
2015	印发《关于创新机制扎实推进农村扶贫开发工作的实施方案》的通知	乳委办发电〔2015〕22 号
2015	乳源瑶族自治县关于建立公务员职务与职级并行制度的实施方案	乳委办发电〔2015〕28 号
2015	关于印发《乳源瑶族自治县 2015 年度绩效考评实施方案》的通知	乳委办发电〔2015〕31 号
2015	印发《县从严治理国家工作人员“庸懒散”行为问责实施意见》的通知	乳委办发电〔2015〕33 号
2015	关于印发乳源瑶族自治县推进基层公共服务综合平台建设工作方案的通知	乳委办发电〔2015〕38 号
2015	关于推进县直机关公务用车制度改革有关事项的通知	乳委办发电〔2015〕42 号
2015	关于成立乳源瑶族自治县五彩瑶乡省级新农村示范片建设工作领导小组的通知	乳委办〔2015〕5 号
2015	关于成立乳源县构建公共法律服务体系工作领导小组的通知	乳委办〔2015〕7 号
2015	关于成立创建全国文明城市工作领导小组的通知	乳委办〔2015〕9 号
2015	关于成立乳源瑶族自治县基层公共服务综合平台建设工作领导小组的通知	乳委办〔2015〕30 号
2015	关于进一步加强紧急信息报送工作的通知	乳委办〔2015〕35 号

2015 年县人大重要文件目录（选）

年 份	文 件 名 称	文 号
2015	乳源瑶族自治县第十一届人民代表大会公告	第 8 号
2015	乳源瑶族自治县人大常委会关于批准县 2015 年财政收支预算调整的决定	乳常［2015］24 号
2015	乳源瑶族自治县人民代表大会常务委员会关于瑶族迁移人口土地确权议案结案的决议	乳常［2015］26 号

2015 年县政府重要文件目录（选）

年 份	文 件 名 称	文 号
2015	关于印发《乳源瑶族自治县人民政府 2015 年工作要点》的通知	乳府〔2015〕1 号

续上表

年　份	文　件　名　称	文　　号
2015	关于进一步做好耕地占用税收管理工作的通知	乳府〔2015〕4号
2015	关于印发《清理规范税收等优惠政策实施方案》的通知	乳府〔2015〕5号
2015	关于下达乳源瑶族自治县2015年国民经济和社会发展计划主要指标的通知	乳府〔2015〕10号
2015	关于印发《乳源瑶族自治县农村土地承包经营权确权登记颁证工作实施方案》的通知	乳府〔2015〕19号
2015	乳源瑶族自治县2015年公共租赁住房申请条件通告	乳府〔2015〕31号
2015	关于调整我县2015年度主要经济指标工作目标的通知	乳府〔2015〕32号
2015	关于表彰2015年教育工作先进单位和先进个人的决定	乳府〔2015〕35号
2015	关于印发《乳源瑶族自治县2015年推进简政放权放管结合转变政府职能工作方案》的通知	乳府〔2015〕40号
2015	关于印发《乳源瑶族自治县创建广东省推进教育现代化先进县实施方案》的通知	乳府〔2015〕42号
2015	批转县发展和改革局关于《2015年乳源瑶族自治县深化经济体制改革重点工作的实施意见》的通知	乳府〔2015〕43号
2015	关于《乳源瑶族自治县乳城镇鹰峰西路旧乳城镇政府片区三旧改造项目房屋征收补偿方案征求意见》的通告	乳府〔2015〕44号
2015	印发《关于进一步优化投资营商环境和促进民营经济及旅游大发展的行动措施》的通知	乳府〔2015〕45号
2015	关于印发《乳源瑶族自治县2015年省级新农村示范片果树产业发展意见》的通知	乳府办〔2015〕11号
2015	关于印发《乳源瑶族自治县依法治理违法违规用地专项行动方案》的通知	乳府办〔2015〕24号
2015	关于印发《乳源瑶族自治县2015—2017年中央财政农业机械购置补贴实施方案》的通知	乳府办〔2015〕26号
2015	关于印发《乳源瑶族自治县2015年扶贫开发“双到”工作实施方案》的通知	乳府办〔2015〕36号
2015	关于印发《乳源瑶族自治县开展镇和职能部门与村（居）委会双向考核试点工作方案》的通知	乳府办〔2015〕57号
2015	关于印发《乳源瑶族自治县镇级国库集中支付制度改革实施方案》的通知	乳府办〔2015〕60号
2015	关于印发《乳源瑶族自治县深化小型水利工程管理体制改革实施方案》的通知	乳府办〔2015〕70号

续上表

年　份	文　件　名　称	文　号
2015	关于印发《乳源瑶族自治县一般性转移支付资金管理办法的通知》	乳府办〔2015〕75 号
2015	关于印发《乳源瑶族自治县县级财政专项资金管理办法的通知》	乳府办〔2015〕76 号
2015	关于印发《乳源瑶族自治县农村道路交通安全管理工作实施方案》的通知	乳府办〔2015〕85 号
2015	关于印发《乳源瑶族自治县 2015—2020 年加快推进创建卫生镇村工作方案》的通知	乳府办〔2015〕98 号
2015	关于印发《乳源瑶族自治县 2015 年重金属污染综合防治工作实施方案》的通知	乳府办〔2015〕99 号
2015	关于印发《乳源瑶族自治县 2015 年城乡居民社会养老保险和 2016 年城乡居民基本医疗保险参保缴费工作实施方案》的通知	乳府办〔2015〕118 号
2015	关于印发《乳源瑶族自治县商事制度改革后续监管实施方案》的通知	乳府办〔2015〕119 号
2015	关于印发《乳源瑶族自治县 2015 年度耕地保护与质量提升中央补助资金项目实施方案》的通知	乳府办〔2015〕123 号
2015	关于印发《乳源瑶族自治县农村集体资产清理核实工作方案》的通知	乳府办〔2015〕124 号
2015	关于印发《乳源瑶族自治县老楼危楼安全排查整治工作方案》的通知	乳府办〔2015〕126 号
2015	关于印发《乳源瑶族自治县 2015 年深化集体林权制度改革工作实施方案》的通知	乳府办〔2015〕131 号
2015	关于做好 2015 年秋季重大动物疫病防控工作的通知	乳府办〔2015〕133 号
2015	关于印发《乳源瑶族自治县耕地占补平衡补充耕地项目后期管护方案》的通知	乳府办〔2015〕134 号
2015	关于印发《乳源产业转移工业园扩能增效专项资金投资实施方案》的通知	乳府办〔2015〕149 号
2015	关于印发《乳源瑶族自治县中小微企业贷款风险补偿基金管理办法（2015 修订)》的通知	乳府办〔2015〕162 号
2015	关于印发《乳源瑶族自治县城乡建设用地增减挂钩试点工作实施方案（2015 修订)》的通知	乳府办〔2015〕171 号

索　引

主题索引

说　明

一、本索引以主题词首字汉语拼音字母顺序排列，同语拼音字条目首字按笔画排序编排。

二、索引条目后的数字表示本书的页码。

三、本卷年鉴的文献、专载、特载、大事记、人物、附录和统计资料等内容未作索引。

A

B

C

D

G

H

J

K

L

M

N

P

Q

R

T

W

X

Y

Z

表格索引

彩页索引